Matthias Beckmann / Regina Steiner (Hrsg.)

Arbeitszeit und Mitbestimmung
von A bis Z
Das Lexikon für die Interessenvertretung

Matthias Beckmann / Regina Steiner (Hrsg.)

Arbeitszeit und Mitbestimmung von A bis Z

Das Lexikon für die Interessenvertretung

Autorinnen und Autoren:
Matthias Beckmann
Bastian Brackelmann
Erika Fischer
Hendrik Heitmann
Silvia Mittländer
Regina Steiner

BUND
VERLAG

Bibliografische Information Der Deutschen Nationalbibliothek
Die Deutsche Nationalbibliothek verzeichnet diese Publikation in der Deutschen
Nationalbibliografie; detaillierte bibliografische Daten sind im Internet über
http://dnb.d-nb.de abrufbar.

© 2018 by Bund-Verlag GmbH, Frankfurt am Main
Herstellung: Kerstin Wilke
Umschlag: Neil McBeath, Stuttgart
Satz: Dörlemann Satz, Lemförde
Druck und Bindung: CPI books GmbH, Leck
Printed in Germany 2018
ISBN 978-3-7663-6612-2

www.bund-verlag.de

Inhaltsverzeichnis

Inhaltsverzeichnis

Abkürzungsverzeichnis

a. A.	anderer Ansicht
AAG	Aufwendungsausgleichsgesetz
Abs.	Absatz
AEntG	Arbeitnehmer-Entsendegesetz
AGB	Allgemeine Geschäftsbedingungen
AiB	Arbeitsrecht im Betrieb, Zeitschrift
ArbG	Arbeitsgericht
ArbSchG	Arbeitsschutzgesetz
ArbStättV	Arbeitsstättenverordnung
ArbZG	Arbeitszeitgesetz
Art.	Artikel
AT	Außertariflich
AT-Angestellte	Außertarifliche Angestellte
ATG	Altersteilzeitgesetz
AÜG	Arbeitnehmerüberlassungsgesetz
AuR	Arbeit und Recht, Zeitschrift
AZO	Arbeitszeitordnung
AZV	Verordnung über die Arbeitszeit der Beamtinnen und Beamten des Bundes
BAG	Bundesarbeitsgericht
BAT	Bundes-Angestelltentarifvertrag
BayObLG	Bayerisches Oberstes Landesgericht
BDA	Bundesvereinigung der Deutschen Arbeitgeberverbände
BDSG	Bundesdatenschutzgesetz
BEEG	Bundeselterngeld- und Elternzeitgesetz
BetrVG	Betriebsverfassungsgesetz
BFH	Bundesfinanzhof
BGB	Bürgerliches Gesetzbuch
BGBl.	Bundesgesetzblatt
BGleiG	Bundesgleichstellungsgesetz
BildscharbV	Bildschirmarbeitsverordnung

BITKOM	Bundesverband Informationswirtschaft, Telekommunikation und neue Medien
BMAS	Bundesministerium für Arbeit und Soziales
BMF	Bundesministerium der Finanzen
BMFSFJ	Bundesministerium für Familie, Senioren, Frauen und Jugend
BMTV	Bundesmanteltarifvertrag
BMVI	Bundesminister für Verkehr und digitale Infrastruktur
BPersVG	Bundespersonalvertretungsgesetz
BR-Drs.	Bundesratsdrucksachen
BRTV Zugpersonal	Bundesrahmentarifvertrag für das Zugpersonal vom 10. 3. 2017
BRTV-BHG	Bundesrahmentarifvertrag für das Baugewerbe
BSG	Bundessozialgericht
BT-Drs.	Bundestagsdrucksache
Buchst.	Buchstabe
BUrlG	Bundesurlaubsgesetz
BVerfG	Bundesverfassungsgericht
BVerwG	Bundesverwaltungsgericht
BZA	Bundesverband Zeitarbeit Personal-Dienstleistungen
bzw.	beziehungsweise
DB	Der Betrieb, Zeitschrift
DGB	Deutscher Gewerkschaftsbund
d. h.	das heißt
DIW	Deutsches Institut für Wirtschaftsforschung e. V.
DJT	Deutscher Juristentag
DKKW	Däubler/Kittner/Klebe/Wedde, BetrVG – Kommentar für die Praxis
DKKW/Arbeitshilfen	Däubler/Kittner/Klebe/Wedde, Arbeitshilfen für den Betriebsrat mit Wahlunterlagen und EBR-Gesetz
EFZG	Entgeltfortzahlungsgesetz
EG	Europäische Gemeinschaft
EMTV	Einheitlicher Manteltarifvertrag für die Metallindustrie NRW
ErfK	Müller-Glöge/Preis/Schmidt, Erfurter Kommentar zum Arbeitsrecht
etc.	et cetera – und so weiter
EU	Europäische Union
EuGH	Europäischer Gerichtshof
evtl.	eventuell
EWG	Europäische Wirtschaftsgemeinschaft

f., ff.	folgende, fortfolgende
FPersG	Fahrpersonalgesetz
FPersV	Fahrpersonalverordnung
FPfZG	Familienpflegezeitgesetz
GewO	Gewerbeordnung
GG	Grundgesetz
ggf.	gegebenenfalls
grds.	grundsätzlich
GS	Großer Senat
Halbs.	Halbsatz
h. M.	herrschende Meinung
i. d. R.	in der Regel
IG BCE	Industriegewerkschaft Bergbau, Chemie, Energie
iGZ	Interessenverband Deutscher Zeitarbeitsunternehmen
i. S. d.	im Sinne des
i. S. v.	im Sinne von
i. V. m.	in Verbindung mit
JArbSchG	Jugendarbeitsschutzgesetz
KAPOVAZ	Kapazitätsorientierte variable Arbeitszeit
KonzernAtzTV	Tarifvertrag zur Förderung von Altersteilzeit für die Arbeitnehmer verschiedener Unternehmen des DB Konzerns
KSchG	Kündigungsschutzgesetz
LAG	Landesarbeitsgericht
LuftSiG	Luftsicherheitsgesetz
MiLoAufzV	Mindestlohnaufzeichnungsverordnung
MiLoDokV	Mindestlohndokumentationspflichtenverordnung
MiLoG	Mindestlohngesetz
MiLoV	Mindestlohnanpassungsverordnung
MRTV-Sicherheit	Mantelrahmentarifvertrag für Sicherheitsdienstleistungen in der Bundesrepublik Deutschland
MTV	Manteltarifvertrag
MTV Banken	Manteltarifvertrag der privaten Kreditinstitute und Dienstleistungsunternehmen, die Leistungen auf dem Gebiet des Geld- und Kreditwesens oder bestimmungsgemäß für Kreditinstitute erbringen
MTV BAP	Manteltarifvertrag des Bundesarbeitgeberverbandes der Personaldienstleister
MTV BZA	Manteltarifvertrag des Bundesverbands Zeitarbeit Personal-Dienstleistungen
MTV Chemie (West)	Manteltarifvertrag der chemischen Industrie (West)

MTV Druck	Manteltarifvertrag der Druckindustrie
MTV DTAG	Manteltarifvertrag der Deutschen Telekom AG
MTV Energie	Manteltarifvertrag für die Arbeitnehmer der Mitgliedsunternehmen der Tarifgruppe des Arbeitgeberverbandes energie- und versorgungswirtschaftlicher Unternehmen e. V. (AVEU)
MTV iGZ	Manteltarifvertrag des Interessenverbands Deutscher Zeitarbeitsunternehmen
MTV M+E-Bayern	Manteltarifvertrag der bayerischen Metall- und Elektroindustrie
MTV M+E-Hessen	Manteltarifvertrag der hessischen Metall- und Elektroindustrie
MTV SG	Manteltarifvertrag für die Systemgastronomie
MTV-Sicherheitskräfte	Manteltarifvertrag für Sicherheitskräfte an Verkehrsflughäfen
MTV Versicherungen	Manteltarifvertrag des privaten Versicherungsgewerbes
MuSchG	Mutterschutzgesetz
m. w. N.	mit weiteren Nachweisen
NachwG	Nachweisgesetz
n. F.	neue Fassung
Nr.	Nummer
NZA	Neue Zeitschrift für Arbeitsrecht
o. g.	oben genannt
OLG	Oberlandesgericht
OVG	Oberverwaltungsgericht
PflegeZG	Pflegezeitgesetz
Rn.	Randnummer
RTV-BHG	Rahmentarifvertrag für die Angestellten und Poliere des Baugewerbes
RTV Gebäudereinigerhandwerk	Rahmentarifvertrag für die gewerblichen Beschäftigten in der Gebäudereinigung
RTV Gerüstbau	Rahmentarifvertrag für das Gerüstbauer-Handwerk
S.	Seite
SchwarzArbG	Schwarzarbeitsbekämpfungsgesetz
SGB III	Sozialgesetzbuch Drittes Buch – Arbeitsförderung
SGB IV	Sozialgesetzbuch Viertes Buch – Gemeinsame Vorschriften für die Sozialversicherung
SGB V	Sozialgesetzbuch Fünftes Buch – Gesetzliche Krankenversicherung

SGB VI	Sozialgesetzbuch Sechstes Buch – Gesetzliche Rentenver-sicherung
SGB IX	Sozialgesetzbuch Neuntes Buch – Rehabilitation und Teil-habe behinderter Menschen
SGB XI	Sozialgesetzbuch Elftes Buch – Soziale Pflegeversicherung
sog.	so genannt
SR	Soziales Recht, Zeitschrift
StGB	Strafgesetzbuch
TV-Ärzte/VKA	Tarifvertrag für Ärztinnen und Ärzte an kommunalen Krankenhäusern im Bereich der Vereinigung der kommunalen Arbeitgeberverbände
TV Ausgestaltung	Tarifvertrag zur Ausgestaltung von Lebensarbeitszeit-konten (Zentralverband der deutschen Seehafenbetriebe)
TV Demo	Tarifvertrag Lebensarbeitszeit und Demografie (IG BCE)
TV FlexAZ	Tarifvertrag zu flexiblen Arbeitszeitregelungen für ältere Beschäftigte im öffentlichen Dienst
TV FlexÜ	Tarifvertrag zum flexiblen Übergang in die Rente in der Metall- und Elektroindustrie
TVG	Tarifvertragsgesetz
TV-L	Tarifvertrag für den öffentlichen Dienst der Länder
TV LAZKO	Haustarifvertrag der Deutschen Telekom zu Lebensarbeits-zeitkonten
TV Lebensarbeits-zeit	Tarifvertrag zur Einführung von Lebensarbeitszeitkonten (Zentralverband der deutschen Seehafenbetriebe)
TV Mindestlohn	Tarifvertrag zur Regelung der Mindestlöhne im Bauge-werbe im Gebiet der Bundesrepublik Deutschland vom 3.5.2013
TVöD	Tarifvertrag des öffentlichen Dienstes
TVöD-K	Tarifvertrag öffentlicher Dienst für den Dienstleistungs-bereich Krankenhäuser im Bereich der Vereinigung der kommunalen Arbeitgeberverbände
TVöD-VKA	Tarifvertrag für den Öffentlichen Dienst, Bereich der Vereinigung der kommunalen Arbeitgeberverbände
TzBfG	Teilzeit- und Befristungsgesetz
u. a.	unter anderem
ULAK	Urlaubs- und Lohnausgleichskasse der Bauwirtschaft
u. v. m.	und vieles mehr
VBG	Verwaltungs-Berufsgenossenschaft
VGH	Verwaltungsgerichtshof
vgl.	vergleiche

z. B.   zum Beispiel
ZDS   Zentralverband der deutschen Seehafenbetriebe
Ziff.   Ziffer

Literaturverzeichnis

Altvater/Baden/Berg/Kröll/Noll/Seulen, Bundespersonalvertretungsgesetz, 7. Aufl. 2015

Amlinger-Chatterjee, Psychische Gesundheit in der Arbeitswelt – Atypische Arbeitszeiten, 2016

Anzinger/Koberski, ArbZG – Arbeitszeitgesetz, Kommentar, 4. Aufl. 2014

BDA (Hrsg.), Chancen der Digitalisierung nutzen, Positionspapier der BDA zur Digitalisierung von Wirtschaft und Arbeitswelt, Mai 2015

Bissels/Domke/Wisskirchen, BlackBerry & Co.: Was ist heute Arbeitszeit?, DB 2010, 2052

Bissels/Meyer-Michaelis, Arbeiten 4.0 – Arbeitsrechtliche Aspekte einer zeitlich-örtlichen Entgrenzung der Tätigkeit, DB 2015, 2331

Böning, Pflege und Beruf besser vereinbaren, AiB 4/2015 S. 15

Böttcher/Graue, Bundeselterngeld- und Elternzeitgesetz, Basiskommentar zum BEEG, 5. Aufl. 2016

Brenke, Home Office: Möglichkeiten werden bei weitem nicht ausgeschöpft, DIW Wochenbericht 5/2016, S. 95

Bundesministerium für Arbeit und Soziales (Hrsg.), Mobiles und entgrenztes Arbeiten, 2015

Burger (Hrsg.), TVöD – TV-L, Tarifverträge für den öffentlichen Dienst, Handkommentar, 3. Aufl. 2016

Buschmann, Unterbrechung der Ruhezeit 4.0, Personalrat 6/2017 S. 34

Buschmann/Ulber, Arbeitszeitgesetz, Basiskommentar, 8. Aufl. 2015

Däubler, Digitalisierung und Arbeitsrecht, SR Sonderheft 2016, S. 5

Däubler/Kittner/Klebe/Wedde (Hrsg.), Arbeitshilfen für den Betriebsrat mit Wahlunterlagen und EBR-Gesetz, 3. Aufl. 2015 (zit.: DKKW/Arbeitshilfen-*Bearbeiter*)

Däubler/Kittner/Klebe/Wedde (Hrsg.), Betriebsverfassungsgesetz, Kommentar für die Praxis, 15. Aufl. 2016 (zit.: DKKW-*Bearbeiter*)

DGB (Hrsg.), Arbeit auf Abruf: Arbeitszeitflexibilität zulasten der Beschäftigten, Arbeitsmarkt aktuell Nr. 6/September 2016 S. 1

DGB (Hrsg.), Thesen für den 71. DJT: Digitalisierung der Arbeitswelt – Herausforderungen und Regelungsbedarf, AuR 2016, 344

Fenski, Außerbetriebliche Arbeitsverhältnisse, Heim- und Telearbeit, 2. Aufl. 2000

Fitting/Engels/Schmidt/Trebinger/Linsenmaier, Betriebsverfassungsgesetz, Handkommentar, 28. Aufl. 2016 (zit.: Fitting)

Graue, Mutterschutzgesetz, Basiskommentar, 2. Aufl. 2010

Gün/Karthaus, Volle Nachtschicht für Betriebsratsmitglieder unzumutbar, AiB 7–8/2015 S. 63

Günther/Böglmüller, Arbeitsrecht 4.0 – Arbeitsrechtliche Herausforderungen in der vierten industriellen Revolution, NZA 2015, 1025

Hans Böckler Stiftung (Hrsg.), Mit Betriebsrat verfallen weniger Urlaubstage, Böckler Impuls 9/2016 S. 1

Holwe/Kossens/Pielenz/Räder, Teilzeit- und Befristungsgesetz, Basiskommentar, 5. Aufl. 2016

Jacobs, Reformbedarf im Arbeitszeitrecht, NZA 2016, 733

Kittner, Arbeits- und Sozialordnung, 42. Aufl. 2017

Kittner/Zwanziger/Deinert (Hrsg.), Arbeitsrecht – Handbuch für die Praxis, 7. Aufl. 2013

Kittner/Zwanziger/Deinert (Hrsg.), Arbeitsrecht – Handbuch für die Praxis, 8. Aufl. 2015

Krause, Digitalisierung der Arbeitswelt – Herausforderungen und Regelungsbedarf, NZA 2016, 1004

Küttner, Personalbuch 2017, 24. Aufl. 2017

Lakies, Mindestlohngesetz, Basiskommentar, 3. Aufl. 2017

Meine/Wagner (Hrsg.), Handbuch Arbeitszeit – Manteltarifverträge im Betrieb, 2. Aufl. 2016

Müller-Glöge/Preis/Schmidt (Hrsg.), Erfurter Kommentar zum Arbeitsrecht, 17. Aufl. 2017 (zit.: ErfK-*Bearbeiter*)

Neumann/Fenski/Kühn, BUrlG, Kommentar, 11. Aufl. 2016

Preis, Arbeitsrecht – Individualarbeitsrecht, 3. Aufl. 2009

Preis/Wieg, Weisungsrecht nach Inhalt, Ort und Zeit der Arbeitsleistung in einer mobilen Arbeitswelt – Kritische Überlegungen zur Rechtsentwicklung, AuR 2016, 313

Rundnagel, Gesünder @rbeiten – Nacht und Schichtarbeit, IG Metall

Schoof, Betriebsratspraxis von A bis Z, 12. Aufl. 2016

Stang/Bachner/Asshoff, Arbeitsrecht im Baugewerbe, Handbuch für Betriebsräte und Arbeitnehmer, 2002

Statistisches Bundesamt (Hrsg.), Unternehmen und Arbeitsstätten, Nutzung von Informations- und Kommunikationstechnologien in Unternehmen, 2013

Steiner/Mittländer, Leiharbeit, Werkverträge und andere prekäre Beschäftigungsverhältnisse, Handlungshilfe für Betriebsräte, 3. Aufl. 2017

Thüsing, Digitalisierung der Arbeitswelt – Impulse zur rechtlichen Bewältigung der Herausforderung gewandelter Arbeitsformen, SR 2016, 87

Unterhinninghofen, Tariflicher Urlaubsanspruch, AuR 1995, 235

Vieker, Handlungsmöglichkeiten und Mitbestimmungsrechte des Betriebsrats beim Einsatz von Arbeitnehmern in geringfügiger Beschäftigung, Ein Arbeitspapier erstellt für die Hans-Böckler-Stiftung, Mai 2011

Voigt, Homeoffice – Segen oder Fluch?, AiB 3/2017 S. 16

Wedde (Hrsg.), Arbeitsrecht, Kompaktkommentar, 5. Aufl. 2016

Wiebauer, Arbeitsschutz und Digitalisierung, NZA 2016, 1430

Winkel, Akute Pflegesituationen, AiB 4/2015 S. 28

Verzeichnis der Autorinnen und Autoren

Matthias Beckmann, Rechtsanwalt in der Rechtsabteilung der DGB Rechtsschutz GmbH, Frankfurt/Main.

Bastian Brackelmann, Jurist in der DGB Rechtsschutz GmbH, Gewerkschaftliches Centrum, Kassel.

Erika Fischer, Fachanwältin für Arbeitsrecht, Kanzlei Steiner Mittländer Fischer, Frankfurt/Main.

Hendrik Heitmann, Dr. jur., Rechtsanwalt, Frankfurt/Main.

Silvia Mittländer, Fachanwältin für Arbeitsrecht, Kanzlei Steiner Mittländer Fischer, Frankfurt/Main.

Regina Steiner, Fachanwältin für Arbeitsrecht, Kanzlei Steiner Mittländer Fischer, Frankfurt/Main.

Einleitung

I. Arbeitszeitrecht zum Schutz der Arbeitnehmer

1. Grundzüge und Entwicklung

Das Arbeitszeitrecht ist Arbeitnehmer-Schutzrecht. Wichtigste nationale Rechts- **1**
quelle ist das Arbeitszeitgesetz (ArbZG). Es bestimmt den gesetzlichen Rahmen,
innerhalb dessen die Arbeitsvertrags- und die Tarifvertragsparteien Regelungen
zur Arbeitszeit festlegen können, sowie den Gestaltungsspielraum auf betrieblicher Ebene. Der Rahmen umfasst vor allem die höchstzulässige Dauer der Arbeitszeit oder auch die Vorgabe von Pausen und die Einhaltung von Ruhezeiten.

Zweck des ArbZG ist es ausdrücklich, die Sicherheit und den Gesundheitsschutz **2**
der Arbeitnehmer bei der Arbeitszeitgestaltung zu gewährleisten sowie den
Sonntag und die staatlich anerkannten Feiertage als Tage der Arbeitsruhe und
der seelischen Erhebung zu schützen (§ 1 ArbZG). Gleichzeitig bekennt sich der
Gesetzgeber an gleicher Stelle aber auch zu dem Ziel, die Rahmenbedingungen
für flexible Arbeitszeiten zu verbessern. Höchstarbeitszeiten und Ruhezeiten sollen demnach der Erhaltung der Gesundheit des Arbeitnehmers dienen und damit nicht zuletzt auch dem Erhalt seiner Arbeitskraft.

Die Arbeitszeit ist eins der wesentlichsten Merkmale des Arbeitsverhältnisses. **3**
Vor allem von Bedeutung für den Arbeitnehmer ist einerseits die Länge der täglichen bzw. wöchentlichen Arbeitszeit sowie andererseits die Verteilung dieser
Zeit auf die einzelnen Werktage. Zur konkreten Lage und Dauer der Arbeitszeit
enthält das ArbZG keine Regelungen. Die Vereinbarung hierüber obliegt den
Arbeitsvertragsparteien, indem sie entweder eine individuelle Regelung treffen
oder Bezug nehmen auf eine tarifliche oder betriebsübliche Arbeitszeit.

Eine öffentlich-rechtliche Festlegung von Höchstgrenzen der Arbeitszeit gibt es **4**
erst seit Mitte des 19. Jahrhunderts. Sie waren eine erste und unbedingt notwendige Reaktion auf die menschenunwürdigen und ausbeuterischen Arbeitsbedingungen des Frühkapitalismus.[1] In der Zeit von 1924 bis 1994 setzte die deutsche

---

1 Für einen Überblick zur Rechtsentwicklung siehe Buschmann/Ulber, Einleitung, Rn. 1 ff.

Arbeitszeitordnung (AZO) den Rahmen für Arbeitszeitbedingungen. Mit dem Inkrafttreten des ArbZG am 1.7.1994 wurde sie abgelöst.

5 Die AZO enthielt bereits die Begrenzung der werktäglichen Arbeitszeit auf acht Stunden. Auch die ununterbrochene Ruhezeit von elf Stunden war in der AZO bereits festgeschrieben. Wurde über die tägliche Arbeitszeit hinaus Mehrarbeit[2] geleistet, so hatten die Arbeitnehmer nach der AZO Anspruch auf eine angemessene und über den Lohn für die regelmäßige Arbeitszeit hinausgehende Vergütung.

6 Das ArbZG enthält keine entsprechende Regelung zur Vergütung von Mehrarbeit, zudem gibt es zahlreiche nach der AZO nicht mögliche Verlängerungsmöglichkeiten (Flexibilisierungen) der täglichen Arbeitszeit. Aus Arbeitnehmersicht hat der Arbeitsschutz in Sachen Arbeitszeit daher auch schon Rückschritte erlitten.

7 Das ArbZG war nicht zuletzt Umsetzung der Richtlinie 93/104/EG des Rates vom 23.11.1993 über bestimmte Aspekte der Arbeitszeitgestaltung. Die Neuregelung war zudem erforderlich, weil sowohl EuGH als auch BVerfG zwischenzeitlich zwischen Männern und Frauen differenzierende Regelungen bei der Nachtarbeit als geschlechtliche Diskriminierung eingestuft hatten.[3]

8 Die nachfolgenden Gesetzesänderungen konzentrierten sich im Wesentlichen auf eine weitere Flexibilisierung der Arbeitszeiten. Das ebenfalls arbeitszeitrechtlich relevante Regelungen enthaltende Teilzeit- und Befristungsgesetz (TzBfG) trat am 21.12.2000 in Kraft und löste das Beschäftigungsförderungsgesetz ab.

2. Weitere Schutzgesetze

9 Zum Arbeitszeitrecht gehören zudem die gesetzlichen Regelungen für besonders schutzbedürftige Personen. Für Schwangere und stillende Mütter gelten nach dem Mutterschutzgesetz besondere arbeitszeitrechtliche Beschränkungen. Vorgaben zum Schutz von Schwerbehinderten bestehen nach dem SGB IX, von Auszubildenden nach dem Berufsbildungsgesetz sowie für Jugendliche nach dem Gesetz zum Schutze der arbeitenden Jugend.

10 Ein weiterer Teil des Arbeitszeitrechts sind die Gesetze, die sich mit der Arbeitszeitgestaltung in verschiedenen Lebenslagen befassen. Hierzu gehören das Altersteilzeitgesetz, das Bundeselterngeld- und Elternzeitgesetz sowie das Pflegezeitgesetz und das Familienpflegezeitgesetz. Mit den dortigen Gestaltungsmöglichkeiten soll dem Umstand Rechnung getragen werden, dass Arbeitnehmer

---

2 Zur Verwendung der Begriffe »Mehrarbeit« und »Überstunden« siehe → Mehrarbeit und Überstunden Rn. 1.
3 EuGH 25.7.1991 – C 345/89; BVerfG 28.1.1992 – 1 BvR 1025/82.

nicht über ihr gesamtes Erwerbsleben als Vollzeitarbeitskraft zur Verfügung stehen können und wollen.

Zum Arbeitszeitrecht gehören auch Spezialnormen zu einzelnen Beschäftigten-   **11**
gruppen wie beispielsweise das Fahrpersonalgesetz, das Gesetz zur Regelung der Arbeitszeit von selbständigen Kraftfahrern oder die §§ 42 ff. Seearbeitsgesetz.

3. Zwingendes Recht und Kontrollpflicht

Das Arbeitszeitrecht ist als Arbeitsschutzrecht zwingend und kann von den Ar-   **12**
beitsvertragsparteien nicht abbedungen werden. Grundsätzlich hat der Arbeitgeber die Pflicht, seine Einhaltung zu überwachen. Die Straf- und Bußgeldvorschriften des ArbZG richten sich ausschließlich an ihn. Dies kann insbesondere bei Vertrauensarbeitszeit oder Home Office zu Problemen führen, wenn der Arbeitgeber nicht mehr unmittelbar die Einhaltung der gesetzlichen Grenzen überwachen kann.

In § 17 ArbZG ist die staatliche Pflicht zur Überwachung der Einhaltung der   **13**
arbeitszeitrechtlichen Bestimmungen geregelt. Zuständig für die Überwachung sind die Länder und dort die Ämter für Arbeitsschutz bzw. die Gewerbeaufsichtsämter. Angesichts der Entwicklung der veröffentlichten Fallzahlen dürfte offenkundig sein, dass der Staat seiner Überwachungspflicht nicht annähernd in genügendem Umfang nachkommt. So sank die Zahl der besichtigten Betriebe in dem Zeitraum 2001 bis 2010 von 214 370 auf 121 990. Die Zahl der Beanstandungen ging – angesichts der gesunkenen Kontrollen erwartungsgemäß – um rund 45 % zurück.[4]

4. Beständiger Flexibilisierungsdruck

Das Arbeitszeitrecht als Arbeitnehmer-Schutzrecht steht fortwährend unter dem   **14**
Druck weiterer Flexibilisierung. Bereits mehrfach wurde von Arbeitgeberseite gefordert, die Festschreibung einer täglichen Höchstdauer der Arbeitszeit zugunsten einer wöchentlichen Höchstdauer abzuändern.[5] Insbesondere durch die Digitalisierung der Arbeitswelt steht das Arbeitszeitrecht dieser Tage vor der Herausforderung, dass die Ziele des Gesundheitsschutzes und des Schutzes von Ruhezeiten auch weiterhin noch erreicht werden.

Für eine Vielzahl der Beschäftigten gilt das traditionelle Arbeitsverhältnis mit   **15**
Arbeitszeiten von 9 Uhr bis 17 Uhr an fünf Tagen in der Woche nicht mehr. Die Arbeitszeit wird in einem mehr oder weniger flexiblen Rahmen verteilt. Wäh-

---

4 Antwort der Bundesregierung auf eine Kleine Anfrage der Partei »Die Linke«, BT-Drs. 17/8531 S. 27 ff.
5 Zuletzt Chancen der Digitalisierung nutzen, Positionspapier der BDA, Mai 2015.

rend das für Beschäftigte einerseits eine Erleichterung bei der Vereinbarkeit von Familie und Beruf sein kann, bedeutet es andererseits nicht selten auch einen Verlust an sozialer Sicherheit.

16 Viele Beschäftigte begrüßen es, wenn sie von unterwegs im Home Office oder Mobile Office arbeiten oder abends nach einer längeren Pause wieder an die Arbeit zurückkehren können, indem sie von zu Hause am Computer arbeiten oder telefonieren – sofern sie dafür weniger an die Arbeitszeit im Betrieb gebunden sind. Diese Entgrenzung der Arbeitswelt und die Vermischung von Beruflichem und Privatem führen aber unter Umständen dazu, dass die Beschäftigten noch stärker an ihre Arbeit gebunden sind, weil sie sich nicht mehr für einen länger zusammenhängenden Zeitraum auch gedanklich von ihrer Arbeit entfernen können. Die arbeitszeitliche Problematik der digitalen Arbeitswelt wird in den jeweiligen Stichworten eingehender behandelt.

II. Wie spielen Gesetz, Arbeitsvertrag, Betriebsvereinbarung und Tarifvertrag zusammen?

1. Normenhierarchie

17 Die gesetzlichen Regelungen zum Arbeitszeitrecht müssen sich an den einschlägigen europarechtlichen Vorgaben und den grundgesetzlichen Bestimmungen messen lassen. Auf europäischer Ebene ist vor allem die Richtlinie 2003/88/EG des Europäischen Parlaments und des Rates vom 4.11.2003 über bestimmte Aspekte der Arbeitszeitgestaltung (sog. Arbeitszeitrichtlinie) von Bedeutung. Die EU-Arbeitszeitrichtlinie regelt rechtliche Mindeststandards, die die EU-Mitgliedsstaaten bei der Gestaltung ihrer nationalen Gesetze zur Arbeitszeit auf jeden Fall einhalten müssen. Dies betrifft u. a. die tägliche und wöchentliche Höchstarbeitszeit, Pausen- und Ruhezeiten, Urlaub und Sonderregelungen (z. B. für Beschäftigte im Gesundheitswesen oder in Verkehrsbetrieben).

18 In Bezug auf Teilzeitarbeit legt die Richtlinie 97/81/EG des Rates vom 15.12.1997 europäisch einheitliche Mindeststandards für die Arbeitsbedingungen von Arbeitnehmern in Teilzeitarbeitsverhältnissen fest.

19 In der Europäischen Grundrechtecharta erhält der Arbeitszeitschutz den Rang eines Menschenrechts. Nach dem dortigen Art. 31 Abs. 2 haben Arbeitnehmerinnen und Arbeitnehmer das Recht auf eine Begrenzung der Höchstarbeitszeit, auf tägliche und wöchentliche Ruhezeiten sowie auf bezahlten Jahresurlaub.

20 Unterhalb des europäischen Rechts und des Verfassungsrechts besteht die Normenhierarchie:

- Gesetz
- Tarifvertrag
- Betriebs- und Dienstvereinbarung
- Arbeitsvertrag
- Direktions- bzw. Weisungsrecht des Arbeitgebers

Jede Regelung muss also die auf den jeweils darüber liegenden Ebenen bestehenden Vorgaben berücksichtigen.

2. Arbeitszeit im Tarifrecht

Arbeitszeitrecht unterliegt ganz wesentlich der Gestaltung durch Tarifverträge. **21** Die konkrete Dauer und Lage der Arbeitszeiten ist typischer Gegenstand tarifvertraglicher Vereinbarungen. Das ArbZG bildet den Rahmen, der durch Arbeitszeitregelungen in Tarifverträgen ausgefüllt wird.

Insbesondere die historische schrittweise Arbeitszeitverkürzung ist das Ergebnis **22** jahrzehntelanger Tarifpolitik und hierüber geführter Arbeitskämpfe. Vor allem in den 50er Jahren des 20. Jahrhunderts konnte nach und nach die wöchentliche Arbeitszeit auf 40 Stunden gesenkt werden. Ein Höhepunkt war sicherlich die tarifliche Vereinbarung der 35-Stunden-Woche in den Tarifabschlüssen der IG Metall des Jahres 1990. Auch in vielen anderen Branchen konnten Arbeitszeiten von unter 40 Stunden wöchentlich durchgesetzt werden.

Die Tarifbindung richtet sich nach § 3 TVG. Danach sind grundsätzlich nur die **23** Mitglieder der Tarifvertragsparteien bzw. der Arbeitgeber, der selbst Partei ist, tarifgebunden. Nach § 3 Abs. 2 TVG ist es zudem möglich, Rechtsnormen des Tarifvertrages so auszugestalten, dass sie für alle Betriebe des tarifgebundenen Arbeitgebers gelten.

Neben der Festlegung der Länge und Verteilung der Arbeitszeit gehören in ar- **24** beitszeitrechtlicher Hinsicht die Bestimmung von Ausgleichszeiträumen und Arbeitszeitkonten sowie Regelungen zur Mehrarbeit zu den häufigsten tarifvertraglichen Vereinbarungen.

3. Arbeitszeitregelung auf betrieblicher Ebene

Im Rahmen der betrieblichen Mitbestimmung zum Thema Arbeitszeit sind vor **25** allem die Mitbestimmungsrechte aus § 87 Abs. 1 Nr. 2 und Nr. 3 BetrVG relevant. Bei § 87 Abs. 1 Nr. 2 BetrVG geht es um die Mitbestimmung über Beginn und Ende der täglichen Arbeitszeit einschließlich der Pausen. Auch die Einführung von Arbeitsbereitschaft, Bereitschaftsdiensten und Rufbereitschaft sind mitbestimmungspflichtig. Des Weiteren sind die Einführung von Arbeitszeitkonten und gleitender Arbeitszeit nach dieser Vorschrift mitbestimmungspflichtig, ebenso die Einführung von Schichtarbeit und die Aufstellung von Dienstplänen.

Bei § 87 Abs. 1 Nr. 3 BetrVG geht es um Vereinbarungen über die Leistung von Mehrarbeit und auch um Kurzarbeit.

26 Während die Dauer der Arbeitszeit nicht der Mitbestimmung unterliegt, können die Interessen der Arbeitnehmer an der Lage ihrer Arbeitszeit über § 87 Abs. 1 Nr. 2 BetrVG zur Geltung gebracht werden. Die Norm beschränkt wegen der persönlichen Abhängigkeit der Arbeitnehmer die Handlungsmöglichkeiten des Arbeitgebers. Dieser hätte sonst durch seine wirtschaftliche Macht einen zu großen Freiraum bei der Vertragsgestaltung und der Ausübung seines Direktionsrechts.[6]

27 § 87 Abs. 1 BetrVG verweist einschränkend auf gesetzliche oder tarifliche Regelungen. Betriebsverfassungsrechtlichen Schutz durch den Betriebsrat kann es also nur geben, wenn der Arbeitgeber nicht durch eine andere Regelung bereits gebunden ist. Das Mitbestimmungsrecht ist aufgrund des Tarifvorbehalts aber nur dann ausgeschlossen, wenn die Tarifvertragsparteien über die mitbestimmungspflichtige Angelegenheit eine zwingende und abschließende inhaltliche Regelung getroffen haben.[7] Dies muss im Einzelfall geprüft werden. Die abschließende Regelungsabsicht muss deutlich erkennbar sein.[8] Dem Schutzzweck des Mitbestimmungsrechts muss bereits Genüge getan sein. Ansonsten bleibt eine Regelung auf betrieblicher Ebene möglich. Dies ist auch dann der Fall, wenn es im Tarifvertrag Öffnungsklauseln für betriebliche Regelungen gibt.[9]

28 Wird von der Öffnungsklausel Gebrauch gemacht, so müssen die Grenzen des tariflichen Rahmens gewahrt bleiben. Eine Verlängerung der tariflichen Arbeitszeit oder die Einführung von Samstagsarbeit entgegen einer tariflichen Regelung ist unwirksam.[10]

29 Von der Mitbestimmung umfasst sind nur betriebliche Regelungen, nicht die Festlegung von Lage oder Verteilung der Arbeitszeit eines einzelnen Arbeitnehmers. In dem Fall fehlt es an dem kollektiven Tatbestand.[11]

30 Trifft der Arbeitgeber in mitbestimmungspflichtigen Angelegenheiten Anordnungen ohne Zustimmung des Betriebsrates, sind diese unwirksam.

4. Arbeitszeitrecht im Arbeitsvertrag

31 Soweit nicht zwingende gesetzliche Vorschriften, Bestimmungen eines anwendbaren Tarifvertrages oder einer Betriebsvereinbarung entgegenstehen, bleibt

---

6 BAG 17.11.2015 – 1 ABR 76/13.
7 BAG 3.12.1991 – GS 2/90.
8 BAG 12.11.2013 – 1 ABR 59/12.
9 BAG 9.11.2010 – 1 ABR 75/09.
10 BAG 18.12.1997 – 2 AZR 709/96.
11 Fitting, § 87 Rn. 114.

noch Raum für arbeitszeitrechtliche Vereinbarungen im Arbeitsvertrag (§ 105 GewO).

Dabei sind die allgemeinen Vorgaben für arbeitsvertragliche Vereinbarungen, **32** insbesondere die AGB-Kontrolle nach §§ 305 ff. BGB zu beachten. Arbeitsvertragliche Klauseln, mit denen die Arbeitszeit zugunsten des Arbeitgebers flexibilisiert wird, scheitern regelmäßig am Transparenzgebot des § 307 Abs. 1 Satz 2 BGB – beispielsweise die pauschale Abgeltung von Mehrarbeit[12] oder die Vereinbarung einer Durchschnittsarbeitszeit ohne Festlegung des Zeitraums, der für die Ermittlung des Durchschnitts maßgeblich ist.[13]

5. Direktionsrecht in Bezug auf Arbeitszeit

Ist die Lage der Arbeitszeit im Arbeitsvertrag geregelt, ist der Arbeitgeber hieran **33** gebunden.[14] Eine Änderung ist dann nur durch eine einvernehmliche Regelung oder aber durch Änderungskündigung möglich. Dort, wo es eine ausdrückliche Vereinbarung über die Lage der Arbeitszeit nicht gibt und auch eine betriebliche Mitbestimmung nicht besteht, greift das Direktionsrecht des Arbeitgebers nach § 106 GewO.

Während die einseitige Bestimmung der Dauer der Arbeitszeit außerhalb des **34** Anwendungsbereichs von § 12 TzBfG (Arbeit auf Abruf) dem Arbeitgeber entzogen ist, ist die Reichweite des Direktionsrechts bezüglich der Lage der Arbeitszeit erheblich: auch die Einführung von Sonn- und Feiertagsarbeit in einem seit Jahren bestehenden Arbeitsverhältnis soll nach der Rechtsprechung zulässig sein.[15]

Im Übrigen hat der Arbeitgeber bei einseitiger Festlegung der Lage der Arbeitszeit den Grundsatz des billigen Ermessens zu wahren (im Einzelnen siehe →Flexible Arbeitszeiten).

---

12 BAG 1.9.2010 – 5 AZR 517/09.
13 LAG Köln 24.1.2012 – 11 Sa 1094/11.
14 LAG Hamm 26.10.2005 – 14 Sa 1241/05.
15 BAG 15.9.2009 – 9 AZR 757/08.

III. Überblick zu den Mitbestimmungsrechten des Betriebs- und Personalrats

1. Direktions- und Weisungsrecht des Arbeitgebers begrenzen

36 In Betrieben ohne Betriebs- oder Personalrat ist der Arbeitgeber frei, die Lage der Arbeitszeit zu bestimmen. Denn der Arbeitgeber kann Inhalt, Ort und Zeit der Arbeitsleistung nach billigem Ermessen näher bestimmen (§ 106 GewO). Dies nennt man Weisungsrecht oder Direktionsrecht des Arbeitgebers (siehe →Direktionsrecht). Dieses Weisungsrecht findet seine Grenze dann, wenn im individuellen Arbeitsvertrag ausdrücklich Regelungen zur Arbeitszeit enthalten sind. Meist ist jedoch nur die Wochenstundenzahl festgelegt, die ein Beschäftigter zu erbringen hat. Wann und an welchen Tagen, ob an einem Stück oder unterbrochen durch eine längere Pause gearbeitet werden muss, ist vertraglich meist nicht geregelt.

37 Den Interessenvertretungen in den Betrieben kommt deshalb die große und wichtige Aufgabe zu, Regelungen für eine auch den Interessen der Beschäftigten gerecht werdende Verteilung der Arbeitszeit aufzustellen. Aus der Natur der Sache heraus haben die Arbeitgeber ein nahezu uneingeschränktes Bedürfnis, ihre Beschäftigten so flexibel wie möglich einzusetzen – je nachdem wie es der Arbeitsanfall verlangt. Dazu kommt der Wunsch, aus Kostengründen Arbeitsplätze einzusparen, was den Wunsch nach Ausdehnung der Arbeitszeit und Abruf von Mehrarbeit nach sich zieht.

2. Ziel der Mitbestimmung

38 Der Zweck des Mitbestimmungsrechts besteht darin, die Interessen der Beschäftigten an ihrer freien und damit für ihr Privatleben nutzbaren Zeit zur Geltung zu bringen, indem die Lage der Arbeitszeit klar festgelegt wird.[16] Damit wird die Grenze zwischen Arbeitszeit und Freizeit bestimmt. Der Arbeitsbegriff des BetrVG bzw. des BPersVG deckt sich nicht mit dem Arbeitszeitbegriff des ArbZG. Bei der Frage der Mitbestimmung ist Arbeitszeit die Zeit, in der ein Beschäftigter die vertraglich geschuldete Arbeitsleistung zu erbringen hat. Umfasst sind dabei alle Tätigkeiten, die einem fremden Bedürfnis dienen und nicht zugleich ein eigenes Bedürfnis des Beschäftigten erfüllen.[17] Deshalb unterliegt auch die Regelung der Rufbereitschaft dem Mitbestimmungsrecht, obwohl sie keine Arbeitszeit i. S. d. ArbZG ist (siehe →Rufbereitschaft).

---

16 BAG 30.6.2015 – 1 ABR 71/13.
17 BAG 30.6.2015 – 1 ABR 71/13.

Auch arbeitsschutzrechtliche Ziele sollen durch die Mitbestimmung erreicht **39** werden. Der Beschäftigte soll vor psychischen und physischen Belastungen durch überlange Arbeitszeiten oder ungünstige Arbeitszeitlagen (wie z. B. Nachtschichten) geschützt werden.[18]

Bei der vorrübergehenden Verlängerung oder Verkürzung der Arbeitszeiten ist **40** Zweck des Mitbestimmungsrechts auch eine gerechte Verteilung der daraus entstehenden Belastungen bzw. Entgeltminderungen bei Kurzarbeit oder Entgeltchancen durch den zusätzlichen Verdienst bei Mehrarbeit.

3. Umfang der Mitbestimmungsrechte

Das BetrVG sieht ein Mitbestimmungsrecht der Betriebsräte bei der Festlegung **41** des Beginns und des Endes der täglichen Arbeitszeit einschließlich der Pausen sowie der Verteilung der Arbeitszeit auf die einzelnen Wochentage vor (§ 87 Abs. 1 Nr. 2 BetrVG). Für die Personalvertretung ergibt sich auf Bundesebene das Mitbestimmungsrecht aus § 75 Abs. 3 Nr. 1 BPersVG, auf Länderebene aus den entsprechenden Vorschriften der Landespersonalvertretungsgesetze.

Ein solches Mitbestimmungsrecht besteht für Betriebsräte auch bei der vorrü- **42** bergehenden Verlängerung oder Verkürzung der betriebsüblichen Arbeitszeit (§ 87 Abs. 1 Nr. 3 BetrVG). Im BPersVG findet sich keine entsprechende Vorschrift für die Mitbestimmung von Personalräten bei Überstunden. Aber durch Beschluss vom 30. 6. 2005 hat das BVerwG seine Rechtsprechung geändert und entschieden, dass sich das Mitbestimmungsrecht des Personalrats nach § 75 Abs. 3 Nr. 1 BPersVG auch auf die Entscheidung erstreckt, ob und in welchem Umfang Überstunden angeordnet werden.[19] Diese Entscheidung gilt auch für die Personalvertretungen auf Landesebene, sofern die entsprechenden Landespersonalvertretungsgesetze nicht bereits ein ausdrückliches Mitbestimmungsrecht bei Mehrarbeit regeln.

Das Mitbestimmungsrecht übt der Betriebsrat für alle Beschäftigten im Betrieb **43** aus, mit Ausnahme der leitenden Angestellten. Es erstreckt sich ausdrücklich auch auf sog. außertarifliche Angestellte.

Folgende Punkte zur Arbeitszeit kann der Arbeitgeber nicht ohne Zustimmung **44** des Betriebsrats regeln:
- Beginn und Ende der Arbeitszeit
- Lage der Pausen
- Verteilung der Arbeitszeit auf die einzelnen Wochentage
- Bereitschaftsdienst
- Einführung von Rufbereitschaft

---

18 DKKW-*Klebe*, § 87 Rn. 68.
19 BVerwG 30. 6. 2005 – 6 P 9/04.

- Einführung von Arbeitszeitmodellen, wie z. B. Gleitzeit, Vertrauensarbeitszeit, geteilte Dienste, Schichtarbeit
- Einführung von Arbeitszeitkonten
- Einführung von Kurzarbeit
- Anordnung von Mehrarbeit
- Zeiten der Betriebsschließung

45 Die Einführung und Ausgestaltung von Zeiterfassungssystemen bedarf ebenfalls der Zustimmung der Interessenvertretungen. Dieses Mitbestimmungsrecht ergibt sich aus § 87 Abs. 1 Nr. 6 BetrVG. Danach bedürfen elektronische Einrichtungen, die geeignet sind, Verhalten und Leistung zu kontrollieren, einer Genehmigung durch den Betriebsrat. Ziel ist hier, die Persönlichkeitsrechte der Beschäftigten zu schützen. Für die Personalvertretungen ergibt sich das Mitbestimmungsrecht aus § 75 Abs. 3 Nr. 17 BPersVG und den entsprechenden Vorschriften der Länder.

46 Bei der Anordnung von Betriebsferien ergibt sich das Mitbestimmungsrecht für die Betriebsräte aus § 87 Abs. 1 Nr. 5 BetrVG. Danach haben die Betriebsräte bei der Aufstellung allgemeiner Urlaubsgrundsätze und des Urlaubsplans mitzubestimmen. Personalräte haben in dieser Frage aufgrund einer kritikwürdigen Rechtsprechung des BVerwG kein Mitbestimmungsrecht (siehe →Urlaubssperre).[20]

4. Umsetzung der Mitbestimmung

a. Initiativrecht der Interessenvertretungen

47 In Fragen der zwingenden Mitbestimmung besteht ein Initiativrecht der betrieblichen Interessenvertretungen. Für die Personalräte ergibt sich dies direkt aus § 70 BPersVG und der Rechtsprechung des BVerwG.[21] Im BetrVG gibt es keine dem BPersVG entsprechende Regelung. Für die Betriebsverfassung ergibt sich dies aber aus der ständigen Rechtsprechung des BAG.

48 Den Betriebsparteien müssen bei der Ausübung der Mitbestimmung die gleichen Rechte eingeräumt werden. Dies bedeutet, dass auch die Interessenvertretung der Beschäftigten Maßnahmen, die sich auf Punkte aus dem Katalog der zwingenden Mitbestimmung beziehen, vorschlagen kann. Es muss nicht gewartet werden, bis der Arbeitgeber die Initiative ergreift und an die Interessenvertretung herantritt. Wäre dies anders, dann würde die Mitbestimmung zu großen Teilen leerlaufen. Denn der Arbeitgeber müsste nur »aussitzen«, was er nicht regeln möchte. Den Interessensvertretungen wären die Hände gebunden.

---

20 BVerwG 24. 10. 2001 – 6 P 13/00.
21 BVerwG 19. 1. 1993 – 6 P 19/90.

b.   Vorrang des Gesetzes und des Tarifvertrags

Das Mitbestimmungsrecht besteht nur in gewissen Grenzen. Wenn ein Gesetz   **49**
oder der Tarifvertrag etwas abschließend regelt, ist kein Raum mehr für die Mitbestimmung.

Aus diesem Grund kann z. B. in einer Betriebsvereinbarung nicht festgelegt wer-   **50**
den, dass die Mindestruhezeit zwischen zwei Arbeitszeiten auf zehn Stunden verkürzt wird. Dies ist abschließend in § 5 ArbZG geregelt. Ruhezeiten müssen mindestens elf Stunden betragen. Eine Ruhezeit von zehn Stunden ist nur in Krankenhäusern und anderen Einrichtungen zur Behandlung, Pflege und Betreuung
von Personen, in Gaststätten und anderen Einrichtungen zur Bewirtung und Beherbergung, in Verkehrsbetrieben, beim Rundfunk sowie in der Landwirtschaft
und in der Tierhaltung erlaubt. Eine Ausdehnung dieser Erlaubnis auf Betriebe
anderer Art ist vom Gesetz nicht vorgesehen und deshalb im Rahmen einer Vereinbarung zwischen den Betriebsparteien nicht möglich.

Nach der Rechtsprechung des BAG[22] kann ein Betriebsrat aus diesem Grund   **51**
auch nicht gerichtlich die Einhaltung der Höchstarbeitszeit von zehn Stunden
täglich durchsetzen. Denn diese Frage unterliegt nicht seiner Mitbestimmung.
Sie ist abschließend im § 3 ArbZG geregelt. Dies gilt auch dann, wenn in eine Betriebsvereinbarung ausdrücklich die Höchstbegrenzung von zehn Stunden pro
Arbeitstag aufgenommen wird.

Tarifverträge enthalten in der Regel keine Vorschriften, die das Mitbestim-   **52**
mungsrecht bei Arbeitszeitfragen begrenzen. Dort ist üblicherweise nur der Umfang der zu leistenden Arbeitszeit pro Woche oder pro Monat geregelt. Bestimmungen zur Arbeitszeitlage oder der Lage der Pausen bestehen in der Regel nicht.
Gibt es allerdings abschließende Regelungen in den Tarifverträgen, dann können
sie nicht durch Betriebsvereinbarungen modifiziert werden. Das geht nur dann,
wenn der Tarifvertrag eine sog. Öffnungsklausel enthält. Das bedeutet, der Tarifvertrag erlaubt, dass etwas abweichend von seinem Inhalt geregelt werden darf.

c.   Der Tarifvorbehalt

Das BetrVG kennt außerdem noch den sog. Tarifvorbehalt (§ 77 Abs. 3 BetrVG).   **53**
Dieser spielt im Rahmen der zwingenden Mitbestimmung keine Rolle.[23] Er
kommt aber zum Tragen, wenn die Betriebsparteien Arbeitszeitfragen außerhalb
der zwingenden Mitbestimmung in einer freiwilligen Betriebsvereinbarung regeln möchten.

Tritt der Arbeitgeber an den Betriebsrat heran, weil er wegen einer wirtschaftli-   **54**
chen Schieflage künftig die Wochenarbeitszeit von 35 auf 40 Stunden anheben
möchte, kann keine wirksame Betriebsvereinbarung geschlossen werden, wenn

---

22 BAG 10. 12. 2013 – 1 ABR 40/12.
23 DKKW-*Berg*, § 77 Rn. 66.

das Volumen der Arbeitszeit durch einen Tarifvertrag geregelt ist. Arbeitsbedingungen, die durch einen Tarifvertrag geregelt sind, können nicht Gegenstand einer Betriebsvereinbarung sein. Dieses Verbot gilt auch, wenn die Arbeitsbedingungen üblicherweise durch Tarifvertrag geregelt sind. In einem Betrieb muss also nicht unbedingt ein Tarifvertrag gelten, es genügt, dass sich der Betrieb im Einzugsbereich eines Flächentarifvertrags befindet.

> **Beispiel:**
> Ein metallverarbeitender Betrieb in Hessen ist nicht tarifgebunden. In Hessen gilt aber der Flächentarifvertrag in Form eines Manteltarifvertrags der Metall und Elektroindustrie, der das Arbeitszeitvolumen regelt. Dies genügt, dass auch im tarifungebundenen Betrieb keine wirksame Regelung des Arbeitszeitvolumens durch die Betriebsparteien getroffen werden kann.

55 Der Tarifvorbehalt bedingt im Übrigen auch, dass Regelungen, die für die Arbeitnehmer günstigere Arbeitsbedingungen vorsehen als der Tarifvertrag, in einer Betriebsvereinbarung nicht rechtswirksam getroffen werden können. Besteht der Tarifvorbehalt, ist das Günstigkeitsprinzip außer Kraft gesetzt. In der Praxis trifft man oft auf Betriebsvereinbarungen, die Überstundenzuschläge regeln. Diese Betriebsvereinbarungen sind nur wirksam, wenn der Tarifvertrag keine Überstundenzuschläge vorsieht. Das gilt auch dann, wenn die Betriebsvereinbarung höhere Zuschläge regelt als der Tarifvertrag.

d. Eil- und Notfälle

56 Arbeitgeber vertreten gegenüber den Gremien oftmals die Rechtsauffassung, das Mitbestimmungsrecht entfiele bei sog. Eil- und Notfällen. Eilfälle, die eine schnelle Umsetzung bestimmter Maßnahmen erfordern, lassen das Mitbestimmungsrecht jedoch nicht entfallen.[24] Muss z. B. eine Nachtschicht gearbeitet werden, weil es tagsüber zu Produktionsausfällen gekommen ist, mag dies ein Eilfall sein, wenn der Kunde auf die Waren wartet. Das Mitbestimmungsrecht des Betriebsrats besteht aber dennoch. Entscheidet der Betriebsrat nicht rechtzeitig, kann die Nachtschicht nicht gearbeitet werden.

57 Gleiches gilt im Falle von Überstunden. Auch wenn der Betriebsrat am Freitagnachmittag bereits den Betrieb verlassen hat, rechtfertigt dies nicht die Anordnung von Überstunden in der Spätschicht ohne Zustimmung des Betriebsrats, z. B. um Produktionsrückstände aufzuholen.

58 Nur echte Notfälle lassen das Mitbestimmungsrecht nach h. M. entfallen.[25] Ein Notfall liegt vor, wenn plötzlich eine nichtvorhersebare Situation eintritt, die zu

---

24 BAG 8. 12. 2015 – 1 ABR 2/14.
25 BAG 3. 5. 1994 – 1 ABR 24/93 hat die Frage offen gelassen.

sofortigen Maßnahmen zwingt, weil sonst nicht wiedergutzumachende Schäden eintreten. Produktionsausfälle, zu spät geliefertes Material oder schnell zu erledigende Kundenwünsche sind keine Notfälle. Die in der Literatur erwähnten Beispiele, wie Überschwemmungen, Ausbruch eines Feuers oder eine Massenkarambolage auf der Autobahn mit vielen Verletzten, zeigen, dass in der betrieblichen Praxis Notfälle sehr selten vorkommen. Aus diesem Grund wird es auch keine abschließende Rechtsprechung des BAG zu dieser Frage geben.

e. Ausübung der Mitbestimmung

Zur Gestaltung der Arbeitszeit empfiehlt es sich, eine Betriebsvereinbarung zu treffen (§ 77 BetrVG). Nur eine Betriebsvereinbarung entfaltet Rechte gegen über den Beschäftigten. Die Betriebsvereinbarung gilt unmittelbar und zwingend. Sie bedarf der Schriftform und muss von den Betriebsparteien unterzeichnet sein. Ein Beschäftigter kann nur mit Zustimmung des Betriebsrats auf Rechte aus der Betriebsvereinbarung verzichten. Dies bedeutet, dass jede Abweichung von der Betriebsvereinbarung der Zustimmung des Betriebsrats bedarf. **59**

Die Regelungsabrede ist ein Instrumentarium, um Vereinbarungen zwischen dem Betriebsrat und dem Arbeitgeber zu treffen. Sie entfaltet keine Wirkung gegenüber den Beschäftigten. Deshalb ist sie nicht geeignet, Arbeitszeitfragen zu regeln. Eine Regelungsabrede kommt z. B. in Frage, wenn sich Betriebsrat und Arbeitgeberseite auf das Prozedere bei der Genehmigung von Überstunden einigen. **60**

Die Mitbestimmung kann auch durch reine Zustimmung zu einem Antrag des Arbeitgebers ausgeübt werden. Dies ist die übliche Form der Ausübung der Mitbestimmung bei der Genehmigung von Überstunden. **61**

Der Arbeitgeber kann sich nicht darauf berufen, dass Beschäftigte z. B. freiwillig Überstunden leisten bzw. über das vereinbarte Ende der Arbeitszeit hinaus freiwillig weiterarbeiten. Diese »Freiwilligkeit« lässt nicht das Mitbestimmungsrecht des Betriebsrats entfallen. **62**

Dies gilt auch dann, wenn der Beschäftigte in seinem Arbeitsvertrag z. B. eingewilligt hat, im Drei-Schicht-System zu arbeiten. Solange mit dem Betriebsrat kein Drei-Schicht-System vereinbart wurde, kann diese arbeitsvertragliche Klausel im Betrieb nicht umgesetzt werden. Auch arbeitsvertragliche Klauseln, die einen Beschäftigten zwingen, Überstunden zu leisten, greifen nicht in das Mitbestimmungsrecht ein. Dennoch muss jede Überstunde zuvor beim Betriebsrat beantragt werden und bedarf dessen Genehmigung. **63**

Umgekehrt ist jede mitbestimmungswidrige Weisung des Arbeitgebers an einen Beschäftigten nicht rechtswirksam. Dies bedeutet, dass ein Beschäftigter nicht gegen seinen Arbeitsvertrag oder seine Arbeitspflicht verstößt, wenn er das Leisten von Überstunden, die nicht vom Betriebsrat genehmigt wurden, ablehnt (Theorie der Wirksamkeitsvoraussetzung). **64**

5. Durchsetzung des Mitbestimmungsrechts

65 Einigen sich Arbeitgeber und Betriebsrat in Fragen der zwingenden Mitbestimmung nicht, steht der Weg in die Einigungsstelle offen (§ 87 Abs. 2 BetrVG). Der Spruch der Einigungsstelle ersetzt dann die Einigung der Betriebsparteien. Er wirkt wie eine Betriebsvereinbarung.

66 Verstößt der Arbeitgeber gegen das Mitbestimmungsrecht des Betriebsrats, besteht die Möglichkeit, die Rechte des Betriebsrats in einem Eilverfahren (einstweilige Verfügung) zu sichern. Dies geht jedoch nur, wenn das Recht nicht unwiederbringlich verloren gegangen ist. Will der Arbeitgeber am kommenden Wochenende Überstunden arbeiten lassen, kann dies durch einstweilige Verfügung verhindert werden. Ist das Wochenende aber schon vorbei und die Überstunden geleistet, kommt dieser Weg nicht mehr in Frage.

67 Der Betriebsrat kann im Wege eines Beschlussverfahrens dem Arbeitgeber aufgeben lassen, künftig nicht mehr gegen seine Mitbestimmungsrechte zu verstoßen (sog. Unterlassungsantrag). Anderenfalls kann der Arbeitgeber zur Zahlung eines Ordnungsgelds an die Staatskassen verpflichtet werden.

Altersteilzeit

I. Einführung

Mit der Altersteilzeit wird Arbeitnehmern (frühestens) ab dem vollendeten 55. **1** Lebensjahr die freiwillige Vereinbarung einer Verringerung der Arbeitszeit auf die Hälfte ermöglicht. Dadurch soll ein gleitender Übergang vom Erwerbsleben in die Altersrente ermöglicht werden. Das Nähere hierzu regelt das Altersteilzeitgesetz (ATG).

Die Arbeitszeitreduzierung im Wege der Altersteilzeit wird bzw. wurde staatlich **2** gefördert. Arbeitgeber hatten bei Neu-Einstellungen auf dem freigewordenen Arbeitsplatz Anspruch auf Förderleistungen durch die Bundesagentur für Arbeit. Diese Art der Förderung gilt nur noch für Altersteilzeitverträge bei einem Beginn bis zum 31.12.2009. Sie läuft damit aus.

Eine Förderung besteht allerdings noch insofern weiter, als dass die Aufsto- **3** ckungsleistungen, die der Arbeitgeber im Rahmen der Altersteilzeit erbringen muss, steuer- und damit beitragsfrei geleistet werden können (§ 1 Abs. 3 ATG).

II. Einzeldarstellung

1. Voraussetzungen der Alterszeit

Das ATG regelt im Wesentlichen nicht die individualrechtlichen Ansprüche des **4** Arbeitnehmers, sondern vor allem das Rechtsverhältnis zwischen Arbeitgeber und der Bundesagentur für Arbeit. Der individualrechtliche Anspruch auf Abschluss eines Altersteilzeitvertrages kann sich vielmehr aus einer entsprechenden Regelung in Tarifverträgen und Betriebsvereinbarungen oder eingeschränkt aus individualvertraglichen Vereinbarungen ergeben. Einen gesetzlichen Anspruch auf Abschluss eines Altersteilzeitvertrages gibt es nicht.[1]

---

1 LAG Baden-Württemberg 23.6.2008 – 4 Sa 5/08.

5 Nachdem die Förderung durch die Bundesagentur für Arbeit ausgelaufen ist, kommt es nicht mehr auf die Wiederbesetzung des Arbeitsplatzes an. Für das steuerliche Privileg müssen aber weiterhin die übrigen Voraussetzungen des ATG erfüllt werden. Demnach muss nach § 2 ATG der Arbeitnehmer das 55. Lebensjahr vollendet haben sowie nach dem 14. 2. 1996 mit dem Arbeitgeber eine Vereinbarung über die Reduzierung der bisherigen wöchentlichen Arbeitszeit auf die Hälfte in einem sozialversicherungspflichtigen Beschäftigungsverhältnis getroffen haben. Eine irrtümliche Falschberechnung der Arbeitszeit kann zu einem Wegfall der Förderungsfähigkeit führen.[2]

6 Kern der Altersteilzeit ist damit, dass der Arbeitnehmer seine bisherige Arbeitszeit halbiert. Entscheidend für die zu halbierende Arbeitszeit ist die wöchentliche Arbeitszeit, die mit dem Arbeitnehmer unmittelbar vor dem Wechsel in die Altersteilzeit vereinbart war.

7 Nach der Reduzierung der Arbeitszeit muss weiterhin ein sozialversicherungspflichtiges Beschäftigungsverhältnis bestehen. Liegt nach Halbierung der Arbeitszeit nur noch eine geringfügige Beschäftigung von 450 Euro monatlich vor, kommt ein Wechsel in Altersteilzeit nicht in Betracht.

8 Der Arbeitnehmer muss sich zudem in den letzten 1080 Kalendertagen in einem versicherungspflichtigen Beschäftigungsverhältnis nach dem SGB III befunden haben. Die Vereinbarung der Altersteilzeit muss sich zeitlich bis zu dem Zeitpunkt erstrecken, zu dem eine Rente wegen Alters beansprucht werden kann (§ 2 Abs. 1 Nr. 2 ATG).

9 Es bedarf in jedem Fall einer individualvertraglichen Vereinbarung zwischen Arbeitgeber und Arbeitnehmer. Eine tarifvertragliche Regelung ist nicht ausreichend. Sie kann lediglich die Anspruchsgrundlage für den Abschluss einer einzelvertraglichen Regelung sein.

10 Auch auf Seiten des Arbeitgebers müssen verschiedene Anspruchsvoraussetzungen nach dem ATG erfüllt sein. Das Regelarbeitsentgelt, das der Arbeitnehmer nach Reduzierung der Arbeitszeit erhält, muss um mindestens 20 % aufgestockt werden (§ 3 Abs. 1 Nr. 1 Buchst. a ATG).

11 Der Arbeitgeber muss für den Arbeitnehmer zusätzlich Beiträge zur gesetzlichen Rentenversicherung mindestens in Höhe des Beitrags entrichtet haben, der auf 80 % des Regelarbeitsentgelts für die Altersteilzeitarbeit, begrenzt auf den Unterschiedsbetrag zwischen 90 % der monatlichen Beitragsbemessungsgrenze und dem Regelarbeitsentgelt, entfällt, höchstens bis zur Beitragsbemessungsgrenze (§ 3 Abs. 1 Nr. 1 Buchst. b ATG).

---

2 BAG 10. 2. 2004 – 9 AZR 401/02.

2. Altersteilzeit-Modelle

Hinsichtlich der Verteilung der Arbeitszeit gibt es zwei Varianten der Altersteil- **12** zeit.

Beim Kontinuitätsmodell wird die bisherige Arbeitszeit reduziert, der Arbeit- **13** nehmer arbeitet über den gesamten Zeitraum bis zum Ende der Altersteilzeitvereinbarung. Die Verteilung der Arbeitszeit auf dieselbe Anzahl an Tagen wie zuvor oder nach einem anderen Muster bleibt den Arbeitsvertragsparteien überlassen. Es sind auch Tage, Wochen oder Monate der Freistellung im Wechsel mit Arbeitstätigkeit möglich. Der Ausgleichszeitraum darf maximal drei Jahre umfassen (§ 2 Abs. 2 Nr. 1 ATG).

Bei einer Regelung durch Tarifvertrag oder in einer Betriebsvereinbarung auf- **14** grund eines Tarifvertrages ist eine Verlängerung des Ausgleichszeitraums auf bis zu sechs Jahre möglich. Unabhängig von den Förderleistungen ist (bei einem Renteneintritt mit 67 Jahren) eine Verlängerung sogar auf einen Zeitraum von maximal zwölf Jahren denkbar.

Die in der Praxis weitaus häufiger genutzte Form der Alterszeit ist das Blockmo- **15** dell. Dabei tritt der Arbeitnehmer mit seiner Arbeitsleistung in Vorleistung. Die Alterszeit wird in zwei gleich lange Blöcke unterteilt. In der ersten Phase arbeitet der Arbeitnehmer mit unverminderter Arbeitszeit, erhält aber bereits das verminderte Entgelt. In der zweiten Phase, der Freistellungsphase, ist der Arbeitnehmer von der Arbeitsleistung freigestellt und erhält das verminderte Entgelt weiter.

Bei einem Ausgleichszeitraum von drei Jahren bedeutet dies eineinhalb Jahre **16** Vollzeittätigkeit und dann eineinhalb Jahre Freistellung. Der Ausgleichszeitraum kann aber, wie gesagt, durch Tarifvertrag oder aufgrund einer tariflichen Regelung verlängert werden.

In einigen Tarifverträgen wird es den Betriebsparteien freigestellt, welche Varia- **17** nte im Betrieb ermöglicht werden soll. In der Regel wird aber das Blockmodell präferiert.[3]

3. Ausgestaltung der Altersteilzeit

Nur außerhalb des Geltungsbereichs eines Tarifvertrages ist die Vereinbarung ei- **18** ner Altersteilzeit durch eine selbständige Betriebsvereinbarung oder, wenn ein Betriebsrat nicht besteht, auf allein individualrechtlicher Ebene zwischen Arbeitgeber und Arbeitnehmer möglich (§ 2 Abs. 2 Satz 5 ATG). Der Altersteilzeitvertrag gilt als befristeter Arbeitsvertrag und bedarf daher der Schriftform.

---

3 ErfK-*Rolfs*, ATG, § 2 Rn. 6.

19 Das Gesetz enthält in § 3 Abs. 1 Nr. 3 ATG eine Überforderungsklausel. Nicht mehr als 5 % der Arbeitnehmer eines Betriebes sollen Anspruch auf einen Wechsel in Altersteilzeit haben.

20 Mehrarbeit während der Altersteilzeit ist nur in dem in § 5 Abs. 4 ATG gestatteten Grenzen zulässig. Die Geringfügigkeitsgrenze nach § 8 SGB IV darf demnach nicht überschritten werden.

4. Anspruch auf Abschluss

21 Bei einer entsprechenden Regelung im Tarifvertrag oder in einer Betriebsvereinbarung ist der Arbeitgeber im Falle der Erfüllung der persönlichen Voraussetzungen durch den Arbeitnehmer zum Abschluss eines Altersteilzeitvertrages verpflichtet. Die vorgenannten Überforderungsklauseln sind zu beachten, wobei diese auch tarifvertraglich modifiziert werden können. Üblich sind Quoten zwischen 2,5 % und 5 %.

22 Neben verbindlich geregelten Rechtsansprüchen finden sich aber auch »Soll«- und »Kann«-Regelungen, bei denen der Arbeitgeber sich auf betriebliche Gründe berufen kann, die dem Altersteilzeitwunsch entgegen stehen, oder auch nur nach billigem Ermessen entscheiden kann.

a. Altersteilzeit in der Metall- und Elektroindustrie

23 In der Metall- und Elektroindustrie gibt es den Tarifvertrag zum flexiblen Übergang in die Rente (TV FlexÜ) in verschiedenen Ausgestaltungen der Tarifbezirke. Nach dem TV FlexÜ für die Beschäftigten in der Metall- und Elektroindustrie in Baden-Württemberg als Beispiel gilt folgendes:

24 Nach § 2 TV FlexÜ können Beschäftigte, die das 57. Lebensjahr vollendet und im aktuellen Arbeitsverhältnis in den letzten fünf Jahren vor Beginn der Altersteilzeit mindestens 1080 Kalendertage in einer versicherungspflichtigen Beschäftigung nach SGB III (Vollzeit- oder Teilzeitbeschäftigung) gestanden haben, nach den tariflichen Bedingungen ein Altersteilzeitarbeitsverhältnis vereinbaren.

25 Der TV FlexÜ ermöglicht eine verblockte Altersteilzeit für eine Dauer von bis zu sechs Jahren, mit Zustimmung des Betriebsrats auch darüber hinaus. Zudem wird neben dem Blockmodell auch die Möglichkeit geboten, die Arbeitszeit im Rahmen der Altersteilzeit kontinuierlich (unverblocktes Modell) über die gesamte Laufzeit zu verteilen. Eine flexible Verteilung über die Gesamtdauer, eine Ausgestaltung des kontinuierlichen Modells, wird als »gleitendes Modell« bezeichnet.

b. Altersteilzeit im öffentlichen Dienst

26 Im öffentlichen Dienst gibt es den Tarifvertrag zu flexiblen Arbeitszeitregelungen für ältere Beschäftigte (TV FlexAZ). Gemäß § 3 TV FlexAZ kann Altersteilzeit

i. S. d. ATG, ohne dass darauf ein Rechtsanspruch besteht, in Restrukturierungs-
und Stellenabbaubereichen bei dienstlichem oder betrieblichem Bedarf vereinbart werden, wenn die persönlichen Voraussetzungen vorliegen. Der Beginn einer Altersteilzeitregelung ist nach Vollendung des 60. Lebensjahres möglich (§ 5
TV FlexAZ).

Außerhalb der o. g. besonderen Umstände ist nach § 4 TV FlexAZ ein Anspruch **27**
auf Vereinbarung eines Altersteilzeitarbeitsverhältnisses ausgeschlossen, wenn
und solange 2,5 % der Beschäftigten der Verwaltung/des Betriebes von einer Altersteilzeitregelung i. S. d. ATG Gebrauch machen. Es gilt also eine Quotenregelung.

Nach § 4 Abs. 3 TV FlexAZ kann der Arbeitgeber zudem ausnahmsweise die **28**
Vereinbarung eines Altersteilzeitarbeitsverhältnisses ablehnen, wenn dienstliche
oder betriebliche Gründe entgegenstehen. Bei den entgegenstehenden dienstlichen oder betrieblichen Gründen handelt es sich um einen unbestimmten
Rechtsbegriff. Nach Auffassung des BAG liegt ein entgegenstehender dienstlicher
oder betrieblicher Grund i. S. v. § 4 Abs. 3 TV FlexAZ vor, wenn die Umsetzung
des Arbeitszeitverlangens die Organisation, den Arbeitsablauf oder die Sicherheit im Betrieb wesentlich beeinträchtigt oder unverhältnismäßige Kosten verursacht.[4] Insoweit genüge es, wenn der Arbeitgeber rational nachvollziehbare, hinreichend gewichtige Gründe habe, der Verringerung der Arbeitszeit nicht zuzustimmen. Maßgeblich für das Vorliegen entgegenstehender dienstlicher oder betrieblicher Gründe sei der Zeitpunkt der Ablehnung des Altersteilzeitwunsches
durch den Arbeitgeber.[5]

Nach § 6 TV FlexAZ darf das Altersteilzeitarbeitsverhältnis eine Dauer von fünf **29**
Jahren nicht überschreiten. Sowohl das Blockmodell als auch das Kontinuitätsmodell (hier Teilzeitmodell genannt) ist möglich.

c.   Altersteilzeit im DB-Konzern

Im DB-Konzern gilt der Tarifvertrag zur Förderung von Altersteilzeit für die **30**
Arbeitnehmer verschiedener Unternehmen des DB-Konzerns (KonzernAtzTV).
Danach ist Altersteilzeit ab dem 55. Lebensjahr möglich.

Gemäß § 2 Abs. 3 KonzernAtzTV muss die Altersteilzeitarbeit spätestens zum **31**
Beginn des Kalendermonats nach Vollendung des 58. Lebensjahres beginnen. Sie
darf einen Zeitraum von 24 Kalendermonaten nicht unter- und einen Zeitraum
von 72 Kalendermonaten grundsätzlich nicht überschreiten. Einzelvertraglich
kann eine Altersteilzeitvereinbarung mit mehr als 72 Kalendermonaten Dauer
vereinbart werden.

---

4 BAG 10. 2. 2015 – 9 AZR 115/14.
5 BAG 10. 2. 2015 – 9 AZR 115/14.

32   Nach § 4 Abs. 1 KonzernAtzTV wird die Altersteilzeitarbeit vorrangig in Form des sog. Blockzeitmodells durchgeführt, bei dem das gesamte entsprechende Arbeitszeitvolumen zu Beginn der Altersteilzeitarbeit geleistet wird (Arbeitsphase) und der Arbeitnehmer anschließend vollständig von der Arbeit freigestellt wird (Freistellungsphase). Abweichend davon kann – soweit betriebliche Interessen nicht entgegenstehen – eine andere Verteilung der Arbeitszeit, die den gesetzlichen Bestimmungen entspricht, vereinbart werden.

33   Nach den Regelungen des KonzernAtzTV nimmt der Arbeitnehmer für die Dauer der Altersteilzeitarbeit nicht an nachfolgenden Tariferhöhungen teil. Das BAG hat entschieden, dass dies keine diskriminierende Ungleichbehandlung ist.[6]

III. Hinweise für die Mitbestimmung

34   Wie bereits ausgeführt, kann sich die betriebliche Mitbestimmung bei der Ausgestaltung der Altersteilzeitregelung nur innerhalb eines etwaig bestehenden tariflichen Rahmens bewegen. Besteht für die Branche und für den Bezirk ein Tarifvertrag, ist der Arbeitgeber aber nicht tarifgebunden, so kommt nach § 2 Abs. 2 Satz 2 ATG die Übernahme der tarifvertraglichen Regelungen zur Altersteilzeit durch eine Betriebsvereinbarung in Betracht. In einem solchen Fall sind sämtliche tariflichen Regelungen zur Altersteilzeit zu übernehmen. Ein Abweichen hiervon ist nicht möglich.

35   Sieht ein Tarifvertrag zur Altersteilzeit hingegen eine Öffnungsklausel für betriebliche Regelungen vor, kann auch im Betrieb eines nicht tarifgebundenen Arbeitgebers der Branche davon Gebrauch gemacht und abweichende Regelungen getroffen werden (§ 2 Abs. 2 Satz 3 ATG).

36   Für den Fall, dass ein Branchentarifvertrag zur Altersteilzeit für das Unternehmen vorliegt, der Arbeitgeber aber nicht tarifgebunden ist und auch kein Betriebsrat besteht, ist eine Übernahme der tariflichen Regelungen auf individualvertraglicher Basis möglich (§ 2 Abs. 2 Satz 2 ATG).

37   Bei AT-Angestellten ist eine Regelung auf betrieblicher Ebene möglich, soweit die aufgeführten gesetzlichen Vorgaben des ATG eingehalten werden. Besteht kein Betriebsrat, kann die Altersteilzeit einzelvertraglich vereinbart werden.

38   Für leitende Angestellte nach § 5 Abs. 3 BetrVG kommt ausschließlich eine einzelvertragliche Regelung in Betracht.

---

6 BAG 19.1.2016 – 9 AZR 564/14.

Die kollektive Regelung über die Lage und Verteilung der Arbeitszeit von Alters-   **39**
teilbeschäftigten wäre zudem nach § 87 Abs. 1 Nr. 2 BetrVG mitbestimmungspflichtig.

IV. Eckpunkte für Betriebs- und Dienstvereinbarungen

Vorbehaltlich einer tariflichen Regelung haben die Betriebsparteien umfangrei-   **40**
che Gestaltungsmöglichkeiten innerhalb des o. g. gesetzlichen Rahmens.

Die persönlichen Voraussetzungen, unter denen Arbeitnehmer altersteilzeitbe-   **41**
rechtigt sein sollen, insbesondere das Lebensalter oder eine bestimmte Dauer der
Betriebszugehörigkeit, können festgelegt werden.

Die Form des Antrags (schriftlich oder formlos), eine Antragsfrist und ggf.   **42**
Rücktrittsmöglichkeiten können vorgegeben werden.

Es besteht die Möglichkeit, verbindlich entweder das Blockmodell oder das Kon-   **43**
tinuitätsmodell bei der Ausgestaltung der Altersteilzeit vorzugeben oder beide
Varianten anzubieten.

Die mögliche Länge der Altersteilzeit ist festzulegen, eine Mindestdauer und eine   **44**
Höchstdauer kann festgeschrieben werden.

Üblich ist es auch, eine Quote zur Beschränkung der Inanspruchnahme festzule-   **45**
gen. Dabei ist eine starre Quotenregelung möglich oder auch eine jährliche Festlegung durch die Betriebsparteien anhand vorgegebener Parameter.

Für den Fall, dass die Altersteilzeit-Quote bei mehreren geltend gemachten An-   **46**
sprüchen überschritten wird, sollte durch die Betriebsparteien eine Festlegung
erfolgen, welche Antragsteller an der Altersteilzeit teilnehmen können. Hierfür
ist die Festlegung eines Stichtages erforderlich. Sodann müssen Auswahlkriterien
bestimmt und deren Reihenfolge festgelegt werden. Als Kriterien kommen beispielsweise in Betracht:

- besondere körperliche Belastung der Tätigkeit (Heben, Tragen, Stehen)
- Dauer der Betriebszugehörigkeit
- Lebensalter
- Schwerbehinderung

Entstehende Wertguthaben sind nach § 8a ATG gegen das Risiko einer Zahlungs-   **47**
unfähigkeit des Arbeitgebers abzusichern.

Die Betriebsparteien müssen auch festlegen, ob es für den Arbeitgeber die Mög-   **48**
lichkeit der Ablehnung eines Antrags aus betrieblichen Gründen geben soll. Aus
Arbeitnehmersicht sollte eine solche Regelung eher nicht erfolgen. Falls es unumgänglich ist, sollte eine Ablehnung nur aus bestimmten sachlichen Gründen möglich sein. Eine reine Ermessensentscheidung des Arbeitgebers oder eine
»Kann«-Regelung ist nicht vorzugswürdig.

Arbeit auf Abruf

I. Einführung

1 Arbeit auf Abruf liegt vor, wenn vertraglich vereinbart ist, dass die Arbeitsleistung entsprechend dem Arbeitsanfall erbracht werden muss (§ 12 Abs. 1 TzBfG). Teilweise wird auch der Begriff »**KAPOVAZ**« (kapazitätsorientierte variable Arbeitszeit) verwendet. Die Verwendung solcher Regelungen in Arbeitsverträgen trägt in aller Regel ausschließlich dem Bedürfnis der Arbeitgeber Rechnung, die an einem flexiblen Einsatz der Arbeitnehmer interessiert sind. Die Erwähnung des Begriffs »Arbeitsanfall« bedeutet in diesem Zusammenhang nicht, dass der Arbeitgeber einen bestimmten, erhöhten Arbeitsanfall nachweisen muss; vielmehr hat der Arbeitgeber das Recht, die Arbeitsleistung des Arbeitnehmers innerhalb der im Gesetz oder der im Arbeitsvertrag geregelten Schranken abzurufen. Arbeit auf Abruf ist nur bei Teilzeitkräften und nicht bei Vollzeitkräften möglich. Dies folgt aus der Verortung der Regelung im zweiten Abschnitt des TzBfG.

2 Arbeit auf Abruf ist keine Randerscheinung. Nach einer Studie des DGB leisteten in 2014 rund 5 % der Arbeitnehmer Arbeit auf Abruf. Nach dieser Studie sind in den Branchen Gastronomie und personenbezogenen Dienstleistungen sowie im Einzelhandel variable Arbeitszeiten, die sich am Kundenaufkommen orientieren, besonders häufig. Innerhalb der Arbeitnehmergruppe, die im Rahmen eines Minijobs tätig sind, arbeiten rund 13 % Arbeit auf Abruf. Die Studie kommt zu dem Ergebnis, dass aus arbeitsmarktpolitischer Sicht eine Streichung des § 12 TzBfG notwendig ist.[1]

---

1 DGB, Arbeitsmarkt aktuell Nr. 6/September 2016 S. 1.

II. Einzeldarstellung

§ 12 TzBfG schränkt die Arbeit auf Abruf ein, damit die Arbeitnehmer nicht   **3**
schutzlos dem einseitigen Bestimmungsrecht der Arbeitgeber ausgeliefert sind.
Nach § 12 TzBfG ist die Dauer der wöchentlichen und täglichen Arbeitszeit in
den Arbeitsverträgen zu vereinbaren. Ist die Dauer der wöchentlichen Arbeitszeit
nicht vereinbart, gilt eine Arbeitszeit von zehn Stunden pro Woche als vereinbart. Ist die Dauer der täglichen Arbeitszeit nicht festgelegt, muss der Arbeitgeber mindestens eine tägliche Arbeitszeit von drei Stunden abrufen. Zulässig ist
es aber, durch Arbeitsvertrag eine Arbeitszeit von weniger als zehn Stunden pro
Woche zu vereinbaren, oder aber, dass bei Abruf eine tägliche Arbeitszeit von
acht Stunden zu erbringen ist.

1. Dauer der Arbeitszeit

Im Arbeitsvertrag ist eine bestimmte wöchentliche Arbeitszeit zu vereinbaren.   **4**
Dies kann auch mündlich geschehen. Der Arbeitgeber muss die wesentlichen
Arbeitsbedingungen, also auch die Dauer der Arbeitszeit schriftlich niederlegen
und dem Arbeitnehmer aushändigen (§ 2 Abs. 1 NachwG). Eine klare und eindeutige Formulierung ist erforderlich.
Fehlt eine solche Vereinbarung, ist der mutmaßliche Wille der Vertragsparteien   **5**
zu ergründen. Entscheidend hierbei ist die tatsächliche Durchführung des Arbeitsverhältnisses in der Vergangenheit. Hat ein Arbeitnehmer – ohne ausdrückliche Vereinbarung – im Jahresdurchschnitt jeweils 30 Stunden pro Woche gearbeitet, ist eine Vereinbarung von 30 Wochenstunden anzunehmen. Ein Rückgriff
auf die Mindestdauer von zehn Stunden würde zu einer unangemessenen Benachteiligung des Arbeitnehmers führen.[2] Diese Arbeitszeitdauer gilt dann auch
für die Zukunft. Ein Rückgriff auf die **Mindestdauer** von zehn Stunden greift daher nur dann, wenn sich eine vertragliche Dauer in keiner Weise ermitteln lässt.

2. Lage der Arbeitszeit

Ob zur Festlegung der vereinbarten Arbeitszeit auch die Lage der Arbeitszeit ge-   **6**
hört, ist umstritten. Da Arbeit auf Abruf eine Besonderheit darstellt, die den Fle-
xibilisierungswünschen des Arbeitgebers Rechnung tragen soll, gehört die Festlegung der Lage der Arbeitszeit nach h. M. nicht zu den vom Arbeitgeber nieder-
zulegenden wesentlichen Arbeitsbedingungen. D. h., solange der Arbeitgeber die

---

2 BAG 7. 12. 2005 – 5 AZR 535/04.

im Gesetz vorgesehene Mindestankündigungsfrist einhält, muss der Arbeitnehmer seine Tätigkeit aufnehmen.

3. Ungleichmäßige Verteilung der vereinbarten Arbeitszeit

7 Unklar ist auch, ob die vereinbarte Wochenarbeitszeit in jeder Woche abgerufen werden kann oder ob es zulässig ist, einen Bezugszeitraum festzulegen, innerhalb dessen die vertragliche durchschnittliche wöchentliche Arbeitszeit eingehalten werden muss. Nach diesseitiger Auffassung ist die Festlegung eines Bezugszeitraums statt einer fest vereinbarten wöchentlichen Arbeitszeit nur zulässig, wenn der Bezugszeitraum ausdrücklich im Arbeitsvertrag festgelegt wurde und nicht unangemessen lang ist. Anderenfalls kann es zu einer unangemessenen Benachteiligung des Arbeitnehmers kommen.

> **Beispiel:**
> Es ist eine wöchentliche Arbeitszeit von zehn Stunden pro Woche vereinbart, also ca. 40 Stunden im Monat.

8 Wäre eine uneingeschränkte Verteilung der Arbeitszeit zulässig, könnte der Arbeitgeber den Arbeitnehmer in einem Monat ca. 80 Stunden arbeiten lassen und im Monat danach nicht mehr. Die durchschnittliche Arbeitszeit von zehn Stunden pro Woche wäre dennoch eingehalten.

4. Kombination von Mindestdauer und zusätzlich abrufbarer Arbeitszeit

9 Zulässig soll nach der Rechtsprechung des BAG auch eine Regelung sein, nach der eine Mindestdauer der wöchentlichen Arbeitszeit festgelegt ist und zusätzliche Flexibilisierungsanteile vom Arbeitgeber bei Bedarf abgerufen werden können. Der Flexibilisierungsanteil darf höchstens 25 % der geschuldeten Mindestarbeitszeit betragen.[3]

> **Beispiele:**
> 1. Es wird eine Mindestarbeitszeit von 30 Stunden pro Woche vereinbart und darüber hinaus werden 7,5 Stunden (25 % von 30) vereinbart, die der Arbeitgeber abrufen kann, aber nicht muss. Eine solche Regelung ist nach der Rechtsprechung des BAG zulässig.
> 2. Es wird eine Mindestarbeitszeit von 30 Stunden vereinbart, jedoch soll der Arbeitgeber das Recht haben, diese Arbeitszeit um zehn Stunden (33,33 % von 30) zu erhöhen. Eine solche Regelung ist nach der Rechtsprechung unzulässig.

---

3 BAG 7. 12. 2005 – 5 AZR 535/04.

Die Rechtsprechung des BAG zur Zulässigkeit der Vereinbarung einer Mindest-   **10**
arbeitszeit wird zu Recht kritisiert. Nach älterer Rechtsprechung des BAG sind
arbeitsvertragliche Regelungen gemäß § 134 BGB nichtig, die den Arbeitgeber
berechtigen, bei vergütungsabhängiger Arbeitszeit die Arbeitszeitdauer einseitig
zu verändern. Die Regelung der beiderseitigen Hauptleistungspflichten gehört
zum Kernbereich des Arbeitsverhältnisses und ist lediglich durch Gesetz, Kollek-
tiv- oder Einzelarbeitsvertrag gestaltbar. Der Umfang der Arbeitspflicht kann daher im Wege des Direktionsrechts nicht geregelt werden. Das Direktionsrecht erstreckt sich niemals auf die Vergütungsseite des Arbeitsvertrages.[4]

Nach dieser Rechtsprechung war es unbestritten, dass der Arbeitgeber die Dauer   **11**
der Arbeitszeit nicht einseitig bestimmen kann. Die Regelungen zur Arbeit auf
Abruf (§ 12 TzBfG) haben daran nichts geändert. Vielmehr wurde der Schutz der
Arbeitnehmer vor Arbeit auf Abruf verstärkt. Es wurde geregelt, dass im Arbeitsvertrag eine bestimmte Dauer der wöchentlichen und täglichen Arbeitszeit festgelegt werden muss. Seitdem Arbeitsverträge nach den Grundsätzen der allgemeinen Geschäftsbedingungen geprüft werden, hat dies die Rechtsprechung verändert, obwohl die gesetzliche Regelung zur Arbeit auf Abruf nicht geändert
wurde. Das TzBfG ist eine spezialgesetzliche Regelung für Teilzeitkräfte, die
durch die Regelungen zu den allgemeinen Geschäftsbedingungen nicht eingeschränkt werden sollte. Die in § 12 TzBfG verlangte vertragliche Festlegung der
Dauer der Arbeitszeit sollte ein einseitiges Bestimmungsrecht des Arbeitgebers
über den Umfang der Arbeitszeit ausschließen. Dies ist nicht gewährleistet, wenn
dem Arbeitgeber ein einseitiges Bestimmungsrecht – wenn auch eingeschränkt –
eingeräumt wird.

5.   Tägliche Arbeitszeit

Ist die Dauer der täglichen Arbeitszeit im Arbeitsvertrag nicht festgelegt, muss   **12**
der Arbeitgeber täglich mindestens drei Stunden abrufen. Dadurch soll der Arbeitnehmer vor großen Belastungen aufgrund kurzer Einsätze oder einer Zerstü-
ckelung der Arbeit geschützt werden. Diese Regelung kann jedoch aufgrund ein-
zelvertraglicher Vereinbarung verändert werden, wenn im Arbeitsvertrag z. B.
geregelt ist, dass immer mindestens zwei Stunden am Stück abgerufen werden.
Dann ist der Arbeitgeber nur noch in der Festlegung der Tage flexibel. Regelungen, die dem Arbeitgeber ohne vertragliche Regelung das Recht einräumen, auch
kürzere Stundenkontingente als drei Stunden abzurufen, sind unzulässig. Ist vertraglich keine tägliche Mindestarbeitszeit vereinbart und ruft der Arbeitgeber

---

4 BAG 12.12.1984 – 7 AZR 509/83; BAG 31.1.1985 – 2 AZR 393/83.

weniger als drei Stunden ab, hat der Arbeitnehmer Anspruch auf Vergütung für drei Stunden.

6. Mindestankündigungsfrist

13 Bei der Festlegung des Arbeitseinsatzes muss der Arbeitgeber die Mindestankündigungsfrist (§ 12 Abs. 2 TzBfG) berücksichtigen. Der Arbeitgeber muss einen Arbeitseinsatz vier Tage vorher ankündigen, um dem Arbeitnehmer die Planung des Einsatzes zu ermöglichen. Die Vereinbarung einer kürzeren Ankündigungsfrist ist unwirksam. Der Inhalt der Mitteilung richtet sich nach der vertraglichen Vereinbarung. Ist eine feste wöchentliche Arbeitszeit vereinbart, muss nur noch Beginn und Ende der täglichen Arbeitszeit mitgeteilt werden. Für die Mitteilung kommt es auf den Zugang beim Arbeitnehmer an.

14 Für die Fristberechnung, ob die Mindestankündigungsfrist eingehalten ist, sind die §§ 186 ff. BGB anzuwenden. Folgende **Ankündigungsfristen** sind einzuhalten:

Geplanter Arbeitseinsatz:	Letzter Tag für den Zugang der Mitteilung:
Montag	Mittwoch
Dienstag	Donnerstag
Mittwoch	Freitag
Donnerstag	Freitag (rechnerisch Samstag, aber wegen § 193 BGB)
Freitag	Freitag (rechnerisch Sonntag, aber wegen § 193 BGB)
Samstag	Montag
Sonntag	Dienstag

15 Fällt der Tag der Mitteilung rechnerisch auf einen Feiertag, ist der Zugang am vorgehenden Tag (falls kein Sonntag oder Samstag) zu bewirken.

7. Widerruf oder Änderung eines erfolgten Abrufs

16 Die Ankündigung des Abrufs ist die Ausübung des Direktionsrechts des Arbeitgebers. Der erfolgte Abruf kann nach allgemeiner Auffassung jederzeit einseitig widerrufen werden.[5] In einem solchen Fall ist jedoch auch auf den Widerruf der Rechtsgedanke des § 12 Abs. 2 TzBfG anzuwenden. Dies bedeutet im Einzelfall,

---

5 ErfK-*Preis*, TzBfG, § 12 Rn. 28.

dass der Arbeitgeber in der Regel auch beim Widerruf eine Mindestankündigungsfrist von vier Tagen einzuhalten hat.[6] Kommt der Widerruf zu spät, gilt die ursprünglich angekündigte Zeit. Bei der Neufestlegung des Abrufs der Arbeit ist dann entsprechend § 12 Abs. 2 TzBfG erneut die Ankündigungsfrist von vier Tagen einzuhalten.

III. Hinweise für die Mitbestimmung

Gewerkschaften, Betriebsräte und Personalräte können Arbeit auf Abruf begrenzen. Gewerkschaften, indem sie weiterhin keine Tarifverträge abschließen, die die im § 12 Abs. 3 TzBfG geregelten Verschlechterungsmöglichkeiten beinhalten. Darüber hinaus gibt es Beispiele, nach denen Arbeit auf Abruf durch Tarifvertrag wirksam eingeschränkt werden kann. Im MTV für die Arbeitnehmer im Hessischen Einzelhandel wurde Arbeit auf Abruf wirksam untersagt. Nach § 2a MTV ist eine gewisse Flexibilisierung nur zulässig, wenn eine systematische Arbeitseinteilung vorgenommen wird. Andere abweichende Regelungen sind nur durch Betriebsvereinbarung zulässig, wenn eine systematische und im Voraus planbare Arbeitszeitregelung vereinbart wird. In Betrieben ohne Betriebsrat muss eine entsprechende Vereinbarung mit den betroffenen Beschäftigten getroffen werden. Damit ist ein umfassender Schutz vor Arbeit auf Abruf im Tarifvertrag angelegt.

17

Auch wenn kein Tarifvertrag gilt, haben Betriebsräte einen großen Einfluss. Sie können ihr Mitbestimmungsrecht nach § 87 Abs. 1 Nr. 2 BetrVG ausüben und Regelungen zur Festlegung der Arbeitszeit treffen und in diesem Zusammenhang Arbeit auf Abruf verweigern. Gleiches gilt für Personalräte gemäß § 75 Abs. 3 BPersVG. Dies hat keinen Einfluss auf den mit dem Arbeitnehmer geschlossen Arbeitsvertrag. Faktisch kann aber durch die Ausübung des Mitbestimmungsrechts bei der Arbeitszeit Arbeit auf Abruf verhindert werden. Das BAG hat schon im Jahre 1988 entschieden, dass sich das Mitbestimmungsrecht für Teilzeitkräfte auf die Festlegung der Dauer der täglichen Arbeitszeit und die Verteilung der Arbeitszeit auf die einzelnen Wochentage erstreckt.[7] Damit kann für Teilzeitkräfte – und um solche handelt es sich regelmäßig – eine feste Arbeitszeit durch Betriebsvereinbarung festgelegt werden.

18

---

6 ArbG Berlin 5.10.2012 – 28 Ca 10243/12, für den Fall des bereits ausgeübten Weisungsrechts des Arbeitgebers nach § 106 GewO zur Lage der Arbeitszeit.
7 BAG 28.9.1988 – 1 ABR 41/87.

IV. Eckpunkte für Betriebs- und Dienstvereinbarungen

19   In einer Betriebsvereinbarung über Arbeit auf Abruf sollten die folgenden
Punkte angesprochen werden:
- feste Arbeitszeiten oder zumindest planbare Arbeitszeitregelungen auch für
  Teilzeitkräfte, z. B. feste Freizeit- und feste Arbeitstage
- Monatspläne auch für Arbeitnehmer, die Arbeit auf Abruf vereinbart haben
- keine Änderung der festgelegten Arbeitszeiten ohne Zustimmung des Betriebsrats bzw. des Personalrats

Arbeitszeitbeschränkung nach dem SGB IX

I. Einführung

Schwerbehinderte Menschen sind auf ihr Verlangen von **Mehrarbeit** freizustel- 1
len (§ 124 SGB IX). Diese Regelung soll schwerbehinderte Menschen vor einer
Überbeanspruchung schützen. Eine Überbeanspruchung muss nicht objektiv
vorliegen; vielmehr geht der Gesetzgeber davon aus, dass Schwerbehinderte vor
weiteren gesundheitlichen Gefahren durch überlange Arbeitszeiten von mehr als
acht Stunden täglich zu schützen sind. Die Regelung dient dem vorbeugenden
Gesundheitsschutz.

II. Einzeldarstellung

Das Recht auf Freistellung von Mehrarbeit gilt sowohl für schwerbehinderte 2
Menschen als auch für Menschen, die den Schwerbehinderten nach § 2 Abs. 3
SGB IX gleichgestellt sind. Dies ergibt sich aus § 68 Abs. 3 SGB IX.
Die Regelung des § 124 SGB IX überlässt es dem schwerbehinderten Menschen 3
selbst, ob er Mehrarbeit leisten will oder nicht. Es handelt sich also nicht um eine
Verbotsnorm, sondern um einen Rechtsanspruch der schwerbehinderten Ar-
beitnehmer.

1. Definition von Mehrarbeit

Das Recht, sich von Mehrarbeit freistellen zu lassen, bezieht sich nur auf die 4
Länge der Arbeitszeit und nicht auf andere Faktoren, wie z. B. die Lage der
Arbeitszeit. **Schwerbehinderte Menschen** können deshalb uneingeschränkt zu
Wechselschicht herangezogen werden, es sei denn, diese kann aus anderen Grün-
den nicht geleistet werden. Umstritten ist, wann Mehrarbeit i. S. d. § 124 SGB IX

beginnt. Nach der Rechtsprechung[1] und der überwiegenden Auffassung in der Literatur beginnt Mehrarbeit, wenn die Grenze von acht Stunden pro Werktag (§ 3 Satz 1 ArbZG) überschritten wird. Bei der Berechnung, ob die werktägliche Arbeitszeit von acht Stunden überschritten wird, ist auf den Arbeitszeitbegriff des § 2 Abs. 1 ArbZG abzustellen. Arbeitszeit ist danach die Zeit vom Beginn bis zum Ende der Arbeit ohne die Ruhepausen. Zur Arbeitszeit zählen auch Bereitschaftsdienst und Rufbereitschaft.

5   Arbeiten schwerbehinderte Menschen in Teilzeit, hängt die Möglichkeit der Freistellung von der Mehrarbeit von der Gestaltung der Arbeitszeit ab. Arbeiten schwerbehinderte Menschen z. B. an drei Tagen in der Woche acht Stunden (24 Stunden pro Woche), können sie sich an den Arbeitstagen von der Mehrarbeit befreien lassen. Sie könnten jedoch an Tagen, an denen sie normalerweise nicht arbeiten, zur Mehrarbeit herangezogen werden.

2.   Geltung des § 124 SGB IX für Beamte

6   Nach Auffassung des BVerwG gilt § 124 SGB IX grundsätzlich auch für schwerbehinderte Beamte. Bei diesen soll Mehrarbeit aber erst dann beginnen, wenn die regelmäßige Arbeitszeit von Beamten von 41 bzw. 42 Stunden pro Woche überschritten wird. Eine einheitliche Definition des gesetzlichen Begriffs der Mehrarbeit oder ein Verständnis dieses Begriffes im Sinne einer Festlegung auf eine bestimmte tägliche oder wöchentliche Stundenzahl habe der Gesetzgeber in Kenntnis der unterschiedlichen Ausgestaltungen der regelmäßigen Arbeitszeit bewusst unterlassen.[2]

7   Auch soll § 124 SGB IX nicht für gleichgestellte behinderte Beamte gelten. Die Systematik der Verordnung über die Arbeitszeit von Beamtinnen und Beamten des Bundes (AZV) spreche gegen die Einbeziehung von gleichgestellten behinderten Menschen in den Anwendungsbereich des § 3 Abs. 1 Satz 2 AZV. Ferner mache es der Zweck der Gleichstellung, nämlich die Gewährleistung der Teilhabe von behinderten Menschen am Arbeitsleben, gerade nicht erforderlich, die AZV so auszulegen, dass diese Vergünstigung auch für gleichgestellte behinderte Menschen gelte.[3]

3.   Verlangen

8   Die **Freistellung von der Mehrarbeit** setzt ein Verlangen des Arbeitnehmers voraus. Einer Begründung bedarf das Verlangen nicht. Formvorschriften bestehen

---

1 BAG 3. 12. 2002 – 9 AZR 462/01.
2 BVerwG 29. 7. 2010 – 2 C 17/09.
3 BVerwG 29. 7. 2010 – 2 C 17/09.

nicht. Zu Beweiszwecken empfiehlt es sich jedoch, das Verlangen schriftlich zu stellen und sicherzustellen, dass der Zugang nachgewiesen werden kann. Von der gesetzlichen Regelung kann nicht durch Arbeitsvertrag abgewichen werden.

4. Mehrarbeit bei Notfällen

Umstritten ist, ob die Regelung auch in **Notfällen** oder **außergewöhnlichen Fällen** Anwendung findet. In der Literatur wird teilweise vertreten, dass die im ArbZG geregelten Ausnahmen in außergewöhnlichen Fällen und Notfällen (§ 14 ArbZG) keine Anwendung finden, da dies dem Schutzzweck des § 124 SGB IX zuwider laufe. Andere vertreten die Auffassung, dass die Geltendmachung dieses Rechts in einem außergewöhnlichen Fall oder Notfall rechtsmissbräuchlich sei. Gerichtlich wurde ein solcher Fall bisher nicht entschieden, da in den allermeisten Fällen ein Notfall oder ein außergewöhnlicher Fall nicht vorliegen wird. Strukturelle Mängel in der Dienstplangestaltung sind regelmäßig nicht geeignet, einen Notfall zu begründen.[4] Auch die Tätigkeit der Rufbereitschaft in einem Dialysezentrum ist kein Notfall i. S. d. § 14 ArbZG. Zu weiteren Beispielen siehe → Notfälle/Außergewöhnliche Fälle Rn. 6 ff. **9**

Wichtig ist es, dass ein Verlangen auf Freistellung von der Mehrarbeit sauber dokumentiert und der Betriebsrat informiert wird. Konflikte um die Freistellung von Mehrarbeit können auch arbeitsrechtliche Konsequenzen nach sich ziehen, wenn Arbeitgeber sich z. B. auf einen Notfall berufen und die Fortsetzung der Arbeit seitens der schwerbehinderten Menschen abgelehnt wird. In einem solchen Fall könnte ein Arbeitgeber sich auf Arbeitsverweigerung berufen und dies zum Anlass für arbeitsrechtliche Konsequenzen nehmen, z. B. eine Abmahnung. In solchen Fällen sollten Betriebsräte und Schwerbehindertenvertretung eingeschaltet werden. Außerdem ist es zu überlegen, den Integrationsfachdienst einzuschalten. Hilft alles nichts, bleibt den Betroffenen nur noch der Klageweg gegen die Maßnahme des Arbeitgebers. **10**

III. Hinweise für die Mitbestimmung

Der Betriebsrat hat ein umfassendes Mitbestimmungsrecht nach § 87 Abs. 1 Nr. 3 BetrVG bei der Anordnung von **Überstunden**. Personalräte können Grundsätze festlegen, nach denen Überstunden angeordnet werden können. Betriebsräte sollten bei der Genehmigung von Überstunden regelmäßig Rücksprache mit den **11**

---

4 BAG 17. 11. 1998 – 1 ABR 12/98.

betroffenen Arbeitnehmern halten, um ggf. in Fällen des § 124 SGB IX zusätzlich zum Verlangen der Arbeitnehmer Überstunden abzulehnen. Dies macht es für betroffene schwerbehinderte Menschen einfacher, ihr Recht auf Freistellung von Mehrarbeit durchzusetzen.

12 Ferner sollten niemals pauschal Überstunden ohne konkreten Fall und entsprechenden Antrag des Arbeitgebers genehmigt werden. Ein Antrag des Arbeitgebers zur Genehmigung muss mindestens die Namen der Mitarbeiter enthalten, die Überstunden leisten sollen, den Zeitpunkt der Überstunden (Tag und Uhrzeit) und den Grund, warum diese gewünscht sind.

13 Darüber hinaus könnte eine Regelung in eine Betriebsvereinbarung aufgenommen werden, dass der Betriebsrat zu informieren ist, wenn schwerbehinderte Menschen ein Verlangen auf Befreiung von der Mehrarbeit gestellt haben, damit der Betriebsrat dies bei der Genehmigung von Überstunden berücksichtigen kann. Ein solcher Auskunftsanspruch folgt auch aus § 80 Abs. 2 BetrVG.

IV. Eckpunkte für Betriebs- und Dienstvereinbarungen

14 In eine Betriebsvereinbarung sollten die folgenden Punkte aufgenommen werden:

- Jede Überstunde bedarf der vorherigen Genehmigung durch den Betriebsrat.
- Der Betriebsrat ist durch den Arbeitgeber zu informieren, wenn schwerbehinderte oder gleichgestellte behinderte Menschen von der Leistung von Mehrarbeit freigestellt werden wollen.
- Schwerbehinderte oder gleichgestellte behinderte Menschen sind auch in außergewöhnlichen Fällen oder Notfällen auf Wunsch von Mehrarbeit freizustellen.

Arbeitszeitkonten

I. Einführung

Arbeitszeitkonten sind kein eigenständiges Arbeitszeitmodell. Sie sind vielmehr **1** ein Instrument dafür, vor allem im Rahmen von flexiblen Arbeitszeitmodellen, die Arbeitszeit zu verwalten und die tatsächlich geleisteten Arbeitszeiten gegen die Sollarbeitszeit, also die vertraglich geschuldete Arbeitszeit, abzugleichen, um so Plus- und Minusstunden zu erfassen. Aus der Gegenüberstellung der tatsächlich geleisteten Arbeitszeit mit der Sollarbeitszeit ergibt sich der Arbeitszeitsaldo, der für den Entgeltanspruch und für den Umfang der weiteren Arbeitspflicht in dem vereinbarten Zeitraum maßgeblich ist. Damit drückt das Arbeitszeitkonto den Entgeltanspruch der Beschäftigten auf eine andere Art und Weise aus.[1]

Dabei werden zwei verschiedene Typen von Arbeitszeitkonten unterschieden: **2** zum einen die – am häufigsten genutzten – Arbeitszeitkonten, die der flexiblen Gestaltung der täglichen oder wöchentlichen Arbeitszeit dienen, und zum anderen Langzeitkonten, bei denen bereits bei Abschluss der Vereinbarung feststeht, dass diese für eine längere bezahlte Freistellungsphase genutzt werden (auch Lebensarbeitszeitkonto genannt). Während bei ersteren in der Regel das Bedürfnis der Arbeitgeber im Vordergrund steht, die Arbeitsleistung zu einem Zeitpunkt abzurufen, wenn tatsächlich Arbeit vorhanden ist, werden bei den Langzeitkonten auch persönliche Belange der Beschäftigten zur Gestaltung ihrer Lebenszeit berücksichtigt.

Beide Typen unterliegen unterschiedlichen Regelungen, die im Folgenden darge- **3** stellt werden.

---

1 BAG 11.2.2009 – 5 AZR 341/08; BAG 10.11.2010 – 5 AZR 766/09.

II. Einzeldarstellung

1. Arbeitszeitkonten

4 Viele Formen der flexiblen Arbeitszeitgestaltung machen es notwendig, die schwankenden Arbeitszeiten auf einem Arbeitszeitkonto zu erfassen. Dabei dienen die Arbeitszeitkonten sehr unterschiedlichen Zwecken und müssen daher unterschiedlich ausgestaltet sein. Hierbei sind immer die Art der Arbeitszeit, die in dem Konto erfasst wird, und der Ausgleichszeitraum in die Betrachtung einzubeziehen und entsprechende Regelungen zu treffen. Häufige Formen solcher Konten sind Gleitzeitkonten, Mehrarbeitszeitkonten, Jahresarbeitszeitkonten oder sog. Flexi-Konten.

a. Rechtgrundlagen für das Führen eines Arbeitszeitkontos

5 Das Führen solcher Arbeitszeitkonten erfordert eine **Rechtsgrundlage**, also eine Rechtsnorm, die den Arbeitgeber berechtigt, ein solches Konto zu führen und damit die vereinbarte Arbeitszeit im Rahmen der festgelegten Regeln zu flexibilisieren. Ein Gesetz, das dem Arbeitgeber befugt, ein solches Konto zu führen, existiert nicht. Somit bleiben als Rechtsgrundlage – wie immer im Arbeitsrecht – ein Tarifvertrag, eine Betriebs- oder Dienstvereinbarung sowie der Arbeitsvertrag. Häufig enthalten **Arbeitsverträge** nur Regelungen zum Umfang der regelmäßigen Arbeitszeit. Die wenigsten Arbeitsverträge enthalten Regelungen über die Lage der zu erbringenden Tätigkeit. Die Konkretisierung der Lage der Arbeitszeit obliegt in solchen Fällen damit dem Arbeitgeber im Rahmen seines Direktionsrechts (§ 106 GewO).

6 Enthält der Arbeitsvertrag keine Regelung zur Flexibilisierung der vertraglich vereinbarten Arbeitszeit, kann der Arbeitgeber die Lage der Arbeitszeit nur in dem vereinbarten Zeitraum anordnen. Ist also eine Wochenarbeitszeit vereinbart, kann er den vereinbarten Umfang der Arbeitszeit nur innerhalb einer Woche verteilen. Ist darüber hinaus eine 5-Tage-Woche vereinbart, kann er die Wochenarbeitszeit nur auf die vereinbarten fünf Tage und nicht auf sechs verteilen. Die Flexibilisierung der Arbeitszeit und damit die Notwendigkeit, ein Arbeitszeitkonto zur Verwaltung der ungleichmäßig verteilten Arbeitszeit zu führen, bedürfen in solchen Fällen einer weiteren Vereinbarung oder einer anderen Rechtsgrundlage.

7 Eine solche Rechtsgrundlage kann ein **Tarifvertrag** sein. Viele Tarifverträge sehen vor, dass die vereinbarte Wochen- oder Monatsarbeitszeit ungleichmäßig verteilt werden kann. Diese Regelungen finden sich dann jeweils in den Mantel- oder Rahmentarifverträgen. Einige Tarifverträge lassen etwa ausdrücklich Gleitzeit zu, z. B. § 2 V MTV Chemie (West). Nahezu alle Tarifverträge enthalten Regelungen, wonach es erlaubt ist, die Arbeitszeit ungleichmäßig zu verteilen, wobei immer ein Ausgleichszeitraum vereinbart ist, indem die vereinbarte Wochen-arbeitszeit im Durchschnitt erreicht sein muss. Häufig ist dieser Ausgleichszeit-raum gegenüber den Regelungen des ArbZG verlängert und beträgt zwölf Mo-nate. Manchmal sind auch noch längere Ausgleichszeiträume möglich, etwa in der westdeutschen chemischen Industrie, wo gemäß § 2 I MTV Chemie (West) auf Grundlage einer freiwilligen Betriebsvereinbarung ein Ausgleichszeitraum von bis zu 36 Monaten vereinbart werden kann. Ein weiteres Beispiel ist das im Manteltarifvertrag der Leiharbeitsbranche vorgesehene Arbeitszeitkonto, das im Einzelfall einen Ausgleichszeitraum von 15 Monaten vorsieht (§ 4.4 MTV BAP).

Einige Tarifverträge enthalten die Möglichkeit, Arbeitszeitkorridore zu vereinba-ren. So sehen beispielsweise die Tarifverträge des öffentlichen Dienstes die Mög-lichkeit vor, einen Arbeitszeitkorridor von bis zu 45 Stunden pro Woche zu ver-einbaren, wenn im Ausgleichszeitraum von zwölf Monaten die tarifliche Wo-chenarbeitszeit von 38,5 Stunden im Westen und 40 Stunden im Osten im Durchschnitt erreicht wird (§ 6 TVöD-K, § 7 Ziff. 7 TV-Ärzte/VKA). In der Metallindustrie besteht im Tarifgebiet Baden-Württemberg die Möglichkeit der Einrichtung von flexiblen Arbeitszeitkonten auf der Grundlage einer freiwilligen Betriebsvereinbarung, um die betrieblichen Auslastungsschwankungen auszu-gleichen und so eine verstetigte Beschäftigungssituation zu erreichen. In die-sen Fällen ist kein Höchstzeitraum für einen Ausgleichszeitraum vorgesehen (§ 7.7.1.1 MTV der Metallindustrie in Nordwürttemberg/Nordbaden). Hier-durch soll den Anforderungen einer Just-in-time-Produktion vor allem in der Automobilzulieferindustrie Rechnung getragen werden. **8**

Fast alle Tarifverträge sehen die Möglichkeit vor, Schicht- und auch Wechsel-schicht zu arbeiten, wobei für die Nachtschichten häufig längere Arbeitszeiten als die regelmäßige tägliche Sollarbeitszeit zugelassen sind. Alle diese Regelungen sind solche, die die regelmäßige Wochen- oder Monatsarbeitszeit stark flexibili-sieren. Alle Tarifverträge lassen die Möglichkeit von Mehrarbeit zu. In allen die-sen Fällen ist das Führen eines Arbeitszeitkontos notwendig, um die tatsäch-lich geleistete Arbeit der vertraglich vereinbarten Arbeitszeit gegenüber zu stel-len und festzustellen, wie viel der vertraglich vereinbarten Arbeitszeit bereits er-bracht ist bzw. noch zu erbringen ist. Diesem Umstand tragen die Tarifverträge Rechnung und sehen die Möglichkeit der Einrichtung und des Führens von Ar-beitszeitkonten vor. **9**

Fast alle Tarifverträge übertragen die Ausgestaltung der konkreten betrieblichen Regelungen zur Flexibilisierung der Arbeitszeit den Betriebsparteien. Die Tarif-verträge enthalten dabei meistens nur einige Grundsätze, wie beispielsweise ein maximales Zeitguthaben oder eine entsprechende Zeitschuld oder Regelungen zur Übertragung von nicht abgebauten Zeitguthaben auf den nächsten Aus-gleichszeitraum. Das bedeutet, dass es immer einer konkreten betrieblichen Re- **10** gelung bedarf, um die tarifvertraglichen Möglichkeiten der Flexibilisierung der Arbeitszeit umzusetzen. Damit einhergeht, dass das Führen eines Arbeitszeitkontos den betrieblichen Regelungen unterliegt. Denn die Regelungen über das Führen des Arbeitszeitkontos müssen die betrieblichen Vereinbarungen über die Flexibilisierung der Arbeitszeit abbilden.

11 Die häufigste Rechtsgrundlage für das Führen von Arbeitszeitkonten sind damit **Betriebsvereinbarungen** und Dienstvereinbarungen. Beide Tarifverträge der Leiharbeitsbranche (§ 4.2 bis 4.6 MTV BAP, § 3.2 MTV iGZ) als auch der Bundesrahmentarifvertrag des Bauhauptgewerbes (§ 3 Ziff. 5.12 bis 5.14 BRTV-BHG) sehen sehr dezidierte Regelungen zum Führen von Arbeitszeitkonten vor, die kaum Spielraum für betriebliche Gestaltungen lassen. In diesen Fällen sind der Tarifvertrag selbst oder ein Arbeitsvertrag, der die tariflichen Regelungen in Bezug nimmt, die Rechtsgrundlage für die Flexibilisierung der Arbeitszeit und das Führen des Arbeitszeitkontos.

b. Grundsätze zum Führen von Arbeitszeitkonten

12 In einem Arbeitszeitkonto werden die tatsächlich geleisteten und die vertraglich vereinbarten, also die von den Beschäftigten geschuldeten Arbeitszeiten festgehalten und gegenübergestellt. Damit drückt das Arbeitszeitkonto aus, in welchem Umfang den Beschäftigten aufgrund ihrer Arbeitsleistung welche Vergütung zusteht bzw. in welchem Umfang sie noch zur Arbeitsleistung verpflichtet sind, um die vertraglich vereinbarte Arbeitszeit zu erfüllen und damit die vereinbarte Vergütung beanspruchen zu können. Das Arbeitszeitkonto bildet damit den Vergütungsanspruch der Beschäftigten in einer anderen Form ab.[2]

13 Dies trifft auch für die Fälle einer stark flexibilisierten Arbeitszeit zu, etwa bei Jahresarbeitszeiten oder Flexi-Arbeit, bei denen das Entgelt der Beschäftigten gleichbleibend, also verstetigt, ausgezahlt wird. Denn in diesen Modellen soll die Flexibilisierung der Arbeitszeit, die aufgrund der schwankenden Auftragslage vereinbart wird, nicht dazu führen, dass die Beschäftigten ein schwankendes und damit für sie nicht berechenbares Entgelt erhalten. Ihnen soll vielmehr das vereinbarte Entgelt regelmäßig zur Verfügung stehen, denn anderenfalls wären sie in ihrer Lebensführung starken wirtschaftlichen Risiken ausgesetzt. Das Arbeitszeitkonto drückt somit in den Fällen einer starken Flexibilisierung der Arbeitszeit den Vergütungsanspruch der Beschäftigten aus, und zwar gerade dann, wenn die Flexibilisierungsmöglichkeit über einen langen Zeitraum vereinbart wurde.

14 Aus dieser Funktion des Arbeitszeitkontos ergibt sich, dass dieses eine **Dokumentationsfunktion** hat: es bildet ab, in welchem Umfang die Beschäftigten ih-

---

2 BAG 11.2.2009 – 5 AZR 341/08; BAG 10.11.2010 – 5 AZR 766/09.

rer Hauptleistungspflicht, der Erbringung ihrer Arbeitsleistung, bisher nachgekommen sind.[3] Aufgrund dieser Dokumentationsfunktion ergeben sich für den Arbeitgeber einige Pflichten. Der Arbeitgeber ist zunächst verpflichtet, das Arbeitszeitkonto **korrekt zu führen** und dabei die vereinbarten Regelungen zu dessen Führung zu beachten.[4] Dabei hat er insbesondere alle geleisteten Arbeitsstunden in das Konto einzustellen.

Einzustellen sind aber auch Zeiten der Nichtarbeit, die aufgrund einer gesetzlichen, tarifvertraglichen oder arbeitsvertraglichen Regelung ohne Verpflichtung zur Nacharbeit als geleistet gewertet werden.[5] Dies sind die Fälle, in denen eine Vergütungspflicht des Arbeitgebers ohne Verpflichtung zur Arbeitsleistung besteht, beispielsweise Urlaubstage, Zeiten der Arbeitsunfähigkeit mit Entgeltfortzahlung, feiertagsbedingter Arbeitszeitausfall, Zeiten vorübergehender Verhinderung gemäß § 616 BGB, widerrufliche oder unwiderrufliche Freistellungen oder Freistellungen nach § 37 Abs. 2 BetrVG. Dabei ist es denkbar, dass nicht jede erbrachte Arbeitsstunde mit dem gleichen Wert eingestellt wird, so können beispielsweise Mehr- oder Feiertagsarbeit höher und Bereitschaftsdienste niedriger bewertet werden.[6] Dies setzt stets eine entsprechende Vereinbarung über die Behandlung der Arbeitszeit voraus. Eine solche Vereinbarung kann sich wiederum aus einem Tarifvertrag, einer Betriebs- oder Dienstvereinbarung oder einem Arbeitsvertrag ergeben. 15

Wegen der Dokumentationsfunktion des Arbeitszeitkontos ist es dem Arbeitgeber zudem verwehrt, einmal eingestellte **Plusstunden** ohne Befugnis **zu streichen** oder mit **Minusstunden zu verrechnen**. Der Arbeitgeber stellt die eingebrachten Stunden durch das Einstellen in das Konto streitlos; das bedeutet, dass einmal in das Arbeitszeitkonto eingestellte Stunden als erbracht gelten.[7] Will er die in das Konto eingestellte Arbeitszeit korrigieren oder mit Minusstunden verrechnen, braucht er dazu eine Befugnis, die sich wiederum nur aus einem Tarifvertrag, einer Betriebs- oder Dienstvereinbarung oder einem Arbeitsvertrag ergeben kann. Ohne eine solche Befugnis ist ein Streichen von eingestellten Plusstunden oder eine Verrechnung mit Minusstunden nicht zulässig.[8] Eine solche zulässige Verrechnung stellt z. B. die Entnahme von Plusstunden auf einem Gleitzeit- oder anderen Zeitkonto bei bezahlter Freistellung im Rahmen einer Betriebs- oder Dienstvereinbarung dar. 16

---

3 BAG 21.3.2012 – 5 AZR 676/11.
4 BAG 19.3.2008 – 5 AZR 328/07; BAG 11.2.2009 – 5 AZR 341/08.
5 BAG 19.3.2008 – 5 AZR 328/07; BAG 11.2.2009 – 5 AZR 341/08.
6 BAG 19.3.2008 – 5 AZR 328/07.
7 BAG 28.7.2010 – 5 AZR 521/09.
8 BAG 21.3.2011 – 5 AZR 676/11.

17 Dabei ist das Einstellen von Minusstunden auf einem Flexi-Konto oder einem Jahresarbeitszeitkonto bei flexibler Arbeitszeitregelung dann zulässig, wenn der Arbeitgeber eine verstetigte Vergütung zahlt (wenn also das vereinbarte Entgelt auch dann bezahlt wird, wenn wegen fehlender Aufträge die Arbeitsleistung nicht abgerufen wird), denn dann stellen sich die Minusstunden als einen Vorschuss auf das Arbeitsentgelt dar.[9] Voraussetzung ist jedoch immer eine entsprechende Vereinbarung, die den Arbeitgeber hierzu ermächtigt.

18 In der Leiharbeitsbranche stellt sich die branchenspezifische Frage, ob der Verleiher während einer verleihfreien Zeit das Arbeitszeitkonto des Leiharbeitnehmers durch bezahlte Freistellung mit Minusstunden belasten darf. Denn das Zeitguthaben wurde nur deshalb aufgebaut, weil der Leiharbeitnehmer im bisherigen Kundenbetrieb aufgrund der Anforderung des Kunden mehr gearbeitet hat, als arbeitsvertraglich vereinbart. Der Abbau soll nur deshalb erfolgen, weil der Verleiher keinen neuen Auftrag hat. Als Verleiher ist es jedoch sein wirtschaftliches Risiko, immer genug Aufträge für die von ihm beschäftigten Leiharbeitnehmer zu haben. Nach richtiger Ansicht darf daher eine Verrechnung der Plusstunden auf dem Arbeitszeitkonto in verleihfreien Zeiten nicht erfolgen (zu näheren Einzelheiten siehe → Leiharbeit Rn. 25 ff.

19 Hat der Arbeitgeber zu Unrecht Plusstunden aus dem Arbeitszeitkonto gestrichen, haben die Beschäftigten einen Anspruch auf eine entsprechende **Korrektur**. Diese erfolgt in Form der (Wieder-)Gutschrift der Stunden im Arbeitszeitkonto. In diesen Fällen besteht ein Anspruch auf **Gutschrift** auch dann, wenn die der Führung des Arbeitszeitkontos zu Grunde liegende Vereinbarung (in der Regel eine Betriebs- oder Dienstvereinbarung) keine ausdrückliche Regelung hierfür vorsieht. Denn der Anspruch auf Gutschrift in Fällen der unzulässigen Streichung oder fehlerhaften Führung des Arbeitszeitkontos ist einer Vereinbarung über das Führen eines Arbeitszeitkontos immanent, d. h. sie ist notwendiger Bestandteil der Vereinbarung.[10] Diesen Anspruch auf Gutschrift von nicht berücksichtigten oder zu Unrecht gestrichenen Arbeitsstunden können die Beschäftigten auch arbeitsgerichtlich durchsetzen, wobei sie die möglicherweise im Tarifvertrag oder Arbeitsvertrag (in seltenen Fällen auch in einer Betriebsvereinbarung) geregelten Ausschlussfristen unbedingt beachten müssen, da anderenfalls diese Ansprüche verfallen und nicht mehr erfolgreich durchgesetzt werden können.

20 Ein Tarifvertrag oder eine Betriebsvereinbarung kann ausdrücklich vorsehen, dass Plusstunden, die zum Ende des vereinbarten Ausgleichszeitraums nicht ausgeglichen wurden, verfallen oder gekappt werden. Durch eine solche Verein-

---

9 BAG 26. 1. 2011 – 5 AZR 819/09.
10 BAG 19. 3. 2008 – 5 AZR 328/07; BAG 10. 11. 2010 – 5 AZR 766/09; BAG 21. 3. 2012 – 5 AZR 676/11.

Mittländer

barung kann auch vorgesehen werden, dass Arbeitszeiten, die die gesetzliche Höchstarbeitszeit überschreiten, nicht dem Zeitkonto gutgeschrieben werden. In diesen Fällen ist der Vergütungsanspruch der Beschäftigten jedoch nicht betroffen, d. h. dieser entfällt nicht, sondern bleibt bestehen.[11] Die geleistete Arbeit ist zu vergüten. Das Verfallen sagt lediglich aus, dass diese Arbeitszeiten nicht (mehr) der Mitbestimmung unterfallen. Allerdings ist zu beachten, dass in diesen Fällen die Beschäftigten die volle Beweislast tragen und sie darlegen müssen, dass sie Arbeitsleistungen erbracht haben, die nicht (mehr) auf dem Arbeitszeitkonto erfasst wurden. Dieser Nachweis ist häufig schwierig zu erbringen.

Bei **Beendigung des Arbeitsverhältnisses** ist eine Gutschrift aus dem Arbeits- **21** zeitkonto auszuzahlen. Denn durch die **Gutschrift** kommt zum Ausdruck, dass die Beschäftigten mehr gearbeitet haben, als sie vertraglich schuldeten. Kommt der Arbeitgeber seiner Auszahlungspflicht nicht nach, so können die Beschäftigten unter Einhaltung der im Arbeitsverhältnis ggf. geltenden Ausschlussfristen ihre Ansprüche beim Arbeitsgericht einklagen. Dabei genügt für die Geltendmachung, dass die Beschäftigten darlegen, dass ein Arbeitszeitkonto geführt wurde und dass dieses zum Zeitpunkt der Auszahlung ein Guthaben auswies. Das Guthaben ist der Höhe nach zu beziffern.[12] Das Guthaben ist dann auszuzahlen. Sofern dieses Guthaben als Mehrarbeit zu qualifizieren ist und Zuschläge – etwa auf der Grundlage eines Tarifvertrags – vereinbart sind, sind auch diese auszuzahlen.

Wurde nach dem Ausspruch einer Kündigung oder im Rahmen eines Aufhe- **22** bungsvertrags eine bezahlte **Freistellung** angeordnet oder vereinbart, so ist der Arbeitgeber berechtigt, diese Freistellung gegen das Guthaben zu verrechnen. Eine Verrechnung ist dabei auch möglich, wenn die Beschäftigten während der Freistellung arbeitsunfähig erkrankt sind.[13] Etwas anderes gilt nur, wenn eine Verrechnung ausdrücklich ausgeschlossen wurde. Die Verrechnung mit Zeiten der Freistellung bei gleichzeitiger Arbeitsunfähigkeit ist nur in den seltenen Fällen ausgeschlossen, in denen das Guthaben auf dem Arbeitszeitkonto ausdrücklich zur Verschaffung von zu Erholungszwecken nutzbarer arbeitsfreier Zeit vereinbart wurde.[14]

Bestehen bei **Beendigung des Arbeitsverhältnisses** Minusstunden, so ist der Ar- **23** beitgeber nur dann berechtigt, Nacharbeit zu verlangen oder die Minusstunden mit noch fälligen Entgeltansprüchen zu verrechnen, wenn das Entstehen der **Minusstunden** ausschließlich in der Verantwortung der Beschäftigten liegt.[15] Dies

---

11 BAG 10. 12. 2013 – 1 ABR 40/12.
12 BAG 11. 9. 2003 – 6 AZR 374/02.
13 BAG 11. 9. 2003 – 6 AZR 374/02.
14 BAG 11. 9. 2003 – 6 AZR 374/02.
15 BAG 13. 12. 2000 – 5 AZR 334/99.

ist beispielsweise regelmäßig bei Gleitzeitregelungen der Fall. Können Minusstunden im Rahmen von flexiblen Arbeitszeitregelungen auch vom Arbeitgeber auf der Grundlage einer entsprechenden Vereinbarung angeordnet werden, z. B. beim Bestehen einer Unterauslastung, so hat der Arbeitgeber den Beschäftigten bis zur Beendigung des Arbeitsverhältnisses die Möglichkeit des Nacharbeitens einzuräumen. Gelingt ihm dies nicht, etwa weil keine Arbeit vorhanden ist, so darf er die Minusstunden nicht verrechnen.

c. Besonderheiten bei Arbeitszeitkonten mit langem Ausgleichszeitraum

24 Bei Arbeitszeitkonten, die dazu dienen, die Arbeitszeit an den beim Arbeitgeber bestehenden Beschäftigungsbedarf anzupassen, ergeben sich dann besondere Probleme, wenn ein besonders langer Ausgleichszeitraum vereinbart ist. Diese Probleme können insbesondere dann entstehend, wenn es zudem möglich ist, ein großes Guthaben aufzubauen. In derartigen flexiblen Arbeitszeitmodellen besteht in der Regel die Besonderheit, dass ein verstetigtes Entgelt gezahlt wird. D. h. unabhängig von der tatsächlich erbrachten Arbeitsleistung erhalten die Beschäftigten das vertraglich vereinbarte Entgelt.

25 Zunächst können Freistellungen, die länger als drei Monate andauern, ein **sozialrechtliches Problem** darstellen. Denn ein sozialversicherungsrechtliches Beschäftigungsverhältnis besteht nur dann, wenn eine bezahlte Freistellung nicht länger als drei Monate andauert (§ 7 Abs. 1a SGB IV). Dauert eine Freistellung länger als drei Monate an, so entfällt die Sozialversicherungspflicht auch dann, wenn die arbeitsvertragliche Vergütung fortgezahlt wird. Dies bedeutet, dass in flexiblen Arbeitszeitmodellen die Zeiten der Freistellung immer maximal drei Monate in Folge betragen dürfen. Anderenfalls besteht die Gefahr, aus der Sozialversicherungspflicht herauszufallen, und zwar auch dann, wenn das vertraglich vereinbarte Entgelt fortgezahlt wird. Dies ist insbesondere mit Blick auf die Renten- und Arbeitslosenversicherung von Bedeutung. Hier sollten keine Lücken entstehen, da sich dies negativ auf Ansprüche aus diesen Versicherungen auswirken kann.

26 Ein weiteres Problem kann sich im Falle der **Insolvenz** ergeben. Es besteht nämlich gesetzlich keine Verpflichtung, Wertguthaben aus Arbeitszeitkonten, die der flexiblen Gestaltung der Arbeitszeit dienen, gegen Insolvenz zu schützen. Zeitguthaben auf einem solchen Konto sind daher regelmäßig nicht gegen Insolvenz geschützt und zwar auch dann nicht, wenn sie einen großen Umfang haben. Wird vom Arbeitgeber ein gesondertes Bankkonto eingerichtet, um die Arbeitszeitkonten mit den hierauf eingezahlten Beträgen auszugleichen, so fallen diese im Falle der Insolvenz ebenfalls in die Insolvenzmasse. Die Beschäftigten können keine Aussonderung vom Insolvenzverwalter verlangen, damit dieser mit den auf

dem Konto angesparten Beträgen die aufgelaufenen Arbeitszeitguthaben ausgleicht.[16]

Tarifverträge, die derartige Arbeitszeitkonten ermöglichen, sehen es in der Regel **27** daher verbindlich vor, dass für den Fall der Vereinbarung von Arbeitszeitkonten eine Insolvenzsicherung durch den Arbeitgeber vorgenommen werden muss. Fehlen solche Regelungen, sollten die Betriebsräte hierauf im Rahmen der betrieblichen Regelungen hinwirken. Die auf dem Arbeitszeitkonto angesparten Zeitguthaben finden darüber hinaus bei Zahlung des **Insolvenzausfallgeldes** nur dann Berücksichtigung, wenn diese im Insolvenzgeldzeitraum (also drei Monate vor Insolvenzeröffnung) erarbeitet wurden.[17] Wurde das Guthaben oder Teile des Guthabens in einem Zeitraum, der länger als drei Monate vor der Insolvenzeröffnung liegt, erarbeitet, so finden diese keine Berücksichtigung. Auch dieser Aspekt sollte bei der konkreten Gestaltung der Arbeitszeit berücksichtigt werden.

d. Besonderheiten im Mindestlohngesetz

Schuldet der Arbeitgeber lediglich den gesetzlichen Mindestlohn, so kann ein **28** Arbeitszeitkonto nur geführt und damit die Arbeitszeit flexibilisiert werden, wenn hierüber eine **schriftliche** Vereinbarung getroffen wurde. Die auf das Arbeitszeitkonto eingestellten Stunden dürfen monatlich jeweils 50 % der vereinbarten Arbeitszeit nicht übersteigen. Um dies effektiv kontrollieren zu können, ist es erforderlich, eine Regelung zur geschuldeten Arbeitszeit zu treffen, die ebenfalls der Schriftform bedarf.[18] Weitere Voraussetzung ist, dass die auf das Arbeitszeitkonto fließenden Stunden spätestens innerhalb von zwölf Monaten nach deren Gutschrift entweder in bezahlter Freistellung gewährt werden oder durch Zahlung des Mindestlohns vergütet werden. Der Ausgleichszeitraum beträgt damit maximal zwölf Monate. Bei Beendigung des Arbeitsverhältnisses ist ein nicht ausgeglichenes Guthaben durch Zahlung spätestens einen Kalendermonat nach Beendigung auszuzahlen.

Alle diese Regelungen ergeben sich aus § 2 Abs. 2 MiLoG. Diese sind nicht ab- **29** dingbar, d. h. auf sie kann nicht verzichtet werden und auch ein Tarifvertrag oder eine Betriebs- oder Dienstvereinbarung können diese nicht ausschließen.[19] Eine Insolvenzsicherung des Arbeitszeitguthabens sieht das Gesetz nicht vor, was angesichts des Schutzbedürfnisses dieser Beschäftigtengruppe besonders irritiert.

---

16 BAG 24.9.2003 – 10 AZR 640/03.
17 BSG 25.6.2002 – B 11 AL 90/01 R.
18 Lakies, § 2 Rn. 6.
19 Lakies, § 2 Rn. 5.

2. Langzeitkonto/Wertguthaben

30 Von den Arbeitszeitkonten, die der Flexibilisierung der täglichen oder wöchentlichen Arbeitszeit dienen, sind die sog. Langzeitkonten zu unterscheiden, die auch Lebensarbeitszeitkonten genannt werden. Bei diesen Konten stehen vorrangig die Bedürfnisse der Beschäftigten im Vordergrund, die sich durch ein Ansparen über einen langen Zeitraum die Möglichkeit einer längeren bezahlten Freistellung erarbeiten. Wird ein solches Konto geführt, entsteht für die Beschäftigten ein Anspruch auf bezahlte Freistellung. Diese Zeit der bezahlten Freistellung steht ihnen dann zur persönlichen Lebensgestaltung zur Verfügung. Häufig werden solche Vereinbarungen dazu genutzt, einen früheren Übergang in die Altersrente zu ermöglichen. Denkbar sind auch bezahlte Auszeiten zur Pflege von Angehörigen, Betreuung von Kindern, Durchführung von Weiterbildungen und anderes.

31 Die Beschäftigten bringen in diesen Modellen von ihnen bereits erbrachte Arbeitsleistungen und dabei erworbene Entgeltansprüche in das Konto ein, um die angesammelten Zeiten bzw. Wertguthaben zu einem späteren Zeitpunkt durch bezahlte Freistellung abzurufen. Sie gehen damit in Vorleistung, da sie die Arbeitsleistung bereits erbracht haben, auf die sofortige Auszahlung aber verzichten. Für das Führen eines solchen Langzeitkontos braucht es eine Rechtsgrundlage, auf die sich die Beschäftigten berufen können.

a. Rechtsgrundlagen für das Führen eines Langzeitkontos

32 In den §§ 7b bis 7f SGB IV finden sich Regelungen zu Langzeitkonten, die dort Wertguthabenkonten genannt werden. Die Regelungen wurden zum 1.1.2009 neu gefasst und insbesondere die Absicherung der eingestellten Wertguthaben zum Schutz der Beschäftigten verbessert. Das SGB IV ist ein Gesetz, das dem Sozialrecht zugeordnet ist. Es ist damit nicht Teil des Arbeitsrechts. Zudem hat der Gesetzgeber darauf verzichtet, eine Regelung in das SGB IV aufzunehmen, wonach jeder Beschäftigte von seinem Arbeitgeber die Führung eines Langzeitkontos verlangen kann. Diese Regelungen des SGB IV stellen damit keine Rechtsgrundlage dar, nach der die Beschäftigten das Führen solcher Konten verlangen können. Vielmehr geben die Regelungen vor, dass, wenn auf einer anderen Rechtsgrundlage ein solches Konto geführt wird, eine im SGB IV festgeschriebenen Behandlung und Absicherung der angesammelten Wertguthaben zu erfolgen hat.

33 Eine Rechtsgrundlage für den Anspruch auf Führung eines Langzeitkontos kann sich aus einem **Tarifvertrag**, einer (freiwilligen) Betriebsvereinbarung oder dem Arbeitsvertrag ergeben. Bisher bestehen noch nicht viele Tarifverträge, die das Führen derartiger Konten ermöglichen. Ein solcher Tarifvertrag existiert in der chemischen Industrie. Dort ist im Tarifvertrag Lebensarbeitszeit und Demografie der IG BCE ausdrücklich die Möglichkeit des Führens von Langzeitkonten vorgesehen (§ 8 TV Demo). In der Metallindustrie existieren solche tariflichen Regelungen nicht bundesweit. Jedoch wurden für die Tarifgebiete Baden-Württemberg und Nordrhein-Westfalen solche tariflichen Regelungen im Manteltarif verankert. Auch die Tarifverträge des öffentlichen Dienstes sehen die Möglichkeit vor, Langzeitkonten zu führen (z. B. § 10 Ziff. 6 TVöD/TV-L/TVöD-K).

Allen diesen Tarifverträgen ist gemeinsam, dass die Einführung der tarifvertrag- **34** lich vorgesehenen Langzeitkonten einer Betriebs- oder Dienstvereinbarung bedarf. Darüber hinaus qualifizieren die Tarifverträge eine solche Betriebsvereinbarung als eine freiwillige. Dies bedeutet wiederum, dass die Betriebs- und Personalräte den Abschluss einer solchen Betriebs- oder Dienstvereinbarung zwar verlangen und mit dem Arbeitgeber verhandeln können. Will der Arbeitgeber solche Langzeitkonten jedoch nicht führen, so kann der Betriebs- und Personalrat eine solche Vereinbarung rechtlich nicht erzwingen. Es ist also nicht möglich, eine Einigungsstelle anzurufen, die durch Spruch die Führung solcher Konten festschreibt. Es bedarf also politischer Überzeugungsarbeit, um eine solche betriebliche Regelung durchzusetzen. Wird eine betriebliche Regelung zum Führen solcher Langzeitkonten mit dem Arbeitgeber vereinbart, bildet sie die Rechtsgrundlage, auf die sich die Beschäftigten berufen können.

Auch in nicht tarifgebundenen Betrieben kann durch eine **freiwillige Betriebs-** **35** **vereinbarung** die Möglichkeit geschaffen werden, Langzeitkonten einzuführen. Freiwillig ist eine solche Betriebsvereinbarung deshalb, weil der Arbeitgeber weder durch ein Gesetz noch durch einen Tarifvertrag verpflichtet wird, den Beschäftigten das Führen von Langzeitkonten anzubieten. Freiwillig heißt, dass der Betriebs- oder Personalrat eine solche Betriebsvereinbarung nicht erzwingen, also nicht rechtlich durchsetzen kann. Dort wo solche Betriebsvereinbarungen bestehen, können die Beschäftigten das Führen solcher Konten verlangen.

Schließlich kommt auch der Arbeitsvertrag oder eine Ergänzung zum **Arbeits-** **36** **vertrag** als Rechtsgrundlage für das Führen solcher Langzeitkonten in Betracht. Dies ist eher selten. Zu beachten ist, dass **Altersteilzeit**vereinbarungen jedenfalls im Blockmodell eine Form eines Langzeitkontos darstellen. Denn auch hier erbringen die Beschäftigten in der Arbeitsphase mehr Arbeitsleistung bzw. Arbeitszeit als sie vergütet bekommen. Diese rufen sie dann in der Freistellungsphase ab. Die Behandlung von Altersteilzeit erfolgt jedoch ausschließlich nach den Regelungen des Altersteilzeitgesetzes. Die Regelungen des SGB IV sind im Rahmen der Altersteilzeitverträge nicht anzuwenden.

b. Einzelne Regelungen zu Langzeitkonten

Das Führen eines Langzeitkontos, das den Regelungen des SGB IV unterworfen **37** sein soll, bedarf einer **schriftlichen Vereinbarung** über ein Wertguthaben (§ 7b Ziff. 1 SGB IV). In dieser Wertguthabenvereinbarung ist das Ziel der Verwendung anzugeben. Es muss der persönlichen Lebens(arbeits)zeitgestaltung der Beschäftigten dienen und darf nicht zur Flexibilisierung der täglichen oder wöchentlich geschuldeten Arbeitsleistung eingesetzt werden (§ 7b Ziff. 2 SGB IV). Der Gesetzgeber hat beispielhaft **zulässige Zwecke** definiert: in Betracht kommen danach Freistellung für die Pflege von Angehörigen oder Kindern, für eine Verringerung der Arbeitszeit nach dem Teilzeit- und Befristungsgesetz, vorzeitige Freistellung bei Eintritt in eine Altersrente oder zur Durchführung von beruflichen Qualifizierungsmaßnahmen.

38 Dieser Katalog kann durch Tarifvertrag, Betriebsvereinbarung oder Arbeitsvertrag erweitert werden, muss dann jedoch immer die persönlichen Belange der Beschäftigten als Anknüpfungspunkt der Freistellung vorsehen. Möglich ist es auch, die Freistellungsmöglichkeit nur auf einzelne Lebenssachverhalte zu beschränken. Dies ergibt sich aus § 7c SGB IV.

39 Das Führen von Langzeitkonten ist nicht auf Vollzeitbeschäftigte begrenzt. Auch **Teilzeitkräfte** und **geringfügig Beschäftigte** können eine solche Vereinbarung abschließen. Allerdings darf das Einbringen von Entgelt in das Wertguthabenkonto bei einem Teilzeitbeschäftigungsverhältnis nicht dazu führen, dass das monatliche Entgelt unter die 450-Euro-Grenze fällt (§ 7b Ziff. 5 SGB IV).

40 Das Langzeitkonto wird im SGB IV als Wertguthabenvereinbarung bezeichnet, weil es grundsätzlich nicht als Zeitkonto geführt wird, sondern **Arbeitsentgelte** einzubringen sind (§ 7b Ziff. 3 SGB IV). Dies können Anteile des monatlichen Grundentgelts sein, aber auch Einmalzahlungen, wie z. B. ein Urlaubs- oder Weihnachtsgeld, Provisionszahlungen u. a. Das einzubringende Arbeitsentgelt ist einschließlich der darauf entfallenden Sozialversicherungsbeiträge einzubringen (§ 7d SGB IV). Dies bedeutet, dass nicht die erbrachte Arbeitszeit in das Konto eingestellt wird, sondern der finanzielle Gegenwert.

41 Da Langzeitkonten – wie der Name sagt – über lange Zeiträume geführt werden, hat dies den Nachteil, dass das Wertguthaben zum Zeitpunkt des Abrufens in Form von bezahlter Freistellung nicht mehr dem Zeitumfang entspricht, den man eingebracht hat. Denn in der Regel steigen die Entgelte im Rahmen von Tariferhöhungen oder anderen Formen der Gehaltserhöhung. Häufig erfährt man auch eine berufliche Entwicklung, die mit Entgelterhöhungen verbunden sein kann. Und schließlich sind Entgeltkonten den Zins-Risiken des Kapitalmarkts ausgesetzt. Je länger der Ansparzeitraum ist, umso größer ist daher das Risiko, dass die eingebrachte Arbeitszeit größer ist als diejenige, die man durch bezahlte Freistellung aus dem Wertguthaben abrufen kann. Denn im Laufe der Jahre steigt die Höhe der Vergütung in der Regel. Dies sollten Beschäftigte berücksichtigen, wenn sie sich für ein solches Langzeitkonto entscheiden.

42 Diese Regelung zur Führung des Kontos als Entgeltkonto gilt seit dem Jahr 2009. Regelungen, die vor diesem Zeitpunkt abgeschlossen wurden, können auch als echtes Zeitkonto geführt werden. Solche Altregelungen mit Bestandschutz sind beispielsweise der TV Demo der chemischen Industrie sowie die Tarifverträge in der Metallindustrie in Baden-Württemberg und Nordrhein-Westfalen. Diese Tarifverträge sehen vor, dass die Langzeitkonten grundsätzlich als Zeitkonten zu führen sind.

Ein Ansparen erfolgt in der Regel vor der Freistellung. Denkbar und zulässig ist es **43** aber auch, zunächst die Freistellung zu realisieren und dann erst die in der Freistellung bezogene Vergütung zu erarbeiten (§ 7b Ziff. 4 SGB IV). In diesen Fällen wird von den Beschäftigten also nachgearbeitet.

Die Pflicht zum Führen und Verwalten des Langzeitkontos obliegt dem Arbeit- **44** geber. Er hat dieses **korrekt zu führen und zu verwalten**. Es gelten im Grundsatz die gleichen Regelungen wie bei Arbeitszeitkonten, die zur Flexibilisierung der Arbeitszeit eingerichtet sind. Der Arbeitgeber hat die Beschäftigten einmal pro Jahr über die Höhe des Wertguthabens in Textform zu informieren (§ 7d Abs. 2 SGB IV). Diese Regelung ist ähnlich wie die Informationspflicht im Rahmen der betrieblichen Altersversorgung. Die Information wird daher gelegentlich als »jährlicher Kontoauszug« bezeichnet. Der Arbeitgeber hat sorgsam mit dem Wertguthaben umzugehen. Dies bedeutet auch, dass er Geldanlagen, die er mit den angesparten Arbeitsentgelten vornimmt, risikoarm vorzunehmen hat. Geldanlagen sind so vorzunehmen, dass ein Verlust ausgeschlossen erscheint und ein angemessener Ertrag erzielt werden kann.[20] Wem die Erträge aus diesen Geldanlagen zustehen, regelt das Gesetz nicht. Um auszuschließen, dass diese dem Arbeitgeber zufließen, sollte hier in der Betriebsvereinbarung oder im Arbeitsvertrag eine entsprechende Klausel aufgenommen werden.[21]

Ein einmal eingerichtetes Langzeitkonto kann bei einem Arbeitgeberwechsel **45** mitgenommen und vom neuen Arbeitgeber fortgeführt werden (sog. **Portabilität**). Dies setzt jedoch voraus, dass der neue Arbeitgeber der Fortführung zustimmt. Der bisherige Arbeitgeber muss dann das Wertguthaben auf Verlangen der Beschäftigten auf den neuen Arbeitgeber übertragen. Verweigert der neue Arbeitgeber die Fortführung, können die Beschäftigten die Übertragung auf die Deutsche Rentenversicherung Bund verlangen, die das Konto dann treuhänderisch fortführt. Allerdings setzt dies voraus, dass bereits ein Wertguthaben in einer bestimmten Höhe angespart wurde. Es muss mindestens ein Guthaben in Höhe des Sechsfachen der monatlichen Bezugsgröße i. S. d. § 18 SGB IV angespart sein.

Die monatliche Bezugsgröße ist das Durchschnittsentgelt der gesetzlichen Ren- **46** tenversicherung des Vorjahres. Es ist also ein dynamischer Betrag, der jährlich angepasst wird. Wird dieser Betrag nicht erreicht und verweigert der neue Arbeitgeber die Fortführung, so ist bei Beendigung des Arbeitsverhältnisses das

---

20 Kittner/Zwanziger/Deinert-*Schoof*, 7. Aufl., § 27 Rn. 43d.
21 Kittner/Zwanziger/Deinert-*Schoof*, 7. Aufl., § 27 Rn. 43d.

Wertguthaben aufzulösen und nach Abzug der darauf entfallenen Sozialversicherungsbeiträge und Steuern die Nettobeträge an die Beschäftigten auszuzahlen. Die vorstehenden Regelungen ergeben sich aus § 7f SGB IV.

47 Ferner ist das Wertguthaben gegen Insolvenz abzusichern. Es besteht somit für den Arbeitgeber die Verpflichtung, das Guthaben insolvenzsicher zu gestalten (§ 7e SGB IV). Die Ausgestaltung der konkreten **Insolvenzsicherung** soll Bestandteil der Wertguthabenvereinbarung sein. In einem Tarifvertrag oder in einer aufgrund eines solchen Tarifvertrags abgeschlossenen Betriebsvereinbarung können konkretisierende Regelungen über den Insolvenzschutz vereinbart werden. Grundmodell, das der Gesetzgeber vorgesehen hat, ist ein Treuhändermodell, in dem das Wertguthaben einem Dritten dergestalt übertragen wird, dass dieser im Falle des Insolvenzeintritts nicht verpflichtet ist, dieses auf den Arbeitgeber zurück zu übertragen. Zulässig sind gleichwertige Alternativen wie etwa eine Insolvenzausfallversicherung oder eine Bürgschaft eines Dritten. Nicht geeignet sind bilanzielle Rückstellungen oder Patronatserklärungen.[22]

48 Der Arbeitgeber hat die Beschäftigten unverzüglich über die vorgenommene Insolvenzsicherung zu unterrichten. Kommt der Arbeitgeber seiner Verpflichtung zur Insolvenzsicherung nicht nach, so können die Beschäftigten nach einer erfolglosen schriftlichen Aufforderung die Wertguthabenvereinbarung kündigen, mit der Folge, dass das bereits Angesparte zu ihren Gunsten nach Abführen von Sozialversicherungsbeiträgen und Steuern ausgezahlt wird. Allerdings ist nicht jedes Wertguthaben gegen Insolvenz zu sichern. Erst Guthaben, die die Höhe der monatlichen Bezugsgröße gem. § 18 SGB IV übersteigen, sind insolvenzsicher anzulegen. Die Regelungen zur Insolvenzsicherung ergeben sich aus § 7e SGB IV.

49 Das Langzeitkonto wird bei einem störungsfreien Verlauf durch **bezahlte Freistellung** für den vereinbarten Zweck aufgelöst. Die Freistellung kann solange andauern, wie das Wertguthaben es ermöglicht, das bisherige Entgelt zu beziehen. Es ist auch möglich, ein niedrigeres Entgelt in der Freistellungsphase zu beziehen. Dieses muss aber mindestens die Geringfügigkeitsgrenze überschreiten und darf nicht unangemessen niedriger sein, als in den letzten zwölf Monaten vor der Freistellung. Ein Entgelt bis zur Höhe der Geringfügigkeit ist nur in den Fällen zulässig, in denen vor der Freistellung bereits ein geringfügiges Beschäftigungsverhältnis bestanden hat.

50 In Fällen, in denen das Langzeitkonto als Zeitkonto geführt wird, erfolgt die Freistellung auf der Grundlage der zuletzt vor der Freistellung erzielten Vergütung für die Dauer der angesparten Zeit (in Stunden, Tagen, Wochen oder Monaten). In allen diesen Fällen entfällt die Sozialversicherungspflicht nicht, und zwar auch

---

22 Kittner/Zwanziger/Deinert-*Schoof*, 7. Aufl., § 27 Rn. 44a und 44b.

dann nicht, wenn der Freistellungszeitraum länger als drei Monate andauert (§ 7 Abs. 1a SBG IV).

Wird das **Arbeitsverhältnis vorzeitig beendet**, ohne dass die Beschäftigten die   **51**
Möglichkeit haben, das angesparte Wertguthaben durch bezahlte Freistellung zu realisieren, ist dieses aufzulösen und die sich ergebenden Nettobeträge – also nach Abzug von Steuern und Sozialversicherungsbeiträgen – an die Beschäftigten auszuzahlen. Im Falle des Todes erfolgt die Auszahlung an die Erben.

III. Hinweis für die Mitbestimmung

Die Einrichtung von **Arbeitszeitkonten** ist unter mehreren Gesichtspunkten   **52**
mitbestimmungspflichtig. Da mit der Einführung und Nutzung von Arbeitszeitkonten gleichzeitig Regelungen zur Flexibilisierung der Arbeitszeit einhergehen, ergibt sich ein Mitbestimmungsrecht sowohl aus § 87 Abs. 1 Nr. 2 BetrVG als auch aus § 87 Abs. 1 Nr. 3 BetrVG. Denn mit der Flexibilisierung der Arbeitszeit werden Regelungen sowohl über den Beginn und das Ende der Arbeitszeit als auch über Fragen der Mehrarbeit getroffen.[23] Wird das Arbeitszeitkonto mittels einer Software geführt, ist dies unter dem Gesichtspunkt des § 87 Abs. 1 Nr. 6 BetrVG mitbestimmungspflichtig,[24] denn mit dieser werden das Verhalten und die Leistung der Beschäftigten kontrolliert.

Sieht eine Betriebsvereinbarung vor, dass ein über die wöchentliche Arbeitszeit   **53**
hinausgehendes Guthaben erst am Ende eines einjährigen Verteilungszeitraums ausgezahlt wird, so ist auch das Mitbestimmungsrecht des § 87 Abs. 1 Nr. 4 BetrVG betroffen,[25] denn in diesen Fällen wird eine Regelung über die Auszahlung von Mehrarbeit getroffen. Wichtig ist, dass bei der Ausübung des Mitbestimmungsrechts die jeweiligen Regelungen der Tarifverträge zu den Arbeitszeitkonten beachtet und berücksichtigt werden. Verstößt eine Betriebsvereinbarung gegen die tariflichen Vorgaben, ist diese unwirksam und stellt keine geeignete Grundlage für das Führen von Arbeitszeitkonten dar. Die Einführung und Ausgestaltung von Arbeitszeitkonten unterliegen auch im öffentlichen Dienst der Mitbestimmung des Personalrats, was sich aus § 75 Abs. 3 Nr. 1 und 2 BPersVG ergibt.

Das Führen von Langzeitkonten ist im Rahmen von freiwilligen Betriebsverein-   **54**
barungen möglich. Auch hier müssen immer die tariflichen Regelungen berücksichtigt werden, da bei einer Missachtung derselben die Betriebsvereinbarung

---

23 Kittner/Zwanziger/Deinert-*Schoof*, 7. Aufl., § 27 Rn. 38.
24 Kittner/Zwanziger/Deinert-*Schoof*, 7. Aufl., § 27 Rn. 39.
25 Kittner/Zwanziger/Deinert-*Schoof*, 7. Aufl., § 27 Rn. 38.

unwirksam ist. Besonderes Augenmerk bei Abschluss einer solchen Betriebsvereinbarung sollte auf die Regelungen zur Insolvenzsicherung und deren Nachweis gelegt werden. Solche Insolvenzsicherungen sind teuer, was Arbeitgeber nicht immer dazu veranlasst, dieser Pflicht zuverlässig nachzukommen.

IV. Eckpunkte für Betriebs- und Dienstvereinbarungen

55 Eine Betriebsvereinbarung zur Einrichtung von Arbeitszeitkonten sollte immer genau den Zweck des Kontos aufzeigen, denn es macht einen Unterschied, ob ein Konto geführt wird, um die Arbeitszeit aus einer Gleitzeitregelung zu verwalten, oder ob die Arbeitszeit verwaltet wird, die wegen der unsteten Auftragssituation an die Bedürfnisse des Arbeitgebers angepasst und stark flexibilisiert wird. Solche Betriebsvereinbarungen sollten Regelungen zu folgenden Themen enthalten:

- Zweck, zu dem das Arbeitszeitkonto geführt wird; werden mehrere Konten geführt, (z. B. Gleitzeit- und Mehrarbeitskonto) müssen diese voneinander abgegrenzt werden;
- welche Zeiten werden erfasst und mit welchem Faktor (denkbar ist es beispielsweise, Mehrarbeit mit einem höheren Faktor und Bereitschaftsdienst mit einem niedrigeren Faktor zu erfassen); dabei ist auch darauf zu achten, dass Zeiten der Freistellung, die nicht nachgearbeitet werden (z. B. Urlaub, Arbeitsunfähigkeit mit Entgeltfortzahlung), ebenfalls erfasst werden;
- Ausschluss von einseitig vom Arbeitgeber vorgenommenen Korrekturen und Verrechnen von Minusstunden;
- wenn Korrekturen oder Verrechnung von Minusstunden zugelassen werden, sollen diese die Ausnahme sein; die Ausnahmen sollen genau beschrieben werden;
- Regeln zum Auf- und Abbau von Guthaben;
- Regeln zum maximalen Aufbau von Plus- und Minusstunden;
- Regeln zum jederzeitigen Einsichtsrecht für die Beschäftigten;
- Regeln zur Verpflichtung der Vornahme von Korrekturen bei fehlerhafter Erfassung von Zeiten;
- keine Kappung von Arbeitszeit zulassen;
- die Übertragung von Guthaben auf einen nachfolgenden Ausgleichszeitraum nur in Ausnahmefällen zulassen;
- Bestimmungen für die Dauer des Ausgleichszeitraums;
- Regeln zur Auflösung des Kontos bei vorzeitiger Beendigung des Arbeitsverhältnisses (Auszahlung von Guthaben, Verfallen von Minusstunden);
- Regeln zur Insolvenzsicherung (vor allem dann, wenn lange Ausgleichszeiträume und große Guthaben möglich sind) sowie deren Nachweis.

Bei der Einführung von Langzeitkonten sind immer die tariflichen Regelungen   **56**
zu berücksichtigen. Definiert werden müssen die zulässigen Zwecke und diejenigen Entgelte, die eingebracht werden sollen. Im Einzelnen sind Regelungen zu folgenden Themenbereichen zu vereinbaren:

- Zwecke, für die das Wertguthaben angespart werden soll;
- Entgeltbestandteile, die eingebracht werden können;
- Regeln zur Informationspflicht des Arbeitgebers über das Wertguthaben;
- Regeln zur Verwendung der Erträge aus der Veranlagung der Wertguthaben; diese sollen den Beschäftigten zukommen;
- Ausschluss von einseitig durch den Arbeitgeber vorgenommenen Korrekturen des Wertguthabens;
- Regeln zur Entnahme aus dem Wertguthaben, also zur Realisierung von bezahlter Freistellung (sofern es eines Antrags bedarf, muss geregelt werden, wie er zu stellen ist und dass er nicht abgelehnt werden darf);
- Ausgestaltung der Insolvenzsicherung und Nachweispflicht des Arbeitgebers konkretisieren;
- Regeln zur vorzeitigen Beendigung des Arbeitsverhältnisses und Auflösen des Kontos.

Arbeitszeitnachweise

I. Einführung

1 Die Aufzeichnungs- und Aufbewahrungspflichten nach § 16 Abs. 2 ArbZG stehen im Zusammenhang mit den Prüfungsrechten der Aufsichtsbehörde nach § 17 Abs. 4 ArbZG. Sie sollen u. a. sicherstellen, dass Überschreitungen der täglichen Arbeitszeit von acht Stunden nicht zu einer Überschreitung der Höchstgrenze der durchschnittlichen Arbeitszeit im jeweils maßgeblichen Ausgleichszeitraum führen. Nach dem ArbZG sind dies 48 Stunden wöchentlich im Durchschnitt von sechs Kalendermonaten oder 24 Wochen.

2 Weitere Aufzeichnungspflichten können sich aus § 17 MiLoG ergeben. Bei Leiharbeitnehmern treffen die Pflichten sowohl Verleiher als auch Entleiher. Aufzeichnungspflichten können sich auch aus § 80 Abs. 2 BetrVG ergeben, da Betriebsräten die Möglichkeit eingeräumt werden muss zu überprüfen, ob die geltende Betriebsvereinbarung zur Arbeitszeit und ob das Arbeitszeitgesetz eingehalten werden.

II. Einzeldarstellung

1. Aufzeichnungspflicht nach § 16 Abs. 2 ArbZG

3 Nach der Regelung des ArbZG ist der Arbeitgeber verpflichtet, die über die werktägliche Arbeitszeit von acht Stunden hinausgehende Zeit aufzuzeichnen. Werktage sind die Tage von Montag bis Samstag mit Ausnahme der Feiertage. Also sind auch Arbeitszeiten an Sonn- und Feiertagen aufzuzeichnen, da auch diese über die werktägliche Arbeitszeit hinausgehen. Die Zeiten an Sonn- und Feiertagen sind vollständig aufzuzeichnen, da die gesamte Zeit über die werktägliche Arbeitszeit von acht Stunden hinausgeht. Bei Vertrauensarbeitszeit gelten keine anderen Regelungen.

4 Weitere Aufzeichnungspflichten können sich aus Anordnungen der Aufsichtsbehörde nach § 17 Abs. 2 ArbZG ergeben.

2. Aufzeichnungspflicht nach § 17 MiLoG

Nach § 17 MiLoG treffen den Arbeitgeber bei geringfügig Beschäftigten und bei **5** Arbeitnehmern, die in einem Wirtschaftszweig arbeiten, der in § 2a Schwarz-ArbG aufgeführt ist, weitere Aufzeichnungspflichten. Es handelt sich u. a. um folgende Wirtschaftszweige:
- Baugewerbe
- Gaststätten- und Beherbergungsgewerbe
- Personenbeförderungsgewerbe
- Speditionsgewerbe
- Unternehmen der Forstwirtschaft
- Gebäudereinigungsgewerbe
- Fleischwirtschaft

Aufzuzeichnen sind Beginn, Ende und Dauer der täglichen Arbeitszeit spätestens **6** sieben Tage nach der Arbeitsleistung.

3. Form der Aufzeichnung

Für die Aufzeichnung ist keine bestimmte Form vorgegeben. Der Arbeitgeber **7** kann selbst entscheiden, in welcher Form er diese Verpflichtung erfüllt. In Betracht kommen z. B. Stundenzettel, schriftliche Aufzeichnungen von Stempeluhren, elektronische Zeiterfassungssysteme. Gewährleistet werden muss, dass sich aus der Aufzeichnung die geforderten Informationen ergeben.

Darüber hinaus muss der Arbeitgeber ein Verzeichnis der Arbeitnehmer führen, **8** die in eine Verlängerung ihrer Arbeitszeit ohne Ausgleich schriftlich eingewilligt haben (§ 7 Abs. 7 ArbZG). Die schriftliche Einwilligung des Arbeitnehmers ist Voraussetzung für die werktägliche Verlängerung der Arbeitszeit bei Arbeitsbereitschaft oder Bereitschaftsdienst ohne Ausgleich. Das Verzeichnis ist unabhängig davon zu führen, ob die Arbeitszeit tatsächlich verlängert wird. Wird die Einwilligung widerrufen, ist dies im Verzeichnis zu vermerken.

Sämtliche Nachweise sind mindestens zwei Jahre aufzubewahren. **9**

III. Hinweise für die Mitbestimmung

Im Zusammenhang mit Betriebsvereinbarungen zur Regelung der Arbeitszeit **10** empfiehlt es sich zu regeln, welche Informationspflichten der Arbeitgeber wie gegenüber dem Betriebsrat bzw. dem Personalrat zu erfüllen hat. Die Informationspflicht folgt aus § 80 Abs. 2 BetrVG bzw. § 68 Abs. 2 BPersVG. Der Unterrichtungsanspruch erstreckt sich auf alle zur Durchführung seiner Aufgaben erforderlichen Informationen. Diese sind weitgehender als die Aufzeichnungspflichten des Arbeitszeitgesetzes und umfassen alle Informationen, die der Betriebs- bzw. Personalrat zur Erfüllung seiner Aufgaben benötigt.[1] Der Personalrat soll allerdings nur das Recht haben, die Informationen in anonymisierter Form zu erhalten.[2]

Da der Betriebsrat u. a. darüber zu wachen hat, dass die im Betrieb geltenden Gesetze, Tarifverträge und Betriebsvereinbarungen eingehalten werden, braucht er umfangreiche Informationen um dieser Verpflichtung nachzukommen. In der Betriebsvereinbarung sollte aufgenommen werden, wann und wie dieser Informationspflicht nachzukommen ist.

IV. Eckpunkte für Betriebs- und Dienstvereinbarungen

11 Der Betriebsrat sollte vereinbaren, dass ihm bis zum 15. eines jeden Monats folgende Informationen für den vergangenen Monat vorzulegen sind:
- Beginn und Ende der Arbeitszeit jedes einzelnen Arbeitnehmers
- Beginn und Ende der Pause jedes einzelnen Arbeitnehmers
- Beginn und Ende eines Rufbereitschaftseinsatzes
- Bereitschaftsdienstzeiten

12 Der Betriebsrat sollte auch vereinbaren, wie diese Informationen dargestellt werden, damit er die Möglichkeit hat, möglichst schnell zu erkennen, wann gegen die Betriebsvereinbarung, Gesetz oder Tarifvertrag verstoßen wird.

13 Darüber hinaus können in Zeiterfassungssystemen Verstöße (Regelverletzungen) hinterlegt werden, die dann in einen Bericht an den Betriebsrat einfließen. Folgende Verstöße sollten mindestens hinterlegt werden:
- Verstöße gegen die Höchstarbeitszeit von zehn Stunden
- Verstöße gegen die tägliche Arbeitszeit
- Verstöße gegen die Pausenregelung

14 Die hinterlegten Verstöße gegen bestehende Regelungen können wegen der unterschiedlichen Möglichkeiten der Arbeitszeitregelung in den einzelnen Betriebsvereinbarungen sehr unterschiedlich sein. Für Wechselschichtarbeit könnte z. B. in einer Betriebsvereinbarung vereinbart sein, dass ein Wechsel zwischen den Schichten nur vorwärts rollierend zulässig ist. Auch ein Verstoß hiergegen könnte als Regelverletzung hinterlegt sein.

---

1 BAG 6.5.2003 – 1 ABR 13/02.
2 BVerwG 19.3.2014 – 6 P1.13.

Beginn und Ende der Arbeitszeit

I. Einführung

Die Frage, wann beginnt und wann endet meine Arbeitszeit, ist nicht immer einfach zu beantworten. Gibt es im Betrieb z. B. Zeiterfassungsgeräte, kann man sich schon treffend darüber streiten, wo stehen sie und an welchem Gerät hat der Einzelne aus- und einzustechen. Auch die Umkleidezeiten bieten immer wieder Anlass zu Auseinandersetzungen – auch vor den Arbeitsgerichten. Bei Dienstreisen stellt sich die Frage gleichermaßen, insbesondere wenn die Dienstreise von zu Hause aus begonnen und dort wieder beendet wird.

1

II. Einzeldarstellung

1. Gesetzliche Regelungen

Das ArbZG definiert Arbeitszeit als die Zeit vom Beginn bis zum Ende der Arbeit ohne die Ruhepausen (§ 2 Abs. 1 ArbZG). Diese Definition wiederum erfordert die Definition der Arbeit. Laut der ständigen Rechtsprechung des BAG versteht man unter Arbeit jede Tätigkeit eines Arbeitnehmers im Rahmen des Arbeitsverhältnisses, die der Erfüllung eines fremden und nicht seines eigenen Bedürfnisses dient.[1] Dabei kommt es nicht darauf an, dass es sich um die arbeitsvertraglich vereinbarte Tätigkeit handelt oder ob der Arbeitnehmer verpflichtet ist, das Verlangte zu erfüllen. Jede Tätigkeit, die der Arbeitgeber vom Arbeitnehmer im Rahmen seines Direktionsrechts verlangt, ist Arbeit. Es ist nicht ausschlaggebend, ob diese Tätigkeit innerhalb der betriebsüblichen Arbeitszeit oder außerhalb des zeitlich gesteckten Rahmens erbracht wird.[2] Zur Arbeitszeit zählen auch

2

---

1 BAG 12.11.2013 – 1 ABR 59/12.
2 Buschmann/Ulber, § 2 Rn. 5 ff.

Bereitschaftsdienste und die sog. Arbeitsbereitschaft (siehe → Bereitschaftsdienst Rn. 1–2.

3   Die Richtlinie 2003/88/EG des Europäischen Parlaments und des Rates vom 4. 11. 2003 über bestimmte Aspekte zur Arbeitszeitgestaltung unterschiedet nur zwischen Ruhe- und Arbeitszeit. Tätigkeiten, die nicht dem Freizeitbereich zugeordnet werden können, gelten daher im Zweifel als Arbeitszeit. Die Bestimmungen des ArbZG dienen der Umsetzung dieser Richtlinie. Deshalb kann die Richtlinie bei Zweifelfragen zur Auslegung herangezogen werden. Freizeit liegt nur dann vor, wenn der Beschäftigte über diese Zeit frei und selbstbestimmt verfügen kann. Diese Auslegungsregel kann aber nur unter arbeitsschutzrechtlichen Gesichtspunkten herangezogen werden. Die Frage, ob Arbeit erbracht wurde, ist aber nicht nur unter diesem Gesichtspunkte von Bedeutung. Es schließt sich in aller Regel die Frage an, ob die Arbeitsleistung, die erbracht wurde, auch vergütet werden muss.

a.   Vergütungspflicht

4   Grundsätzlich besteht für alle Tätigkeiten, die ein Arbeitgeber vom Arbeitnehmer verlangt, eine **Vergütungspflicht.**[3] Grundlage hierfür ist der geschlossene Arbeitsvertrag.

5   Es ist nicht zu erwarten, dass ein Arbeitnehmer neben seinem bestehenden Arbeitsvertrag weitere Dienstleitungen für den Arbeitgeber unentgeltlich verrichten wird. Sollen Arbeitsleistungen bereits mit dem vereinbarten Entgelt abgegolten sein, muss dies vertraglich geregelt werden und einer Kontrolle nach den Vorschriften für allgemeine Geschäftsbedingungen (AGB) standhalten (siehe → Mehrarbeit und Überstunden Rn. 32 f.).

6   Die Tätigkeiten müssen also fremdnützig sein und dürfen nicht oder nicht auch einem Bedürfnis des Arbeitnehmers dienen. Nur dann handelt es sich um Arbeit. Diese vom BAG entwickelte Abgrenzungsformel führt im Einzelfall nicht immer zu einem klaren Ergebnis. Die Frage, wo genau Beginn oder Ende der Arbeitszeit liegt, bleibt kompliziert. Die Bestimmung dieser beiden Punkte ist jedoch eine Voraussetzung dafür, das dem Arbeitnehmer geschuldete Entgelt korrekt berechnen zu können.

7   Dazu einzelne Fallbeispiele:

b.   Arbeitsweg

8   Der **Weg zum Arbeitsplatz**, zumindest die Strecke zwischen Wohnort und Betriebsgelände, zählt nicht zur Arbeitszeit. Der Arbeitnehmer legt selbst fest, welchen Wohnort er wählt. Damit liegt es in seinem Verantwortungsbereich, die Ar-

---

3 BAG 19. 8. 2012 – 5 AZR 678/11.

beitsstelle zu erreichen.[4] Weniger eindeutig ist die Frage zu beantworten, ob bei Betreten des Betriebsgeländes bereits die Arbeitszeit beginnt oder ob sich zunächst noch der »private« Arbeitsweg fortsetzt, bis der eigentliche Arbeitsplatz, an dem die Tätigkeit verrichtet werden soll, erreicht wird. Wenn Zeiterfassungsgeräte im Betrieb genutzt werden und der Arbeitnehmer verpflichtet ist, diese zu bedienen, beginnt jedenfalls im Zweifel dort die Arbeitszeit.[5] Richtiger wäre es jedoch bei Betreten des Firmengeländes den Beginn der Arbeitszeit anzunehmen, denn ab diesem Zeitpunkt stellt der Arbeitnehmer dem Arbeitgeber seine Arbeitskraft zur Verfügung. Er kann Weisungen entgegennehmen und Informationen im Zusammenhang mit seiner Arbeit erteilen. Die Unterscheidung ist unproblematisch, wenn das Zeiterfassungsgerät in der Nähe des Eingangs zum Betriebsgelände angebracht ist. In jüngerer Zeit nehmen die Bestrebungen der Arbeitgeber jedoch zu, die Zeiterfassung erst unmittelbar am eigentlichen Arbeitsplatz des Arbeitnehmers vorzunehmen. Das kann in großen Betrieben dazu führen, dass sich der Arbeitstag durch den langen Weg deutlich verlängert.

c.   Besonderheiten im Außendienst

Die Strecke vom Wohnort zum Arbeitsplatz zählt nur bei **Außendienstmitar-**   9
beitern bereits zur Arbeitszeit. Außendienstmitarbeiter haben keinen festen Arbeitsort. Ihre vertraglich geschuldete Arbeitsleistung besteht darin zu reisen und Kunden zu besuchen. So zählt auch die Fahrt zum ersten Kunden und die Fahrt nach Hause vom letzten Kunden als Dienstleistung für den Arbeitgeber. Dies gilt unabhängig davon, ob der Außendienstmitarbeiter seine Arbeit vom Wohnort aus beginnt oder vom Betriebsgelände aus. Der Arbeitgeber ist lediglich berechtigt, eine Ersparnis von der Arbeitszeit abzuziehen, wenn der Arbeitnehmer eine kürzere Wegstrecke vom Wohnort zum Kunden zurücklegt, wie wenn er vom Betriebsgelände aus gestartet wäre.[6] Üblicherweise bestehen jedoch arbeitsvertragliche Abmachungen zwischen Außendienstmitarbeiter und Arbeitgeber darüber, dass der Wohnort als Arbeitsort gilt.

d.   Vorbereitungs- und Abschlussarbeiten

Alle **Vorbereitungshandlungen** zur Verrichtung der eingeforderten Tätigkeit   10
zählen als Arbeitszeit. Das umfasst das Abholen und Bereitmachen von Arbeitsmitteln und selbstverständlich auch den umgekehrten Vorgang am Ende des Arbeitstags. Allerdings zählt hierzu das in Betrieb nehmen eines Mobiltelefons, das auch privat genutzt werden darf, nicht. Es wird dann nämlich nicht nur für das

---

4 BAG 22. 4. 2009 – 5 AZR 292/08.
5 LAG Düsseldorf 11. 8. 1999 – 17 Sa 620/99.
6 BAG 22. 4. 2009 – 5 AZR 292/08.

fremde Bedürfnis des Arbeitgebers eingesetzt.[7] Vorbereitungshandlungen wie das Vorbereiten und Öffnen einer Kasse, das Hochfahren eines Computers, das Abholen von Werkzeug etc. sind Arbeitszeit.

11 **Instandhaltungs- und Reinigungsarbeiten:** Das Aufräumen des Arbeitsplatzes ist ebenfalls fremdnützige Tätigkeit und damit Arbeit i. S. d. § 2 ArbZG.

12 **Umkleide- und Waschzeiten** zählen zur Arbeitszeit, wenn sie überwiegend dem Bedürfnis des Arbeitsgebers dienen. Dies ist z. B. der Fall bei Kleidung zum Schutz des Produkts oder bei auffälliger Firmenkleidung (siehe → Umkleidezeiten/Waschzeiten).

13 Zu den **Reisezeiten** bzw. Dienstreisen siehe → Dienstreisezeit.

2. Regelungen in Tarifverträgen

14 Tarifverträge enthalten oftmals Regelungen, an welcher Stelle die Arbeitszeit beginnt. Dies ist üblich in Branchen, in denen Arbeitsplätze räumlich häufig wechseln, wie z. B. im Baugewerbe. In Branchen mit stationären Betrieben, wie z. B. in der Metall- und Elektroindustrie, finden sich hierzu in aller Regel keine konkretisierenden Regelungen, wie z. B. in § 2 Ziff. 3 MTV M+E-Hessen oder § 2 Abs. 3 MTV Chemie (West).

15 So regelt der **Bundesrahmentarifvertrag für das Baugewerbe,** dass die Arbeitszeit an der Arbeitsstelle beginnt und endet, sofern zwischen Arbeitgeber und Arbeitnehmer keine andere Vereinbarung getroffen wird. Bei Baustellen von größerer Ausdehnung beginnt und endet die Arbeitszeit an der vom Arbeitgeber im Einvernehmen mit dem Betriebsrat zu bestimmenden Sammelstelle (§ 3 BRTV-BHG).

16 Für das **Dachdeckergewerbe** findet sich in § 3 RTV Gerüstbau die folgende Regelung: Die regelmäßige Arbeitszeit beginnt und endet auf Anordnung des Arbeitgebers im Einvernehmen mit dem Betriebsrat am Betriebssitz oder an der jeweiligen Betriebsstätte (Baustelle, Lagerplatz usw.).

17 Im Tarifvertrag des **öffentlichen Dienst** (TVöD) gibt es eine Regelung zu Beginn und Ende der Arbeitszeit nicht mehr. Der BAT, der durch den TVöD abgelöst worden ist, enthielt noch eine solche Regelung. Danach begann und endete die Arbeitszeit an der Arbeitsstelle. Eine Protokollnotiz stellte klar, dass es sich dabei um den Verwaltungs-/Betriebsbereich in dem entsprechenden Gebäude handelt, also dem engeren Arbeitsbereich eines Arbeitnehmers. Für das BAG war ein entscheidender Anhaltspunkt, wann der Beschäftigte erstmals dem Direktionsrecht unterlag. Für die Krankenpflegerin war das der Umkleideraum in dem sie die Schutzkleidung anlegen musste.[8]

---

7 BAG 12. 11. 2013 – 1 ABR 59/12.
8 BAG 28. 7. 1994 – 6 AZR 220/94; Burger, TVöD, § 6 Rn. 5.

Der Manteltarifvertrag für **Sicherheitskräfte an Verkehrsflughäfen** vom 11. 9. 2013 enthält in § 13 Ziff. 1 MTV-Sicherheitskräfte eine für die Beschäftigten sehr restriktive Regelung zu Beginn und Ende der Arbeitszeit. Obwohl Flughäfen teilweise eine beachtliche Größe aufweisen und die Wege auch mehrere Kilometer lang sein können ist dort festgelegt: »*Die Arbeitszeit beginnt und endet an dem Ort, an dem die arbeitsvertraglich geschuldete Leistung zu erbringen ist (z. B. Kontrollstelle, Sicherheitsposition). Wird der Arbeitsplatz erst am Tag des Arbeitsantritts nach Meldung des/der Beschäftigten an einer vom Arbeitgeber bestimmten Meldestelle zugeteilt, so beginnt die Arbeitszeit bereits an der Meldestelle, frühestens jedoch ab dem Zeitpunkt, zu dem der/die Beschäftigte an der Meldestelle erscheinen muss.*« **18**

Auch für **Lokomotivführer** beginnt und endet die Arbeitszeit grundsätzlich am Ort des Schichtbeginns (§ 3 Abs. 3 BRTV Zugpersonal). **19**

Der für die **Leiharbeitsbranche** gültige Tarifvertrag regelt, dass sich Beginn und Ende der Arbeitszeit nach den im jeweiligen Entleiherbetrieb gültigen Regelungen richtet. Unter Entleiherbetrieb wird der Betrieb verstanden, indem der Leiharbeiter seine Arbeitsleistung erbringen muss. D. h., dass sich Beschäftigte in der Leiharbeitsbranche regelmäßig veränderten Bedingungen unterwerfen müssen, je nach Einsatzort (§ 3 Ziff. 1.1 MTV iGZ). **20**

Der MTV BAP enthält in § 4.1 eine fast wortidentische Regelung zu Beginn und Ende der Arbeitszeit. Darüber hinaus regelt er explizit, dass Umkleiden und Waschen unbezahlte Zeit sind. Die Zeiten werden dann bezahlt, wenn diese Zeiten im Entleiherbetrieb vergütet werden. **21**

III. Hinweise für die Mitbestimmung

Das Festlegen des Beginns und des Endes der Arbeitszeit unterliegt der zwingenden Mitbestimmung des Betriebsrats (§ 87 Abs. 1 Nr. 2 BetrVG). Der Zweck des Mitbestimmungsrechts besteht darin, die Interessen der Beschäftigten an der Lage ihrer Arbeitszeit in Abgrenzung zur Freizeit und damit zur privaten Lebensgestaltung zu wahren. Aus diesem Grund umfasst das Mitbestimmungsrecht auch die Regelung von Rufbereitschaft, die zwar keine Arbeitszeit i. S. d. ArbZG ist, aber dennoch in die private Lebensgestaltung erheblich eingreift (siehe → Rufbereitschaft). Dem Betriebsrat kommt eine zentrale Rolle zu, denn der Einzelne ist Kraft Direktionsrecht des Arbeitgebers weitgehend verpflichtet, die angeordneten Arbeitszeiten zu arbeiten. Über die Ausübung der Mitbestimmung kann das weitgehende Weisungsrecht des Arbeitgebers eingeschränkt werden. **22**

Die Gestaltung des Beginns und des Endes der Arbeitszeit umfasst auch die Frage, wo die Arbeitszeit beginnt – am Werktor, beim Betreten der Abteilung **23** oder gar erst am Arbeitsplatz. Deshalb besteht das Mitbestimmungsrecht auch hinsichtlich des Orts, wo die Zeiterfassungsgeräte stehen. Das Mitbestimmungsrecht des Betriebsrats besteht auch in Bezug auf Umkleidezeiten und Waschzeiten. Der Streit darüber, ob eine Tätigkeit ausschließlich oder in erster Linie dem Arbeitgeber nutzt und nicht im Interesse des Beschäftigten ist, wird bei der Ausübung des Mitbestimmungsrechts zwischen Arbeitgeber und Betriebsrat auszutragen sein. Wird hierbei kein Einvernehmen erzielt, entscheidet die Einigungsstelle die Streitfrage. Gegenstand der Mitbestimmung ist dann auch die Frage, wie viel Zeit für das Umkleiden und andere Verrichtungen anzusetzen sein wird. Der Betriebsrat sollte bei der Gestaltung einer Betriebsvereinbarung zur Arbeitszeit Tätigkeiten, die der Vorbereitung der Arbeitsleistung oder einem ordnungsgemäßen Abschluss am Ende des Tages dienen, nicht vergessen.[9]

IV. Eckpunkte für Betriebs- und Dienstvereinbarungen

24 Bei der Gestaltung einer Betriebsvereinbarung zur Arbeitszeit sollte in Bezug auf Beginn und Ende der Arbeitszeit folgendes bedacht und gegebenenfalls geregelt werden:

- genaue Festlegung der Zeit, innerhalb derer die Arbeitsleistung erbracht wird
- wo beginnt und endet die Arbeitszeit, Standort der Arbeitszeiterfassungsgeräte
- Vor- und Nachbereitungszeiten beachten
- Regelung bei Dienstreisen
- Einhaltung der Ruhezeiten

---

9 Weiterführend DKKW-*Klebe*, § 87 Rn. 81 ff..

Bereitschaftsdienst

I. Einführung

Bereitschaftsdienst ist erst seit der Entscheidung des EuGH[1] als Arbeitszeit aner- **1**
kannt. Direkt nach dieser Entscheidung hat der deutsche Gesetzgeber reagiert
und das ArbZG geändert. Eine Definition des Begriffs findet sich nicht im
Gesetz. Nach ständiger Rechtsprechung des BAG[2] liegt Bereitschaftsdienst vor,
wenn sich der Arbeitnehmer für Zwecke des Betriebs an einer vom Arbeitgeber
bestimmten Stelle innerhalb oder außerhalb des Betriebs aufzuhalten hat, um
erforderlichenfalls seine volle Arbeitstätigkeit unverzüglich aufnehmen zu können.

Arbeitsbereitschaft wurde schon in der AZO, dem Vorgänger des ArbZG, als **2**
Form minderer Inanspruchnahme anerkannt. Sie wurde früher als »wache Aufmerksamkeit im Zustand der Entspannung« definiert. Später hat die Rechtsprechung die reine Anwesenheit am Arbeitsplatz genügen lassen.[3]

Entscheidender Unterschied zwischen Arbeitsbereitschaft und Bereitschafts- **3**
dienst ist der, dass beim Bereitschaftsdienst der Arbeitnehmer die Tätigkeit nur
»auf **Anordnung**« des Arbeitgebers aufnehmen muss. Bei der Arbeitsbereitschaft
entscheidet der Arbeitnehmer, ob sein Eingreifen notwendig ist.

Sowohl Arbeitsbereitschaft als auch Bereitschaftsdienst sind Arbeitszeit i. S. d. **4**
ArbZG und des BetrVG. Grundsätzlich sind diese Zeiten in voller Höhe zu vergüten, es sei denn, in Tarifverträgen oder Arbeitsverträgen ist etwas anderes vereinbart. Arbeitgeber sind verpflichtet, zumindest den **Mindestlohn** in Höhe von
derzeit 8,84 Euro pro Stunde zu zahlen. Dieser ist dann zu zahlen, wenn die vom
Arbeitgeber abgerechnete tatsächliche Vergütung den gesetzlichen Mindestlohn
in einer Abrechnungsperiode (i. d. R. Monat) unterschreitet. Der Mindestlohn
errechnet sich, indem die geleisteten Arbeitsstunden (inkl. Bereitschaftszeiten)
mit 8,84 Euro multipliziert werden. Liegt das abgerechnete Gehalt unter dem so

---

1 EuGH 9. 9. 2003 – Rs C-151/02, Jaeger.
2 BAG 16. 10. 2013 – 10 AZR 9/13.
3 BAG 14. 4. 1966 – 2 AZR 503/63.

errechneten Betrag, ist der Mindestlohn nicht eingehalten und das Gehalt muss auf den Mindestlohn angehoben werden.[4]

II. Einzeldarstellung

1. Die Öffnungsklauseln des § 7 ArbZG

5 Bereitschaftsdienst liegt – im Unterschied zur Arbeitsbereitschaft – meist außerhalb der regelmäßigen betrieblichen Arbeitszeit. Entscheidender Unterschied zwischen diesen Formen ist, dass der Arbeitnehmer im Bereitschaftsdienst nur »auf **Anordnung**« des Arbeitgebers seine Tätigkeit aufnehmen muss. Während der inaktiven Phase des Bereitschaftsdienstes kann der Arbeitnehmer über sein Tun selbst entscheiden. Er kann also lesen, schlafen etc., solange dadurch ein etwaiger Einsatz nicht gefährdet ist. Er ist aber verpflichtet, sich an einer vom Arbeitgeber bestimmten Stelle aufzuhalten, um erforderlichenfalls seine volle Arbeitstätigkeit sofort oder zeitnah aufnehmen zu können. Da Bereitschaftsdienst **Arbeitszeit** i. S. d. ArbZG ist, sind alle Vorschriften des ArbZG, auch die Höchstarbeitszeit von zehn Stunden, Pausenzeiten und Ruhezeiten von elf Stunden, einzuhalten. Damit Bereitschaftsdienst außerhalb der regelmäßigen Arbeitszeit in zulässiger Weise angeordnet werden darf, hat der Gesetzgeber eine Öffnungsklausel in das ArbZG aufgenommen. Diese ist in § 7 ArbZG geregelt. Sie enthält Vorschriften, die es erlauben, von einigen Begrenzungen des ArbZG abzuweichen. Dazu gehören die Höchstarbeitszeit von zehn Stunden und die Ruhezeit von elf Stunden.

6 Die Abweichungen sind jedoch nur in einem Tarifvertrag zulässig oder aufgrund eines Tarifvertrages in einer Betriebsvereinbarung. Gilt kein Tarifvertrag, weil der Arbeitgeber nicht Mitglied im Arbeitgeberverband seiner Branche ist, können abweichende Regelungen eines einschlägigen Tarifvertrages durch Betriebsvereinbarung oder Arbeitsvertrag übernommen werden. Ferner gibt es eine pauschale Ermächtigung für Kirchen und Religionsgesellschaften. Dazu im Einzelnen:

a. Tarifgebundene Betriebe (§ 7 Abs. 2a ArbZG)

7 Die weitgehendste Öffnungsklausel ist in § 7 Abs. 2a ArbZG enthalten. Diese Vorschrift erlaubt den Tarifvertragsparteien Abweichungen von den §§ 3, 5 Abs. 1 und § 6 Abs. 2 ArbZG. Das heißt, die werktägliche Höchstarbeitszeit von zehn Stunden darf verlängert werden, Abweichungen von der Ruhezeit von elf Stun-

---

4 BAG 29. 6. 2016 – 5 AZR 716/15.

den sind zulässig und Abweichungen von den Beschränkungen der Nachtarbeit. Die werktägliche Arbeitszeit darf nach dieser Vorschrift auch ohne Ausgleich über acht Stunden verlängert werden, wenn in die Arbeitszeit regelmäßig und in erheblichem Umfang Arbeitsbereitschaft oder Bereitschaftsdienst fällt und durch besondere Regelungen sichergestellt wird, dass die Gesundheit der Arbeitnehmer nicht gefährdet wird. Von dieser Regelung wird hauptsächlich im öffentlichen Dienst Gebrauch gemacht, z. B. in Krankenhäusern oder Pflegeeinrichtungen. Durch diese Öffnungsklausel dürfen die Tarifvertragsparteien sog. 24-Stunden-Dienste zulassen. Bei einem 24-Stunden-Dienst arbeitet der Arbeitnehmer zunächst seine vertraglich vereinbarte Arbeitszeit von acht Stunden und daran schließt sich dann ein Bereitschaftsdienst von 16 Stunden an. Eine solche Regelung ist auch in einer Betriebs- oder Dienstvereinbarung zulässig, wenn dies in dem einschlägigen Tarifvertrag zugelassen wird.

b. Nicht tarifgebundene Betriebe (§ 7 Abs. 3 ArbZG)

In nicht tarifgebundenen Betrieben kann die Anwendung des Tarifvertrags **8** durch Betriebsvereinbarung oder Arbeitsvertrag vereinbart werden. Voraussetzung für die Übernahme einer tariflichen Regelung ist, dass der Betrieb eigentlich unter den Geltungsbereich eines geltenden Tarifvertrages fällt. Dieser Tarifvertrag muss vom Gesetz abweichende Regelungen zum Bereitschaftsdienst oder zur Arbeitsbereitschaft getroffen haben. Außerdem darf dieser Tarifvertrag nur deshalb nicht gelten, weil der Arbeitgeber nicht tarifgebunden ist. Der Abschluss einer Betriebsvereinbarung ist – nach dem eindeutigen Wortlaut der Regelung – nicht erzwingbar.

Die tariflichen Regelungen können nur insgesamt übernommen werden. Um- **9** stritten ist, ob der Tarifvertrag insgesamt übernommen werden muss oder nur die abweichende Regelung zum Bereitschaftsdienst oder zur Arbeitsbereitschaft insgesamt übernommen werden muss. Da der Tarifvertrag eine wirtschaftliche Einheit ist, spricht viel dafür, dass nur der gesamte Tarifvertrag übernommen werden kann.[5] Abweichungen zugunsten der Arbeitnehmer sind stets zulässig.

Wurden die Regelungen des einschlägigen Tarifvertrages durch Betriebsverein- **10** barung übernommen, dürfen die Betriebsparteien eine weitere Ausgestaltung der tariflichen Regelungen vornehmen. Es gilt das zu den tarifgebundenen Betrieben gesagte. Gibt es keinen Betriebsrat, kann nur der Tarifvertrag im Arbeitsvertrag insgesamt übernommen werden. Eine weitergehende Ausgestaltung durch Arbeitsvertrag ist nicht erlaubt.

---

5 Buschmann/Ulber, § 7 Rn. 48.

c. Ermächtigung für Kirchen und öffentlich-rechtliche Religionsgesellschaften (§ 7 Abs. 4 ArbZG)

11 Die Kirchen und die öffentlich-rechtlichen Religionsgemeinschaften können nach § 7 Abs. 4 ArbZG die in § 7 Abs. 1, 2 oder 2a ArbZG genannten Abweichungen in ihren Regelungen vorsehen. Eine kirchliche Regelung setzt voraus, dass sie durch ein kirchenrechtlich legitimiertes Verfahren zustande gekommen ist. Die Ausnahmeregelung kommt nicht schon deshalb zur Anwendung, weil irgendeine Regelung im kirchlichen Bereich getroffen wurde.[6] In dem vom BAG entschiedenen Fall wurde eine Regelung in einem Haustarifvertrag für unwirksam erklärt, weil dieser dem kirchlichen Mitarbeitervertretungsgesetz widersprach und deshalb nicht kirchenrechtlich legitimiert ist.

2. Geminderte Inanspruchnahme während des Bereitschaftsdienstes

12 Bereitschaftsdienst liegt vor, wenn sich der Arbeitnehmer an einer vom Arbeitgeber bestimmten Stelle im Betrieb aufhält, um sofort die Arbeit aufnehmen zu können. Es muss tatsächlich eine geminderte Inanspruchnahme gegeben sein. Bereitschaftsdienst liegt deshalb nur dann vor, wenn nur ausnahmsweise Arbeit anfällt; bei Vollarbeit greift diese Regelung nicht. Darüber hinaus muss eine geminderte Inanspruchnahme regelmäßig und in erheblichem Umfang vorliegen. Zu der Frage, wann dies vorliegt, gibt es unterschiedliche Auffassungen. Das BAG hat in einem Fall entschieden, dass die Erweiterung der täglich Arbeitszeit auf elf Stunden zulässig ist, wenn in diese Zeit drei Stunden Arbeitsbereitschaft fallen.[7] Dies entspricht einem Arbeitsbereitschaftsanteil von etwa 27 %. Ob der Arbeitsbereitschaftsanteil von 27 % auch genügt, wenn die Arbeitszeit auf über elf Stunden ausgedehnt wird, hat das BAG offen gelassen.[8] In der Literatur wird zum Teil ein Anteil von 50 % Arbeitsbereitschaft oder Bereitschaftsdienst gefordert.[9] Dieser Auffassung ist zu folgen, da aus dem Gedanken des Gesundheitsschutzes die Belastung bei steigendem Umfang des Bereitschaftsdienstes ebenfalls zunimmt.

3. Einwilligung des Arbeitnehmers (§ 7 Abs. 7 ArbZG)

13 Die Arbeitszeit im Rahmen des § 7 Abs. 2a ArbZG darf nur verlängert werden, wenn der Arbeitnehmer eingewilligt hat (§ 7 Abs. 7 ArbZG). Die Einwilligung muss vorher schriftlich erklärt werden und kann jederzeit mit einer Ankündigungsfrist von sechs Monaten widerrufen werden. Aber Vorsicht, die Einwilli-

---

6 BAG 16. 3. 2004 – 9 AZR 93/03.

7 BAG 24. 1. 2006 – 1 ABR 6/05.

8 BAG 18. 2. 1970 – 4 AZR 257/69.

9 Buschmann/Ulber, § 7 Rn. 19.

Fischer

gung muss nicht bei allen Ausgestaltungen des Bereitschaftsdienstes vorliegen, sondern nur bei der Verlängerung der werktägliche Höchstarbeitszeit von zehn Stunden, bei Abweichungen von der Ruhezeit von elf Stunden und Abweichungen von den Beschränkungen der Nachtarbeit.

4. Gesundheitsschutz

Die Öffnungsklausel des § 7 Abs. 2a ArbZG verlangt, dass in einem Tarifvertrag **14** oder einer Betriebsvereinbarung aufgrund eines Tarifvertrages durch besondere Regelungen sichergestellt wird, dass die Gesundheit der Arbeitnehmer nicht gefährdet wird. Offengelassen wurde im Gesetz, auf welche Art dies sicherzustellen ist. Die Gesetzesbegründung gibt Anhaltspunkte wie z. B. beschränkter Personenkreis, nur für bestimmte Zeiträume, verlängerte Ruhezeiten und eine besondere arbeitsmedizinische Betreuung. Die Einhaltung der allgemeinen Vorschriften des Arbeitsschutzes genügt nicht, da der Gesetzgeber »besondere Regelungen« verlangt. Erforderlich sind zusätzliche, über das Gesetz hinausgehende Regelungen.[10]

5. Vergütungspflicht

Bereitschaftsdienst ist vergütungspflichtig. Dies gilt unabhängig davon, wie oft **15** der Arbeitnehmer während der Bereitschaft tatsächlich Arbeitsleistung erbringen musste. Es ist jedoch zulässig, während des Bereitschaftsdienstes eine geringere Vergütung zu vereinbaren, da während des Bereitschaftsdienstes keine Vollarbeit erbracht wird. Dies findet sich auch in den Tarifverträgen des öffentlichen Dienstes wieder, der eine geringere Vergütung für Bereitschaftsdienst zulässt, die nach der tatsächlichen Inanspruchnahme während des Bereitschaftsdienstes gestaffelt ist.

6. Tarifliche Regelungen

Regelungen zu Arbeitsbereitschaft und Bereitschaftsdienst finden sich in einigen **16** Tarifverträgen. Während sich eine Regelung zum Thema Arbeitsbereitschaft z. B. in § 5 Ziff. 1 c. MTV M+E Hessen findet, ist Bereitschaftsdienst eher im öffentlichen Dienst in Krankenhäusern und anderen Pflegeberufen zu finden, so z. B. in § 10 TV-Ärzte/VKA oder § 7.1 TVöD-K.

---

10 BAG 23. 6. 2010 – 10 AZR 543/09.

III. Hinweise für die Mitbestimmung

17   Der Arbeitgeber darf Bereitschaftsdienst nur einführen, wenn der Betriebsrat oder der Personalrat dem zugestimmt hat. Die Einführung von Bereitschaftsdienst erfolgt außerhalb der regelmäßigen Arbeitszeit und ist mit Überstunden vergleichbar. Der Betriebsrat hat ein Mitbestimmungsrecht nach § 87 Abs. 1 Nr. 2 und 3 BetrVG. Er entscheidet darüber, ob Bereitschaftsdienst eingeführt wird und wie er durchzuführen ist. Gleiches gilt für den Personalrat nach § 75 Abs. 3 und 4 BPersVG.

18   Die Interessenvertretungen sollten vor Einführung von Bereitschaftsdienst oder Arbeitsbereitschaft prüfen, ob ein Tarifvertrag Anwendung findet. Im Rahmen der tariflichen Regelungen erhalten die Betriebs- und Personalräte einen großen Gestaltungsspielraum für eine dauerhafte Ausdehnung der durchschnittlichen täglichen Arbeitszeit. So hat z. B. das BAG entschieden, dass die Ableistung von Bereitschaftsdienst zum ärztlichen Berufsbild gehört.[11] Sog. 24-Stunden-Dienste sind keine Seltenheit. Fraglich ist, ob dies noch zeitgemäß ist. Nach der richtungsweisenden Entscheidung des EuGH, mit der geklärt wurde, dass Bereitschaftsdienst Arbeitszeit i. S. d. ArbZG ist, bestand in Deutschland akuter Handlungsbedarf. Der Gesetzgeber und die Tarifvertragsparteien haben darauf schnell reagiert und entsprechende Regelungen geschaffen, die es ermöglicht haben, die 24-Stunden-Dienste weiterhin arbeiten zu lassen. Im Rahmen des Arbeitsschutzes bestehen erhebliche Zweifel, ob es sinnvoll ist, diese gesundheitlich belastenden Arbeitszeiten weiterhin zu erlauben.

19   Andererseits wird Bereitschaftsdienst oft vereinbart, um Schichtarbeit zu vermeiden. In diesem Spannungsfeld bewegen sich die Interessenvertretungen.

20   Vor der Einführung eines Bereitschaftsdienstes sollte seitens der Interessenvertretungen kritisch geprüft werden, ob alternative Arbeitszeitmodelle sinnvoll sind. Sollte dennoch Bereitschaftsdienst mit Erhöhung der durchschnittlichen Arbeitszeit notwendig werden, sind zunächst Maßnahmen zur Gewährleistung des Gesundheitsschutzes zu prüfen. Darüber hinaus muss ermittelt werden, welche Arbeitnehmer freiwillig am Bereitschaftsdienst teilnehmen. Außerdem ist zu beachten, dass nicht alle Bereitschaftsdienstformen der Freiwilligkeit unterliegen, so dass die Freiwilligkeit der Teilnahme am Bereitschaftsdienst in eine Betriebsvereinbarung aufgenommen werden sollte.

---

11 BAG 16. 10. 2013 – 10 AZR 9/13.

IV. Eckpunkte für Betriebs- und Dienstvereinbarungen

Folgende Punkte sollten in eine Betriebs- oder Dienstvereinbarung aufgenommen werden: **21**

- Ziel der Regelung, also z. B. planbare Arbeits- und Freizeit für die Arbeitnehmer
- Personenkreis, der Bereitschaftsdienst leisten soll
- Freiwilligkeit des Bereitschaftsdienstes
- Definition, welche Form des Bereitschaftsdienstes geregelt werden soll (es muss nicht immer der 24-Stunden-Dienst sein)
- Festlegung des Zeitrahmens
- Abgrenzung zwischen regulärer Arbeitszeit und Bereitschaftsdienst, damit keine reguläre Arbeit in die Bereitschaftszeit verlagert werden kann; möglichst genaue Beschreibung der Aufgaben, die während des Bereitschaftsdienstes zu leisten sind
- Klärung, wer über den Einsatz entscheidet
- genaue Erfassung der Einsatzzeiten, um sicherzustellen, dass die Höchstarbeitszeiten eingehalten werden
- Anzahl der Bereitschaftsdienste, die pro Monat höchstens zulässig sind
- gleiche Verteilung der Bereitschaftsdienste auf die Mitarbeiter
- Ermöglichung von Tauschoptionen
- Vereinbarung von Gesundheitsschutzmaßnahmen, die über die gesetzlich geregelten Maßnahmen hinausgehen
- regelmäßige Überprüfung der Effektivität der Maßnahmen
- regelmäßige Überprüfung, ob es zwischenzeitlich alternative Arbeitszeitmodelle gibt
- Regelung der Beteiligung des Betriebsrats bzw. Personalrats beim konkreten Einsatz und bei Planänderungen
- Vereinbarung von Informations- und Unterrichtungspflichten mit genauen Terminen

Betriebsferien

I. Einführung

1 Der Gesetzgeber hat in § 7 Abs. 1 BUrlG festgelegt, dass bei der zeitlichen Lage des Urlaubs in erster Linie die Urlaubswünsche des Arbeitnehmers zu berücksichtigen sind. Der Arbeitgeber hat allerdings bei der Genehmigung des Urlaubs sowohl die betrieblichen Belange als auch die Urlaubswünsche anderer, sozial schutzwürdigerer Arbeitnehmer zu berücksichtigen. Dringende betriebliche Belange sind dabei nicht nur zwingende Betriebserfordernisse, die eine Ablehnung der Urlaubswünsche des Arbeitnehmers geradezu notwendig machen. Entscheidend ist vielmehr eine Abwägung der beiderseitigen Interessen.[1] Auf der einen Seite können auch betrieblichen Erfordernissen berechtigte Wünsche des Arbeitnehmers vorgehen, wenn dieser auf einen gewissen Zeitraum angewiesen ist, um mit seiner Familie in Urlaub gehen zu können. Auf der anderen Seite können aber auch berechtigte Urlaubswünsche des Arbeitnehmers im Einzelfall hinter dringenden betrieblichen Erfordernissen zurückstehen.[2]

2 Betriebsferien durchbrechen dagegen diesen grundsätzlichen Abwägungsprozess des Arbeitgebers. In diesem Fall ist der Urlaubszeitpunkt einheitlich für alle Arbeitnehmer oder für bestimmte Gruppen von Arbeitnehmern bestimmt. Die allgemeinen Urlaubsgrundsätze für den Erholungsurlaub werden so festgelegt, dass alle Arbeitnehmer den Urlaub zum gleichen Zeitpunkt antreten.[3] Während der Betriebsferien wird der Betrieb daher geschlossen.

---

1 Neumann/Fenski/Kühn-*Neumann*, § 7 Rn. 12.
2 Neumann/Fenski/Kühn-*Neumann*, § 7 Rn. 13.
3 Neumann/Fenski/Kühn-*Neumann*, § 7 Rn. 31.

II. Einzeldarstellung

1. Überblick der Tarifnormen

Die Tarifvertragsparteien haben die Möglichkeit, einheitlich für alle Arbeitneh-   3
mer unter Fortzahlung der Vergütung den Zeitraum arbeitsfreier Tage festzulegen.

Davon haben z. B. die Tarifvertragsparteien der Finanzdienstleistungsindustrie   4
Gebrauch gemacht. Insoweit sieht § 3 MTV Banken vor, dass am 24. Dezember
und am 31. Dezember eines jeden Jahres dienstfrei ist (Bankfeiertag). Nur für erforderliche Arbeiten, vorrangig bei Abschlussarbeiten, können Arbeitnehmer im
Rahmen der regelmäßigen Arbeitszeit an diesem Tag beschäftigt werden.

Auch in der privaten Versicherungswirtschaft haben die Tarifvertragsparteien   5
vereinbart, dass Heiligabend und Silvester arbeitsfrei sind (vgl. §§ 12 Ziff. 2, 18
MTV Versicherungen).

Der Manteltarifvertrag der Druckindustrie lässt dagegen eine Arbeitstätigkeit an   6
den genannten Tagen bis 13 Uhr grundsätzlich zu. Wegen dringender betrieblicher Notwendigkeiten kann sogar über diese zeitliche Höchstgrenze hinaus gearbeitet werden (vgl. § 3 IV MTV Druck).

In dem Manteltarifvertrag der bayerischen Metall- und Elektroindustrie findet   7
sich eine ähnliche Regelung. Danach endet die Arbeitszeit am 24. und 31. Dezember jeweils um 12 Uhr, es sei denn, dass bei Vorliegen besonderer betrieblicher
Verhältnisse mit dem Betriebsrat eine andere Regelung vereinbart wird. Zudem
ist die ausfallende Arbeitszeit zu vergüten.

Vergleichbar ist auch die Vereinbarung in dem Manteltarifvertrag für die Arbeit-   8
nehmer der Mitgliedsunternehmen der Tarifgruppe des Arbeitgeberverbandes
energie- und versorgungswirtschaftlicher Unternehmen e. V. (AVEU). Soweit
Heiligabend und Silvester auf die Wochenarbeitstage Montag bis Freitag fallen,
sind diese Tage unter Fortzahlung der Tabellenvergütung für die Arbeitnehmer
arbeitsfrei. Eine außerdienstplanmäßige Arbeit ist allerdings auch hier zulässig,
soweit dringende betriebliche Erfordernisse vorliegen (vgl. § 5 Ziff. 3 MTV Energie). Diese Arbeit wird dann mit entsprechenden Zuschlägen vergütet (vgl. § 10
MTV Energie).

Der Manteltarifvertrag der Deutschen Telekom AG sieht ebenfalls eine Arbeits-   9
befreiung an Heiligabend und Silvester vor (vgl. § 16 Ziff. 2 MTV DTAG). Soweit
aus betrieblichen Gründen an diesen Tagen dennoch gearbeitet werden muss,
steht diesen Arbeitnehmern ein Anspruch auf Zeitausgleich in Höhe der erbrachten Arbeitsleistung unter Fortzahlung des Monatsentgelts bis zum 30. Juni
des Folgejahres zu (vgl. § 16 Ziff. 3 MTV DTAG).

Einen Freizeitausgleich innerhalb von drei Monaten bestimmt auch der Tarif-   10
vertrag des öffentlichen Dienstes, soweit eine bezahlte Freistellung aus betriebli-

chen/dienstlichen Gründen am 24. und 31. Dezember nicht erfolgen kann (vgl. § 6 Abs. 3 TVöD). Die regelmäßige Arbeitszeit vermindert sich dabei für jeden gesetzlichen Feiertag sowie für den 24. und 31. Dezember, sofern sie auf einen Werktag fallen, um die dienstplanmäßig ausgefallenen Stunden.

11 Der Bundesrahmentarifvertrag für das Baugewerbe sieht dagegen unter § 3 Ziff. 1.7 zwar vor, dass der 24. und der 31. Dezember dienstfrei sind. Ausdrücklich wird der Lohnanspruch für diese Zeiten aber ausgeschlossen. Diese Regelung ist insoweit identisch mit § 3 Ziff. 1.7 des Rahmentarifvertrages für die Angestellten und Poliere des Baugewerbes.

12 Der Manteltarifvertrag für die Systemgastronomie sieht im Gegensatz dazu nicht einmal eine Arbeitsbefreiung an den genannten Tagen vor.

2. Bewertung

13 Die bekannten Branchen- und Haustarifverträge konzentrieren sich im Ergebnis also auf Arbeitsfreistellungen für Zeiträume der Vorfesttage. Dabei wird aber keine Anrechnung auf die Urlaubstage vorgenommen.

14 Die Tarifvertragsparteien halten sich in der Regel zurück, den Unternehmen Vorgaben zu machen, wann und unter welchen Voraussetzungen längerfristige Betriebsferien durchgeführt werden. Zum einen stellen Betriebsferien bereits einen Eingriff in die betriebswirtschaftlichen Organisationsabläufe der Unternehmen dar. Immerhin unterscheiden sich auf der einen Seite die Belastungsspitzen und auf der anderen Seite die Nichtauslastungsphasen branchenangehörender Unternehmen häufig stark. Zum anderen hängen die beantragten Urlaubszeiträume auch von der Altersstruktur und den sozialen bzw. familiären Lebensumständen der Arbeitnehmer in den Unternehmen ab.

15 Eine allgemeine Aussage darüber, wann in den branchenangehörenden Unternehmen Betriebsferien durchzuführen sind, ist daher regelmäßig schwer zu treffen. Es obliegt daher in erster Linie den Betriebsparteien zu beurteilen, ob sie Regelungen zu Betriebsferien vereinbaren oder nicht. Eine Vereinbarung über besondere Urlaubstage an den Vorfesttagen ist dem Regelungsbereich der Betriebsparteien allerdings entzogen, soweit in den Tarifverträgen die Arbeitsbefreiung ohne Anrechnung auf die Urlaubstage bereits festgelegt ist.

III. Hinweise für die Mitbestimmung

1. Mitbestimmungsrecht nach § 87 Abs. 1 Nr. 5 BetrVG

Für die Festlegung der Betriebsferien gilt das obligatorische Mitbestimmungs-   16
recht des Betriebsrats nach § 87 Abs. 1 Nr. 5 BetrVG.[4] Unwirksam ist daher eine
Festlegung der Betriebsferien, die ohne Zustimmung des Betriebsrats vorgenommen
wurde.[5] Es kommt dem Betriebsrat auch ein Initiativrecht zu.[6] Einseitig
kann der Arbeitgeber Betriebsferien nur dann festlegen, wenn kein Betriebsrat
besteht, die Festlegung dem betrieblichen Interesse entspricht und andere Wünsche
der Arbeitnehmer zurücktreten müssen.[7]

2. Grundsätzliches einer Betriebsvereinbarung

Soweit eine Betriebsvereinbarung über Betriebsferien angestrebt wird, muss da-   17
bei klar sein, dass der Urlaubszeitpunkt und die Fälligkeit des Urlaubs für jeden
Arbeitnehmer durch die Betriebsferien im Voraus feststehen. Einzelne Wünsche
von Arbeitnehmern müssen dann zurücktreten.[8] Betriebsferien gelten dann als
dringende betriebliche Belange i. S. d. § 7 Abs. 1 Satz 1 BUrlG.[9] Urlaubswünsche
von Arbeitnehmern, die ihren Urlaub außerhalb der Betriebsferien nehmen wollen,
können deshalb wirksam abgelehnt werden. Wird einem Arbeitnehmer auf
seinen Wunsch hin außerhalb der Betriebsferien dennoch Urlaub gewährt, so hat
er in den Betriebsferien keinen Anspruch auf Entgelt. Annahmeverzug des Arbeitgebers
liegt dann ebenfalls nicht vor.[10]

Annahmeverzug liegt allerdings dann vor, wenn der Jahresurlaub des Arbeitneh-   18
mers schon ganz oder teilweise abgewickelt oder festgelegt wurde, bevor bekannt
wird, dass Betriebsferien eingeführt werden.[11] Grundsätzlich werden die Urlaubstage
während der Betriebsferien zwar behandelt wie die, die der Mitarbeiter
selbst eingereicht hat. Sie werden vom Jahresurlaub einfach abgezogen. Wenn
aber Betriebsferien zu einem Zeitpunkt eingeführt werden, in dem der Jahresurlaub
des Arbeitnehmers bereits aufgebraucht wurde, kann dieser nicht mehr auf
die Betriebsferien angerechnet werden. Die Betriebsferien stellen für diesen Ar-

---

4 Siehe dazu DKKW-*Klebe*, § 87 Rn. 141 ff.
5 BAG 2. 10. 1974 – 5 AZR 507/73.
6 BAG 28. 7. 1981 – 1 ABR 79/79.
7 BAG 12. 10. 1961 – 5 AZR 423/60; LAG Düsseldorf 20. 6. 2002 – 11 Sa 378/02.
8 BAG 28. 7. 1981 – 1 ABR 79/79; BAG 31. 5. 1988 – 1 AZR 192/87.
9 LAG Düsseldorf 20. 6. 2002 – 11 Sa 378/02.
10 Neumann/Fenski/Kühn-*Neumann*, § 7 Rn. 34.
11 BAG 1. 8. 1966 – 5 AZR 106/66.

beitnehmer dann eine zusätzliche Freizeit dar, in der er auch Anspruch auf Lohnzahlung hat.

19 Es empfiehlt sich daher, zunächst das grundsätzliche Bedürfnis in der Belegschaft nach einem im Voraus festgelegten Urlaubszeitraum zu erfragen. Soweit aus der Arbeitnehmerschaft insoweit ein entsprechender Wille herauszuhören ist, sollte der sich daraus ergebende politische Handlungsauftrag auch wahrgenommen werden.

3. Zeitraum der Betriebsferien

20 Soweit kein konkreter Zeitraum aus der Belegschaft vorgegeben wird, bietet es sich an, die Betriebsferien immer wiederkehrend auf den Zeitraum der Sommerschulferien im jeweiligen Schuljahr zu legen. Vielfach ergeben sich im Rahmen der Urlaubsplanung gerade für die Sommermonate Abstimmungsprobleme unter den Arbeitnehmern. Soweit eine Einigung unter den Mitarbeitern dann nicht möglich ist, muss der Arbeitgeber eine Einzelfallentscheidung treffen, nach der ein oder mehrere Mitarbeiter ihre Urlaubswünsche nicht realisieren können. Fühlt sich ein einzelner Arbeitnehmer deshalb ungerecht behandelt, kann er gegen die verweigerte Urlaubsgenehmigung eine einstweilige Verfügung auf den Weg bringen. Daneben besteht auch die Möglichkeit, den Betriebsrat zur Klärung dieser Frage einzuschalten.[12] Um diesen Abstimmungsproblemen vorzubeugen, kann es Sinn machen, mit dem Arbeitgeber Betriebsferien in den Sommermonaten festzulegen.

21 In diesem Zusammenhang ist zudem die Entscheidung des BAG zu erwähnen, nach der eine Vereinbarung über Betriebsferien nicht nur für ein Jahr, sondern auch für mehrere aufeinander folgende Urlaubsjahre getroffen werden kann.[13] Dies gilt, obwohl der Urlaub an das Urlaubsjahr gebunden ist und durch eine Betriebsvereinbarung grundsätzlich nicht im Vorgriff gewährt werden kann.[14]

4. Arbeitgeber drängt auf Betriebsferien

22 Soweit die Initiative zur Einrichtung von Betriebsferien vom Arbeitgeber ausgeht, sollte in einer abzuschließenden Betriebsvereinbarung geprüft werden, ob der gesamte Betrieb oder nur einzelne Betriebseinheiten geschlossen werden sollen. Außerdem sollte geklärt werden, ob es sich anbietet, Betriebsferien auf Jahre wiederkehrend immer in denselben Zeitraum zu legen oder ob es sinnvoller ist, nur die Dauer der Betriebsferien festzulegen und die Verteilung der Zeiträume

---

12 Siehe dazu DKKW-*Klebe*, § 87 Rn. 149.
13 BAG 28.7.1981 – 1 ABR 79/79.
14 BAG 17.1.1974 – 5 AZR 380/73.

Heitmann

jährlich neu festzulegen. Der Arbeitgeber wird insoweit ein Interesse daran haben, Betriebsferien in Zeiträumen einzuführen, die erfahrungsgemäß umsatzschwach sind. Dies kann je nach Geschäftsentwicklung auch jährlich einen neuen Vereinbarungsbedarf auslösen. Dem Arbeitgeber ist dann an einer flexiblen Lösung gelegen. Dabei dürfen keinesfalls die berechtigten Wünsche der Arbeitnehmer auf individuelle Urlaubsplanung unter den Tisch fallen.

Wichtig dabei ist, dass der Arbeitgeber ohne Betriebsvereinbarung Betriebsferien **23** nur mit ausreichender Frist ankündigen darf. Eine Ankündigungsfrist unter einem halben Jahr dürfte als unzumutbar angesehen werden. Dies sollte in einer abzuschließenden Betriebsvereinbarung berücksichtigt werden. Erkrankt der Arbeitnehmer dann während der Betriebsferien, hat er Anspruch auf Lohnfortzahlung.[15]

5. Voller Urlaubsanspruch noch nicht erreicht

Unabhängig davon muss aber auch der Umgang mit den Arbeitnehmern geklärt **24** werden, die noch keine oder in nicht ausreichender Höhe Urlaubsansprüche erworben haben. In der betrieblichen Praxis kann dieses Problem dadurch gelöst werden, dass den betreffenden Arbeitnehmern der für die Betriebsferien notwendige Urlaub im Voraus gewährt wird. Ein »auf Vorschuss« gewährter Urlaub kann vom Arbeitgeber auch nicht zurückgefordert werden, wenn der Arbeitnehmer vor Entstehung des vollen Urlaubsanspruchs aus dem Betrieb ausscheidet.[16]

Will der Arbeitgeber einzelnen Arbeitnehmern keinen Urlaub »auf Vorschuss« **25** gewähren, können diese ihren Beschäftigungsanspruch geltend machen. Erfüllt der Arbeitgeber diesen Anspruch nicht, gerät er in Annahmeverzug.[17] Den betroffenen Arbeitnehmern steht dann ein Anspruch auf Zahlung des Arbeitsentgeltes zu.

6. Mehr Urlaub als Betriebsferien

Es darf nicht der gesamte Jahresurlaub der Arbeitnehmer als Betriebsferien ver- **26** plant werden. Der einzelne Arbeitnehmer muss Urlaubstage zur freien Verfügung übrig behalten. Das BAG sieht die Grenze bei drei Fünftel des Jahresurlaubs als erreicht an.[18] Zu klären ist deshalb, auf welche Art und Weise der Urlaubsanspruch, der über die Betriebsferien hinausgeht, zu gewähren ist. Insoweit emp-

---

15 BAG 16.3.1972 – 5 AZR 357/71; BAG 30.6.1976 – 5 AZR 246/75.
16 LAG Niedersachsen 20.8.1980 – 5 Sa 38/80.
17 BAG 1.8.1966 – 5 AZR 106/66; BAG 30.6.1976 – 5 AZR 246/75.
18 BAG 28.7.1981 – 1 ABR 79/79.

fiehlt es sich, neben einer Betriebsvereinbarung über Betriebsferien auch eine Betriebsvereinbarung über Urlaubsgrundsätze aufzustellen. Der über die Betriebsferien hinausgehende Mehrurlaub ist dann anhand dieser Betriebsvereinbarung zu gewähren.

IV. Eckpunkte für Betriebs- und Dienstvereinbarungen

27 **Zeitpunkt:** drei oder vier (zusammenhängende) Wochen im Kalenderjahr; jährliche Festlegung erfolgt bis zum 31. 1. des laufenden Jahres durch den Arbeitgeber und bedarf der Zustimmung des Betriebsrats; *oder:* Vom 1. 8. bis 31. 8. gilt für den gesamten Betrieb Betriebsurlaub; *oder:* Vom 1.8. bis zum 31. 8. gilt für die Arbeitnehmer nach folgender Maßgabe Betriebsurlaub: Abteilung 1: (maximal) 50 % der Arbeitnehmer, Abteilung 2: 25 % der Arbeitnehmer usw.; *oder:* In der Zeit vom 23. 12. bis 3. 1. ist der Betrieb geschlossen. Diese Betriebsferien werden mit fünf Tagen auf den Urlaubsanspruch der Arbeitnehmer angerechnet.

28 **Besondere Urlaubstage:** Der 24. 12. und 31. 12. sind arbeitsfrei und werden als ein Urlaubstag angerechnet, sofern sie auf einen Werktag fallen (*alternativ:* keine Anrechnung); für sog. Brückentage gilt Betriebsurlaub; an Weiberfastnacht und Rosenmontag sind Betriebsferien.

29 **Weiterer Urlaub:** werden nach der »Betriebsvereinbarung Urlaubsgrundsätze« gewährt; müssen nicht im Zusammenhang mit den Betriebsferien genommen werden.

30 **Nicht ausreichender Urlaub:** Arbeitgeber hat Arbeitnehmer, der noch keinen oder keinen ausreichenden Urlaubsanspruch erworben hat, eine Beschäftigungsmöglichkeit während des Betriebsurlaubs anzubieten; eine Entgeltminderung auf einem anderen Arbeitsplatz ist ausgeschlossen; Beschäftigung nicht möglich, dann Freistellung unter Fortzahlung der Vergütung und ohne Anrechnung auf künftige Urlaubsansprüche; *oder:* Arbeitnehmer, der noch keinen oder nicht ausreichenden Urlaubsanspruch erworben hat, nimmt an Betriebsurlaub unter Anrechnung auf im Kalenderjahr entstehende Urlaubsansprüche teil; Entgelt ist nach den Regeln über Urlaubsentgelt fortzuzahlen; Anrechnung auf Urlaubsansprüche im Folgejahr ist ausgeschlossen.

31 **Schlussbestimmungen:** Kündigungsfrist von drei Monaten zum Ende des Kalenderjahres; Schriftform der Kündigung; Nachwirkung der Betriebsvereinbarung.

Betriebsratsarbeit

I. Einführung

Die Betriebsratsarbeit ist die Ausübung eines Ehrenamts, so will es § 37 Abs. 1 **1**
BetrVG. An diesen Grundsatz schließen sich zahlreiche Fragen an. Umstritten ist
z. B., ob das ArbZG auch die Betriebsratsarbeit umfasst. Ein weiteres Konfliktfeld
ist, ob alle Betriebsratsarbeit wie Arbeitszeit vergütet werden muss, um nur zwei
große Themenkomplexe zu benennen.

II. Einzeldarstellung

1. Arbeitszeit und Betriebsratsamt

Rechtgrundlage für die Beurteilung der Zeiten, die für die Betriebsratsarbeit auf- **2**
gewandt werden, ist § 37 BetrVG. Gleich in Abs. 1 wird klargestellt, dass das Betriebsratsamt ein Ehrenamt ist. Das BAG betont jedoch, dass das Betriebsratsamt
dennoch nicht einem Ehrenamt gleichsteht, das ein Beschäftigter außerhalb seiner Arbeitszeit in der Freizeit verrichtet.[1] Denn die Ausübung des Betriebsrats-
mandats hat unmittelbaren Bezug zum Arbeitsverhältnis und wird im Interesse
des Betriebs und der Belegschaft ausgeübt. Diese Arbeit muss nicht unentgeltlich
verrichtet werden, dies regelt § 37 Abs. 2 BetrVG. Das Betriebsratsmitglied ist
von seiner Verpflichtung zu Arbeitsleitung freizustellen, soweit es für die Durchführung der Betriebsratsarbeit notwendig ist. Die Betriebsratsarbeit ist grundsätzlich während der Arbeitszeit zu erledigen. Selbstverständlich kann die Betriebsratsarbeit auch in der Freizeit erledigt werden, dann besteht aber nur in wenigen Fällen ein Anspruch auf Vergütung. Dies folgt aus § 37 Abs. 3 BetrVG,
der festlegt, dass nur für Betriebsratsarbeit, die außerhalb der Arbeitszeit aus **be-**

---

1 BAG 18.1.2017 – 7 AZR 224/15.

triebsbedingten Gründen durchgeführt werden muss, eine entsprechende Freizeitgewährung zu erfolgen hat.

a. Bestimmung der Arbeitszeit

3 Daraus folgt im Umkehrschluss, dass Betriebsratsarbeit, die nicht außerhalb der Arbeitszeit durchgeführt werden **muss**, auch nicht vergütet wird. Als Arbeitszeit ist dabei die Zeit zu verstehen, innerhalb derer das Betriebsratsmitglied ansonsten seine Arbeitsleistung zu erbringen hat. Es handelt sich also um die individuelle Arbeitszeit des einzelnen Betriebsratsmitglieds und nicht etwa um die Betriebsöffnungszeiten bzw. Zeiten in denen üblicherweise im Betrieb gearbeitet wird.[2] Dabei ergibt sich die Lage der individuellen Arbeitszeit in der Regel aus bestehenden Betriebsvereinbarungen zur Arbeitszeit.

b. Vereinbarungen mit dem Arbeitgeber

4 Dies bedeutet, dass der Nachtarbeiter grundsätzlich seine Betriebsrattätigkeit während der Nachtschicht zu verrichten hat, will er seinen Vergütungsanspruch nicht verlieren. Ob es sinnvoll ist, auch die Betriebsratsarbeit während der Nachtschicht zu erledigen, ist hier nicht die Frage. Sofern betriebsbedingte Gründe nicht entgegenstehen, verbleibt es bei der Nachtarbeit, solange bis mit dem Arbeitgeber eine andere Vereinbarung getroffen wurde. Eine solche Vereinbarung muss aber genau überdacht werden. Vereinbart ein freigestelltes Betriebsratsmitglied, das ausschließlich Nachtarbeit geleistet hat, eine andere Arbeitszeit mit dem Arbeitgeber, verliert es seinen Anspruch auf Nachtarbeitszuschläge.[3] Das BAG sieht hierin keine Benachteiligung eines Betriebsratsmitglieds in der Freistellung. Denn, so das BAG, der Verlust der Nachtarbeitszuschläge resultiert nicht aus der Betriebsratsarbeit und der damit verbundenen Freistellung, sondern aus der einvernehmlichen Verschiebung der Arbeitszeit.

c. Betriebsbedingte Gründe

5 Kann die Betriebsratsarbeit nur in der Freizeit erledigt werden, dann besteht ein Anspruch auf entsprechenden Freizeitausgleich. Wobei bewusst sein muss, dass dies die Ausnahme ist. Diese liegt nur vor, wenn aus Gründen, die in der Betriebsratsarbeit liegen, oder vom Arbeitgeber veranlasst eine Erledigung innerhalb der individuellen Arbeitszeit nicht möglich ist.

6 Kein solcher Grund liegt vor, wenn sich ein Betriebsratsmitglied zunächst entschließt, seine vertraglich geschuldete Arbeit zu verrichten und dann anschließend nicht genügend Zeit für die Betriebsratsarbeit übrigbleibt.

---

2 DKKW-*Wedde*, § 37 Rn. 62.
3 BAG 18. 5. 2016 – 7 AZR 401/14.

Auch der Vorgesetze, der sich regelmäßig über die Abwesenheit vom Arbeitsplatz **7** beschwert, ist kein betriebsbedingter Grund. Denn das Gesetz geht zunächst davon aus, dass für die Betriebsratsarbeit im erforderlichen Umfang von der Arbeitspflicht freizustellen ist. Diese Vorschrift lässt keinen Raum für Interpretationen, wann denn die Betriebsratsarbeit geleistet werden muss.

Betriebsbedingte Gründe liegen nur vor, wenn betriebliche Gegebenheiten und **8** Sachzwänge innerhalb der Betriebssphäre dazu geführt haben, dass die Betriebsratstätigkeit nicht während der Arbeitszeit durchgeführt werden konnte, so das BAG in ständiger Rechtsprechung.[4] Es muss sich um Gründe handeln, die sich aus der Eigenart des Betriebs, der Beschäftigung oder des Arbeitsablaufs ergeben.[5] Betriebsbedingte Gründe können sich z. b. ergeben, wenn Verhandlungen zwischen Betriebsrat und Arbeitgeberseite so lange dauern, dass die Arbeitszeit überschritten wird. Es ist auch denkbar, dass bestimmte Betriebsratsaufgaben nur zu bestimmten Zeiten erledigt werden können, wie z. B. Betreuung bzw. Abteilungsversammlungen von Nachtarbeitern. Auch Sitzungen der Einigungsstelle überschreiten in der Regel die individuelle tägliche Arbeitszeit der Betriebsratsmitglieder. So kann ein Zeitungszusteller, der seine Arbeit in den frühen Morgenstunden (4 Uhr bis 6.30 Uhr) verrichtet, die Betriebsratstätigkeit aber in den normalen Büroöffnungsstunden stattfindet, hierfür Freizeitausgleich verlangen.[6]

Betriebsratsarbeit findet regelmäßig außerhalb der individuellen Arbeitszeit ein- **9** zelner Betriebsratsmitglieder statt, wenn es sich um einen Schichtbetrieb handelt. Es wird nicht möglich sein, die Betriebsratssitzung so zu legen, dass alle Betriebsratsmitglieder innerhalb ihrer individuellen Arbeitszeit teilnehmen können. Auch bei Teilzeitbeschäftigten kann es betriebsbedingt veranlasst sein, dass die Betriebsratsarbeit in der individuellen Arbeitszeit nicht zu erledigen ist. Denkbar ist, dass die Betriebsratssitzung wegen der Fülle der Aufgaben, die keinen Aufschub dulden, den ganzen Tag andauert. Es würde eine Benachteiligung von Teilzeitbeschäftigen darstellen, würde man verlangen, dass diese dann ihre Freizeit zur Erledigung der Betriebsratsarbeit einsetzen müssen. Denn die Betriebsratsmitglieder sind unabhängig von ihren arbeitsvertraglichen Bestimmungen verpflichtet, die Aufgaben aus dem BetrVG wahrzunehmen. Dies gilt ganz besonders für die Betriebsratssitzungen.[7]

Das Betriebsratsmitglied hat einen Anspruch auf entsprechende Freizeitgewäh- **10** rung, der innerhalb eines Monats zu realisieren ist. Ist das aus betriebsbedingten Gründen nicht möglich, ist die Zeit wie Mehrarbeit zu vergüten (§ 37 Abs. 3

---

4 BAG 28.5.2014 – 7 AZR 404/12.
5 DKKW-*Wedde*, § 37 Rn. 65.
6 BAG 19.3.2014 – 7 AZR 480/12.
7 BAG 18.1.2017 – 7 AZR 224/15.

Satz 3 BetrVG). Streng genommen ist die für die Betriebsratsarbeit aufgewendete Zeit keine Mehrarbeit, weil das Betriebsratsamt ein Ehrenamt ist. Deshalb spricht das Gesetz davon, dass sie wie Mehrarbeit zu vergüten ist. Das bedeutet, dass bei einer Auszahlung des Entgelts auch Mehrarbeitszuschläge zu gewähren sind, wenn diese aufgrund eines Tarifvertrags oder sonstiger vertraglicher Grundlagen im Betrieb üblicherweise für Mehrarbeit gezahlt werden.

d. Betriebsratsarbeit im Schichtbetrieb

11 Insbesondere in Betrieben mit Schichtarbeit stellt sich für Betriebsratsmitglieder die Frage, wie die Betriebsratsarbeit mit dem Schichtplan zu vereinbaren ist. Die Betriebsratssitzungen finden in der Regel während des Tages statt und sind nicht in den Schichtplan aller Betriebsratsmitglieder zu integrieren. Dies bedeutet, dass ein Betriebsratsmitglied in der Nachtschicht Gefahr läuft, nach der Nachtschicht ohne ausreichende Erholungszeit zur Betriebsratssitzung zu müssen. Das BAG hat in einer Entscheidung aus dem Jahr 1989 die Rechtsauffassung geäußert, dass die Betriebsratsarbeit nicht unter den Anwendungsbereich des ArbZG falle (früher noch Arbeitszeitordnung).[8] Seither ist sehr umstritten, ob die Schutzvorschriften, wie z. B. die Höchstarbeitszeit von zehn Stunden (§ 3 ArbZG), die Mindestruhezeiten von elf Stunden (§ 5 ArbZG) und die Pausen von 30 bzw. 45 Minuten (§ 4 ArbZG), auch bei der Ausübung der Betriebsratstätigkeit einzuhalten sind.

12 Das BAG ist aber der Auffassung, dass ein Betriebsratsmitglied berechtigt ist, die Nachtschicht vor der Betriebsratssitzung zu verkürzen, weil ihm ansonsten die Betriebsratsarbeit nicht zumutbar sei. Was zumutbar ist und was nicht, ist im Lichte der Vorschriften des ArbZG auszulegen.[9] In einem jüngeren Urteil wurde die Frage, ob Betriebsratsarbeit Arbeitszeit ist, offen gelassen.[10] Teilt man die Auffassung, dass die Einhaltung der elfstündigen Ruhepause bei der Betriebsratsarbeit nicht zwingend wäre, hätte das Betriebsratsmitglied die Freiheit zu entscheiden, seine Gesundheit zu ruinieren oder seine Betriebsratstätigkeit zu vernachlässigen. Das BAG führt aus, dass die Betriebsratsarbeit »hinsichtlich der Anforderungen an Aufmerksamkeit und geistige Leistungsfähigkeit denjenigen bei Erbringung der vertraglich geschuldeten Tätigkeit nicht nach steht«.[11] Daraus folgt für das BAG der Schluss, dass die Wertungen des ArbZG jedenfalls auch für die Betriebsratsarbeit gelten.

13 Die Rechtsauffassung »Betriebsrat sei keine Arbeitszeit« steht nicht im Einklang mit der Richtlinie 2003/88/EG des Europäischen Parlaments und des Rates vom

---

8 BAG 7.6.1989 – 7 AZR 500/88.
9 LAG Hamm 20.2.2015 – 13 Sa 1386/14, jetzt durch das BAG bestätigt.
10 BAG 18.1.2017 – 7 AZR 224/15.
11 Ebenda.

4. 11. 2003 über bestimmte Aspekte zur Arbeitszeitgestaltung.[12] Die Richtlinie legt Mindestruhezeiten von elf Stunden fest, die keinesfalls unterschritten werden dürfen. Betriebsratsarbeit ist jedenfalls keine Ruhezeit. In der Ruhezeit muss der Arbeitnehmer frei über seine Zeit verfügen können. Er muss sich aus dem betrieblichen Zusammenhang vollständig zurückziehen können, um einen Ausgleich für die durch die Arbeit hervorgerufene Ermüdung zu erlangen. Somit kann die Betriebsratsarbeit jedenfalls nicht als Ruhepause gewertet werden, denn sie ist der betrieblichen Sphäre zuzuordnen und nicht der privaten. Die europäische Arbeitszeitrichtlinie unterscheidet aber nur zwischen Ruhezeit und Arbeitszeit,[13] weshalb im Zweifel die Betriebsratsarbeit Arbeitszeit ist.[14] Nur so können die in der Richtlinie enthaltenen Mindeststandards, die im ArbZG ihren Niederschlag gefunden haben, garantiert und umgesetzt werden. Anders kann der Auftrag, den Arbeits- und Gesundheitsschutz umzusetzen, nicht erfüllt werden. Betriebsratsarbeit ist auch nach der Definition des BAG Arbeit, denn Arbeit ist jede Tätigkeit, die der Befriedigung fremder Bedürfnisse dient. Betriebsratstätigkeit hat ihren Ursprung in der unternehmerischen Tätigkeit und ist betrieblich veranlasst und damit fremdnützig.[15]

Für die Betriebsratspraxis bedeutet dies, dass Betriebsratsmitglieder berechtigt sein können, ihre Schicht vorzeitig zu beenden oder später anzutreten. Das ist immer dann der Fall, wenn sie in eine Schicht eingeteilt sind, die es ihnen nicht ermöglicht, die gesetzlich vorgeschriebene Ruhezeit von elf Stunden einzuhalten, weil sie Betriebsratstätigkeit außerhalb ihrer individuellen Arbeitszeit wahrnehmen müssen. **14**

Nicht höchstrichterlich geklärt ist bislang die Frage, ob nach der Betriebsratssitzung eine Ruhezeit von elf Stunden eingehalten werden muss oder ob ein Betriebsratsmitglied nach der Sitzung seine Nachtschicht antreten muss. An die Betriebsratssitzung schließt sich nicht so ohne Weiteres wiederum eine Ruhezeit von elf Stunden an. Dies wäre nur der Fall, wenn die Betriebsratssitzung mindestens acht Stunden dauern würde und damit die werktägliche Arbeitszeit nach dem ArbZG bereits erfüllt ist (§ 3 ArbZG). Erst nachdem der Arbeitstag beendet ist, muss eine Ruhezeit von elf Stunden gewährt werden. Legt man die Wertungen des ArbZG zu Grunde, kann ein Werktag bis zu acht Stunden betragen und unter bestimmten Voraussetzungen auf bis zu zehn Stunden verlängert werden. Dabei wird der Beginn des Werktags nach herrschender Auffassung auf den Beginn des Arbeitstags gelegt.[16] **15**

---

12 Buschmann/Ulber, § 2 Rn. 38.
13 EuGH 9. 3. 2003 – C-151/02 (Jaeger).
14 OVG Nordrhein-Westfalen 10. 5. 2011 – 4 A 1403/08.
15 Gün/Karthaus, AiB 7–8/2015 S. 63–65.
16 Siehe hierzu Buschmann/Ulber, § 3 Rn. 6 ff. m. w. N.

16 Beginnt der Arbeitstag mit einer Betriebsratssitzung, muss die restliche geschuldete Arbeitszeit noch erbracht werden. Vom Grundsatz her ist das Betriebsratsmitglied damit verpflichtet, die Nachtschicht anzutreten. Etwas anderes ergäbe sich nur, wenn dies für das Betriebsratsmitglied unzumutbar wäre. Dies könnte der Fall sein, wenn die Pause, die zwischen Betriebsratsarbeit und Nachtschicht liegt, unverhältnismäßig lang ist. Pausen dürfen jederzeit auch länger sein als eine halbe oder eine dreiviertel Stunde, wie es das ArbZG vorsieht.[17] Dies sind nur Mindestpausenzeiten. Die Pause dient wie die Ruhezeit auch der Erholung. Eine lange Pause wird dann als unzumutbar angesehen, wenn der Arbeitnehmer z. B. die Pause nicht sinnvoll nutzen und gestalten kann.[18] Dies wäre der Fall, wenn das Betriebsratsmitglied z. B. nicht in der Lage wäre, nach Hause zu fahren und seinem Freizeit- und Erholungsbedürfnis nachzukommen, weil sein Heimweg zu weit ist und damit zu lange dauert. Man wird sich jeweils im Einzelfall fragen müssen, ob es billigem Ermessen entspricht, das Betriebsratsmitglied die Nachtschicht antreten zu lassen. Das ist regelmäßig eine Einzelfallentscheidung, bei der die Interessen des Betriebsratsmitglieds gegen die Interessen des Arbeitgebers abgewogen werden müssen. Legt man die Wertungen des ArbZG zu Grunde, bleibt im Ergebnis festzuhalten, dass die Nachtschicht nach der Betriebsratssitzung angetreten werden muss. Ergibt sich eine längere Arbeitszeit als zehn Stunden, wenn man die Betriebsratsarbeit und die Arbeitszeit addiert, ist das in jedem Fall unzumutbar.[19] Die Folge ist, dass die Nachtschicht entsprechend gekürzt werden darf.

e. Freizeitausgleich für Betriebsratsarbeit

17 Aus gesundheitlichen Gründen wird man auch bei der Betriebsratsarbeit das ArbZG anzuwenden haben oder jedenfalls wie das BAG die Wertungen des ArbZG zu Grunde legen. Beide Wege führen zum gleichen Ziel. Wird die Arbeitszeit verkürzt, Schichten abgebrochen oder später angetreten, um die Schutzvorschriften des ArbZG einzuhalten, darf dies nicht zu Entgeltkürzungen führen. Dies wäre eine Benachteiligung wegen der Betriebsratsarbeit.

18 Aus § 37 Abs. 2 BetrVG folgt, dass auch die Verkürzung der Arbeitszeit nicht zur Verkürzung des Arbeitsentgelts führen darf.

19 Die Betriebsratstätigkeit außerhalb der individuellen Arbeitszeit ist darüberhinaus in Freizeit auszugleichen, wenn sie betriebsbedingt in die Freizeit verlegt werden musste. Im Streitfall muss das Betriebsratsmitglied den Beweis antreten, dass die Betriebsratsarbeit nicht innerhalb der Arbeitszeit erledigt werden

---

17 LAG Köln 14. 12. 2011 – 9 Sa 798/11.
18 LAG Köln 15. 6. 2009 – 5 Sa 179/09.
19 LAG Hamm 20. 4. 2015 – 12 TaBV 76/14.

Steiner

konnte. Das hat das BAG nochmals ausdrücklich betont.[20] Es hat die Klage eines freigestellten Betriebsratsmitglieds abgewiesen. Für das Betriebsratsmitglied galt eine Gleitzeitvereinbarung. Auf dem Arbeitszeitkonto des Betriebsratsmitglieds waren deutlich über die vereinbarte Obergrenze hinaus positive Stunden angesammelt. In der Betriebsvereinbarung war geregelt, dass solche Stunden als Mehrarbeit behandelt werden. Der Arbeitgeber lehnte das aber ab. Mit Verweis auf § 37 Abs. 3 BetrVG führte das BAG aus, dass eine Behandlung dieser Stunden wie Mehrarbeit nur in Frage kommt, wenn nachgewiesen wurde, dass die Betriebsratsarbeit aus betriebsbedingten Gründen nicht innerhalb der Arbeitszeit erledigt werden konnte.

Es besteht weder für das Betriebsratsmitglied noch für den Arbeitgeber ein Wahlrecht dahingehend, ob Freizeit oder Geld gewährt wird. Der Gesundheits- und Arbeitsschutz steht eindeutig im Vordergrund.[21] Der Anspruch auf Freizeitausgleich muss von dem Betriebsratsmitglied geltend gemacht werden und kann nur aus betriebsbedingten Gründen verweigert werden. Betriebliche Gründe könnten u. a. sein, dass ein unerwartet hoher Krankenstand zu einer Unterbesetzung führt, eine unerwartet hohe Arbeitsmenge durch außerplanmäßige Aufträge gegeben ist oder eine branchenspezifisch besonders arbeitsintensive Zeit vorliegt (z. B. Inventur oder Jahresabschlussarbeiten). Liegen betriebliche Gründe vor, ist die Zeit wie Mehrarbeit zu bezahlen. Dies bedeutet, dass auch Mehrarbeitszuschläge zu gewähren sind, wenn ein Tarifvertrag, der Arbeitsvertrag oder eine betriebliche Übung dies vorsehen. **20**

2. Arbeitszeit und Personalrat

In § 46 Abs. 1 BPersVG ist zunächst geregelt, dass auch das Amt des Personalrats wie das des Betriebsrats ein Ehrenamt ist. In § 35 BPersVG ist geregelt, dass die Sitzungen des Personalrats während der Arbeitszeit stattzufinden haben. Die Mitglieder des Personalrats sind gegen Zahlung ihrer Bezüge auch außerhalb ihrer Arbeitszeit freizustellen, wenn die Personalratsarbeit dies erfordert. **21**

Diese Vorschriften sind zwar nicht wortgleich mit denen des BetrVG, aber es kommt ihnen die gleiche Bedeutung zu. Die Ausführungen unter dem Stichwort Betriebsratsarbeit gelten deshalb gleichermaßen für gewählte Personalräte. Zu beachten ist, dass für Personalräte der Länder die Vorschriften der jeweiligen Landespersonalvertretungsgesetze gelten. **22**

---

20 BAG 28.9.2016 – 7 AZR 248/14.
21 So auch DKKW-*Wedde*, § 37 Rn. 71, 78.

III. Hinweise für die Mitbestimmung

23 Alle Regelungen in Zusammenhang mit dem Beginn und dem Ende der Arbeitszeit sowie die Lage der Pausen und die Verteilung der Arbeitszeit auf die einzelnen Wochentage unterliegend der zwingenden Mitbestimmung des Betriebsrats (§ 87 Abs. 1 Nr. 2 BetrVG). Dies beinhaltet selbstverständlich auch die Arbeitszeiten der Betriebsratsmitglieder. Diese dürfen jedoch wegen ihres Betriebsratsamts weder benachteiligt noch bevorteilt werden. Deshalb dürfte es nicht möglich sein, Arbeitszeiten für die Betriebsratsmitglieder abweichend von denen der übrigen Belegschaft zu regeln.

1. Änderung der Arbeitszeit wegen des Betriebsratsamts

24 Zu empfehlen ist jedoch eine Absprache bzw. Regelung, nach welchem Arbeitszeitmodell freigestellte Betriebsratsmitglieder im Betrieb tätig werden sollen. Erfolgt hier keine anderweitige Regelung, müssen auch freigestellte Betriebsratsmitglieder weiter zu den Zeiten arbeiten wie vor der Freistellung. Das ist nicht immer sinnvoll, z. B. bei Nachtarbeit. Zu Bedenken ist bei solchen Vereinbarungen aber, dass dadurch Ansprüche auf Zuschläge verloren gehen können (siehe Rn. 4). Will man das vermeiden, müssen auch hier Vereinbarungen getroffen werden.

2. Absprachen für Schichtarbeiter

25 Auch die Frage wie Schichtarbeiter eingeteilt werden, damit ihre Ruhezeiten gewährleistet sind, sollte geregelt werden Damit können spätere Auseinandersetzungen über die Erforderlichkeit und den Umfang der Freistellung für die Betriebsratssitzung vermieden werden. In vielen Schichtbetrieben ist es immer noch schlechte Praxis, dass Nachtarbeiter nicht zur Betriebsratssitzung geladen werden oder trotz Einladung nicht erscheinen. Ein Betriebsratsmitglied in der Nachtschicht ist aber nicht verhindert i. S. d. § 25 BetrVG.[22] Wird das Betriebsratsmitglied nicht geladen, liegt eine fehlerhafte Ladung zur Betriebsratssitzung vor. Das hat zur Folge, dass keine rechtsgültigen Beschlüsse gefasst werden können. Erscheint das Betriebsratsmitglied trotz ordnungsgemäßer Ladung nicht, darf kein Ersatzmitglied nachgeladen werden. Dies birgt allerdings das Risiko in sich, dass der Betriebsrat nicht beschlussfähig ist.

26 Klare Regelungen über die Teilnahme von Schichtarbeitern an der Betriebsratssitzung helfen hier diese Konflikte zu vermeiden und sorgen dafür, dass die Be-

---

22 DKKW-*Wedde*, § 25 Rn. 15.

triebsratsmitglieder trotz Schichtarbeit ihrem Betriebsratsamt ordnungsgemäß nachgehen können.

3. Mehrarbeit und Betriebsratsamt

Betriebsratsarbeit außerhalb der individuellen Arbeitszeit ist keine Mehrarbeit. Deshalb besteht auch kein Mitbestimmungsrecht gemäß § 87 Abs. 1 Nr. 3 BetrVG. Das Gesetz regelt abschließend, dass diese aus betriebsbedingten Gründen zulässig ist (siehe oben Rn. 5–10). Eine Genehmigung durch den Arbeitgeber ist nicht erforderlich. Im Übrigen wird sie nur im Hinblick auf die Bezahlung bzw. Freizeitgewährung **wie** Mehrarbeit behandelt.

27

Crowd Work (Projektarbeit)

I. Einführung

1 Die Begriffe »Crowd Work« oder »Crowdsourcing« (engl. »crowd« = Menschenmenge, Masse) sind mit der Digitalisierung der Arbeitswelt untrennbar verbunden. Gemeint ist, dass viele einzelne Personen, kleine Ausschnitte eines Arbeitsvorgangs getrennt voneinander bearbeiten. Sinnvoll und ökonomisch ist dies zumeist nur bei EDV- und Internet-basierten Arbeitsvorgängen, etwa in der Software-Programmierung oder im Grafik-Design. Möchte ein Unternehmen einen Arbeitsvorgang oder ein Projekt im Wege des Crowd Working bearbeitet haben, funktioniert das fast immer über eine Online-Plattform, also eine spezielle Internetseite. Das Unternehmen stellt als Auftraggeber sein Projekt in die Plattform ein. Der Crowd Worker (bisweilen auch Click Worker) kann dann online einen Auftrag annehmen und diesen bearbeiten.

II. Einzeldarstellung

2 Zwischen dem Auftraggeber und dem Crowd Worker besteht kein Arbeits- oder Dienstverhältnis i. S. d. § 611 BGB. Da im Rahmen dieser Tätigkeit regelmäßig ein bestimmter Erfolg (z. B. Programmierung eines Moduls) geschuldet wird, besteht insoweit ein Werkvertragsverhältnis nach § 631 BGB. Vor diesem Hintergrund ist der Crowd Worker in der Einteilung seiner »Arbeitszeit« gänzlich frei, soweit für die Fertigstellung des Auftrags keine Frist vereinbart ist. Weder das ArbZG noch tarifvertragliche Regelungen finden daher auf dieser Gruppe der Erwerbstätigen Anwendung. Im Ergebnis wird das Arbeitsrecht durch Werkverträge umgangen. Das geschieht indes nahezu unbemerkt, da der Crowd Worker im Betrieb oder der Werkhalle nicht präsent ist. Dabei handelt es sich auch nicht um verdeckte Leiharbeit, weil auch zwischen der jeweiligen Online-Plattform und dem Crowd Worker kein Arbeitsverhältnis besteht.

Brackelmann

III. Hinweise für die Mitbestimmung

Mitbestimmungsrechte hat der Betriebsrat nur in Angelegenheiten der Arbeit- **3**
nehmer. Mitbestimmung im Crowd Work scheidet daher aus. Auch eine Mitbestimmung wegen des Einsatzes von Leiharbeitnehmern scheidet aus, weil Crowd
Worker in gar keinem Arbeitsverhältnis stehen.

Der Betriebsrat kann aber nach § 80 Abs. 2 Satz 1 BetrVG ein Informationsrecht **4**
bezüglich eingesetzter Crowd Worker haben. Denn auch bezüglich solcher Personen, die nicht in einem Arbeitsverhältnis zum Arbeitgeber stehen, besteht ein
Recht auf umfassende Information.

Über § 90 Abs. 1 Nr. 3 BetrVG ist der Betriebsrat rechtzeitig über Planung von **5**
Arbeitsverfahren und Arbeitsabläufen unter Vorlage der erforderlichen Unterlagen zu informieren. Dies dürfte auch für Arbeitsabläufe im Wege des Crowd
Working gelten. Der Betriebsrat kann dem Arbeitgeber alternative Vorschläge
machen, wenn dieser Arbeit aus dem Unternehmen ausgliedern möchte. Jedenfalls dann also, wenn die Arbeit, die im Wege des Crowd Working bearbeitet werden soll, einmal im Unternehmen angesiedelt war, hat der Betriebsrat ein Vor-
schlagsrecht.

Weitergehende Mitbestimmungsrechte nach § 87 BetrVG hat der Betriebsrat **6**
nicht. Zwar wird dies vereinzelt für Werkvertrags-Tätige diskutiert, jedoch scheidet eine solche Erweiterung für Crowd Worker aus, da diese nicht in den Betrieb
eingegliedert oder auf sonstige Weise integriert sind.

Dienstpläne

1 Dienstpläne unterscheiden sich nicht von Schichtplänen. Der unterschiedliche Sprachgebrauch kommt aus dem öffentlichen Dienst, wo vorwiegend von Dienstplänen gesprochen wird.

2 Auch das BAG verwendet den Terminus Dienstplan als Synonym für einen Schichtplan: »*Unter Schichtplanturnus ist der Zeitraum zu verstehen, für den der Schichtplan oder Dienstplan im Vorhinein aufgestellt ist.*«[1]

3 Auch der TVÖD verwendet beide Begriffe synonym, so z. B. bei der Definition der Überstunden in § 7 Abs. 7 TVöD.

4 Aus diesem Grund wird auf die Erläuterungen zu Schichtplänen verwiesen (siehe → Schichtarbeit und Schichtpläne Rn. 1 ff.).

---

1 BAG 25.4.2013 – 6 AZR 800/11.

Dienstreisezeit

I. Einführung

In der betrieblichen Praxis ist ein häufiges Streitthema die Frage, ob die Zeiten einer Dienstreise (vollständig) vergütungspflichtige Arbeitszeit sind. Eine Dienstreise liegt immer dann vor, wenn der Arbeitnehmer auf Weisung des Arbeitgebers an einen außerhalb des Betriebes liegenden Ort reist, um dort die arbeitsvertraglich geschuldete Arbeitsleistung zu erbringen.[1]   **1**

Der Begriff »Dienstreise« umfasst die notwendigen Zeiten für die Hin- und Rückreise, die Zeiten der tatsächlichen Wahrnehmung des Dienstgeschäftes vor Ort sowie die Zeiten, die an dem jeweiligen Ort vor und nach Wahrnehmung der Auswärtstätigkeit noch verbracht werden.[2]   **2**

Bei einzelnen Tätigkeiten ist bereits das Reisen Teil der vertraglich geschuldeten Hauptpflicht – z. B. bei Außendienstmitarbeitern oder Kraftfahrern. Üblicherweise ist das Reisen aber gerade nicht Teil der Hauptleistungspflichten eines Arbeitnehmers.   **3**

II. Einzeldarstellung

Ob der Arbeitgeber aber sämtliche für die Dienstreise aufgewendeten Zeiten vergüten muss, ist von mehreren Faktoren abhängig.   **4**

Grundsätzlich ist zunächst festzustellen, dass der Arbeitnehmer sämtliche Zeiten einer Dienstreise im erweiterten Interesse des Arbeitgebers aufwendet und nicht im Eigeninteresse. Daraus folgt nach h. M. aber noch nicht, dass die Zeiten einer Dienstreise vollständig und zwingend Arbeitszeit wäre. Nach Meinung des BAG soll nämlich der Arbeitnehmer bei einer Fahrt an einen auswärtigen Arbeitsort   **5**

---

1 BAG 14.11.2006 – 1 ABR 5/06.
2 BAG 11.7.2006 – 9 AZR 519/05.

durch das Reisen allein keine Arbeitsleistung erbringen. Das Reisen als solches wäre eben nicht im Interesse des Arbeitgebers.[3]

6 Damit ist die für die Dienstreise aufgewendete Zeit nicht automatisch als Arbeitszeit zu werten. Nach Ansicht des BAG ist die Reisezeit, wenn es sich nicht um Vollarbeitszeit handelt, mit Sonderformen der Arbeit wie Bereitschaftsdienst oder Rufbereitschaft vergleichbar. Daraus folge, dass für die für Dienstreisen aufgewendete Zeit eine geringere oder gar keine Vergütung angemessen sein könne.[4]

7 Ob eine Vergütungspflicht besteht, lässt sich nicht pauschal für alle im Rahmen einer Dienstreise anfallenden Zeiten sagen. Es kommt auf die Umstände des Einzelfalls an.

1. Erfüllung einer vertraglichen Hauptpflicht während der Dienstreise

8 Erfüllt der Arbeitnehmer während der Dienstreise gleichzeitig seine Hauptleistungspflicht, indem er beispielsweise ein Fahrzeug steuert als Lastkraftfahrer oder Taxifahrer, handelt es sich unzweifelhaft um vergütungspflichtige Arbeitszeit. Die Tätigkeit wird im Interesse des Arbeitgebers ausgeübt.

9 Gleich zu behandeln sind nach der Rechtsprechung Fälle, in denen der Arbeitnehmer zwar untätig ist, diese Untätigkeit aber vom Arbeitgeber veranlasst wurde. Beispielsweise bei zwei Arbeitnehmern, die abwechselnd einen LKW steuern, um die vorgeschriebenen Lenk- und Ruhezeiten einzuhalten. Derjenige, der gerade nicht fährt, sondern sich in der Schlafkabine aufhält, kann über die Nutzung seiner Zeit nicht frei bestimmen.[5]

10 Eine Vergütungspflicht besteht gleichfalls bei Reisetätigkeit von Beschäftigten, die über keinen festen Arbeitsort zur Erbringung der Arbeitsleistung verfügen. Auch bei ihnen ist die Reisetätigkeit gleichzeitig auch immer die Erfüllung der Hauptleistungspflicht, so beispielsweise bei Außendienstmitarbeitern.[6] Bereits die Fahrt zum ersten Kunden, die der Arbeitnehmer an seinem Wohnort beginnt, zählt als Arbeitszeit. Das gleiche gilt für die Fahrt vom letzten Kunden zurück nach Hause. Insofern besteht ein Unterschied zu einem Arbeitnehmer mit festem Arbeitsort, dessen Wegezeit zur Arbeit grundsätzlich nicht vergütungspflichtig ist.

11 Überschreiten Arbeitnehmer, deren Dienstreise zur Hauptleistungspflicht gehört, die regelmäßige Arbeitszeit, handelt es sich um Mehrarbeit. Wann diese vergütungspflichtig ist, regelt sich nach den allgemein geltenden Grundsätzen zu

---

3 BAG 14.11.2006 – 1 ABR 5/06.
4 BAG 18.11.2015 – 5 AZR 571/13.
5 BAG 20.4.2011 – 5 AZR200/10.
6 BAG 22.4.2009 – 5 AZR 292/08.

Überstunden. Erforderlich ist, dass der Arbeitgeber für die Zeit außerhalb der Arbeitszeit die Mehrarbeit angeordnet, gebilligt oder geduldet hat oder sie notwendig gewesen ist, um die geschuldete Arbeit zu erbringen.[7] In Tarifverträgen oder Arbeitsverträgen sind Regelungen zulässig, nach denen eine bestimmte Anzahl monatlicher Stunden der Mehrarbeit mit der vereinbarten Vergütung bereits abgegolten sind.

2. Dienstreisezeiten innerhalb der betriebsüblichen Arbeitszeit

Ordnet der Arbeitgeber eine Dienstreise während der üblichen regelmäßigen Arbeitszeit an, indem er von seinem Weisungsrecht Gebrauch macht, sind die hierfür aufgewendeten Zeiten vergütungspflichtige Arbeitszeit.   **12**

Dabei spielt es auch keine Rolle, welches Verkehrsmittel der Arbeitnehmer verwendet oder ob er während der Fahrt arbeitet (telefoniert, Akten im Zug bearbeitet oder ähnliches). Indem der Arbeitgeber eine Dienstreise während der Arbeitszeit anordnet, hält er den Arbeitnehmer von der Erfüllung seiner sonstigen Hauptleistungspflichten ab. Dies darf aber nicht zu einer Minderung des vertraglich geschuldeten Entgelts führen. Sonst könnte sich der Arbeitgeber einseitig durch die Anordnung einer Dienstreise während der Arbeitszeit von seiner Pflicht zur Zahlung des Entgelts frei machen.   **13**

3. Dienstreisezeiten außerhalb der betriebsüblichen Arbeitszeit

Ordnet der Arbeitgeber eine Dienstreise an, deren Reisezeit zumindest auch außerhalb der üblichen Arbeitszeit liegt, stellt sich wiederum die Frage, ob es sich dabei um vergütungspflichtige Arbeitszeit handelt. Der Arbeitnehmer schuldet die Erbringung der Dienstreisezeiten außerhalb der regulären Arbeitszeit als vertragliche Nebenpflicht, die erforderlich ist, um die Hauptleistung erbringen zu können. Das ArbZG enthält keine Regelung, ob diese Zeit als Arbeitszeit zu werten ist.   **14**

Der Arbeitnehmer ist auf solchen Reisen örtlich an das jeweilige Verkehrsmittel gebunden. Über die Gestaltung seiner Zeit kann er nur in höchst eingeschränkter Weise frei verfügen. Dennoch ist das BAG der Auffassung, dass das Reisen als solches nicht im Interesse des Arbeitgebers liegt und der Arbeitnehmer nicht automatisch eine Arbeitsleistung erbringt.[8]   **15**

Das BAG hat vielmehr die reine Reisezeit sowie die damit einhergehenden Wartezeiten nicht als Arbeitszeit, sondern als Ruhezeit i. S. d. § 5 ArbZG eingeordnet. Reine Wegezeiten, die dem Arbeitnehmer durch die Beschränkung auf ein öf-   **16**

---

7 BAG 25.5.2005 – 5 AZR 319/04.
8 BAG 14.11.2006 – 1 ABR 5/06.

fentliches Verkehrsmittel lediglich ein Freizeitopfer abverlangten, seien keine Arbeitszeit i. S. d. § 2 Abs. 1 ArbZG oder des Art. 2 Nr. 1 der Richtlinie 2003/88/EG des Europäischen Parlaments und des Rates vom 4. 11. 2003 über bestimmte Aspekte der Arbeitszeitgestaltung (Arbeitszeitrichtlinie), wenn dem Arbeitnehmer überlassen bleibe, wie er die Zeit nutzt.[9]

17 Unter Berücksichtigung dieser Entscheidung wird man wie folgt differenzieren müssen: Fährt der Arbeitnehmer auf Weisung des Arbeitgebers selbst mit einem Pkw, um an einem anderen Ort eine Arbeitsleistung zu erbringen, erbringt er durch das Fahren weisungsgemäß eine vertraglich geschuldete Tätigkeit. Diese ist dann folglich vergütungspflichtig, auch dann wenn die Dienstreisezeit außerhalb der regulären Arbeitszeit liegt.

18 Das gleiche gilt, wenn der Arbeitnehmer während der Dienstreise eine Arbeitsleistung erbringt, indem er etwa im Zug Akten bearbeitet, Telefonate führt oder Termine vor- und nachbereitet. Der Arbeitgeber greift dann in die Dispositionsfreiheit ein, die Beschäftigten können nicht selbst über ihre Zeit bestimmen. Es macht keinen Unterschied, dass die Arbeiten von einem anderen Arbeitsort aus erbracht werden. Auch dabei handelt es sich um vergütungspflichtige Mehrarbeit.

19 Anders ist dies wohl zu werten, wenn der Arbeitgeber dem Arbeitnehmer ein anderes Verkehrsmittel angeboten hat (etwa den Zug), das Verkehrsmittel auch geeignet war, die Ziele in angemessener Zeit zu erreichen und der Arbeitnehmer aus eigenen Gründen die Fahrt mit dem Pkw vorgezogen hat. In diesem Fall dürfte die betriebliche Veranlassung fehlen.

20 In den Fällen der Dienstreisezeit außerhalb der regelmäßigen Arbeitszeit, in denen nach den o. g. Kriterien keine vergütungspflichte Arbeitszeit besteht, bedarf es für eine Anerkennung als Arbeitszeit einer Regelung im Tarifvertrag, einer Betriebsvereinbarung oder einer Regelung im Arbeitsvertrag.

4. Vergütungserwartung

21 Fehlt eine solche Regelung und liegt o. g. Fall vor, gelangt § 612 Abs. 1 BGB zur Anwendung. Danach besteht eine Vergütungspflicht, wenn die Tätigkeit – also die Reisezeit – den Umständen nach nur gegen eine Vergütung zu erwarten ist.[10] Eine fehlende Vergütungserwartung des Arbeitnehmers wird von der Rechtsprechung unterstellt, wenn er ein Gehalt bezieht, das die Beitragsbemessungsgrenze in der gesetzlichen Rentenversicherung überschreitet (für das Jahr 2017: 6350 Euro/monatlich im Westen bzw. 5700 Euro/monatlich im Osten).[11]

9 BAG 11.7.2006 – 9 AZR 519/05.
10 BAG 3.9.1997 – 5 AZR 428/96.
11 BAG 22.2.2012 – 5 AZR 765/10.

In der Rechtsprechung wird zudem auf die Umstände des Einzelfalls sowie auf **22** die Branchenüblichkeit abgestellt. So hat das BAG im Falle eines Revisionsprüfers eine Reisezeit von zwei Stunden täglich als nicht vergütungspflichtig angesehen. Es argumentierte, dass der Arbeitnehmer mit seinen Hauptaufgaben einer akademischen Tätigkeit nachgehe. Sein Gehalt liege deutlich oberhalb der allgemeinen durchschnittlichen Bezahlung abhängig Beschäftigter. Nach den für seine Tätigkeit in Anbetracht der Höhe seiner Vergütung geltenden, das Arbeitsleben beherrschenden Vorstellungen bestehe objektiv keine uneingeschränkte Vergütungserwartung für Reisezeiten jenseits des Rahmens der regelmäßigen Arbeitszeit. Schon in gehobener und nicht erst in leitender Stellung habe der Arbeitnehmer nach der Verkehrsanschauung ein gewisses Kontingent an Reisezeiten unentgeltlich zu erbringen.[12]

5. Tarifliche und einzelvertragliche Regelungen

Zusammenfassend lässt sich demnach feststellen, dass unter Umständen die Zeiten einer Dienstreise nicht vergütungspflichtige Arbeitszeit ist. Und zwar dann, **23** wenn die Zeiten außerhalb der regelmäßigen Arbeitszeiten liegen und nach o. g. Kriterien keine Arbeitsleistung erbracht wird.

Da der Arbeitnehmer aber fremdbestimmt unterwegs ist, die Gestaltung der Zeit **24** erheblich eingeschränkt ist im Vergleich zur Freizeit und wohl auch keine vollwertige Ruhezeit konstatiert werden kann, ist dieses Ergebnis aus Arbeitnehmersicht unbefriedigend. In Tarifverträgen, Betriebsvereinbarungen und Arbeitsverträgen sind Sonderregelungen zur Vergütung dieser Dienstreisezeiten möglich.

Beispielsweise ist in § 44 Abs. 2 Satz 1 TVöD geregelt, dass nur die Zeit der dienst- **25** lichen Inanspruchnahme am auswärtigen Geschäftsort als vergütungspflichtige Arbeitszeit gilt. Nach § 44 Abs. 2 Satz 2 TVöD wird jedoch für jeden Tag einschließlich der Reisetage mindestens die auf ihn entfallende regelmäßige, durchschnittliche oder dienstplanmäßige Arbeitszeit berücksichtigt, wenn diese bei Nichtberücksichtigung der Reisezeit nicht erreicht würde. Überschreiten nichtanrechenbare Reisezeiten insgesamt 15 Stunden im Monat, so werden nach § 44 Abs. 2 Satz 3 TVöD auf Antrag 25 % dieser überschrittenen Zeiten bei fester Arbeitszeit als Freizeitausgleich gewährt und bei gleitender Arbeitszeit im Rahmen der jeweils geltenden Vorschriften auf die Arbeitszeit angerechnet.

In § 5 II Ziff. 1 des Einheitlichen Manteltarifvertrags für die Metallindustrie **26** NRW (EMTV) ist geregelt, dass bei angeordneten Dienstreisen die Reisezeit, soweit sie die Dauer der individuellen täglichen Arbeitszeit überschreitet, an Ar-

---

12 BAG 3.9.1997 – 5 AZR 428/96.

beitstagen bis zu vier Stunden und an arbeitsfreien Tagen bis zu zwölf Stunden täglich vergütet wird, von Zuschlägen abgesehen. Das Führen eines PKW auf einer Dienstreise wird ausdrücklich als Arbeitszeit bewertet.

27 Nach § 6 Abs. 1 des MTV der Metallindustrie in Nordwürttemberg/Nordbaden gilt für die Entschädigung von Reisezeiten folgende Regelung: Die notwendige Reisezeit einschließlich der An- und Abmarschzeiten wird bis zu zwölf Stunden je Kalendertag bezahlt. Falls die Reisezeit außerhalb der regelmäßigen täglichen Arbeitszeit liegt, wird sie wie Arbeitszeit ohne Zuschläge vergütet. Falls sie innerhalb der regelmäßigen täglichen Arbeitszeit liegt, wird sie zuzüglich eines Verdienstausgleichs in Höhe des Montagezuschlags vergütet.

28 In diesem Zusammenhang hat das BAG in Übereinstimmung mit der Kommentarliteratur entschieden, dass für die Durchführung von Dienstreisen von Betriebsratsmitgliedern tarifvertragliche oder betriebliche Regelungen maßgebend sind.[13] Das führt auch hier zu dem grundsätzlichen Problem, dass Reisezeiten anfallen können, die nicht vergütungspflichtig sind. Auf eine Regelung wie im zitierten MTV der Metallindustrie kann sich das Betriebsratsmitglied nicht berufen, da die Betriebsratsarbeit keine Montagetätigkeit ist. Abhilfe könnte hier nur eine allgemeine Reisekostenregelung schaffen, die auch die Vergütung der außerhalb der regulären Arbeitszeit liegenden Reisezeiten regelt.

29 Bei arbeitsvertraglichen Klauseln ist auf die Inhaltskontrolle nach den §§ 305 ff. BGB zu achten. Regelungen im Arbeitsvertrag müssen demnach u. a. verständlich sein und dürfen keinen überraschenden Inhalt haben. Nach einer Entscheidung des BAG ist eine Klausel im Arbeitsvertrag, nach der Reisezeiten mit der Bruttomonatsvergütung abgegolten seien, intransparent, wenn sich aus dem Arbeitsvertrag nicht ergibt, welche Reisetätigkeit in welchem Umfang erfasst werden soll.[14]

III. Hinweise für die Mitbestimmung

1. Tarifvorbehalt

30 Um eine zeitliche Inanspruchnahme der Arbeitnehmer außerhalb der betrieblichen Arbeitszeit durch Dienstreise ohne Kompensation zu vermeiden, sollte bei fehlender tarifvertraglicher Regelung eine Vereinbarung auf betrieblicher Ebene geschlossen werden. Bei bereits bestehender tariflicher Regelung greift der Tarif-

---

13 BAG 21.6.2006 – 7 AZR 389/05.
14 BAG 20.4.2011 – 5 AZR 200/10.

vorbehalt des § 77 Abs. 3 BetrVG. Eine Betriebsvereinbarung, die hiergegen verstößt, ist unwirksam.

Nach § 77 Abs. 3 BetrVG ist es auch bei fehlender tariflicher Regelung nicht möglich, Fragen der Arbeitsentgelte in einer Betriebsvereinbarung zu regeln. Dies steht einer Regelung der Vergütungspflicht von Dienstreisezeit aber nicht entgegen. Dadurch wird lediglich definiert, welche Tätigkeiten des Arbeitnehmers als Arbeitsleistung zu bewerten sind, die Höhe der Vergütung bleibt unverändert. **31**

Die Betriebsvereinbarung enthält dann keine Regelung über die tariflich festgelegte Höhe der Vergütung. Eine Vergütungsregelung liegt vor, wann eine Bestimmung über den Umfang der Gegenleistung des Arbeitgebers für die vom Arbeitnehmer erbrachte Arbeitsleistung getroffen wird. Dagegen handelt es sich nicht um eine Regelung der Vergütung, wenn festgelegt wird, welche Leistungen des Arbeitnehmers als Arbeitsleistung und damit als Erfüllung seiner vertraglich geschuldeten Arbeitspflicht anzusehen sind. Eine solche Regelung betrifft den Inhalt der vom Arbeitnehmer zu erbringenden Arbeitsleistung; sie lässt die Höhe der Vergütung unberührt.[15] **32**

2. Keine Arbeitszeit i. S. v. § 87 BetrVG

Der Betriebsrat hat nach § 87 Abs. 1 Nr. 2 BetrVG (bzw. der Personalrat nach § 75 Abs. 3 Nr. 1 BPersVG) über Beginn und Ende der täglichen Arbeitszeit mitzubestimmen. Das BAG hat allerdings entschieden, dass bei der Anordnung einer Dienstreise, während derer der Arbeitnehmer keine Arbeitsleistungen zu erbringen hat, dem Betriebsrat kein Mitbestimmungsrecht zusteht.[16] **33**

Arbeitszeit i. S. v. § 87 Abs. 1 Nr. 2 BetrVG sei die Zeit, in welcher der Arbeitnehmer verpflichtet ist, seine vertraglich geschuldete Arbeit zu leisten. Bei einer Dienstreise erbringe der Arbeitnehmer durch das bloße Reisen keine Arbeitsleistung. Der Umstand, dass diese im Interesse des Arbeitgebers unternommen wird, mache die dafür aufgewendete Zeit nicht automatisch zu einer solchen, während derer Arbeit geleistet werde. Mit dem Reisen als solchem sei keine Tätigkeit verbunden, die im Interesse des Arbeitgebers ausgeübt werde. **34**

Da bei dieser Sichtweise Dienstreisezeiten keine Arbeitszeit darstellen, kann ein Reiseantritt vor Beginn des täglichen Arbeitszeitrahmens auch nicht zu einer Überschreitung des regulären täglichen Arbeitszeitvolumens i. S. v. § 87 Abs. 1 Nr. 3 BetrVG führen. Etwas anderes würde nur dann gelten, wenn der Arbeitnehmer während der Dienstreise beispielsweise im Zug eine Arbeitsleistung erbringen muss. In diesem Fall würde diese Reisezeit auch betriebsverfassungsrechtlich zur Arbeitszeit zählen. **35**

---

15 BAG 10. 10. 2006 – 1 ABR 59/05.
16 BAG 14. 11. 2006 – 1 ABR 5/06.

IV. Eckpunkte für Betriebs- und Dienstvereinbarungen

36   In arbeitszeitrechtlicher Hinsicht sollte Kern einer Betriebs- oder Dienstvereinbarung zu Dienstreisen die Anerkennung der Reisezeit als Arbeitszeit sein. Dabei sind verschiedene Modelle denkbar. Sofern sich die Anerkennung der gesamten Reisezeit als Arbeitszeit nicht durchsetzen lässt, ist auch eine Teilvergütung möglich. Die Dienstreisezeit wird bis zu einer konkret benannten Anzahl von Stunden pro Tag als Arbeitszeit vergütet.

37   Auch eine Differenzierung zwischen Arbeitstagen und arbeitsfreien Tagen, die wegen einer Dienstreise zur Anreise genutzt werden, ist denkbar. Dabei sollte die an arbeitsfreien Tagen aufgewandte Zeit (also beispielsweise Anreise am Sonntag) vollständig als Arbeitszeit anerkannt werden.

38   Daneben ist eine vorgegeben Ankündigungsfrist für Dienstreisen denkbar, um den Arbeitnehmern ein gewisses Maß an Planungsmöglichkeiten einzuräumen. Dienstreisen bedeuten nicht zuletzt eine höhere Belastung der Arbeitnehmer. Um diese anzuerkennen, ist die Vereinbarung von Zuschlägen für Dienstreisen möglich.

39   Ein Hinweis auf die gesetzlichen Pausen- und Ruhezeiten, und dass diese auch im Rahmen von Dienstreisen zu beachten sind, ist sinnvoll. Diesbezüglich ist auch ein Einspruchsrecht des Betriebsrates bei übermäßiger Belastung durch Dienstreisen denkbar.

40   Des Weiteren sollten die Interessenvertretungen ihre Überwachungspflichten nach § 80 Abs. 1 Nr. 1 BetrVG hinsichtlich geltender (Steuer-)Gesetze, Verordnungen, Unfallverhütungsvorschriften und Tarifverträge wahren.

Direktionsrecht

I. Einführung

Das **Direktions-** oder **Weisungsrecht** ist in § 106 GewO geregelt. Danach darf **1** der Arbeitgeber Inhalt, Ort und Zeit der Arbeitsleistung nach **billigem Ermessen** näher bestimmen, soweit diese Arbeitsbedingungen nicht durch Arbeitsvertrag, Betriebsvereinbarung, Tarifvertrag oder gesetzliche Regelungen festgelegt sind. Seit kurzem gibt es auch eine neue Regelung in § 611a BGB. Dort ist geregelt, dass das Weisungsrecht Inhalt, Durchführung, Zeit und Ort der Tätigkeit betreffen kann. Die dadurch entstehende Weisungsabhängigkeit ist das wesentliche Merkmal des Arbeitsverhältnisses und unterscheidet den Arbeitnehmer von einem freien Mitarbeiter.

Mit dem Direktionsrecht kann der Arbeitgeber die Arbeitspflichten der Arbeit- **2** nehmer hinsichtlich Inhalt, Ort und Zeit der Arbeitsleistung genauer festlegen. Im Folgenden soll aber ausschließlich auf Arbeitszeitfragen eingegangen werden.

II. Einzeldarstellung

1. Umfang des Direktionsrechts

Das Direktionsrecht in zeitlicher Hinsicht umfasst die Verteilung der Arbeitszeit **3** auf die Wochentage, Beginn und Ende der Arbeitszeit sowie die Festlegung der Pausen. Ebenso erfasst sind besondere Formen der Arbeitszeit wie z. B. Bereitschaftsdienst, Rufbereitschaft oder geteilte Dienste. Auch die Entscheidung, ob Schichtarbeit zu leisten ist, und die Festlegung des Schichtrhythmus unterliegen dem Weisungsrecht.

Das Direktionsrecht greift immer dann, wenn im Arbeitsvertrag, durch Betriebs- **4** vereinbarung, Tarifvertrag oder Gesetz noch keine Regelung erfolgt ist. Auch bei bestehender Betriebsvereinbarung kann weiterhin ein Mitbestimmungsrecht des Betriebsrats nach § 87 Abs. 1 Nr. 2 und 3 BetrVG bestehen. Ist in einer bestehenden Betriebsvereinbarung eine bestimmte Arbeitszeitfrage nicht geregelt, besteht ein Mitbestimmungsrecht des Betriebsrats auch bei der Einführung anderer Arbeitszeiten. Will der Arbeitgeber z. B. Schichtarbeit einführen und gibt es eine Betriebsvereinbarung zur Regelung der Arbeitszeit, in der Schichtarbeit nicht geregelt ist, hat der Betriebsrat bei der Einführung und Regelung der Schichtarbeit ein Mitbestimmungsrecht. Der Arbeitgeber darf also Schichtarbeit in Betrieben mit Betriebsrat nicht im Rahmen seines Direktionsrechts anordnen.

5 Um den Umfang des Direktionsrechts zu ermitteln, ist es stets notwendig, alle relevanten Regelungen und Vereinbarungen – die auf das Arbeitsverhältnis Anwendung finden – zu überprüfen.

2. Begrenzung des Direktionsrechts durch das ArbZG

6 Ausgehend von dem ArbZG ist es zulässig, werktäglich (von Montag bis Samstag) acht Stunden pro Tag und in Ausnahmefällen zehn Stunden pro Tag zu arbeiten. Es wäre also zulässig, in Ausnahmefällen bis zu 60 Stunden (im Normalfall 48 Stunden) pro Woche zu arbeiten. Die Ausnahmeregelung von 60 Stunden ist nur zulässig, wenn innerhalb eines Ausgleichszeitraums von sechs Monaten oder 24 Wochen die durchschnittliche Arbeitszeit von acht Stunden eingehalten wird.

7 Vom Direktionsrecht nicht umfasst ist die Anordnung von Arbeit, die die vereinbarte Arbeitszeit erhöht, da die Hauptleistungspflichten nicht einseitig verändert werden dürfen.[1] Dagegen dürfen Überstunden angeordnet werden, wenn dies im Arbeitsvertrag oder einer Betriebsvereinbarung[2] geregelt ist. In Arbeitsverträgen findet sich häufig folgende Regelung:»Der Arbeitnehmer ist im Rahmen der betrieblichen Notwendigkeiten verpflichtet, Überstunden zu leisten«. In Ausnahmefällen oder Notfällen kann ein Arbeitnehmer auch ohne vertragliche Regelung verpflichtet sein, Überstunden zu leisten. Dies folgt aus der allgemeinen arbeitsvertraglichen Rücksichtnahmepflicht.[3] Gilt weder ein Tarifvertrag noch eine Betriebsvereinbarung, bilden Arbeitsvertrag, Gesetz und das Mitbestimmungsrecht des Betriebsrats nach § 87 Abs. 1 Nr. 2 und 3 BetrVG die Grenzen, innerhalb derer der Arbeitgeber sein Direktionsrecht ausüben kann.

8 Gesetzes- oder sittenwidrige Weisungen muss der Arbeitnehmer nicht befolgen.[4] Eine **gesetzeswidrige Anweisung** bei der Arbeitszeit könnte z. B. darin zu sehen sein, dass eine Anweisung erteilt wird, die vorgeschriebene Ruhezeit von elf

---

1 BAG 25. 3. 1987 – 5 AZR 691/85, a. A. BAG 7. 12. 2005 – 5 AZR 535/04 für Arbeit auf Abruf.
2 BAG 3. 6. 2003 – 1 AZR 349/02.
3 LAG Köln 9. 7. 2015 – 7 Sa 144/15.
4 BAG 23. 6. 1988 – 8 AZR 300/85.

Stunden nicht einzuhalten oder ohne die gesetzlich vorgeschriebenen Pausen zu arbeiten.

3. Grenze billigen Ermessens

Darüber hinaus ist der Arbeitgeber verpflichtet, bei der Anweisung einer be-   **9**
stimmten Arbeitszeit billiges Ermessen walten zu lassen. Die Bestimmung der Arbeitszeit nach billigem Ermessen (§ 106 GewO) verlangt eine Abwägung der wechselseitigen Interessen nach verfassungsrechtlichen und gesetzlichen Werten, der Verhältnismäßigkeit, der Angemessenheit sowie der Verkehrssitte und Zumutbarkeit. In die Abwägung sind alle Umstände des Einzelfalls einzubeziehen. Hierzu gehören die Vorteile aus einer Regelung, die Risikoverteilung zwischen den Vertragsparteien, die beiderseitigen Bedürfnisse, außervertragliche Vor- und Nachteile, Vermögens- und Einkommensverhältnisse, soziale Lebensverhältnisse sowie Kinderbetreuung oder andere familiäre Pflichten.[5] Nach diesen Grundsätzen kann das Direktionsrecht eingeschränkt sein, wenn eine Kinderbetreuung nur bei Einhaltung einer bestimmten Arbeitszeit sichergestellt werden kann.[6] Die Zuweisung einer anderen Arbeitszeit entspricht dann nicht mehr billigem Ermessen. Es besteht für den Arbeitnehmer eine Pflichtenkollision, die zugunsten der Personensorge für das Kind zu lösen ist.

Auch eine Umsetzung von der Dauernachtschicht in die Wechselschicht muss   **10**
billigem Ermessen entsprechen. In dem vom LAG Baden-Württemberg entschiedenen Fall[7] hatte der Arbeitgeber einen in Dauernachtschicht beschäftigten Arbeitnehmer in Wechselschicht versetzt und dieser hatte dagegen geklagt. Der Arbeitgeber machte geltend, die Zuweisung der anderen Arbeitszeit sei vom Direktionsrecht gedeckt. Der Arbeitnehmer sei oft krank gewesen und es sei arbeitswissenschaftlich erwiesen, dass mehr als drei Nachtschichten hintereinander gesundheitsschädlich seien. Der Arbeitnehmer dagegen vertrat die Auffassung, die Maßnahme des Arbeitgebers entspreche nicht billigem Ermessen. Seine Fehlzeiten hätten andere Ursachen gehabt, die geheilt seien. Das LAG sah den Grundsatz des billigen Ermessens nicht eingehalten, weil der Arbeitgeber keine eigenen berechtigten Interessen an dem Einsatz des Arbeitnehmers in der Wechselschicht vorgetragen hat. War der Beweggrund des Arbeitgebers für die Zuweisung einer anderen Arbeitszeit nur die Gesundheit des Arbeitnehmers, hätte zuvor ein betriebliches Eingliederungsmanagement durchgeführt werden müssen. In dem betrieblichen Eingliederungsmanagement hätte geklärt werden können,

---

5 BAG 13. 11. 2013 – 10 AZR 1082/12; BAG 21. 5. 1992 – 2 AZR 10/92.
6 LAG Köln 1. 4. 2015 – 11 SA 850/14.
7 LAG Baden-Württemberg 22. 11. 2016 – 15 Sa 76/15, anhängig beim BAG unter 10 AZR 47/17.

ob eine andere Organisation der Arbeit einer erneuten Arbeitsunfähigkeit hätte vorbeugen können. Dies müsse nicht zwingend der Einsatz in Wechselschicht sein.

11   Eine **Konkretisierung** auf eine bestimmte Arbeitszeit erfolgt grundsätzlich nicht dadurch, dass über einen längeren Zeitraum diese Arbeitszeit gearbeitet wurde. Der Arbeitgeber hat bei berechtigten betrieblichen Interessen das Recht, eine veränderte Arbeitszeit zuzuweisen, z. B. wenn er Öffnungszeiten ändert oder wenn er Schichtarbeit einführt. Erst wenn weitere Umstände hinzutreten, die erkennen lassen, dass der Arbeitnehmer nur noch Arbeit zu einer bestimmten Zeit erbringen soll, erfolgt eine Konkretisierung, die einen Rechtsanspruch des Arbeitnehmers begründet.[8] Auch eine betriebliche Übung entsteht in aller Regel nicht, nur weil der Arbeitgeber sein Weisungsrecht über mehrere Jahre in einer bestimmten Art und Weise ausgeübt hat. Hat sich die Situation im Betrieb verändert, kann der Arbeitgeber auch nach vielen Jahren die Lage der Arbeitszeiten verändern.

4.   Begrenzung des Direktionsrechts durch den Arbeitsvertrag

12   Soweit kein Tarifvertrag gilt und auch kein Betriebsrat besteht, gelten nur Arbeitsvertrag und Gesetz. Die Regelungen im Arbeitsvertrag zur Arbeitszeit sind meist nicht sehr umfangreich. Dort ist üblicherweise der Umfang der wöchentlichen Arbeitszeit geregelt, z. B. Vollzeit 40 Stunden pro Woche oder Teilzeit und der Umfang der vereinbarten Teilzeitarbeit. Manchmal gibt es noch Regelungen zur Verteilung der vereinbarten Zeit auf die Wochentage, z. B. »wird an fünf Tagen in der Woche erbracht«. Manchmal fehlt selbst das. Nach dem Nachweisgesetz muss der Arbeitgeber zumindest die vereinbarte Arbeitszeit schriftlich einen Monat nach dem vereinbarten Beginn des Arbeitsverhältnisses niederlegen.

13   Unter bestimmten Umständen kann auch ein Bewerbungsbogen in Verbindung mit dem Arbeitsvertrag einen Anspruch auf eine bestimmte Arbeitszeit begründen. Gibt es beispielsweise im Arbeitsvertrag keine Regelung zur Arbeitszeit, muss der Arbeitnehmer aber bei der Bewerbung einen Fragebogen ausfüllen, ist dieser bei der Feststellung der Grenzen des Direktionsrechts hinzuzuziehen. Wird der Arbeitnehmer in dem Fragebogen nach seiner Verfügbarkeit gefragt und erklärt er unmissverständlich, dass er nur zu bestimmten Zeiten arbeiten kann, gilt diese Zeit als vereinbart. Will der Arbeitgeber etwas anderes, muss es dies im Arbeitsvertrag zum Ausdruck bringen.[9]

14   Ist im Arbeitsvertrag nur geregelt, dass pro Woche 40 Stunden zu arbeiten sind, kann der Arbeitgeber anordnen, dass an sechs Tagen in der Woche von Montag bis Samstag gearbeitet wird. Dies lässt das ArbZG zu. Soweit nach dem ArbZG

---

8 BAG 21.1.1997 – 1 AZR 572/96.
9 LAG Köln 21.10.2003 – 13 Sa 514/03.

Sonntagsarbeit erlaubt ist, darf der Arbeitgeber auch an sieben Tagen in der Woche arbeiten lassen, wenn ein Ersatzruhetag gewährt wird. Nicht zulässig ist es, wenn der Arbeitgeber dauerhaft die Arbeitszeit von 40 Stunden auf vier Tage à zehn Stunden verteilen will. Die Verlängerung der Arbeitszeit auf 10 Stunden ist die Ausnahme, während der 8-Stunden-Tag die Regel ist.

Der Arbeitgeber darf auch Beginn und Ende der Arbeitszeit bestimmen. Selbst **15** wenn Arbeitnehmer über einen längeren Zeitraum eine bestimmte Arbeitszeitlage gearbeitet haben, erwächst daraus kein Gewohnheitsrecht.

Ansonsten gilt: Je weniger Regelungen im Arbeitsvertrag stehen, desto umfang- **16** reicher ist das Direktionsrecht des Arbeitgebers. Je detaillierter die Regelungen im Arbeitsvertrag sind, desto eingeschränkter ist das Direktionsrecht des Arbeitgebers.

5. Begrenzung des Direktionsrechts durch Tarifvertrag

Jede tarifliche Regelung, die auf das Arbeitsverhältnis Anwendung findet, be- **17** grenzt das Direktionsrecht des Arbeitgebers. Meist ist im Tarifvertrag der höchstzulässige Umfang der Arbeitszeit geregelt, z. B. die 35-Stunden-Woche. In vielen Tarifverträgen ist zudem geregelt, dass die Arbeitszeit auf fünf Tage zu verteilen ist. Eine abweichende Anordnung des Arbeitgebers im Rahmen des Direktionsrechts führt zu Überstunden und ist danach zu beurteilen, ob die Anordnung der Überstunden zulässig ist.

6. Begrenzung des Direktionsrechts durch Betriebsvereinbarung

Durch Betriebsvereinbarung kann der Betriebsrat das Direktionsrecht des Ar- **18** beitgebers erheblich einschränken, da nach § 87 Abs. 1 Nr. 2 und 3 BetrVG ein Mitbestimmungsrecht bei Arbeitszeitregelungen besteht. Das Mitbestimmungsrecht besteht bei Beginn und Ende der täglichen Arbeitszeit, der Verteilung auf die Wochentage, bei den Pausen sowie bei Überstunden und Kurzarbeit.

7. Verhalten bei unbilliger Weisung

Der Arbeitnehmer selbst hat das Recht, die Arbeit zu einer vom Arbeitgeber be- **19** stimmten Arbeitszeit zu verweigern, wenn diese Anweisung nicht rechtmäßig ist. Allerdings sollten Arbeitnehmer mit ihrem Arbeitsverweigerungsrecht vorsichtig umgehen. Auch wenn eine Arbeitsverweigerung rechtmäßig ist, empfiehlt es sich zunächst eine gerichtliche Klärung herbeizuführen. Die allermeisten Gerichtsentscheidungen zum Direktionsrecht sind unter dem Stichwort **Arbeitsverweigerung** und Kündigung zu finden. Gerade wenn Arbeitnehmer ihre Rechte in Anspruch nehmen, reagieren Arbeitgeber oft empfindlich und greifen zu Abmahnung und/oder Kündigung. Deshalb kann es ratsam sein, im Einzelfall unberechtigten Weisungen zunächst nachzukommen, um anschließend eine Klärung vor Gericht oder mit Hilfe des Betriebsrats herbeizuführen.

20 Nach der Rechtsprechung des BAG trägt der Arbeitnehmer das Risiko mit seiner Einschätzung, dass eine bestimmte Weisung nicht billigem Ermessen entspricht, falsch zu liegen. Stellt das BAG also im Rahmen einer Kündigungsschutzklage fest, dass eine bestimmte Weisung des Arbeitgebers rechtmäßig war, kann eine beharrliche Arbeitsverweigerung vorliegen, die einen Kündigungsgrund darstellen kann.[10]

21 Diese Rechtsprechung des BAG ist umstritten. Sie führt zu nicht hinnehmbaren Konsequenzen für den Arbeitnehmer. Dazu können gehören: Abmahnung, Kündigung wegen Arbeitsverweigerung und Verlust des Entgelts. Dies stellt eine untragbare Risikoverlagerung auf den Arbeitnehmer dar. Das LAG Hamm[11] und das LAG Düsseldorf[12] folgen dieser Rechtsprechung zu Recht nicht. Sie vertreten die Auffassung, dass eine unbillige Weisung bis zur rechtskräftigen gerichtlichen Entscheidung nur den Arbeitgeber bindet und nicht den Arbeitnehmer. Voraussetzung ist lediglich, dass sich der Arbeitnehmer auf die Unbilligkeit der Weisung beruft.

22 Der 10. Senat des BAG beabsichtigt von dieser Rechtsprechung abzuweichen. Er möchte die Auffassung vertreten, dass ein Arbeitnehmer im Rahmen des § 106 GewO unbillige Weisungen auch dann nicht befolgen muss, wenn noch keine rechtskräftige Entscheidung der Gerichte für Arbeitssachen vorliegt.[13] Der 10. Senat fragte deshalb beim 5. Senat an, ob dieser an seiner Rechtsauffassung festhält.

III. Hinweise für die Mitbestimmung

23 Der Betriebsrat hat durch das Mitbestimmungsrecht nach § 87 Abs. 1 Nr. 2 und 3 BetrVG die Möglichkeit, das Direktionsrecht des Arbeitgebers einzuschränken. Gleiches gilt für den Personalrat nach § 75 Abs. 3 und 4 BPersVG. Eine konsequente Ausübung des Mitbestimmungsrechts in Arbeitszeitfragen hilft den Arbeitnehmern bei der Einschränkung des ansonsten sehr weitgehenden Weisungsrechts des Arbeitgebers.

---

10 BAG 29.8.2013 – 2 AZR 273/12.
11 LAG Hamm 17.3.2015 – 17 Sa 1660/15, anhängig beim BAG unter 10 AZR 330/16.
12 LAG Düsseldorf 6.4.2016 – 12 Sa 1153/15.
13 BAG 14.6.2017 – 10 AZR 330/16, Pressemitteilung Nr. 25/17.

Der Zweck des Mitbestimmungsrechts ist es, die Interessen der Arbeitnehmer an **24** der Lage ihrer Arbeitszeit und an ihrer freien für das Privatleben nutzbaren Zeit zur Geltung zu bringen. Dabei sollten Betriebsräte darauf achten, dass die Einteilung und Lage der Arbeitszeit eine sinnvolle Gestaltung der Freizeit zulässt. Dem Mitbestimmungsrecht unterliegen auch Regelungen zur Schichtarbeit, zum Bereitschaftsdienst und zur Rufbereitschaft. Bei der Planung der Arbeitszeit sollten immer auch gesundheitliche Aspekte Berücksichtigung finden.

Nach herrschender Auffassung besteht kein Mitbestimmungsrecht bei der Dauer **25** der wöchentlichen Arbeitszeit. Außerdem schließen abschließende gesetzliche Regelungen oder abschließende Regelungen eines Tarifvertrags das Mitbestimmungsrecht des Betriebsrats aus.

Allerdings enthalten viele gesetzliche Regelungen Öffnungsklauseln für die Tarif- **26** vertragsparteien und/oder für die Betriebsparteien. Auch das ArbZG enthält eine Reihe von Öffnungsklauseln, die es zulassen von den Vorschriften des ArbZG abzuweichen. Diese erkennt man an der Formulierung:»In einem Tarifvertrag oder auf Grund eines Tarifvertrages in einer Betriebs- oder Dienstvereinbarung kann zugelassen werden ...« (z. B. §§ 7 und 12 ArbZG). Nach dieser Formulierung dürfen die Tarifvertragsparteien andere Regelungen als das ArbZG vereinbaren und können wiederum eine Öffnungsklausel für die Betriebsparteien in die tarifliche Regelung aufnehmen.

Gilt eine gesetzliche oder tarifvertragliche Regelung und gibt es keine Öffnungs- **27** klausel, kommt es darauf an, ob die Regelung abschließend ist. Abschließend sind Regelungen, die keinen Gestaltungsspielraum mehr lassen. Ist die Regelung nicht abschließend, bleibt eine Ausgestaltungsmöglichkeit durch den Betriebsrat und das Mitbestimmungsrecht bleibt erhalten. Im ArbZG gibt es kaum abschließende Regelungen.

Soweit das Direktionsrecht durch Betriebsvereinbarung eingeschränkt ist, soll- **28** ten Betriebsräte darauf achten, dass geltende Betriebsvereinbarungen eingehalten werden. Für den einzelnen Arbeitnehmer ist es immer schwieriger, seine Individualrechte durchzusetzen.

Insbesondere bei Überstunden sollte der Betriebsrat sein Mitbestimmungsrecht **29** nicht durch die Gewährung von Überstundenkontingenten aus der Hand geben. Beachte: Vom Betriebsrat genehmigte Überstunden muss der Arbeitnehmer arbeiten, vom Betriebsrat abgelehnte Überstunden muss der Arbeitnehmer nicht arbeiten.

Elternzeit

I. Einführung

Gesellschaftliche Entwicklung und gesetzgeberische Intention

1 Die Betreuung von Kindern führt häufig dazu, dass die bisherige Tätigkeit jedenfalls vorübergehend nicht mehr voll ausgeführt werden kann. Dies hängt häufig mit fehlenden oder unzureichenden Betreuungsmöglichkeiten zusammen. Aber auch der Wunsch, das Kind persönlich betreuen zu wollen, führt gerade in den ersten Lebensjahren der Kinder dazu, dass vor allem Mütter ihre bisherige Tätigkeit nicht wie bisher ausüben können oder wollen. Die Gewährung von Elternzeit soll diesem Umstand Rechnung tragen und sicherstellen, dass die Kindererziehung nicht zum Verlust des Arbeitsplatzes führt.

2 In den vergangenen Jahren ist es verstärkt so, dass nicht ausschließlich eine vollständige Unterbrechung der Tätigkeit gewollt ist, sondern während der Elternzeit eine Beschäftigung mit geringerer Arbeitszeit gewünscht oder notwendig ist. Das Bundeselterngeld- und Elternzeitgesetz (BEEG) will diese geänderten gesellschaftlichen Vorstellungen aufgreifen und schafft Regelungen, die es den Eltern ermöglichen bzw. erleichtern, Familie und Beruf zu vereinbaren. Hierzu wird den Eltern die Möglichkeit der Inanspruchnahme von Elternzeit gewährt. Diese führt dazu, dass das bisherige Arbeitsverhältnis ruht. Dieses muss also wegen der Kindererziehung nicht beendet werden. Zusätzlich schafft das BEEG Regelungen über eine Teilzeittätigkeit in der Elternzeit. Es schafft somit die Möglichkeit, während der Elternzeit, also während des Ruhens des bisherigen Arbeitsverhältnisses, die bisherige arbeitsvertragliche Tätigkeit in Teilzeit weiter auszuüben. Damit soll gewährleistet sein, dass die Zeiten der Kindererziehung nicht zu einer vollständigen Unterbrechung der Arbeitsleistung führen, sondern auch während dieser Zeit der Beruf weiter ausgeübt werden kann.

3 Mit den Neuregelungen des BEEG, die zum 1.1.2015 in Kraft getreten sind, verfolgt der Gesetzgeber darüber hinaus das Ziel, die Kindererziehung partnerschaftlicher zu gestalten, also vor allem die Väter verstärkt in die Erziehung der Kinder mit einzubeziehen. Ferner soll auch eine schnellere Rückkehr in den Beruf gefördert werden. Diese Ziele sollen vor allen Dingen durch die Neugestal-

tung des Elterngelds und des Elterngelds Plus erreicht werden. Diese Neuregelungen gelten für Kinder, die ab dem 1.7.2015 geboren wurden und werden bzw. für deren Eltern. Die Neuregelung dieser Instrumente hat Auswirkungen auf die individuelle Gestaltung der Elternzeit und die Teilzeittätigkeit in der Elternzeit. *nicht belegt*   4–7

II. Einzeldarstellung

Die Inanspruchnahme der Elternzeit bewirkt das Ruhen des Arbeitsverhältnisses. Dies bedeutet, dass die wechselseitigen Hauptleistungspflichten aus dem Arbeitsverhältnis für die Dauer der Elternzeit suspendiert, d.h. aufgehoben sind. Die Beschäftigte muss ihrer arbeitsvertraglichen Pflicht nicht nachkommen und der Arbeitgeber muss das vertragliche Entgelt nicht zahlen.[1] Die Elternzeit führt damit zur vollständigen Befreiung von der Arbeitspflicht, die Arbeitszeit wird auf Null reduziert. Elternzeit ist damit eine unbezahlte Freistellung zur Betreuung des eigenen Kinds. Das Ruhen des Arbeitsverhältnisses bedeutet aber auch, dass dieses nicht beendet wird, sondern für die Dauer der Elternzeit fortbesteht. Die Hauptleistungspflichten leben erst nach Ende der Elternzeit wieder auf. Die Elternzeit ist ein Gestaltungsrecht, das den Eltern zusteht und nicht von einer Genehmigung des Arbeitgebers abhängig ist.[2] Es ist ein unabdingbares Recht, d.h. die Elternzeit kann nicht durch einen Vertrag ausgeschlossen werden. Auch kann der Arbeitgeber nicht verlangen, keine Elternzeit zu realisieren. Auf die Elternzeit können nur die Eltern verzichten, und zwar dann, wenn sie sie nicht geltend machen.   8

Um die Vereinbarkeit von Familie und Beruf zu stärken und insbesondere den längeren vollständigen Ausstieg aus dem Arbeitsleben zu verhindern, räumt das BEEG die Möglichkeit ein, während der Elternzeit einer Teilzeittätigkeit nachzugehen. Eine Erwerbstätigkeit in Form der Vollzeitbeschäftigung ist damit während der Elternzeit ausgeschlossen. Auch wenn während der Elternzeit in Teilzeit gearbeitet wird, ruht das ursprüngliche Arbeitsverhältnis; dieses wird somit auch bei einer Teilzeittätigkeit während der Elternzeit nicht beendet. Neben diesem ruhenden Arbeitsverhältnis wird für die Dauer der Elternzeit ein befristetes Teilzeitarbeitsverhältnis begründet.   9

---

1 BAG 19.4.2005 – 9 AZR 233/04; BAG 15.4.2009 – 9 AZR 380/07.
2 BAG 19.4.2005 – 9 AZR 233/04.

1. Anspruch auf Elternzeit

a. Anspruchsvoraussetzungen

10 Elternzeit können nur Arbeitnehmerinnen und Arbeitnehmer beanspruchen (§ 15 Abs. 1 BEEG). Wer Elternzeit realisieren möchte, muss also in einem **Arbeitsverhältnis** stehen. Anspruch auf Elternzeit haben aber auch einzelne Beschäftigtengruppen, die nicht in einem Arbeitsverhältnis stehen, nämlich Auszubildende und in Heimarbeit Beschäftigte. Dabei besteht der Anspruch auf Elternzeit unabhängig davon, ob die Beschäftigten ursprünglich in Vollzeit oder in Teilzeit tätig sind. Elternzeit kann also auch realisiert werden, wenn ein Teilzeitarbeitsverhältnis besteht.[3] Auch wer in einem befristeten Arbeitsverhältnis steht, hat Anspruch auf Elternzeit. Allerdings verlängert die Elternzeit die Befristung nicht und das Arbeitsverhältnis endet, wenn der Beendigungszeitpunkt in die Elternzeit fällt.[4] Weitere Voraussetzung ist, dass das Arbeitsverhältnis in Deutschland bestehen muss, was vor allen Dingen für Grenzgänger und ins Ausland entsandte Beschäftigte von Bedeutung ist. Ein Anspruch auf Elternzeit besteht somit dann nicht, wenn eine deutsche Beschäftigte im Ausland tätig ist. Dann richtet sich ein möglicher Anspruch nach den Regelungen des ausländischen Rechts. Für Beamte, Richter und Soldaten gelten besondere (meist landesgesetzliche) Regelungen.

11 Elternzeitberechtigt sind die leiblichen **Eltern** des Kindes, wenn sie mit dem Kind im eigenen Haushalt leben und es selbst betreuen. Anspruchsberechtigt sind darüber hinaus Adoptiveltern. Elternzeit kann auch für aufgenommene Kinder des Ehe- oder Lebenspartners (sog. Stiefkinder) realisiert werden. Voraussetzung ist immer, dass der Elternzeitberechtigte mit dem Kind im Haushalt lebt und es selbst betreut und erzieht (§ 15 Abs. 1 BEEG). Zu dem Kreis der Berechtigten gehören auch **Großeltern**, die Elternzeit für ihre Enkelkinder beanspruchen können. Voraussetzung ist auch in diesen Fällen, dass das Enkelkind im Haushalt der Großeltern lebt und von diesen betreut wird. Ferner muss entweder ein Elternteil des Enkelkinds minderjährig sein oder sich in einer Ausbildung befinden, die er vor Vollendung des 18. Lebensjahrs begonnen hat (§ 15 Abs. 1a BEEG). Der Anspruch der Großeltern ist dann ausgeschlossen, wenn ein minderjähriger oder in der Ausbildung befindlicher Elternteil persönlich Elternzeit beansprucht.

12 Der Anspruch auf Elternzeit entfällt nicht dadurch, dass das Kleinkind für einige Stunden in einer Betreuungseinrichtung oder bei einer Tagesmutter ist. Dies lässt das Merkmal der eigenen Betreuung und Erziehung nicht entfallen. Auch der Umstand, dass die Betreuung während der Elternzeit vorübergehend von je-

---

3 Böttcher/Graue-*Böttcher*, § 15 Rn. 1.
4 Böttcher/Graue-*Böttcher*, § 15 Rn. 1.

mand anderem übernommen wird, etwa weil die Mutter eine Kur oder eine Fortbildung wahrnimmt, lässt den Anspruch auf Elternzeit nicht entfallen. Dieser besteht in diesen Fällen fort.[5]

Anspruch auf Elternzeit besteht für jedes Kind bis zur **Vollendung des dritten** **13** **Lebensjahrs.** Sie kann von jedem Elternteil allein oder von beiden gemeinsam, vollständig oder anteilig genommen werden. Der Vater kann bereits ab der Geburt des Kindes Elternzeit realisieren. Die Mutter kann Elternzeit erst nach Ablauf der nachgeburtlichen Mutterschutzfrist und damit erst acht bzw. zwölf Wochen nach der Geburt mit der Elternzeit beginnen, denn die Mutterschutzfrist wird auf die Elternzeit angerechnet. Die Elternzeit endet nicht am dritten Geburtstag des Kindes, sondern am Tag davor.[6]

In den vergangenen Jahren haben Eltern von kleinen Kindern zunehmend das **14** Bedürfnis, das Kind auch in späteren Zeiten, z. B. bei der Einschulung, stärker zu betreuen. Um daher die Betreuungsmöglichkeiten zu individualisieren und die Bedürfnisse der jeweiligen Familien besser berücksichtigen zu können, bietet das BEEG die Möglichkeiten, einen Anteil von bis zu **24 Monaten** der Elternzeit auf die Zeit nach dem dritten Geburtstag zu **übertragen.** Ein Anteil von 24 Monaten kann daher zwischen dem dritten Geburtstag und Vollendung des achten Lebensjahrs (also der Tag vor dem achten Geburtstag) übertragen werden (§ 15 Abs. 2 und 3 BEEG). Die Zustimmung des Arbeitgebers ist nicht (mehr) erforderlich. Der Gesetzgeber hat mit der Abschaffung des Zustimmungserfordernisses im Jahr 2015 bei Übertragung von Anteilen der Elternzeit die Gestaltungsfreiheit der Eltern gestärkt. Die Elternzeit kann in höchstens **drei Zeitabschnitten** realisiert werden. Soll die Elternzeit auf mehr als drei Zeitabschnitte verteilt werden, bedarf dies der Zustimmung des Arbeitgebers (§ 16 Abs. 1 Satz 6 BEEG).

Ein Anspruch auf Elternzeit einschließlich der Übertragungsmöglichkeit besteht **15** für jedes Kind. Diese Zeiten können sich überschneiden und zwar dann, wenn während der Elternzeit für das erste Kind ein zweites Kind zur Welt kommt. Ist z. B. das erste Kind im Oktober 2013 und das zweite Kind im November 2015 geboren, so kann die Mutter – oder in der Praxis selten der Vater – bis Oktober 2016 Elternzeit für das erste Kind nehmen. Ab November 2016 kann sie dann Elternzeit für das zweite Kind bis zur Vollendung des dritten Lebensjahrs nehmen (das sind dann zwei Jahre). Die darüber hinaus gehenden zwölf Monate, die wegen der Elternzeit für das erste Kind noch nicht realisiert sind, kann sie dann in der Zeit ab dem dritten Geburtstag bis zur Vollendung des achten Lebensjahrs für das zweite Kind nehmen.

---

5 Böttcher/Graue-*Böttcher*, § 1 Rn. 23 ff.
6 Böttcher/Graue-*Böttcher*, § 15 Rn. 4.

b. Form und Frist

16   Die Elternzeit muss **schriftlich** verlangt werden. Schriftlich bedeutet, dass das Verlangen eigenhändig unterschrieben sein muss (§ 126 BGB). Dabei genügt weder ein per Telefax übermitteltes Verlangen noch ein eingescanntes und per E-Mail übermitteltes Schreiben.[7] Es muss also das Schreiben mit Originalunterschrift dem Arbeitgeber übermittelt werden. Eine Genehmigung der Elternzeit durch den Arbeitgeber ist nur ausnahmsweise bei einer Verlängerung der Elternzeit erforderlich.

17   Die Frist und der Inhalt der Erklärung sind abhängig davon, ob das Elternzeitverlangen für die Zeit vor Vollendung des dritten Lebensjahrs gestellt wird oder ob es sich um übertragene Monate der Elternzeit nach dem dritten Geburtstag bis zur Vollendung des achten Lebensjahrs handelt. Wer Elternzeit für den Zeitraum bis zur Vollendung des dritten Lebensjahrs verlangen möchte, muss dies spätestens **sieben Wochen** vor Beginn der begehrten Elternzeit tun (§ 16 Abs. 1 Nr. 1 BEEG). Darüber hinaus muss für diese Zeit verbindlich festgelegt werden, für welche Zeiträume innerhalb der ersten zwei Jahre Elternzeit genommen werden soll. Ein Elternzeitverlangen ohne verbindliche zeitliche Festlegung der Elternzeit in den ersten zwei Lebensjahren erfüllt diese Voraussetzungen nicht und ist daher unwirksam.[8]

18   Die Eltern sind an das von ihnen ursprünglich gestellte Verlangen einschließlich der verlangten Zeiträume gebunden. Wird also beispielsweise Elternzeit für ein Jahr verlangt, so ist die Elternzeit für das zweite Lebensjahr verbraucht. Eine Elternzeit in diesem zweiten Lebensjahr stellt eine **Verlängerung** dar und bedarf der Zustimmung des Arbeitgebers (§ 16 Abs. 3 Satz 1 BEEG).[9] Stimmt der Arbeitgeber der Verlängerung der Elternzeit für das zweite Lebensjahr in diesem Fall nicht zu, so ist eine Elternzeit im zweiten Lebensjahr nicht möglich, es können jedoch die nicht verbrauchten Monate (in diesem Fall 24 Monate) nach dem dritten Geburtstag realisiert werden. Zu beachten ist aber, dass der Arbeitgeber nicht nach freiem Belieben die Zustimmung zu einem Verlängerungswunsch ablehnen darf. Er muss bei der Ablehnungsentscheidung das billige Ermessen wahren; er muss also alle konkreten Umstände des Einzelfalls gegeneinander abwägen und die betrieblichen aber auch die persönlichen Interessen der Eltern an der Verlängerung angemessen berücksichtigen.[10] So kann eine verweigerte Zustimmung zur Verlängerung der Elternzeit über das ursprünglich beantragte erste Lebensjahr hinaus dann unwirksam sein, wenn das Kind wider Erwarten an einer schweren Erkrankung leidet, welche die weitere Betreuung erforderlich macht

---

7 BAG 10. 5. 2016 – 9 AZR 149/15.
8 BAG 17. 2. 1994 – 2 AZR 616/93.
9 LAG Niedersachsen 13. 11. 2006 – 5 Sa 402/06.
10 BAG 18. 10. 2011 – 9 AZR 315/10.

und es dem Arbeitgeber möglich ist, eine befristete Vertretung zu organisieren.

Anders ist die Lage, wenn innerhalb der Frist von sieben Wochen Elternzeit für **19** die Dauer der ersten zwei Lebensjahre verlangt wird. Dann ist es möglich, die Elternzeit auf die Zeit bis zur Vollendung des dritten Lebensjahres zu erstrecken, ohne dass es einer Zustimmung des Arbeitgebers bedarf, denn die vollständige Realisierung der Elternzeit bis zum dritten Lebensjahr stellt – anders als in den Fällen, in denen die Elternzeit während der ersten Jahre über mehrere Zeitabschnitte verteilt werden soll – keine Verlängerung der Elternzeit dar, da sie der gesetzliche Regelfall ist.[11]

Für Elternzeiten, die in den ersten zwei Lebensjahren beansprucht werden sollen, verlangt der Gesetzgeber von den Eltern somit eine sehr genaue Planung. Mit **20** Blick auf die Frist von sieben Wochen sollte schon während der Schwangerschaft damit begonnen werden. Wird die Frist versäumt, also das Verlangen zu spät gestellt, führt dies nicht zum Verlust des Anspruchs auf Elternzeit. Vielmehr verschiebt sich der Beginn der Elternzeit. Die in der Vergangenheit liegenden Monate, die also wegen der Fristversäumung nicht realisiert werden konnten, sind verstrichen und können nicht nachgeholt werden.[12]

Für das Verlangen der Elternzeit für übertragene Monate, die nach dem dritten **21** Geburtstag realisiert werden sollen, sieht das Gesetz eine Frist von mindestens **13 Wochen** vor. Diese Frist ist eine Mindestfrist; es ist also möglich, das Verlangen auch schon früher zu erklären. Das Verlangen ist wiederum schriftlich geltend zu machen. Auch für diese übertragenen Monate bedarf es keiner Zustimmung des Arbeitgebers. Wie die Elternzeit unmittelbar nach der Geburt in den ersten Lebensjahren ist diese übertragene Elternzeit damit ein Gestaltungsrecht der Eltern. Wenn die zeitliche Lage und der Umfang nicht von vorneherein verbindlich festgelegt werden, ist zu beachten, dass eine Realisierung für weitere noch nicht festgelegte Zeiten als Verlängerung anzusehen und daher von der Zustimmung des Arbeitgebers abhängig ist. Auch die Realisierung dieser übertragenen Monate setzt also eine vorausschauende Planung der Eltern voraus, damit nicht gewünschte Zeiten aufgrund unzureichender Formulierung des Verlangens verloren gehen.

c. Vorzeitige Beendigung der Elternzeit

Hat die Mutter oder – seltener – der Vater Elternzeit verlangt, so ist sie bzw. er an **22** die beantragte Elternzeit grundsätzlich gebunden. D.h. sie muss die Elternzeit grundsätzlich so realisieren, wie sie von ihr ursprünglich verlangt wurde. Eine

---

11 LAG Düsseldorf 24.1.2011 – 14 Sa 1399/10; LAG Rheinland-Pfalz 4.11.2004 – 4 Sa 606/04; LAG Niedersachsen 13.11.2006 – 5 Sa 402/06.
12 LAG Baden-Württemberg 12.12.2012 – 4 Sa 77/12.

vorzeitige Beendigung bedarf grundsätzlich der Zustimmung des Arbeitgebers (§ 16 Abs. 3 Satz 1 BEEG). Die Zustimmung liegt dabei nicht im Belieben des Arbeitgebers; vielmehr muss er seine Entscheidung am sog. billigen Ermessen ausrichten. Dabei gelten die gleichen Grundsätze wie bei einer beabsichtigten Verlängerung der ursprünglich beantragten Elternzeit (siehe Rn. 18). Liegen für den Wunsch nach vorzeitiger Beendigung besondere Gründe vor, so kann der Arbeitgeber die Zustimmung nur aus dringenden betrieblichen Gründen verweigern und muss dabei eine Frist von vier Wochen ab dem Zeitpunkt der Anzeige des Wunschs einhalten.

23 Solche besonderen Gründe sind dann gegeben, wenn beim anderen Elternteil eine schwere Krankheit oder eine Schwerbehinderung eingetreten oder dieser verstorben ist. Diesen Fällen gleichgestellt ist der Fall, dass nach Beginn der Elternzeit die wirtschaftliche Existenz der Eltern erheblich gefährdet ist (§ 16 Abs. 3 Satz 2 BEEG). In allen diesen Fällen, die im Einzelfall darzulegen und gegebenenfalls von dem in Elternzeit befindlichen Elternteil zu beweisen sind, soll es leichter möglich sein, das bisherige ruhende Arbeitsverhältnis vorzeitig wieder aufleben zu lassen und damit von der ursprünglich getroffenen Entscheidung über die Dauer und Lage der Elternzeit abzuweichen. In Fällen, in denen während der Elternzeit ein zweites Kind geboren wird, ist es für die Mutter auch ohne Zustimmung des Arbeitgebers möglich, die Elternzeit zur Realisierung der vor- und nachgeburtlichen Mutterschutzfrist nach den Regelungen des MuSchG zu beenden (§ 16 Abs. 3 Satz 3 BEEG).[13]

24 Stirbt das Kind, für das Elternzeit beansprucht wird, endet die Elternzeit spätestens drei Wochen nach dem Tod des Kindes (§ 16 Abs. 4 BEEG). Das bisher ruhende Arbeitsverhältnis lebt wieder auf und die Pflichten aus dem Arbeitsverhältnis – insbesondere die Hauptleistungspflichten: die Erbringung der Arbeitsleistung gegen Zahlung des vertraglich vereinbarten Entgelts – bestehen dann wieder in dem Umfang wie sie vor der Elternzeit bestanden haben. Diese Form der Beendigung der Elternzeit bedarf nicht der Zustimmung des Arbeitgebers.

d. Sonderregelungen im öffentlichen Dienst

25 Beschäftigte im **öffentlichen Dienst** haben ergänzend die Möglichkeit zur Betreuung minderjähriger Kinder eine über die Elternzeit hinausgehende **Beurlaubung** (§ 16 Abs. 1 BGleiG[14]) oder einen **Sonderurlaub** (§ 28 TVöD/TV-L) zu realisieren. Dies bedeutet, dass Beschäftigte im öffentlichen Dienst die Möglichkeit haben, zur Betreuung der eigenen Kinder das Ruhen des Arbeitsverhältnisses über die Elternzeit hinaus zu verlängern oder ein Ruhen des Arbeitsverhältnisses

---

13 Durch diese neu gestaltete Regelung hat der deutsche Gesetzgeber eine Vorgabe des EuGH umgesetzt: EuGH 20. 9. 2007 – C 116/06, Kiiski.

14 Die Ländergesetze enthalten für die Landesbedienstete ähnliche Regelungen.

zu einem Zeitpunkt zu realisieren, in dem das BEEG eine Elternzeit nicht ermöglicht, also nach Vollendung des achten Lebensjahrs bis zum Erreichen der Volljährigkeit des Kindes. Anders als die Elternzeit ist weder die Beurlaubung noch der Sonderurlaub ein Gestaltungsrecht der Beschäftigten. Es genügt also nicht, die Beurlaubung oder den Sonderurlaub anzuzeigen. Vielmehr bedarf die Gewährung immer der Zustimmung des Arbeitgebers, was auch bedeutet, dass ein entsprechender Antrag zu stellen ist. Es gibt somit kein Recht auf Selbstbeurlaubung.[15]

Der Arbeitgeber darf die Beurlaubung jedoch nur ablehnen, wenn dieser zwingende dienstliche Gründe entgegenstehen (§ 16 Abs. 1 Satz 1BGleiG). Eine Ablehnung des Sonderurlaubs darf nur bei Vorliegen eines wichtigen Grunds erfolgen (§ 28 TVöD/TV-L). Die Entscheidung des Arbeitgebers darf damit nicht willkürlich und sachfremd zu einer Ablehnung führen. Vielmehr muss der Arbeitgeber den persönlichen Bedürfnissen der Beschäftigten, soweit es möglich ist, Rechnung tragen.[16] Die Gewährung soll damit die Regel sein, deren Ablehnung die Ausnahme. Ein einmal beantragter und gewährter Sonderurlaub bzw. eine Beurlaubung kann in der Regel nicht vorzeitig beendet werden. Für eine Beurlaubung nach den Regelungen der Gleichstellungsgesetze gilt jedoch zu Gunsten der Beschäftigten, dass bei der Besetzung von Arbeitsplätzen beurlaubte Beschäftigte, die ihre vorzeitige Rückkehr beantragt haben, vorrangig zu berücksichtigen sind (§ 17 Abs. 1 BGleiG). **26**

Die Folge der Beurlaubung und des Sonderurlaubs ist das **Ruhen des Arbeitsverhältnisses**. Wie in der Elternzeit ruhen damit die Hauptleistungspflichten. Der Arbeitgeber darf also die vertragsgemäße Arbeitsleistung nicht einfordern; gleichzeitig besteht für die Beschäftigte aber kein Vergütungsanspruch. Zu beachten ist aber vor allen Dingen, dass die Zeiten der Beurlaubung und des Sonderurlaubs bei der Feststellung der **Beschäftigungszeiten** in der Regel unberücksichtigt bleiben. Nur dann, wenn der Arbeitgeber vor deren Antritt schriftlich ein dienstliches Interesse an der Beurlaubung/dem Sonderurlaub anerkannt hat – was aber bei solchen Freistellungen aus familiären Gründen die Ausnahme ist, werden die Zeiten der Freistellung als Beschäftigungszeit anerkannt (§ 34 Abs. 3 TVöD/TV-L). Dies hat Folgen für den Stufenaufstieg, denn diese Zeiten werden in Bezug auf die **Stufenlaufzeit** nicht berücksichtigt. Für Unterbrechungen, die im Zusammenhang mit der Elternzeit genommen werden, die länger als fünf Jahre betragen, kann es sogar zu einer Rückstufung im Hinblick auf den Stufenzuordnung kommen (§ 17 Abs. 3 TVöD/TV-L).[17] Beschäftigte, die das Recht auf Sonderurlaub oder Beurlaubung im Zusammenhang mit der Elternzeit realisie- **27**

---

15 Burger-*Nollert-Borasio*, § 28 Rn. 6.
16 Burger-*Nollert-Borasio*, § 28 Rn. 1 und 4.
17 Vergleiche hierzu ausführlich Burger-*Nollert-Borasio*, § 28 Rn. 11.

ren wollen, sollten diese Rechtsfolgen bei ihrer Entscheidung also miteinbeziehen.

2. Anspruch auf Teilzeit in der Elternzeit

a. Anspruchsvoraussetzungen

28 Während der Elternzeit besteht bei vielen Müttern – und seltener Vätern – der Wunsch oder auch die Notwendigkeit, nicht vollständig aus dem Arbeitsverhältnis auszusteigen, sondern auch weiterhin arbeiten zu können. Dieses Ansinnen wird vom Gesetzgeber gefördert und mit dem Anspruch auf Vereinbarkeit von Familie und Beruf auch während der Betreuungszeiten für die eigenen kleinen Kinder begründet. Daher besteht regelmäßig ein Anspruch darauf, während der Elternzeit in Teilzeit beim eigenen Arbeitgeber zu arbeiten. Dabei darf während der Elternzeit die Wochenarbeitszeit nicht mehr als 30 Stunden betragen, wobei diese im Monatsdurchschnitt erreicht werden kann (§ 15 Abs. 4 Satz 2 BEEG).

29 Bestand bereits vor der Elternzeit ein Teilzeitarbeitsverhältnis mit einer Wochenarbeitszeit von bis zu maximal 30 Stunden, so kann dieses auch während der Elternzeit unverändert fortgeführt werden (§ 15 Abs. 5 Satz 4 BEEG).

30 Wenn vor der Elternzeit die Wochenarbeitszeit mehr als 30 Stunden betrug, so besteht das Recht, diese Wochenarbeitszeit zu verringern und während der Elternzeit mit dieser reduzierten Arbeitszeit beim selben Arbeitgeber tätig zu sein. Aber auch diejenigen, die vor der Elternzeit bereits in Teilzeit tätig waren, während der Elternzeit aber mit einer geringeren Teilzeitquote tätig sein wollen, haben die Möglichkeit, ihre bisherige Wochenarbeitszeit zu reduzieren. Die Verringerung der bisherigen Wochenarbeitszeit während der Elternzeit ist aber an besondere Voraussetzungen geknüpft.

31 Die Verringerung der Wochenarbeitszeit während der Elternzeit setzt zunächst eine wirksame Antragstellung voraus. Ein solcher **Antrag** muss **schriftlich** erfolgen. Das bedeutet, dass der Antrag eigenhändig unterschrieben sein muss. Ein Antrag, der ausschließlich per Fax oder per E-Mail an den Arbeitgeber übermittelt wird, genügt nicht.[18] Der Antrag ist darüber hinaus auch an eine **Frist** gebunden:
- Wird die Verringerung der Arbeitszeit für die Zeit bis zur Vollendung des dritten Lebensjahrs des Kindes beantragt, beträgt die Frist sieben Wochen.
- Wird die Verringerung für die Zeit nach dem dritten und bis zur Vollendung des achten Lebensjahrs beantragt, beträgt die Frist 13 Wochen.

32 Der Antrag muss also rechtzeitig vor Beginn der Teilzeittätigkeit gestellt werden. Wird die Frist versäumt, so geht der Anspruch auf Verringerung der Teilzeit

---

18 BAG 10.5.2016 – 9 AZR 149/15; BAG 10.5.2016 – 9 AZR 145/15.

nicht verloren. Vielmehr verschiebt sich der Beginn der Teilzeittätigkeit entsprechend.[19] Allerdings ist zu beachten, dass der Antrag auf eine Teilzeittätigkeit in der Elternzeit frühesten dann gestellt werden kann, wenn das Verlangen zur Realisierung von Elternzeit bereits gestellt wurde.[20] Ein wirksamer Antrag auf Verringerung der Arbeitszeit setzt also immer voraus, dass dem Arbeitgeber bereits mitgeteilt wurde, dass man von seinem Recht auf Elternzeit Gebrauch machen möchte. Er kann auch zeitgleich mit dem Antrag auf Elternzeit gestellt werden. Der Antrag auf Verringerung der Arbeitszeit kann auch nur für die Zeiten gestellt werden, für die Elternzeit verlangt wird.[21] Dies ist vor allem in den Fällen von Bedeutung, in denen die Elternzeit auf mehrere Zeiträume verteilt werden soll. Ein Antrag auf Teilzeit in der Elternzeit kann auch (erst) nach Beginn der Elternzeit gestellt werden. Es kann also auch zunächst Elternzeit ohne Teilzeittätigkeit realisiert werden und erst im Laufe der Elternzeit ein Teilzeitantrag gestellt werden.

Darüber hinaus muss der Antrag auf Verringerung der Arbeitszeit **konkret** und präzise gestellt werden. Der Antrag muss dabei so gestellt sein, dass der Arbeitgeber diesen nur mit einem »ja« annehmen oder mit einem »nein« ablehnen kann.[22] Der Antrag muss also den gewünschten Umfang der (reduzierten) Wochenarbeitszeit und auch den Zeitraum enthalten, für den die Arbeitszeit reduziert werden soll. Soll die Wochenarbeitszeit darüber hinaus nur an bestimmten Wochentagen und/oder nur zu bestimmten Zeiten (z. B. nur vormittags) erbracht werden, so müssen auch diese Angaben über die Verteilung der gewünschten Teilzeit im Antrag enthalten sein. **33**

Über einen solchen Antrag auf Teilzeit in der Elternzeit bzw. Verringerung der Arbeitszeit in der Elternzeit sollen sich der Arbeitgeber und die Beschäftigte innerhalb von vier Wochen nach Antragstellung einigen. Kommt also eine Einigung zu Stande, kann die Arbeitszeit so reduziert werden, wie die Beschäftigte sie beantragt hat, auch wenn diese von den weiteren Voraussetzungen des BEEG abweicht. **34**

Lehnt der Arbeitgeber die begehrte Teilzeit in der Elternzeit ab, so ist eine wirksame **Ablehnung** für ihn fristgebunden, d. h. er kann die Ablehnung nur innerhalb der gesetzlichen Frist erklären. Der Arbeitgeber muss den Antrag auf Teilzeit in der Elternzeit innerhalb von spätestens vier Wochen für den Fall ablehnen, dass diese in der Zeit bis zur Vollendung des dritten Lebensjahrs des Kindes geleistet werden soll. Für die Ablehnung einer beantragten Teilzeit in der Zeit nach Vollendung des dritten und bis zur Vollendung des achten Lebensjahrs beträgt **35**

---

19 LAG Rheinland-Pfalz 22.11.2011 – 3 Sa 305/11.
20 BAG 5.6.2007 – 9 AZR 82/07.
21 BAG 5.6.2007 – 9 AZR 82/07.
22 LAG Rheinland-Pfalz 22.11.2011 – 3 Sa 305/11.

die Frist acht Wochen nach Antragsstellung. Ferner muss die Ablehnung schriftlich erfolgen. Außerdem müssen die Gründe für die Ablehnung genannt werden. Hat der Arbeitgeber die Frist nicht eingehalten oder schweigt er, so gilt die Zustimmung zur beantragen Teilzeit in der Elternzeit als erteilt (§ 15 Abs. 7 Satz 4 und 5 BEEG).

36 Kommt eine Einigung nicht zu Stande oder hat der Arbeitgeber rechtzeitig den Antrag abgelehnt, so kann die Beschäftigte mit Hilfe des Arbeitsgerichts ihren Anspruch auf Teilzeittätigkeit in der Elternzeit durchsetzen. Dann müssen aber weitere Voraussetzungen gegeben sein. Eine rechtsverbindliche Durchsetzung des Teilzeitanspruchs in der Elternzeit setzt neben der rechtzeitigen Antragstellung voraus, dass das Arbeitsverhältnis bei Antragstellung bereits mehr als sechs Monate bestanden hat; es muss also eine **Betriebszugehörigkeit** von mehr als sechs Monaten bestanden haben. Ferner ist nicht jeder Betrieb bzw. jedes Unternehmen verpflichtet, Teilzeittätigkeit in der Elternzeit durchzuführen. Nur Unternehmen mit regelmäßig mehr als 15 Beschäftigten können hierzu verpflichtet werden. Bei Ermittlung der **Betriebsgröße** sind Auszubildende nicht mit zu berücksichtigen. Die begehrte Teilzeittätigkeit muss ferner für die **Dauer** von mindestens zwei Monaten ausgeübt werden. Ferner muss die Teilzeittätigkeit einen **Umfang** von mindestens 15 Stunden und maximal 30 Stunden pro Woche haben, wobei dieser im Monatsdurchschnitt erreicht werden kann.

37 Diese Ausführungen machen deutlich, dass mit Zustimmung des Arbeitgebers eine Teilzeit in der Elternzeit auch in kleinen Betrieben möglich ist. Er kann hierzu aber nicht gerichtlich verpflichtet werden. Ein Arbeitgeber kann auch nicht gerichtlich verpflichtet werden, mit anderen Stundenumfängen als vom Gesetzgeber vorgesehen, eine Teilzeit in der Elternzeit zu ermöglichen. Dies bedeutet, dass jede Beschäftigte sich bereits bei Antragstellung sehr genau überlegen muss, wie wichtig ihr die Teilzeittätigkeit in der Elternzeit ist. Ist ihr eine Teilzeittätigkeit wichtig, sollte sie keine solche beantragen, die vom Gesetz hinsichtlich Dauer und Umfang abweicht. Denn lehnt der Arbeitgeber einen solchen Antrag ab, kann sie ihn nicht gerichtlich durchsetzen.

b. Ablehnungsgründe

38 Ein Antrag auf Teilzeit in der Elternzeit darf nur dann abgelehnt werden, wenn der Teilzeittätigkeit **dringende betriebliche Gründe** entgegenstehen. Was dringende betriebliche Gründe sind, definiert das Gesetz nicht. Es gibt auch keine ausdrücklichen Anhaltspunkte dafür vor, wann solche Gründe gegeben sind. Dies wiederum bedeutet, dass die Frage, ob der von der Beschäftigten in der Elternzeit gewünschten Teilzeit solche Gründe entgegenstehen, immer an Hand des konkreten Einzelfalls zu entscheiden ist. Die Gründe, die einer Teilzeit entgegenstehen können, müssen sich jedoch aus dem Betrieb und seiner Arbeitsorganisation ergeben. Sie müssen darüber hinaus »dringend« sein. Die Rechtspre-

Mittländer

chung formuliert es so, dass diese Gründe denen des Kündigungsschutzgesetzes vergleichbar sein müssen[23] bzw. die Gründe müssen zwingende Hindernisse darstellen[24]. Es genügt also nicht jeder betriebliche Grund, sondern diese müssen von erheblichem Gewicht sein. Je nachdem wie der Arbeitgeber die Zustimmungsverweigerung begründet, ist die Prüfung der dringenden Gründe vorzunehmen. Das Vorliegen dieser dringenden betrieblichen Gründe ist vom Arbeitgeber darzulegen und zu beweisen.[25]

Beruft sich der Arbeitgeber darauf, dass der Arbeitsplatz der Beschäftigten nicht **39** teilbar ist oder die verlangte Teilzeittätigkeit mit den betrieblichen Arbeitszeitmodellen unvereinbar ist, so ist die Prüfung der Ablehnungsgründe anhand der Kriterien für die Ablehnung einer Teilzeit gemäß § 8 Abs. 3 TzBfG vorzunehmen.[26] Es ist also zunächst festzustellen, ob es überhaupt ein **unternehmerisches Arbeits- und Organisationskonzept** gibt, dass der beantragten Teilzeit entgegensteht. Dann ist zu prüfen, ob die von der Beschäftigten gewünschte Teilzeit diesem Organisationskonzept tatsächlich entgegensteht. Hierbei ist zu berücksichtigen, ob es dem Arbeitgeber zumutbar ist, Änderungen in diesem Konzept vorzunehmen. Dabei sind Arbeitsabläufe, Arbeitsorganisation und die Sicherheit des Betriebs in die Betrachtung mit einzubeziehen. Bei der Frage der Zumutbarkeit von Änderungen eines vorhandenen Konzepts ist zudem die gesetzgeberische Intention zu berücksichtigen, wonach es Eltern ermöglicht werden soll, Familie und Beruf vereinbaren zu können. Dem Arbeitgeber sind damit erhebliche Anstrengungen in Bezug auf Änderungen seiner Arbeitsorganisation zumutbar,[27] um eine Teilzeittätigkeit in der Elternzeit zu ermöglichen. Als ein dringender betrieblicher Grund wurde z. B. der Fall angesehen, dass die beantragte Lage der Teilzeit außerhalb der betriebsüblichen Arbeitszeit lag.[28] Aber auch das Vorliegen einer Betriebsvereinbarung, die Regelungen enthält, die eine Teilzeit im Betrieb generell nicht ermöglichen, soll einen dringenden betrieblichen Grund darstellen können.[29]

Beruft sich der Arbeitgeber hingegen bei der Ablehnung der Teilzeit darauf, dass **40** er **keinen Beschäftigungsbedarf** hat, so ist zu prüfen, ob der Beschäftigungsbedarf tatsächlich entfallen ist und eine anderweitige Einsatzmöglichkeit nicht gegeben ist. Da während der Elternzeit nur in Teilzeit gearbeitet werden darf, ist bei der Prüfung des Wegfalls des Beschäftigungsbedarfs auf diese Teilzeit und nicht

---

23 LAG Schleswig-Holstein 12. 6. 2007 – 5 Sa 83/97.
24 BAG 15. 12. 2009 – 9 AZR 72/09.
25 BAG 15. 12. 2009 – 9 AZR 72/09.
26 BAG 15. 12. 2009 – 9 AZR 72/09.
27 BAG 15. 12. 2009 – 9 AZR 72/09.
28 LAG Schleswig-Holstein 12. 6. 2007 – 5 Sa 83/97.
29 BAG 16. 12. 2008 – 9 AZR 893/07.

auf den Beschäftigungsumfang vor der Elternzeit abzustellen.[30] Ein solcher Beschäftigungsbedarf kann dann fehlen, wenn der Arbeitgeber eine befristete Ersatzkraft eingestellt hat.[31] Dies kann aber nur in den Fällen gelten, in denen die Beschäftigte zunächst Elternzeit ohne Teilzeit beantragt und erst im Verlauf der Elternzeit einen Teilzeitantrag gestellt hat. Denn wenn bei Verlangen der Elternzeit gleichzeitig ein Teilzeitantrag gestellt wurde, konnte der Arbeitgeber sich hierauf einstellen und die Vertretung mit einem entsprechend reduzierten Umfang organisieren.

41 Von einem dringenden Grund kann aber auch dann nicht ausgegangen werden, wenn der Arbeitgeber die Ersatzkraft zu einem Zeitpunkt eingestellt hat, in dem die Beschäftigte noch gar keinen Elternzeitantrag gestellt hat.[32] Es ist nämlich nicht gesetzlich verpflichtend, Elternzeit zu realisieren, und es gibt auch keine allgemeine Lebenserfahrung, die besagt, dass Beschäftigte zur Kinderbetreuung Elternzeit realisieren. Da der Gesetzgeber mit den Regelungen des BEEG den Beschäftigten die Möglichkeit einräumen will, die Kinderbetreuung und die berufliche Tätigkeit nach eigenen Vorstellungen zu realisieren, ist es dem Arbeitgeber zuzumuten und von ihm zu erwarten, dass er darauf wartet, wie sich die Beschäftigte konkret entscheidet, und dann erst eine etwaige Vertretung zu organisieren.

42 Das Fehlen eines Beschäftigungsbedarfs kann in Fällen vorliegen, in denen die Elternteilzeit in einer betrieblichen Situation beantragt wird, in der aufgrund einer unternehmerischen Entscheidung Arbeitsplätze und Personal abgebaut werden. In einer solchen Situation soll es nur dann einen Anspruch auf Teilzeit geben, wenn ein zusätzlicher Beschäftigungsbedarf gegeben ist.[33] Allerdings ist der Arbeitgeber aufgrund der ihm obliegenden Fürsorgepflicht auch in solchen Situationen der Umorganisation verpflichtet, den Beschäftigungsanspruch der in Elternzeit befindlichen Beschäftigten nicht aus dem Auge zu verlieren und bei der Umorganisation im Rahmen des Möglichen zu berücksichtigen.[34] Gerade dann, wenn die Umorganisation auch in der Form umgesetzt werden soll, dass Tätigkeiten der Beschäftigten auf andere Beschäftigte umverteilt werden sollen, ist immer der strenge Maßstab des Kündigungsschutzgesetzes anzuwenden, wenn über die Entscheidung einer Teilzeittätigkeit in der Elternzeit zu befinden ist.

---

30 BAG 15. 4. 2008 – 9 AZR 380/07; BAG 15. 12. 2009 – 9 AZR 72/09.
31 BAG 19. 4. 2005 – 9 AZR 233/04.
32 LAG Schleswig-Holstein 12. 6. 1997 – 5 Sa 83/97.
33 BAG 15. 4. 2008 – 9 AZR 380/07.
34 LAG Niedersachsen 7. 6. 2010 – 12 Sa 1203/09.

c. Sonderfälle

Während der Gesamtdauer der Elternzeit kann die **Verringerung** der Arbeitszeit insgesamt **zwei Mal** verlangt werden. Für alle begehrten Verringerungen müssen die dargestellten Voraussetzungen vorliegen, denn nur dann können sie auch gerichtlich geltend gemacht werden (§ 16 Abs. 6 BEEG). **43**

Ein besonderes Problem stellt sich für diejenigen Beschäftigten, die aus wirtschaftlichen oder persönlichen Gründen Elternzeit nur dann realisieren können oder wollen, wenn gesichert ist, dass sie auch gleichzeitig während dieser Zeit in Teilzeit tätig sein können. Dies ist deshalb problematisch, weil Elternzeit und Teilzeit in der Elternzeit sich als Rechtsansprüche grundsätzlich unterscheiden und – wie dargestellt – nach jeweils anderen Regelungen gewährt werden. Bestätigt der Arbeitgeber die angezeigte Elternzeit, lehnt aber die Teilzeit in der Elternzeit ab, so kann das wirtschaftliche Ziel der Beschäftigten in der Elternzeit nicht verfolgt werden. Will eine Beschäftigte Elternzeit also nur dann realisieren, wenn zugleich feststeht, dass sie auch tatsächlich in dem von ihr gewünschten Umfang und für den von ihr gewünschten Zeitraum in Teilzeit arbeiten kann, so kann und muss sie den Antrag auf Elternzeit **unter der Bedingung** stellen, dass zugleich ihr (schriftlicher, fristgerechter, konkreter und präziser) Antrag auf Teilzeit in der Elternzeit akzeptiert wird.[35] Aus der Formulierung muss eindeutig und klar hervorgehen, dass die Beschäftigte nur dann Elternzeit nehmen wird, wenn der Arbeitgeber der gleichzeitig beantragten Teilzeit in der Elternzeit zustimmt. So kann z. B. formuliert werden, dass die Elternzeit nur dann realisiert wird, wenn der Arbeitgeber gleichzeitig die beantragte Elternzeit akzeptiert. **44**

Ist eine Teilzeit während der Elternzeit beim eigenen Arbeitgeber nicht möglich, so kann die Beschäftigte einen Antrag auf eine Teilzeittätigkeit bei **einem anderen Arbeitgeber** stellen oder einen Antrag auf eine selbstständige Tätigkeit mit einem entsprechenden Teilzeitumfang. Einen solchen Antrag kann der eigene Arbeitgeber nur dann schriftlich innerhalb von vier Wochen ablehnen bzw. die Zustimmung verweigern, wenn dem dringende betriebliche Gründe entgegenstehen (§ 15 Abs. 4 Satz 4 BEEG). Solche dringenden betrieblichen Gründe können dann gegeben sein, wenn es sich um eine Wettbewerbstätigkeit handelt oder die Verletzung von Geheimhaltungspflichten zu befürchten ist.[36] Eine Zustimmung des Arbeitgebers ist aber für solche Nebentätigkeiten nicht erforderlich, die bereits vor der Elternzeit mit Zustimmung des Arbeitgebers bzw. in Einklang mit dem Arbeitsvertrag ausgeübt wurden.[37] Diese können auch während der Elternzeit ohne eine erneute Zustimmung ausgeübt werden. **45**

---

35 BAG 15. 4. 2008 – 9 AZR 380/07; LAG Düsseldorf 18. 12. 2008 – 11 Sa 299/08.
36 Böttcher/Graue-*Böttcher*, § 15 Rn. 13.
37 Böttcher/Graue-*Böttcher*, § 15 Rn. 12.

3. Rückkehr aus der Elternzeit

46 Nach Ende der Elternzeit lebt das bis dahin ruhende Arbeitsverhältnis wieder auf. Die ursprünglich vereinbarten Hauptleistungspflichten leben somit wieder auf. Das bedeutet, dass das Arbeitsverhältnis so fortgesetzt wird, wie es vor der Elternzeit bestanden hat. War die Beschäftigte vor der Elternzeit in Vollzeit tätig, so ist sie nach Ablauf der Elternzeit also wieder in Vollzeit tätig und erhält fortan wieder das Entgelt einer Vollzeitbeschäftigten. Die häufig gestellte Frage, ob nach der Elternzeit ein Anspruch auf Fortsetzung des Arbeitsverhältnisses auf dem bisherigen Arbeitsplatz besteht, kann nur auf der Grundlage des abgeschlossenen Arbeitsvertrags beantwortet werden. Ist im Arbeitsvertrag ausschließlich ein einziger, konkret beschriebener Arbeitsplatz vereinbart, so besteht ein Anspruch auf eine Rückkehr auf diesen vereinbarten Arbeitsplatz. In den meisten Fällen enthalten die Arbeitsverträge zwar eine konkret beschriebene arbeitsvertragliche Tätigkeit. Gleichzeitig hat sich der Arbeitgeber aber auch die Versetzung auf einen anderen, gleichwertigen Arbeitsplatz vorbehalten. In diesen Fällen ist der Arbeitgeber berechtigt, nach Rückkehr aus der Elternzeit der Beschäftigten einen anderen Arbeitsplatz als vor der Elternzeit zuzuweisen, immer vorausgesetzt, dieser neue Arbeitsplatz ist mit dem bisherigen vergleichbar und gleichwertig.[38]

47 Die Rückkehr aus der Elternzeit stellt sich für die betroffenen Beschäftigten häufig als schwierig dar. Es kann nämlich sein, dass die Beschäftigte zwar in Vollzeit tätig sein kann und will, aber der Arbeitgeber einseitig die Lage der Arbeitszeit, die vor der Elternzeit gearbeitet wurde, ändert und diese aufgrund der Organisation der Kinderbetreuung für die Beschäftigte nicht realisierbar ist oder aber die bisherige Arbeitszeit mit der Kinderbetreuung in Widerspruch steht. Zu denken ist hier z. B. an die Fälle, in denen es aufgrund der Kinderbetreuungszeiten nicht möglich ist, die Arbeit früh zu beginnen, oder auch umgekehrt, die Arbeit muss früher beendet werden, um das Kind rechtzeitig aus der Betreuung abholen zu können. Wenn der Arbeitsvertrag keine konkrete Regelung über die Lage der Arbeitszeit enthält – was häufig der Fall ist – unterliegt die Lage der Arbeitszeit dem Direktionsrecht des Arbeitgebers. Er kann die Lage der Arbeitszeit also einseitig anweisen. Besteht eine Betriebs- oder Dienstvereinbarung muss sich seine Anweisung zwar innerhalb der dort festgelegten Regeln bewegen. Aber er ist dennoch berechtigt, die Lage der Arbeitszeit einseitig anzuweisen.

48 Allerdings darf diese Anweisung nicht willkürlich sein, sondern sie muss dem sog. billigen Ermessen entsprechen. Dies bedeutet, dass immer alle Umstände des Einzelfalls berücksichtigt werden müssen. Hierzu gehören auch die Belange der Beschäftigten und ihre Verpflichtung, sich um das minderjährige Kind zu

---

38 Zu weiteren Ausführungen siehe Böttcher/Graue-*Böttcher*, § 15 Rn. 26.

kümmern. Gerade bei der Rückkehr aus der Elternzeit muss der Arbeitgeber hier besondere Rücksicht nehmen.[39] Sofern keine dringenden betrieblichen Gründe gegeben sind, muss der Beschäftigten gerade nach der Rückkehr aus der Elternzeit durch entsprechende individuelle Regelungen die Möglichkeit gegeben werden, die Verpflichtungen aus dem Arbeitsverhältnis und die Kinderbetreuung in Einklang zu bringen. Denkbar ist z. B. die Arbeitszeit abweichend von der Kernarbeitszeit später beginnen zu lassen oder die Beschäftigte vorübergehend nicht in der Frühschicht einzusetzen.

Häufig ist es so, dass die Beschäftigte nach der Elternzeit nicht wieder in Vollzeit tätig sein will, sondern ihre Arbeitszeit reduzieren will oder muss. Ein solcher Anspruch auf Reduzierung der Arbeitszeit besteht nach den Regelungen des § 8 TzBfG. Ein solcher Anspruch setzt einen schriftlichen Antrag voraus, der spätestens drei Monate vor Beginn der gewünschten Arbeitszeitreduzierung gestellt werden muss.[40] Dies ist vielen Müttern nicht bekannt. Zudem kommt es nicht selten vor, dass Arbeitgeber Teilzeittätigkeiten nicht offen gegenüberstehen und diese Situation nutzen, um eine Rückkehr an den Arbeitsplatz wenn nicht zu verhindern, dann doch zu erschweren. Diese rechtliche, aber auch die konkrete betriebliche Situation macht es daher erforderlich, dass die Beschäftigte sich schon weit vor Ende der Elternzeit Gedanken darüber macht, wie das ruhende Arbeitsverhältnis nach der Elternzeit fortgesetzt werden soll und wie die Kinderbetreuung organisiert werden kann, um dies auch realisieren zu können. **49**

III. Hinweis für die Mitbestimmung

Da die Inanspruchnahme der Elternzeit ein Gestaltungsrecht der Beschäftigten ist und damit die Betriebsparteien keinen Einfluss hierauf haben, unterliegt die Realisierung der Elternzeit ohne Teilzeitbeschäftigung nicht der Mitbestimmung des Betriebsrats. Stellt der Arbeitgeber für die Dauer der Elternzeit eine Vertretungskraft ein, so stellt dies zweifelsohne eine mitbestimmungspflichtige Einstellung dar, an der der Betriebsrat gemäß den Regelungen der §§ 99, 100 BetrVG zu beteiligen ist. **50**

Der Betriebsrat ist aber auch dann nach §§ 99, 100 BetrVG zu beteiligen, wenn die Beschäftigte ursprünglich Elternzeit ohne Teilzeit beantragt und erst im Verlauf der Elternzeit einen Antrag auf Teilzeit gestellt hat. Gibt der Arbeitgeber diesem Ansinnen statt, ist hierin eine Einstellung zu sehen, und zwar selbst dann, wenn die Teilzeitbeschäftigung während der Elternzeit auf dem bisherigen Ar- **51**

---

39 LAG Nürnberg 8. 3. 1999 – 6 Sa 259/97.
40 Zu weiteren Einzelheiten siehe → Teilzeitarbeit Rn. 7.

beitsplatz erfolgt. Eine Einstellung ist nicht nur bei der erstmaligen Aufnahme der Tätigkeit und Eingliederung in den Betrieb gegeben. Sinn und Zweck des Mitbestimmungsrechts verlangen vielmehr dann eine erneute Beteiligung des Betriebsrats, wenn sich die Umstände der Beschäftigung aufgrund einer neuen Vereinbarung grundlegend ändern. Denn durch die neue Situation können sich Zustimmungsverweigerungsgründe ergeben, die bei der erstmaligen Einstellung noch nicht vorlagen und somit nicht absehbar waren. Ist die Dauer der Elternzeit einmal festgelegt und das Arbeitsvolumen durch eine Organisationsentscheidung des Arbeitgebers verteilt worden, so führt die teilweise Wiederaufnahme der Tätigkeit zu einer neuen betrieblichen Situation, die insbesondere die Interessen derjenigen tangieren kann, die die Tätigkeiten der in Elternzeit befindlichen Beschäftigten übernommen haben. Diese Entscheidung zur teilweisen Wiederaufnahme der Tätigkeit darf der Arbeitgeber dann nicht alleine treffen. Er hat vielmehr den Betriebsrat zu beteiligen.[41]

52 Anders ist die Situation aber dann, wenn die Beschäftigte von Beginn der Elternzeit an von ihrem Recht auf Teilzeit in der Elternzeit Gebrauch macht, denn in diesen Fällen ist von einer mitbestimmungsfreien Arbeitszeitreduzierung auszugehen, jedenfalls dann wenn die Beschäftigte an ihrem bisherigen Arbeitsplatz eingesetzt wird.[42] Wird sie während der Elternzeit an einem anderen Arbeitsplatz eingesetzt, stellt dies eine mitbestimmungspflichtige Versetzung dar. Da die hier dargestellten Erwägungen auch für die Ausgestaltung der Mitbestimmung im öffentlichen Dienst gelten, sind diese auch für Personalräte anzuwenden (§§ 75 Abs. 1 Nr. 1, 77 BPersVG).[43]

53 Für Beschäftigte, die Betriebsratsmitglieder sind, stellt sich die Frage, ob sie während der Elternzeit vorübergehend verhindert sind und deshalb das Mandat ruht. Wenn während der Elternzeit Teilzeit gearbeitet wird, liegt wegen der Elternzeit keine Verhinderung vor. **Betriebsratstätigkeiten**, die außerhalb der persönlichen Arbeitszeit durchzuführen sind (z.B. eine Beschäftigte arbeitet während der Elternzeit am Dienstag, Mittwoch und Donnerstag jeweils vormittags, die Sitzung findet aber am Montag statt oder dauert länger und zieht sich über den Vormittag hinaus), sind wie bei anderen Teilzeitbeschäftigten vorrangig durch bezahlten Freizeitausgleich auszugleichen. Nur wenn dies innerhalb eines Monats nicht möglich ist, ist diese Zeit wie Mehrarbeit zu vergüten (§ 37 Abs. 3 BetrVG). Insoweit gelten also dieselben Regeln wie bei allen anderen Teilzeitbeschäftigten, die ein Betriebsratsmandat ausüben.

54 Aber auch wenn die Beschäftigte in Elternzeit ist und keiner Teilzeittätigkeit nachgeht (sog. Elternzeit Null), verliert sie ihr Betriebsratsmandat nicht. Dieses

---

41 BAG 28.4.1998 – 1 ABR 63/97.
42 BAG 28.4.1998 – 1 ABR 63/97.
43 Altvater u.a., § 75 Rn. 19.

ruht auch nicht allein wegen der Inanspruchnahme von Elternzeit. Sie kann weiter an den Betriebsratssitzungen teilnehmen und auch sonstige Betriebsratsarbeit übernehmen.[44] Ob eine zeitweilige Verhinderung allein wegen der Elternzeit vorliegt, entscheidet allein die Beschäftigte. Insoweit liegt eine vergleichbare Situation vor wie bei Urlaub oder Arbeitsunfähigkeit. Entscheidet sich die Beschäftigte daher auch während der Elternzeit weiterhin ihr Betriebsratsmandat auszuüben, kann sie hieran nicht gehindert werden. Mit Blick darauf, dass die Hauptleistungspflichten im Falle der Elternzeit Null ruhen und keine Arbeitsleistung geschuldet wird, wird die von ihr geleistete Betriebsratstätigkeit zwar nicht wie Arbeitszeit behandelt, so dass ihr weder ein Freizeitausgleich noch ein Vergütungsanspruch zusteht. Jedoch hat sie Anspruch auf Erstattung der Fahrtkosten, die ihr durch die Teilnahme an den Betriebsratssitzungen entstanden sind.[45] Diese Grundsätze gelten auf der Grundlage der §§ 31 Abs. 1, 46 Abs. 2 BPersVG auch für Mitglieder des Personalrats.

---

44 BAG 25. 5. 2005 – 7 ABR 45/04.
45 BAG 25. 5. 2005 – 7 ABR 45/04.

Familienpflegezeit

1   Die Vereinbarkeit von Familie und Beruf wird zunehmend auch im Zusammenhang mit der Betreuung von pflegebedürftigen Familienangehörigen diskutiert.
Um in Pflegesituationen die Vereinbarkeit von Familie und Beruf zu erleichtern,
sind unterschiedliche Instrumente geschaffen worden: die Pflegezeit und die Familienpflegezeit. Sie geben den Angehörigen in der konkreten Pflegesituation die
Möglichkeit, ihre vertraglich geschuldete Arbeitszeit vorübergehend zu reduzieren.

2   Wegen der engen Verknüpfung der beiden Instrumente werden diese unter dem
Stichwort »Pflegezeit« gemeinsam dargestellt. Für weitergehende Informationen
wird daher auf die Ausführungen dort verwiesen (siehe → Pflegezeit Rn. 42).

Flexible Arbeitszeiten

I. Einführung

Hinter dem Schlagwort »Flexible Arbeitszeiten« verbergen sich verschiedenste   1
arbeitsrechtliche Vereinbarungen über Lage und Dauer der täglichen, wöchentlichen oder monatlichen Arbeitszeit oder sogar die Vereinbarung einer Jahresarbeitszeit. Sie alle unterscheiden sich von dem traditionellen Arbeitszeitmodell
mit einer festen werktäglich vereinbarten Stundenzahl.

Das kann für Arbeitnehmer wie Arbeitgeber gleichzeitig Vorteile bringen. Der   2
Arbeitnehmer bekommt die Chance, seine beruflichen Verpflichtungen besser
mit seinen privaten Verpflichtungen vereinbaren zu können. Der Arbeitgeber
wiederum kann die Arbeitszeiten seiner Beschäftigten an die betrieblichen Erfordernisse anpassen.

II. Einzeldarstellung

Der Flexibilisierung der Arbeitszeit sind aus Gründen des Arbeitnehmerschutzes   3
Grenzen gesetzt. Der Arbeitnehmer ist auf die Planbarkeit seiner Arbeitszeiten
und seines Arbeitseinkommens angewiesen.

1. Weisungsrecht des Arbeitgebers

Das Weisungsrecht des Arbeitgebers über die Gestaltung der Arbeitszeit ist ein   4
sehr weitgehendes. Während die Länge der Arbeitszeit zwischen Arbeitnehmer
und Arbeitgeber zwingend im Arbeits- oder Tarifvertrag vereinbart sein muss, ist
die konkrete Lage der täglichen Arbeitszeit oftmals nicht schriftlich geregelt. Die
Lage der Arbeitszeit wird in diesem Fall vom Arbeitgeber durch Ausübung seines
Weisungsrechts festgelegt.

Das Weisungsrecht ist kodifiziert in § 106 GewO. Grundlegend ist die arbeitsge-   5
richtliche Entscheidung des BAG über das Weisungsrecht vom 27.3.1980. Darin

heißt es: »*Auf Grund seines Weisungsrechts (Direktionsrechts) kann der Arbeitgeber einseitig die im Arbeitsvertrag nur rahmenmäßig umschriebene Leistungspflicht des Arbeitnehmers nach Zeit, Ort und Art der Leistung näher bestimmen. [...] Seine Grenzen findet das Weisungsrecht in den Vorschriften der Gesetze, des Kollektiv- und des Einzelarbeitsvertragsrechts; es darf nur nach billigem Ermessen ausgeübt werden*«.[1]

6   Der Arbeitgeber ist also im Rahmen der Ermessenskontrolle frei bei der Festlegung der täglichen Arbeitszeit. Er kann auch den Wechsel von Nacht- zu Tagarbeit oder sogar Sonn- und Feiertagsarbeit innerhalb der gesetzlichen und kollektivrechtlichen – also tarifvertraglichen und betriebsverordnungsrechtlichen – Grenzen anordnen.

7   Zum billigen Ermessen führt das BAG in einer Entscheidung vom 13. 4. 2010 aus: »*Die Leistungsbestimmung nach billigem Ermessen verlangt eine Abwägung der wechselseitigen Interessen nach den verfassungsrechtlichen und gesetzlichen Wertentscheidungen, den allgemeinen Wertungsgrundsätzen der Verhältnismäßigkeit und Angemessenheit sowie der Verkehrssitte und Zumutbarkeit. Das gebietet eine Berücksichtigung und Bewertung der Interessen unter Abwägung aller Umstände des Einzelfalls*«.[2]

8   Bezüglich der abzuwägenden Interessen führt das BAG dort weiter aus: »*Hierzu gehören im Arbeitsrecht die Vorteile aus einer Regelung, die Risikoverteilung zwischen den Vertragsparteien, die beiderseitigen Bedürfnisse, außervertragliche Vor- und Nachteile, Vermögens- und Einkommensverhältnisse sowie soziale Lebensverhältnisse wie familiäre Pflichten und Unterhaltsverpflichtungen*«.[3]

9   Der Arbeitgeber trägt die Beweislast dafür, dass sich die einzelne Weisung im Rahmen billigen Ermessens bewegt. Maßgeblich ist der Beurteilungszeitpunkt, zu dem der Arbeitgeber die Weisung erteilt hat.

10   Vereinbaren Arbeitgeber und Arbeitnehmer im Arbeitsvertrag lediglich, dass die Arbeitszeit zu den betriebsüblichen Zeiten zu erbringen ist, wird dies vom BAG großzügig ausgelegt. Es soll dann nicht dauerhaft die Arbeitszeit als vereinbart gelten, wie sie zum Zeitpunkt des Arbeitsvertragsschlusses betriebsüblich war. Es soll vielmehr das gelten, was jeweils gerade betriebsüblich ist. Ändert der Arbeitgeber die betriebsübliche Arbeitszeit ab, so ändert er damit auch, und zwar einseitig, die Lage der Arbeitszeit der davon betroffenen Arbeitnehmer.

11   Aus Arbeitgebersicht ist dies ausgesprochen komfortabel. Es ist nochmals hervorzuheben, dass dies die gesetzliche Regelung ist. Bestehen keine individualrechtlichen oder kollektivrechtlichen Grenzen, ermöglicht der gesetzliche Rahmen dem Arbeitgeber einseitig die beinahe größtmögliche Flexibilität.

---

1 BAG 27. 3. 1980 – 2 AZR 506/78.
2 BAG 13. 4. 2010 – 9 AZR 36/09.
3 BAG 13. 4. 2010 – 9 AZR 36/09.

Die Reichweite des Weisungsrechts kann für Arbeitnehmer bei entsprechender   **12**
Ausübung durch den Arbeitgeber eine erhebliche Belastung sein, die es nahezu
unmöglich macht, familiären Pflichten neben dem Arbeitsverhältnis noch nachzukommen.

Eine weitere Flexibilisierung der Arbeitszeiten, wie sie durch die Digitalisierung   **13**
möglich wird, kann für Arbeitnehmer zum einen Chancen beinhalten, zum anderen aber auch Risiken einer noch stärkeren Beanspruchung. Erbringt der Arbeitnehmer seine Arbeitsleistung zu unterschiedlichen Zeiten von unterwegs
oder im Home-Office, werden Arbeitsinhalte nicht mehr unmittelbar angewiesen, sondern digital und gänzlich losgelöst von betrieblichen Strukturen, kann
der Arbeitgeber quasi jederzeit auf den Arbeitnehmer zugreifen, wenn es keine
verbindliche Vereinbarung zur Lage der Arbeitszeiten gibt. »Betriebsüblich«
kann dann alles sein, wenn es auf die betrieblichen Gegebenheiten nicht mehr
ankommt.[4]

2. Rahmenvorgaben im ArbZG

Das Arbeitszeitrecht bildet den Rahmen, innerhalb dessen der Arbeitgeber sein   **14**
Weisungsrecht ausüben kann. Es bietet einen erheblichen Spielraum bei der Gestaltung der Arbeitszeit. In § 3 ArbZG heißt es: »*Die werktägliche Arbeitszeit der
Arbeitnehmer darf acht Stunden nicht überschreiten. Sie kann auf bis zu zehn Stunden nur verlängert werden, wenn innerhalb von sechs Kalendermonaten oder innerhalb von 24 Wochen im Durchschnitt acht Stunden werktäglich nicht überschritten
werden*«.

Wenn das Gesetz von Werktagen spricht, meint es Montag bis Samstag. Erbringt   **15**
ein Arbeitnehmer seine Arbeitsleistung aber in einer 5-Tage-Woche, wie es vie-
lerorts üblich ist, so kann er nach dem eingangs zitierten § 3 ArbZG an jedem
dieser Werktage fast zehn Stunden arbeiten – und das dauerhaft. Denn sechs
Tage mal acht Stunden ergeben 48 Stunden, die ein Arbeitnehmer maximal pro
Woche arbeiten darf.

48 Stunden durch fünf Tage ergeben 9,6 Stunden pro Arbeitstag. Eine derartige   **16**
Belastung des Arbeitnehmers ist nach dem bestehen Arbeitszeitgesetz ohne Weiteres zulässig. Die nach § 3 ArbZG gesetzte Grenze von durchschnittlich acht
Stunden werktäglich wird nicht überschritten. Zu beachten ist nach § 3 ArbZG
demnach lediglich:

- die gesetzliche Wochen-Höchstarbeitszeit von 48 Stunden und
- die gesetzliche Tages-Höchstarbeitszeit von zehn Stunden.

---

4 Vgl. Preis/Wieg, AuR 2016, 313, 320 »*entgrenzte Weisungsmacht des Arbeitgebers*«.

Das ist ein erheblicher Spielraum für die Arbeitsvertrags- bzw. die Betriebsparteien.

17 Nach § 5 ArbZG muss zwischen zwei Arbeitstagen eine arbeitsfreie Ruhezeit von elf Stunden eingehalten werden. Diese muss auch bei der Flexibilisierung der Arbeitszeit beachtet werden und setzt dieser Grenzen. Die Beachtung der Ruhezeiten muss bei der Einsatzplanung von vornherein sichergestellt sein.[5]

18 Der Arbeitgeber ist verpflichtet, die Arbeit so zu organisieren, dass die Einhaltung dieser gesetzlichen Grenzen neben etwaiger tarifvertraglicher Regelungen durch den Betriebsrat effektiv kontrolliert werden kann.[6] Gleiches gilt für eine Kontrolle durch die Gewerbeaufsicht.[7]

3. Recht des Arbeitnehmers nach dem TzBfG über die Lage der Arbeitszeit mitzuentscheiden

19 Ein Recht des Arbeitnehmers, über die konkrete Lage der Arbeitszeit mitzuentscheiden, gibt es derzeit nur nach Maßgabe von § 8 Abs. 2 Satz 2 TzBfG bei der Verringerung der Arbeitszeit. D. h., dass der Arbeitnehmer nur bei Arbeit in Teilzeit ein solches Recht hat.

20 § 8 TzBfG ermöglicht die dauerhafte Änderung der vertraglichen Arbeitszeit. Anspruchsberechtigt ist ein Arbeitnehmer unter den folgenden Voraussetzungen:

• Das Unternehmen muss eine Mindestbeschäftigtenzahl von in der Regel 15 Arbeitnehmern haben.
• Der Arbeitnehmer muss seit mindestens sechs Monaten beschäftigt sein.
• Der Arbeitnehmer muss die Verringerung drei Monate vor ihrem geplanten Beginn geltend machen.
• Es dürfen keine betrieblichen Gründe dem Arbeitszeitwunsch entgegenstehen.

21 Der einem Teilzeitwunsch entgegen stehende betriebliche Grund muss demnach nicht dringlich sein. Aus Arbeitgebersicht ist es ausreichend, wenn ein Organisationskonzept behauptet wird, dass mit der gewünschten Verteilung der Arbeitszeit unvereinbar ist.

22 Der Arbeitnehmer kann mit dem Antrag auf Reduzierung seiner Arbeitszeit eine Festlegung der Verteilung der Arbeitszeit verlangen. Der Arbeitgeber kann diese allerdings im Nachhinein wieder ändern, wenn das betriebliche Interesse an der Änderung das Interesse des Arbeitnehmers wesentlich überwiegt und er die Änderung rechtzeitig, d. h. ein Monat vorher, ankündigt.

---

5 BAG 24. 3. 1998 – 9 AZR 172/97.
6 BAG 6. 5. 2003 – 1 ABR 13/02.
7 LAG Baden-Württemberg 23. 11. 2000 – 4 Sa 81/00.

Einen Anspruch darauf, die Lage der Arbeitszeit festzulegen, kann es nach h. M. **23** aber nur in Verbindung mit einer Teilzeittätigkeit geben. Ein in Vollzeit beschäftigter Arbeitnehmer hat derzeit keine Möglichkeit ein entsprechendes Ansinnen durchzusetzen.[8]

Zu beachten ist auch die sog.»Teilzeitfalle«. Der Arbeitnehmer hat nämlich kei- **24** nen Anspruch darauf, zu den alten Arbeitszeiten zurückzukehren. Er kann nur einen entsprechenden Antrag beim Arbeitgeber stellen. Der Arbeitgeber kann einem solchen Antrag aber dringende betriebliche Gründe oder Teilzeitwünsche anderer Beschäftigter entgegenhalten. Auch hat der Arbeitnehmer keine Möglichkeit, seinen Antrag auf Teilzeit im Vorhinein zu befristen.[9]

Das BAG hat vor Kurzem entschieden, dass bereits eine geringfügige Absenkung **25** der Arbeitszeit in einem Umfang von lediglich 3 % das Recht aus § 8 Abs. 2 Satz 2 TzBfG auslöst, sofern der Arbeitnehmer dabei nicht rechtsmissbräuchlich handelt.[10] Will der Arbeitnehmer erreichen, dass er über die Lage der Arbeitszeiten mitentscheiden kann, um eine bessere Vereinbarkeit von Beruf und Familie zu ermöglichen, handelt er nicht rechtsmissbräuchlich. Denn genau diesem Anliegen soll § 8 TzBfG Rechnung tragen.[11]

Es ist allerdings nicht verständlich, warum ein Arbeitnehmer erst diesen Umweg **26** gehen muss. Eine gesetzliche Ausweitung der Regelung im Rahmen der betrieblichen Möglichkeiten wäre daher grundsätzlich sinnvoll. Sofern betriebliche Gründe nicht entgegenstehen, ist nicht ersichtlich, warum der Arbeitnehmer seine Arbeitszeiten nicht an familiäre Bedürfnisse anpassen können sollte.

4. Unzulässige Vereinbarungen

Die Flexibilisierung treibt mitunter kuriose Blüten, mit denen Arbeitgeber ver- **27** suchen, das Betriebsrisiko unzulässig auf die Arbeitnehmerseite abzuwälzen.

Der Umfang der zu leistenden Arbeitszeit ist grundsätzlich zwischen den Par- **28** teien des Arbeitsvertrages geregelt und gehört zu dessen Kernbestandteilen. Davon darf eine Partei nicht einseitig abweichen. Eine gesetzliche Ausnahme bildet die sog. Arbeit auf Abruf nach § 12 TzBfG. Aber auch dann muss eine bestimmte Stundenzahl täglich oder wöchentlich festgelegt sein. Fehlt eine solche Festlegung gilt nach § 12 Abs. 1 Satz 3 TzBfG eine Wochenarbeitszeit von zehn Stunden als vereinbart. In Tarifverträgen sind für Arbeitnehmer ungünstigere Regelungen zulässig.

---

8 BAG 11.6.2013 – 9 AZR 786/11.
9 BAG 10.12.2014 – 7 AZR 1009/12.
10 BAG 11.6.2013 – 9 AZR 786/11.
11 BT-Drs. 14/4374 S. 11.

29 Eine Praxis, nach der der Arbeitnehmer seine Arbeitszeit »*nach den betrieblichen Erfordernissen erbringt*« und ggf. auch mal wochenlang gar nicht vergütet wird, ist hingegen evident unzulässig. Arbeitsverträge ohne jeglichen Anspruch auf Beschäftigung und Vergütung sind eine unzulässige Abwälzung des wirtschaftlichen Risikos auf den Arbeitnehmer. Der Arbeitnehmer ist auf die Vergütung in der Regel angewiesen ist, um seinen Lebensunterhalt zu bestreiten. Das wirtschaftliche Risiko hat grundsätzlich der Arbeitgeber zu tragen.

30 Das gleiche gilt für »zero-hour-contracts« (Null-Stunden-Verträge). Auch diese sind mit dem ArbZG nicht vereinbar und hielten auch einer Inhaltskontrolle nach § 307 Abs. 1 Satz 1 BGB nicht stand.[12] Insofern sind der Flexibilisierung der Arbeitszeit doch noch ein paar Grenzen gesetzt.

31 Flexible Arbeitszeiten dürfen demnach nicht dazu führen, dass die Vorgaben des ArbZG keine Beachtung mehr finden. Selbst wenn sich Arbeitgeber und Arbeitnehmer auf eine weitgehende Flexibilisierung der Arbeitszeit geeinigt haben – z. B. auch im Zusammenhang mit Vertrauensarbeitszeit – wird der Arbeitsvertrag eine Regelarbeitszeit mit einer konkreten Wochenstundenzahl und Arbeitstagen vorsehen.

32 Aus dem ArbZG folgt dann:
- Die Überschreitung von acht Stunden Arbeit an einem Tag (bei einer 5-Tage-Woche) ist vom Arbeitgeber zu dokumentieren. Der Nachweis muss mindestens zwei Jahre aufgehoben werden (§ 16 Abs. 2 ArbZG).
- Die werktägliche Höchstgrenze von zehn Stunden muss gewahrt werden.
- Der sechsmonatige Durchschnitt von acht Stunden werktäglich (bezogen auf eine 6-Tage-Woche) muss gewahrt werden.
- Die elfstündige Ruhezeit nach § 5 ArbZG muss eingehalten werden.

5. Ausnahmetatbestände im ArbZG

33 Die werktägliche Höchstgrenze von zehn Arbeitsstunden gilt nur im Grundsatz. Das ArbZG enthält eine Vielzahl von teils branchenbezogenen Ausnahmen.

34 Nach § 14 ArbZG ist in außergewöhnlichen Fällen eine Überschreitung der 10-Stunden-Grenze möglich. Abgestellt wird auf Notsituationen, in denen beispielsweise der Verderb von Rohstoffen oder Lebensmitteln droht oder – abstrakter – das Ergebnis der Arbeiten gefährdet wird oder ein unverhältnismäßiger Schaden ansonsten die Folge wäre, wenn dem Arbeitgeber andere Vorkehrungen nicht zugemutet werden können. In solchen Fällen obliegt dem Arbeitgeber die Beweislast, dass die Voraussetzungen vorlagen.

---

12 BAG 7. 12. 2005 – 5 AZR 535/04.

Nach § 15 ArbZG sind mit Genehmigung der Aufsichtsbehörde zahlreiche   **35**
Abweichungen und Überschreitungen der ansonsten geltenden Arbeitszeitbe-
schränkungen möglich.

6. Regelungen in Tarifverträgen

a. Öffnungsklauseln im ArbZG

Das ArbZG erlaubt an mehreren Stellen eine Abweichung von den gesetzlichen   **36**
Vorgaben zur Begrenzung der Arbeitszeit, wenn diese tarifvertraglich geregelt
ist.
Nach § 5 Abs. 2 ArbZG können Ruhezeiten durch Tarifvertrag eingeschränkt   **37**
werden. Nach § 7 ArbZG sind erhebliche Abweichungen insbesondere bei Ar-
beitsbereitschaft und Bereitschaftsdienst möglich.
Branchenabhängig ist nach § 12 ArbZG eine Reduzierung der arbeitsfreien   **38**
Sonntage sowie eine Verlängerung zulässig.

b. Rahmen für flexible Gestaltung der Arbeitszeit

Zu den im Übrigen in Tarifverträgen gängigsten Regelungen zu flexiblen Arbeits-   **39**
zeiten gehören Gleitzeit, Mehrarbeit, Teilzeit, Rufbereitschaft, Altersteilzeit, Sabbatical, Bereitschaftsdienst, Jahresarbeitszeit und Vertrauensarbeitszeit.
Rahmenregelungen zur Arbeitszeit finden sich in zahlreichen Tarifverträgen. Die   **40**
Arbeitszeit und die Möglichkeiten ihrer Verteilung und Lage werden vielfach
durch Tarifvertrag geregelt. Damit und soweit sind sie der betrieblichen Gestaltung entzogen, vgl. §§ 77 Abs. 3, 87 Abs. 1 BetrVG bzw. §§ 73, 75 Abs. 3 Nr. 1 und
Abs. 5, 76 Abs. 1 Nr. 8 BPersVG.
Im TVöD Bund heißt es unter § 6 Abs. 6: »*Durch Betriebs-/Dienstvereinbarung*   **41**
kann ein wöchentlicher Arbeitszeitkorridor von bis zu 45 Stunden eingerichtet wer-
den« und unter § 6 Abs. 7: »*Durch Betriebs-/Dienstvereinbarung kann in der Zeit*
von 6 bis 20 Uhr eine tägliche Rahmenzeit von bis zu zwölf Stunden eingeführt wer-
den«. Der Tarifvertrag gibt damit in arbeitszeitlicher Hinsicht einen Rahmen vor,
der auf betrieblicher Ebene ausgefüllt werden kann.
Im MTV für das Hotel- und Gaststättengewerbe Hessen ist geregelt, dass die   **42**
regelmäßige Arbeitszeit im Sechsmonatszeitraum 1008 Stunden beträgt, sowie
dass die tägliche Arbeitszeit 7 Stunden und 45 Minuten beträgt. Sodann heißt es
in § 4 Abs. 4 des MTV: »*Die regelmäßige tägliche Arbeitszeit kann im Rahmen der*
Arbeitszeitflexibilisierung auf 5 bis 10 Stunden pro Tag im Rahmen der 5-Tage-Wo-
che verteilt werden«.
Hier besteht demnach schon ein erheblicher betrieblicher Spielraum. Die Rege-   **43**
lung setzt weiter voraus, dass für die Beschäftigten ein individuelles Arbeitszeitkonto geführt wird. Für die elektronische Dokumentation der Arbeitszeit besteht
eine tarifliche Öffnungsklausel für eine Regelung durch Betriebsvereinbarung.

44   Gleitzeit wird beispielsweise wie in § 2 V MTV Chemie (West) geregelt. Danach kann »Gleitende Arbeitszeit« durch Betriebsvereinbarung eingeführt werden. Bei gleitender Arbeitszeit kann die tägliche Arbeitszeit bis zu zehn Stunden betragen. Zeitschulden oder Zeitguthaben sind im Abrechnungszeitraum auszugleichen. Betrieblich ist festzulegen, bis zu welcher Höhe Zeitguthaben oder Zeitschulden in den nächsten Abrechnungszeitraum übertragen werden können. Die zu übertragenden Zeitguthaben oder Zeitschulden dürfen jedoch 16 Stunden nicht überschreiten.

7.   Weitere Flexibilisierung durch Digitalisierung der Arbeitswelt

45   Insbesondere auch durch die Digitalisierung der Arbeitswelt wird eine noch weitergehende flexible Gestaltung von Arbeitszeiten möglich. Früher feststehende betriebliche Strukturen – Erbringung der Arbeitsleistung an einem festen Ort mit festen Regelarbeitszeiten – verlieren an Bedeutung. Die Arbeit ist weniger zeit- und ortsgebunden. Sie kann vom Computer aus von nahezu beliebigen Orten zu beliebigen Zeiten geleistet werden.

46   Von Arbeitgeberseite gibt es angestoßen durch die Digitalisierung der Arbeitswelt weitere Flexibilisierungswünsche. Die Bundesvereinigung der Deutschen Arbeitgeberverbände (BDA) möchte beispielsweise die Vorgabe einer täglichen Höchstarbeitszeit im ArbZG zugunsten einer wöchentlichen Höchstarbeitszeit aufgeben.[13]

47   Die derzeit in Politik, Verbänden und Literatur zahlreich diskutierte Flexibilisierung des Arbeitszeitrechts mag geeignet sein, diesen veränderten Arbeits- und Lebensgewohnheiten Rechnung zu tragen. Zu beachten ist aber, dass es auch weiterhin eine Vielzahl oder sogar Mehrzahl von traditionellen Arbeitsverhältnissen gibt, die von diesem Anpassungsdruck nicht betroffen sind. Deren Arbeitnehmer würden von einer Flexibilisierung nicht profitieren, sondern im Gegenteil ein Stück sozialer Sicherheit verlieren. Eine Flexibilisierung sollte daher beschränkt bleiben auf gesetzliche Öffnungsklauseln für Lösungen auf tarifvertraglicher oder betrieblicher Ebene. Wo es solche Strukturen nicht gibt, muss durch gesetzliche Vorgaben ein Mindestmaß an sozialer Sicherheit bestehen bleiben.

---

13 Chancen der Digitalisierung nutzen, Positionspapier der BDA, Mai 2015.

III. Hinweise für die Mitbestimmung

1. Flexible Arbeitszeit und soziale Mitbestimmung

Im Bereich der sozialen Mitbestimmung nach § 87 BetrVG ist eine Maßnahme **48** des Arbeitgebers nur zulässig, wenn der Betriebsrat zustimmt oder seine Zustimmung durch den Spruch der Einigungsstelle ersetzt wird (§ 87 Abs. 2 BetrVG). In Bezug auf flexible Arbeitszeit und die Verteilung der Arbeitszeit ist § 87 Abs. 1 Nr. 2 BetrVG das Kernstück der betrieblichen Mitbestimmung. Danach hat der Betriebsrat bei Fragen über Beginn und Ende der täglichen Arbeitszeit einschließlich der Pausen sowie Verteilung der Arbeitszeit auf die einzelnen Wochentage mitzubestimmen. Sinn und Zweck dieses Mitbestimmungsrechts besteht darin, die Interessen der Arbeitnehmer vor allem an der Lage ihrer Arbeitszeit und damit zugleich der Freizeit für die Gestaltung ihres Privatlebens zur Geltung zu bringen.[14]

Das Recht zur betrieblichen Regelung steht unter dem Vorbehalt, dass es keine **49** abschließende tarifvertragliche Regelung gibt. Wenn der Tarifvertrag eine bestimmte Arbeitszeitfrage entweder überhaupt nicht oder aber nicht abschließend regelt, besteht ein Regelungsspielraum, den der Arbeitgeber mit Zustimmung des Betriebsrats gestalten kann. Dies gilt auch dann, wenn der Tarifvertrag den Abschluss ergänzender Betriebsvereinbarungen ausdrücklich gestattet – also eine sog. tarifliche Öffnungsklausel enthält.

Das Mitbestimmungsrecht nach § 87 Abs. 1 Nr. 2 BetrVG besteht bei der Vertei- **50** lung der Arbeitszeit auf die einzelnen Wochentage, der Pausen, Beginn und Ende der täglichen Arbeitszeit sowie Schichtdienst, Rufbereitschaft und Arbeitsbereitschaft. Unstreitig besteht auch ein Mitbestimmungsrecht bei der Einführung und Ausgestaltung variabler, flexibler Arbeitszeitmodelle. Hierzu gehört klassischerweise eine Betriebsvereinbarung über gleitende Arbeitszeiten. Das gleiche gilt für Vertrauensarbeitszeit.

2. Weitere Mitbestimmungstatbestände

Neben § 87 Abs. 1 Nr. 2 BetrVG können bei flexiblen Arbeitszeitregelungen wei- **51** tere Mitbestimmungstatbestände betroffen sein. Sind durch die Einführung oder Änderung von Arbeitszeitmodellen auch Fragen der betrieblichen Lohngestaltung berührt, gelten die Mitbestimmungsrechte nach § 87 Abs. 1 Nr. 10 und 11 BetrVG.

---

14 BAG 14.11.2006 – 1 ABR 5/06.

52 Bei der Einführung von Anwesenheitskontrollen oder der Pflicht zum Führen von Stundennachweisen gilt das Mitbestimmungsrecht nach § 87 Abs. 1 Nr. 1 BetrVG.

53 Wird die Arbeitszeit elektronisch oder in anderer Hinsicht technisch erfasst, handelt es sich dabei stets um eine Einrichtung, die zur Verhaltens- oder Leistungskontrolle zumindest geeignet ist. In dem Fall greift § 87 Abs. 1 Nr. 6 BetrVG.

Geringfügige Beschäftigung

I. Einführung

Die geringfügige Beschäftigung (auch Minijob genannt) ist ein Konstrukt aus dem Sozialversicherungsrecht. Was eine geringfügige Beschäftigung ist, wird in § 8 Abs. 1 SGB IV festgelegt. Eine Beschäftigung (das ist nach § 7 Abs. 1 SGB IV eine nichtselbstständige Arbeit in einem Arbeitsverhältnis) ist danach geringfügig, wenn das Arbeitsentgelt aus dieser Beschäftigung oder ihr zeitlicher Umfang ein bestimmtes Maß nicht überschreiten. Als Folge dieser Geringfügigkeit ordnet das Gesetz die Versicherungsfreiheit des Beschäftigten in der gesetzlichen Kranken- und Pflegeversicherung sowie in der Arbeitslosenversicherung an. Für die gesetzliche Rentenversicherung hat der Arbeitnehmer die Möglichkeit, sich von der Versicherungspflicht befreien zu lassen. Der Arbeitgeber muss in jedem Fall Sozialversicherungsbeiträge an die Minijobzentrale leisten. **1**

Auch die geringfügige Beschäftigung ist eine Beschäftigung i. S. d. Sozialversicherungsrechts. Wie sich aus § 7 Abs. 1 SGB IV ergibt, findet die Beschäftigung in diesem Sinne insbesondere in einem Arbeitsverhältnis statt. Bei einem geringfügigen Beschäftigungsverhältnis handelt es sich also in aller Regel um ein Arbeitsverhältnis. Das hat zur Folge, dass auf die geringfügige Beschäftigung alle arbeitsrechtlichen Schutzvorschriften dem Grunde nach Anwendung finden. Auch dem geringfügig Beschäftigten werden also u. a. Kündigungsschutz, Urlaubsanspruch und Entgeltfortzahlung zu Teil. Insbesondere findet auch das ArbZG Anwendung. **2**

II. Einzeldarstellung

1. Sozialversicherungsrecht

a. Geringfügigkeit der Beschäftigung (§§ 8 Abs. 1, 8a SGB IV)

3 § 8 Abs. 1 SGB IV stuft in drei Fällen eine Beschäftigung als geringfügig ein:

- Die sog. **Entgeltgeringfügigkeit** einer Beschäftigung ist nach § 8 Abs. 1 Nr. 1 SGB IV gegeben, wenn der Beschäftigte ein Einkommen aus der Beschäftigung bezieht, das regelmäßig 450 Euro pro Monat nicht übersteigt. Das Wort »regelmäßig« ist dabei in der Bedeutung »durchschnittlich« zu verstehen. Das Einkommen kann also in einzelnen Monaten auch über 450 Euro liegen, wenn es in anderen Monaten die Grenze in entsprechendem Umfang unterschreitet. Die Entgeltgeringfügigkeit stellt den ganz überwiegenden (Normal-)Fall der geringfügigen Beschäftigung dar.
- **Zeitgeringfügigkeit** i. S. v. § 8 Abs. 1 Nr. 2 SGB IV liegt vor, wenn die Beschäftigung innerhalb eines Kalenderjahres auf längstens zwei Monate oder 50 Arbeitstage nach ihrer Eigenart begrenzt ist. Das Gesetz beschreibt an diese Stelle den Fall der sog. Saisonarbeit. Vereinfacht ausgedrückt bedeutet dies, dass ein Arbeitnehmer, der z. B. ausschließlich während der Sommerferien etwa in einem Biergarten aushilft, während dieser Zeit über 450 Euro monatlich verdienen darf und dennoch geringfügig beschäftigt ist.
- Schließlich gibt es noch die **geringfügige Beschäftigung in Privathaushalten** nach § 8a SGB IV. Voraussetzung hierfür ist neben einem Arbeitsvertrag zur Beschäftigung in einem Privathaushalt auch, dass nur Tätigkeiten verrichtet werden, die üblicherweise von den Haushaltsmitgliedern selbst übernommen werden. Das Gesetz beschreibt hier die Arbeit als Haushaltshilfe oder Putzfrau.

b. Gleitzone

4 Verdient ein Arbeitnehmer regelmäßig mehr als 450 Euro im Monat (also 450,01 Euro), muss der Arbeitgeber den vollen Sozialversicherungsbeitrag abführen. Die Beiträge des Arbeitnehmers steigen schrittweise an. Erst bei ab 850 Euro monatlich muss auch der Arbeitnehmer seinen vollen Sozialversicherungsbeitrag leisten. Den Entgeltbereich zwischen 450,01 Euro und 850 Euro nennt man Gleitzone. Mit der Regelung soll ein Anreiz für Arbeitnehmer geschaffen werden, Schritt für Schritt in ein vollwertiges (sozialversicherungspflichtiges) Beschäftigungsverhältnis überzugehen (»hineinzugleiten«), ohne sofort volle Beiträge abführen zu müssen.

2. Arbeitsrecht

Wie bereits dargestellt, handelt es sich bei der geringfügigen Beschäftigung um ein herkömmliches Arbeitsverhältnis. Darauf muss immer wieder hingewiesen werden. Betroffene Arbeitnehmer, Betriebsräte, Personaler und selbst juristisch Geschulte gehen allzu oft davon aus, dass das Arbeitsrecht im Minijob nicht oder nicht vollständig zu beachten ist.[1] Das ist falsch. Die Eigenschaft als Arbeitnehmer ist weder vom sozialversicherungsrechtlichen Status (Umgekehrtes ist der Fall) noch vom zeitlichen oder Entgeltumfang der Beschäftigung abhängig.

5

a. Teilzeitbeschäftigung

Eine geringfügige Beschäftigung ist immer ein Teilzeitarbeitsverhältnis. Nach § 1 Abs. 1 MiLoV beträgt der Mindestlohn 8,84 Euro je Zeitstunde. Unter Zugrundelegung von Mindestlohn und Entgeltgrenze aus § 8 Abs. 1 Nr. 1 SGB IV in Höhe von 450 Euro monatlich, ergeben sich 50,9 Stunden pro Monat (450 geteilt durch 8,84). Eine Vollzeitbeschäftigung ist daher gar nicht möglich. Dementsprechend bestimmt § 2 Abs. 2 TzBfG, dass geringfügig Beschäftigte immer auch teilzeitbeschäftigt i. S. d. TzBfG sind.

6

Im Hinblick darauf, dass geringfügig Beschäftigte häufig nicht als vollwertige Arbeitnehmer angesehen und behandelt werden, ist § 4 Abs. 1 Satz 2 TzBfG von besonderer Bedeutung. Danach ist einem teilzeitbeschäftigten Arbeitnehmer Arbeitsentgelt oder eine andere teilbare geldwerte Leistung mindestens in dem Umfang zu gewähren, der dem Anteil seiner Arbeitszeit an der Arbeitszeit eines vergleichbaren vollzeitbeschäftigten Arbeitnehmers entspricht. Das heißt: Zulagen und Zuschläge (für Schicht- und Bereitschaftsdienst ebenso wie für Überstunden, Wochenend-, Feiertags- und Nachtarbeit) wie auch Jahressonderzahlungen müssen geringfügig Beschäftigten jedenfalls anteilig gewährt werden.

7

Zu den Einzelheiten siehe → Teilzeitarbeit Rn. 1 ff.

8

b. Arbeitszeitrecht

aa. Grundsatz

Regelungen zur Arbeitszeit aus Gesetz, Tarifvertrag und Betriebsvereinbarung finden dem Grunde nach uneingeschränkte Anwendung auf geringfügige Beschäftigungsverhältnisse. Häufig dürfte wegen des geringen Stundenumfangs einzelnen Regelungen aber kaum praktische Bedeutung zukommen.

9

---

1 Vgl. zur Problematik auch Küttner-*Griese*, Geringfügige Beschäftigung, S. 1359, Rn. 1 ff.

bb. Arbeit auf Abruf

10 Arbeitnehmer in geringfügigen Beschäftigungsverhältnissen werden oft als Springer oder Aushilfe eingesetzt. Arbeitgeber möchten die Arbeitskraft von Minijobbern regelmäßig spontan und kurzfristig abrufen. Der Grund hierfür liegt entweder in erhöhtem Personalbedarf wegen guter Auftragslage oder aber in punktueller (z. B. krankheitsbedingter) Personalknappheit. Häufig ist in Arbeitsverhältnissen von Minijobbern daher Abrufarbeit (Arbeit auf Abruf oder KAPO-VAZ nach § 12 TzBfG) ausdrücklich oder konkludent vereinbart.

11 Zu den Einzelheiten siehe → Arbeit auf Abruf.

c. Tarifverträge

12 Die durchgeschriebenen Fassungen der Tarifverträge für den Öffentlichen Dienst regeln in § 1 den persönlichen Geltungsbereich. § 1 Abs. 2 Buchst. m des TVöD-VKA formuliert etwa: »*Diese Regelungen gelten **nicht** für (…) geringfügig Beschäftigte im Sinne von § 8 Abs. 1 Nr. 2 SGB IV (…)*«. Ausgenommen sind also wegen des ausdrücklichen Verweises nur auf Nr. 2 der Vorschrift lediglich **zeitgeringfügig** Beschäftigte. Diese Ungleichbehandlung wird vom BAG wohl als rechtmäßig gebilligt.[2]

13 Der für allgemeinverbindlich erklärte Rahmentarifvertrag für die gewerblich Beschäftigten in der Gebäudereinigung vom 4.10.2003 erstreckt unter § 1 III seinen persönlichen Geltungsbereich ausdrücklich auf geringfügig Beschäftigte i. S. d. § 8 Abs. 1 SGB IV, ohne dabei zwischen Zeit- und Entgeltgeringfügigkeit zu unterscheiden.

III. Hinweise für die Mitbestimmung

14 Noch einmal: Auch geringfügig Beschäftigte sind Arbeitnehmer. Für die Mitbestimmungs- und Beteiligungsrechte des Betriebsrates ergibt sich daher als einzige Besonderheit, dass es keine Besonderheit gibt: Der Betriebsrat kann also auch für geringfügig Beschäftigte in allen Angelegenheiten des § 87 Abs. 1 BetrVG in vollem Umfang mitbestimmen.

15 Auch wenn der einzelne Arbeitnehmer an einer geringfügigen Beschäftigung interessiert sein mag, so geht das übergeordnete Interesse der Belegschaft und damit auch des Betriebsrates zumeist dahin, dass sozialversicherungspflichtige Normalarbeitsverhältnisse geschaffen werden. Um dieses Ziel zu erreichen, kann

---

2 BAG 27.7.2016 – 7 AZR 276/14.

konzeptionell bei der Personalplanung und einzelfallbezogen bei der Einstellung angesetzt werden.

1. Einstellung

Hat der Betriebsrat bei der Einstellung eines Arbeitnehmers ein Mitbestim- **16** mungsrecht nach § 99 BetrVG, so gilt dies auch für geringfügig Beschäftigte. Der Arbeitgeber muss den Betriebsrat zuvor unterrichten. Wegen der weit verbreiteten Unwissenheit über das Verhältnis von Arbeitsrecht und Minijob dürften viele Einstellungen im geringfügigen Bereich ohne Beteiligung des Betriebsrates erfolgen und daher unwirksam sein. Es gelten grundsätzlich alle Verweigerungsgründe aus § 99 Abs. 2 BetrVG.

Gilt im Betrieb eine Eingruppierungs- oder Entgeltordnung, so muss auch der **17** geringfügig beschäftigte Arbeitnehmer eingruppiert werden. Der Betriebsrat muss auch hier zustimmen. Vorsicht ist bei höher qualifizierten Minijobbern geboten, z. B. Master-Studenten, Referendare oder Akademiker als Aushilfen. Diese werden oft zu niedrig vergütet (also sozusagen falsch eingruppiert), weil bei einem höheren, aber korrekten Entgelt unter Beachtung der Entgeltgrenze von 450 Euro keine praktisch verwertbare Wochenarbeitszeit realisiert werden könnte.

Sieht ein Arbeitgeber bei der Einstellung schlechtere Arbeitsbedingungen oder **18** ein niedriges Gehalt für Minijobber vor als für herkömmliche Arbeitnehmer, verstößt dies auch gegen das Diskriminierungsverbot von Teilzeitbeschäftigten nach § 4 Abs. 2 Satz 1 TzBfG, was wiederum einen Zustimmungsverweigerungsgrund nach § 99 Abs. 2 Nr. 1 BetrVG auslöst.

2. Personalplanung

Nach § 92 Abs. 1 BetrVG muss der Arbeitgeber den Betriebsrat darüber unter- **19** richten, wie sich der gegenwärtige und der künftige Personalbedarf gestalten. Das schließt die Unterrichtung auch über die sich daraus ergebenden personellen Maßnahmen mit ein. Plant das Unternehmen also in größerem Umfang mit geringfügig Beschäftigten (etwa zur Vertretung, zur Reserve oder generell in bestimmten Bereichen), besteht eine diesbezügliche Unterrichtungspflicht. Eine solche Unterrichtung hilft dem Betriebsrat nur bedingt. Darüber hinaus hat der Betriebsrat nach § 92 Abs. 1 BetrVG das Recht, dem Arbeitgeber Vorschläge dazu zu unterbreiten, wie alternativ geplant werden könnte.

IV. Eckpunkte für Betriebs- und Dienstvereinbarungen

20   In bestimmten Branchen und Betrieben sind geringfügige Beschäftigungen besonders verbreitet. Im Frühjahr 2017 waren 7,335 Millionen Arbeitnehmer geringfügig beschäftigt, entweder im Haupterwerb oder als Nebenjob.[3] Etwa 40 % dieser geringfügigen Beschäftigungen verteilen sich auf drei Branchen: Groß- und Einzelhandel, Restaurants, Hotels und andere Unternehmen des Gastgewerbes sowie das Gesundheits- und Sozialwesen.[4] Gerade in diesen Bereichen muss daher darauf geachtet werden, dass auch geringfügig beschäftigte Arbeitnehmer von den Regelungen aus Betriebsvereinbarungen profitieren können.

21   Es empfiehlt sich in diesen Branchen also stets in § 1 einer jeden Betriebsvereinbarung den räumlichen, persönlichen und fachlichen Geltungsbereich der Betriebsvereinbarung festzulegen und dabei ausdrücklich darauf hinzuweisen, dass auch geringfügig Beschäftigte unter den persönlichen Geltungsbereich der Betriebsvereinbarung fallen.

---

3 Beschäftigungsstatistik der Bundesagentur für Arbeit, Stand März 2017.
4 Vieker S. 3.

Geteilte Dienste

I. Einführung

Geteilte Dienste bzw. **geteilte Schichten** sind Arbeitszeiten, die durch eine **sehr** 1
lange Pause unterbrochen sind, z. B. Arbeitsbeginn um 8 Uhr, Pause von 12 Uhr
bis 16 Uhr und Arbeitsende 20 Uhr. Bei dieser Aufteilung fällt eine reine Arbeitszeit von acht Stunden an. Wobei hier eine Vielzahl von möglichen Varianten
denkbar ist. Geteilte Dienste werden meist als sehr belastend empfunden. Häufig
sind die Unterbrechungen nicht sinnvoll als Freizeit nutzbar. Für manche sind sie
eine zusätzliche finanzielle Belastung, da zusätzliche Fahrtkosten anfallen oder
Kosten für das Warten in einem Café. In Kombination mit einem sehr frühen Arbeitsbeginn oder einem sehr späten Ende ist auch die Unfallgefahr deutlich erhöht. Geteilte Dienste sind zu vermeiden. Sie entsprechen nicht den **neuesten gesicherten arbeitswissenschaftlichen Erkenntnissen**, deshalb wird empfohlen,
keine geteilten Schichten arbeiten zu lassen.[1]

II. Einzeldarstellung

1. Zulässigkeit geteilter Dienste nach dem ArbZG

Nach dem ArbZG sind geteilte Dienste zulässig. Eine Begrenzung im ArbZG er- 2
gibt sich nur aus der gesetzlich vorgeschriebenen ununterbrochenen Ruhezeit
von elf Stunden. Solange diese eingehalten ist, kann der Arbeitgeber in den Grenzen des **Direktionsrechts** Arbeitszeit flexibel gestalten (siehe → Direktionsrecht
Rn. 6 ff.). Nach dem ArbZG ist es also unzulässig, z. B. nachfolgende Zeiten arbeiten zu lassen: 8 Uhr bis 12 Uhr, Pause bis 18 Uhr, Arbeitsende 22 Uhr, Arbeitsbeginn am nächsten Morgen 8 Uhr. Bei dieser Arbeitszeitvariante wäre die ge-

---

1 Erlass des Ministeriums für Arbeit, Integration und Soziales des Landes NRW vom
  30. 12. 2013, § 6 Ziff. 4.

setzliche Ruhezeit von elf Stunden nicht eingehalten. Eine Begrenzung der sehr weiten Regelung des ArbZG kann aber durch Tarifvertrag oder Betriebsvereinbarung vorgenommen werden.

2. Unzulässigkeit ohne vertragliche Grundlage

3 Selbst wenn eine tarifvertragliche Regelung oder eine Betriebsvereinbarung nicht gilt, verdeutlichen einige Gerichtsentscheidungen, dass Arbeitgeber ihre Entscheidung geteilte Dienste arbeiten zu lassen, genau bedenken sollten. Arbeitnehmer sind in dieser Frage nicht schutzlos. So bedarf ein geteilter Dienst einer besonderen vertraglichen Grundlage. Dies kann auch eine Betriebsvereinbarung sein. Ist nur die wöchentlich Arbeitszeit vereinbart und eine konkrete Regelung über Beginn und Ende nicht getroffen, ist nicht davon auszugehen, dass der Arbeitgeber die vereinbarte Arbeitszeit in beliebig viele Segmente aufteilen darf. Dies ergibt sich daraus, dass die Möglichkeit des Arbeitgebers, den teilzeitbeschäftigten Arbeitnehmer entsprechend dem Arbeitsanfall einzusetzen, nur dann möglich ist, wenn dies vertraglich vereinbart ist (§ 12 TzBfG, siehe → Arbeit auf Abruf Rn. 4). Bedarf es bereits bei einem Abrufarbeitsverhältnis, bei dem der Arbeitnehmer davon ausgehen muss, dass die Arbeitszeit nicht zusammenhängend erbracht werden muss, einer vertraglichen Grundlage, so muss dies erst recht in einem »Normalarbeitsverhältnis« gelten.

3. Annahmeverzug bei fehlender vertraglicher Grundlage

4 Weist ein Arbeitgeber dem Arbeitnehmer einen geteilten Dienst zu, obwohl eine vertragliche Grundlage fehlt, beginnt die tägliche Arbeitszeit des Arbeitnehmers mit dem ersten Dienst und endet mit dem letzten Dienst. Für die Zeit der sog. »langen Pause«, die mangels Zuweisung eines bestimmten Arbeitsplatzes beschäftigungslos bleibt, gerät der Arbeitgeber in Annahmeverzug (§ 293 BGB).[2] Es ist empfehlenswert, dass der Arbeitnehmer seine Arbeitskraft zuvor anbietet. Annahmeverzug bedeutet, dass der Arbeitgeber diese Zeit zu vergüten hat, weil er keine Arbeit zugewiesen hat. Zu beachten ist, dass diese vom Gericht aufgestellten Grundsätze wegen § 12 TzBfG nur für Teilzeitbeschäftige gelten sollen. Eine analoge Anwendung auf Vollzeitkräfte wird abgelehnt.

---

2 ArbG Berlin 11. 1. 2007 – 63 Sa 8651/05.

4. Billiges Ermessen

Ordnet der Arbeitgeber am Tag während der Arbeitszeit kurzfristig eine zusätz-   **5**
liche unbezahlte Arbeitsunterbrechung von einer Stunde oder mehr an, entspricht dies nicht billigem Ermessen, da diese Anweisung mit wesentlichen und
zwingenden Grundsätzen des Arbeitsrechts unvereinbar ist. Der Arbeitnehmer
hat in diesen Fällen nicht die Möglichkeit, die Arbeitspause sinnvoll zu nutzen.
Mit der Anordnung dieser langen Pause verlagert der Arbeitgeber in unzulässiger
Weise sein wirtschaftliches Risiko auf den Arbeitnehmer. Kann der Arbeitgeber
den Arbeitnehmer aus betrieblichen Gründen – etwa aufgrund von Anforderungen seines Auftraggebers – nicht einsetzen, hebt dies die Vergütungspflicht nicht
auf (§ 615 Satz 3 BGB). Entstehen durch Anforderungen des Arbeitgebers
Zwangspausen, schuldet der Arbeitgeber auch für diese Zeiten die Vergütung.[3]

Die Grenzen des **billigen Ermessens** bei der Festlegung der Arbeitszeit sind re-   **6**
gelmäßig überschritten, wenn der Arbeitgeber die Arbeitszeit in unzumutbarer
Weise stückelt und durch zu lange unbezahlte Pausen unterbrechen will.[4]

Allerdings kann ein Arbeitgeber berechtigt sein, bei schwankendem Arbeitsan-   **7**
fall Arbeitnehmer nur während der arbeitstäglichen Stoßzeiten zu beschäftigen,
auch wenn dazwischen mehrere Stunden liegen, für die keine Vergütung gezahlt
wird.[5] In diesem vom LAG Köln entschiedenen Fall bestand in dem Betrieb als
vertragliche Basis eine Betriebsvereinbarung, die geteilte Dienste an 73 Arbeitstagen pro Jahr vorsah. Auch der einschlägige Tarifvertrag (hier: § 6 Abs. 5 TVöD)
bot keinen Schutz vor geteilten Diensten.

Anhand der aufgezeigten Entscheidungen ist zu erkennen, dass es immer auf den   **8**
konkreten Einzelfall ankommt. Für die Abwägung sollten Arbeitnehmer alle für
sie relevanten Interessen in die Waagschale werfen, um Arbeitgeber oder Gerichte zu überzeugen.

5. Tarifvertragliche Regelungen

Der TVöD bietet keinen Schutz vor geteilten Diensten. In § 6 TVöD gibt es eine   **9**
Regelung über die regelmäßige Arbeitszeit und Sonderformen der Arbeitszeit,
wie z. B. Wechselschicht, Bereitschaftsdienst, Rufbereitschaft, Überstunden usw.
Geteilte Dienste sind in dieser Regelung nicht genannt. Aus der Auslegung des
TVöD folgt nicht, dass neben den im Tarifvertrag genannten Sonderformen nur

---

3 LAG Köln 4. 8. 2008 – 5 Sa 639/08.
4 LAG Köln 15. 6. 2009 – 5 Sa 179/09; LAG Köln 23. 8. 2007 – 5 Sa 933/07.
5 LAG Köln 14. 12. 2011 – 9 Sa 798/11.

noch die Normalarbeit (Arbeitsbeginn bis Arbeitsende nur mit einer üblichen Pausenunterbrechung) möglich ist.[6]

10 Nach dem MTV für die Arbeitnehmer im Hessischen Einzelhandel darf das normale Pausenvolumen nicht gegen den Willen des Betriebsrats, in Betrieben ohne Betriebsrat gegen den Willen der Beschäftigten, verändert werden. Betriebsrat oder Beschäftigte müssen den Willen aber entsprechend äußern.

III. Hinweise für die Mitbestimmung

1. Grundsätzliche Ablehnung geteilter Dienste

11 Der Betriebsrat (§ 87 Abs. 1 Nr. 2 und 3 BetrVG) bzw. der Personalrat (§ 75 Abs. 3 Nr. 1 BPersVG) sollten geteilte Dienste in Betriebsvereinbarungen nicht zulassen. Mit der Begründung, dass diese nicht den gesicherten arbeitswissenschaftlichen Erkenntnissen entsprechen, sollten sich geteilte Dienste auch in einer Einigungsstelle verhindern lassen. Werden geteilte Dienste bereits gearbeitet, sollte in den betroffenen Bereichen schnellstmöglich eine Gefährdungsbeurteilung zu den psychischen Belastungen durchgeführt werden und/oder eine bestehende Betriebsvereinbarung, die geteilte Dienste zulässt, gekündigt werden, um bessere Regelungen zu verhandeln. Jedenfalls sind geteilte Dienste aufgrund der erheblichen gesundheitlichen Belastung zu vermeiden.

2. Hinweise für die Beratung

12 Bei der Beratung der Arbeitnehmer sollte der Betriebsrat berücksichtigen, dass es sich für die Arbeitnehmer lohnen kann, bestehende Regelungen genau überprüfen zu lassen. Die angewiesen Dienste nicht zu arbeiten, kann allerdings seitens des Arbeitgebers als Arbeitsverweigerung ausgelegt werden und zur Kündigung führen. Deshalb ist es ratsam, im Einzelfall der Weisung zunächst nachzukommen, um anschließend eine Klärung vor Gericht oder durch den Betriebsrat herbeizuführen. Nach der derzeitigen Rechtsprechung des BAG trägt der Arbeitnehmer das Risiko, mit seiner Einschätzung, dass eine bestimmte Weisung nicht billigem Ermessen entspricht, falsch zu liegen. Ausschlaggebend ist für das BAG die objektive Rechtslage. Stellt das BAG also im Rahmen einer Kündigungsschutzklage fest, dass eine bestimmte Weisung des Arbeitgebers rechtmäßig war, kann eine beharrliche Arbeitsverweigerung vorliegen, die einen Kündigungsgrund

---

6 LAG Köln 14.12.2011 – 9 Sa 798/11.

darstellen kann.[7] Diese Rechtsprechung ist umstritten (siehe → Direktionsrecht Rn. 20f.).

IV. Eckpunkte für Betriebs- und Dienstvereinbarungen

Sofern geteilte Dienste in einer Betriebs- oder Dienstvereinbarung nicht generell verboten werden, könnte eine Regelung wie folgt aussehen: **13**
Pro Arbeitnehmer sind nur XX geteilte Dienste pro Monat zulässig, soweit dies aus dringenden betrieblichen Gründen erforderlich ist. Die dringenden betrieblichen Gründe sind gegenüber dem Betriebsrat detailliert schriftlich zu begründen. Verweigert der Betriebsrat seine Zustimmung, dürfen die geplanten geteilten Dienste nicht gearbeitet werden.

---

7 BAG 29. 8. 2013 – 2 AZR 273/12.

Gleitzeit

I. Einführung

1 Gleitzeit oder gleitende Arbeitszeit wird Arbeitszeit genannt, wenn sie für den Arbeitnehmer gegenüber herkömmlicher Arbeitszeit größere Freiheiten hinsichtlich Arbeitsbeginn und Arbeitsende bietet. Der Begriff verwendet nicht umsonst ein sprachliches Bild. Denn in der Regel enthält ein Arbeitnehmer dadurch die Möglichkeit, in zeitlicher Hinsicht in den Arbeitstag hinein- und am Ende wieder hinauszugleiten. Gleitzeit schafft also Flexibilität. Denn Arbeitnehmer können innerhalb eines festzulegenden Rahmens, die Lage und/oder die Dauer der täglichen Arbeitszeit selbst bestimmen. Unter Umständen kann so einem in Vollzeit berufstätigen Elternpaar die gleichzeitige Kinderbetreuung ermöglicht werden, ohne dass auf Teilzeit zurückgegriffen werden muss.

2 Arbeitgeber haben trotz der eingeräumten Freiheiten in der Regel ein Interesse daran, dass die Mitarbeiter in einem bestimmten Zeitfenster zuverlässig am Arbeitsplatz anwesend sind. Wird ein solches Zeitfenster bestimmt (etwa 9 Uhr bis 15 Uhr), wird es als Kernzeit oder Kernarbeitszeit bezeichnet. Werden zudem Zeitpunkte festgelegt, an denen die Arbeitsaufnahme frühestens möglich sein soll (etwa 6 Uhr) und bis zu dem die tägliche Arbeit längstens dauern darf (etwa 19 Uhr), so markiert dies die Rahmen(arbeits-)zeit.

II. Einzeldarstellung

1. Beginn und Ende der Arbeitszeit

3 Der Arbeitsvertrag verpflichtet Arbeitnehmer, gegenüber dem Arbeitgeber Arbeit zu leisten. Die wöchentliche Anzahl der Arbeitsstunden ist dabei durch den Arbeitsvertrag, durch Betriebsvereinbarung oder durch Tarifvertrag festgelegt. Der Arbeitgeber ist dann durch sein Direktionsrecht nach § 106 GewO berechtigt, die Lage der Arbeitszeit (also Anfang und Ende) festzulegen. Grenzen setzt ihm dabei grundsätzlich nur das ArbZG. Auch in Tarifverträgen und Betriebsvereinbarungen können arbeitstäglicher Beginn und Ende der Arbeitszeit bestimmt werden. Arbeitnehmer haben dann keinen Einfluss auf Beginn und Ende der Arbeitszeit. Sie müssen die festgelegten Zeiten, insbesondere den Beginn, einhalten (zur Überschreitung des täglichen Arbeitsendes siehe → Mehrarbeit und Überstunden Rn. 12). Ein Verstoß hiergegen ist eine Verletzung arbeitsvertraglicher Pflichten.

2. Einfache und qualifizierte Gleitzeit

Durch Gleitzeitregelungen wird dieses starre System gelockert. Das ArbZG trifft   **4**
zur Gleitzeit keine Regelungen. Maßgeblich sind also Tarifverträge und Betriebsvereinbarungen. Verschiedene Regelungen sind insoweit denkbar: Werden nur frühestmöglicher Arbeitsbeginn und spätestmögliches Arbeitsende festgelegt, wobei Arbeitnehmer aber in diesem Rahmen ihre tägliche Arbeitszeit in vollem Umfang erbringen müssen, spricht man von **einfacher Gleitzeit**.

Qualifizierte Gleitzeit liegt vor, wenn Arbeitnehmer bezogen auf den einzelnen   **5**
Arbeitstag nur während einer Kernarbeitszeit anwesend sein müssen. Dabei können Arbeitnehmer nicht nur Arbeitsbeginn und Arbeitsende selbst bestimmen, sondern – unter Einhaltung der Kernarbeitszeit im Übrigen – auch die Dauer der täglichen Arbeitszeit.

Eine qualifizierte Gleitzeit kann daher dazu führen, dass ein Arbeitnehmer, der   **6**
pro Woche zu 40 Zeitstunden Arbeitsleistung verteilt auf fünf Tage verpflichtet ist, an fünf Tagen jeweils nur während der Kernzeit tatsächlich Arbeit leistet. Kommt er insoweit nur auf 30 Stunden, kommt es zu einer Zeitschuld. Er kann sich aber auch dafür entscheiden, an fünf Tagen jeweils zehn Stunden zu arbeiten, dann erwirtschaftet er ein Zeitguthaben. Der Arbeitnehmer kann also beeinflussen, ob er selbst in Vorleistung geht (er arbeitet mehr als vergütet wird) oder aber den Arbeitgeber in Vorleistung gehen lässt (er arbeitet weniger als vergütet wird).

Um ein Ausufern zu vermeiden, wird in der Regel ein Ausgleichszeitraum festge   **7**
legt. Innerhalb dieses Zeitraums – z. B. drei Monate oder ein Jahr – muss das Arbeitszeitsaldo ausgeglichen sein.

3. Tarifliche Regelungen

Weil das Gesetz zur Gleitzeit schweigt, haben die Tarifvertragsparteien Regelun   **8**
gen getroffen. Diese lassen sich differenzieren:

a. Gleitzeit in Mantel- und Rahmentarifverträgen

9 Mantel- und Rahmentarifverträge beschränken sich zumeist darauf, Gleitzeit vorauszusetzen oder jedenfalls zu erwähnen, und überlassen Einzelheiten den Betriebsparteien. Zum Beispiel:

- Nach § 6 Nr. 5 b) des MTV für den Kraftfahrzeughandel in Hessen kann Gleitzeit zum Aufbau eines Arbeitszeitkontos genutzt werden.

- § 3 BRTV-BHG (allgemeinverbindlich) schafft, ohne dies ausdrücklich zu nennen, Rahmenbedingungen für die Vereinbarung von Gleitzeit. So werden dort *»Beginn und Ende der täglichen Arbeitszeit«, »Arbeitszeit- und Entgeltkonto (Ausgleichskonto)«* sowie *»Betriebliche Arbeitszeitverteilung in einem zwölfmonatigem Ausgleichszeitraum«* aufgeführt und für einzelne Regelungen auf Betriebsvereinbarungen verwiesen.

- § 2 V MTV Chemie (West) trifft Regelungen zur Gleitzeit. Neben allgemeinen Vorgaben für Betriebsvereinbarungen sind hier insbesondere Regelungen im Zusammenhang mit Urlaub zu erwähnen. So heißt es: *»Zeitguthaben und Zeitschulden bleiben bei der Ermittlung der Höhe des Urlaubsentgelts, bei der Entgeltfortzahlung nach dem Entgeltfortzahlungsgesetz und bei entsprechenden gesetzlichen, tariflichen oder betrieblichen Leistungen des Arbeitgebers außer Ansatz. (...) Der Ausgleich von Zeitguthaben darf nicht im unmittelbaren Zusammenhang mit dem Urlaub erfolgen«.*

- Eine nahezu gleichlautende Regelung trifft der MTV für die kunststoffverarbeitende Industrie in Hessen vom Oktober 2010 in § 2 IV.

b. Spezielle Tarifverträge

10 Spezielle Tarifverträge zur Arbeitszeitgestaltung oder Einführung von Gleitzeit machen hingegen detaillierte Vorgaben zur Umsetzung in Betriebsvereinbarungen:

11 So formuliert der TV über Jahresarbeitszeit und Arbeitszeitgestaltung für die Angestellten in der Textilindustrie Hessen und Rheinland-Pfalz in seinem § 5: *»Dabei haben Gleitzeitregelungen zum Ziel, dass die Arbeitnehmer im Rahmen festgelegter Grenzen über Beginn, Ende und Dauer ihrer täglichen Regelarbeitszeit selbst bestimmen können, soweit betriebliche Belange oder die Belange anderer Arbeitnehmer nicht entgegenstehen. In einer Gleitzeitvereinbarung sind im Regelfall der Geltungsbereich, Dauer und Lage der Kernarbeitszeit, Dauer und Lage der Gleitzeitspannen, Dauer des Abrechnungszeitraumes, Kontrolle der Gleitzeiten, Ausgleich der Zeitsalden einschließlich des Übertragungszeitraumes, die Festlegung der Pausen, sofern sie von der betrieblichen Pausenregelung abweichen, sowie die Information des Betriebsrates über die Gleitzeitsalden zu regeln.«*

III. Hinweise für die Mitbestimmung

Gleitzeitregelungen unterliegen in vollem Umfang der Mitbestimmung des Be- **12**
triebsrates nach § 87 Abs. 1 Nr. 2 BetrVG bzw. des Personalrates nach § 75 Abs. 3
Nr. 1 BPersVG bzw. den entsprechenden Landespersonalvertretungsgesetzen.
Dies betrifft sowohl die Frage, ob überhaupt eine Gleitzeitregelung eingeführt
wird als auch die Frage der Ausgestaltung im Detail.[1] Auch darüber, wie Gleitzeitguthaben durch Arbeitnehmer wieder abzubauen sind, besteht ein Mitbestimmungsrecht.[2]

Allerdings können die Betriebsparteien nicht vereinbaren, dass erarbeitete Gut- **13**
haben aus einer Gleitzeit zu einem bestimmten Stichtag verfallen.[3]

IV. Eckpunkte für Betriebs- und Dienstvereinbarungen

In der betrieblichen Praxis trifft eine Gleitzeitregelung häufig auf eine Regelung **14**
über ein Arbeitszeitkonto (siehe → Arbeitszeitkonten). Das ist nicht zwingend,
aber naheliegend. Denn Gleitzeit ermöglicht es dem Arbeitnehmer in der Regel,
sowohl Plus- als auch Minusstunden anzusammeln.

Folgende Punkte sollte eine Betriebsvereinbarung zur Gleitzeit in jedem Fall re- **15**
geln:

1. Rahmenarbeitszeit und Kernarbeitszeit

Stets muss eine Rahmenarbeitszeit festgelegt werden, also frühestmöglicher Ar- **16**
beitsbeginn und spätestmögliches Arbeitsende. In der Praxis sind dies oft 6 Uhr
und 19 Uhr. Wird gleichzeitig eine Kernarbeitszeit vereinbart – also beispielsweise
9 Uhr bis 15.30 Uhr –, ist damit gleichzeitig der spätestmögliche Arbeitsbeginn
(9 Uhr) und das frühestens mögliche Arbeitsende (15.30 Uhr) festgelegt.

Es sollte darauf hingewiesen werden, dass Arbeitnehmer ihren Arbeitsbeginn **17**
und ihr Arbeitsende innerhalb der vereinbarten Grenzen selbst bestimmen können.[4] Weil in dem genannten Beispiel theoretisch dreizehn Arbeitsstunden täglich möglich sind, sollte ebenfalls darauf hingewiesen werden, dass die Höchstgrenze arbeitstäglich bei zehn Stunden liegt (vgl. § 3 Satz 2 ArbZG).

---

1 Buschmann/Ulber, § 3 Rn. 22.
2 BAG 29.4.2004 – 1 ABR 30/02.
3 DKKW-*Klebe*, § 87 Rn. 99.
4 DKKW/Arbeitshilfen-*Klebe/Heilmann*, § 87 Rn. 14.

2. Übertragungszeitraum und Ausgleichszeitraum

18 Eine Regelung zum möglichen Übertragungszeitraum ist von erheblicher Bedeutung, da hier im Hinblick auf Ausschlussfristen erhebliches Konfliktpotential liegt. Denkbar sind zwischen einem Monat und dem Ende des Arbeitsverhältnisses alle Zeiträume, wobei eine Relation zum möglichen Umfang anzusammelnder Stunden bestehen sollte. Zu den Einzelheiten siehe → Arbeitszeitkonten Rn. 24.

19 Da es durch Gleitzeit zur Über- und Unterschreitung der regelmäßig geschuldeten Arbeitszeit bezogen auf einen bestimmten Zeitraum kommen kann, bietet es sich an, einen Ausgleichzeitraum festzulegen. Innerhalb eines bestimmten Zeitraums – etwa drei Monate oder innerhalb eines Kalenderjahres – muss also die geschuldete Arbeitszeit insgesamt erbracht worden sein. Dies greift letztlich die gesetzliche Regelung aus § 3 Satz 2 ArbZG auf.

3. Überstunden/Mehrarbeit

20 Wichtig ist eine klare Trennung zwischen Stunden, die im Rahmen einer Gleitzeit angesammelt wurden, und Mehrarbeit (Überstunden). Mehrarbeit ist solche Arbeit, die außerhalb der Rahmenarbeitszeit (mit Duldung oder auf Anweisung des Arbeitgebers) geleistet wird. Darauf sollte in einer Betriebsvereinbarung gesondert hingewiesen werden. Zusätzlich kann aufgenommen werden, dass für Mehrarbeit der entsprechende Zuschlag zu vergüten ist.[5]

21 Darüber hinaus können auch Regelungen zur Erfassung der Arbeitszeit (siehe → Zeiterfassungssysteme Rn. 10) und zu möglichen zeitlichen Höchstgrenzen getroffen werden, etwa indem maximal 100 Plusstunden und höchstens 50 Minusstunden angesammelt werden dürfen. Sinnvoll ist es in diesem Zusammenhang, den Arbeitgeber zu verpflichten, den Betriebsrat in jedem Einzelfall darüber informieren zu müssen, wenn eine der beiden Grenzen erreicht wird. Insoweit können die Betriebsparteien auch regeln, wie zu verfahren ist, um die jeweilige Höchststundenzahl zu reduzieren. Dabei bietet es sich an, in einem bestimmten Zeitraum einen Mindestumfang zu reduzierender Stunden festzulegen.

---

5 DKKW/Arbeitshilfen-*Klebe/Heilmann*, § 87 Rn. 14.

Home Office und mobile Arbeit

I. Einführung

1. Aktuelle Situation

Bei Arbeit im Home Office erbringt der Arbeitnehmer seine Arbeitsleistung   **1**
nicht wie allgemein üblich im Betrieb, sondern zumindest in Teilen von zu Hause
aus. Alternativ wird von Telearbeit oder »alternierender Telearbeit« (Arbeitsleistung wird im Wechsel im Betrieb und an einem außerhalb des Betriebs gelegenen
Arbeitsplatz erbracht, z. B. zu Hause) gesprochen. Noch weiter gefasst ist der Begriff »Mobile Office«. Durch die Digitalisierung ist für viele Tätigkeiten das Arbeiten von einem nahezu beliebigen Ort unterwegs möglich. Gesetzlich definiert
sind diese Begriffe nicht.

Das Gesetz kennt die Telearbeit lediglich in arbeitsschutzrechtlicher Hinsicht.   **2**
Deren Voraussetzungen sind in § 2 Abs. 7 ArbStättV geregelt. Telearbeitsplätze
sind vom Arbeitgeber für einen festgelegten Zeitraum eingerichtete Bildschirmarbeitsplätze im Privatbereich der Beschäftigten. Das Gesetz verweist auf arbeitsvertraglich oder im Rahmen einer sonstigen Vereinbarung zwischen Arbeitgeber
und Beschäftigten festgelegte Bedingungen.

Arbeitszeitrechtlich von Relevanz sind vor allem die Frage der Anerkennung der   **3**
im Home Office und Mobile Office geleisteten Arbeitszeit sowie deren Kontrolle
und Ausgestaltung.

Vor der flächendeckenden Verbreitung internetfähiger PCs, Tablets und   **4**
Smartphones fristeten erste Formen der Telearbeit eher ein Nischendasein in der
Arbeitswelt. Heute hingegen ermöglicht die Digitalisierung für eine Vielzahl von
Beschäftigten die Tätigkeit von beliebigen Orten aus. Nach einer Untersuchung
des Statistischen Bundesamtes nutzten 2013 64 % der Arbeitnehmer beruflich einen Computer, Zugang zum Internet am Arbeitsplatz hatten immerhin 55 % der
Beschäftigten.[1] Das BMAS hat im Jahr 2015 festgestellt, dass bereits 30 % aller Be-

---

1 Statistisches Bundesamt, Unternehmen und Arbeitsstätten, Nutzung von Informations-
und Kommunikationstechnologien in Unternehmen, 2013, S. 10.

triebe ihren Beschäftigten die Möglichkeit bieten, von zu Hause aus zu arbeiten. In Betrieben mit mehr als 500 Beschäftigten sind es über 50 %.[2]

5   Nach wie vor ist aber die Präsenzkultur in deutschen Betrieben stark ausgeprägt. Gerade mal 12 % der abhängig Beschäftigten in Deutschland arbeiten derzeit zumindest gelegentlich von zu Hause.[3] In Betrieben mit Betriebsrat sind es 17 %, in Betrieben ohne Betriebsrat (7 %). Letzteres könnte ein Indiz dafür sein, dass vor allem die Arbeitnehmer ein Interesse an dieser Arbeitsform haben.[4] Dies wird durch die Untersuchung des BMAS gestützt, wonach 39 % der Beschäftigten, die das bislang nicht können, gerne regelmäßig (8 %) oder gelegentlich (31 %) von zu Hause arbeiten würden.[5]

6   Die Befragten verbinden damit vor allem den Wunsch, Beruf und Familie besser miteinander vereinbaren zu können. Familiäre Pflichten, insbesondere im Rahmen der Kinderbetreuung, sind nur schwer mit einer ortsgebundenen Vollzeittätigkeit zu vereinbaren. Wenn die Wegezeiten durch die Vereinbarung von Home Office oder Mobilem Arbeiten reduziert werden können, ist das eine Möglichkeit, eine andernfalls ggf. erforderliche Absenkung der Arbeitszeit zu vermeiden. Im Mobile Office können Wegezeiten Arbeitszeiten sein, z. B. bei einer Aufnahme der Tätigkeit bereits im Zug.

7   Zu Recht wird aber auch die Gefahr der (weiteren) Entgrenzung der Arbeit und einer zunehmenden Vermischung von Arbeit und Privatleben thematisiert.[6] Sofern Home Office ermöglicht wird, sollte es in Tarifverträgen oder Betriebsvereinbarungen ausgestaltet werden, damit insbesondere auch arbeitszeitrechtliche Vorgaben hinreichend berücksichtigt werden.

8   Eine gesetzliche Regelung für Deutschland ist derzeit nicht in Sicht. Eine solche könnte auch aus Arbeitgebersicht sinnvoll sein, da so vermieden werden kann, dass Beschäftigte ihre Arbeitszeit reduzieren. Vorbild für eine solche Regelung könnten die mittlerweile zahlreichen Beispiele in Tarifverträgen sein.

2.   Rechtslage im europäischen Ausland

9   In Polen, Portugal, der Slowakei, Slowenien und Ungarn gibt es bereits gesetzliche Regelungen zum Home Office. In Belgien, Frankreich und Luxemburg sind branchenweit geltende Vereinbarungen durch nationale Verordnungen auf alle Arbeitnehmer ausgedehnt worden.

---

2 BMAS, Mobiles und entgrenztes Arbeiten, 2015, S. 8.
3 Brenke, DIW Wochenbericht 5/2016 S. 95.
4 Däubler, SR Sonderheft 2016, S. 5.
5 BMAS, Mobiles und entgrenztes Arbeiten, 2015, S. 17.
6 Voigt, AiB 3/2017 S. 16.

In Großbritannien haben Arbeitnehmer seit Juni 2014 nach dem Children and **10** Families Act 2014 das Recht, einen Antrag auf Telearbeit bei ihrem Arbeitgeber zu stellen. Dieser muss in angemessener Zeit hierzu Stellung nehmen. Ablehnen darf er den Antrag nur aus bestimmten Gründen.

Auch in den Niederlanden gibt es seit dem 1.1.2016 eine gesetzliche Regelung **11** zum Home Office, die gleichfalls hinter einem tatsächlichen Anspruch des Arbeitnehmers zurückbleibt. Der Arbeitgeber muss sich mit einem entsprechenden Antrag des Arbeitnehmers befassen, kann ihn aber schriftlich begründet zurückweisen.

II. Einzeldarstellung

1. Weisungsrecht des Arbeitgebers

Sofern arbeitsvertraglich nicht ausdrücklich vereinbart, bestimmt der Arbeitge- **12** ber einseitig über sein Weisungsrecht Ort, Zeit und Art der Arbeitsleistung (§ 106 GewO). Auch der Arbeitsort wird also bei fehlender anderweitiger Vereinbarung vom Arbeitgeber über sein Weisungsrecht festgelegt. Einen Anspruch auf Änderung des Arbeitsortes dahingehend, die Arbeit im Home Office zu erbringen, hat der Arbeitnehmer nicht.[7] Auf der anderen Seite kommt auch eine einseitige Anordnung von Home Office durch den Arbeitgeber nach § 106 GewO zutreffenderweise nicht in Betracht.[8]

Die Erbringung der Arbeitsleistung im Home Office setzt eine arbeitsvertragli- **13** che oder kollektivrechtliche Vereinbarung voraus. Auf Lage und Dauer der Arbeitszeit hat eine solche Regelung zunächst einmal keinen Einfluss. Für den Arbeitnehmer geht es allein um den Wegfall der Wegezeiten. Dies bedeutet für ihn in der Regel eine erhebliche Erleichterung, z.B. der Vereinbarkeit von Familienpflichten mit der Berufstätigkeit.

2. Anwendbarkeit des Arbeitszeitgesetzes

Auch bei der Erbringung der Arbeitsleistung im Home Office gilt das ArbZG.[9] **14** Das ArbZG ist zwingend und kann weder arbeitsvertraglich noch durch freiwilligen Verzicht des Arbeitnehmers abbedungen werden. Mit der Möglichkeit des

---

7 Etwas anderes kann sich allerdings für einen schwerbehinderten Beschäftigten aus § 81 Abs. 4 Satz 1 Nr. 1 SGB IX ergeben, LAG Niedersachsen 6.12.2010 – 12 Sa 860/10.
8 LAG Düsseldorf 10.9.2014 – 12 Sa 505/14.
9 Buschmann/Ulber, § 2 Rn. 23.

Home Office und des mobilen Arbeitens ergeben sich aber Kontrollprobleme. Solange die Arbeit im Betrieb erbracht wird, lässt sich die Einhaltung arbeitszeitrechtlicher Vorgaben unschwer überprüfen, insbesondere: die Einhaltung der Höchstarbeitszeiten, der Ruhezeiten und des Verbots der Sonntagsarbeit. Am Wohnort der Beschäftigten kann der Arbeitgeber diese Kontrolle nicht ausüben.

15 Auch wenn es innerbetrieblich ein Zeiterfassungssystem geben mag, ist dies für die außerbetrieblich geleistete Arbeit im Home Office oder unterwegs wenig von Nutzen. Der Arbeitnehmer muss selbst seine Arbeitszeiten erfassen. Dies ist auch für die Eigenkontrolle wichtig, um einer Entgrenzung der Arbeit vorzubeugen. Der Arbeitgeber kann auf der anderen Seite seine Verantwortung für die Einhaltung des ArbZG nicht vollständig delegieren. Zumindest durch stichprobenhafte Prüfung wird er die Aufzeichnungen des Arbeitnehmers auf Plausibilität prüfen müssen.[10]

16 Der Arbeitgeber ist verpflichtet, die über die werktägliche Arbeitszeit des § 3 Satz 1 ArbZG hinausgehenden Arbeitszeiten aufzuzeichnen und diese Nachweise mindestens zwei Jahre aufzubewahren. Erbringt der Arbeitnehmer die Arbeitsleistung außerhalb des Betriebes und damit außerhalb der Kontrollmöglichkeit des Arbeitgebers, wird die Aufzeichnungspflicht nur durch eine Delegation auf den Arbeitnehmer zu wahren sein. Ein Verstoß gegen die Pflicht zur Erfassung der Arbeitszeiten durch den Arbeitgeber kann mit einem Bußgeld nach § 22 ArbZG geahndet werden.

17 Erbringt der Arbeitnehmer außerhalb einer Vereinbarung zum Home Office Arbeitsleistungen von z Hause, weil sein Arbeitspensum sich nicht innerhalb der betrieblichen Arbeitszeiten erledigen lässt, gelten die allgemeinen Vorgaben zur Vergütung von Mehrarbeit. In solchen Fällen wird vertreten, dass bei einer außerbetrieblichen Arbeitsleistung nur dann Arbeitszeit vorliegt, wenn der Arbeitgeber dies entweder direkt angeordnet oder aber zumindest konkludent angewiesen haben soll.[11] Dies würde aber eine faktische Aushebelung des ArbZG bedeuten. Es ist vielmehr zutreffend, dass Arbeitszeit auch dann vorliegt, wenn der Arbeitnehmer das ihm zugewiesene Arbeitspensum teilweise von zu Hause oder unterwegs erbringt und der Arbeitgeber sich das Ergebnis dieser Arbeit aneignet.[12] Eine Vereinbarung zum Home Office sollte eindeutig bestimmen, wie mit Mehrarbeit von zu Hause aus umgegangen wird.

---

10 LAG Niedersachsen 8. 11. 2004 – 5 TaBV 36/04.
11 Bissels/Domke/Wisskirchen, DB 2010, 2052.
12 So auch Däubler, SR Sonderheft 2016, S. 16.

3. Sinnvolle weitere Regelungen zur Arbeitszeit im Home Office

Wie bereits ausgeführt, ändert sich durch die Vereinbarung von Home Office 	**18**
grundsätzlich nichts hinsichtlich der zuvor geltenden Arbeitszeiten, insbesondere was Dauer und Lage der Arbeitszeit betrifft. Es ist aber sinnvoll, die Regelungen zur Arbeitszeit im Rahmen einer Vereinbarung gleichfalls anzupassen.

Aus organisatorischen Gründen wird häufig eine Festlegung getroffen, an wel-	**19**
chen konkreten Tagen die Arbeit im Betrieb und an welchen im Home Office verrichtet werden soll. Denkbar ist aber auch, lediglich die prozentuale Verteilung (beispielsweise 50 % im Home Office) festzulegen und die konkreten Tage flexibel zu handhaben.

Bezüglich der Lage kann eine abweichende Regelung von den geltenden betrieb-	**20**
lichen Arbeitszeiten sinnvoll sein. Bei Wegfall der Wegezeiten ist es dem Beschäftigten unter Umständen möglich, früher mit der Arbeit zu beginnen. So kann vereinbart werden, dass der Arbeitnehmer an den Tagen im Home Office die Lage der Arbeitszeit selbst bestimmt. Alternativ kann von Arbeitgeberseite ein Zeitrahmen vorgegeben werden. Auch ist es üblich, bestimmte Zeiten festzulegen, binnen derer der Arbeitnehmer für betriebliche Belange erreichbar ist.

Durch die Vereinbarung der Erbringung eines Teils der Arbeitszeit im Home Of-	**21**
fice wird das Weisungsrecht des Arbeitgebers eingeschränkt. Eine vertragliche Klausel, nach der der Arbeitgeber die Beendigung einer vereinbarten alternierenden Telearbeit voraussetzungslos erklären kann, ohne dass die Interessen des Arbeitnehmers berücksichtigt werden, ist unwirksam.[13] Der Arbeitnehmer wird durch eine solche Regelung unangemessen benachteiligt.

Die Vereinbarung von Home Office stellt im Übrigen ebenso wie die Beendigung 	**22**
alternierender Telearbeit regelmäßig eine Versetzung i.S.v. § 95 Abs. 3 Satz 1 BetrVG dar, welche der Zustimmung des Betriebsrats bedarf.[14] Die Einbindung des Arbeitnehmers in den Betriebsablauf und die Aufgabenerfüllung ist auch bei teilweiser Telearbeit aufgrund ihrer Besonderheiten eine völlig andere als ohne Telearbeit, so dass sich bei Beendigung der Telearbeit das Bild der Tätigkeit grundsätzlich ändert. Damit liegt die Zuweisung eines anderen Arbeitsbereichs nach § 95 Abs. 3 Satz 1 BetrVG vor.

4. Arbeitsschutz

Bei Home Office und mobiler Arbeit treten grundsätzliche Fragen nach dem Ar-	**23**
beitsschutz auf, die hier nur kurz angesprochen werden können. Im Betrieb bestimmt und überwacht der Arbeitgeber die Arbeitsbedingungen. Die Einrich-

---

13 LAG Düsseldorf 10.9.2014 – 12 Sa 505/14.
14 LAG Düsseldorf 10.9.2014 – 12 Sa 505/14.

tung der Arbeitsstätte, Arbeitsmittel, Arbeitsverfahren und die konkrete Lage der Arbeitszeit werden von ihm festgelegt.

24 Die Arbeitsschutzgesetze, insbesondere das ArbSchG, sind auf die Tätigkeit im Betrieb zugeschnitten. Auf andere neue Arbeitsformen sind sie nicht ohne weiteres anwendbar. Der Arbeitgeber hat auf die Ausgestaltung von Home Office und mobilen Arbeitsplätzen nur begrenzt Einfluss.

25 Die ArbStättV gilt nicht für mobile Arbeit, da es sich dabei nicht um einen dauerhaft innerhalb von Gebäuden eingerichteten Arbeitsplatz handelt.[15] Auf Telearbeitsplätze i. S. d. § 2 Abs. 7 ArbStättV sind nach § 1 Abs. 3 ArbStättV nur die Vorschriften über die Gefährdungsbeurteilung, über die Unterweisung sowie über die Gestaltung von Bildschirmarbeitsplätzen anwendbar.

26 Das gleiche gilt für die BildschArbV. Nach § 1 Abs. 2 Nr. 4 BildschArbV gilt diese nicht für Bildschirmgeräte für den ortsveränderlichen Gebrauch, sofern sie nicht regelmäßig an einem Arbeitsplatz eingesetzt werden. Die Verordnung erfasst die Nutzung eines mobilen Geräts demnach nur bei Einsatz an einem festen Arbeitsplatz, nicht aber im mobilen Einsatz.

27 Bezüglich arbeitsschutzrechtlicher Vorgaben ist daher für das Mobile Office auf die allgemeinen Vorgaben des ArbSchG zurückzugreifen. Zum einen ist dies § 3 Abs. 1 Nr. 1 ArbSchG, wonach die erforderlichen Maßnahmen des Arbeitsschutzes unter Berücksichtigung der Umstände zu treffen sind, die Sicherheit und Gesundheit der Beschäftigten bei der Arbeit beeinflussen. Zum anderen ist dies § 4 Abs. 1 Nr. 1 ArbSchG. Die Arbeit ist so zu gestalten, dass eine Gefährdung für Leben und Gesundheit möglichst vermieden und die verbleibende Gefährdung möglichst gering gehalten wird. Ob in der Bahn oder im Café eine gesundheitsgerechte Gestaltung der Arbeit, die diesen Anforderungen genügt, überhaupt möglich ist, ist fraglich.

5. Tarifliche Regelungen

28 Vor allem in größeren Unternehmen gibt es vielfach Regelungen zum Home Office in Tarifverträgen und Betriebsvereinbarungen.

29 Beispiel für ein Recht auf Telearbeit ist der Allgemeine Tarifvertrag der Deutschen Bahn AG. Nach der dortigen Präambel geht es u. a. um eine verbesserte Vereinbarkeit von Familie und Beruf unter Berücksichtigung individueller Arbeitsgewohnheiten, die mit der Telearbeit ermöglicht werden soll.

30 Nach § 3 des Haustarifvertrages von IBM werden Telearbeitsplätze angeboten, soweit betriebliche und wichtige persönliche Gründe nicht entgegenstehen. Auch IBM verweist auf die bessere Vereinbarkeit mit familiären Pflichten bei

---

15 BR-Drs. 506/16.

gleichzeitiger Erhaltung der Anbindung an das Unternehmen. Bei Telearbeit kann nach den dortigen Regelungen die bisherige regelmäßige Arbeitszeit beibehalten werden oder sie kann durch Vereinbarung reduziert und ganz oder teilweise zu Hause geleistet werden.

Auch in den Tarifverträgen der Deutschen Telekom ist alternierende Telearbeit **31** vereinbart. Die tarifvertragliche bzw. arbeitsvertragliche Arbeitszeit soll nach den dortigen Regelungen so zwischen Betriebsstätte und häuslicher Arbeitsstätte aufgeteilt werden, dass der soziale Kontakt zum Betrieb erhalten bleibt. Die Arbeitszeit kann in betriebsbestimmte und selbstbestimmte Zeit aufgeteilt werden. Die Lage der selbstbestimmten Zeit darf vom Arbeitnehmer in Eigenverantwortung festgelegt werden. Die Aufteilung sowie die Verteilung und die Lage der Arbeitszeit sind in einer schriftlichen Vereinbarung mit dem Arbeitnehmer festzuhalten. Mehrarbeit muss vom Arbeitgeber im Voraus angeordnet werden; eine nachträgliche Genehmigung ist nicht möglich.

Zum Thema Zeiterfassung heißt es im Tarifvertrag Telearbeit bei der T-Systems **32** Business Services GmbH, dass diese durch Selbstaufschreibung dokumentiert wird. Am Monatsende sind die Eintragungen dem Vorgesetzten vorzulegen. Verfügt der Arbeitnehmer über ein Gleitzeitkonto, muss er die Zeiten wöchentlich dem Arbeitgeber mitteilen.

Der Tarifvertrag Mobiles Arbeiten der Daimler AG sieht eine freiwillige Teil- **33** nahme an diesem Arbeitszeitmodel für alle Beschäftigten vor, sofern es nach deren Tätigkeit möglich ist. Zuschläge für Überstunden sollen nur nach Anordnung durch den Arbeitgeber fällig werden. Der Tarifvertrag sieht zudem eine Widerrufsmöglichkeit für den Arbeitgeber vor, sofern diese aus sachlichen Gründen gerechtfertigt ist.

Vergleichbare Regelungen in Betriebsvereinbarungen gibt es u. a. bei den Unter- **34** nehmen Allianz, Bosch, HypoVereinsbank, Siemens oder EADS.

Es fällt auf, dass es sich bei all diesen Beispielen um Großunternehmen handelt. **35** In mittelständischen und kleineren Betrieben dürfte es Arbeitnehmern deutlich schwerer fallen, Home Office mit dem Arbeitgeber zu vereinbaren. Hier herrscht nach wie vor die in Deutschland stark ausgeprägte Präsenzkultur vor. Auch fehlt häufig die Tarifbindung oder der Betriebsrat, um Arbeitnehmerrechte wirksam durchsetzen zu können. Eine gesetzliche Regelung, die unabhängig von der Größe des Unternehmens einen entsprechenden Anspruch des Arbeitnehmers festlegt, wäre daher zu begrüßen.

In vielen bisher bestehenden tarifvertraglichen Regelungen ist eine Freiwilligkeit **36** von Home Office und Mobile Office vorgegeben. Hintergrund ist die zweifellos richtige Überlegung, dass die Arbeitnehmer nicht aus dem Betrieb gedrängt werden sollen. Grundsätzlich haben sie einen Anspruch auf einen festen Arbeitsplatz im Unternehmen. Die Teilnahme am Home Office ist freiwillig.

37 Sodann müssen die Regeln aus Gründen der Gleichbehandlung grundsätzlich für alle Arbeitnehmer gelten, in deren Bereich Home Office eingeführt wird. Keinesfalls soll es so sein, dass der Arbeitgeber die Möglichkeit zum Arbeiten im Home Office als eine Art Prämie vergeben kann.

38 Klar ist aber auch, dass nicht alle Arbeitsplätze für Home Office oder mobiles Arbeiten geeignet sind. Tätigkeiten in der Produktion dürften in der überwiegenden Zahl der Fälle nicht geeignet sein. Es sind eher administrative Tätigkeiten, die ortsungebunden erledigt werden können, sofern die technischen Voraussetzungen vorliegen.

III. Hinweise für die Mitbestimmung

1. Überwachungspflicht, Unterrichtungsanspruch

39 Über bereits bestehende Vereinbarungen zu Arbeitszeitmodellen mit Beschäftigten hat der Betriebsrat ein Informationsrecht. Neben der Art der Ausgestaltung der Modelle umfasst das auch Fragen nach Arbeitsmitteln und Gefährdungsbeurteilungen.

40 Nach § 80 Abs. 1 Nr. 1 BetrVG hat der Betriebsrat die Verpflichtung, die Einhaltung von Gesetzen, Betriebsvereinbarungen und Tarifverträgen zu überwachen. Die Überwachungspflicht des Betriebsrates orientiert sich dabei am Betriebsbegriff. Auch der private Arbeitsbereich eines Arbeitnehmers dürfte von einem räumlich-funktionalen Betriebsbegriff umfasst sein.

41 Bei der Einrichtung eines Home Office stellt sich zudem die Frage des Zugangs. Darf der Arbeitgeber oder der Betriebsrat den Arbeitsplatz des Arbeitnehmers zu Hause in Augenschein nehmen? Einem möglichen Zutrittsrecht des Betriebsrates oder des Arbeitgebers steht das Recht des Arbeitnehmers auf Unverletzlichkeit der Wohnung (Art. 13 GG) gegenüber.

42 Die Überwachungspflicht spielt vor allem im Hinblick auf das Arbeitszeitrecht eine wichtige Rolle. Der Arbeitnehmer muss auch im Home Office und Mobile Office vor Überbeanspruchung geschützt werden. Wie ausgeführt, gelten die Vorgaben des ArbZG oder auch tarifliche Regelungen zur Arbeitszeit unabhängig von dem Ort der Arbeitsleistung.

43 Wenn der Arbeitnehmer technische Geräte wie Laptop oder Smartphone verwendet, bietet es sich an, die Einhaltung der Arbeitszeit anhand automatisch erfasster Log-in-Zeiten zu kontrollieren. Der Betriebsrat hat dann, um seinen Überwachungspflichten nachkommen zu können, hierauf zumindest für Stichproben ein Zugriffsrecht. Auf der anderen Seite besteht aber zweifellos die Gefahr einer gleichzeitigen Verhaltens- und Leistungskontrolle. In einer Betriebsvereinbarung muss daher ausgeschlossen werden, dass die gesammelten Daten zu einem anderen Zweck als der Einhaltung des ArbZG oder tarifvertraglicher Vorgaben zur Arbeitszeit verwendet werden. Nach ihrer bestimmungsgemäßen Nutzung müssten die Daten automatisch gelöscht werden, um den Anforderungen des Datenschutzes zu genügen.

Automatisch elektronisch erfassen lässt sich nur die Zeit einer Anmeldung im **44** System. Offline zu leistende Arbeiten wie Lesen von Unterlagen werden bei dieser Art der Erfassung nicht berücksichtigt. Auch die zählen aber unbestritten als Arbeitszeit.

Sinnvoll kann eine Regelung sein, die eine technische Hürde für Arbeit außer- **45** halb der betriebsüblichen Arbeitszeit aufbaut. So ist es technisch ohne weiteres machbar, dass eine Verbindung von mobilen Geräten oder dem Home Office zu den Servern des Unternehmens nur innerhalb der üblichen Geschäftszeiten möglich ist. Eine solche Vereinbarung sollte auf tarifvertraglicher oder betrieblicher Ebene getroffen werden.

Besteht der begründete Verdacht, dass im Betrieb gegen Vorgaben des ArbZG **46** verstoßen wird, kann der Betriebsrat nach § 89 Abs. 1 Satz 2 BetrVG die zuständige Aufsichtsbehörde informieren. In der Regel dürfte dies das Gewerbeaufsichtsamt sein. Die Überwachung der Einhaltung von tarifvertraglichen Vereinbarungen liegt hingegen nicht im Zuständigkeitsbereich der Behörden. Sofern schutzwürdige Interessen des betroffenen Arbeitnehmers nicht entgegenstehen, dürfen dabei auch personenbezogene Daten übermittelt werden.[16] Auch der EuGH hat eine Datenübermittlung gebilligt.[17]

2. Erzwingbare Mitbestimmung

Wenn es um Beginn und Ende der täglichen Arbeitszeit einschließlich der Pausen **47** und die Verteilung der Arbeitszeit auf die einzelnen Wochentage geht, hat der Betriebsrat nach § 87 Abs. 1 Nr. 2 BetrVG mitzubestimmen. Wenn technische Geräte oder Software eingesetzt werden, die eine Überwachung der Beschäftigten ermöglicht, besteht eine Mitbestimmungspflicht nach § 87 Abs. 1 Nr. 6 BetrVG.

Zu den nach § 87 Abs. 1 Nr. 7 BetrVG mitbestimmungspflichtigen Fragen des Ar- **48** beitsschutzes gehört neben der Unterweisung der Beschäftigten über Sicherheit und Gesundheitsschutz bei der Arbeit auch die Gefährdungsbeurteilung,[18] zu deren Durchführung der Arbeitgeber nach § 5 ArbSchG verpflichtet ist. Auf diese Weise ist zu ermitteln, welche Gefährdungspotentiale im Rahmen des Mobile Of-

---

16 BAG 3.6.2003 – 1 ABR 19/02.
17 EuGH 30.5.2013 – C-342/12.
18 BAG 11.1.2011 – 1 ABR 104/09.

fice bestehen. Diese können vor allem auch in psychischem Druck durch ständige Erreichbarkeit und unzureichende Erholungszeiten bestehen.

49 Wie bereits ausgeführt, ist sowohl der Wechsel ins Home Office als auch die Beendigung einer solchen Vereinbarung als Versetzung i. S. v. § 95 Abs. 3 Satz 1 BetrVG anzusehen und darf nicht ohne Zustimmung des Betriebsrates umgesetzt werden.

IV. Eckpunkte für Dienst- und Betriebsvereinbarungen

1. Allgemeines

50 Ziel von Betriebsvereinbarungen zum Home Office oder Mobile Office sollte neben der Vereinbarung der Rahmenbedingungen vor allem auch der Schutz der Beschäftigten vor Belastungen und Entgrenzung der Tätigkeit sein.

51 Eine Option zum Home Office muss es für alle Beschäftigten geben, deren Tätigkeit hierfür geeignet ist. Arbeitsplätze, die wegen der Art der Tätigkeit zwingend auf eine Präsenz im Betrieb angewiesen sind, fallen von vornherein weg. Allen anderen muss zumindest abteilungsbezogen schon unter dem Gesichtspunkt der Gleichberechtigung gleichermaßen die Möglichkeit zu Home Office eingeräumt werden.

52 Die Teilnahme am Home Office oder mobilen Arbeiten sollte freiwillig ausgestaltet sein. Für Arbeitnehmer, die Wert auf eine eindeutige Trennung zwischen Arbeits- und Privatleben legen, sollte die Möglichkeit einer ausschließlich im Betrieb angesiedelten Tätigkeit bestehen bleiben. Es sollte auch eine Widerrufsmöglichkeit für Arbeitnehmer geben.

53 Sofern eine Widerrufsmöglichkeit für den Arbeitgeber vereinbart wird, sollte diese von sachlichen Gründen abhängig sein. Bei einem Widerruf einer Vereinbarung zum Home Office durch den Arbeitgeber muss geprüft werden, ob der Betriebsrat Rechte nach § 99 BetrVG durchsetzen kann.

2. Einzelregelungen

54 Gegenstand einer Betriebsvereinbarung sollte sein:
- der Umfang der Arbeitszeit im Home Office, z. B. eine Regelung, nach der 20 % der vertraglichen/tariflichen Arbeitszeit oder zwei Tage in der Woche im Home Office gearbeitet werden; denkbar sind anlassbezogene Erweiterungsmöglichkeiten, etwa bei erkranktem Kind oder vergleichbaren Situationen
- die Tage, an denen im Home Office gearbeitet wird, können fest vereinbart werden; alternativ ist eine bedarfsorientierte flexible Handhabung möglich

- es ist möglich, lediglich die Dauer der Arbeitszeit eines Tages im Home Office festzuschreiben, nicht aber die konkrete Lage; der Arbeitnehmer kann die Lage dann auch mit Unterbrechungen frei gestalten; es kann aber auch sinnvoll sein, starre Zeiten der Erreichbarkeit zu regeln, um einer Entgrenzung und einer Vermischung von Arbeit und Freizeit entgegenzuwirken; auch die Vorgabe eines Rahmens, innerhalb dessen die Arbeitszeit liegen muss (z. B. zwischen 7 Uhr und 20 Uhr), ist möglich
- Verpflichtung zur Einhaltung des ArbZG; zur Vermeidung einer weiteren Entgrenzung der Arbeit ist (sofern technisch machbar) eine elektronische Zugriffssperre sinnvoll; auf Server oder neue E-Mails kann dann außerhalb eines bestimmten Zeitfensters nicht zugegriffen werden
- geregelt werden muss auch die Art der Arbeitszeiterfassung und -dokumentation; hier gibt es entweder die Möglichkeit der Dokumentation durch den Arbeitnehmer selbst (»*Die Zeiterfassung in der häuslichen Arbeitsstätte erfolgt durch Selbstaufschreibung.*«) oder durch ein elektronisches Zeiterfassungssystem über die verwendeten Geräte
- sofern die Arbeitszeiten vom Arbeitnehmer selbst erfasst werden, sollte geregelt sein, dass der Arbeitgeber zur wöchentlichen oder monatlichen Kontrolle verpflichtet ist
- Freiwilligkeit der Inanspruchnahme von Home Office
- grundsätzlich Beibehaltung eines betrieblichen Arbeitsplatzes, das bedeutet auch eine Rückkehrmöglichkeit auf einen ausschließlich betrieblichen Arbeitsplatz
- der Umgang mit Mehrarbeit; diese kann grundsätzlich ausgeschlossen werden; alternativ kann vereinbart werden, dass hierzu stets eine ausdrückliche Anordnung des Arbeitgebers erforderlich ist oder dass auch eine nachträgliche Genehmigung der vom Arbeitnehmer dokumentierten Mehrarbeit akzeptiert wird
- regelmäßig wird zur Klarstellung geregelt, dass Fahrzeiten zwischen Betrieb und Home Office nicht als Arbeitszeit gelten
- ggf. eine anfängliche Probezeit
- Erholungsphasen bei Bildschirmarbeit
- keine Verhaltens- und Leistungskontrolle anhand gesammelter elektronischer Daten
- Arbeitsmittel, Ausstattung des Home Office; hierbei sollte sich an der Ausstattung des betrieblichen Arbeitsplatzes orientiert werden
- Kostentragung durch den Arbeitgeber
- erforderliche EDV-Maßnahmen, wie Datensicherung oder Zugangskontrolle
- Haftung z. B. bei Beschädigung oder Verlust der technischen Einrichtung im häuslichen Büro, Versicherungsschutz

- Datenschutzanforderungen und Unterweisung des Beschäftigten
- Zutrittsrecht des Arbeitgebers, der Arbeitnehmervertreter, staatlicher Stellen wie der Gewerbeaufsicht nach angemessener Ankündigungsfrist
- ggf. Aufwandsentschädigung (z. B. für Telefonkosten, Miete, Strom)
- Schulungen

Jahresarbeitszeit

I. Einführung

Der Begriff der Jahresarbeitszeit wird unterschiedlich verwendet. Zum einen 1
kann die vereinbarte und vom Arbeitnehmer geschuldete regelmäßige Jahresarbeitszeit gemeint sein. Zum anderen wird der Begriff aber auch in den Fällen der ungleichmäßigen Verteilung der regelmäßigen wöchentlichen Arbeitszeit im Rahmen eines Ausgleichszeitraums verwandt.[1]

II. Einzeldarstellung

Tarifvertraglich wird (in den Fällen der ungleichmäßigen Verteilung der regel- 2
mäßigen wöchentlichen Arbeitszeit im Rahmen eines Ausgleichszeitraums) etwa die Dauer der geschuldeten Jahresarbeitszeit bezogen auf eine bestimmte zu erbringende Jahresstundenzahl festgelegt. Ebenso besteht eine Jahresarbeitszeitvereinbarung aber auch dann, wenn sich die festgelegte regelmäßige wöchentliche Arbeitszeit der Höhe nach aus dem jeweiligen Jahresdurchschnitt ergibt. Dabei ist der Begriff der monatlichen Regelarbeitszeit nicht eng im Sinne einer Norm, sondern erweitert im Sinne eines zu erreichenden Durchschnittswerts zu verstehen.[2] Vorbehaltlich etwaiger betrieblicher Regelungen entsteht vergütungs- und ggf. zuschlagspflichtige Mehrarbeit allerdings erst nach Überschreitung der Jahresstundenzahl.[3]

Grundlage für die zu leistende Arbeitszeit ist in der Regel die Nettojahresarbeits- 3
zeit, d. h. die wöchentliche Arbeitszeit abzüglich der Feiertage, die auf das gesamte Jahr hochgerechnet wird. Die Arbeitszeit wird je nach prognostiziertem

---

1 Kittner/Zwanziger/Deinert-*Schoof/Heuschmid*, § 27 Rn. 95.
2 BAG 22.10.2002 – 3 AZR 664/01.
3 Kittner/Zwanziger/Deinert-*Schoof/Heuschmid*, § 27 Rn. 96.

Arbeitsanfall diskontinuierlich über die Monate eines Jahres verteilt. Bei Auftragsspitzen wird mehr gearbeitet, bei Auftragsflauten weniger.

4 Lediglich eine Vereinbarung über die Lage und Verteilung der Arbeitszeit stellt es dagegen dar, wenn die regelmäßige wöchentliche Arbeitszeit im Rahmen eines Ausgleichszeitraums von einem Jahr flexibel verteilt werden soll.

5 Die Vorteile von Jahresarbeitszeit sind für den Arbeitgeber stärkere Kundenorientierung und Reduktion unproduktiver Leerzeiten oder Überstunden im Unternehmen. Er profitiert also von einer höheren Flexibilität und einer verbesserten Wettbewerbsfähigkeit. Die Beschäftigten profitieren dadurch, dass ihre Privatinteressen bei der Arbeitszeitplanung besser berücksichtigt werden. Die Möglichkeiten Beruf und Familie zu vereinbaren wachsen etwa, wenn in Ferienzeiten weniger gearbeitet wird.

1. Mantelrahmentarifvertrag für Sicherheitsdienstleistungen

6 Der Mantelrahmentarifvertrag für Sicherheitsdienstleistungen in der Bundesrepublik Deutschland (MRTV-Sicherheit) sieht etwa in § 6 Ziff. 1.6 vor, dass die monatliche Regelarbeitszeit für Angestellte 173 Stunden im Durchschnitt des Kalenderjahres beträgt. Nach § 6 Ziff. 1.4 MRTV-Sicherheit kann die monatliche Regelarbeitszeit seit dem 1. 1. 2016 sogar auf bis zu 228 Stunden ausgedehnt werden. § 6 Ziff. 2 MRTV-Sicherheit enthält hinsichtlich der Festlegung der monatlichen Regelarbeitszeit zudem eine Öffnungsklausel für die entsprechenden Manteltarifverträge auf Länderebene.

7 Für den Arbeitnehmer in dem Zusammenhang anspruchsbegründend wirkt die Vorgabe in § 6 Ziff. 3 MRTV-Sicherheit, wonach Vollzeitbeschäftigte einen Anspruch auf eine monatliche Arbeitszeit von mindestens 173 Stunden, bei Regeldienst in 24-Stunden-Schichten auf mindestens 208 Stunden, im Durchschnitt eines Quartals haben. Den betrieblichen Umsetzungsprozess regelt dann § 6 Ziff. 5 MRTV-Sicherheit. Danach können auf betrieblicher Ebene oder standortbezogen Arbeitszeitkonten eingerichtet werden. Die betriebliche Ausgestaltung ist dabei im Rahmen einer Betriebsvereinbarung zu regeln. Bei Fehlen einer zuständigen Arbeitnehmervertretung können individualrechtliche Abreden vereinbart werden.

2. Manteltarifvertrag für Sicherheitskräfte an Verkehrsflughäfen

8 Auch der Manteltarifvertrag für Sicherheitskräfte an Verkehrsflughäfen (MTV-Sicherheitskräfte) enthält unter § 13 Ziff. 11 Regelungen für eine Jahresarbeitszeit. Danach beträgt die regelmäßige Arbeitszeit für Tätigkeiten nach § 5 LuftSiG für Vollzeitbeschäftigte ausschließlich der Ruhepausen durchschnittlich 160 Stunden monatlich. Für Teilzeitbeschäftigte gilt dabei die im Arbeitsvertrag

individuell vereinbarte Arbeitszeit. Für die Berechnung des Durchschnitts der regelmäßigen monatlichen Arbeitszeit ist ein Zeitraum von einem Jahr zugrunde zu legen. Bei Arbeitszeiten für Tätigkeiten nach §§ 8 und 9 LuftSiG sowie Service- und Fluggastdienste beträgt die regelmäßige Arbeitszeit ausschließlich der Ruhepausen sogar durchschnittlich 174 Stunden monatlich. Auch hier ist bei der Berechnung des Durchschnitts der regelmäßigen monatlichen Arbeitszeit ein Zeitraum von einem Jahr zugrunde zu legen.

Der betriebliche Umsetzungsprozess wird ebenfalls über ein Arbeitszeitkonto gesteuert, dessen Ausgestaltung im Rahmen einer Betriebsvereinbarung zu regeln ist (vgl. § 14 Ziff. 1 MTV-Sicherheitskräfte). Soweit noch keine Einigung der Betriebspartner vorliegt, gilt § 14 Ziff. 2 Buchst. a MTV-Sicherheitskräfte. Danach kann das Planungs-/Arbeitszeitkonto maximal 50 Plusstunden bzw. maximal 50 Minusstunden ausweisen. Stunden über dem Plusbereich sind jeweils auszuzahlen und die monatliche Höchstgrenze für die Überplanung beträgt 20 % über der tariflichen Regelarbeitszeit nach § 13 Ziff. 11 bis 13 MTV-Sicherheitskräfte. **9**

3. Manteltarifvertrag für die Systemgastronomie

Der Manteltarifvertrag für die Systemgastronomie (MTV SG) sieht dagegen in § 4 Ziff. 1 eine regelmäßige Arbeitszeit, ausschließlich der Pausen, von 39 Stunden pro Woche bzw. 169 Stunden monatlich vor. Nach § 4 Ziff. 3 MTV SG kann darüber hinaus einzelvertraglich die Arbeitszeit als Jahresarbeitszeit vereinbart werden. Bezugsgröße ist dabei ein vorher festzulegender Zwölfmonatszeitraum. In diesem Fall beträgt die Jahresarbeitszeit für eine Vollzeittätigkeit 2028 Stunden, für eine Teilzeittätigkeit entsprechend weniger. **10**

Bei Ein- bzw. Austritten während des Zwölfmonatszeitraums erfolgt eine Berechnung der anteiligen Jahresarbeitszeit nach vollen Kalendermonaten sowie nach Arbeitstagen in angebrochenen Kalendermonaten. Dies gilt entsprechend in Zeiten, in denen das Arbeitsverhältnis ruht. **11**

Zudem haben Beschäftigte einen Anspruch auf ein gleichbleibendes monatliches Arbeitsentgelt von 100 % der monatlichen regelmäßigen Arbeitszeit für eine Vollzeittätigkeit. Für eine Teilzeittätigkeit gilt dies entsprechend nach der durchschnittlichen monatlichen Arbeitszeit, die sich aus der vertraglichen Jahresarbeitszeit ergibt. **12**

Monatlich sind mindestens 85 % der monatlichen regelmäßigen Arbeitszeit für eine Vollzeittätigkeit abzunehmen. Eine Überschreitung der monatlichen regelmäßigen Arbeitszeit ist dabei für eine Vollzeittätigkeit um maximal 15 % zulässig. Für eine Teilzeittätigkeit gilt dies entsprechend. **13**

Zudem erhält der Beschäftigte über die dokumentierte Arbeitszeit auf Wunsch einen entsprechenden monatlichen Bericht. **14**

15 Hinzu kommt, dass Fehlzeiten ohne Arbeitsentgelt oder Zeiten mit Entgeltfort-zahlungen bei der Berechnung der Jahresarbeitszeit pro Tag mit der Regelarbeits-zeit des Beschäftigten pro Arbeitstag angerechnet werden. Bei Fehlzeiten ohne Arbeitsentgelt wird das Arbeitsentgelt entsprechend gekürzt.

16 Außerdem verfallen existierende Minusstunden am Ende des Zwölfmonatszeit-raums. Dies gilt auch, wenn der Beschäftigte aus dem Arbeitsverhältnis ausschei-det.

4. Tarifvertrag für den öffentlichen Dienst

17 Auch der TVöD sieht eine Jahresbetrachtung vor. Zunächst bestimmt § 6 Abs. 1 TVöD, dass die regelmäßige Arbeitszeit, ausschließlich der Pausen, für die Be-schäftigten des Bundes und für die kommunalen Beschäftigten des Tarifgebiets West 39 Stunden sowie für die kommunalen Beschäftigten des Tarifgebiets Ost 40 Stunden beträgt. Nach § 6 Abs. 2 TVöD ist für die Berechnung des Durch-schnitts der regelmäßigen wöchentlichen Arbeitszeit dann ein Zeitraum von bis zu einem Jahr zugrunde zu legen. Abweichend davon kann bei Beschäftigten, die ständig Wechselschicht- oder Schichtarbeit zu leisten haben, ein längerer Zeit-raum zugrunde gelegt werden.

18 Nach § 10 Abs. 1 TVöD kann dann ein Arbeitszeitkonto durch Betriebs-/Dienst-vereinbarung eingerichtet werden. Auf dieses Konto können die Arbeitszeiten des nach § 6 Abs. 2 TVöD festgelegten Zeitraums als Zeitguthaben oder als Zeit-schuld gebucht werden (vgl. § 10 Abs. 3 TVöD).

5. Bewertung

19 Die hier genannten Branchentarifverträge legen grundsätzlich eine monatliche Sollarbeitszeit fest. Diese Sollarbeitszeit kann dann aber auch im Durchschnitt eines Kalenderjahres oder sonstigen zwölfmonatigen Betrachtungszeitraums er-bracht werden. Zur Umsetzung wird überwiegend auf die Einrichtung von Ar-beitszeitkonten verwiesen, die durch eine Betriebsvereinbarung geregelt werden sollen. Nähere Vorgaben zur Ausgestaltung des Arbeitszeitkontos machen die Ta-rifverträge bis auf den MTV-Sicherheitskräfte nicht. Dieser enthält unter § 14 Ziff. 2 Buchst. a eine Maximalbegrenzung von 50 Plus- und 50 Minusstunden. Dies entspricht einer durchschnittlichen Begrenzung.

20 Als problematisch zu betrachten ist dagegen die tarifvertragliche Vorgabe des § 4 Abs. 3 MTV SG. Damit wird zwar grundsätzlich die Möglichkeit eröffnet, Jah-resarbeitszeit im Betrieb einzuführen. Die konkrete Entscheidungshoheit wird dann aber unter Berücksichtigung der inhaltlichen Anforderungen des Tarifver-trages zur Jahresarbeitszeit in die Hände der Arbeitsvertragsparteien gelegt. An-gesichts der strukturellen Unterlegenheit des Arbeitnehmers im Zusammenhang

mit den Arbeitsvertragsverhandlungen liegt es nahe, dass der Arbeitgeber die konkrete Ausgestaltung der Jahresarbeitszeit dem Arbeitnehmer diktiert. Der Tarifvertrag enthält an dieser Stelle keine betriebliche Öffnungsklausel für **21** den Betriebsrat. Die Vereinbarungen über eine Jahresarbeitszeit können somit »am Betriebsrat vorbei« vereinbart und vorgegeben werden. Dies gilt insbesondere für die Steuerung der zu erbringenden Arbeitszeiten. Der MTV SG gibt gerade nicht vor, dass zwingend Arbeitszeitkonten einzurichten sind. Das birgt die Gefahr, dass der Arbeitgeber ein frei entwickeltes System der Arbeitszeitsteuerung installiert, nachdem eine genaue Unterscheidung zwischen durchschnittlicher Regelarbeitszeit und Überstunden nicht mehr erfolgen kann. Erschwerend kommt hinzu, dass der Tarifvertrag die Überschreitung der monatlichen Sollarbeitszeit auf 15 % beschränkt. Soweit kein transparentes Arbeitszeitkonto existiert, ist nicht auszuschließen, dass diese Grenze überschritten und nicht dokumentiert wird. Der bestehende Arbeitsentgeltanspruch des Arbeitnehmers würde dann als Konsequenz »unter den Tisch fallen«.

Auch die tarifvertragliche Vorgabe, dass der Arbeitnehmer einen monatlichen **22** Bericht über die dokumentierte Arbeitszeit anfordern kann, bietet nicht den notwendigen Schutz. Zum einen besteht bereits keine grundsätzliche Verpflichtung den Arbeitnehmer von selbst zu informieren. Fraglich ist in dem Zusammenhang, ob die Arbeitnehmer von diesem Recht überhaupt Gebrauch machen. Zum anderen bleibt weiterhin ungewiss, ob und auf welche Weise ordnungsgemäß dokumentiert wird.

Als problematisch zu betrachten ist auch die Tatsache, dass der Arbeitgeber le- **23** diglich 85 % der Arbeitszeit des einzelnen Arbeitnehmers abzunehmen hat. Damit verlagert der Arbeitgeber zum Teil sein Betriebsrisiko auf den Arbeitnehmer. Insoweit ist die Formulierung in § 6 Ziff. 2 MRTV-Sicherheit vorzugswürdig, die den Arbeitnehmern einen Anspruch auf die regelmäßige monatliche Arbeitszeit von 173 Stunden zusichert.

III. Hinweise für die Mitbestimmung

1. Mitbestimmungsrecht nach § 87 Abs. 1 Nr. 2 BetrVG

Im Zusammenhang mit der Einführung von Jahresarbeitszeit ist der Anwen- **24** dungsbereich des Mitbestimmungsrechts des Betriebsrats nach § 87 Abs. 1 Nr. 2 BetrVG eröffnet. Der Betriebsrat hat danach über Beginn und Ende der täglichen Arbeitszeit einschließlich der Pausen sowie Verteilung der Arbeitszeit auf die einzelnen Wochentage mitzubestimmen, soweit eine gesetzliche oder tarifliche Regelung nicht besteht.

25 Die hier genannten Tarifverträge engen den Anwendungsbereich des § 87 Abs. 1 Nr. 2 BetrVG insoweit ein, als dass der Betriebsrat sein Mitbestimmungsrecht in erster Linie über die Tariföffnungsklauseln zur Einführung eines Arbeitszeitkontos ausüben kann. In dem Zusammenhang kann er aber auch und gerade die Verteilung der Arbeitszeit im tarifvertraglich vorgegebenen Ausgleichszeitraum mitbestimmen. Dies gilt auch für den MTV SG, da dieser nur eine abschließende Regelung über die grundsätzliche Einführung von Jahresarbeitszeit auf der Arbeitsvertragsebene vorsieht. Damit verliert der Betriebsrat aber nicht sein Mitbestimmungsrecht nach § 87 Abs. 1 Nr. 2 BetrVG bei der Verteilung der Arbeitszeit.

2. Betriebe ohne Tarifvertrag

26 In Betrieben, in denen kein Tarifvertrag existiert, kann der Betriebsrat eine Betriebsvereinbarung zur Jahresarbeitszeit vorgabenfrei mitgestalten. Zu beachten ist dabei, dass das Mitbestimmungsrecht des Betriebsrats nach § 87 Abs. 1 Nr. 3 BetrVG nicht berührt ist, wenn die Jahresarbeitszeit als solche überschritten wurde. Insoweit ist eine tarifliche Jahresarbeitszeit in der Regel nicht gleichbedeutend mit der betriebsüblichen Arbeitszeit nach § 87 Abs. 1 Nr. 3 BetrVG.[4]

27 Im Rahmen der Verhandlungen sind neben den ggf. bestehenden tarifvertraglichen Vorgaben mehrere Aspekte zu berücksichtigen. Zunächst sollten gewisse Grundsätze für die Ausgestaltung der Jahresarbeitszeit festgelegt werden.

28 Ausgangspunkt für die Einführung von Jahresarbeitszeit sollte dabei die vertraglich vereinbarte wöchentliche Arbeitszeit sein, die aber nur in einem Betrachtungszeitraum von zwölf Monaten im Durchschnitt erreicht werden muss. Zudem sollte ein Arbeitszeitrahmen und die Verteilung der Arbeitszeit auf Wochentage vereinbart werden. Um die Jahresarbeitszeit besser steuern zu können, bietet es sich zudem an, ein Jahresarbeitszeitkonto einzuführen. Auf diesem muss die Abweichung von der tarifvertraglichen bzw. arbeitsvertraglichen Arbeitszeit durch eine Saldierung der tatsächlich geleisteten Arbeitszeit mit der täglichen Regelarbeitszeit festgehalten werden. In dem Zusammenhang empfiehlt es sich, auch ein Ampelmodell zur Steuerung des Jahresarbeitszeitkontos einzuführen, damit die Mitbestimmungsrechte des Betriebsrats aufrechterhalten werden.

29 Davon abgesehen ist es notwendig, eine genaue Definition des Begriffs der Überstunden vorzunehmen. Nur auf diese Weise kann das Mitbestimmungsrecht nach § 87 Abs. 1 Nr. 3 BetrVG zur Geltung kommen. In diesem Rahmen sollten auch Überstundenzuschläge vereinbart werden. Um späteren Streitigkeiten vorzubeugen, ist es auch erforderlich, eine Regelung hinsichtlich des Guthabens auf

---

4 BAG 11.12.2001 – 1 ABR 3/01.

dem Jahresarbeitszeitkonto bei Beendigung des Arbeitsverhältnisses des Arbeitnehmers zu treffen.

Aus ähnlichen Erwägungen kann es sich als praktikabel erweisen, eine paritätische, aus Arbeitgebervertretern und Betriebsratsmitgliedern zusammengesetzte Kommission einzurichten, die als Streitschlichtungsstelle im Umgang mit der Jahresarbeitszeit fungiert. Das Recht, die Einigungsstelle anzurufen, kann dadurch selbstverständlich nicht aufgehoben werden.   **30**

IV. Eckpunkte für Betriebs- und Dienstvereinbarungen

Grundsätze der Jahresarbeitszeit: wöchentliche Arbeitszeit vertraglich verein-   **31**
bart; unregelmäßige Verteilung der wöchentlichen Arbeitszeit zulässig, soweit innerhalb von zwölf Monaten durchschnittliche tarifvertraglich bzw. einzelvertraglich vereinbarte Arbeitszeit erreicht wird; wöchentliche Arbeitszeit in der Zeit von Montag bis Freitag abzuleisten; *oder:* von Montag bis Sonntag unter Einhaltung einer 5-Tage-Woche; Arbeitszeitrahmen ist Zeitspanne zwischen frühestmöglichem Arbeitsbeginn und spätestmöglichem Ende der Arbeitszeit; Arbeitszeitrahmen wird in einzelnen Bereichen in Abstimmung mit Fachbereichsleitern festgelegt; soweit betriebliche Erfordernisse gewährleistet sind, kann jeder Mitarbeiter selbst bestimmen, wie viele Stunden er täglich bis zehn Stunden und wöchentlich bis 45 Stunden arbeitet und wann er die Arbeit innerhalb des Arbeitszeitrahmens aufnimmt, unterbricht bzw. beendet; konkrete Dienstplanung wird innerhalb der Bereiche zwischen den Mitarbeitern unter Mitwirkung des Vorgesetzten abgesprochen; dabei sind persönliche Wünsche und persönliche Situation der Arbeitnehmer zu berücksichtigen.

Jahresarbeitszeitkonto: für jeden Mitarbeiter wird individuelles Jahresarbeits-   **32**
zeitkonto eingerichtet, auf dem die Abweichung von tariflicher oder von arbeitsvertraglicher Arbeitszeit (Sollarbeitszeit) festgehalten wird; die tatsächlich geleistete Arbeitszeit wird fortlaufend mit täglicher Regelarbeitszeit saldiert; durch Über- und Unterschreiten der täglichen Regelarbeitszeit entstehen Zeitguthaben oder Zeitschulden; Guthabenstunden werden innerhalb eines bestimmten Zeitraums ausgeglichen, ansonsten Auszahlung; Ampelmodell einrichten (Grünphase: bis zu +/– 20 Stunden disponieren Beschäftigte Konto eigenverantwortlich; Gelbphase: bei mehr als +/– 20 Stunden bis zu +/– 40 Stunden findet Gespräch zwischen Beschäftigtem und Vorgesetztem statt, um Rückkehr in Grünphase zu planen; Rotphase: mehr als + 40 Stunden dürfen nur nach Zustimmung durch den Betriebsrat und mit Genehmigung des Vorgesetzten erfolgen, zeitlich verbindlicher Abbauplan ist zu erarbeiten; Guthabenstunden sind mit Zuschlag in Höhe von 25 % zu vergüten, Minusstunden sind unzulässig; Freizeitausgleich

kann stundenweise, tageweise, im Block und in Zusammenhang mit Urlaub erfolgen; genehmigter Freizeitausgleich kann nur widerrufen werden, wenn Beschäftigter und Betriebsrat zustimmen.

33 **Überstunden und Überstundenzuschläge:** Überstunden sind zu vermeiden; fallen durch unaufschiebbare Arbeiten Überstunden an, so sind diese mit Begründung durch Vorgesetzten bei der Geschäftsleitung und dem Betriebsrat zur Genehmigung einzureichen; Überstunden sind genehmigte und geleistete Arbeitszeit über 45 Stunden/Woche, außerhalb des Arbeitszeitrahmens; es wird ein Zuschlag von 25 % gezahlt.

34 **Zeitgutschriften:** Dienstreisen, Dienstgänge, Tagungen, Lehrgänge usw. werden grundsätzlich mit ihrer tatsächlichen Dauer angerechnet; bei eintägigen Veranstaltungen werden max. 14 Stunden angerechnet; bei mehrtägigen Veranstaltungen werden max. acht Stunden pro Tag angerechnet.

35 **Behandlung der Kontensalden bei Beendigung des Arbeitsverhältnisses:** Scheidet Arbeitnehmer aus Arbeitsverhältnis aus, sind Zeitschulden oder Zeitguthaben bis zum tatsächlichen Ende des Beschäftigungsverhältnisses auszugleichen; ist Ausgleich nicht möglich, werden Guthabenstunden bis 40 Stunden zuschlagsfrei und darüber hinaus gehendes Guthaben mit 25 % Zuschlag je Stunde ausgezahlt; Zeitschulden werden bei der letzten Gehaltsabrechnung verrechnet oder zurückgefordert.

36 **Klärungsstelle:** paritätisch besetzte Klärungsstelle mit jeweils zwei Vertretern der Arbeitgeberseite und des Betriebsrats einrichten; Aufgaben sind insbesondere: Unterstützung bei der Anwendung der Arbeitszeiten, Ermöglichung der Arbeitszeitsouveränität, Ansprechpartner für Abteilungen bei Fragen und Differenzen zur Anwendung der Arbeitszeiten, Unterbreitung von Vorschlägen zur Entwicklung und Überprüfung arbeitsorganisatorischer bzw. personeller Maßnahmen zur Einhaltung des Zeitkontenrahmens; Klärungsstelle wertet jedes Jahr Handhabung und Praktikabilität der Arbeitszeitregelung aus.

37 **Schlussbestimmungen:** Inkrafttreten; Kündigungsfrist drei Monate zum Quartal; Nachwirkung vereinbaren; salvatorische Klausel (übrige Bestimmungen bleiben wirksam, soweit nur einzelne Vereinbarungen unwirksam sind; Betriebsparteien vereinbaren dann Regelung, die dem Zweck der gewollten Regelung am nächsten kommt); Verstöße gegen Betriebsvereinbarung sind durch Geschäftsleitung abzustellen; Missbrauch der Jahresarbeitszeit kann zu einem Ausschluss von der Teilnahme führen.

Job-Sharing

I. Einführung

Der Begriff des Job-Sharing ist ungenau. Es geht nämlich nicht darum, dass eine   1
Gelegenheitstätigkeit (engl. »job«) geteilt (engl. »to share«) wird. Job-Sharing im
arbeits(zeit)rechtlichen Sinne soll die Bezeichnung dafür sein, dass die Arbeitszeit an einem Arbeitsplatz auf mehrere Arbeitnehmer aufgeteilt wird. Die gesetzliche Regelung hierzu findet sich in § 13 TzBfG. Durch diese Art der Aufteilung
wird eine besondere Form der Teilzeitbeschäftigung begründet.

II. Einzeldarstellung

1. Gesetzliche Regelung des § 13 TzBfG

a. Aufteilung

Beim Job-Sharing erfolgt eine Aufteilung. Aufgeteilt wird die Arbeitszeit, die ei-   2
nem Arbeitsplatz zugeordnet ist. Nicht erforderlich ist, dass es sich um einen
Vollzeitarbeitsplatz handelt. Auch ein Teilzeitarbeitsplatz kann geteilt werden.
Ebenso können einem Arbeitsplatz auch mehr als die regulären 40 Wochenar-
beitsstunden zugeordnet sein, sodass eine Aufteilung in Gestalt von zwei mal
25 Stunden möglich ist.

Mindestens zwei Arbeitnehmer müssen sich einen Arbeitsplatz teilen. Möglich   3
und denkbar sind viele andere Konstellationen etwa vier Arbeitsplätze und fünf
Arbeitnehmer. Die Aufteilung kann organisatorisch und inhaltlich unterschiedlich ausgestaltet sein.

Organisatorisch können die Partner des Job-Sharings sich z. B. einen Arbeits-   4
tag aufteilen (Partner A von 8 Uhr bis 12 Uhr und Partner B von 12.30 Uhr bis
16.30 Uhr). Möglich ist es auch, die Arbeitswoche zu unterteilen (Partner A
kommt montags und dienstags, Partner B kommt mittwochs und Partner C
kommt donnerstags und freitags). Es kann auch ein Wechsel dergestalt verein-

bart werden, dass ein Job-Sharer in geraden Wochen und der andere in ungeraden Wochen arbeitet. Dann liegt ein Abwechseln i. S. d. § 13 Abs. 3 TzBfG vor, auf das die Regeln des Job-Sharings entsprechend anzuwenden sind.

5 Sind in inhaltlicher Hinsicht die Job-Sharing-Partner gemeinsam dafür verantwortlich, dass die mit dem Arbeitsplatz verbundenen Tätigkeiten verrichtet werden, spricht man vom Job-Pairing, während die alleinige Verantwortung jedes Partners Job-Splitting genannt wird.[1]

b. Pflicht zur Vertretung

6 § 13 Abs. 1 TzBfG normiert auf zwei Arten eine gegenseitige Vertretungspflicht der Job-Sharing-Partner. Nach § 13 Abs. 1 Satz 2 TzBfG besteht die Pflicht zur Vertretung eines anderen Job-Sharers nur, wenn im Einzelfall eine Vereinbarung zwischen dem vertretenden Job-Sharer und dem Arbeitgeber getroffen wurde. Da dies freilich auch ohne diese gesetzliche Reglung so wäre, ist der Regelung im Umkehrschluss zu entnehmen, dass gerade keine Vertretungspflicht außerhalb einer ausdrücklichen Vereinbarung im Einzelfall besteht. Eine generelle Vertretungsvereinbarung wäre unzulässig.[2]

7 Gemäß § 13 Abs. 1 Satz 3 TzBfG ist der Job-Sharer zur Vertretung verpflichtet, wenn dringende betriebliche Erfordernisse dies gebieten und die Vertretung zumutbar ist. Zumutbar ist eine Vertretung dann, wenn im Rahmen des Job-Sharings gemeinsam Verantwortung übernommen wird.

c. Kündigung

8 Das Recht zur Kündigung im Zusammenhang mit Arbeitsplatteilung ist in § 13 Abs. 2 TzBfG geregelt. Danach kann der Arbeitgeber das Arbeitsverhältnis mit dem einen Job-Sharer nicht deshalb kündigen, weil das Arbeitsverhältnis des anderen Job-Sharers – aus welchen Gründen auch immer – beendet wurde. Der Arbeitgeber kann aber eine Änderungskündigung aussprechen, wenn betriebsbedingte Gründe vorliegen. Auch andere Kündigungsgründe bleiben unberührt. Es handelt sich nur um eine gesetzliche Klarstellung.

d. Rechtsverhältnisse

9 Jeder der am Job-Sharing beteiligten Arbeitnehmer hat mit dem Arbeitgeber einen Arbeitsvertrag geschlossen. Darin verpflichtet sich der jeweilige Arbeitnehmer dazu, dass er einen bestimmten Arbeitsplatz abwechselnd mit den anderen beteiligten Arbeitnehmern nach einem vorher aufgestellten Plan besetzt.[3]

---

1 Preis, Arbeitsrecht – Individualarbeitsrecht, § 40 II. 3 (S. 538).
2 Preis, Arbeitsrecht – Individualarbeitsrecht, § 40 II. 3 (S. 539).
3 Preis, Arbeitsrecht – Individualarbeitsrecht, § 40 II. 3 (S. 539).

Zwischen den beteiligten Arbeitnehmern bestehen keine eigenen Rechtsverhält- **10**
nisse. Allerdings können die Partner des Job-Sharings die Verteilung der Arbeitszeit untereinander selbst bestimmen – das Direktionsrecht des Arbeitgebers tritt
insoweit zurück.[4]

2. Abweichende Regelungen in Tarifverträgen

Durch Tarifvertrag kann gemäß § 13 Abs. 4 TzBfG von den dargestellten Regeln **11**
auch zuungunsten des Arbeitnehmers abgewichen werden, wenn der Tarifvertrag Regelungen über die Vertretung der Arbeitnehmer enthält. Im Geltungsbereich eines solchen Tarifvertrages können auch nicht tarifgebundene Arbeitgeber
und Arbeitnehmer vereinbaren, dass die tariflichen Regelungen über die Arbeitsplatzteilung Anwendung finden. Hiervon wurde bislang kaum Gebrauch gemacht.

III. Hinweise für die Mitbestimmung

1. Betriebsrat

Wird ein Arbeitsplatz durch Job-Sharing aufgeteilt, betrifft das die räumliche **12**
und zeitliche Folge des Zusammenwirkens von Menschen[5] und damit den Arbeitsablauf. Entsprechende Absichten des Arbeitgebers sind eine Planung von
Arbeitsabläufen i. S. d. § 90 Abs. 1 Nr. 3 BetrVG, die eine Pflicht zur Unterrichtung der Betriebsrates auslösen. Bevor die Aufteilung wirksam erfolgt, muss der
Arbeitgeber mit dem Betriebsrat Folgen und Alternativen beraten.
Das für die Arbeitszeit zentrale Mitbestimmungsrecht des Betriebsrates nach § 87 **13**
Abs. 1 Nr. 2 BetrVG – Lage und Verteilung der Arbeitszeit – wird durch die Vereinbarung eines Job-Sharing an sich nicht ausgelöst.[6] Denn die Job-Sharing Vereinbarung als solche sagt noch nichts über die Lage und Verteilung der Arbeitszeit. Die aber in der Folge notwendigen Vereinbarungen zur Lage der Arbeitszeit der Arbeitnehmer, die sich einen Arbeitsplatz teilen, sind mitbestimmungspflichtig.

---

4 Preis, Arbeitsrecht – Individualarbeitsrecht, § 40 II. 3 (S. 539).
5 Vgl. hierzu Fitting, § 90 Rn. 24.
6 Fitting, § 87 Rn. 125.

2. Wirtschaftsausschuss

14 Änderungen der Betriebsorganisation (§ 106 Abs. 3 Nr. 9 BetrVG) und sonstige für die Arbeitnehmer bedeutsamen Vorgänge (§ 106 Abs. 3 Nr. 10 BetrVG) können dazu führen, dass in deren Vorfeld der Wirtschaftsausschuss unterrichtet und mit ihm beraten werden muss. Im Fall der Arbeitsplatzteilung dürften diese wirtschaftlichen Angelegenheiten allerdings nur betroffen sein, wenn mehrere Arbeitsplätze gleichzeitig betroffen sind.

IV. Eckpunkte für Betriebs- und Dienstvereinbarungen

15 Es bedarf eigentlich keiner eigenen Betriebsvereinbarung nur zum Job-Sharing. Vielmehr bietet es sich an, das Job-Sharing in eine Betriebsvereinbarung zur Teilzeitarbeit mit aufzunehmen. Eine generelle Vertretungsregelung der Job-Sharing-Partner ist unzulässig, sodass auch eine Betriebsvereinbarung hierzu keine Regelung treffen kann. Es empfiehlt sich um der Klarheit Willen, die verschiedenen inhaltlichen und organisatorischen Varianten des Job-Sharings aufzuführen, wenn diese allesamt ermöglicht werden sollen. Sind nur bestimmte Varianten gewollt, sollten nur diese aufgeführt werden. Ferner sollte eine Klausel aufgenommen werden, nach der sichergestellt wird, dass die Job-Sharer durch Vertretungspflichten ihre persönliche Arbeitszeit nicht verlängern müssen.[7]

---

7 DKKW/Arbeitshilfen-*Klebe/Heilmann*, § 87 Rn. 19.

Brackelmann

Krankheit und Arbeitszeit

I. Einführung

Die Entgeltfortzahlung im Krankheitsfall ist keine Selbstverständlichkeit. Immer   1
wieder werden Vorstöße unternommen, die Entgeltfortzahlung auch während
der ersten sechs Wochen der Krankheit zu reduzieren. So wurde 1996 die Entgeltfortzahlung während der ersten sechs Wochen der Krankheit auf 80 % abge-
senkt. Nach heftigen Protesten, die auch durch Arbeitsniederlegungen begleitet
waren, wurde die Gesetzesänderung 1999 wieder zurückgenommen.

Seither gilt wieder, dass für die ersten sechs Wochen der Krankheit das Entgelt   2
weiterzuzahlen ist. Welches Entgelt zu zahlen ist, regelt sich nach § 4 EFZG. Die
Berechnung des zu zahlenden Entgelts kann aber durch die Tarifvertragsparteien
abweichend vom Gesetz geregelt werden. Allerdings darf dies in keinem Fall dazu
führen, dass während der Krankheit ausgefallene Arbeitszeit nachgearbeitet werden muss.

Das Verhältnis Krankheitszeiten zu Arbeitszeiten wirft immer wieder Streitfra-   3
gen auf. Regelmäßig wird die Frage diskutiert, ob in Zeiten der Krankheit wirklich alle arbeitsvertraglichen Pflichten ruhen oder ob Beschäftigte nicht ver-
pflichtete sind, unter bestimmten Voraussetzungen auch während der Krankheit zu arbeiten. Auch die Frage, ob jedenfalls gewisse arbeitsvertragliche Nebenpflichten zu erfüllen sind, war erst unlängst Gegenstand eines Urteils des BAG.

Hieran schließen sich Detailfragen von nicht minderer Wichtigkeit an, wie z. B.   4
Minusstunden auf einem Arbeitszeitkonto zu werten sind, wenn diese im Falle
von dauernder Krankheit vor Beendigung des Arbeitsverhältnisses nicht mehr
ins Positive geführt werden können.

II. Einzeldarstellung

1. Gesetzliche Regelungen

a. Arbeitsleistung während Zeiten der Krankheit

5 Während Zeiten der **Arbeitsunfähigkeit** ist ein Beschäftigter nicht verpflichtet, Arbeitsleistungen zu erbringen und Arbeitszeit abzuleisten. Kranksein ist aber nicht deckungsgleich mit arbeitsunfähig sein. Kann der Beschäftigte seine arbeitsvertraglich geschuldete Arbeitsleistung erbringen und ist er nur gehindert, das volle Spektrum seiner arbeitsvertraglichen Aufgaben zu erfüllen, ist er nicht arbeitsunfähig. Die Krankenpflegerin, die gesundheitlich nicht mehr in der Lage ist, Nachtschicht zu verrichten, ist nicht arbeitsunfähig. Sie kann ihre Pflegetätigkeit im Tagdienst erbringen.[1] Nur wenn der Arbeitsvertrag ausschließlich Nachtdienst vorsähe, wäre sie arbeitsunfähig.

6 Es gibt keine **Teilarbeitsunfähigkeit**, dies folgt aus § 3 EFZG. Ist eine Beschäftigter nicht in der Lage seine geschuldete Arbeitsleistung in vollen Umfang zu erbringen, liegt eine Arbeitsunfähigkeit vor. Er muss nicht etwa einen Teil seiner Arbeitszeit erbringen. Dies gilt auch, wenn ein Beschäftigter nur in der Lage ist, seine Arbeitsleistung in zeitlich eingeschränktem Umfang zu erfüllen. Ist in dem o. g. Beispiel die Krankenpflegerin nicht in der Lage, alle pflegerischen Leistungen zu erbringen, sondern nur einen Teil oder nicht in Vollzeit, ist sie arbeitsunfähig.[2]

7 Die **stufenweise Wiedereingliederung** ist kein Fall einer Teilarbeitsfähigkeit. Sie dient dazu einen arbeitsunfähigen Beschäftigten nach länger andauernder Krankheit wieder an die volle Arbeitsbelastung heranzuführen (§ 74 SGB V) und ist eine Maßnahme der medizinischen Rehabilitation. Während dieser Zeit besteht die Arbeitsunfähigkeit weiter. Der Arbeitgeber ist deshalb auch nicht verpflichtet das Entgelt zu bezahlen.

8 Das Weisungsrecht des Arbeitgebers ist in Zeiten der Arbeitsunfähigkeit eingeschränkt. Die Hauptleistungspflicht ruht, der Beschäftigte muss nicht arbeiten. Das bezieht sich auch auf alle Nebenpflichten, die dieser Hauptleistungspflicht nahekommen oder Bestandteil der Hauptleistungspflicht sind und ausschließlich dem Interesse des Arbeitgebers dienen. Eine solche Nebenpflicht kann z. B. das Abholen von Dienstkleidung bei einer betrieblichen Ausgabestelle sein.[3]

9 Handelt es sich um Nebenpflichten, die die Sicherung der Arbeitsleistung oder das Verhalten des Beschäftigten betreffen, so bestehen diese während der Krank-

---

1 BAG 9. 4. 2014 – 10 AZR 637/13.
2 Ständige Rechtsprechung, siehe z. B. BAG 25. 10. 1973 – 5 AZR 141/73, BAG 29. 1. 1992 – 5 AZR 37/91.
3 BAG 19. 3. 2014 – 5 AZR 954/12.

Steiner

heit fort. Dabei ist aber auf den Gesundheitszustand des Beschäftigten Rücksicht zu nehmen. Um eine Verzögerung des Genesungsprozesses zu vermeiden oder eine Verschlechterung des Gesundheitszustandes auszuschließen, muss der Arbeitgeber auch diese Weisungen auf dringende betriebliche Anlässe beschränken. Der Arbeitgeber kann während der Krankheit Auskunft über bestimmte Geschäfts- oder Arbeitsvorgänge verlangen, wenn die Angelegenheit dringlich ist und nicht bis zur Rückkehr des Beschäftigten aus dem Krankenstand warten kann. Im Betrieb erscheinen muss der Beschäftigte aber nur wenn die persönliche Anwesenheit dringend erforderlich ist. Dies wird nur selten der Fall sein. Insbesondere Gespräche über den Gesundheitszustand muss der Beschäftigte nicht vor seiner Genesung führen.[4] Das BAG erwähnt als dringenden Grund im Betrieb zu erscheinen u. a. technische Gründe. Erlaubt die Erkrankung nicht telefonische oder persönliche Gespräche zu führen, so kann das nicht gefordert werden.

b. Das modifizierte Entgeltausfallprinzip

Die Frage, welche Arbeitszeiten bei Arbeitsunfähigkeit als gearbeitet gelten, beurteilt sich grundsätzlich nach dem Entgeltausfallprinzip, es sein denn ein Tarifvertrag regelt etwas anderes. **10**

Findet ein Tarifvertrag auf das Arbeitsverhältnis keine Anwendung oder regelt er die Entgeltfortzahlung im Krankheitsfall nicht ausdrücklich, gilt § 4 Abs. 1 EFZG. Dem Beschäftigten ist das ihm bei der für **ihn maßgebenden regelmäßigen Arbeitszeit** zustehende Arbeitsentgelt fortzuzahlen (sog. modifiziertes Entgeltausfallprinzip).[5] Dies bedeutet, dass der erkrankte Beschäftigte grundsätzlich dasjenige Arbeitsentgelt erhält, das er erzielt hätte, wäre die für ihn maßgebliche Arbeitszeit nicht wegen Krankheit ausgefallen. Die für den Beschäftigten maßgebliche Arbeitszeit gilt als gearbeitet und wird, soweit es ein Arbeitszeitkonto gibt, diesem gutgeschrieben. Danach berechnet sich auch, welche Arbeitszeit der Beschäftigte nach seiner Gesundheit noch erbringen muss, um seine arbeitsvertraglich geschuldete Arbeitszeit zu erreichen. **11**

Waren während der Krankheit **Überstunden** geplant, zählen diese nicht zur maßgebenden regelmäßigen Arbeitszeit. Diese Stunden fallen weg und werden nicht vergütet oder einem Arbeitszeitkonto gutgeschrieben. Dies folgt aus der ausdrücklichen gesetzlichen Regelung nach § 4 Abs. 1a EFZG. **12**

Waren Arbeitseinsätze an **Feiertagen** geplant und konnte wegen Krankheit nicht gearbeitet werden, gilt diese ausgefallene Arbeitszeit als erbracht, dies folgt aus § 4 Abs. 2 EFZG.[6] **13**

---

4 So wohl auch BAG 2.11.2016 – 10 AZR 596/15.
5 BAG 13.5.2015 – 10 AZR 495/14.
6 BAG 14.1.2009 – 5 AZR 89/08.

aa. Das Entgeltausfallprinzip bei unterschiedlichen Arbeitszeitmodellen

14   Für einen Beschäftigten, der in **Gleitzeit** arbeitet und innerhalb gewisser Grenzen die Länge seines Arbeitstags selbst bestimmen kann, ist die für ihn maßgebende regelmäßige Arbeitszeit bei einer Fünf-Tage-Woche ein Fünftel der vertraglich vereinbarten Wochenarbeitszeit (die sog. Sollarbeitszeit). Bei einer 40-Stunden-Woche gelten im Krankheitsfall acht Stunden als gearbeitet. Auch wenn die Arbeitszeit von Tag zu Tag schwanken kann, so ist sie regelmäßig 40 Stunden die Woche und damit acht Stunden pro Tag (siehe → Gleitzeit). Andere Regelungen können sich aus Betriebsvereinbarungen ergeben. Es ist möglich, die Sollarbeitszeit für die Wochentage unterschiedlich zu regeln. Ist z. B. für den Freitag vorgesehen, dass eine verkürzte Sollarbeitszeit gilt, werden für Krankheitstage an Freitagen dem Arbeitszeitkonto weniger Stunden gutgeschrieben.

15   Wenn in sog. **Vertrauensarbeitszeit** gearbeitet wird, ist die Sollarbeitszeit ebenfalls ein Fünftel der arbeitsvertraglich vereinbarten Wochenarbeitszeit. Denn auch bei Vertrauensarbeitszeit ist arbeitsvertraglich ein bestimmtes Stundenkontingent pro Woche vereinbart. Vertrauensarbeitszeit bedeutet im Ergebnis nur, dass keine Kontrolle durch den Arbeitgeber stattfindet. Es bedeutet nicht, dass keine regelmäßige Arbeitszeit festgelegt ist. Die geschuldete Arbeitszeit muss aufgrund des Arbeitsvertrags bestimmbar sein und kann nicht einseitig durch den Arbeitgeber bestimmt werden (siehe → Vertrauensarbeitszeit).

16   Der Schichtarbeiter erhält die Arbeitsstunden gutgeschrieben, die er nach **Schichtplan** verpflichtet gewesen wäre zu arbeiten, wäre er nicht krank geworden (siehe → Schichtarbeit und Schichtpläne). Bei kontinuierlichen Schichtplänen, die sich immer weiter nach einem bestimmten Rhythmus fortschreiben, ist es unproblematisch, die Arbeitszeit abzulesen.

17   Die ausgefallene Arbeitszeit festzulegen bereitet dann Probleme, wenn der Arbeitgeber die Schichtplanung nur kurzfristig vornimmt. In manchen Betrieben werden die Arbeitszeiten im 14-Tage-Rhythmus oder noch kürzer geplant. Hier ergibt sich das Problem, wie die für den erkrankten Beschäftigten maßgebliche Arbeitszeit bestimmt werden kann. Kann die Einteilung des Beschäftigten in einen bestimmten Schichtrhythmus nicht fortgeschrieben werden, muss eine Durchschnittsbetrachtung der Vergangenheit herangezogen werden. Maßstab ist dann der Durchschnitt der Arbeitszeit in den letzten zwölf Monaten.[7] In der Regel errechnet sich bei dieser Betrachtung die durchschnittliche Sollarbeitszeit. Diese beträgt bei einer Vollzeitbeschäftigung ein Fünftel der geschuldeten Wochenarbeitszeit.

---

7 Wedde-*Wedde*, § 4 EFZG Rn. 15.

bb. Keine Nacharbeit für Zeiten der Krankheit

Auf den ersten Blick kann diese Vorgehensweise den Eindruck erwecken, man **18** müsse Arbeitszeit aufgrund von Krankheit nacharbeiten, was das EFZG aber nicht zulässt. Wenn bei unregelmäßiger Verteilung der Arbeitszeit vor der Krankheit gerade eine Zeitperiode lag, in der man nicht die geschuldete Wochenarbeitszeit erbringen musste/durfte, sind Minusstunden entstanden. Aufgrund der Krankheit wird der Beschäftigte nun nicht ins Plus geplant, was der Arbeitgeber möglicherweise ohne die Ausfallzeit getan hätte. Stattdessen bekommt der Arbeitnehmer »nur« die Sollarbeitszeit bzw. den Durchschnitt der letzten zwölf Monate gutgeschrieben. Das Minus bleibt. Aber auch in diesem Fall ist der Kranke nicht verpflichtet, die Arbeitszeit nachzuarbeiten, die während der Krankheit ausgefallen ist. Das Minus ist vor der Krankheit entstanden. Das Konto bleibt während der Krankheit auf dem Status quo und muss erst ausgeglichen werden, wenn die Arbeitsfähigkeit wieder eingetreten ist. Dies gilt selbstverständlich auch im umgekehrten Fall: Der Beschäftigte geht mit Plusstunden in die Krankheit. Der Dienstplan ist noch nicht erstellt. Auch hier können ihm nicht hypothetische Wochenarbeitszeiten angerechnet werden, die sein Stundenkonto reduzieren, sondern nur die für ihn maßgebliche durchschnittliche Arbeitszeit. Die Plusstunden bleiben erhalten.

c. Abweichende Bemessungsgrundlage durch Tarifvertrag

In einem Tarifvertrag kann eine andere Bemessungsgrundlage als das modifi- **19** zierte Entgeltausfallprinzip gewählt werden. Das Gesetz erlaubt es den Tarifvertragsparteien eine andere Berechnungsgrundlage und eine andere Berechnungsmethode festzulegen (§ 4 Abs. 4 EFZG). Das modifizierte Entgeltausfallprinzip kann z. B. durch das Referenzprinzip ersetzt werden. Auch ist es den Tarifvertragsparteien erlaubt, einzelne Vergütungsbestandteile bei der Entgeltfortzahlung außer Acht zu lassen (z. B. Nachtarbeitszuschläge). Eine solche Regelung kann dann auch auf tarifungebunden Arbeitnehmer im Geltungsbereich eines solchen Tarifvertrags angewendet werden. Das sieht § 4 Abs. 4 EFZG ausdrücklich vor. Die Abweichungen in einem Tarifvertrag von den gesetzlichen Regeln dürfen aber nicht dazu führen, dass ein Beschäftigter im Krankheitsfall ein von dem ihm zustehenden regelmäßigen maßgeblichen Entgelt abweichendes Entgelt erhält.[8]

So wurde die Vorschrift zur Entgeltfortzahlung im Krankheitsfall des MTV der **20** kunststoffverarbeitenden Industrie in Hessen in der Fassung vom 1. 12. 1997 für nichtig erklärt. Dort war vorgesehen, dass dem Arbeitnehmer für jeden Tag der Krankheit 1,5 Stunden von seinem Arbeitszeitkonto abgezogen werden sollte.

---

8 BAG 26. 9. 2001 – 5 AZR 539/00.

Dies hatte zur Folge, dass die Beschäftigten für jeden Krankheitstag 1,5 Stunden nacharbeiten mussten. Diese Regelung ist nicht mit dem EFZG vereinbar.[9]

21 So kann die maßgebliche regelmäßige Arbeitszeit durch Tarifvertrag auf die tarifliche Wochenarbeitszeit festgelegt werden. Auch wenn der Beschäftigte dann mehr als die tarifliche Wochenarbeitszeit leistet, erhält er im Krankheitsfall dennoch nur ein Fünftel der tariflichen Wochenarbeitszeit pro Krankheitstag gutgeschrieben. Die Einteilung in einem Schichtplan kann unbeachtet bleiben.[10]

22 Ein Tarifvertrag kann wirksam festlegen, dass im Krankheitsfall die ausgefallene Arbeitszeit nach dem Durchschnitt der letzten zwölf Monate oder eines anderen Referenzzeitraums errechnet wird und zwar unabhängig davon, was im Schichtplan des Beschäftigten für Arbeitszeiten geplant waren.[11] Auch ein Referenzzeitraum von 182 Tagen vor der Erkrankung ist zulässig.[12]

23 Auch eine Höchstbegrenzung der wöchentlichen Arbeitszeit durch die Tarifvertragsparteien ist von § 4 Abs. 4 EFZG gedeckt. So kann eine Tarifvertrag z. B. regeln, dass im Krankheitsfall lediglich Arbeitszeiten bis zu 48 Stunden pro Woche berücksichtig werden.[13]

d. Krankheit während Urlaub und freien Tagen

24 Wird der Beschäftigte während seines Erholungsurlaubs krank, so werden die Krankheitstage nicht auf den Jahresurlaub angerechnet. Voraussetzung dafür ist jedoch, dass sie durch ärztliches Attest bzw. durch eine Arbeitsunfähigkeitsbescheinigung nachgewiesen worden sind (§ 9 BUrlG).

25 Diese Regelung gilt nur für den Erholungsurlaub. Erhält der Beschäftigte einen freien Tag (Gleittag, Überstundenabbau, Freischicht etc.) und erkrankt an diesem Tag, sind diese nicht nach zu gewähren. Ein solches Zusammentreffen von Freizeitgewährung und Krankheit ist ebenso unglücklich für den Beschäftigten wie eine Erkrankung am arbeitsfreien Wochenende. Dafür gibt es keinen Ersatzanspruch.[14]

9 BAG 26.9.2001 – 5 AZR 539/00, der heute gültige Manteltarifvertrag enthält diese Regelung nicht mehr.
10 BAG 24.3.2004 – 5 AZR 346/03 zum MTV Volkswagen AG in der Fassung vom 14.7.1997; BAG 16.7.2014 – 10 AZR 242/13 für den BMTV für die Süßwarenindustrie in der Fassung vom 14.5.2007.
11 BAG 19.1.2010 – 9 AZR 426/09 zum MTV für das Wach- und Sicherheitsgewerbe in Bayern; LAG Rheinland-Pfalz 19.2.2015 – 5 Sa 537/14 für das Gebäudereinigerhandwerk.
12 BAG 20.8.2014 – 10 AZR 583/13 für das Wach- und Sicherheitsgewerbe in Baden-Württemberg in der Fassung vom 9.2.2006.
13 LAG Hamm 21.3.2007 – 18 Sa 684/06 für den MTV für gewerbliche Arbeitnehmer in der Speditions-, Logistik- und Transportwirtschaft Nordrhein-Westfalen vom 26.4.2005.
14 BAG 18.12.1990 – 1 ABR 11/90 und BAG 21.8.1991 – 5 AZR 91/91.

2. Tarifliche Regelungen zur Krankheit

Nach der Absenkung der Entgeltfortzahlung im Krankheitsfall 1996 haben die **26** Gewerkschaften sich in den Tarifverhandlungen dafür eingesetzt, die Entgeltfortzahlung im Krankheitsfall in den Tarifverträgen direkt zu regeln. So ist z. B. im MTV der Metall- und Elektroindustrie Niedersachsen ausdrücklich geregelt, dass die Entgeltfortzahlung im Krankheitsfall unabhängig von der gesetzlichen Regelung 100 % beträgt.

Unterschiedlich geregelt sind die Bemessungsgrundlagen für die Entgeltfortzahlung im Krankheitsfall. So regelt z. B. der **TVöD,** dass die Entgeltzahlung das Tabellenentgelt des Tarifvertrags und die monatlich zu zahlenden Entgeltbeträge einbezieht. Zahlungen, die nicht monatlich gelistet werden, finden nur Berücksichtigung, wenn sie in den letzten drei Monaten vor dem Eintritt der Erkrankung geleistet wurden. Dann wird der Durchschnitt der letzten drei Monate auch während der Erkrankung bezahlt. Diese Berechnung hat Auswirkungen auf die Schichtzuschläge. Für die Frage, ob Nachtschichtzuschläge geleistet werden müssen, kommt es nicht darauf an, ob während der Krankheit eine Nachtschicht geplant war, sondern ob in den vergangenen drei Monaten vor der Krankheit Nachtschichtzuschläge bezahlt wurden. Dann wird der Durchschnitt auch während der Krankheit als Entgeltfortzahlung geleistet (§ 21 TVöD). **27**

Die Tarifvertragsparteien können auch regeln, dass Zuschläge während der Erkrankung gar nicht bezahlt werden. So regelt z. B. der MTV für die **Sicherheitskräfte an Verkehrsflughäfen**, dass nur das monatliche Regelentgelt fortzuzahlen ist (§ 16 i. V. m. § 15 MTV-Sicherheitskräfte).[15] **28**

In seltenen Fällen regeln Tarifverträge, dass die Entgeltfortzahlung über den Zeitraum von sechs Wochen hinausgeht und ein Aufstockungsbetrag zu dem dann zu zahlenden Krankengeld zu zahlen ist. **29**

III. Hinweise für die Mitbestimmung

Wie beschrieben, beurteilt sich die Frage, welche Arbeitszeiten in Zeiten der Krankheit als gearbeitet gelten, nach § 4 EFZG. Abweichungen sind nur durch einen Tarifvertrag erlaubt (§ 4 Abs. 4 EFZG). Die während der Krankheit anzurechnende Arbeitszeit unterliegt also nicht den Betriebsparteien. Sie bestimmt sich nach dem Gesetz oder einem einschlägigen Tarifvertrag. Zwar erlaubt § 12 EFZG Regelungen zum Vorteil der Beschäftigten. Dazu wären auch freiwillige Betriebsvereinbarungen denkbar. Freiwillige Betriebsvereinbarungen zum **30**

---

15 LAG Berlin-Brandenburg 15. 7. 2015 – 15 Sa 802/15.

Thema Entgeltfortzahlung im Krankheitsfall sind praktisch nicht relevant. Arbeitgeber sind in der Regel nicht bereit günstigere Regelungen abzuschließen.

31 Mitbestimmungsrechte der Betriebs- und Personalräte bestehen jedoch hinsichtlich der Verteilung der Arbeitszeit auf die einzelnen Wochentage (§ 87 Abs. 1 Nr. 2 BetrVG und § 75 Abs. 3 Nr. 1 BPersVG sowie den Landespersonalvertretungsgesetzen). Es sollte bei flexiblen Arbeitszeitmodellen mit dem Arbeitgeber die arbeitstägliche Sollarbeitszeit festgelegt werden. Dies ist die Zeit, die dem Arbeitszeitkonto gutgeschrieben wird, wenn ein Arbeitnehmer erkrankt oder im Urlaub ist.

32 Nicht der zwingenden Mitbestimmung unterliegt die Frage, ob Freizeitausgleich in Form von Freischichten oder Gleittagen nachgewährt werden muss, falls der Beschäftigte erkrankt. Will man das mit dem Arbeitgeber vereinbaren, ist es möglich eine § 9 BUrlG entsprechende Regelung zu treffen. Dabei handelt es sich jedoch um eine freiwillige Regelung, die nicht durch den Spruch der Einigungsstelle erzwungen werden kann.[16]

---

16 BAG 18.12.1990 – 1 ABR 11/90.

Kurzarbeit

I. Einführung

Unter Kurzarbeit wird die vorübergehende Verringerung bzw. Verkürzung der **1** betriebsüblichen Arbeitszeit verstanden. Grundsätzlich trägt der Arbeitgeber das sog. wirtschaftliche Risiko. Das bedeutet, dass er verpflichtet ist, dafür Sorge zu tragen, dass ausreichend Aufträge und Arbeit vorhanden sind, damit die Beschäftigten ihre vertraglich vereinbarte Arbeitszeit erfüllen können. Gelingt ihm dies nicht, ist also nicht ausreichend Arbeit vorhanden und kann er deshalb die vertraglich vereinbarte Arbeitszeit nicht vollständig abrufen, so haben die Beschäftigten dennoch Anspruch auf ihre vertraglich vereinbarte Vergütung. Er gerät in diesen Fällen in Annahmeverzug (§ 615 BGB).

Zweck der Kurzarbeit ist es, für den Arbeitgeber in Zeiten unzureichender Auf- **2** tragslage vorübergehend eine wirtschaftliche Entlastung durch Senkung von Personalkosten bei gleichzeitigem Erhalt der bisherigen Arbeitsplätze herbeizuführen. Ziel der Kurzarbeit ist es also, Entlassungen und Kündigungen in Zeiten vorübergehenden Arbeitsmangels zu verhindern.[1] Dem Arbeitgeber bleiben somit seine eingearbeiteten Arbeitskräfte erhalten; die Beschäftigten verlieren ihren Arbeitsplatz nicht. Die Kurzarbeit ist damit ein Instrument der Beschäftigungssicherung. Mit der Kurzarbeit sind aber auch Nachteile verbunden, die nicht unerheblich sein können: die Beschäftigten verlieren ihren Entgeltanspruch im Umfang der reduzierten Arbeitszeit. Kurzarbeit ist damit Chance und Nachteil zugleich, so dass ihre Einführung immer wohl überlegt und mit guten, die Beschäftigten absichernden Vereinbarungen geregelt sein muss.

---

1 Kittner/Zwanziger/Deinert-*Schoof/Heuschmid*, § 27 Rn. 146; Küttner-*Kreitner/Voelzke*, Kurzarbeit Rn.1 und 28.

II. Einzeldarstellung

1. Rechtsgrundlage

3 Kurzarbeit stellt eine Abweichung von den arbeitsvertraglichen Vereinbarungen über die Arbeitszeit dar. Die Einführung von Kurzarbeit bedarf daher einer Rechtsgrundlage, die den Arbeitgeber hierzu berechtigt.

a. Gesetzliche Regelungen

4 Eine **gesetzliche Rechtsgrundlage** zur Einführung von Kurzarbeit besteht nicht. Zwar umfasst das Direktionsrecht des Arbeitgebers auch die Arbeitszeit (§ 106 GewO). Dies betrifft jedoch lediglich die Lage der Arbeitszeit, nicht ihren Umfang und ihre Dauer.[2] Auch die Regelungen des SGB III über das Kurzarbeitergeld berechtigen den Arbeitgeber nicht zur einseitigen Anordnung von Kurzarbeit. Denn die Regelungen des SGB III zum Kurzarbeitergeld sind zum einen sozialrechtlicher Natur und damit ohne direkte Auswirkungen auf das Arbeitsverhältnis und zum anderen betreffen sie ausschließlich die Frage der Gewährung von Kurzarbeitergeld als Milderung des Entgeltausfalls bei einer rechtmäßig eingeführten Kurzarbeit.[3]

b. Tarifvertragliche Regelungen

5 Der Arbeitgeber kann aufgrund eines **Tarifvertrags** ermächtigt sein, Kurzarbeit einzuführen. Die meisten (Mantel- oder Rahmen-)Tarifverträge enthalten Regelungen, die den Arbeitgeber berechtigen, Kurzarbeit einzuführen. Häufig sind in solchen Tarifverträgen verbindliche Ankündigungsfristen enthalten. Es finden sich häufig auch Regelungen zu einem Zuschuss zum Kurzarbeitergeld, der die Folgen der Entgeltminderung abmildern soll. Die weitüberwiegende Anzahl der Tarifverträge sieht jedoch vor, dass Kurzarbeit nur mit Zustimmung des Betriebsrats eingeführt werden kann.

6 So sieht beispielsweise § 7 MTV Chemie (West) vor, dass Kurzarbeit unter Beachtung des gesetzlichen Mitbestimmungsrechts des Betriebsrats eingeführt werden kann. In § 4 MTV M+E Hessen ist geregelt, dass Kurzarbeit nach Abschluss einer Betriebsvereinbarung möglich ist. Ähnliche Regelungen finden sich auch in allen anderen Tarifbezirken der IG Metall. § 6 MTV Groß- und Außenhandel Hessen sieht vor, dass Kurzarbeit mit Zustimmung des Betriebsrats zur Vermeidung von Kündigungen bei nachgewiesener verschlechterter Wirtschafts-

---

2 BAG 18.11.2015 – 5 AZR 491/14; Kittner/Zwanziger/Deinert-*Schoof/Heuschmid*, § 27 Rn. 160.

3 Kittner/Zwanziger/Deinert-*Schoof/Heuschmid*, § 27 Rn. 160; Küttner-*Voelzke*, Kurzarbeit Rn. 28.

lage angeordnet werden kann. Das macht deutlich, dass die Tarifverträge zwar die Möglichkeit der Einführung von Kurzarbeit vorsehen. Die Einführung bedarf aber der Mitbestimmung des Betriebsrats. Die **Betriebsvereinbarung** ist daher die wichtigste Rechtsgrundlage für die Einführung von Kurzarbeit.

Eine Ausnahme hiervon bildet der Bundesrahmentarifvertrag des **Bauhauptgewerbes**. Nach § 4 BRTV-BHG kann der Arbeitgeber einseitig in der Schlechtwetterzeit (1. 12. bis 31. 3. jedes Kalenderjahres) über die Einstellung, Einschränkung und Wiederaufnahme der Arbeit entscheiden, wenn die Arbeit aufgrund zwingender Witterungsgründe oder aus wirtschaftlichen Gründen ausfällt. In diesen Fällen ist die Einführung von Kurzarbeit lediglich mit dem Betriebsrat zu beraten. D. h. die Kurzarbeit kann auch gegen den Willen des Betriebsrats durchgesetzt werden. Diese Regelungen im Bauhauptgewerbe berücksichtigen die branchenspezifischen Bedingungen der Tätigkeiten, die vorwiegend im Freien auszuüben sind.   **7**

Die genannten Tarifverträge sind solche, die die Einführung von Kurzarbeit unter Bezug von Kurzarbeitergeld nach den Regelungen des SGB III zum Gegenstand haben. Daneben existieren auch **Tarifverträge zur Beschäftigungssicherung**, die es ermöglichen, die Wochenarbeitszeit bei entsprechender Entgeltminderung zu reduzieren. Im Gegenzug wird für die Laufzeit der abgeschlossenen Tarifverträge ein Ausschluss betriebsbedingter Kündigungen oder eine andere Form der Beschäftigungssicherung vereinbart. Solche Tarifverträge sind immer befristet und unternehmens- oder betriebsbezogen. Zu nennen sind hier beispielsweise Tarifverträge in der Metall- und Elektroindustrie, die auf der Grundlage des Pforzheimer Abkommens abgeschlossen werden. Auch diese Tarifverträge ermöglichen damit eine Form der Kurzarbeit, also eine vorübergehende Absenkung der tarifvertraglichen Arbeitszeit. Diese Tarifverträge folgen meistens anderen Regelungen als die klassische Kurzarbeit. Der Abschluss solcher Tarifverträge erfolgt überwiegend, wenn die Voraussetzungen für das Kurzarbeitergeld nicht vorliegen oder die Dauer des Kurzarbeitergelds nicht ausreicht, um die Arbeitsplätze zu sichern.[4]   **8**

c. Regelungen in Betriebsvereinbarungen

Eine Betriebsvereinbarung gilt unmittelbar und zwingend (§ 77 Abs. 4 BetrVG). D. h. sie entfaltet unmittelbare Wirkung auf das Arbeitsverhältnis, so dass sie eine geeignete Rechtsgrundlage darstellt, Kurzarbeit im Betrieb mit rechtsverbindlicher Wirkung einzuführen.[5] Dies gilt aber nur dann, wenn die sich aus der Kurzarbeit ergebenden Rechte und Pflichten für die Beschäftigten zuverlässig aus der Betriebsvereinbarung erkennbar sind. Um diese Anforderung zu erfüllen, muss   **9**

---

4 Kittner/Zwanziger/Deinert-*Schoof/Heuschmid*, § 27 Rn. 159.
5 BAG 18. 11. 2015 – 5 AZR 491/15.

die Betriebsvereinbarung mindestens Bestimmungen über den Beginn und das Ende der Kurzarbeit, über den Umfang der Kurzarbeit, über die Lage und Verteilung der (verbleibenden) Arbeitszeit sowie die Auswahl der betroffenen Beschäftigten haben.[6]

10   Nicht zulässig ist damit beispielsweise eine Betriebsvereinbarung, die vorsieht, dass der Arbeitgeber berechtigt ist, einseitig zu entscheiden, welche Abteilung oder welches Team von Kurzarbeit betroffen ist. Ihm darf ferner nicht einseitig die Entscheidung überlassen sein, ob die Kurzarbeit in der Form geleistet wird, dass ein Arbeitstag kurzgearbeitet (also nicht gearbeitet) oder täglich weniger als die betriebsübliche Arbeitszeit geleistet wird. Enthält die Betriebsvereinbarung keine oder nur unzureichende Regelungen über die genannten Punkte, ist sie unwirksam. Die Kurzarbeit ist dann nicht wirksam angeordnet. Die Beschäftigten behalten dann ihren Beschäftigungs- und Entgeltanspruch.

11   In tarifgebundenen Betrieben sind darüber hinaus die durch den jeweiligen (Mantel- oder Rahmen-)Tarifvertrag verbindlich vorgegebenen Regelungen zu beachten. Werden diese nicht eingehalten, so ist die Betriebsvereinbarung wegen des Verstoßes gegen den Tarifvorbehalt (§ 77 Abs. 3 BetrVG) unwirksam. Sieht beispielsweise ein Tarifvertrag eine Ankündigungsfrist vor, so muss diese in der Betriebsvereinbarung eingehalten werden und darf nicht verkürzt werden. Ein anderes Beispiel hierfür ist, dass der im Betrieb geltende Tarifvertrag einen Zuschuss zum Kurzarbeitergeld vorsieht. Durch die Betriebsvereinbarung darf dieser nicht ausgeschlossen oder verringert werden, wenn der Tarifvertrag dies nicht erlaubt.

12   Die Ausgestaltung des Mitbestimmungsrechts des Betriebsrats erfordert nicht zwingend den Abschluss einer Betriebsvereinbarung. Denkbar ist auch, eine **Regelungsabrede** zu vereinbaren. In Fällen der Einführung von Kurzarbeit ist hiervon jedoch abzuraten. Denn anders als eine Betriebsvereinbarung wirkt die Regelungsabrede nicht unmittelbar und zwingend für die Beschäftigten. Die Regelungsabrede ist nämlich nicht von § 77 Abs. 4 BetrVG erfasst. Zu ihrer Wirksamkeit bedarf es vielmehr einer zusätzlichen Umsetzung im einzelnen Arbeitsverhältnis, d.h. es bedarf einer Zustimmung jedes einzelnen Beschäftigten oder eines Änderungsvertrags oder einer Änderungskündigung, um auf der Grundlage einer Regelungsabrede Kurzarbeit einzuführen.[7]

d.   Individualrechtliche Vereinbarungen

13   Die Anordnung der Kurzarbeit kann sich letztlich aus einer **individualrechtlichen Vereinbarung**, also einem Vertrag zwischen Arbeitgeber und Beschäftigten

---

6 BAG 18.11.2015 – 5 AZR 491/15.
7 BAG 14.2.1991 – 2 AZR 415/90; Kittner/Zwanziger/Deinert-*Schoof/Heuschmid*, § 27 Rn. 171; Küttner-*Kreitner*, Kurzarbeit Rn. 4.

ergeben. Eine solche Vereinbarung kann entweder bereits im ursprünglichen Arbeitsvertrag enthalten sein oder in der konkret eingetretenen wirtschaftlichen Situation abgeschlossen werden. Zu beachten ist dabei aber, dass solche arbeitsvertraglichen Klauseln den Regelungen über die Allgemeinen Geschäftsbedingungen (AGB) unterworfen sind. Sie müssen daher eindeutig sein – also nicht intransparent – und dürfen die Beschäftigten nicht unangemessen benachteiligen (§ 307 BGB). Das bedeutet, dass die arbeitsvertragliche Regelung zur Einführung von Kurzarbeit bestimmte Anforderungen erfüllen muss.

Ein bloßer Verweis auf die Vorschriften zur Gewährung von Kurzarbeitergeld im **14** SGB III genügt nicht, um den Arbeitgeber zu ermächtigen, Kurzarbeit anzuordnen.[8] Vielmehr muss die arbeitsvertragliche Regelung erkennen lassen, warum Kurzarbeit eingeführt wird, für welchen Zeitraum sie eingeführt wird, welchen Umfang und welches Ausmaß sie hat sowie welcher Personenkreis betroffen ist. Schließlich muss konkret geregelt sein, auf welche Art und Weise die betroffenen Beschäftigten in die Kurzarbeit eingebunden werden. Darüber hinaus muss die Regelung eine angemessene Ankündigungsfrist beinhalten.[9]

Solche arbeitsvertraglichen Regelungen sind selten und werden wohl nur dort ver- **15** einbart, wo weder ein Tarifvertrag gilt noch ein Betriebsrat existiert, also in nicht tarifgebundenen und betriebsratslosen Betrieben. Kann ein Arbeitgeber sich auch nicht auf eine solche arbeitsvertragliche Regelung stützen, bleibt ihm nur die Möglichkeit, durch Ausspruch einer Änderungskündigung, Kurzarbeit einzuführen.[10] Wichtig ist aber, dass das Mitbestimmungsrecht nicht entfällt und zwar auch dann nicht, wenn die Arbeitsverträge der Beschäftigten Kurzarbeit zulassen.

e. Kurzarbeit bei Massenentlassungen (§ 19 KSchG)

Eine Besonderheit ergibt sich in Fällen, in denen der Arbeitgeber im Wege einer **16** Umorganisation eine **Massenentlassung** durchzuführen plant. Ist der Arbeitgeber in diesen Fällen nicht in der Lage, die von der Massenentlassung betroffenen Beschäftigten im tarif- oder arbeitsvertraglichen Umfang bis zur Entlassungssperre (§ 18 KSchG) zu beschäftigen, so kann die Bundesagentur für Arbeit auf Antrag des Arbeitgebers für diese Zeit Kurzarbeit zulassen (§ 19 KSchG). In diesem Fall ist die Anordnung der Bundesagentur für Arbeit die Rechtsgrundlage für die Anordnung von Kurzarbeit. Besteht in dem von der Massenentlassung betroffenen Betrieb ein Betriebsrat, so ist dessen Mitbestimmungsrecht nicht

---

8 LAG Berlin-Brandenburg 7. 10. 2010 – 2 Sa 1230/10.
9 LAG Berlin-Brandenburg 9. 7. 2010 – 13 Sa 650/10; LAG Berlin-Brandenburg 7. 10. 2010 – 2 Sa 1230/10.
10 Kittner/Zwanziger/Deinert-*Schoof/Heuschmid*, § 27 Rn. 162; Küttner-*Kreitner*, Kurzarbeit Rn. 11.

ausgeschlossen. Auch in diesen Fällen bedarf es daher einer Zustimmung des Betriebsrats, die am rechtssichersten in Form einer Betriebsvereinbarung ausgeübt werden sollte.

2. Form der Kurzarbeit

17 Die Kurzarbeit kann unterschiedlich ausgestaltet werden. So kann die verkürzte vertragliche oder tarifliche Wochenarbeitszeit wie bisher auf die fünf Wochenarbeitstage gleichmäßig oder ungleichmäßig verteilt werden. Möglich ist es aber ebenso, die Arbeitszeit an einzelnen Wochentagen vollständig entfallen zu lassen und an den anderen Tagen die bisherige tägliche Arbeitszeit zu arbeiten, so dass z. B. nur an vier statt fünf Tagen in der Woche gearbeitet wird. Schließlich ist es auch möglich, die Wochenarbeitszeit vollständig ausfallen zu lassen. Diesen letzten Fall nennt man Kurzarbeit Null. Die **Festlegung des Umfangs und der Verteilung der Kurzarbeit** ist nicht nur für die Konkretisierung der Arbeitspflicht der Beschäftigten von Bedeutung. Sie hat darüber hinaus Auswirkungen auf Vergütungsfragen und muss daher eindeutig festgelegt bzw. vereinbart werden.

18 Die Kurzarbeit kann den ganzen Betrieb betreffen oder nur einzelne Abteilungen. Auch die betroffenen Bereiche und die betroffenen Beschäftigtengruppen sind in der Vereinbarung verbindlich festzulegen. Es ist ferner möglich, dass einzelne Bereiche eines Betriebs in unterschiedlichem Umfang und in unterschiedlicher Weise von Kurzarbeit betroffen sind. Häufig wird beispielsweise der Vertrieb von der Kurzarbeit ausgenommen oder nur in verringertem Umfang zur Kurzarbeit herangezogen, da es ja gerade die dort Beschäftigten sind, die für neue Aufträge sorgen sollen. Meistens werden zudem die Personalabteilung und insbesondere die Bereiche der Entgeltabrechnung von der Kurzarbeit ausgenommen, denn diese sind für die Abrechnung des Entgelts und des Kurzarbeitergelds zuständig.

3. Folgen der Kurzarbeit

19 Ist Kurzarbeit rechtswirksamen eingeführt, so hat dies keine Folgen für den Bestand des Arbeitsverhältnisses. Das Arbeitsverhältnis wird durch die Kurzarbeit also nicht beendet, sondern bleibt bestehen. Die Kurzarbeit führt vielmehr dazu, dass die Hauptleistungspflichten im Arbeitsverhältnis verändert werden. Die vertraglich **vereinbarte Arbeitszeit** wird für die Dauer der Kurzarbeit reduziert und zwar in dem Umfang wie die Kurzarbeitsvereinbarung (in der Regel eine Betriebsvereinbarung) dies vorsieht. Im Gegenzug verlieren die Beschäftigten den Entgeltanspruch für die während der Kurzarbeit nicht geleistete bzw. nicht zu erbringende Arbeitszeit.

Als Ausgleich für das durch die Kurzarbeit entgangene Entgelt erhalten die Be-   **20**
schäftigten Kurzarbeitergeld. Zahlt die Agentur für Arbeit das Kurzarbeitergeld
nicht oder widerruft es dieses nachträglich, so behalten die hiervon betroffenen
Beschäftigten ihren Entgeltanspruch für die durch die Kurzarbeit ausgefallenen
Arbeitszeiten gegenüber dem Arbeitgeber, jedoch nur in Höhe des Kurzarbeitergelds.[11] Das Risiko der Gewährung von Kurzarbeitergeld trägt damit regelmäßig
der Arbeitgeber.

Die vorstehende Regelung betrifft das regelmäßige Entgelt, also die monatliche   **21**
Vergütung. Sofern die Beschäftigten einen Anspruch auf **Einmalzahlungen** oder
Sonderzahlungen haben (z. B. ein zusätzliches Urlaubsgeld, ein Weihnachtsgeld,
vermögenswirksame Leistungen), so werden diese nur gekürzt, wenn der Tarifvertrag oder der Arbeitsvertrag eine Kürzung für den Fall der Kurzarbeit vorsieht. Sieht der Tarif- oder Arbeitsvertrag eine solche Regelung nicht vor, ist die
Einmal- oder Sonderzahlung ungekürzt zu zahlen.[12]

Fallen Kurzarbeit und ein **Feiertag** zusammen, so besteht ein Anspruch auf   **22**
Feiertagsvergütung, allerdings nur in Höhe des Kurzarbeitergelds (§ 2 Abs. 2
EFZG). In den Fällen, in denen Kurzarbeit und **Urlaub** zusammenfallen, ist hinsichtlich des Urlaubsentgelts zu unterscheiden, ob Kurzarbeit in der Weise angeordnet wird, dass an einzelnen Tagen gar nicht gearbeitet wird oder aber dass die
tägliche Arbeitszeit reduziert wird. In Fällen der vollständigen Arbeitsbefreiung
erhalten die Beschäftigten kein Urlaubsentgelt, sondern Kurzarbeitergeld. In den
Fällen, in denen die tägliche Arbeitszeit reduziert ist, erhalten die Beschäftigten
für die zu leistende Arbeitszeit Urlaubsentgelt und für die ausgefallene Arbeitszeit Kurzarbeitergeld.[13]

Diese Systematik gilt auch in Fällen des Zusammentreffens von **Arbeitsunfähig-**   **23**
keit und Kurzarbeit. Solange ein Entgeltfortzahlungsanspruch besteht (also für
die Dauer von sechs Wochen), haben die Beschäftigen Anspruch auf Entgeltfortzahlung für die Arbeitszeit, die sie in der Kurzarbeitsperiode leisten müssten.
Für die durch Kurzarbeit ausgefallenen Zeiten haben sie einen ungekürzten Anspruch auf Kurzarbeitergeld in Form des sog. Kranken-Kurzarbeitergelds.[14]

Eine Besonderheit besteht bei einem Beschäftigungsverbot, das gegenüber einer   **24**
Schwangeren ausgesprochen wird: bei Berechnung des Arbeitsentgelts während
des Beschäftigungsverbots bleiben durch Kurzarbeit bedingte Entgeltausfälle außer Betracht (§ 11 Abs. 2 Satz 3 MuSchG). Das bedeutet, dass die Kurzarbeit
nicht zu einer Reduzierung des in der Zeit des Beschäftigungsverbots zu bezie-
henden Arbeitsentgelts führt. Dies gilt auch für die Zeiten der Mutterschutzfris-

---

11 BAG 22. 4. 2009 – 5 AZR 310/08; BAG 11. 7. 1990 – 5 AZR 557/89.
12 Kittner/Zwanziger/Deinert-*Schoof/Heuschmid*, § 27 Rn. 175.
13 Wedde-*Denecke/Steiner*, § 11 BUrlG Rn. 11.
14 Wedde-*Wedde*, § 4 EFZG Rn. 29 ff.

ten (also sechs Wochen vor und acht bzw. zwölf Wochen nach der Geburt), in denen die Schwangere bzw. Mutter Mutterschaftsgeld und einen Zuschuss hierzu bezieht. Bei Berechnung dieses Zuschusses bleiben kurzarbeitsbedingte Verdienstausfälle ebenfalls unberücksichtigt (§ 14 Abs. 1 Satz 4 MuSchG).

25 In den Fällen, in denen ein tarifvertraglicher bzw. durch Betriebsvereinbarung geregelter **Zuschuss zum Kurzarbeitergeld** vereinbart wurde, stehen den Beschäftigten diese Zuschüsse zusätzlich zum Arbeitsentgelt und dem Kurzarbeitergeld zu. Der Arbeitgeber ist verpflichtet, diese abzurechnen und auszuzahlen. Diese Zuschüsse stellen damit einen zusätzlichen Ausgleich für den durch die Kurzarbeit eintretenden Entgeltverlust dar.

4. Kurzarbeitergeld nach dem SGB III

26 Um die durch die Kurzarbeit bedingten Entgelteinbußen abzumildern, wird von der Agentur für Arbeit Kurzarbeitergeld gewährt. Das Kurzarbeitergeld ist damit eine sozialversicherungsrechtliche Lohnersatzleistung. Die Voraussetzungen sind in den Vorschriften der §§ 95 ff. SGB III geregelt. Die Zahlung von Kurzarbeitergeld an die Beschäftigten hat insgesamt vier Voraussetzungen (§ 95 SGB III): Es muss ein erheblicher Arbeitsausfall mit Entgeltminderung vorliegen. Es müssen die betrieblichen sowie die persönlichen Voraussetzungen erfüllt sein und der Arbeitsausfall muss der Agentur für Arbeit angezeigt worden sein. Ferner muss das Kurzarbeitergeld durch den Arbeitgeber schriftlich unter Beifügung der Stellungnahme des Betriebsrats beantragt werden (§ 323 Abs. 2 SGB III).

a. Erheblicher Arbeitsausfall

27 Wichtigste Voraussetzung ist das Vorliegen eines **erheblichen Arbeitsausfalls**, der mit einer Entgeltminderung einhergehen muss. Ein solcher erheblicher Arbeitsausfall liegt vor, wenn er auf wirtschaftlichen Gründen oder einem unabwendbaren Ereignis beruht, nur vorübergehend und nicht vermeidbar ist. Ferner muss im jeweiligen Kalendermonat, in dem Kurzarbeitergeld bewilligt ist, mindestens ein Drittel der betrieblichen Beschäftigten von einem Entgeltausfall von mehr als 10 % betroffen sein (§ 96 SGB III). Der erhebliche Arbeitsausfall hat also wiederum vier Voraussetzungen.

aa. Wirtschaftlicher Grund oder unabwendbares Ereignis

28 Als ein **wirtschaftlicher Grund** wird die Veränderung betrieblicher Strukturen angesehen, die durch die allgemeine wirtschaftliche Entwicklung verursacht ist (§ 96 Abs. 2 SGB III). Es handelt sich also um Störungen, die sich daraus ergeben, dass das Unternehmen bzw. der Betrieb sich am Wirtschaftsleben beteiligt. Häufigste Ursache sind Auftrags- und Absatzmängel. Diese müssen aber konjunktu-

rell bedingt sein und nicht ihre Ursache im Betrieb haben. So wurde z. B. das Vorliegen eines wirtschaftlichen Grundes in dem Fall abgelehnt, dass die Absatzschwierigkeiten daher rührten, dass ein vom Unternehmen hergestelltes Produkt sich nicht mehr am Markt verkaufen lässt. Der hierin liegende Akzeptanzverlust hätte durch rechtzeitige Änderung der Produktion vermieden werden können. Somit ist die Ursache im Betrieb zu sehen und ist nicht als konjunkturell anzusehen.[15] Weitere wirtschaftliche Gründe können Rohstoffknappheit sein oder technische Störungen.

Ein **unabwendbares Ereignis** liegt insbesondere vor, wenn der Arbeitsausfall auf ungewöhnlichen Witterungsverhältnissen oder auf behördlichen Maßnahmen und Anordnungen beruht (§ 96 Abs. 3 SGB III). Zu denken ist dabei beispielsweise an Naturkatastrophen, wie etwa durch Hochwasser verursachte Überschwemmungen, die dazu führen, dass der Betrieb nicht funktionstüchtig ist.   **29**

bb. Vorübergehender Arbeitsausfall

Der Arbeitsausfall muss ferner **vorübergehend** sein. Dies ist dann der Fall, wenn eine gewisse Wahrscheinlichkeit dafür besteht, dass nach Ende des Bezugszeitraums des Kurzarbeitergelds zur vollen Wiederaufnahme der Tätigkeit zurückgekehrt werden kann.[16] Damit ist eine Prognose über die Rückkehr zum Vollbetrieb anzustellen; es muss also nicht sicher sein, dass eine Rückkehr tatsächlich erfolgen wird. Allerdings ist der Arbeitsausfall dann nicht vorübergehend, wenn der Arbeitgeber bereits die Entscheidung zur Betriebsstilllegung getroffen hat.[17] Gegen eine positive Prognose, also die Wahrscheinlichkeit zur Rückkehr zum Vollbetrieb, kann auch der gleichzeitig mit der Kurzarbeit durchgeführte Personalabbau sprechen.[18] In diesen Fällen ist also genau zu begründen, dass der Personalabbau dazu beiträgt, nach der Kurzarbeit jedenfalls den Restbetrieb fortführen zu können.   **30**

cc. Unvermeidbarkeit des Arbeitsausfalls

Der Arbeitsausfall muss außerdem **nicht vermeidbar** sein. Dies ist gegeben, wenn im Betrieb alle Vorkehrungen getroffen wurden, um den Arbeitsausfall zu verhindern (§ 96 Abs. 4 SGB III). Vermeidbar und damit das Kurzarbeitergeld ausschließend ist der Arbeitsausfall, wenn er branchenüblich, betriebsüblich oder saisonbedingt ist, denn dann realisiert sich ein mit dem Betrieb typischerweise verbundenes Risiko. Das Kurzarbeitergeld soll jedoch Risiken absichern, die von außen auf den Betrieb bzw. das Unternehmen wirken. Der Arbeitsausfall   **31**

---

15 BSG 15. 12. 2005 – B 7a AL 10/05.
16 BSG 17. 3. 1983 – 7 RAr 13/82.
17 BSG 25. 4. 1991 – 11 RAr 94/87.
18 Küttner-*Voelzke*, Kurzarbeit Rn. 31.

ist ferner vermeidbar, wenn er durch die Gewährung von Erholungsurlaub abgewendet werden kann. Allerdings sind hierbei nicht sämtliche Ansprüche auf Erholungsurlaub einzubringen. Urlaubsansprüche, die nach ihrer zeitlichen Lage auf einem Wunsch der Beschäftigten beruhen, bleiben in ihrer zeitlichen Lage unverändert und müssen zur Vermeidung von Kurzarbeit nicht geändert werden.

32 Von einer Vermeidbarkeit des Arbeitsausfalls ist auch dann auszugehen, wenn im Betrieb Regelungen zu Arbeitszeitkonten bestehen und diese Zeitguthaben aufweisen. Diese Zeitguthaben müssen vor der Gewährung von Kurzarbeit regelmäßig durch bezahlte Freistellung aufgelöst werden. Hiervon ausgenommen sind sog. Lebensarbeitszeitkonten oder Langzeitkonten, die aufgebaut werden, um den Beschäftigten in ihrer persönlichen Lebensplanung längere Phasen der bezahlten Freistellung zu ermöglichen (z. B. zum vorzeitigen Ausscheiden bei Renteneintritt oder zur Pflege von Angehörigen), und für die die Regelungen des § 7b SGB IV gelten (zu den Einzelheiten siehe → Arbeitszeitkonten Rn. 32).

33 Nicht aufgelöst werden müssen ferner Arbeitszeitkonten, die vertraglich ausschließlich zur Überbrückung von Arbeitsausfällen außerhalb der Schlechtwetterzeit aufgebaut werden und einen Umfang von 50 Stunden nicht übersteigen. Die darüber hinaus gehenden Stunden müssen zur Vermeidung von Kurzarbeit abgebaut werden. Weiter müssen Arbeitszeitkonten, die zur Vermeidung von Saison-Kurzarbeitergeld aufgebaut werden, in einem Umfang von 150 Stunden nicht abgebaut werden. Stunden, die diesen Umfang übersteigen, müssen jedoch zur Vermeidung von Kurzarbeit zunächst abgebaut werden. Dieser Fall betrifft vor allen Dingen das Bauhauptgewerbe.

34 Ein vierter Fall von Zeitguthaben, die nicht abgebaut werden müssen, um Kurzarbeit zu vermeiden, betrifft Betriebe, in denen die Arbeitszeit ungleich verteilt werden kann oder die Arbeitszeitkorridore vereinbart haben. In diesen Betrieben sind bis zu 10 % der über die regelmäßige Jahresarbeitszeit (also diejenige ohne Mehrarbeit) hinaus gehenden Zeitguthaben nicht abzubauen. Schließlich sind – als fünfter Fall – auch diejenigen Zeitguthaben nicht abzubauen, die länger als ein Jahr vor Beginn der Kurzarbeit unverändert bestanden haben.

dd. Mindestumfang des Arbeitsausfalls

35 Vierte und letzte Voraussetzung für das Vorliegen eines erheblichen Arbeitsausfalls ist ein gesetzlich definierter **Mindestumfang** des Arbeitsausfalls. In jedem Monat, in dem Kurzarbeitergeld bezogen wird, muss mindestens ein Drittel der im Betrieb tätigen Beschäftigten vom Arbeitsausfall betroffen sein. Diese vom Arbeitsausfall betroffenen Beschäftigten müssen durch die Kurzarbeit eine Entgelteinbuße von mehr als 10 % erleiden. Es ist also ein doppelter Mindestumfang Voraussetzung für den Bezug von Kurzarbeitergeld: es muss eine Mindestanzahl von Beschäftigten betroffen sein und die hierdurch eintretende Entgeltminderung muss den Schwellenwert erreichen. Bei der Berechnung werden die Auszubildenden nicht in die Betrachtung einbezogen. Der Arbeitsausfall darf auch 100 % betragen (§ 96 Abs. 1 Nr. 4 SGB III). Dies bezeichnet man üblicher Weise als **Kurzarbeit Null**, denn in diesen Fällen ist die Arbeitszeit auf Null reduziert.

b. Betriebliche und persönliche Voraussetzungen

Von der Möglichkeit der Kurzarbeit können nahezu alle Betriebe Gebrauch machen. Denn ein **Betrieb** ist schon dann gegeben, wenn dieser mindestens einen Beschäftigten hat. Kurzarbeit ist aber auch nur in einer Betriebsabteilung möglich (§ 97 SGB III). **36**

Kurzarbeitergeld können nahezu alle **Beschäftigte** erhalten. Voraussetzung ist zunächst, dass sie vom Arbeitsausfall **betroffen** sind. Voraussetzung ist weiterhin, dass sie in einem **ungekündigten** Arbeitsverhältnis stehen. Sie dürfen also weder arbeitgeberseitig gekündigt worden sein, noch selbst eine Eigenkündigung ausgesprochen haben, noch einen Aufhebungsvertrag abgeschlossen haben. Befristet Beschäftigte haben hingegen einen Anspruch auf Kurzarbeitergeld und zwar auch dann, wenn die Befristung während der Kurzarbeit ausläuft. In diesem Fall haben sie bis zum Befristungsende einen Anspruch auf Zahlung. **37**

Von Kurzarbeitergeld sind aber diejenigen Beschäftigten ausgeschlossen, die während der Kurzarbeit im Betrieb eingestellt werden, es sei denn für deren Einstellung ist ein zwingender betrieblicher Grund gegeben. Von dieser Ausnahme sind nicht diejenigen erfasst, die ihr Arbeitsverhältnis im Betrieb nach erfolgreicher Ausbildung im Betrieb erstmals aufnehmen. Ausgeschlossen vom Kurzarbeitergeld sind weiter diejenigen, die wegen der Teilnahme an einer beruflichen Weiterbildungsmaßnahme Arbeitslosengeld I beziehen. Ausgenommen sind auch geringfügig Beschäftigte, denn sie unterfallen nicht der Versicherungspflicht. Außerdem erhalten auch diejenigen kein Kurzarbeitergeld, die sich den Vermittlungsbemühungen der Agentur für Arbeit entziehen oder sich nicht angemessen hieran beteiligen, denn während der Kurzarbeit müssen die Beschäftigten der Agentur für Arbeit wie ein Arbeitsloser zur Verfügung stehen. Die vorstehenden Regelungen ergeben sich aus § 98 SGB III. **38**

Die größte Beschäftigtengruppe, die von Kurzarbeitergeld ausgenommen ist, sind die **Leiharbeitnehmer,** denn ein Arbeitsausfall führt zu einer verleihfreien Zeit und dies ist branchenüblich.[19] Bei ihnen liegt damit regelmäßig kein erheblicher Arbeitsausfall vor. **39**

---

19 BSG 21. 7. 2009 – B 7 AL 3/08 R.

c. Anzeige der Kurzarbeit

40 Der Arbeitgeber hat die Kurzarbeit schriftlich bei der für den Betriebssitz örtlich zuständigen Agentur für Arbeit anzuzeigen. Zur Vornahme der Anzeige ist darüber hinaus der Betriebsrat berechtigt. Der Anzeige muss eine Stellungnahme des Betriebsrats beiliegen. Ferner sind die Umstände, die zum erheblichen Arbeitsausfall führen, glaubhaft zu machen. Diese Regelungen ergeben sich aus § 99 SGB III.

d. Dauer und Höhe des Kurzarbeitergelds

41 Das Kurzarbeitergeld kann für längstens zwölf Monate beantragt werden. Diese maximale **Bezugsdauer** kann durch eine Ermächtigung des Bundesarbeitsministeriums auf bis zu 24 Monate verlängert werden (§ 109 SGB III). In der Zeit der letzten großen Wirtschaftskrise 2008/2009 erfolgte beispielsweise eine solche Verlängerung. Die Dauer beginnt mit dem ersten Monat, in dem der Arbeitgeber das Kurzarbeitergeld auszahlt. Wird in einem Betrieb in verschiedenen Abteilungen unterschiedlich kurz gearbeitet und ist der Beginn der Kurzarbeit auch unterschiedlich ausgestaltet, so ist zu beachten, dass die Bezugsdauer einheitlich für den ganzen Betrieb betrachtet wird und nicht jede Abteilung einer einzelnen Betrachtung unterzogen wird.

42 Wird während der beantragten Dauer der Kurzarbeit in einem Kalendermonat kein Kurzarbeitergeld bezahlt, erhält also kein einziger Beschäftigter die Leistung, so verlängert sich die Bezugsdauer um diesen Zeitraum. Zu beachten ist dabei, dass bei einer Unterbrechung von drei Monaten und bei (erneutem oder noch andauerndem) Vorliegen der Voraussetzungen für das Kurzarbeitergeld eine neue Bezugsdauer von maximal zwölf Monaten beginnt. In diesen Fällen der längeren Unterbrechung ist das Kurzarbeitergeld erneut zu beantragen. Die vorstehenden Regelungen ergeben sich aus § 104 SGB III.

43 Das Kurzarbeitergeld beträgt 60 % der Nettoentgeltdifferenz zwischen dem Netto, das ohne Kurzarbeit und demjenigen welches aufgrund der Kurzarbeit bezogen wird. Für Beschäftigte mit unterhaltspflichtigen Kindern beträgt dieses 67 %. Zu beachten ist dabei, dass die Nettoentgeltdifferenz nicht auf der Grundlage der tatsächlich von den Beschäftigten erzielten Einkommen errechnet wird. Es wird vielmehr auf der Grundlage einer pauschalierten Betrachtungsweise errechnet (§§ 105, 106 SGB III). Hierzu hat die Bundesagentur für Arbeit Berechnungstabellen erstellt, die auf ihrer Homepage eingesehen werden können. Zu beachten ist ferner, dass in die Berechnung des Kurzarbeitergeldes nur diejenigen Entgeltbestandteile einfließen, die die Beitragsbemessungsgrenze nicht übersteigen.

e. Besonderheiten im Bauhauptgewerbe: das Saison-Kurzarbeitergeld

Da es im Baugewerbe in der Winterzeit typischerweise zu Einschränkungen **44**
kommt, aber dennoch das arbeitsmarktpolitische Ziel einer ganzjährigen Beschäftigung verfolgt wird, ist mit den Regelungen der §§ 101 f. SGB III das
Saison-Kurzarbeitergeld eingeführt worden. In der sog. Schlechtwetterzeit vom
1. 12. bis zum 31. 3. wird der Zugang zum Kurzarbeitergeld für das Bauhauptgewerbe und andere Branchen, die von saisonbedingtem Arbeitsausfall betroffen
sind, erleichtert. In diesen Fällen ist eine Anzeige der Kurzarbeit und damit die
Begründung für die Kurzarbeit entbehrlich. Auch ist ein Mindestumfang des Arbeitsausfalls nicht erforderlich. Der Arbeitsausfall muss lediglich witterungsbe-
dingt sein, auf einem unabwendbaren Ereignis beruhen oder aus wirtschaftlichen Gründen erfolgen.

Er darf darüber hinaus nicht vermeidbar sein, wobei auch branchenübliche, be- **45**
triebsübliche oder saisonbedingte Ausfälle als nicht vermeidbar anzusehen sind
(also anders als bei der klassischen Kurzarbeit). Dennoch sind zunächst die Guthaben auf einem Arbeitszeitkonto abzubauen, bevor Saison-Kurzarbeitergeld
gewährt werden kann. Der Bundesrahmentarifvertrag für das Bauhauptgewerbe
sieht die Einrichtung eines solchen Arbeitszeitkontos vor. Weiterhin müssen die
betrieblichen und persönlichen Voraussetzungen der §§ 97, 98 SGB III vorliegen
(siehe oben Rn. 36–38).

III. Hinweise für die Mitbestimmung

Kurzarbeit ist die vorübergehende Verringerung der betriebsüblichen Arbeitszeit **46**
(zur Definition siehe → Mehrarbeit und Überstunden Rn. 4, 7–10, 19). Das bedeutet, dass jede Form der Kurzarbeit der Mitbestimmung nach § 87 Abs. 1 Nr. 3
BetrVG unterliegt. Die Zustimmung des Betriebsrats ist dabei immer dann erforderlich, wenn nur einzelne Beschäftigte kurz arbeiten sollen oder aber wenn der
ganze Betrieb und somit alle Beschäftigten von Kurzarbeit betroffen sind. Das
Mitbestimmungsrecht besteht unabhängig davon, welchen Umfang und welche
Dauer die Kurzarbeit haben soll. Also dann, wenn nur in geringem Umfang die
regelmäßige Arbeitszeit reduziert wird, aber auch dann, wenn Kurzarbeit Null
eingeführt werden soll. Dabei beschränkt sich das Mitbestimmungsrecht nicht
nur auf den Umfang der Arbeitszeit, sondern ebenfalls auf den betroffenen Be-
schäftigtenkreis.

Ein Mitbestimmungsrecht ergibt sich ferner aus dem Gesichtspunkt des § 87 **47**
Abs. 1 Nr. 2 BetrVG, also in Bezug auf die Lage der Arbeitszeit, denn der vorübergehend geänderte Umfang der Arbeitszeit muss auf die einzelnen Wochentage verteilt werden, was ohne Zustimmung des Betriebsrats nicht zulässig ist.

Ein Mitbestimmungsrecht über die Lage der Arbeitszeit ist nur dann ausgeschlossen, wenn für alle Beschäftigten Kurzarbeit Null eingeführt wird, denn dann verbleibt keine Arbeitszeit, die zu verteilen ist. Dies ist aber nur in ganz seltenen Fällen denkbar, denn mindestens der Bereich der Entgeltabrechnung wird während der Kurzarbeit tätig sein müssen.

48 Das Mitbestimmungsrecht ist nicht ausgeschlossen, wenn kein **Kurzarbeitergeld** nach dem SGB III gezahlt wird. Vielmehr bleibt es auch in diesen Fällen ausdrücklich bestehen.[20] Ob sich das Mitbestimmungsrecht auch auf Regelungen zu einem **finanziellen Ausgleich** für die Entgeltminderung erstreckt, ist umstritten. Die überwiegende Mehrheit in der arbeitsrechtlichen Literatur lehnt dies ab. Nach richtiger Ansicht ist jedoch auch dies vom Mitbestimmungsrecht umfasst. Denn wenn das Mitbestimmungsrecht des § 87 Abs.1 Nr. 3 BetrVG den Zweck hat, die Beschäftigten vor unangemessenen Entgelteinbußen zu schützen, so müssen Fragen der Milderung der Entgelteinbußen – also Zuschüsse zum Kurzarbeitergeld – hiervon gleichfalls umfasst sein.[21]

49 Vom Mitbestimmungsrecht nicht erfasst sollen nach der kritikwürdigen Rechtsprechung des BAG die **vorzeitige Beendigung** der Kurzarbeit und damit die Wiederherstellung der betriebsüblichen Arbeitszeit sein.[22] Das bedeutet, dass für den Fall, dass aufgrund einer geänderten Auftragslage der Beschäftigungsbedarf während der vereinbarten Kurzarbeit sich dergestalt ändert, dass die betriebsübliche Arbeitszeit wieder hergestellt werden kann, der Arbeitgeber einseitig ohne Zustimmung des Betriebsrats die Kurzarbeit beenden kann. Zwar wird ein Betriebsrat die vorzeitige Beendigung der Kurzarbeit in den meisten Fällen befürworten. Dennoch sind Fälle denkbar, in denen der Arbeitgeber eine Entscheidung trifft, die den Planungsinteressen der Beschäftigten entgegensteht. Denn selbstverständlich stellen sich auch die Beschäftigten in ihrem Alltag auf die vereinbarte Kurzarbeit ein und gehen z.B. einer befristeten Nebenbeschäftigung nach, um die Entgeltminderung abzufedern. Denkbar ist auch, dass Beschäftigte die Kurzarbeit nutzen, um sich beruflich zu qualifizieren. Zweck des Mitbestimmungsrechts nach § 87 Abs. 1 Nr. 3 BetrVG ist nicht nur, die Beschäftigten vor unnötigen Entgeltminderungen zu schützen, sondern auch den Ausgleich von persönlicher Lebensführung und zu erbringender Arbeitszeit zu gewährleisten.[23]

---

20 Fitting, § 87 Rn. 162; Kittner/Zwanziger/Deinert-*Schoof/Heuschmid*, § 27 Rn. 150.

21 So auch Fitting, § 87 Rn. 153; Kittner/Zwanziger/Deinert-*Schoof/Heuschmid*, § 27 Rn. 150; jeweils m. w. N.

22 BAG 21.11.1978 – 1 ABR 67/76.

23 Im Ergebnis ebenso Fitting, § 87 Rn. 151; Kittner/Zwanziger/Deinert-*Schoof/Heuschmid*, § 27 Rn. 155, jeweils m. w. N.

Das Mitbestimmungsrecht ist als **Initiativrecht** ausgestaltet. Das bedeutet, dass   **50**
der Betriebsrat nicht darauf angewiesen ist, dass der Arbeitgeber die Einführung
von Kurzarbeit wünscht. Vielmehr kann der Betriebsrat von sich aus die Einführung von Kurzarbeit verlangen.[24] Dieser Umstand ist besonders wichtig, da Betriebsräten in Fällen einer vom Arbeitgeber beabsichtigten Personalabbaumaß-
nahme die Möglichkeit an die Hand gegeben wird, diese durch Einführung von
Kurzarbeit zu verhindern. Hiervon sollten Betriebsräte offensiv Gebrauch machen, um zu versuchen, den Abbau von Arbeitsplätzen zu verhindern.

Das Mitbestimmungsrecht bei Einführung von Kurzarbeit sollte in Form einer   **51**
Betriebsvereinbarung ausgeübt werden, denn nur eine Betriebsvereinbarung hat
eine unmittelbare und zwingende Wirkung (§ 77 Abs. 4 BetrVG). Eine Regelungsabrede oder eine bloße Zustimmung des Betriebsrats hat eine solche Wirkung nicht. Gerade dann, wenn Rechtsansprüche für die Beschäftigten geschaffen werden, z. B. Zuschüsse zum Kurzarbeitergeld, ist es zwingend geboten, eine
Betriebsvereinbarung abzuschließen.

Solche Betriebsvereinbarungen müssen einen Mindestinhalt haben und kon-   **52**
krete Regelungen enthalten. Der Betriebsrat darf sein Mitbestimmungsrecht
nicht vollständig aus der Hand geben und dem Arbeitgeber die einseitige Konkretisierung der Durchführung der Kurzarbeit überlassen. Zum Mindestinhalt
siehe Rn. 9 f. Selbstverständlich muss die Betriebsvereinbarung zur Einführung
von Kurzarbeit die Regelungen eines im Betrieb geltenden Tarifvertrags (z. B.
eine Ankündigungsfrist) berücksichtigen, anderenfalls besteht die Gefahr einer
unwirksamen, weil gegen den Tarifvorbehalt verstoßenden Regelung. Nach der
umstrittenen Rechtsprechung des Bundesarbeitsgerichts steht dem Personalrat
kein Mitbestimmungsrecht bei der Einführung und Ausgestaltung von Kurzarbeit zu. Dies soll sich aus dem Fehlen einer dem § 87 Abs. 1 Nr. 3 BetrVG entsprechenden Regelung ergeben. Ferner werde die Kurzarbeit auch in § 75 Abs. 4
BPersVG nicht erwähnt.[25]

IV. Eckpunkte für Betriebsvereinbarungen

Eine Betriebsvereinbarung sollte folgende Regelungsgegenstände umfassen: **53**
• Beginn und Dauer der Kurzarbeit   **54**
• Umfang der Kurzarbeit (Um welchen Anteil wird die Arbeitszeit reduziert?)

---

24 BAG 4.3.1986 – 1 ABR 15/84; das BAG hat dies in seiner Entscheidung vom 10.10.2006 –
   1 AZR 811/05 nochmals in Abgrenzung zum Mitbestimmungsrecht des Personalrats nach
   den Regelungen des BPersVG bestätigt.
25 BAG 10.10.2006 – 1 AZR 811/05.

- Festlegung einer Ankündigungsfrist (in tarifgebundenen Betrieben ist die Regelung des Tarifvertrags zu beachten)
- Lage der verbleibenden Arbeitszeit (z. B. Verkürzung der arbeitstäglichen Arbeit bei Beibehaltung der 5-Tage-Woche oder Festlegung arbeitsfreier Tage; vollständiges Entfallen der Arbeitszeit, sog. Kurzarbeit Null)
- Benennung der betroffenen Bereiche und Abteilungen
- Festlegung, dass eine Erweiterung der Kurzarbeit nur mit Zustimmung des Betriebsrats zulässig ist
- Festlegung von Kriterien zur Auswahl der von Kurzarbeit betroffenen Beschäftigten unter Beibehaltung des Mitbestimmungsrechts des Betriebsrats bei Festlegung der konkreten Lage der Arbeitszeit, damit eine möglichst gleichmäßige Verteilung sichergestellt werden kann
- Festlegung von Kriterien zur Herausnahme von Beschäftigten aus der Kurzarbeit (Beschäftigte, deren Arbeitsverhältnis gekündigt ist; Beschäftigte in Altersteilzeit; geringfügig Beschäftigte; Auszubildende sowie deren Ausbilder; werdende Eltern, die angezeigt haben, dass sie Elterngeld beanspruchen wollen, da das durch Kurzarbeit verringerte Einkommen Einfluss auf die Höhe des Elterngelds hat)
- Festlegung, dass die Einführung der Kurzarbeit unter der Bedingung der Gewährung von Kurzarbeitergeld steht oder dass im Falle der Nichtgewährung oder des nachträglichen Widerrufs die volle Entgeltpflicht des Arbeitgebers besteht
- Zuschuss zum Kurzarbeitergeld (in tarifgebundenen Betrieben unter Beachtung der tariflichen Regelungen)
- Qualifizierungsmaßnahmen während der Kurzarbeit
- Ausschluss von betriebsbedingten Kündigungen für den gesamten Betrieb, und zwar auch dann, wenn nicht der gesamte Betrieb von Kurzarbeit betroffen ist
- Festlegung, dass die Rückkehr zur betriebsüblichen Arbeitszeit oder eine Verringerung der Kurzarbeitsquote der Zustimmung des Betriebsrats bedarf

Lebensarbeitszeit

I. Einführung

1. Lebensarbeitszeit

Auf der Grundlage der klassischen Dreiteilung des Lebens in die Phasen Lernen,   **1**
Arbeiten und Ruhen kann Lebensarbeitszeit als Brutto-Lebensarbeitszeit (auch
nominale Lebensarbeitszeit) verstanden werden, die mit dem Eintritt in das Erwerbsleben beginnt und mit dem Ausscheiden aus dem Erwerbsleben endet. Mit
dieser Definition werden mögliche Lern- und Ausbildungsphasen, Erwerbstätigkeit während des Ruhestands sowie andere Unterbrechungen der Arbeitsphase,
wie etwa Arbeitslosigkeit oder Familienphasen, mit eingeschlossen. Die Netto-
Lebensarbeitszeit (auch effektive Arbeitszeit) umfasst hingegen die Brutto-Lebensarbeitszeit abzüglich aller Unterbrechungen des Erwerbslebens.

2. Arbeitszeitkonto

Soweit in einem Unternehmen oder in einem Betrieb die Lebensarbeitszeit eines   **2**
Arbeitnehmers im Rahmen seiner zu erbringenden Arbeitszeit in den Fokus ge-
rückt werden soll, lässt dies die Einführung von Arbeitszeitkonten notwendig
werden. Auf dem klassischen Arbeitszeitkonto werden lediglich die angesammelten Plus- und Minusstunden, die bei der flexiblen Gestaltung von Arbeitszeit
entstehen, erfasst und ggf. miteinander verrechnet. Insoweit drückt das Arbeitszeitkonto nur den Vergütungsanspruch des Arbeitnehmers in anderer Form
aus.[1]

Aufzunehmen in das Konto sind zum einen die jeweils geleistete Arbeit nach   **3**
§ 611 Abs. 1 BGB und zum anderen die Zeiten der Nichtarbeit, die aufgrund von
normativen oder einzelvertraglichen Regelungen ohne Verpflichtung zur Nach-
leistung zu vergüten sind (z. B. § 616 Satz 1 BGB, §§ 2 Abs. 1, 3 Abs. 1 EFZG, § 1
BUrlG, § 37 Abs. 2 BetrVG). Aus der Gegenüberstellung der gutgeschriebenen

---

1 Siehe dazu Kittner/Zwanziger/Deinert-*Schoof/Heuschmid*, § 27 Rn. 31.

Arbeitszeit und der vereinbarten Arbeitszeit (Arbeitszeitsoll) ergibt sich dann der für den Vergütungsanspruch und/oder den Umfang der weiteren Arbeitspflicht maßgebliche Arbeitszeitsaldo.[2]

4   Insoweit kommt dem Arbeitszeitkonto auch eine Dokumentationsfunktion zu. Es hält fest, in welchem zeitlichen Umfang der Arbeitnehmer seine Hauptleistungspflicht nach § 611 Abs. 1 BGB erbracht hat oder aufgrund eines Entgeltfortzahlungstatbestands nicht erbringen musste. Der Arbeitgeber darf daher auch nicht ohne Befugnis korrigierend in ein Arbeitszeitkonto eingreifen und dort eingestellte Stunden streichen. Der Arbeitnehmer hat einen Anspruch auf korrekte Führung des Arbeitszeitkontos. Dieses bestimmt schließlich nach der zu Grunde liegenden Abrede der Vertragsparteien den Vergütungsanspruch des Arbeitnehmers verbindlich.[3] Charakteristisch für Arbeitszeitkonten ist, dass eine bestimmte Dauer des Ausgleichszeitraums festgelegt wird.

3.   Lebensarbeitszeitkonto

5   Bei dem Lebensarbeitszeitkonto geht es dagegen darum, möglichst großvolumige Arbeitszeitguthaben aufzubauen, um diese sodann für einen längerfristigen Ausstieg während des Arbeitslebens (z. B. Sabbatjahr) zu verwenden oder einen vorzeitigen Ruhestand durch bezahlte Freistellung von der Arbeit vor Eintritt in die Altersrente zu ermöglichen. Insofern wird das Modell der ungleichmäßigen Verteilung der Arbeitszeit im Rahmen des Ausgleichszeitraums auf eine mehrjährige Zeitspanne oder gar Lebensarbeitszeitspanne übertragen.[4]

4.   Modell zur Lebensarbeitszeit

6   Lebensarbeitszeitmodelle werden durch den prägenden Parameter bestimmt, dass sie zum einen hinsichtlich der Dauer (Chronometrie) und zum anderen hinsichtlich der Lage (Chronologie) der Arbeitszeit Variationen für Arbeitgeber und/oder Arbeitnehmer erlauben.

7   Ein bekanntes Lebensarbeitszeitmodell existiert bei der Volkswagen AG. In diesem Modell werden Zeit-Wertpapiere vergeben. Dadurch können sowohl Zeit- (z. B. Mehrarbeit oder Sonderurlaubstage) als auch Geldanteile (z. B. Bonuszahlungen oder Teile des Bruttogehalts) eingebracht werden. Mit diesen Anteilen werden insolvenzgeschützte Fondsanteile erworben, die auch im Falle der vorzeitigen Beendigung des Arbeitsverhältnisses den Arbeitnehmern oder deren Erben zustehen. Diese ermöglichen sowohl eine gute Wertentwicklung als auch eine

---

2 BAG 19.3.2008 – 5 AZR 328/07.
3 BAG 21.3.2012 – 5 AZR 676/11.
4 Kittner/Zwanziger/Deinert-*Schoof/Heuschmid*, § 27 Rn. 100.

steuer- und beitragsschonende Auszahlung, da Steuern und Sozialversicherungs-beiträge erst im Zeitpunkt der Auszahlung fällig werden. Eine Entnahme der an-gesparten Guthaben ist zur Verkürzung der Lebensarbeitszeit, zur Altersteilzeit sowie zur Erhöhung der Altersversorgung möglich. Die Teilnahme an diesem Modell ist den unbefristet beschäftigten Mitarbeitern freigestellt.

Weitere Modelle unterliegen der gestalterischen Hoheit der Tarifparteien, die in der Folge dargestellt und untersucht werden.   **8**

II. Einzeldarstellung

1. Gesetzliche Regelungen

Das Modell der Lebensarbeitszeit geht davon aus, dass der Arbeitnehmer in grö-   **9**
ßerem Umfang Arbeitszeit über die normale wöchentliche Arbeitszeit hinaus im Vorhinein erbringt, um mit dem dann zusätzlich angesparten Zeitguthaben ar-beitsfreie Zeiten oder einen vorgezogenen Renteneintritt für sich erwirken zu können. Dabei muss dann aber auch zwingend beachtet werden, dass die werk-tägliche Arbeitszeit der Arbeitnehmer acht Stunden nicht überschreiten darf (§ 3 Satz 1 ArbZG). Zudem kann sie nur auf bis zu zehn Stunden verlängert werden, wenn innerhalb von sechs Kalendermonaten oder innerhalb von 24 Wochen im Durchschnitt acht Stunden werktäglich nicht überschritten werden (§ 3 Satz 2 ArbZG).

Neben der Arbeitszeit selbst können in ein einzurichtendes Lebensarbeitszeit-   **10**
konto auch Urlaubszeiten übertragen werden. In diesen Fällen ist es wichtig, dass der gesetzliche Mindesturlaub in Höhe von 24 Werktagen bei einer 6-Tage-Wo-che gemäß § 3 Abs. 1 BUrlG nicht unterschritten wird. Zusatzurlaub für Schwer-behinderte i. S. d. § 125 SGB IX darf im Übrigen nicht in das Lebensarbeitszeit-konto übertragen werden.

2. Tarifvertragliche Grundlagen

In unterschiedlichen Branchen wurden mittlerweile Tarifverträge über Lebens-   **11**
arbeitszeitkonten abgeschlossen.

a. Lebensarbeitszeit bei Seehafenbetrieben

Die Gewerkschaft ver.di hat etwa mit dem Zentralverband der deutschen Seeha-   **12**
fenbetriebe (ZDS) einen Tarifvertrag zur Einführung von Lebensarbeitszeitkon-ten abgeschlossen (TV Lebensarbeitszeit). Dieser Tarifvertrag stellt den Rahmen für die Einrichtung eines Lebensarbeitszeitkontos auf betrieblicher Ebene dar.

Den Betriebsparteien wird mit diesem Tarifvertrag somit die Möglichkeit gegeben, außerhalb bestehender Rahmentarifverträge flexible Vereinbarungen im Betrieb zu treffen. Dabei haben die Betriebsparteien allerdings mehrere Vorgaben zu beachten.

13 Zum einen kann das Lebensarbeitszeitkonto in Geld und/oder Zeit geführt werden (§ 1 TV Lebensarbeitszeit) und die Beschäftigten sind einmal jährlich über den Stand der Konten zu informieren (§ 2 TV Lebensarbeitszeit). Zum anderen sollen insbesondere Zeitguthaben aus Arbeitszeitkonten, Arbeitszeitverkürzungstage sowie Sonderzahlungen wie Urlaubsgeld und Jahreszuwendungen eingebracht werden. Die weitere Ausgestaltung einer Vereinbarung zur Lebensarbeitszeit obliegt dann den Betriebsparteien (§ 3 TV Lebensarbeitszeit). Hinzu kommt, dass fällige Ansprüche von der Einbringung ausgeschlossen sind und eine Entnahme eine Individualvereinbarung zwischen Arbeitgeber und Beschäftigtem voraussetzt (§§ 4, 5 TV Lebensarbeitszeit). Auch eine Übertragungsmöglichkeit auf einen anderen Arbeitgeber bei Ausscheiden ist vorgesehen (§ 6 TV Lebensarbeitszeit). Die durch das Gesetz vorgegebene Pflicht zur Insolvenzsicherung stellt dann den wichtigsten Punkt dar.

14 Die Modellauswahl sieht dabei eine Erörterungspflicht mit dem Betriebsrat vor und eine Informationspflicht gegenüber den Beschäftigten bei Abschluss der Individualverträge (§ 7 TV Lebensarbeitszeit). Abschließend stellt der Tarifvertrag klar, dass bei Beendigung des Tarifvertrages und der darauf basierenden betrieblichen Vereinbarungen die angesammelten Wertguthaben entsprechend der tarifvertraglichen und betrieblichen Regelung und der dort vorgesehenen Nutzungszwecke abgewickelt werden (§ 8 TV Lebensarbeitszeit).

15 Der nachträglich noch abgeschlossene Zusatztarifvertrag sieht zudem vor, dass die Einführung von Lebensarbeitszeit in der Regel durch eine betriebliche Tarifkommission erfolgt und die getroffenen Vereinbarungen der Zustimmung der örtlichen Tarifvertragsparteien bedürfen. Die konkrete Umsetzung eines Modells zur Lebensarbeitszeit ergibt sich dann aus dem darauf aufbauenden Tarifvertrag zur Ausgestaltung von Lebensarbeitszeitkonten (TV Ausgestaltung).

16 Neben der grundsätzlichen Führung von Arbeitszeitkonten (§ 2 TV Ausgestaltung), wird der genaue Aufbau und Abbau von Wertguthaben (§§ 3, 4 TV Ausgestaltung), die Freistellungsphase (§ 5 TV Ausgestaltung) und Störfälle beschrieben. Abschließend wird der Insolvenzschutz (§ 7 TV Ausgestaltung) nur rudimentär angesprochen.

b. Lebensarbeitszeit in der Industrie

17 Einer der bekanntesten Branchentarifverträge, der das Thema Lebensarbeitszeit aufgreift, ist der von der IG BCE abgeschlossene Tarifvertrag Lebensarbeitszeit und Demografie (TV Demo). Zweck des Tarifvertrages ist es, die Auswirkungen des demografischen Wandels zu gestalten und durch zukunftsfähige Rahmen-

regelungen eine nachhaltige und vorausschauende Personalpolitik zu ermöglichen. Dabei werden die Bedürfnisse der Unternehmen nach veränderten Perso-
nalstrukturen sowie die Interessen der Beschäftigten an alters- und leistungs-
gerechten Arbeitsbedingungen sowie flexiblen Übergangsformen in den Ruhestand berücksichtigt.

Dreh- und Angelpunkt für die Einrichtung eines Lebensarbeitszeitkontos ist § 8   **18**
TV Demo. Danach werden bestimmte Rahmenbedingungen festgelegt, die in einer freiwilligen Betriebsvereinbarung von den Betriebsparteien zwingend zu beachten sind. Als Langzeitkonten gelten dabei Arbeitszeitkonten, die u. a. einen
Verteilzeitraum von über zwölf Monaten vorsehen. Zudem setzen sie eine Regelung zur Insolvenzsicherung voraus, die entweder betrieblich oder in einer aus-
finanzierten überbetrieblichen Einrichtung erfolgt (§ 8 Ziff. 1 TV Demo).

In einer abzuschließenden Betriebsvereinbarung wird dann festgelegt, aus wel-   **19**
chen tariflichen Ansprüchen Langzeitkonten gebildet werden können. Zur Verfügung stehen insoweit Zeitguthaben gemäß der tariflichen Vorschriften, Alters-
freizeiten, Mehrarbeit, die über den gesetzlichen Urlaubsanspruch hinausgehenden Urlaubsansprüche, Mehrarbeitszuschläge, Zulagen und Zuschläge sowie ein
Teil des kalenderjährigen Tarifentgelts, dessen Obergrenze durch Betriebsvereinbarung zu regeln ist (§ 8 Ziff. 2 TV Demo).

Ähnlich wie beim TV Lebensarbeitszeit entscheidet auch hier der Arbeitnehmer   **20**
über die Einbringung, während fällige Ansprüche nicht eingebracht werden können (§ 8 Ziff. 3 TV Demo). Vergleichbare Regelungen existieren insoweit, als dass
zwischen Arbeitgeber und Arbeitnehmer über die Freistellung eine Vereinbarung zu treffen ist (§ 8 Ziff. 4 TV Demo) und der Arbeitnehmer über die zur Insolvenzsicherung der Langzeitkonten getroffenen Maßnahmen zu unterrichten
ist (§ 8 Ziff. 7 TV Demo).

Bei einem Wechsel des Arbeitgebers kann zudem das Langzeitkonto, das unter   **21**
Festlegung des Nutzungszwecks zu bilden ist (§ 8 Ziff. 5 TV Demo), übertragen
werden, soweit der neue Arbeitgeber der Übertragung zustimmt (§ 8 Ziff. 8 TV
Demo). Neben der Freistellung vor Altersrente können in der Betriebsvereinbarung aber auch andere Nutzungszwecke, wie z. B. Teilzeit oder Pflege- und Elternzeit vorgesehen werden (§ 8 Ziff. 6 TV Demo).

c.   Lebensarbeitszeit bei der Deutschen Telekom

Die Einführung und Ausgestaltung von Lebensarbeitszeitkonten haben die Tarif-   **22**
vertragsparteien in dem konzernweit geltenden Haustarifvertrag der Deutschen
Telekom zu Lebensarbeitszeitkonten (TV LAZKO) sehr konkret und ausführlich vereinbart. Auf der Grundlage der gesetzlichen Anforderungen des SGB IV
(siehe unten Rn. 37 ff.) sieht der Tarifvertrag die Einführung von Zeitwertkonten
mit Werterhaltungsgarantie vor, auf denen das Wertguthaben der Arbeitnehmer
gebucht wird (§ 2 TV LAZKO). Entsprechend den sozialrechtlichen Vorgaben

kann das Wertguthaben etwa für eine vorzeitige Freistellung vor der Altersrente (§ 12 TV LAZKO), im Rahmen einer Altersteilzeit (§ 13 TV LAZKO), zur Finanzierung von Reduzierungen der Arbeitszeit oder einer temporären Freistellung von der Arbeit in allen Phasen des Erwerbslebens (z. B. Sabbatical) genutzt werden (§ 14 TV LAZKO).

23   In Anwendung des § 7d SGB IV übernimmt der Arbeitgeber die Administration und die Anlage der Wertguthaben (§§ 4, 5 TV LAZKO). Die in § 7b SGB IV vorgeschriebene Wertguthabenvereinbarung, die zwischen dem Arbeitgeber und dem Arbeitnehmer abgeschlossen werden muss, ist in § 3 TV LAZKO vorgeschrieben. Die Einbringungsmöglichkeiten für das Wertguthaben auf dem Zeitwertkonto werden dann in den §§ 6 bis 9 TV LAZKO umschrieben. Neben grundsätzlichen Vorschriften für die Entnahme des Wertguthabens (§§ 10, 11 TV LAZKO) sieht der Tarifvertrag für die Ausgestaltung des Sabbaticals (§ 15 TV LAZKO), der Freistellung nach dem Pflegezeitgesetz (§ 17 TV LAZKO) oder der Freistellung in Elternzeit (§ 18 TV LAZKO) noch besondere Regelungen vor.

24   Die Konkretisierung der Übertragung der Wertguthaben i. S. d. § 7f SGB IV erfüllt § 20 TV LAZKO. Der durch § 7e SGB IV vorgeschriebene Insolvenzschutz erfolgt abschließend über § 21 TV LAZKO.

d.   Lebensarbeitszeit im öffentlichen Dienst

25   Auch der TVöD lässt eine Öffnung für die Einrichtung von Lebensarbeitszeitkonten zu. Zunächst eröffnet § 10 Abs. 1 TVöD die Möglichkeit, dass durch eine Betriebs-/Dienstvereinbarung ein Arbeitszeitkonto eingerichtet werden kann. Diese Möglichkeit wird durch § 10 Abs. 6 TVöD ergänzt. Danach kann der Arbeitgeber mit dem Beschäftigten die Einrichtung eines Langzeitkontos vereinbaren. In diesem Fall ist der Betriebs-/Personalrat zu beteiligen und – bei Insolvenzfähigkeit des Arbeitgebers – eine Regelung zur Insolvenzsicherung zu treffen.

e.   Bewertung

aa.   Freiwilligkeit der Lebensarbeitszeit

26   Die hier dargestellten Tarifverträge bieten eine Grundlage, um Modelle zur Lebensarbeitszeit in den Betrieben zu installieren. Sie orientieren sich dabei grundsätzlich an den Anforderungen, die das SGB IV in dem Zusammenhang aufstellt (siehe unten Rn. 37 ff.). Dennoch sind mehrere Aspekte als problematisch anzusehen.

27   § 10 Abs. 6 TVöD sieht etwa nur die freiwillige Einführung eines Langzeitkontos im Verhältnis zwischen Arbeitgeber und Beschäftigtem vor. Existieren keine klaren Regelungen, die Langzeitkonten für die ganze Belegschaft verpflichtend vorschreiben, resultiert daraus häufig Verunsicherung. Hinzu kommt, dass unklar bleibt, ob es bei der Installation eines derartigen Kontos vorrangig um Flexibili-

tät und Eigenverantwortung der Beschäftigten oder um Flexibilität und Kostensenkung für das Unternehmen geht. Dadurch, dass das Ziel des Langzeitkontos nicht eindeutig definiert wird, ist nicht auszuschließen, dass das Langzeitkonto schlichtweg nur als zwar unerwünschtes, aber notwendiges letztes Mittel zur Unternehmenssicherung herangezogen wird. Insoweit ist eine Zieldefinition wie unter § 2 Abs. 3 LAZKO zu bevorzugen, in der die flexible Zeitverwendung des Arbeitnehmers im Rahmen eines gleitenden Ausstiegs aus dem Erwerbsleben oder einer temporären Freistellung von der Arbeit festgelegt wird.

Eine verpflichtende Einführung von Langzeitkonten sieht auch § 8 TV Demo **28** nicht vor, sondern überlässt die Einführung der Regelungshoheit der Betriebsparteien im Rahmen einer freiwilligen Betriebsvereinbarung.

bb. Insolvenzsicherung
Davon abgesehen sind die Tarifvertragsparteien hinsichtlich der Insolvenzsiche- **29** rung auf halber Strecke stehen geblieben. In § 8 Abs. 1 TV Demo wird lediglich vor Einführung eines Langzeitkontos die Insolvenzsicherung als vorausgesetzt betrachtet. Die konkrete Ausgestaltung dieser Maßnahme wird dann auf die betriebliche Ebene verlagert bzw. auf eine außerbetriebliche Lösung Bezug genommen. Die Insolvenzsicherung stellt das Kernstück jeglicher Modelle zur Lebensarbeitszeit dar.

Wenn der Tarifvertrag schon keine besondere Variante der Insolvenzsicherung **30** präferiert, wäre es zumindest wünschenswert gewesen, wenn die Tarifvertragsparteien gewisse grundsätzliche Anforderungen an das Modell der Insolvenzsicherung gestellt hätten. Die bestehende tarifvertragliche Regelung bietet insoweit Fallstricke für die Betriebsparteien. Hier kann nur an die Betriebsparteien appelliert werden, ggfs. unter Begleitung externer Sachverständiger tragfähige Modelle zur Insolvenzsicherung zu entwickeln.

Ähnliches gilt auch für § 7 TV Ausgestaltung. Danach wird nur die grundsätz- **31** liche Verpflichtung des Arbeitgebers zur Insolvenzsicherung angesprochen (§ 7 Abs. 1 TV Ausgestaltung). Die Festlegung der Art der Insolvenzsicherung wird auch hier in die Hände der Betriebsparteien gelegt (§ 7 Abs. 2 TV Ausgestaltung). Zu begrüßen ist daher eine Regelung wie in § 4 LAZKO, in der eine konkrete Investition von Rückdeckungsmitteln in Höhe der Einbringungen in die Wertguthaben und der Arbeitgeberbeiträge zur Gesamtsozialversicherung in Kapitalanlagen festgelegt ist. Die daraus resultierenden Wertguthaben werden im Rahmen einer Treuhandabrede durch entsprechenden Vermögensübertrag gegen Insolvenz gesichert (§ 21 TV LAZKO).

Vollkommen unzureichend wird dem Informations- und Beratungsbedarf der **32** Beschäftigten Rechnung getragen. In dem Zusammenhang spricht § 8 Ziff. 7 TV Demo lediglich davon, dass die Arbeitnehmer über die Insolvenzsicherung unterrichtet werden sollen. Weitergehende Informationspflichten werden nicht vorgegeben. Gleichermaßen werden auch die Informationsrechte von Vorgesetzten, Personalabteilungen oder Geschäftsführungen nicht geregelt.

33 Ähnliches gilt auch für § 7 Abs. 3 TV Ausgestaltung. Darin wird lediglich angekündigt, dass die Arbeitnehmer über die Insolvenzsicherung unterrichtet werden. Es ist naheliegend, dass auch infolge dieser mangelhaften Aufklärung die Akzeptanz von Lebensarbeitszeitkonten durch die Belegschaft nicht erhöht wird.

cc. Organisation des Langzeitkontos

34 Teilweise fehlen auch eindeutige Aussagen zur Organisation der Langzeitkonten und zur Sicherung der Beschäftigtenrechte. In § 8 Ziff. 5 TV Demo heißt es dabei nur lapidar, dass Langzeitkonten unter Festlegung der Nutzungszwecke zu führen sind. Die konkrete Administration wird dabei offengelassen. Das birgt die Gefahr, dass die Beschäftigten das Angebot von Langzeitkonten nicht annehmen oder dass die Guthaben auf Langzeitkonten einseitig missbraucht werden. Insoweit bedarf es eindeutiger Regelungen für die Freistellungszeit.

35 Dies ist etwa in § 5 TV Ausgestaltung deutlich besser geregelt. Nach § 5 Abs. 1 TV Ausgestaltung besteht das Arbeitsverhältnis grundsätzlich mit allen Rechten und Pflichten fort. Die Finanzierung des Arbeitsentgelts erfolgt aus dem Wertguthaben und tarifliche Entgeltbestandteile werden entsprechend den Tarifabschlüssen dynamisiert (§ 5 Abs. 2 TV Ausgestaltung). Auch weitere tarifliche Ansprüche bleiben bestehen und Krankheit hat einen Einfluss auf die Freistellungsvereinbarung (§ 5 Abs. 3 und 4 TV Ausgestaltung). Die mögliche Dauer der Freistellungsphase bemisst sich nach dem Kontostand des Lebensarbeitszeitkontos zum Zeitpunkt der Entnahme (§ 5 Abs. 7 TV Ausgestaltung).

dd. Tariflücken

36 In keinem der dargestellten Tarifverträge sind Regelungen zur Konfliktlösung enthalten. Auch fehlt es an weiteren Regelungen über Informations- und Beratungsrechte der Betriebsräte. Zudem mangelt es an festen Grenzen für die Lebensarbeitszeitkonten. Diese fehlende Begrenzung ermöglicht etwa sehr lange Sabbaticals oder einen weit vorgezogenen Ruhestand. Weder für die Unternehmen noch für die Beschäftigten ist eine derartige Herangehensweise positiv. So kann in dem Zusammenhang nicht ausgeschlossen werden, dass die Gesundheit der Beschäftigten durch uneingeschränktes Stundensammeln langfristig beeinträchtigt wird.

3. Sozialrechtlicher Hintergrund

37 Die exemplarische Darstellung bekannter Haus- und Branchentarifverträge hat bereits gezeigt, dass die tarifvertragliche Legitimierung und Ausgestaltung von Lebensarbeitszeitkonten auch immer im Licht sozialrechtlicher Vorgaben zu sehen ist.

Heitmann

a. Abschluss einer Wertguthabenvereinbarung

Die gesetzliche Vorgabe zum Abschluss einer Wertguthabenvereinbarung zwi- **38**
schen Arbeitgeber und Arbeitnehmer ergibt sich aus § 7b SGB IV. Danach liegt
eine Wertguthabenvereinbarung vor,

- wenn der Aufbau des Wertguthabens aufgrund einer schriftlichen Vereinbarung erfolgt *(1.)*,
- diese Vereinbarung nicht das Ziel der flexiblen Gestaltung der werktäglichen
oder wöchentlichen Arbeitszeit oder den Ausgleich betrieblicher Produkti-
ons- und Arbeitszeitzyklen verfolgt *(2.)*,
- Arbeitsentgelt in das Wertguthaben eingebracht wird, um es für Zeiten der
Freistellung von der Arbeitsleistung oder der Verringerung der vertraglich
vereinbarten Arbeitszeit zu entnehmen *(3.)*,
- das aus dem Wertguthaben fällige Arbeitsentgelt mit einer vor oder nach der
Freistellung von der Arbeitsleistung oder der Verringerung der vertraglich
vereinbarten Arbeitszeit erbrachten Arbeitsleistung erzielt wird *(4.)* und
- das fällige Arbeitsentgelt insgesamt 450 Euro monatlich übersteigt, es sei
denn, die Beschäftigung wurde vor der Freistellung als geringfügige Beschäftigung ausgeübt *(5.)*.

b. Verwendungszwecke des Wertguthabens

Zusätzlich gibt das Gesetz vor, für welche Zwecke das Wertguthaben in Anspruch **39**
genommen werden kann. Zum einen kann das Wertguthaben für gesetzlich geregelte vollständige oder teilweise Freistellungen von der Arbeitsleistung oder gesetzlich geregelte Verringerungen der Arbeitszeit benutzt werden. Dies gilt etwa
für Freistellungen nach dem Pflegezeitgesetz und nach dem Familienpflegezeitgesetz. Dies gilt auch dann, wenn der Beschäftigte nach § 15 BEEG ein Kind
selbst betreut und erzieht oder für Zeiten, für die der Beschäftigte eine Verringerung seiner vertraglich vereinbarten Arbeitszeit nach § 8 TzBfG verlangen kann.
§ 8 TzBfG gilt mit der Maßgabe, dass die Verringerung der Arbeitszeit auf die
Dauer der Entnahme aus dem Wertguthaben befristet werden kann.

Das Wertguthaben aufgrund einer Vereinbarung nach § 7b SGB IV kann gemäß **40**
§ 7c Abs. 1 Nr. 2 SGB IV auch in Anspruch genommen werden für vertraglich
vereinbarte vollständige oder teilweise Freistellungen von der Arbeitsleistung
oder vertraglich vereinbarte Verringerungen der Arbeitszeit, insbesondere für
Zeiten, die unmittelbar vor dem Zeitpunkt liegen, zu dem der Beschäftigte eine
Rente wegen Alters nach dem SGB VI bezieht oder beziehen konnte oder in denen der Beschäftigte an beruflichen Qualifizierungsmaßnahmen teilnimmt.[5]

---

5 Kittner/Zwanziger/Deinert-*Schoof/Heuschmid*, § 27 Rn. 43c.

c. Verwaltung des Wertguthabens

41 Von dem Nutzungszweck abgesehen, macht das Gesetz weitere Vorgaben darüber, wie das Wertguthaben zu führen und zu verwalten ist. Wertguthaben sind nach § 7d Abs. 1 SGB IV als Arbeitsentgeltguthaben einschließlich des darauf entfallenden Arbeitgeberanteils am Gesamtsozialversicherungsbeitrag zu führen. Arbeitszeitguthaben sind dabei in Arbeitsentgelt umzurechnen. Zudem haben Arbeitgeber Beschäftigte mindestens einmal jährlich in Textform über die Höhe ihres im Wertguthaben enthaltenen Arbeitsentgeltguthabens zu unterrichten (§ 7d Abs. 2 SGB IV).

42 Für die Anlage von Wertguthaben gelten die Vorschriften über die Anlage der Mittel von Versicherungsträgern nach §§ 80 ff. SGB IV entsprechend, mit der Maßgabe, dass eine Anlage in Aktien oder Aktienfonds bis zu einer Höhe von 20 % zulässig und ein Rückfluss zum Zeitpunkt der Inanspruchnahme des Wertguthabens mindestens in der Höhe des angelegten Betrages gewährleistet ist (§ 7d Abs. 3 Satz 1 SGB IV). Ein höherer Anlageanteil in Aktien oder Aktienfonds ist zulässig, wenn dies in einem Tarifvertrag oder aufgrund eines Tarifvertrags in einer Betriebsvereinbarung vereinbart ist oder das Wertguthaben nach der Wertguthabenvereinbarung ausschließlich für Freistellungen für Zeiten, die unmittelbar vor dem Zeitpunkt liegen, zu dem der Arbeitnehmer eine Rente wegen Alters nach dem SGB VI bezieht oder beziehen könnte, in Anspruch genommen werden kann (§ 7d Abs. 3 Satz 2 SGB IV).

d. Portabilität von Wertguthaben

43 Weitere wichtige Regelungen trifft das Gesetz hinsichtlich der Übertragung von Wertguthaben. Nach § 7f Abs. 1 SGB IV kann der Beschäftigte bei Beendigung der Beschäftigung durch schriftliche Erklärung gegenüber dem bisherigen Arbeitgeber verlangen, dass das Wertguthaben nach § 7b SGB IV auf den neuen Arbeitgeber übertragen wird, wenn dieser mit dem Beschäftigten eine Wertguthabenvereinbarung nach § 7b SGB IV abgeschlossen und der Übertragung zugestimmt hat. Lehnt der neue Arbeitgeber dies ab, kann der Arbeitnehmer durch schriftliche Erklärung gegenüber dem bisherigen Arbeitgeber verlangen, dass das Wertguthaben nach § 7b SGB IV auf die Deutsche Rentenversicherung Bund übertragen wird. Dies setzt allerdings voraus, dass das Wertguthaben einschließlich des Gesamtsozialversicherungsbeitrags einen Betrag in Höhe des Sechsfachen der monatlichen Bezugsgröße i. S. d. § 18 SGB IV übersteigt (§ 7f Abs. 1 Satz 1 Nr. 2 SGB IV).

e. Insolvenzsicherung des Wertguthabens

44 Die wichtigste gesetzliche Verankerung zeigt sich allerdings bei § 7e SGB IV. Danach treffen die Vertragsparteien im Rahmen einer Wertguthabenvereinbarung (§ 7b SGB IV) vom Arbeitgeber zu erfüllende Vorkehrungen, um das Wertguthaben des Langzeitarbeitskontos einschließlich des darin enthaltenen Gesamtsozialversicherungsbeitrags gegen das Risiko der Insolvenz des Arbeitgebers vollständig abzusichern. Dies gilt jedenfalls dann, wenn ein Anspruch auf Insolvenzgeld nicht besteht (§§ 183 ff. SGB III) und wenn das Wertguthaben des Beschäftigten einschließlich des darin enthaltenen Gesamtsozialversicherungsbeitrags einen Betrag in Höhe der monatlichen Bezugsgröße (§ 18 SGB IV) übersteigt. Es kann allerdings in einem Tarifvertrag oder aufgrund eines Tarifvertrages in einer Betriebsvereinbarung ein davon abweichender Betrag vereinbart werden.

Um das Wertguthaben des Arbeitnehmers zu schützen, ist das Wertguthaben unter Ausschluss der Rückführung durch einen Dritten zu schützen, der im Fall der Insolvenz des Arbeitgebers für die Erfüllung der Ansprüche aus dem Wertguthaben für den Arbeitgeber einsteht. Dies gilt insbesondere für ein Treuhandverhältnis, das die unmittelbare Übertragung des Wertguthabens in das Vermögen des Dritten und die Anlage des Wertguthabens auf einem offenen Treuhandkonto oder in anderer geeigneter Weise sicherstellt (§ 7e Abs. 2 Satz 1 SGB IV). Im Rahmen der Wertguthabenvereinbarung kann aber auch ein anderes Sicherungsmittel wie ein Versicherungsmodell oder ein schuldrechtliches Verpfändungs- oder Bürgschaftsmodell mit ausreichender Sicherung gegen Kündigung vereinbart werden (§ 7e Abs. 2 Satz 2 SGB IV). Ausgeschlossen sind dabei allerdings bilanzielle Rückstellungen und zwischen Konzernunternehmen begründete Einstandspflichten, wie Bürgschaften, Patronatserklärungen oder Schuldbeitritte (§ 7e Abs. 3 SGB IV). **45**

Über die vom Arbeitgeber in diesem Zusammenhang getroffenen Vorkehrungen zum Insolvenzschutz ist der Beschäftigte durch den Arbeitgeber zu unterrichten (§ 7e Abs. 5 SGB IV). Unterlässt der Arbeitgeber seine Pflichten zum Insolvenzschutz trotz der Aufforderung zur Nachweiserbringung durch einen Beschäftigten, kann dieser die Wertguthabenvereinbarung mit sofortiger Wirkung kündigen (§ 7e Abs. 5 SGB IV). Soweit der Arbeitgeber die Anforderungen aus dem SGB IV zum Insolvenzschutz nicht erfüllt, kann auch die Rentenversicherung dem Arbeitgeber eine Frist zur Nachweiserbringung setzen (§ 7e Abs. 6 Satz 1 und 2 SGB IV). Kommt der Arbeitgeber dieser nicht nach, ist die Wertguthabenvereinbarung von Anfang an als unwirksam anzusehen und das Wertguthaben ist aufzulösen (§ 7e Abs. 6 Satz 3 SGB IV). **46**

Verringert sich das Wertguthaben oder verliert es an Wert wegen eines nicht geeigneten oder nicht ausreichenden Insolvenzschutzes, haftet der Arbeitgeber für den entstandenen Schaden (§ 7e Abs. 7 SGB IV). Zudem ist eine Beendigung, Auflösung oder Kündigung der Vorkehrungen zum Insolvenzschutz vor der bestimmungsgemäßen Auflösung des Wertguthabens unzulässig, es sei denn, die Vorkehrungen werden mit Zustimmung des Beschäftigten durch einen mindestens gleichwertigen Insolvenzschutz abgelöst (§ 7e Abs. 8 SGB IV). **47**

III. Hinweise für die Mitbestimmung

1. Keine erzwingbare Mitbestimmung

48 Das Mitbestimmungsrecht des Betriebsrats nach § 87 Abs. 1 Nr. 2 BetrVG bezieht sich auf den Beginn und das Ende der täglichen Arbeitszeit einschließlich der Pausen sowie die Verteilung der Arbeitszeit auf die einzelnen Wochentage. Da es bei der Einführung und Ausgestaltung von Lebensarbeitszeitkonten aber um den Aufbau eines Wertguthabens geht, das für ein vorzeitiges Ausscheiden aus dem Arbeitsverhältnis oder eine längerfristige »Auszeit« im Arbeitsverhältnis genutzt werden soll, unterliegt der Abschluss einer Betriebsvereinbarung über Lebensarbeitszeitkonten nicht der erzwingbaren Mitbestimmung.

49 Soweit ein Tarifvertrag für Lebensarbeitszeitkonten nicht existiert, kann der Betriebsrat aber eine freiwillige Betriebsvereinbarung mit dem Arbeitgeber vereinbaren. Existiert dagegen ein Tarifvertrag zur Einführung von Lebensarbeitszeitkonten, der auf den jeweiligen Betrieb auch zur Anwendung gelangt, können die Betriebsparteien nur dann eine Betriebsvereinbarung zur Ausgestaltung der Lebensarbeitszeit abschließen, wenn der Tarifvertrag dahingehend eine Öffnungsklausel enthält. Dies gilt in ähnlicher Weise für einen Manteltarifvertrag, der eine tarifliche Öffnung für eine betriebliche Regelung zur grundsätzlichen Einführung von Lebensarbeitszeitkonten enthält, wie etwa in § 10 Abs. 6 TVöD.

2. Lebensarbeitszeit und Betriebsvereinbarung

50 Soweit der Betriebsrat eine Vereinbarung zur Einführung von Lebensarbeitszeitkonten anstrebt, ist zunächst grundsätzlich zu beachten, dass die Mitarbeiter Arbeitszeit über lange Zeiträume in erheblichem Umfang verlängern müssen. Nur dann kann auch eine Freistellungszeit in relevanter Größenordnung erreicht werden. Davon unabhängig sollten neben der Beachtung ggf. bestehender tariflicher Vorgaben mehrere Punkte berücksichtigt werden.

a. Wertguthaben und Lebensarbeitszeitkonten

51 Die zwingend abzuschließende Wertguthabenvereinbarung sollte zunächst anhand der in § 7b SGB IV formulierten gesetzlichen Anforderungen erstellt werden. Dem Betriebsrat ist die Vereinbarung dann auch zur Kenntnis zu bringen.

52 Wichtig ist zudem, dass die Einrichtung der Lebensarbeitszeitkonten konkret ausgestaltet wird. Es empfiehlt sich dabei etwa Obergrenzen für das Wertguthaben zu vereinbaren, gewisse Anspar- und Entnahmebedingungen festzulegen und den Ausschluss von Minussalden zu vereinbaren. Soweit der jeweilige Tarifvertrag dies zulässt, sind alle finanziellen Leistungen des Arbeitgebers an die Beschäftigten auf das Langzeitkonto übertragbar. Wird das Lebensarbeitszeitkonto dabei in Zeit geführt, muss eine entsprechende Umrechnungsformel von Geld in Zeit gefunden werden. Wird es dagegen in Geldwert geführt, muss die übertragene Zeit entsprechend bewertet werden. Die Verwaltung des Lebensarbeitszeitkontos obliegt dabei dem Arbeitgeber. In dem Zusammenhang bietet es sich an, dem berechtigten Informationsinteresse der Beschäftigten mit regelmäßigen Unterrichtungspflichten des Arbeitgebers gegenüber der anspruchsberechtigten Belegschaft zu begegnen.

b. Zeitentnahme und Nutzungszwecke

Zudem sollten sowohl für das Ansparen als auch für die Zeitentnahme konkrete   53
Vereinbarungen getroffen werden. Dies gilt insbesondere für den Umgang mit Zuschlägen, der Organisation des Ansparens und möglicher Begrenzungen. Hinsichtlich der Zeitentnahme sollte festgelegt werden, wer zur Entnahme berechtigt ist und es sollten Regelungen zur Freistellungszeit getroffen werden.

Auch wenn das Wertguthaben häufig als Instrument genutzt wird, um vorzeitig   54
aus dem Berufsleben auszuscheiden, sollte das Wertguthaben auch noch weitere Nutzungszwecke erhalten. Das Gesetz gibt dafür in § 7c SGB IV entsprechende Hinweise. Soweit weitere Nutzungszwecke zusätzlich vereinbart werden, empfiehlt es sich, konkrete Regelungen zur Inanspruchnahme jedes einzelnen Verwendungszwecks festzulegen.

Die Verzinsung des Wertguthabens kann parallel zur tariflichen Entgelterhö-   55
hung der betroffenen Entgeltgruppe erfolgen oder durch Investition am Kapitalmarkt in Aktien oder Aktienfonds.

c. Insolvenzsicherung

Die wichtigste Vereinbarung betrifft schließlich die Grundsätze der Insolvenzsi-   56
cherung. Im Rahmen der Umsetzung der gesetzlichen Vorgaben bietet es sich an, sich am konkreten Wortlaut des § 7e SGB IV zu orientieren. Dabei werden drei grundsätzliche Typen von Lösungen unterschieden: Absicherung bei externen Anbietern, Branchenlösungen, unternehmensinterne Lösungen. Bei den externen Lösungen haben sich in der Praxis Anlagemodelle, Bürgschaftslösungen und eine Kautionsversicherung herauskristallisiert.

aa. Anlagemodelle

Bei den Anlagemodellen richten die Betriebe Depotkonten bei einer Anlagege-   57
sellschaft ein, wobei es je nach Anbieter die Möglichkeit gibt, für jeden Beschäftigten ein eigenes Konto einzurichten oder ein Globalkonto anzulegen, in dem die Ansprüche aus allen Arbeitszeitkonten gesammelt werden. Aus Sicherheitsgründen empfiehlt es sich, überwiegend risikoarme Fondsanlagen wie Renten-, Immobilien- oder Geldmarktfonds auszuwählen. Bei Anlagemodellen kann der

Arbeitgeber je nach Vereinbarung monatliche Einzahlungen oder eine Einmalzahlung tätigen.

58 Um die Insolvenzsicherung der Arbeitszeitguthaben sicherzustellen, ist eine Verpfändungsvereinbarung über die eingezahlten Fondanteile notwendig. Dabei wird zwischen Arbeitgeber und Beschäftigten vertraglich geregelt, dass vor Ablauf des Pfandrechts nur gemeinsam über das Depot bestimmt werden darf. Anderenfalls bedarf es einer zusätzlichen Vereinbarung.

bb. Bürgschaftsmodelle

59 Neben den Anlagemodellen bieten mittlerweile eine Reihe von Finanzdienstleistungsunternehmen die Insolvenzsicherung von Arbeitszeitguthaben über Bürgschaften an. Das jeweilige Finanzdienstleistungsunternehmen schließt dabei mit dem jeweiligen Arbeitgeber nach einer Bonitätsprüfung einen Avalkreditrahmenvertrag ab, auf dessen Grundlage Bürgschaften für die entsprechenden Arbeitnehmer ausgelegt werden. Gegenstand dieser Bürgschaften ist die Verpflichtung des Kreditinstituts, den Beschäftigten gegenüber für die Erfüllung der Verbindlichkeiten aus dem Arbeitszeitkonto einzustehen (selbstschuldnerische Betragsbürgschaft zugunsten Dritter).

cc. Kautionsversicherung

60 Bei einer Kautionsversicherung übernimmt die Versicherungsgesellschaft gegenüber den Arbeitnehmern eine Bürgschaft für den Arbeitgeber und sichert damit die Arbeitszeitguthaben ab. Anstatt einer 100 %igen Hinterlegung der Guthaben ist in der Regel eine Sicherheit in der Höhe von 20 % erforderlich.

d. Verzinsung

61 Denkbar ist auch, die Wertguthaben auf dem Lebensarbeitszeitkonto zu verzinsen. Ein grundsätzlicher Anspruch der Beschäftigten darauf besteht zwar nicht. In der Praxis finden sich aber durchaus Vereinbarungen, die eine Verzinsung (zwischen 1 % bis 6 %) vorsehen. Im Sinne guter Arbeitnehmerinteressenvertretung sollte daher versucht werden, die Verzinsung der Wertguthaben in die Betriebsvereinbarung zu verhandeln. Die Verzinsung des Wertguthabens kann parallel zur tariflichen Entgelterhöhung der betroffenen Entgeltgruppe erfolgen oder durch Investition am Kapitalmarkt in Aktien oder Aktienfonds. Zu beachten ist dabei, dass nur noch 20 % des Wertguthabens in Aktien angelegt werden können. Davon abgesehen fällt zumindest bei den Anlagemodellen im Rahmen der Insolvenzsicherung ein Zinsgewinn an. Auch wenn der Arbeitgeber diesen Zinsgewinn häufig nutzt, um die laufenden Verwaltungs- und Depotkosten zu finanzieren, kann auch dieser Zinsgewinn in die Hände der Arbeitnehmer fließen, deren Wertguthaben gegen Insolvenz gesichert werden. Vermieden werden sollte es, dass die Kosten für die Geldanlage auf die Beschäftigten abgewälzt werden.

e. Portabilität

Weitere Regelungen sollten auch zur Übertragung des Wertguthabens getrof- **62**
fen werden. Nicht vorhersehbare Ereignisse wie der Tod des Arbeitnehmers, Erwerbsunfähigkeit oder der schlichte Arbeitgeberwechsel werfen in der betrieblichen Praxis häufig die Frage nach dem Umgang mit einem dann noch bestehenden Wertguthaben auf. Um späteren Streitigkeiten vorzubeugen, sollte deshalb
zwingend eine Vereinbarung zur Übertragung des Wertguthabens festgelegt werden.

f. Mitbestimmung

Davon abgesehen, empfiehlt es sich einen Katalog von Beratungs-, Informati- **63**
ons- und Mitbestimmungsrechten des Betriebsrats festzulegen. Dies kann besonders in Fällen der Streitbeilegung und Konfliktbearbeitung, die sich aus der
Einführung der Lebensarbeitszeitkonten ergeben, wertvoll sein. Eine konkrete
Vereinbarung zu den Rechten des Betriebsrats, die sich auch auf den Streitbeile-
gungsprozess beziehen müssen, ist allein schon deshalb notwendig, da der Abschluss der Betriebsvereinbarung nicht unter die erzwingbare Mitbestimmung
fällt. Im Rahmen der Schlussbestimmungen sollte daher auch die Nachwirkung
der Betriebsvereinbarung vereinbart werden. Außerdem führt es zu mehr Klarheit und Transparenz, wenn auf andere Rechtsquellen, die die Betriebsvereinbarung zur Einführung von Lebensarbeitszeitkonten berühren, Bezug genommen
wird.

IV. Eckpunkte für Betriebs- und Dienstvereinbarungen

Geltungsbereich: gilt für alle Arbeitnehmer i. S. d. § 5 Abs. 1 BetrVG, von dieser **64**
Vereinbarung sind ausgenommen: leitende Angestellte, Praktikanten, Auszubildende; weitere Ausnahmen können zwischen dem Arbeitgeber und dem Betriebsrat vereinbart werden.

Wertguthabenvereinbarung: Arbeitgeber schließt mit Arbeitnehmer nach **65**
Maßgabe von § 7b SGB IV eine Wertguthabenvereinbarung; Betriebsrat erhält
Wertguthabenvereinbarung zur Kenntnis.

Einrichtung von Lebensarbeitszeitkonten: Einrichtung eines Lebensarbeits- **66**
zeitkontos mit Ansparen von Wertguthaben für jeden Arbeitnehmer i. S. d. § 5
Abs.1 BetrVG; gesamtes im jeweiligen Kalenderjahr angesammeltes Zeitguthaben ist zu übertragen; Fehlzeiten wie Urlaubs- oder Krankheitstage können keine
Zeitgutschrift begründen; Anspruch auf Zeitgutschrift kann nicht verfallen;
keine Minussalden; Obergrenze angepasst an Nutzungszwecke, Anspar- und
Entnahmebedingungen; Regeln für das Überschreiten von Kontogrenzen, Hand-

lungsbedarf; Ausgleichszeitraum angepasst an Nutzungszwecke, Anspar- und Entnahmebedingungen; Arbeitgeber wird die aus dem Lebensarbeitszeitkonto entstehenden Verpflichtungen in der Bilanz gesondert ausweisen.

67 **Verwaltung von Lebensarbeitszeitkonten:** wird als Arbeitsentgeltguthaben geführt, einschließlich des darauf anfallenden Arbeitgeberanteils am Gesamtsozialversicherungsbeitrag; Umrechnung von Arbeitszeitguthaben in Arbeitsentgelt; Arbeitgeber wird Arbeitnehmer in Textform jederzeit Auskunft über den aktuellen Stand des Langzeitkontos erteilen; einmal jährlich erhält Arbeitnehmer einen Kontoauszug, aus dem sich aktueller Stand und Entwicklung des Wertguthabens einschließlich der Zu- und Abgänge im vorangegangen Kalenderjahr ergeben.

68 **Ansparen:** Varianten des Ansparens/Herkunft von Zeitwerten (Gleitzeit- oder Arbeitszeitkonten, Mehrarbeitszeiten inklusive Zuschlägen in Zeit, Verlängerung der Arbeitszeit ohne Entgeltanpassung); Begrenzungen (Stichtage, Höchstgrenzen für einzelne Buchungsvorgänge); Umgang mit Zuschlägen (Faktorisierung, besondere Zuschläge für Buchungen); Herkunft von Geldwerten (Jahressonderzahlungen); Organisation des Ansparens (Zuständigkeiten und Verantwortlichkeiten).

69 **Zeitentnahme:** Berechtigung zur Entnahme (Beschäftigte, Arbeitgeber); Regelungen für die Freistellungszeit (Fortbestand des Beschäftigungsverhältnisses während und nach der Freistellungszeit; Recht auf Rückkehr an den ursprünglichen Arbeitsplatz, Regelungen für den Fall, dass das nicht möglich ist); Regelungen zum Arbeitnehmerstatus, entsprechende betriebliche Leistungen fortführen; Regelungen für Verkürzung, Abbruch, Verlängerung der Freistellungszeit durch den Arbeitnehmer und durch den Arbeitgeber.

70 **Verwendungszweck von Wertguthaben:** Festlegung des Verwendungs- und Entnahmezwecks des Wertguthabens; Vorruhestand; Freistellung nach Pflegezeitgesetz oder Familienpflegezeitgesetz; Freistellung in Elternzeit; Ausgleich für Reduktion der Arbeitszeit.

71 **Regelungen zum Vorruhestandsmodell:** während Ansparphase unverändertes Arbeiten in Vollzeit; ein Teil wird als Arbeitsentgelt ausgezahlt; ein Teil wird als Wertguthaben auf Lebensarbeitszeitkonto gutgeschrieben; mit angespartem Wertguthaben wird Freistellungsphase finanziert; Freistellungsphase endet mit Beginn der Regelaltersrente; Arbeitgeber und Arbeitnehmer schließen schriftliche Vorruhestandsvereinbarung; vereinbart wird: Umfang vertraglicher Wochenarbeitszeit in Ansparphase; Festlegung von Arbeitszeitanteil, der vergütet wird, und des Anteils, der als Wertguthaben gutgeschrieben wird; Beginn und Dauer der Ansparphase; Beginn und Ende der Freistellungsphase und Höhe des Teilzeitentgelts; Beendigung des Arbeitsverhältnisses mit Ablauf von Freistellungsphase und gleichzeitigem Erreichen von Regelaltersgrenze.

72 **Verzinsung von Wertguthaben:** Anpassung an künftige tarifliche Entgelterhöhungen; Erhöhung des Werts des Wertguthabens um denselben Prozentsatz der

prozentualen Steigerung der für den Arbeitnehmer maßgeblichen Tarifgruppe; *oder:* Anlage des Wertguthabens in Aktien oder Aktienfonds bis zu einer Höhe von 20 %.

Insolvenzsicherung: Wertguthaben einschließlich des Arbeitgeberanteils am   **73**
Sozialversicherungsbeitrag sind nach Maßgabe des § 7e SGB IV gegen das Risiko der Insolvenz des Arbeitgebers abzusichern; Insolvenzsicherung wird über eine Versicherung (*alternativ:* Verpfändungs- oder doppelte Treuhandlösung) gewährleistet.

Übertragung des Wertguthabens: bei Ausscheiden Übertragung auf neuen Ar-   **74**
beitgeber, wenn dieser zugestimmt hat; auf Wunsch Auszahlung des Wertguthabens; Löschung des Lebensarbeitszeitkontos; Regelung für den Fall des Todes eines Arbeitnehmers; Ausnahmeregelungen für spezifische Situationen, z. B. Erwerbsunfähigkeit, langfristige Arbeitsunfähigkeit, persönlicher Notfall seitens der Beschäftigten; Betriebsübergang und neuer Arbeitgeber; vorher Geldentnahmen nur in Ausnahmefällen (Geldwert, Auszahlungsbetrag, Auszahlungsbedingungen, Zuschläge, Steuern, Sozialversicherungsbeiträge, Zinsgewinne berücksichtigen).

Rechte des Betriebsrats: Informationsrechte (regelmäßige Information über   **75**
Salden der Lebensarbeitszeitkonten, Einsichtnahme in Kontostände auf Antrag, Information über Konflikte jeder Art); Beratungsrechte (Beratungsrecht bei Erreichen oder Überschreiten von Kontogrenzen); Mitbestimmungsrechte (Mitbestimmungsrechte festlegen); Konfliktbearbeitung (Konflikte um Auslegung der Vereinbarung, Eskalationsstufen, gesetzliche Regelungen benennen, Moderation, Einigungsstelle); Konfliktbearbeitung (individuelle Konflikte, Einvernehmen zwischen Belegschaft und Vorgesetzten, Ansprechpersonen, neutrale Moderation); paritätisch besetztes Gremium zur Konfliktbearbeitung (Beratungskommission, Regelungen zur Besetzung, Tagung, Wirken, Entscheidungsbefugnis).

Schlussbestimmungen: Betriebsvereinbarung tritt mit Unterzeichnung in Kraft;   **76**
die Betriebsvereinbarung kann unter Einhaltung einer Kündigungsfrist von drei Monaten zum Monatsende gekündigt werden; Nachwirkung vereinbaren; ggf. Bezug zu anderen Regelungen (betriebliche Regelungen, Tarifverträge, Gesetze); salvatorische Klausel (Vereinbarung sichern bei Ungültigkeit einzelner Regelungen).

Leiharbeit

I. Einführung

1   Arbeitnehmerüberlassung i. S. d. Arbeitnehmerüberlassungsgesetzes (AÜG)
liegt vor, wenn ein Arbeitgeber als Verleiher im Rahmen seiner wirtschaftlichen
Betätigung einem Dritten (Entleiher) Arbeitnehmer (Leiharbeitnehmer) zur Arbeitsleistung überlässt (§ 1 Abs. 1 AÜG). Damit sind bei der Arbeitnehmerüberlassung drei Personen beteiligt: der Leiharbeitnehmer und zwei Unternehmen,
das eine, das verleiht (also zur Verfügung stellt), und das andere, das den Leiharbeitnehmer tatsächlich einsetzt (Entleiher).

2   Dabei haben aber nicht alle untereinander Verträge abgeschlossen. Einen Vertrag
haben nur einerseits der Verleiher und der Entleiher (sog. Arbeitnehmerüberlas-
sungsvertrag) und andererseits der Verleiher und der Leiharbeitnehmer (Leiharbeitsvertrag) vereinbart. Hingegen besteht zwischen dem Entleiher und dem
Leiharbeitnehmer keine unmittelbare Vertragsbeziehung. Arbeitnehmerüberlassung ist somit eine klassische Form des Fremdpersonaleinsatzes bzw. des drittbezogenen Personaleinsatzes, denn der Leiharbeitnehmer und der Einsatzbetrieb
haben gerade keinen Vertrag miteinander abgeschlossen.

3   Der Vertrag zwischen Verleiher und Leiharbeitnehmer muss begriffsnotwendig
als Arbeitsvertrag ausgestaltet sein. Das bedeutet, dass eine Arbeitnehmerüberlassung ausscheidet, wenn eine dem Betrieb des Entleihers überlassene Person als
(echter) Selbständiger tätig ist. Leiharbeit ist also immer abzugrenzen zu anderen
Formen des drittbezogenen Personaleinsatzes in Form eines Dienst- oder Werk-
vertrags, weil in diesen Fällen die Regelungen des AÜG und somit auch dessen
Arbeitszeitregelungen keine Anwendung finden.

4   Für den Leiharbeitnehmer stellen sich mit Blick darauf, dass im Unternehmen
des eigenen Vertragsarbeitgebers, also des Verleihers, möglicherweise andere Regelungen gelten als im Unternehmen, in dem er eingesetzt ist, gerade auch in Bezug auf die Arbeitszeit diverse Fragestellungen. Diese beziehen sich sowohl auf
den Umfang der geschuldeten Arbeitszeit als auch auf die Frage, wann diese tatsächlich zu erbringen ist. Fragen ergeben sich auch dann, wenn der Verleiher
keine konkrete Einsatzmöglichkeit für seinen Leiharbeitnehmer hat und der

Leiharbeitnehmer gerade nicht in einem Einsatzbetrieb tätig sein kann. Muss
diese Arbeitszeit nachgearbeitet werden?

nicht belegt   **6–17**

II. Arbeitszeitregelungen in der Leiharbeit

1. Grundsatz der Gleichstellung

Der **Umfang der geschuldeten Arbeitszeit** ergibt sich in einem Leiharbeitsver-   **18**
hältnis – wie in allen anderen Arbeitsverhältnissen auch – aus den vertraglich vereinbarten Bedingungen, also dem Leiharbeitsvertrag, oder aus einem im
Leiharbeitsverhältnis geltenden Tarifvertrag. Wegen des im Leiharbeitsverhältnis geltenden Grundsatz der Gleichstellung (bisher: equal-pay oder equal-tre-
atment-Grundsatz) ist es in der Leiharbeitsbranche üblich bzw. weit verbreitet,
dass der Leiharbeitsvertrag ausdrücklich einen der beiden in der Branche geltenden Manteltarifverträge[1] in Bezug nimmt.

Der Grundsatz auf Gleichstellung bedeutet, dass Leiharbeitnehmern während ei-   **19**
nes Einsatzes in einem Entleiherbetrieb dieselben materiellen Arbeitsbedingungen zu gewähren sind, wie den dort beschäftigten vergleichbaren Stammarbeit-
nehmern. Von diesem Grundsatz kann nur durch Tarifvertrag, also durch Tarifbindung des Verleihers und des Leiharbeitnehmers, oder im Falle einer fehlenden Tarifbindung durch die Einbeziehung der tariflichen Regelungen in den
Leiharbeitsvertrag abgewichen werden (§ 8 AÜG). Durch einen solchen Tarifvertrag, der mit einem Arbeitgeberverband der Leiharbeitsbranche abgeschlossen
sein muss, können die Arbeitsbedingungen für die Leiharbeitnehmer gegenüber
denjenigen der Beschäftigten in den Einsatzbetrieben verschlechtert werden. Das
bedeutet, dass durch diese Tarifverträge bzw. durch Vereinbarung der Anwendung dieser Tarifverträge im Leiharbeitsvertrag es möglich ist, von dem Grundsatz der Gleichstellung zum Nachteil der Leiharbeitnehmer abzuweichen.

Dies ist auch tatsächlich in der Regel der Fall: Beide in der Leiharbeitsbranche   **20**
geltenden Tarifverträge sehen deutlich schlechtere Arbeitsbedingungen für die
Leiharbeitnehmer vor als die Tarifverträge, die in den Einsatzbetrieben gelten.
Dies betrifft sowohl die Höhe der Grundvergütung als auch Regelungen zu Zuschlägen und auch andere Bedingungen (wie z. B. Kündigungsfristen). Vor diesem Hintergrund verwundert es nicht, dass es in der Leiharbeitsbranche üblich

---

1 Es gibt zwei Tarifwerke: die des Interessenverbands Deutscher Zeitarbeitsunternehmen
  (iGZ) und die des Bundesverbands Zeitarbeit Personal-Dienstleistungen (BZA); beide sind
  mit den Einzelgewerkschaften des DGB abgeschlossen.

ist, einen Leiharbeitstarifvertrag anzuwenden. Denn ohne eine Verschlechterung der Arbeitsbedingungen für die Leiharbeitskräfte wäre es nicht bzw. nur schwer möglich, das häufig mit der Leiharbeit verbundene Ziel eines personalkostengünstigeren Einsatzes zu erreichen.

2. Tarifvertragliche Regelungen

21 Beide Manteltarifverträge der Leiharbeitsbranche gehen bei einer Vollzeitarbeit von einer durchschnittlichen Monatsarbeitszeit von 151,67 Stunden aus, was einer durchschnittlichen Wochenarbeitszeit von 35 Stunden entspricht. Der Durchschnitt muss jedenfalls im Tarifbereich der BZA innerhalb von zwölf Monaten erreicht werden. In der Leiharbeitsbranche ist also die 35-Stunden-Woche die Regel. Wobei durch die Verwendung des Begriffs »durchschnittlich« bereits eine Flexibilisierung in Bezug auf die tatsächlich im Einzelfall zu leistenden Wochenarbeitszeit erfolgt ist.

22 Diese Regelung kann aber in den Fällen, in denen im Einsatzbetrieb eine längere Wochenarbeitszeit gilt, zu Problemen führen. Denn der Einsatzbetrieb erwartet in der Regel eine Tätigkeit des Leiharbeitnehmers im Rahmen der dort geltenden Regelungen. Wesen der Leiharbeit ist ja, dass der Leiharbeitnehmer nicht beim Verleiher eingesetzt wird, sondern im Entleiherbetrieb, dem dann auch das Weisungsrecht in Bezug auf die Arbeitszeitregelungen obliegt. Die Manteltarifverträge sehen daher zusätzlich vor, dass die **Lage der Arbeitszeit**, also Beginn und Ende der täglichen Arbeitszeit einschließlich der Pausen und die Verteilung auf die einzelnen Wochentage sich nach den Regeln des Kunden- also Einsatzbetriebs richtet. Dies betrifft aber nicht nur die Lage der Arbeitszeit, sondern auch den Umfang der geschuldeten Arbeitszeit. Wird im Einsatzbetrieb daher mehr als 35 Stunden in der Woche gearbeitet, so ist auch der Leiharbeitnehmer regelmäßig hierzu verpflichtet.

23 Die über die 35 Stunden hinausgehende Arbeitszeit wird auf ein **Arbeitszeitkonto** gutgeschrieben. Die tariflichen Regelungen zu diesem Arbeitszeitkonto sehen maximale Werte von 200 bzw. 150 Plusstunden und von 21 Minusstunden vor. Darüber hinaus sind Regelungen zu einem Abbau der Stunden vorgesehen. Der Abbau soll vorrangig durch Freizeitausgleich erfolgen. Nur wenn dieser nicht möglich ist, soll ausnahmsweise eine Auszahlung erfolgen (§§ 2 bis 4 MTV BZA, § 3 MTV iGZ). Diese Regelungen bedeuten einerseits, dass der Leiharbeitnehmer trotz arbeitsvertraglicher Vereinbarung verpflichtet ist, mehr als die vereinbarte Wochenarbeitszeit zu arbeiten, und andererseits, dass ein Arbeitszeitkonto zwingend eingerichtet ist, mit dem diese über die vertraglich vereinbarte hinausgehende Arbeitszeit verwaltet wird. Diese Arbeitszeit geht zunächst einmal nicht verloren, sie unterliegt aber hinsichtlich des Ausgleichs Vorgaben, die der Leiharbeitnehmer wiederum nicht vollständig nach eigenen Vorstellungen gestalten kann.

Hinsichtlich der Lage der Arbeitszeit bedeutet dies, dass der Leiharbeitnehmer   **24**
sich nie wirklich auf ein konkretes Arbeitszeitmodell verlassen kann, denn die Verteilung der Arbeitszeit auf die Wochentage und über den Arbeitstag gibt der Einsatzbetrieb vor, der häufig wechseln kann. Ist er in einem Monat in einem Betrieb eingesetzt, der nur in Tagschicht arbeitet, so kann er sich auf die Fortsetzung dieses Modells im folgenden Einsatzbetrieb nicht verlassen. Denn wenn dort vollkontinuierliche Schicht gearbeitet wird, muss er sich hieran orientieren. Dies gilt auch für die Wochentage. Ist in einem Einsatzbetrieb der Samstag nicht regelmäßiger Arbeitstag, so kann dies im folgenden Einsatzbetrieb anders sein. Wird im nächsten Betrieb an sieben Tagen in der Woche gearbeitet, so muss der Leiharbeitnehmer wieder in einem neuen Arbeitszeitmodell arbeiten. Je häufiger der Leiharbeitnehmer somit den Einsatzbetrieb wechselt, umso häufiger ist es denkbar, dass er in einem anderen Arbeitszeitmodell seine Tätigkeit erbringen muss.

3. Arbeitszeit in verleihfreien Zeiten

Ein besonderes Problem stellt sich in Bezug auf den Umgang mit der Arbeitszeit   **25**
in **verleihfreien Zeiten**. Das Geschäftsmodell des Verleihers ist das zur Verfügung stellen von Arbeitskräften an Kundenunternehmen. Das unternehmerische Risiko, das der Verleiher zu tragen hat, ist damit Arbeitsplätze für die von ihm beschäftigten Leiharbeitnehmer in Kunden- bzw. Einsatzbetrieben zu haben. Kann er den Leiharbeitnehmer nicht in einem Kundenbetrieb einsetzen, hat er also für ihn keine Einsatzmöglichkeit, so schuldet er ihm dennoch sein arbeitsvertraglich vereinbartes Entgelt. Dies folgt aus dem Gesichtspunkt des sog. Annahmeverzugs, der in § 615 BGB geregelt ist. Damit hat der Verleiher das Beschäftigungsrisiko zu tragen. Kann also der Leiharbeitnehmer seine Arbeitsleistung nicht erbringen, weil der Verleiher keinen Auftrag für ihn hat, dann hat er dennoch Anspruch auf seine Vergütung.

Das AÜG sieht ausdrücklich vor, dass diese Regelung über die Vergütungspflicht   **26**
für den Fall der fehlenden Einsatzmöglichkeit (verleihfreie Zeit) nicht aufgrund einer vertraglichen Vereinbarung zu Ungunsten des Leiharbeitnehmers ausgeschlossen werden kann (§ 11 Abs. 4 Satz 2 AÜG). Jede Regelung, die diesen Grundsatz im Leiharbeitsverhältnis ausschließt, ist unwirksam. So kann im Leiharbeitsvertrag z. B. nicht vereinbart werden, dass im Falle eines fehlenden Kundeneinsatzes Kurzarbeit einseitig durch den Verleiher angeordnet wird. Auch kann nicht vereinbart werden, dass die durch den fehlenden Kundeneinsatz nicht

erbrachte Arbeitszeit nachzuholen ist. Ausgeschlossen ist ebenso ein einseitig durch den Verleiher angeordneter Freizeitausgleich.[2]

27   Vor diesem Hintergrund stellt sich die Frage, ob es zulässig ist, in verleihfreien Zeiten den Abbau von Plusstunden aus dem tariflich geregelten Arbeitszeitkonto einseitig ohne Zustimmung des Leiharbeitnehmers vorzunehmen. Dies ist umstritten und nach wie vor nicht vom BAG endgültig entschieden. Das BAG hat es für zulässig befunden, auch im Rahmen der Leiharbeit Arbeitszeitkonten zu führen, mit dem die über die vertraglich vereinbarte Arbeitszeit hinaus geleisteten Stunden verwaltet werden. Zulässig sind auch Regelungen, wonach solche Arbeitszeiten in Freizeit abgegolten werden können. Das BAG hat aber ausdrücklich festgestellt, dass das Führen solcher Arbeitszeitkonten nicht dazu führen darf, dass der Verleiher das von ihm zu tragenden Beschäftigungsrisiko auf den Leiharbeiter abgewälzt werden darf. Regelungen, die es dem Verleiher ermöglichen, einseitig das Arbeitszeitkonto in verleihfreien Zeiten abzubauen, sind unwirksam.[3]

28   Trotz dieser eindeutigen Aussage gehen eine Vielzahl von Landesarbeitsgerichten davon aus, dass der Abbau von Plusstunden aus dem Arbeitszeitkonto in verleihfreien Zeiten zu Gunsten des Verleihers jedenfalls dann möglich ist, wenn der Leiharbeitnehmer weiterhin seine vertraglich vereinbarte Vergütung erhält.[4] Allein das LAG Berlin-Brandenburg[5] geht zu Recht davon aus, dass der Abbau von Plusstunden in verleihfreien Zeiten unzulässig ist. Dies schließt das LAG Berlin-Brandenburg aus dem Wortlaut des Manteltarifvertrags, der einen Abbau von Plusstunden nur während des Einsatzes vorsieht. Es begründet dies aber auch aus der allgemeinen Erwägung, dass der Verleiher das Beschäftigungsrisiko zu tragen hat. Sowohl gegen die Entscheidung des LAG Berlin-Brandenburg also auch gegen eine gegenteilige Entscheidung des LAG Hessen ist zwischenzeitlich Revision zum BAG eingelegt worden, über die noch nicht entschieden ist.

29   Es bleibt zu hoffen, dass das BAG sich an seine Entscheidung aus dem Jahre 2014 erinnert und die Rechtsansicht des LAG Berlin-Brandenburg bestätigt. Denn die verbindliche Einführung eines Arbeitszeitkontos führt dazu, dass sich der Verleiher immer dann ein »Arbeitszeitpolster« schaffen kann, wenn er Einsatzbetriebe findet, die mehr als die in der Leiharbeitsbranche üblichen 35 Wochenstunden arbeitet. Dieses »Arbeitszeitpolster« ist aber gerade nichts anderes als ein Puffer für mögliche verleihfreie Zeiten, in denen er den Leiharbeitnehmer nicht einset-

---

2 Wedde-*Mittag*, § 11 AÜG Rn. 6.
3 BAG 16. 4. 2014 – 5 AZR 483/12.
4 LAG Mecklenburg-Vorpommern 14. 6. 2016 – 2 Sa 213/15; LAG Hessen 9. 6. 2015 – 15 Sa 766/14; LAG Hamburg 22. 7. 2014 – 4 Sa 56/13; LAG Düsseldorf 16. 11. 2011 – 7 Sa 567/11; LAG Stuttgart 6. 3. 2012 – 22 Sa 58/11.
5 LAG Berlin-Brandenburg 17. 12. 2014 – 15 Sa 982/14.

zen kann. Es stellt sich somit gerade als eine Vorsorge für das von ihm zu tragende Beschäftigungsrisiko dar und ist damit eine Regelung, die gegen § 11 Abs. 4 AÜG verstößt.

4. Streik im Entleiherbetrieb

Befindet sich der Entleiherbetrieb, in dem der Leiharbeitnehmer eingesetzt ist, im **Streik**, so darf der Verleiher den Leiharbeitnehmer dort nicht einsetzen. Zusätzlich hat der Leiharbeitnehmer das Recht, die Tätigkeit im bestreikten Entleiherbetrieb zu verweigern (§ 11 Abs. 5 AÜG). Auf dieses Recht ist der Leiharbeitnehmer durch seinen Arbeitgeber, also den Verleiher, hinzuweisen. Im Grundsatz besteht also ein Verbot, Leiharbeitnehmer als Streikbrecher einzusetzen. Allerdings gilt das Verbot nur für die Arbeitsplätze, die von einem Stammbeschäftigten besetzt sind, der sich aktiv im Streik befindet. Nicht erlaubt ist, zunächst einen anderen Stammbeschäftigten auf den Arbeitsplatz eines Streikenden zu versetzen, um dann den durch die Versetzung frei gewordenen Arbeitsplatz mit einem Leiharbeitnehmer zu besetzen.   **30**

Im Falle eines Streiks beim Entleiher muss also der Leiharbeitnehmer seine Tätigkeit in diesem Betrieb nicht erbringen. Kann der Verleiher den Leiharbeitnehmer in diesem Fall nicht in einem anderen Betrieb einsetzen, so entsteht eine verleihfreie Zeit, also eine Zeit, in der die Arbeitszeit auf Null reduziert ist. Trotz des Streiks behält der Leiharbeitnehmer seinen Anspruch auf Vergütung.[6]   **31**

5. Mehrarbeit und Arbeit an Sonn- und Feiertagen

Der Leiharbeitnehmer kann wie jeder andere Arbeitnehmer verpflichtet sein, Mehrarbeit zu leisten oder an Sonn- und Feiertagen sowie in der Nacht zu arbeiten. Auch kann es sein, dass er zur Leistung von Rufbereitschaft oder Bereitschaftsdiensten verpflichtet ist. Da der Leiharbeitnehmer während der Einsätze beim Entleiher den Arbeitszeitregelungen des Einsatzbetriebs unterliegt, verweisen die Manteltarifverträge der Leiharbeitsbranche hinsichtlich der Verpflichtung zur Erbringung derartiger Tätigkeiten auf die Regelungen im Einsatzbetrieb. Wird also im Einsatzbetrieb von vergleichbaren Stammarbeitskräften Rufbereitschaft geleistet, so ist der Leiharbeitnehmer hierzu verpflichtet. Wird beim Entleiher nachts gearbeitet, so ist der Leiharbeitnehmer hierzu ebenfalls verpflichtet. Arbeiten beim Entleiher vergleichbare Stammbeschäftigte sonntags und an Feiertagen, so ist hierzu regelmäßig auch der Leiharbeitnehmer verpflichtet.   **32**

---

6 Steiner/Mittländer, S. 48.

33 Will der Leiharbeitnehmer daher ausschließen, dass er nachts oder an Sonn- und Feiertagen oder am Wochenende arbeiten muss, so muss er dies ausdrücklich im Arbeitsvertrag festhalten. Anderenfalls ist er zu solchen Tätigkeiten immer dann verpflichtet, wenn er in einem Betrieb eingesetzt wird, in dem die vergleichbaren Stammbeschäftigten eben solche Tätigkeiten verrichten bzw. diese zu solchen Zeiten ihre Arbeitsleistung erbringen.

34 Die Vergütung derartiger Tätigkeiten bzw. Tätigkeiten in solchen Zeiten richtet sich dann in der Regel nicht nach den Regelungen des Einsatzbetriebs, sondern vielmehr nach den beim Verleiher geltenden Regelungen. Da die Leiharbeitsverträge meistens auf ein Tarifwerk in der Leiharbeitsbranche verweisen, gelten diese Vergütungsregelungen, die auch Zuschläge für Mehr- und Nachtarbeit sowie für Sonn- und Feiertagsarbeit vorsehen. Diese weichen aber häufig zu Ungunsten der Leiharbeitnehmer von denjenigen Tarifregelungen in den Entleiherbetrieben ab und sind geringer.

III. Hinweis für die Mitbestimmung

35 Wesensmerkmal eines Leiharbeitsverhältnisses ist es, dass das Weisungsrecht, dem der Leiharbeitnehmer unterliegt, geteilt ist. Dem Verleiher als Arbeitgeber steht das Weisungsrecht in vollem Umfang nur dann zu, wenn der Leiharbeitnehmer nicht in einem Entleiherbetrieb eingesetzt werden kann, also während der sog. verleihfreien Zeiten. Ist der Leiharbeitnehmer aber in einem Entleiherbetrieb eingesetzt, so liegt ein geteiltes Weisungsrecht vor: Der Verleiher einerseits ist und bleibt Arbeitgeber und insoweit obliegt ihm das Weisungsrecht zum Teil; dem Entleiher ist der Leiharbeitnehmer zur Erbringung von Arbeitsleistungen überlassen, so dass ihm während des Einsatzes das Weisungsrecht über das Ob, Wann und Wie der Arbeitsleistung zusteht. Ihm obliegt also das Recht, die Tätigkeit zu konkretisieren. Dieses zwischen Verleiher und Entleiher geteilte Weisungsrecht hat Auswirkungen auf das Mitbestimmungsrecht der Betriebsräte in Bezug auf Arbeitszeitfragen gemäß § 87 Abs. 1 Nr. 2 und 3 BetrVG. Es stellt sich die Frage, welcher Betriebsrat wann und für welche Fragen der Arbeitszeitgestaltung zuständig ist.

36 Welchem Betriebsrat das Mitbestimmungsrecht für Maßnahmen in Bezug auf die Arbeitszeit zusteht, die Leiharbeitnehmer betreffen, bestimmt sich danach, ob der Verleiher (also der Vertragsarbeitgeber) oder der Entleiher (also der Einsatzbetrieb) die mitbestimmungspflichtige Entscheidung hierüber trifft.[7]

---

7 BAG 19.6.2001 – 1 ABR 43/00.

Dies bedeutet, dass das Mitbestimmungsrecht hinsichtlich der **Lage der Arbeits-** **37**
zeit i. S. d. § 87 Abs. 1 Nr. 2 BetrVG (also Beginn und Ende der Arbeitszeit sowie
deren Verteilung auf die Wochentage) im Falle von verleihfreien Zeiten – also in
Zeiten, in denen der Leiharbeitnehmer nicht eingesetzt werden kann – dem Betriebsrat des Verleihunternehmens obliegt. Denn in Zeiten ohne Einsatz bestimmt der Verleiher über die konkrete Lage der täglichen Arbeitszeit.[8] Denkbar
ist hier, dass der Betriebsrat des Verleihers eine Betriebsvereinbarung abschließt,
in der Regelungen enthalten sind, zu welchen Zeiten und für welche Dauer Leiharbeitnehmer während einsatzfreier Zeiten ansprechbar sein müssen, um für einen neuen Einsatz abrufbar zu sein.

In Zeiten, in denen der Leiharbeitnehmer eingesetzt ist, ist er im Entleiherbetrieb **38**
eingegliedert. Es gelten die dortigen Regelungen zur Lage der Arbeitszeit. Da also
während eines Einsatzes der Entleiher über die Lage der Arbeitszeit entscheidet,
obliegt dem Betriebsrat des Entleiherbetriebs das Mitbestimmungsrecht über die
Lage der Arbeitszeit und zwar auch hinsichtlich der im Betrieb eingesetzten Leiharbeitnehmer.[9] Will beispielsweise der Entleiher in einem Betrieb, in dem samstags üblicherweise nicht gearbeitet wird, ausnahmsweise am Samstag arbeiten
lassen, um im Rahmen einer besonderen Kundenaktion erreichbar zu sein, und
in der Folgewoche den Beschäftigten abwechselnd einen Ausgleichstag gewähren, so muss er auch dann den Entleiherbetriebsrat um Zustimmung bitten,
wenn er an diesem Samstag ausschließlich Leiharbeitnehmer einsetzen will.

Zu beachten ist in Betrieben, in denen nach Schicht- oder Dienstplänen gearbei- **39**
tet wird, dass vom Mitbestimmungsrecht des Betriebsrats nicht nur der Schicht-
oder Dienstplan als solcher erfasst ist, sondern auch die Zuordnung der einzelnen Beschäftigten in die jeweilige Schicht. Das bedeutet, dass vom Mitbestimmungsrecht des Betriebsrats des Entleiherbetriebs auch die Zuordnung von na-
mentlich genannten Leiharbeitnehmern zu bestimmten Diensten und Schichten
erfasst ist.[10]

Wird in einem Betrieb Gleitzeit gearbeitet, obliegt es dem Betriebsrat des Ent- **40**
leiherbetriebs darauf zu achten, dass die Behandlung von Gleitzeitguthaben, die
von Leiharbeitnehmern aufgebaut werden, nach den im Betrieb für die vergleichbaren Stammbeschäftigten vereinbarten Regelungen erfolgt.[11] Ist also ein
sog. Ampelmodell vereinbart, nach dem bei einem bestimmten Umfang von
Gleitzeitguthaben ein Abbau zwingend vorgenommen oder vereinbart werden
muss, so sind diese Regelungen auch von Leiharbeitskräften einzuhalten und der

---

8 Wedde-*Mittag*, § 14 AÜG Rn. 8.
9 BAG 15. 12. 1992 – 1 ABR 38/92; BAG 19. 6. 2001 – 1 ABR 43/00; LAG Hamm 26. 8. 2005 –
13 TaBV 147/04.
10 LAG Baden-Württemberg 5. 8. 2005 – 5 TaBV 5/05.
11 Wedde-*Mittag*, § 14 AÜG Rn. 22.

Entleiher ist anzuhalten, diese Regelungen auch zu Gunsten der Leiharbeitskräfte anzuwenden.

41 Die Bestimmung, welchem Betriebsrat das Mitbestimmungsrecht gemäß § 87 Abs. 1 Nr. 3 BetrVG zusteht, ist bei der Anordnung und Entgegennahme von **Mehrarbeit** nach denselben Kriterien zu bestimmen. Das Mitbestimmungsrecht in Bezug auf Mehrarbeit steht dem Betriebsrat des Verleihers zu, wenn durch die Entsendung des Leiharbeitnehmers aufgrund der längeren Arbeitszeitregelungen beim Entleiher dies zu einer Verlängerung der Arbeitszeit des Leiharbeitnehmers führt,[12] denn dann hat der Verleiher die Entscheidung über die Mehrarbeit getroffen. Trifft hingegen der Entleiher die Entscheidung über die Mehrarbeit, dann steht dem Betriebsrat des Entleiherbetriebs das Mitbestimmungsrecht über die Mehrarbeit auch der Leiharbeitskräfte zu.[13]

42 Dies ist etwa dann der Fall, wenn der Entleiher entscheidet, dass vorübergehend zur Abarbeitung von Rückständen bei der Auftragsbearbeitung an vier Wochenenden hintereinander zusätzlich samstags gearbeitet werden soll. Dann hat der Betriebsrat des Entleihers seine Zustimmung zu erteilen und zwar auch dann, wenn die Samstagsarbeit ausschließlich von Leiharbeitnehmern erbracht werden soll. Das Mitbestimmungsrecht des Betriebsrats des Entleihers in Bezug auf Mehrarbeit ist nur dann ausgeschlossen, wenn die Mehrarbeit des Leiharbeitnehmers einzig und allein auf einer Entscheidung des Verleihers beruht.[14]

43 Da die Mitbestimmungsrechte in Bezug auf die Lage der Arbeitszeit und auf Mehrarbeit im Personalvertretungsrecht ähnlich ausgestaltet sind wie in der Betriebsverfassung, gelten die Ausführungen auch für Personalräte (§ 75 Abs. 3 Nr. 1 BPersVG). Jedoch sind die Einschränkungen des § 75 Abs. 4 BPersVG zu beachten. Aber das Mitbestimmungsrecht bleibt auch hier in Bezug auf Leiharbeitnehmer im selben Umfang erhalten wie gegenüber Stammkräften.

---

12 BAG 19. 6. 2001 – 1 ABR 43/00.
13 BAG 19. 6. 2001 – 1 ABR 43/00.
14 BAG 25. 8. 2004 – 1 ABR 41/03.

Lenkzeiten

I. Einführung

Der Begriff der Arbeitszeit ist vielfältig. Insofern dient er nicht allein dazu, Arbeitszeit und Freizeit bzw. Ruhezeit voneinander abzugrenzen oder das höchst zulässige Maß der Arbeit zu bestimmen. Anders verhält es sich mit den Begriffen »Lenkzeit« und »Ruhezeit« (oder auch »Lenk- und Ruhezeiten«). Soweit eine höchstens zulässige Dauer des Lenkens von Fahrzeugen festgelegt wird, sollen dadurch Unfälle als Folge von Ermüdung und Unaufmerksamkeit verhindert werden. Gleiches gilt für die sich an die Lenkzeiten anschließenden Ruhezeiten.

Die Lenk- und Ruhezeiten sind in der Fahrpersonalverordnung (FPersV) geregelt. Die FPersV wird vom Bundesministerium für Verkehr und digitale Infrastruktur (BMVI) aufgrund des Fahrpersonalgesetzes (FPersG) erlassen. Dadurch wird die Verordnung (EG) Nr. 561/2006 des Europäischen Parlaments und des Rates vom 15.3.2006 zur Harmonisierung bestimmter Sozialvorschriften im Straßenverkehr umgesetzt, die aber auch unmittelbar gilt.

II. Einzeldarstellung

1. Anwendungsbereich

Nach § 1 Abs. 1 Satz 1 FPersG gelten die Regelungen des Fahrpersonalrechts für die Beschäftigung und für die Tätigkeit des Fahrpersonals von Kraftfahrzeugen sowie von Straßenbahnen, soweit sie am Verkehr auf öffentlichen Straßen teilnehmen. Als Fahrpersonal gelten Fahrer und Beifahrer.

Gemäß § 1 Abs. 2 FPersG gelten die Regelungen des FPersG und der FPersV nicht für Mitglieder des Fahrpersonals von

• Dienstfahrzeugen der **Bundeswehr**, der **Feuerwehr** und der anderen Einheiten und Einrichtungen des **Katastrophenschutzes**, der **Polizei** und des **Zolldienstes**,

- Kraftfahrzeugen mit einem zulässigen Gesamtgewicht, einschließlich Anhänger oder Sattelanhänger, bis zu 2,8 Tonnen, es sei denn, dass sie als Fahrpersonal in einem unter den Geltungsbereich des ArbZG fallenden Arbeitsverhältnis stehen.

Damit werden insbesondere zur Aufrechterhaltung der öffentlichen Sicherheit und Ordnung Gefahrenabwehrbehörden von der Regelung ausgenommen.

5   Nach § 1 Abs. 1 Satz 3 FPersG gehen Regelungen der FPersV, die Arbeitszeit gestalten, dem ArbZG vor.

2. Begriffe

6   Die für das Lenk- und Ruhezeitenrecht bedeutsamen Begriffe regelt Art. 4 der Verordnung (EG) Nr. 561/2006. Die wichtigsten Begriffe werden – auf den Punkt gebracht – wie folgt bestimmt:

Lenkzeit ist die aufgezeichnete Dauer der Lenktätigkeit.

Tageslenkzeit ist die summierte Gesamtlenkzeit zwischen dem Ende einer täglichen Ruhezeit und dem Beginn der darauf folgenden täglichen Ruhezeit oder zwischen einer täglichen und einer wöchentlichen Ruhezeit.

Wochenlenkzeit ist die summierte Gesamtlenkzeit innerhalb einer Woche.

Lenkdauer ist die Gesamtlenkzeit zwischen dem Zeitpunkt, zu dem ein Fahrer nach einer Ruhezeit oder einer Fahrtunterbrechung beginnt, ein Fahrzeug zu lenken, und dem Zeitpunkt, zu dem er eine Ruhezeit oder Fahrtunterbrechung einlegt. Die Lenkdauer kann ununterbrochen oder unterbrochen sein.

Ruhepause umfasst jeden ununterbrochenen Zeitraum, in dem ein Fahrer frei über seine Zeit verfügen kann.

Tägliche Ruhezeit meint den täglichen Zeitraum, in dem ein Fahrer frei über seine Zeit verfügen kann und der eine »regelmäßige tägliche Ruhezeit« und eine »reduzierte tägliche Ruhezeit« umfasst.

Regelmäßige tägliche Ruhezeit ist eine Ruhepause von mindestens elf Stunden. Diese regelmäßige tägliche Ruhezeit kann auch in zwei Teilen genommen werden, wobei der erste Teil einen ununterbrochenen Zeitraum von mindestens drei Stunden und der zweite Teil einen ununterbrochenen Zeitraum von mindestens neun Stunden umfassen muss.

Reduzierte tägliche Ruhezeit ist eine Ruhepause von mindestens neun Stunden, aber weniger als elf Stunden.

Wöchentliche Ruhezeit umfasst den wöchentlichen Zeitraum, in dem ein Fahrer frei über seine Zeit verfügen kann und der eine »regelmäßige wöchentliche Ruhezeit« und eine »reduzierte wöchentliche Ruhezeit« umfasst.

Regelmäßige wöchentliche Ruhezeit meint eine Ruhepause von mindestens 45 Stunden.

Reduzierte wöchentliche Ruhezeit meint eine Ruhepause von weniger als 45 Stunden, die vorbehaltlich der Bedingungen des Art. 8 Abs. 6 auf eine Mindestzeit von 24 aufeinander folgenden Stunden reduziert werden kann. **Woche** meint den Zeitraum zwischen Montag 0 Uhr und Sonntag 24 Uhr.

3. Der Kern der Regelung: Die Lenk- und Ruhezeiten

a. Tägliche und wöchentliche Lenkzeit

Die zentrale Regelung zu Lenkzeiten findet sich in Art. 6 der Verordnung (EG) **7** Nr. 561/2006. Danach darf die **tägliche Lenkzeit** neun Stunden nicht überschreiten. Ferner darf die tägliche Lenkzeit höchstens zweimal in der Woche auf höchstens zehn Stunden verlängert werden.

Die **wöchentliche Lenkzeit** darf 56 Stunden nicht überschreiten und darf auch **8** nicht dazu führen, dass die in der Richtlinie 2002/15/EG festgelegte wöchentliche Höchstarbeitszeit überschritten wird. Die summierte Gesamtlenkzeit während zweier aufeinander folgender Wochen darf 90 Stunden nicht überschreiten.

Die tägliche und die wöchentliche Lenkzeit umfassen alle Lenkzeiten im Gebiet **9** der EU oder im Hoheitsgebiet von Drittstaaten.

b. Ruhezeiten

Die Ruhezeiten werden in Art. 8 der Verordnung (EG) Nr. 561/2006 festgelegt. **10** Diese Regelung ist komplex. Es gelten die zuvor erläuterten Begriffe. Die wichtigsten Inhalte lauten:

- Der Fahrer muss **tägliche** und **wöchentliche Ruhezeiten** einhalten.
- Innerhalb von 24 Stunden nach dem Ende der vorangegangenen **täglichen** oder **wöchentlichen Ruhezeit** muss der Fahrer eine neue tägliche Ruhezeit genommen haben. Beträgt der Teil der täglichen Ruhezeit, die in den 24-Stunden-Zeitraum fällt, mindestens neun Stunden, jedoch weniger als elf Stunden, so ist die fragliche tägliche Ruhezeit als **reduzierte tägliche Ruhezeit** anzusehen.
- Eine **tägliche Ruhezeit** kann verlängert werden, so dass sich eine regelmäßige wöchentliche Ruhezeit oder eine **reduzierte wöchentliche Ruhezeit** ergibt.
- Der Fahrer darf zwischen zwei **wöchentlichen Ruhezeiten** höchstens drei **reduzierte tägliche Ruhezeiten** einlegen.

c. Pausen und Lenkzeitunterbrechungen

Lenkzeitunterbrechungen regelt Art. 7 der Verordnung (EG) Nr. 561/2006. Da- **11** nach muss ein Fahrer nach einer Lenkdauer von 4,5 Stunden eine ununterbrochene Fahrtunterbrechung von wenigstens 45 Minuten einlegen, wenn er keine Ruhezeit einlegt. Diese Unterbrechung kann durch eine Unterbrechung von mindestens 15 Minuten, gefolgt von einer Unterbrechung von mindestens 30 Minuten, ersetzt werden, wobei nach einer Lenkdauer von 4,5 Stunden dann die zweite Pause erfolgen muss.

4. Regelungen der Fahrpersonalverordnung

a. Grundsatz: Einhaltung von Lenkzeiten, Fahrtunterbrechungen und Ruhezeiten

12 Nach Art. 2 Abs. 1 der Verordnung (EG) Nr. 561/2006 gelten die Lenk- und Ruhezeiten für Güterbeförderungen mit Fahrzeugen, deren zulässige Höchstmasse einschließlich Anhänger oder Sattelanhänger 3,5 Tonnen übersteigt, oder für die Personenbeförderung mit Fahrzeugen, die für die Beförderung von mehr als neun Personen einschließlich des Fahrers konstruiert oder dauerhaft angepasst und zu diesem Zweck bestimmt sind. Nach § 1 Abs. 1 FPersV müssen bereits Fahrer von Fahrzeugen mit einer zulässigen Höchstmasse von 2,8 Tonnen Lenkzeiten einhalten.

b. Ausnahmen und abweichende Regelungen

13 Gemäß § 1 Abs. 2 FPersV müssen Lenk- und Ruhezeiten der Verordnung (EG) Nr. 561/2006 in bestimmten Fällen nicht eingehalten werden. Besonders relevant ist § 1 Abs. 2 Nr. 1 FPersV, der auf § 18 FPersV verweist. Bei den in § 18 FPersV genannten Fahrzeugen handelt es sich in erster Linie um:

- Behördenfahrzeuge
- landwirtschaftliche Fahrzeuge
- Fahrzeuge von Postdienstleistern bis 7,5 Tonnen
- Fahrschulfahrzeuge
- Fahrzeuge, die zur Wartung und Reparatur von Straßen und Leitungen eingesetzt werden
- Müllfahrzeuge
- Geldtransporter
- Verkaufsfahrzeuge
- Wohnmobile u. a.

14 Erleichterungen gelten auch für Linienbusse (vgl. § 1 Abs. 3 FPersV).

5. Der Nachweis von Lenk- und Ruhezeiten

15 Auch der Nachweis von Lenk- und Ruhezeiten erfolgt in den drei Schritten:
- Feststellung,
- Aufzeichnung und
- Aufbewahrung.

16 Feststellung und Aufzeichnung der Zeiten erfolgen dabei seit dem Jahr 2006 durch ein sog. EG-Kontrollgerät digital und automatisch. Wie dieses Gerät aufgebaut und beschaffen sein muss, regelt Anhang I B zur Verordnung (EWG) Nr. 3821/85.

Dies wird wiederum von § 2 FPersV aufgegriffen. Nach § 2 Abs. 1 FPersV muss **17** ein Fahrer das Kontrollgerät in Betrieb nehmen und bedienen. Im Weiteren regelt die Vorschrift, dass Ausdrucke des Kontrollgerätes über die aktuell zurückgelegten Zeiten vom Fahrer aufzubewahren und zu Kontrollzwecken vorzulegen sind. Ferner trifft den Unternehmer (regelmäßig eine Spedition) die Pflicht, das Gerät regelmäßig auszulesen, die Daten zu kopieren und im Unternehmen aufzubewahren.

III. Hinweise für die Mitbestimmung

1. Mitbestimmungsrecht nach § 21a ArbZG

Es handelt sich bei Vorschriften zu Lenk- und Ruhezeiten um zwingendes öffent- **18** liches Recht, von dem die Betriebsparteien nicht durch Betriebsvereinbarung abweichen können. Allerdings besteht für bestimmte Fragen im Zusammenhang mit Lenk- und Ruhezeiten ein Mitbestimmungsrecht. So regelt § 21a Abs. 6 ArbZG ausdrücklich, dass in Tarifverträgen oder aufgrund eines Tarifvertrages in Betriebs- oder Dienstvereinbarungen die Voraussetzungen für
- die Zeit, während derer sich ein Arbeitnehmer am Arbeitsplatz bereithalten muss, um seine Tätigkeit aufzunehmen, sowie für
- die Zeit, während derer sich ein Arbeitnehmer bereithalten muss, um seine Tätigkeit auf Anweisung aufnehmen zu können, ohne sich an seinem Arbeitsplatz aufhalten zu müssen,
geregelt werden können. Zudem können die Parteien auf gleichem Wege eine abweichende Regelung von § 21a Abs. 4 ArbZG treffen, wenn dadurch die durchschnittliche Wochenarbeitszeit von 48 Stunden in sechs Monaten nicht überschritten wird.

2. Tarifverträge

In Anlehnung an § 21a ArbZG regelt etwa der MTV für die gewerblichen Arbeit- **19** nehmer im privaten Transport- und Verkehrsgewerbe in Hessen vom 3.5.2007 in seinem Anhang I (»*Arbeitszeitregelungen für Kraftfahrer*«),
- welche Zeiten und Verrichtungen zu Bereitschaftszeiten zählen (Anhang I Ziff. 2),
- dass die Dauer der Arbeitszeit 38 Stunden beträgt, auf bis zu 60 Stunden ver-

längert werden kann, bei entsprechendem Ausgleich innerhalb von sechs Monaten und einem Durchschnitt von 48 Stunden (Anhang I Ziff. 3),

- dass insbesondere eine Nebentätigkeit, die mit Lenktätigkeit verbunden ist, im Hinblick auf die einzuhaltenden Lenkzeiten strikt untersagt ist (Anhang I Ziff. 5).

20   In Anhang II dieses MTV werden im Wesentlichen die Regelungen der Verordnung (EG) Nr. 561/2006 wiedergegeben.

21   Der MTV für die gewerblichen Arbeitnehmer des privaten Personenverkehrs mit Omnibussen in Hessen, gültig ab 1.4.2014, verweist in seinem § 7 (»*Arbeitszeit für das Fahrpersonal*«) im Wesentlichen auf die Regelungen der Verordnung (EG) Nr. 561/2006 und der FPersV, wobei die Besonderheiten für Linienbusse eingearbeitet werden.

IV. Eckpunkte für Betriebs- und Dienstvereinbarungen

22   Prinzipiell kommen Betriebsvereinbarungen für Zeiten in Bezug auf Lenk- und Fahrtätigkeiten wegen der strengen gesetzlichen Vorgaben nur im Hinblick auf Ruhezeiten und Bereitschaftsdienste in Betracht. Auch hier gibt es aber weitgehende gesetzliche Bedingungen, die einzuhalten sind.

23   Aus Arbeitnehmersicht besteht seit langem der Missstand, dass viele Verrichtungen, die nicht Führen des Fahrzeuges oder Be- und Entladen sind, nicht als Arbeitszeit anerkannt werden (so etwa nach dem MTV des privaten Transport- und Verkehrsgewerbes in Hessen). Als Beispiel seien hier Warten auf Be- und Entladung oder Zollabfertigung, Beförderung auf einer Fähre oder einem Zug oder Wartezeiten an einer Grenze (etwa wegen eines Sonntagsfahrverbots) genannt. Wünschenswert wäre es insoweit, dass diese Verrichtungen nicht als Bereitschafts-, sondern als Arbeitszeit gelten.

Mehrarbeit und Überstunden

I. Einführung

Weder der Begriff der Mehrarbeit noch der der Überstunde sind gesetzlich definiert. Sie werden zudem uneinheitlich verwendet. So wird beispielsweise in § 11 BUrlG und in § 4 EFZG der Begriff der Überstunde verwendet. In den Regelungen des § 124 SGB IX und des § 8 JArbSchG wird hingegen der Begriff der Mehrarbeit benutzt. Im ArbZG kommen beide Begriffe nicht vor. Die meisten Tarifverträge verwenden den Begriff der Mehrarbeit; die Tarifverträge des öffentlichen Dienstes benutzen beide Begriffe. Manche benutzen den Begriff »Mehrarbeit« für die Überschreitung der nach dem ArbZG festgelegten regelmäßigen Arbeitszeit und den Begriff »Überstunde« für die Überschreitung der tarifvertraglich bzw. arbeitsvertraglich vereinbarten regelmäßigen Arbeitszeit.[1] In der betrieblichen Praxis werden die Begriffe häufig synonym gebraucht.   **1**

Gleich wie die Begriffe verwendet werden, gemeint ist immer diejenige Arbeitsleistung, die über die gesetzlich definierte Regelarbeitszeit oder die tarifvertraglich beziehungsweise arbeitsvertraglich vereinbarte regelmäßige Arbeitszeit hinausgeht. Es geht im wörtlichen Sinne also um Arbeitsleistungen, die über das Normalmaß hinaus von den Beschäftigten erbracht werden. Dabei stellt sich zunächst die Frage, was das Normalmaß ist und wann demzufolge Mehrarbeit vorliegt. Sodann ist zu fragen, ob und unter welchen Voraussetzungen Beschäftigte zu Mehrarbeit verpflichtet sind. Weiter stellt sich die Frage, ob die Beschäftigten eine Vergütung für die Mehrarbeit verlangen können und wenn in welcher Form und Höhe.   **2**

---

1 Fitting, § 87 Rn. 140.

II. Einzeldarstellung

1. Was ist Mehrarbeit?

3   Was unter Mehrarbeit oder Überstunden zu verstehen ist, ergibt sich aus den im einzelnen Arbeitsverhältnis anzuwendenden Regelungen. Dies kann sich also aus dem (Arbeitszeit-)Gesetz, aus einem geltenden (Mantel- oder Rahmen-)Tarifvertrag und/oder aus dem Arbeitsvertrag selbst ergeben.

a. Mehrarbeit nach dem Arbeitszeitgesetz

4   Das **ArbZG** verwendet den Begriff der Mehrarbeit nicht. Jedoch geht das ArbZG von einer regelmäßigen täglichen Arbeitszeit von maximal acht Stunden aus (§ 3 Satz 1 ArbZG). Diese gilt für alle Werktage. Als Werktage sind dabei alle Tage definiert, die nicht Sonn- und Feiertage sind. Damit ist der Samstag ein Werktag; das ArbZG geht folglich von einer Sechs-Tage-Woche aus. Eine wöchentliche Höchstarbeitszeit kennt das ArbZG hingegen nicht. Daher gelten die maximal acht Stunden pro Werktag als die Regelarbeitszeit. Bezugspunkt für die Ermittlung der Regelarbeitszeit ist nach dem Gesetz mithin der einzelne Arbeitstag, nicht die Arbeitswoche oder der Monat.

5   Die Regelarbeitszeit kann ausnahmsweise auf täglich maximal zehn Stunden verlängert werden. Dies setzt aber voraus, dass in einem Zeitraum von sechs Monaten oder 24 Wochen (Ausgleichszeitraum) die durchschnittliche Arbeitszeit von acht Stunden werktäglich nicht überschritten wird (§ 3 Satz 2 ArbZG). Die Überschreitung der acht Stunden täglich ist gesetzlich die Ausnahme und nicht der Regelfall. Damit ist die Überschreitung der werktäglichen Arbeitszeit von acht Stunden als Mehrarbeit anzusehen und wird umgangssprachlich so verstanden.[2] Mehrarbeit i. S. d. ArbZG ist folglich diejenige Tätigkeit, die an einem einzelnen Arbeitstag über acht Stunden hinaus geleistet wird.

6   Die Arbeitszeit, die an einem Arbeitstag über die regelmäßige Arbeitszeit von acht Stunden hinausgeht, ist zu dokumentieren (§ 16 Abs. 2 ArbZG). Um dies für den Betriebsrat nachvollziehbar zu machen, muss jedoch jeweils der Beginn und das Ende der Arbeitszeit aufgezeichnet werden. Anderenfalls ist es dem Betriebsrat nicht möglich, die gesetzlichen und betrieblichen Regelungen zur Arbeitszeit zu kontrollieren. Dies gehört jedoch zur Aufgabe des Betriebsrats, was sich aus § 80 Abs. 1 Nr. 1 BetrVG zweifelsohne ergibt. Die Verpflichtung trifft den Arbeitgeber; dieser ist verantwortlich für die ordnungsgemäße Dokumentation. Zu beachten ist, dass der im ArbZG als Regelfall festgelegte Ausgleichszeitraum durch einen Tarifvertrag oder aufgrund eines Tarifvertrags in einer Betriebs- oder

---

2 Wedde-*Wedde*, § 3 ArbZG Rn. 9 und 26; Buschmann/Ulber, § 3 Rn.11.

Dienstvereinbarung verlängert werden kann. Hiervon haben eine Vielzahl von Branchen in ihren Tarifverträgen Gebrauch gemacht.

b. Tarifvertragliche Mehrarbeit

Alle Tarifverträge sehen Regelungen zur Arbeitszeit vor. Diese finden sich meistens in den Mantel- oder Rahmentarifverträgen. In diesen wird die regelmäßige Arbeitszeit bestimmt. Die Festlegung erfolgt für ein Vollzeitarbeitsverhältnis. Die meisten Tarifverträge gehen von einer regelmäßigen wöchentlichen Arbeitszeit aus. In der Leiharbeitsbranche ist eine regelmäßige monatliche Arbeitszeit festgehalten. Bezugsgröße für die Ermittlung der tarifvertraglichen Regelarbeitszeit ist somit – anders als im ArbZG – die wöchentlich oder die monatlich zu leistende Arbeitszeit. Ausgehend von der jeweiligen Festlegung der regelmäßigen wöchentlichen oder monatlichen Arbeitszeit enthalten die Tarifverträge auch Definitionen für die Mehrarbeit. Viele Tarifverträge enthalten Regelungen, mit denen die wöchentlich geschuldete Arbeitszeit stark flexibilisiert und auf die betrieblichen Anforderungen der Arbeitgeber angepasst werden kann. Diese Flexibilisierungsmöglichkeiten haben Einfluss auf die jeweilige Definition der tarifvertraglichen Mehrarbeit. Die Definitionen der Mehrarbeit in den einzelnen Tarifverträgen sind daher sehr vielfältig und nicht immer leicht verständlich.

Einzelne tarifvertragliche Definitionen von Mehrarbeit enthalten eine einfache Systematik und sind somit leicht verständlich. So besagt beispielsweise § 3 MTV Chemie (West), dass Mehrarbeit diejenige ist, die die tarifliche wöchentliche oder die im tarifvertraglichen Rahmen betrieblich festgelegte regelmäßige tägliche Arbeitszeit überschreitet, soweit diese angeordnet ist. Ähnlich sind die Definitionen im Bereich der Metall- und Elektroindustrie. § 6 Ziff. 1 MTV M+E Hessen definiert Mehrarbeit für Vollzeitbeschäftigte als diejenige Arbeitszeit, die über die individuelle regelmäßige wöchentliche Arbeitszeit hinausgeht. Bei ungleichmäßiger Verteilung der individuellen regelmäßigen Wochenarbeitszeit ist hiernach immer dann von Mehrarbeit auszugehen, wenn die jeweils festgelegte Wochenarbeitszeit überschritten ist. Für Teilzeitbeschäftigte ist von Mehrarbeit nach diesem Tarifvertrag auszugehen, wenn die tariflich Wochenarbeitszeit von 35 Stunden überschritten wird. Diese Regelungen orientieren sich ganz klassisch an der regelmäßigen (wöchentlichen) Arbeitszeit und definieren Mehrarbeit als jede Tätigkeit, die diese regelmäßige Arbeitszeit überschreitet.

Andere Tarifverträge sehen nicht jede Überschreitung der regelmäßigen Wochenarbeitszeit als Mehrarbeit an. Sie beschränken die Mehrarbeit vielmehr auf diejenigen zusätzlichen Arbeitsstunden, die nicht in einem im Tarifvertrag festgelegten Zeitraum durch bezahlte Freistellung ausgeglichen werden können. So definiert § 5 Ziff. 1 MTV Einzelhandel Nordrhein-Westfalen Mehrarbeit als diejenige Arbeitszeit, die über die regelmäßige Wochenarbeitszeit von 37,5 Stunden hinausgeht, sofern diese nicht innerhalb von drei Wochen ausgeglichen werden

7

8

9

kann. Eine ähnliche Regelung enthält § 3 Ziff. 1.1 i. V. m. § 3 Ziff. 3.1 RTV Gebäudereinigerhandwerk. Danach ist Mehrarbeit diejenige Arbeitszeit, die über die regelmäßige wöchentliche oder vertragliche Arbeitszeit hinausgeht, sofern diese nicht innerhalb eines Monats ausgeglichen werden kann.

10   Ähnlich wird auch Mehrarbeit im öffentlichen Dienst definiert. Allerdings sind die verwendeten Begriffe hier unterschiedlich. Mehrarbeit stellt diejenige Arbeitszeit von Teilzeitbeschäftigten dar, die deren individuell vereinbarte Wochenarbeitszeit überschreitet, jedoch nur bis zur tariflichen Wochenarbeitszeit einer Vollzeitkraft (z. B. § 7 Ziff. 6 TVöD/TVöD-K oder § 9 Ziff. 4 TV-Ärzte/VKA).

Überstunden sind die auf Anordnung des Arbeitgebers geleisteten Arbeitsstunden, die über die im Rahmen der regelmäßigen Arbeitszeit einer Vollzeitkraft für die Woche dienstplanmäßig bzw. betriebsüblich festgesetzten Arbeitsstunden hinausgehen, sofern diese nicht bis zum Ende der folgenden Kalenderwoche ausgeglichen werden können. Auch § 3 Ziff. 5.1 i. V. m. § 3 Ziff. 1.2 BRTV-BHG sieht eine solche Regelung vor. Hiernach sind Mehrarbeitsstunden solche, die über die tarifliche werktägliche Arbeitszeit hinausgehen, wenn diese nicht innerhalb von zwei Wochen ausgeglichen werden.

11   Eine Vielzahl von tariflichen Regelungen zur Mehrarbeit berücksichtigen Sonderformen der Arbeitsleistung, etwa **Schichtarbeit**. So sieht § 3 I i. V. m. § 2 I Ziff. 2 MTV Chemie (West) vor, dass bei voll- oder teilkontinuierlicher Schichtarbeit Mehrarbeit dann gegeben ist, wenn länger als die jeweilig vereinbarte Schicht gearbeitet wird. Ist im Betrieb ein Ausgleichszeitraum für diese Zeiten vereinbart, so ist Mehrarbeit nur dann gegeben, wenn die länger gearbeitete Arbeitszeit nicht innerhalb dieses Ausgleichszeitraums ausgeglichen werden kann. Der Ausgleichszeitraum kann bis zu zwölf Monate betragen. Eine solche Regelung ist auch in den Tarifverträgen des öffentlichen Dienstes vorgesehen, wobei der Ausgleichszeitraum deutlich kürzer und nur auf den Schichtplanturnus beschränkt ist, der nicht länger als einen Monat betragen darf (vergleiche beispielsweise § 7 Ziff. 8 TVöD/TVöD-K).

12   Schwierig wird die Abgrenzung von Regelarbeitszeit und Mehrarbeit bei **flexiblen Arbeitszeitmodellen**. Solche Modelle, wie etwa die Vereinbarung von Gleitzeit oder die Vereinbarung von **Arbeitszeitkonten**, sind häufig dazu da, die tatsächliche Arbeitsleistung auf den betrieblichen Bedarf hin auszurichten. Typisch für solche flexiblen Arbeitszeitmodelle ist, dass die Arbeitszeit nicht gleichmäßig auf alle Arbeitstage verteilt wird, sondern die tägliche Sollarbeitszeit jeweils über- oder unterschritten werden kann und die mehr oder weniger geleistete Arbeitszeit zu einem späteren Zeitpunkt durch Freistellung oder Nacharbeit ausgeglichen wird. Diese Modelle bergen die Gefahr, dass Mehrarbeit vermieden wird, obwohl an einzelnen Tagen auch über längere Zeiträume mehr als die regelmäßige Arbeitszeit gearbeitet wird. Diese Gefahr ist umso höher, je größer die zugelassenen Arbeitszeitkonten und je länger der festgelegte Ausgleichszeitraum ist.

Dennoch sehen einige Tarifverträge die Möglichkeit der Flexibilisierung der Ar- **13**
beitszeit mit Hilfe von Arbeitszeitkonten und langen Ausgleichszeiträumen vor.
So ist es im Bauhauptgewerbe möglich, die Arbeitszeit ungleich zu verteilen,
wenn ein Arbeitszeitkonto eingerichtet und genutzt wird, das sicherstellt, dass in
einem Ausgleichszeitraum von zwölf Monaten die durchschnittliche Wochenarbeitszeit von 40 Stunden nicht überschritten wird. In diesem Fall ist von Mehrarbeit nur dann auszugehen, wenn das Guthaben auf dem Arbeitszeitkonto die
Summe von 150 Plusstunden übersteigt (§ 3 Ziff. 1.4 und Ziff. 5.12 bis 5.14
BRTV-BHG).
In der Leiharbeitsbranche ist in § 4 MTV BAP vereinbart, dass für jeden Leihar- **14**
beitnehmer ein Arbeitszeitkonto zu führen ist. Dieses darf regelmäßig maximal
200 Guthabenstunden aufweisen. Ferner ist ein Ausgleichszeitraum von regelmäßig zwölf Monaten vorgesehen, der nochmals um drei Monate verlängert
werden kann. Ist nach diesen insgesamt 15 Monaten ein Abbau des Guthabens
nicht möglich, so sind die über 150 Stunden hinausgehenden Guthabenstunden
auszuzahlen. Bis zu 150 Stunden können auf den nachfolgenden Ausgleichszeitraum übertragen werden, sofern die maximalen 200 Plusstunden nicht überschritten werden. Mehrarbeit ist in diesem Tarifvertrag also nur diejenige Arbeitszeit, die über das Arbeitszeitkonto über eine Ausgleichszeitraum von 15 Monaten nicht ausgeglichen werden konnte, aber nur dann, wenn das Arbeitszeitkonto das Guthaben von 150 Stunden überschreitet (§ 6 MTV BAP).
Sowohl die tariflichen Regelungen im Bauhauptgewerbe als auch die in der Leih- **15**
arbeitsbranche machen deutlich, dass Mehrarbeit durch Flexibilisierung umgangen werden kann. In diesen Modellen ist es nämlich so, dass nicht jede Arbeitszeit, die die regelmäßige wöchentliche Arbeitszeit überschreitet, auch tatsächlich
als Mehrarbeit behandelt wird. Vielmehr wird diese über die regelmäßige Wochenarbeitszeit hinausgehende Arbeitszeit erst dann zu Mehrarbeit, wenn diese
im Laufe von zwölf bzw. 15 Monaten nicht durch bezahlte Freistellung ausgeli-
chen werden kann. Ob also die tatsächlich über die regelmäßige Wochenarbeitszeit hinaus geleistete Arbeitszeit als Mehrarbeit behandelt wird, hängt in diesen
Fällen davon ab, wie die Auftragslage des Arbeitgebers und damit sein Beschäfti-
gungsbedürfnis in den folgenden Monaten sein werden.
Damit wird deutlich, dass es keine einheitliche Definition der Mehrarbeit bzw. **16**
der Überstunden in den Tarifverträgen gibt. Der Betriebsrat und die Beschäftigten müssen damit die jeweils im Unternehmen bzw. Arbeitsverhältnis geltenden
tariflichen Bestimmungen über die regelmäßige Arbeitszeit und über die Mehrarbeit genau ermitteln.

c. Mehrarbeit nach dem Betriebsverfassungsgesetz
Dem Betriebsrat steht ein echtes Mitbestimmungsrecht bei vorübergehender **17**
Verlängerung der **betriebsüblichen Arbeitszeit** zu (§ 87 Abs. 1 Nr. 3 BetrVG).

Im Rahmen der Betriebsverfassung wird üblicherweise der Begriff der Überstunde verwendet. Betriebsübliche Arbeitszeit ist dabei die im Betrieb regelmäßig geleistete Arbeitszeit. Maßgeblich ist der vertraglich regelmäßig geschuldete zeitliche Umfang der Arbeitsleistung und deren Verteilung auf einzelne Zeitabschnitte (z. B. einzelne Tage, Wochen oder Monate).[3] In tarifgebundenen Betrieben ist dies regelmäßig die tarifvertragliche Arbeitszeit.[4]

18 Diese tarifliche Arbeitszeit gilt auch für AT-Angestellte, soweit diese nicht eine andere Arbeitszeitregelung arbeitsvertraglich vereinbart haben.[5] Mit Blick darauf, dass die betriebsübliche Arbeitszeit sich aus der vertraglich geschuldeten zeitlichen Arbeitsleistung ergibt, muss die betriebsübliche Arbeitszeit nicht im gesamten Betrieb dieselbe sein. Es kann durchaus sein, dass für einzelne Beschäftigtengruppen unterschiedliche betriebsübliche Arbeitszeiten gelten. So ist z. B. bei Teilzeitbeschäftigten die betriebsübliche Arbeitszeit die jeweilige gegenüber einer Vollzeitstelle verkürzte Arbeitszeit. Dies gilt selbst dann, wenn nicht alle Teilzeitbeschäftigten die gleiche Arbeitszeitquote vereinbart haben.[6] Dann gelten auch für die Teilzeitkräfte unterschiedliche betriebsübliche Arbeitszeiten.

19 Das Mitbestimmungsrecht besteht nur bei der **vorübergehenden Verlängerung** der betriebsüblichen Arbeitszeit. Hiervon ist dann auszugehen, wenn der Arbeitgeber für einen überschaubaren Zeitraum oder aus einem bestimmten abgrenzbaren Anlass von dem üblichen Arbeitszeitvolumen abweichen und mehr Arbeitszeit abrufen will, um nach Ablauf des Zeitraums oder Wegfall des Anlasses zu dem ursprünglichen Volumen zurückzukehren.[7] **Überstunden** i. S. d. Betriebsverfassung sind damit die vorübergehende Erhöhung des Arbeitszeitvolumens, das der Arbeitgeber üblicher Weise aufgrund der tarifvertraglichen oder arbeitsvertraglichen Vereinbarungen unter Berücksichtigung der vereinbarten Verteilung auf einzelne Zeitabschnitte abrufen will.

d.　Arbeitsvertragliche Mehrarbeit

20 Auch im Arbeitsvertrag ist Mehrarbeit diejenige, die über die vertraglich vereinbarte Arbeitsleistung hinaus erbracht wird. In den meisten Fällen enthält der Arbeitsvertrag eine ausdrückliche Regelung zum Umfang der geschuldeten Arbeitsleistung. Denkbar ist die Vereinbarung einer täglich festgelegten Arbeitszeit. Häufiger wird eine Wochenarbeitszeit oder eine Monatsarbeitszeit festgelegt. Enthält der Arbeitsvertrag keine Angaben zur geschuldeten Arbeitszeit und wurde ein Vollzeitarbeitsverhältnis vereinbart, so ist davon auszugehen, dass

---

3　BAG 24.4.2007 – 1 ABR 47/06; BAG 11.12.2001 – 1 ABR 3/01.
4　BAG 15.4.2013 – 10 AZR 325/12.
5　BAG 11.12.2001 – 1 ABR 3/01.
6　BAG 24.4.2007 – 1 ABR 47/06.
7　BAG 24.4.2007 – 1 ABR 47/06.

Mittländer

die betriebsübliche Arbeitszeit vereinbart wurde. Denn der Beschäftigte, der ein Vollzeitarbeitsverhältnis eingeht, kann davon ausgehen, dass für ihn nichts anderes gelten soll als für Vollzeitkräfte in dem Betrieb. Ist der Betrieb tarifgebunden, so gilt die tarifvertragliche Arbeitszeit einer Vollzeitkraft.[8]

2. Verpflichtung zur Mehrarbeit?

Mehrarbeit ist eine Arbeitsleistung, die über das vertraglich vereinbarte Maß hinausgeht. Nicht jeder Beschäftigte kann oder will Mehrarbeit leisten. Deshalb stellt sich die Frage, ob Beschäftigte verpflichtet sind, diese zu leisten. Dem Arbeitgeber steht das Direktionsrecht, das auch Weisungsrecht genannt wird, zu. Dieses umfasst neben dem Recht, über Inhalt und Ort der Arbeitsleistung zu bestimmen, die Möglichkeit des Arbeitgebers die Zeit der Arbeitsleistung vorzugeben (§ 106 GewO). Die Befugnis, über die Zeit der Arbeitsleistung zu verfügen, erfasst aber nur die Lage der Arbeitszeit und nicht auch das Recht, den Umfang der Arbeitszeit vorzugeben. Der Umfang der Arbeitszeit wird vielmehr in einem Tarifvertrag oder im Arbeitsvertrag vereinbart. Die Anordnung von Mehrarbeit kann damit nicht auf der Grundlage des Direktionsrechts erfolgen.[9] **21**

Das bedeutet, dass es für die Anordnung von Mehrarbeit einer besonderen, eigenen Rechtsgrundlage bedarf. Der Arbeitgeber kann also Mehrarbeit gegenüber einem Beschäftigten nur anordnen, wenn er sich auf eine Regelung berufen kann, die ihm dieses Recht einräumt. Wie stets im Arbeitsrecht kann sich dies aus dem Gesetz, einem Tarifvertrag, einer Betriebsvereinbarung oder dem Arbeitsvertrag ergeben. Wie sich im Folgenden zeigt, bieten vor allen Dingen die Arbeitsverträge und deren Ausgestaltung dem Arbeitgeber die Möglichkeit zur Anordnung und Entgegennahme von Mehrarbeit. **22**

Das **ArbZG** enthält keine Befugnis des Arbeitgebers zur Anordnung von Mehrarbeit. Weder die ausnahmsweise zulässige Verlängerung der werktäglichen Arbeitszeit auf zehn Stunden (§ 3 Satz 2 ArbZG) noch die in außergewöhnlichen Fällen ausnahmsweise mögliche Überschreitung der Zehn-Stunden-Grenze zur Verhinderung von großen, auf andere Weise nicht abwendbare Schäden (§ 14 ArbZG) berechtigen den Arbeitgeber zur Anordnung von Mehrarbeit.[10] Eine Rechtsgrundlage zur Anordnung von Mehrarbeit kann somit entweder ein im jeweiligen Arbeitsverhältnis geltender Tarifvertrag, eine entsprechende Regelung im Arbeitsvertrag oder eine Betriebsvereinbarung sein. **23**

Die meisten **Mantel- oder Rahmentarifverträge** sehen die Möglichkeit vor, bei dringenden betrieblichen Gründen, bei außergewöhnlichen Fällen oder bei un- **24**

---

8 BAG 15. 4. 2013 – 10 AZR 325/12.
9 BAG 3. 6. 2003 – 1 ABR 349/02.
10 Buschmann/Ulber, § 14 Rn. 23.

vorhergesehenen Bedarfsfällen Mehrarbeit anzuordnen. Diese Anordnungsbefugnis wird jedoch meistens an die Zustimmung des Betriebs- bzw. Personalrats und/oder an den Abschluss einer Betriebs- oder Dienstvereinbarung geknüpft. Das bedeutet, dass die Tarifverträge in der Regel keine Anordnungsbefugnis für Mehrarbeit enthalten, sondern diese sich erst aufgrund betrieblicher Regelungen ergeben können. Die betrieblichen Regelungen müssen dabei die tarifvertraglichen Vorgaben berücksichtigen. Solche tarifvertragliche Regelungen können z. B. eine Höchstzahl von Mehrarbeitsstunden (z. B. 20 Stunden im Monat), kürzere oder längere Ausgleichszeiträume oder ein bestimmter Anlass für die Anordnung von Mehrarbeit sein.

25 Eine Verpflichtung zur Erbringung von Mehrarbeit kann sich unmittelbar aus dem **Arbeitsvertrag** ergeben. Die meisten Verträge erhalten eine Klausel, wonach die Beschäftigten zur Erbringung von Mehrarbeit oder Überstunden verpflichtet sind. Häufig erfolgt noch eine Einschränkung dahingehend, dass dies nur im Rahmen des gesetzlich und/oder tariflich zulässigen Umfangs erfolgen darf. Enthält ein Arbeitsvertrag keine Regelung zur Mehrarbeit, ist also die Pflicht zur Mehrarbeit auch nicht ausdrücklich ausgeschlossen, so ist der Arbeitsvertrag diesbezüglich betriebsvereinbarungsoffen ausgestaltet.[11] Das bedeutet, dass durch den Arbeitsvertrag den Betriebsparteien – also Arbeitgeber und Betriebsrat – die Befugnis eingeräumt wird, eine Regelung zu Anordnung von Mehrarbeit zu treffen, die dann auch diejenigen Beschäftigten zur Erbringung verpflichtet, die dies nicht wollen. Eine solche Befugnis haben die Betriebsparteien jedoch nur dann, wenn die Mehrarbeit nicht unentgeltlich zu leisten ist.[12]

26 Aber auch, wenn der Arbeitsvertrag keine ausdrückliche Regelung zur Mehrarbeit enthält, kann sich die Verpflichtung zur Erbringung von Mehrarbeit als eine **Nebenpflicht** aus dem Arbeitsverhältnis ergeben (Treu und Glauben).[13] Das kann z. B. zur Abarbeitung eines dringend zu erledigen Kundenauftrags, der bei nicht rechtzeitiger Erledigung verloren zu gehen droht, vorliegen. Dabei ist aber immer zu berücksichtigen, dass die Anordnung von Überstunden eine Sonderverpflichtung darstellt und insoweit keine Berechtigung des Arbeitgebers besteht, regelmäßig Mehrarbeit zu verlangen.[14] Zur Abwendung von Not- und Katastrophenfällen ist die Verpflichtung zur Erbringung von Mehrarbeit gestützt auf eine Nebenpflicht aus dem Arbeitsverhältnis ebenfalls denkbar.[15]

---

11 BAG 3. 6. 2003 – 1 AZR 349/02.
12 BAG 3. 6. 2003 – 1 AZR 349/02.
13 BAG 3. 6. 2003 – 1 AZR 349/02; Fitting, § 87 Rn. 141.
14 So wohl LAG Köln 27. 4. 1999 – 13 Sa 1380/98.
15 ArbG Leipzig 4. 2. 2003 – 7 Ca 6866/02.

Mittländer

Im Ergebnis bedeutet dies, dass die Pflicht zur Durchführung von Mehrarbeit re-   **27**
gelmäßig dann aus einer Nebenpflicht aus dem Arbeitsverhältnis abgeleitet werden kann, wenn der Arbeitsvertrag nicht ausdrücklich diese Pflicht für die Beschäftigten ausschließt. Wollen die Beschäftigten also sicherstellen, dass sie nicht
zu Mehrarbeit herangezogen werden, dann müssen sie dies ausdrücklich mit
dem Arbeitgeber vereinbaren und dies in den Arbeitsvertrag aufnehmen. Anderenfalls kann der Arbeitsvertrag die Pflicht zur Erbringung von Mehrarbeit regelmäßig begründen. Dabei ist stets zu beachten, dass die einseitige Anordnung von
Mehrarbeit durch den Arbeitgeber nicht grenzenlos möglich ist. Wie immer
im Arbeitsverhältnis hat der Arbeitgeber das sog. billige Ermessen zu beachten
(§ 106 GewO). Dies bedeutet, dass er bei der Anordnung der Mehrarbeit die
Interessen der Beschäftigten zu beachten hat. So kann er die Beschäftigten beispielsweise nicht zur Mehrarbeit verpflichten, wenn diese auf ein pünktliches Arbeitsende angewiesen sind, weil sie sich um die minderjährigen Kinder oder einen pflegebedürftigen Angehörigen kümmern müssen oder beispielsweise an einer Fortbildung teilnehmen.

Die Verpflichtung zur Erbringung von Mehrarbeit kann sich auch aus einer **Be-**   **28**
triebsvereinbarung ergeben. Dies gilt jedenfalls dann, wenn der Arbeitsvertrag
betriebsvereinbarungsoffen ist. Hiervon ist immer dann auszugehen, wenn der
Arbeitsvertrag eine Regelung enthält, wonach die Beschäftigten zu Mehrarbeit
verpflichtet sind oder im Arbeitsvertrag keine Regelung zur Anordnung von
Mehrarbeit enthalten ist. In diesen Fällen kann sich eine Verpflichtung zur
Mehrarbeit ebenfalls aus dem **Spruch einer Einigungsstelle** ergeben. Ein solcher
Spruch kommt dann zustande, wenn der Betriebsrat das Verlangen des Arbeit-
gebers zur Leistung von Mehrarbeit abgelehnt hat und die innerbetrieblichen
Verhandlungen gescheitert sind. Beharrt der Arbeitgeber in solche Situationen
auf die Ableistung der Mehrarbeit, muss er die fehlende Zustimmung des Be-
triebsrats durch den Spruch einer Einigungsstelle ersetzen lassen (§ 87 Abs. 2
BetrVG).

Zur Mehrarbeit sind die Beschäftigten jedoch nur dann verpflichtet, wenn die   **29**
Voraussetzungen der Betriebsvereinbarung erfüllt sind. Sieht die Betriebsvereinbarung beispielsweise vor, dass die Mehrarbeit von den Beschäftigten nur auf
freiwilliger Basis geleistet werden darf, so kann der Arbeitgeber eine solche nicht
von Beschäftigten verlangen, die diese ablehnen. Selbstverständlich muss die Betriebsvereinbarung bzw. der Spruch der Einigungsstelle die jeweils geltenden tariflichen Bestimmungen zur Mehrarbeit berücksichtigen. Erfolgt dies nicht, ist
die Regelung wegen des Verstoßes gegen den Tarifvorbehalt gemäß § 77 Abs. 3
BetrVG unwirksam.

Verstößt die Anweisung des Arbeitgebers zur Erbringung von Mehrarbeit gegen   **30**
eine Betriebsvereinbarung, so steht den Beschäftigten ein **Leistungsverweige-**
rungsrecht zu, d.h. sie müssen die Mehrarbeit nicht erbringen. Aus einer sol-

chen Verweigerung dürfen ihnen keine Nachteile erwachsen. Sie dürfen also weder abgemahnt noch gekündigt noch auf andere Weise sanktioniert werden. Dies gilt auch für den Fall, dass die Anweisung die Höchstarbeitszeitgrenzen des ArbZG oder die Regelungen eines im Arbeitsverhältnis geltenden Tarifvertrags nicht einhalten und diese missachten.

31 Einen **Anspruch** darauf, **Mehrarbeit erbringen zu können**, haben Beschäftigte hingegen regelmäßig nicht, und zwar auch dann nicht, wenn im Betrieb auch über längere Zeiträume immer wieder Mehrarbeit anfällt.[16] Etwas anderes gilt aber dann, wenn die Anordnung des Arbeitgebers zur Mehrarbeit nur einzelne Beschäftigte betrifft und der Ausschluss anderer Beschäftigter, die zur Mehrarbeit bereit sind, ohne sachlichen Grund erfolgt. Dann verstößt der Arbeitgeber nämlich bei der Anordnung gegen den **Grundsatz der Gleichbehandlung**. In diesen Fällen haben die von der Mehrarbeit ausgeschlossenen Beschäftigten einen Anspruch darauf, berücksichtigt zu werden, wenn Mehrarbeit für vergleichbare Beschäftigte angeordnet oder von diesen entgegen genommen wurde.[17]

3. Vergütung von Mehrarbeit

32 Wenn es eine Verpflichtung der Beschäftigten zur Leistung von Mehrarbeit gibt, stellt sich immer die Frage, ob diese vergütet wird bzw. ob den Beschäftigten ein Rechtsanspruch hierauf zusteht. Hierzu bedarf es einer Rechtsgrundlage, die eine Vergütungspflicht des Arbeitgebers begründet. Das ArbZG sieht keine Regelung zur Vergütung der Mehrarbeit vor. Eine Vergütungspflicht kann somit hieraus nicht abgeleitet werden. Als Rechtsgrundlagen kommen aber der Arbeitsvertrag oder ein Tarifvertrag in Betracht.

33 Ein **arbeitsvertraglicher Anspruch** auf Mehrarbeitsvergütung ergibt sich immer dann, wenn der Arbeitsvertrag eine solche Vergütungsregelung ausdrücklich enthält und den Arbeitgeber zur Vergütung der Mehrarbeit verpflichtet. Dies ist aber selten der Fall. Zwar sehen die Arbeitsverträge häufig eine Verpflichtung zur Erbringung von Mehrarbeit vor. Sie schweigen aber häufig in Bezug auf die vergütungsrechtliche Frage. Ein Anspruch auf Vergütung kann sich in diesen Fällen dennoch ergeben. Im Arbeitsrecht gilt nämlich der Grundsatz, dass eine Vergütung **stillschweigend vereinbart** ist, wenn die Arbeitsleistung den Umständen nach nur gegen Vergütung zu erwarten ist (§ 612 Abs. 2 BGB). Das BAG geht zwar davon aus, dass es keinen allgemeinen Rechtssatz gibt, der davon ausgeht, dass jede Form der Mehrarbeit vergütungspflichtig ist. Eine Vergütungserwartung für Mehrarbeit ist immer anhand der Umstände des Einzelfalls zu prüfen. Allerdings ist von einer entsprechenden berechtigten Vergütungserwartung aus-

---

16 LAG Köln 21.1.1999 – 6 Sa 1252/98.
17 LAG Hessen 12.9.2001 – 8 Sa 1122/00.

Mittländer

zugehen, wenn im betreffenden Wirtschaftszweig, in dem die Beschäftigten tätig sind, Tarifverträge gelten, die für vergleichbare Beschäftigte eine Mehrarbeitsvergütung vorsehen. Da solche Tarifverträge in fast allen Branchen des Wirtschaftslebens existieren, ist folglich davon auszugehen, dass im Regelfall ein Vergütungsanspruch der Beschäftigten besteht.[18]

nicht belegt **34–37**

Eine Vergütungspflicht für Mehrarbeit ergibt sich auch aus den **Tarifverträgen**. **38**
Dabei regeln die Tarifverträge in der Regel nur die Höhe der für Mehrarbeit anfallenden **Zuschläge**. Zuschläge kann es aber nur geben, wenn auch eine Grundvergütung gezahlt wird. Dort wo Tarifverträge gelten, ist die Vergütung der Mehrarbeit in der Regel attraktiver als dort, wo sie nicht gelten. Denn neben der Grundvergütung ist ein Zuschlag fällig. Die Höhe der Zuschläge variiert. Häufig ist ein Zuschlag von 25 % vorgesehen. Manche Tarifverträge sehen eine Staffelung vor, die steigt je umfangreicher die Mehrarbeit ist. Viele Tarifverträge sehen vor, dass **Teilzeitbeschäftigte** erst dann den Mehrarbeitszuschlag erhalten, wenn sie Mehrarbeit in einem Umfang leisten, die über die Vollzeittätigkeit hinausgeht. Dies ist zum Beispiel ausdrücklich in den Tarifverträgen des öffentlichen Dienstes oder der Metall- und Elektroindustrie geregelt. Nach der Rechtsprechung des EuGH und des BAG ist hierin keine unzulässige Ungleichbehandlung zu sehen. Daher werden diese Regelungen als wirksam angesehen.[19]

Eine **Betriebsvereinbarung** kann wegen des Tarifvorbehalts des § 77 Abs. 3 **39**
BetrVG in der Regel keinen Anspruch auf Mehrarbeitszuschläge begründen. Nur in den Branchen, in denen keine Flächentarifverträge existieren, können Betriebsvereinbarungen wirksam Mehrarbeitszuschläge enthalten. Denn (nur) in diesen Fällen fehlt es an der Tarifüblichkeit.

nicht belegt **40–42**

4. Besondere Regelungen für einzelne Beschäftigtengruppen

Nicht jeder Beschäftigte ist zur Leistung von Mehrarbeit verpflichtet. Der Gesetz- **43**
geber hat einige Beschäftigtengruppen, die aufgrund ihrer Lebenssituation einen besonderen arbeitsrechtlichen Schutz benötigen, von der Verpflichtung zur Leistung von Mehrarbeit entbunden beziehungsweise diese eingeschränkt. Diesen Regelungen liegt der Schutz der betroffenen Beschäftigten vor einer Überbeanspruchung durch zu lange Arbeitszeit zu Grunde.

Jugendliche, also diejenigen, die bereits 15 aber noch nicht 18 Jahre alt sind, dür- **44**
fen täglich nicht länger als acht Stunden und wöchentlich nicht mehr als 40 Stun-

---

18 BAG 22. 2. 2012 – 5 AZR 765/10.
19 EuGH 15. 12. 1994 – C-399/92 und weitere Parallelentscheidungen; BAG 25. 7. 1996 – 6 AZR 138/94.

den beschäftigt werden (§ 8 Abs. 1 JArbSchG). Eine Ausnahme gilt dann, wenn an einzelnen Werktagen die Arbeitszeit auf weniger als acht Stunden verkürzt wird. In solchen Fällen kann dann die Arbeitszeit an den weiteren Werktagen derselben Kalenderwochen ausnahmsweise auf bis zu 8,5 Stunden verlängert werden.

45 Eine weitere Ausnahme gilt für den Fall, dass im Zusammenhang mit einem Feiertag an einem Werktag nicht gearbeitet wird, um hierdurch einen längeren Freizeitblock zu schaffen (z. B. arbeitsfrei an sog. Brückentagen oder in der Zeit zwischen Weihnachten und Neujahr). Dann ist es zulässig, die hierdurch ausgefallene Arbeitszeit innerhalb von fünf Wochen nachzuholen. Dabei darf die Wochenarbeitszeit in diesen fünf Wochen im Durchschnitt nicht mehr als 40 Stunden überschreiten. Ferner darf die tägliche Arbeitszeit in diesem fünfwöchigen Ausgleichszeitraum nicht mehr als 8,5 Stunden betragen (§ 8 Abs. 2 und 3 JArbSchG).

46 Eine weitere Ausnahme gilt in der Landwirtschaft. Dort dürfen Jugendliche, die 16 Jahre und älter sind, während der Erntezeit bis zu neun Stunden täglich, aber nicht mehr als 85 Stunden in der Doppelwoche arbeiten (§ 8 Abs. 4 JArbSchG).

47 **Schwerbehinderte** haben das Recht, von der Erbringung von Mehrarbeit freigestellt zu werden (§ 124 SGB IX). Das Gesetz definiert dabei nicht, was unter Mehrarbeit zu verstehen ist. Nach der gefestigten Rechtsprechung des BAG ist diese Regelung dahingehend auszulegen, dass unter Mehrarbeit jede Tätigkeit zu verstehen ist, die arbeitstäglich über acht Stunden hinausgeht. Dies gilt auch dann, wenn ein im Arbeitsverhältnis gültiger Tarifvertrag von einer kürzeren Arbeitszeit ausgeht.[20]

48 *nicht belegt*

49 Auch **schwangere und stillende Beschäftigte** unterliegen hinsichtlich der Pflicht zur Erbringung von Mehrarbeit besonderem Schutz. Dabei geht das Mutterschutzgesetz von täglichen Höchstarbeitszeiten aus. Der Umfang der Höchstarbeitszeit orientiert sich am Alter der Frau. Bemessungszeitraum ist einerseits der Arbeitstag und andererseits die Doppelwoche, wobei die Sonntage in diese eingerechnet werden. Für minderjährige schwangere und stillende Beschäftigte ist dabei jede Tätigkeit, die arbeitstäglich acht Stunden oder 80 Stunden in der Doppelwoche überschreitet, als unzulässige Mehrarbeit anzusehen. Für volljährige schwangere oder stillende Beschäftigte ist jede Arbeit, die 8,5 Stunden arbeitstäglich oder 90 Stunden in der Doppelwoche überschreitet, als unzulässige Mehrarbeit zu werten (§ 8 Abs. 2 MuSchG, ab dem 1. 1. 2018: § 4 Abs. 1 MuSchG, zu weiteren Einzelheiten siehe → Mutterschutz Rn. 25–28).

---

20 BAG 3. 12. 2002 – 9 AZR 462/01; BAG 21. 11. 2006 – 9 AZR 176/06.

III. Hinweise für die Mitbestimmung

Dem Betriebsrat steht ein Mitbestimmungsrecht bei jeder vorübergehenden Ver- **50**
längerung der betriebsüblichen Arbeitszeit zu (§ 87 Abs. 1 Nr. 3 BetrVG). Auch
im Bereich der Personalvertretung steht den Personalräten ein Mitbestimmungsrecht zu, jedenfalls für die Aufstellung von Grundsätzen, wann Mehrarbeit angeordnet werden darf (§ 75 Abs. 3 Nr. 1 und 4 BPersVG). Die **betriebsübliche Arbeitszeit** bestimmt sich dabei nach der im Betrieb regelmäßig geleistete Arbeitszeit. Maßgeblich ist der vertraglich regelmäßig geschuldete zeitliche Umfang der
Arbeitsleistung und die Verteilung auf einzelne Zeitabschnitte.[21] Der Zeitab-
schnitt kann dabei die Woche sein; häufiger ist dies jedoch der einzelne Arbeitstag oder die einzelne Schicht, so dass Mehrarbeit im betriebsverfassungsrechtlichen Sinne schon dann vorliegt, wenn über das Schichtende oder das betriebsübliche oder vereinbarte Arbeitszeitende hinaus gearbeitet wird. Dies gilt auch
dann, wenn in einem Tarifvertrag geregelt ist, dass eine geringfügige Überschreitung des Schichtendes nicht als Mehrarbeit gewertet wird, so z. B. in § 2 Ziff.
2 MTV Chemie (West). Betriebsverfassungsrechtlich bleibt die Überschreitung
eine mitbestimmungspflichtige Überstunde.

In tarifgebundenen Betrieben ist die betriebsübliche Wochenarbeitszeit regelmä- **51**
ßig die tarifvertraglich vereinbarte Wochenarbeitszeit. Die betriebsübliche Arbeitszeit muss nicht für jede Beschäftigtengruppe gleich sein. Bei Teilzeitkräften
ist die betriebsübliche Arbeitszeit beispielsweise die gegenüber einem Vollzeitarbeitsverhältnis verkürzte Arbeitszeit.[22] Häufig gilt für AT-Angestellte eine andere
Wochenarbeitszeit als für Tarifangestellte. In der Metallindustrie ist es im Tarifbereich zulässig, dass ein bestimmter Anteil der Beschäftigten abweichend von
der 35-Stunden-Woche eine 40-Stunden-Woche vereinbart hat.

Immer dann, wenn der Arbeitgeber somit von dem arbeitsvertraglich oder tarif- **52**
vertraglich vereinbarten Arbeitszeitvolumen abweichen und mehr als vereinbart
abrufen will, darf dies ausschließlich mit Zustimmung des Betriebsrats erfolgen.
Das Mitbestimmungsrecht besteht aber nur bei einer **vorübergehenden** Verlängerung der Arbeitszeit. Dies ist immer dann gegeben, wenn für einen überschaubaren Zeitraum mehr Arbeitsvolumen abgerufen werden soll oder dies aus einem bestimmten abgrenzbaren Anlass erfolgt.[23] Eine Verlängerung der regelmäßigen betriebsüblichen Arbeitszeit auf Dauer ist hingegen dem Mitbestimmungsrecht entzogen. Das kann z. B. sein, wenn der Arbeitgeber die Beschäftigten dazu drängt, eine höhere wöchentliche Arbeitszeit zu akzeptieren. Der
regelmäßige Umfang der Arbeitszeit ist der Regelungskompetenz der Tarif- oder

---

21 BAG 24. 4. 2007 – 1 ABR 47/06; BAG 11. 12. 2001 – 1 ABR 3/01.
22 BAG 24. 4. 2007 – 1 ABR 47/06.
23 BAG 24. 4. 2007 – 1 ABR 47/06.

Arbeitsvertragsparteien vorbehalten. Daher verstößt eine Betriebsvereinbarung, die den Umfang der regelmäßigen betriebsüblichen Arbeitszeit festlegt, gegen den Tarifvorbehalt des § 77 Abs. 3 BetrVG und ist unwirksam.

53 Das Mitbestimmungsrecht bezieht sich dabei auf **jede Form** der vorübergehenden Verlängerung der betriebsüblichen Arbeitszeit. Denkbar ist es, die an einzelnen Tagen vereinbarte Arbeitszeit zu verlängern oder einen zusätzlichen Arbeitstag vorübergehend einzuführen. Aber auch die Einführung von Sonderschichten ist eine Form der vorübergehenden Verlängerung der Arbeitszeit und ebenso die Verlängerung einer Schicht. Zu bedenken ist, dass die Anordnung gegenüber **Teilzeitbeschäftigten**, über ihre vertraglich vereinbarte Arbeitszeit hinaus zu arbeiten, eine vorübergehende Verlängerung der betriebsüblichen Arbeitszeit darstellt und somit der Mitbestimmung unterworfen ist.[24] Von den Beschäftigten **freiwillig geleistete Überstunden** unterliegen gleichfalls der Mitbestimmung, denn die Vorschrift des BetrVG umfasst sowohl die angeordnete Mehrarbeit als auch die vom Arbeitgeber entgegengenommene oder geduldete.[25] Von der Mitbestimmung des Betriebsrats sind diese freiwilligen Überstunden auch dann erfasst, wenn die Beschäftigten in die Leistung derselben eingewilligt haben.

54 Das Mitbestimmungsrecht umfasst nicht nur, ob und in welchem Umfang Überstunden zu leisten sind, sondern auch welche Beschäftigte diese leisten sollen.[26] Der Arbeitgeber darf das Mitbestimmungsrecht des Betriebsrats nicht dadurch umgehen, dass er für die Überstunden ausschließlich **Leiharbeitnehmer** einsetzt. Denn das Mitbestimmungsrecht besteht nicht nur wegen des Arbeits- und Gesundheitsschutzes, sondern soll auch die Verteilungsgerechtigkeit in Bezug auf das vorhandene Arbeitsvolumen sicherstellen. Daher steht dem Betriebsrat des Entleiherbetriebs ein Mitbestimmungsrecht in Bezug auf die vorübergehende Verlängerung der betriebsüblichen Arbeitszeit zu, wenn im Betrieb eingesetzte Leiharbeitnehmer diese (mit-)ausüben sollen.[27]

55 Um die betriebsübliche Arbeitszeit im Durchschnitt zu erreichen, werden üblicherweise Ausgleichszeiträume vereinbart. Das ArbZG sieht hierfür sechs Monate vor. Dieser kann aber aufgrund von Tarifverträgen verlängert werden. Auch die Verkürzung oder Verlängerung des **Ausgleichszeitraums** unterliegt der Mitbestimmung des Betriebsrats.[28]

56 Das Mitbestimmungsrecht des Betriebsrats ist auch in **Eilfällen** nicht ausgeschlossen.[29] Ein solcher ist gegeben, wenn die betrieblichen Umstände eine

---

24 BAG 24. 4. 2007 – 1 ABR 47/06.
25 BAG 27. 11. 1990 – 1 ABR 77/89.
26 Fitting, § 87 Rn. 142.
27 BAG 25. 8. 2004 – 1 AZB 41/03.
28 Wedde-*Wedde*, § 3 ArbZG Rn. 33.
29 BAG 9. 7. 2013 – 1 ABR 19/12.

schnelle Regelung erfordern, der Betriebsrat beteiligt werden kann, seine Zustimmung aber noch nicht erteilt hat. In diesen Fällen muss der Arbeitgeber alles tun, um den Betriebsrat von der Notwendigkeit der Überstunden zu überzeugen. Er darf die Anordnung der Überstunden gegenüber den Beschäftigten aber ohne Zustimmung des Betriebsrats nicht erteilen.

Nur in Notfällen ist das Mitbestimmungsrecht des Betriebsrats ausgeschlossen. **57** Ein solcher **Notfall** liegt vor, wenn aufgrund eines plötzlich und unerwartet eintretenden Ereignisses eine schwerwiegende Situation eintritt, die zu einem erheblichen Schaden für den Betrieb oder die Arbeitnehmer führen kann. Aber auch in Notfällen hat der Arbeitgeber den Betriebsrat unverzüglich von den Überstunden und den Umständen, die den Notfall begründen zu informieren.[30] Wie sich aus der Definition ergibt, ist ein Notfall nicht schon dann gegeben, wenn eine Maschine ausfällt und es hierdurch zu einem Stocken oder einen Ausfall der Produktion kommt. Denn das Betreiben der Maschine gehört zu der üblichen Arbeitsorganisation und ein Ausfallen gehört zu den üblichen Risiken. Gemeint sind hier z. B. ein plötzlich auftretender Brand oder eine Wasserflut, die zu einem erheblichen Schaden führen. Auch das Versorgen eines schwerverletzten Patienten kurz vor Schichtende in einem Krankenhaus führt nicht zu einem Notfall, denn dies gehört zu den üblichen Aufgaben des Krankenhauses, dass seine Arbeitsorganisation auf solche Situation ausrichten muss. Anders könnte dies ausnahmsweise sein, wenn es unerwartet zu einem großen Massenunfall mit unerwartet vielen Patienten kommt.

Das Mitbestimmungsrecht hinsichtlich der Überstunden kann und sollte immer **58** im Einzelfall ausgeübt werden, also z. B. für einen konkreten Samstag. Dabei obliegt es dem Betriebsrat zu entscheiden, ob er seine Mitbestimmung durch bloße **Zustimmung** ausübt oder er dies im Wege einer **Betriebsvereinbarung** ausüben will. Möglich ist demnach auch, dass Betriebsrat und Arbeitgeber im Rahmen einer allgemeinen Vereinbarung Regelungen festlegen, in welcher Form und durch wen Überstunden im Einzelfall angeordnet werden dürfen und wie der Betriebsrat in diesen Fällen seine Zustimmung zu den konkret angeordneten Überstunden erteilt, wie er also zu beteiligen ist.

Solche allgemeinen Regelungen dürfen jedoch nicht dazu führen, dass der Arbeitgeber ohne Zustimmung des Betriebsrats einseitig Überstunden anordnet, **59** denn anderenfalls würde der Betriebsrat sein Mitbestimmungsrecht aufgeben. Bei der Vereinbarung von Regelungen zur Anordnung von Mehrarbeit ist daher immer sehr genau darauf zu achten, dass das Mitbestimmungsrecht des Betriebsrats bei der Anordnung der konkreten Überstunden nicht eingeschränkt wird oder verloren geht.

---

30 Fitting, § 87 Rn. 25.

60 Ohne die Zustimmung des Betriebsrats dürfen Überstunden nicht angeordnet werden. Erteilt der Betriebsrat seine Zustimmung nicht, muss der Arbeitgeber die **Einigungsstelle** anrufen, wenn er an den Überstunden festhalten will. Erst wenn der Arbeitgeber die Einigungsstelle von der Erforderlichkeit der Überstunden überzeugen konnte und die Einigungsstelle deren Anordnung durch Spruch bestätigt, dürfen die Überstunden vom Arbeitgeber verlangt werden.

61 Missachtet der Arbeitgeber das Mitbestimmungsrecht des Betriebsrats und will einseitig Überstunden anordnen, so kann der Betriebsrat das Unterlassen der Überstunden beim **Arbeitsgericht** erwirken (sog. allgemeiner Unterlassungsanspruch).[31] Dabei steht ihm auch das Recht zu, noch bevorstehende, ohne seine Zustimmung einseitig angeordnete Überstunden im Wege einer einstweiligen Verfügung durch das Arbeitsgericht untersagen zu lassen.

62 Wird im Betrieb gelegentlich oder regelmäßig die **gesetzliche tägliche Höchstarbeitszeit** von zehn Stunden überschritten, so hat der Betriebsrat im Rahmen seiner Überwachungsaufgaben nach § 80 Abs. 1 Nr. 1 BetrVG den Arbeitgeber anzuhalten, dies zu unterbinden. Geschieht dies nicht und kommt es auch weiterhin zu Verstößen gegen die gesetzliche Höchstarbeitszeit, so steht dem Betriebsrat dennoch kein Unterlassungsanspruch zu. Er kann somit auch keine Unterlassung beim Arbeitsgericht erwirken. Für die Überwachung und Einhaltung der gesetzlichen Arbeitszeitregelungen ist ausschließlich die örtlich zuständige Behörde für Arbeitsschutz zuständig.[32] Nach erfolgloser Aufforderung kann der Betriebsrat sich aber an die Behörde wenden und um ein entsprechendes Einschreiten bitten.

IV. Eckpunkte für Betriebs- und Dienstvereinbarungen

63 In Betrieben, in denen die Lage der Arbeitszeit durch Betriebsvereinbarung geregelt ist, empfiehlt es sich, Regelungen zu Überstunden mit zu vereinbaren. Denn eine Betriebsvereinbarung bietet Rechtssicherheit. Darüber hinaus wirkt sie unmittelbar als Rechtsgrundlage für die Beschäftigten (§ 77 Abs. 4 BetrVG). Das bedeutet, dass sich die Beschäftigten unmittelbar auf die Betriebsvereinbarung berufen können.

64 Dabei sollten folgende Inhalte berücksichtigt werden:
- Regelungen zum Verfahren der Antragstellung und Genehmigung von Überstunden, also z.B. Fristen, Angabe der Abteilung und Benennung der betroffenen Beschäftigten, Angabe der Gründe für die beantragten Überstunden;

---

31 BAG 3.5.1994 – 1 ABR 24/93.
32 Buschmann/Ulber, § 3 Rn. 17.

dabei soll der Grundsatz gelten, dass keine Überstunde ohne Zustimmung des Betriebsrats geleistet wird;
- Festlegung, zu welchen Anlässen Überstunden möglich und zulässig sind;
- Regelungen zum Umgang mit Eilfällen;
- Regelungen zur Freiwilligkeit von Überstunden;
- Regelungen zur möglichst gleichmäßigen Verteilung der Überstunden auf die Beschäftigten unter Berücksichtigung persönlicher Belange;
- bei flexibler Arbeitszeitgestaltung (z. B. Gleitzeit, Vertrauensarbeitszeit oder Arbeitszeitkonten mit langen Ausgleichszeiträumen) ist eine Abgrenzung von regelmäßiger Arbeitszeit und Mehrarbeit schwierig, daher sollte in diesen Fällen eine Definition von Überstunden erfolgen;
- Regelungen zur Verkürzung oder Verlängerung des Ausgleichszeitraums;
- Regelungen zu Mehrarbeitszuschlägen in nicht tarifgebundenen Unternehmen;
- Regelungen zur Begrenzung von Überstunden.

In tarifgebundenen Betrieben sind die Regelungen der geltenden Tarifverträge zu berücksichtigen. Anderenfalls besteht die Gefahr, dass die Betriebsvereinbarung als Ganzes oder in wesentlichen Teilen unwirksam ist. **65**

Mutterschutz

I. Einführung

1 Das Mutterschutzgesetz (MuSchG) dient dem Schutz der Mutter während und nach der Schwangerschaft. Es soll einerseits arbeitsplatzbedingte Gefahren für das Leben und die Gesundheit der Mutter und des Kinds abwehren sowie andererseits finanzielle Nachteile, die sich aus den spezifischen Belastungen der Schwangerschaft und der Entbindung im Arbeitsverhältnis ergeben können, vermeiden. Ferner enthält das MuSchG besondere Regelungen zum Kündigungsschutz. Zweck des MuSchG ist somit, die Mutter im Arbeitsverhältnis umfassend vor schwangerschaftsbedingten Nachteilen zu schützen. Durch das MuSchG wird der grundgesetzlich geschützte Anspruch der Mütter auf Schutz und Fürsorge der Gemeinschaft[1] im Arbeitsverhältnis für die Zeit während der Schwangerschaft und eine gewisse Zeit nach der Entbindung ausgestaltet.

2 Unter den Geltungsbereich des MuSchG fallen alle Frauen, die in einem **Arbeitsverhältnis stehen** und zwar während der Schwangerschaft und für eine definierte Zeit nach der Entbindung. Dabei kommt es weder auf den Familienstand noch auf die Nationalität oder das Alter der Frau an. Auch ist nicht entscheidend, ob die Frau in Vollzeit oder in Teilzeit beschäftigt ist. Daher genießen Teilzeitbeschäftigte und somit auch geringfügig Beschäftigte (sog. Minijobberinnen) den Schutz des Gesetzes. Da Leiharbeitnehmerinnen in einem Arbeitsverhältnis stehen, fallen sie ebenso unter den Schutz wie Auszubildende und Volontärinnen. Das MuSchG findet Anwendung für Frauen in Heimarbeit und für Frauen, die im Familienhaushalt sozialversicherungspflichtig beschäftigt sind.

3 Ab dem 1.1.2018 fallen auch Schülerinnen, Studentinnen, Teilnehmerinnen des Bundesfreiwilligendienstes, Entwicklungshelferinnen und Praktikantinnen unter den Geltungsbereich des Gesetzes (§ 1 Abs. 2 MuSchG n. F.).

4 Das MuSchG findet nur Anwendung, wenn die Frau in Deutschland arbeitet. Es kommt also nicht auf den Wohnort der Frau, sondern den **inländischen Ar-**

---

1 Vgl. Art. 6 Abs. 4 GG.

beitsort an. Wird die Frau während oder nach der Schwangerschaft ins Ausland entsandt, ist das MuSchG nur dann anwendbar, wenn die Entsendung vorübergehend ist und insoweit ein Inlandsbezug des Arbeitsverhältnisses nicht entfallen ist[2] oder aber wenn für die Dauer der Entsendung die Anwendung deutschen Arbeitsrechts zwischen dem Arbeitgeber und der Frau vereinbart ist.

Die Regelungen zum Gesundheitsschutz sind in Form von allgemeinen und individuellen Beschäftigungsverboten ausgestaltet. Dabei können sich diese Verbote auf alle Arbeitsbedingungen beziehen, z. b. auf besonders belastende Formen der Arbeit (z. b. Akkordarbeiten), auf besonders belastende Arbeitsweisen (z. b. schweres Heben, ständiges Stehen) oder auf besonders belastende Einwirkung wie Staub, Gase, Dämpfe und anderes. Das MuSchG kennt aber auch Beschäftigungsverbote, die Auswirkungen auf die Arbeitszeit der Mutter während und nach der Schwangerschaft sowie während der Stillzeit haben. Diese sich auf die Arbeitszeit auswirkenden Beschäftigungsverbote sowie die Auswirkungen auf die Vergütung sollen nachfolgend dargestellt werden.   5

II. Einzeldarstellung

1. Generelle und individuelle Beschäftigungsverbote

Das MuSchG unterscheidet zwischen generellen und individuellen Beschäftigungsverboten. Generelle Beschäftigungsverbote erfassen jede Frau während der Schwangerschaft sowie nach der Entbindung und zwar unabhängig von der persönlichen Konstitution und vom Gesundheitszustand der Betroffenen. Sie sind Folge von medizinischen, arbeitsmedizinischen sowie arbeitswissenschaftlichen Erkenntnissen. Ein generelles Beschäftigungsverbot greift daher auch ohne Vorlage eines ärztlichen Attests. Dabei geht das MuSchG davon aus, dass Schwangerschaft und Entbindung bei normalem Verlauf normale physiologische Zustände im Leben einer Frau sind. Eine Schwangerschaft mit der Entbindung und die Zeit des Wochenbetts ist damit gerade keine Krankheit.[3]   6

Zusätzlich zu diesen generellen gibt es auch individuelle Beschäftigungsverbote, die die individuelle körperliche und psychische Konstitution der Schwangeren bzw. gewordenen Mutter und die arbeitsplatzspezifischen Belastungen und Gefahren berücksichtigen. Diese individuellen Beschäftigungsverbote bedürfen immer eines ärztlichen Attests, da diese die betroffene Frau in ihrer individuellen Situation der Schwangerschaft bzw. der Zeit nach der Entbindung schützen sollen.   7

---

2 BAG 12. 12. 2001 – 5 AZR 255/00.
3 BAG 14. 11. 1984 – 5 AZR 394/82.

2. Beschäftigungsverbot vor und nach der Entbindung

8 Das wichtigste und bekannteste Beschäftigungsverbot wird als Mutterschutzfrist bezeichnet. Dieses ist ein generelles Beschäftigungsverbot, das also keines gesonderten ärztlichen Attests bedarf. Nach Art. 8 Abs. 1 der Richtlinie 92/85/EWG des Rates vom 19. 10. 1992 über die Durchführung von Maßnahmen zur Verbesserung der Sicherheit und des Gesundheitsschutzes von schwangeren Arbeitnehmerinnen, Wöchnerinnen und stillenden Arbeitnehmerinnen am Arbeitsplatz (sog. Mutterschutzrichtlinie) ist gesetzlich zu gewährleisten, dass der werdenden Mutter vor und nach der Geburt insgesamt mindestens 14 Wochen an Mutterschutzfrist zustehen. Das MuSchG gewährleistet dies durch eine sechswöchige Frist vor und eine regelmäßig achtwöchige Frist nach der Entbindung. Systematisch ist dies bisher leider etwas umständlich geregelt, denn die jeweiligen Regelungen sind nicht in einer Vorschrift zusammengefasst, sondern in zwei unterschiedlichen, nämlich in § 3 Abs. 2 MuSchG und in § 6 MuSchG. Zukünftig, d. h. mit Inkrafttreten der Gesetzesänderung ab dem 1. 1. 2018,[4] wird diese Unübersichtlichkeit aufgehoben und die vor- und nachgeburtliche Mutterschutzfrist in einer einzelnen Vorschrift zusammengefasst (§ 3 MuSchG n. F.)

9 Ein Beschäftigungsverbot besteht für die Dauer von sechs Wochen **vor der Geburt** (§ 3 Abs. 2 MuSchG, zukünftig: § 3 Abs. 1 MuSchG n. F.). Da der Tag der Geburt naturgemäß nicht von vornherein feststeht, kann bei Berechnung dieser Frist nur auf einen mutmaßlichen und nicht auf den tatsächlichen Termin abgestellt werden.[5] Bei der Bestimmung des mutmaßlichen Geburtstermins handelt es sich somit um eine Prognose. Die Berechnung erfolgt auf der Grundlage eines ärztlichen Attests oder des Attests einer Hebamme, aus dem sich dieser mutmaßliche Entbindungstermin ergibt (§ 5 Abs. 2 MuSchG).[6] Bei Berechnung der Frist ist der Tag der Entbindung nicht mit zu berücksichtigen, da die Berechnung nach den allgemeinen Regelungen der Fristberechnung der §§ 187, 188 BGB erfolgt.[7] Damit beginnt die vorgeburtliche Mutterschutzfrist **sechs Wochen** vor dem Wochentag, der dem mutmaßlichen Geburtstermin unmittelbar vorausgeht. Führen spätere Untersuchungen während der Schwangerschaft durch den Arzt oder die Hebamme dazu, dass der mutmaßliche Geburtstermin korrigiert wird, so ist dieser neue mutmaßliche Geburtstermin bei der Berechnung der vorgeburtlichen Schutzfrist zu Grunde zu legen, so dass sich die ursprünglich errechnete Frist verändern kann.

---

4 Gesetz zur Neuregelung des Mutterschutzrechts vom 23. 5. 2017, BGBl. I 2017 S. 1228.
5 BAG 12. 12. 1985 – 2 AZR 82/85.
6 Die Regelung zum ärztlichen Attest findet sich zukünftig in § 3 Abs. 1 Satz 3 MuSchG n. F.
7 BAG 12. 12. 1985 – 2 AZR 82/85.

Mittländer

Weicht der tatsächliche Geburtstermin von dem mutmaßlichen Termin ab, hat **10** sich also der Arzt oder die Hebamme geirrt, verkürzt oder verlängert sich die vorgeburtliche Schutzfrist entsprechend. Der Irrtum führt also nicht zu einer Neuberechnung der Frist (§ 5 Abs. 2 MuSchG). In Fällen, in denen die Geburt später als erwartet erfolgt, führt dies jedenfalls nicht zu einer Verkürzung der insgesamt zu gewährenden mindestens 14 Wochen Mutterschutzfrist und ist insoweit unproblematisch. Erfolgt die Entbindung früher als erwartet, so kann es jedoch sein, dass die sechs Wochen vorgeburtliche Schutzfrist sich abkürzen. Hierdurch könnte es dazu kommen, dass sich die Gesamtdauer der Mutterschutzfrist von 14 Wochen verkürzt. Um dies zu verhindern, sieht das MuSchG vor, dass die nachgeburtliche Schutzfrist sich um den Zeitraum verlängert, der durch die vorzeitige Geburt nicht realisiert werden konnte (§ 6 Abs. 1 Satz 2 MuSchG).[8] Auf diese Weise wird der Mindestzeitraum der zu gewährenden Mutterschutzfrist auch bei vorzeitigen Geburten gewährleistet.

Das vorgeburtliche Beschäftigungsverbot führt dazu, dass sich die Arbeitszeit der **11** schwangeren Beschäftigten in den letzten sechs Wochen vor der mutmaßlichen Entbindung auf Null reduziert. Der Arbeitgeber darf sie nicht mehr beschäftigten. Er hat von sich aus die Einhaltung der Frist zu beachten. Von diesem Beschäftigungsverbot gibt es jedoch eine Ausnahme, wenn die betroffene Frau auf dieses ausdrücklich verzichtet. D.h. das vorgeburtliche Beschäftigungsverbot besteht dann nicht, wenn die Schwangere ausdrücklich erklärt, arbeiten zu wollen. Sie kann auf dieses Beschäftigungsverbot bis zum Tag der Entbindung verzichten.

Sie kann von dieser Entscheidung, weiter arbeiten zu wollen, jederzeit wieder **12** Abstand nehmen und den Verzicht auf die vorgeburtliche Schutzfrist wieder zurücknehmen, in dem sie die Verzichtserklärung widerruft (§ 3 Abs. 2 MuSchG[9]). Weder für die Verzichtserklärung noch für den Widerruf sieht das Gesetz eine bestimmte Form vor. Beide Erklärungen können daher auch mündlich abgegeben werden. Zum Zwecke der Beweisbarkeit ist es aber ratsam, diese entsprechend zu dokumentieren und daher entweder schriftlich oder aber wenigstens mit Hilfe elektronischer Kommunikationsmittel (z. B. per E-Mail) abzugeben.

Zu beachten ist dabei, dass sowohl die Regelungen über das vorgeburtliche Be- **13** schäftigungsverbot als auch die Regelung über dessen Verzicht nicht dem Schutz des Arbeitgebers dienen, sondern ausschließlich zum Schutz der Beschäftigten ausgestaltet sind. Daher kann ein Arbeitgeber weder einen Verzicht auf das Beschäftigungsverbot von der schwangeren Beschäftigten verlangen, noch darf er ihre Beschäftigung verweigern, wenn sie ausdrücklich erklärt hat, dass sie arbei-

---

8 Dies ist in der ab dem 1.1.2018 geltenden Fassung ausdrücklich klargestellt in § 3 Abs. 1 Satz 4 MuSchG n. F.
9 Zukünftig: § 3 Abs. 1 Satz 1 letzter Halbs. und Satz 2 MuSchG n. F.

ten will. Entscheidend ist hierbei allein der Wille der schwangeren Beschäftigten.[10]

14 Die Mutterschutzfrist setzt sich **nach der Geburt** fort. Nach der Entbindung besteht ein Beschäftigungsverbot von acht Wochen. Dieses verlängert sich bei Früh- und Mehrlingsgeburten auf zwölf Wochen (§ 6 Abs. 1 MuSchG[11]). Auch bei der Geburt eines behinderten Kindes verlängert sich die nachgeburtliche Mutterschutzfrist ab dem 1.1.2018 auf zwölf Wochen, jedoch nur dann, wenn die Mutter dies beantragt. Die Verlängerung der nachgeburtlichen Mutterschutzfrist bei Früh- und Mehrlingsgeburten berücksichtigt die besonders intensive und pflegebedürftige Lage der unterentwickelten Säuglinge bzw. den gesteigerten Pflegeaufwand bei Mehrlingsgeburten sowie die Mehrbelastung der Mutter.

15 Von einer **Frühgeburt** ist auszugehen, wenn das Geburtsgewicht des Kindes weniger als 2500 g beträgt. Von einer Frühgeburt ist auch auszugehen, wenn zwar das genannte Geburtsgewicht erreicht oder überschritten wird, aber die körperlichen Reifezeichen des Kindes hinter den Entwicklungen eines normal entwickelten Säuglings zurückbleiben.[12] Der Beginn der nachgeburtlichen Mutterschutzfrist und damit das Eingreifen des Beschäftigungsverbots setzt jedoch eine Entbindung voraus. Von einer das Beschäftigungsverbot auslösenden Entbindung ist auszugehen, wenn das Kind tot zur Welt kommt und dabei ein Körpergewicht von mindestens 500 g hatte. Kommt es hingegen tot und mit einem Körpergewicht von weniger als 500 g auf die Welt ist nicht von einer **Totgeburt**, sondern von einer Fehlgeburt auszugehen.[13]

16 Bei einer **Fehlgeburt** ist nicht von einer das Beschäftigungsverbot auslösenden Entbindung auszugehen, mit der Folge, dass die eine Fehlgeburt erleidende Beschäftigte aus dem Schutz des MuSchG rausfällt. Hierdurch entsteht die Situation, dass eine werdende Mutter, die ihr Kind im Rahmen einer Fehlgeburt verloren hat, schlechter gestellt wird als eine Mutter, die eine Totgeburt erleidet. Beide Mütter müssen mit dem Tod ihres Fötus umgehen und befinden sich somit in einer ähnlichen Lage. An dieser Unterscheidung in Bezug auf das nachgeburtliche Beschäftigungsverbot hat der Gesetzgeber auch in der ab dem 1.1.2018 in Kraft tretenden Fassung festgehalten.[14]

17 Das nachgeburtliche Beschäftigungsverbot ist unabdingbar. Das bedeutet, dass der Arbeitgeber dieses einhalten muss und die Mutter nicht beschäftigen darf.

---

10 LAG Schleswig-Holstein 15.12.2005 – 2 Ta 210/05.
11 Zukünftig: § 3 Abs. 2 MuSchG n. F.
12 Wedde-*Graue*, § 6 MuSchG Rn. 4.
13 BAG 12.12.2013 – 8 AZR 838/12.
14 Allerdings ist in § 16 Abs. 1 Nr. 3 MuSchG n. F. vorgesehen, dass der Kündigungsschutz zukünftig nicht nur bei Totgeburten, sondern auch bei Fehlgeburten greifen wird.

Mittländer

Die Beschäftigte kann – anders als vor der Geburt – auf dieses auch nicht verzichten. Nur wenn das Kind tot zur Welt kommt oder verstirbt, kann die betroffene Beschäftigte ausdrücklich auf das Beschäftigungsverbot verzichten, jedoch nur dann, wenn aus ärztlicher Sicht hiergegen keine Bedenken bestehen und dies entsprechend ärztlich bezeugt wird. Ferner darf ein solcher Verzicht frühestens zwei Wochen nach der Entbindung erfolgen. Bis zum Ablauf der nachgeburtlichen Mutterschutzfrist kann der einmal erklärte Verzicht auf die Mutterschutzfrist jederzeit von der Beschäftigten widerrufen werden (§ 6 Satz 3 und 4 MuSchG[15]). Hinsichtlich der Form der Erklärung gelten die gleichen Anmerkungen wie in Bezug auf die vorgeburtlichen Verzichts- und Widerrufsmöglichkeiten.

3. Verbot von Nachtarbeit

Ein weiteres generelles Beschäftigungsverbot ergibt sich für Arbeiten in der Nacht. Werdende Mütter dürfen von Beginn der Schwangerschaft bis zum Beginn der vorgeburtlichen Mutterschutzfrist bzw. für den Fall des Verzichts auf diese bis zur Geburt nicht mit Arbeiten in der Nacht betraut werden. Dabei wird Nachtarbeit abweichend von den Regelungen des ArbZG als die Zeit **zwischen 20 Uhr und 6 Uhr** bezeichnet (§ 8 Abs. 1 MuSchG[16]). Sofern Tarifverträge Nachtarbeit abweichend hiervon bestimmen, werden auch diese tariflichen Regelungen vom MuSchG verdrängt. Von dem Nachtarbeitsverbot erfasst sind nicht nur die Nachtschichten, sondern jede Form des Arbeitens in diesen Zeiten. Das Verbot kann aber auch bei Mehrschichtmodellen von Bedeutung sein. Arbeitszeiten vor 6 Uhr und nach 20 Uhr dürfen auch im Rahmen derartiger Modelle nicht erbracht werden, so dass die Schwangere gegebenenfalls kürzere Schichten leisten kann. Unter das Nachtarbeitsverbot fallen auch nach Ablauf der nachgeburtlichen Mutterschutzfrist Mütter, die ihr Kind stillen.

18

Das Nachtarbeitsverbot ist unabdingbar, d. h. die werdende oder stillende Mutter kann hierauf **nicht verzichten**. Es ist damit als ein generelles und absolutes Beschäftigungsverbot für Nachtzeiten ausgestaltet. Der Arbeitgeber kann die werdende oder stillende Mutter zur Vermeidung von Nachtarbeit **umsetzen oder versetzen** und sie auch mit anderen Tätigkeiten außerhalb der Nachtschicht oder zu anderen Tageszeiten einsetzen. Diese veränderten Tätigkeiten müssen für die betroffene Beschäftigte arbeitsvertraglich zulässig und zumutbar sein. Dabei sind die Interessen der Beschäftigten und des Arbeitgebers gegeneinander abzuwägen. Die Beschäftigte ist gehalten, die finanziellen Belastungen für den Arbeitgeber, die aus der Schwangerschaft entstehen können, möglichst klein zu hal-

19

---

15 Zukünftig: § 3 Abs. 4 MuSchG n. F.
16 Zukünftig finden sich die Regelungen zum Nachtarbeitsverbot in § 4 Abs. 2 und 3 MuSchG n. F.

ten; der Arbeitgeber hat den besonderen Zustand der werdenden oder stillenden Mutter sowie ihre persönlichen Belage auch außerhalb des Arbeitsverhältnisses angemessen zu berücksichtigen. Das BAG hat die Zumutbarkeit beispielsweise in einem Fall abgelehnt, in dem der Arbeitgeber eine schwangere Beschäftigte an einem anderen Arbeitsort einsetzte, der mit einer mehrstündigen Anreise verbunden war.[17]

20 Für einige Branchen sind Ausnahmen von diesem Nachtarbeitsverbot in den ersten vier Schwangerschaftsmonaten sowie für stillende Mütter vorgesehen. Im Hotel- und Gaststättengewerbe dürfen betroffene Beschäftigte abweichend vom grundsätzlichen Verbot bis 22 Uhr und Künstlerinnen in Musik- und Theatervorstellungen bis 23 Uhr tätig sein. In der Landwirtschaft ist ausschließlich zum Zwecke des Melkens ein Arbeitsbeginn ab 5 Uhr möglich (§ 8 Abs. 3 MuSchG).

21 Das Nachtarbeitsverbot wird zukünftig, also ab dem 1.1.2018, für die Zeit ab 20 Uhr und bis 22 Uhr **gelockert** und damit aufgeweicht. Zukünftig kann der Arbeitgeber die Betroffenen ab 20 Uhr einsetzen, wenn die Frau sich ausdrücklich hierzu bereit erklärt, Alleinarbeit ausgeschlossen ist und eine ärztliche Bescheinigung vorliegt, aus der sich ergibt, dass keine Einwände gegen eine Beschäftigung zu den Nachtzeiten bestehen. Die Erklärung, auch nach 20 Uhr arbeiten zu wollen, kann die Betroffene jederzeit widerrufen (§ 4 Abs. 2 Satz 2 und 3 MuSchG n.F.) Das Arbeitsverhältnis ist kein Vertragsverhältnis unter gleichberechtigten Vertragspartner, sondern vielmehr ein Abhängigkeitsverhältnis. In diesem Rahmen ist es schwer, von einer echten Freiwilligkeit auszugehen. Diese Regelung ist daher geeignet, Druck auf betroffene Beschäftigte aufzubauen. Diese Neuregelung wird der besonderen Schutzsituation, in der sich die Beschäftigte befindet, nicht ausreichend gerecht.[18] Zukünftig werden jedoch die Branchenausnahmen entfallen.

4. Verbot von Sonn- und Feiertagsarbeit

22 Ein weiteres generelles Beschäftigungsverbot besteht für schwangere und stillende Beschäftigte an Sonn- und Feiertagen. Feiertage sind dabei die nach den jeweiligen Gesetzen der Bundesländer festgelegten Feiertage. An diesen Tagen dürfen werdende und stillende Mütter nicht zu Arbeitsleistungen herangezogen oder deren Arbeitsleistungen vom Arbeitgeber entgegen genommen werden (§ 8 Abs. 1 MuSchG[19]). Auch dieses Beschäftigungsverbot ist unabdingbar, die be-

---

17 BAG 21.4.1999 – 5 AZR 174/98.
18 Zur grundsätzlichen Kritik hieran siehe die Stellungnahmen des DGB vom 18.8.2016 sowie des Deutschen Juristinnen Bundes vom 9.9.2016, BT-Drs. 18/8963 ab S. 105ff.
19 Zukünftig: § 5 MuSchG n.F.

troffene Beschäftigte kann hierauf also **nicht verzichten,** so dass der Arbeitgeber einen solchen Verzicht weder verlangen noch hierum bitten darf.

Auch für das Sonn- und Feiertagsarbeitsverbot gelten branchenspezifische Aus-   **23**
nahmen. Im Verkehrsgewerbe, im Hotel- und Gaststättengewerbe, in Familien-haushalten, in der Krankenpflege und in Badeanstalten dürfen werdende und stillende Mütter an Sonn- und Feiertagen dann arbeiten, wenn ihnen in jeder Woche einmal eine ununterbrochene Ruhezeit von mindestens 24 Stunden im Anschluss an eine Nachtruhe gewährt wird (§ 8 Abs. 4 MuSchG). Der Ausgleich für die Tätigkeit an diesen Tagen erfolgt somit über einen längeren Freizeitausgleich.

Auch dieses Verbot wird ab dem 1. 1. 2018 **gelockert** und damit aufgeweicht.   **24**
Eine Beschäftigung an Sonn- und Feiertagen wird zukünftig zulässig sein, wenn die Beschäftigte sich ausdrücklich hierzu bereit erklärt und eine Alleinarbeit ausgeschlossen ist. Zusätzlich muss für den Betrieb und den jeweiligen Tag eine Ausnahme vom allgemeinen Beschäftigungsverbot gemäß § 10 ArbZG vorliegen, es muss also tatsächlich möglich sein, an diesem Tag in diesem Betrieb zu arbeiten. Außerdem muss der Betroffenen ein verlängerter Freizeitausgleich in der Form gewährt werden, dass ihr in jeder Woche im Anschluss an eine ununterbrochene Nachtruhe von mindestens elf Stunden ein Ersatzruhetag gewährt wird. Die Erklärung, auch an Sonn- und Feiertagen arbeiten zu wollen, kann die Beschäftigte jederzeit widerrufen (§ 5 Abs. 1 Satz 2 und 3MuSchG n. F.). Auch an dieser Neuregelung bestehen grundsätzliche Bedenken, da auch diese auf eine Freiwilligkeit der Betroffenen beruht, die mit Blick auf das Abhängigkeitsverhältnis nur schwer gewährleistet werden kann.[20]

5.   Verbot von Mehrarbeit

Auch das Verbot der Mehrarbeit für werdende und stillende Mütter stellt ein ge-   **25**
nerelles Beschäftigungsverbot dar. Dieses hat Auswirkungen auf den Umfang der Arbeitszeit. Während das Beschäftigungsverbot während der vor- und nachgeburtlichen Mutterschutzfrist dazu führt, dass die Arbeitszeit auf Null reduziert wird, führt das Verbot der Mehrarbeit zu einer Begrenzung des zulässigen Arbeitszeitumfangs. Das MuSchG geht dabei von einer eigenen **Definition des Begriffs** der Mehrarbeit aus, der die entsprechenden Regelungen zur Höchstarbeitszeit nach dem ArbZG verdrängt. D.h. die Regelungen des MuSchG gelten für werdende und stillende Mütter vorrangig.

Der Umfang der Höchstarbeitszeit orientiert sich am Alter der Frau. Bemes-   **26**
sungszeitraum ist einerseits der Arbeitstag und andererseits die Doppelwoche,

---

20 Zur grundsätzlichen Kritik hieran siehe die Stellungnahmen des DGB vom 18. 8. 2016 sowie des Deutschen Juristinnen Bundes vom 9. 9. 2016, BT-Drs. 18/8963 ab S. 105 ff.

wobei die Sonntage in diese eingerechnet werden. Für minderjährige schwangere und stillende Beschäftigte ist dabei jede Tätigkeit, die arbeitstäglich acht Stunden oder 80 Stunden in der Doppelwoche überschreitet, als unzulässige Mehrarbeit anzusehen. Für volljährige schwangere oder stillende Beschäftigte ist jede Arbeit, die achteinhalb Stunden arbeitstäglich oder 90 Stunden in der Doppelwoche überschreitet als unzulässige Mehrarbeit zu werten (§ 8 Abs. 2 MuSchG[21]).

27   In Arbeitsverhältnissen und Branchen, in denen die vertragliche Wochenarbeitszeit mehr als 40 Stunden beträgt, hat daher jedenfalls bei Minderjährigen die Schwangerschaft eine Reduzierung der vertraglichen Arbeitszeit zur Folge, wenn diese an fünf Wochentagen zu erbringen ist. Aber auch bei volljährigen Frauen kann die Schwangerschaft bzw. die Stillzeit dazu führen, dass im Einzelfall eine unzulässige Mehrarbeit vorliegt: so kann die Teilzeitkraft, die ihre 27 Wochenstunden auf drei Arbeitstage verteilt hat, dieses Arbeitszeitmodell während der Schwangerschaft bzw. der Stillzeit nicht mehr vollständig ausführen, denn ihre tägliche Arbeitszeit beträgt neun Stunden und stellt damit unzulässige Mehrarbeit dar. In diesen Fällen ist daher zu überlegen, ob es zumutbar ist, vorübergehend die Arbeitszeit auf mehr als drei Arbeitstage zu verteilen.

28   Aber auch Schichtmodelle mit einem Schichtrhythmus von z. B. sechs Tagen Arbeit, zwei Tage frei, können dazu führen, dass nicht zulässige Mehrarbeit anfällt, so dass gegebenenfalls der Schichtrhythmus angepasst werden muss. In beiden genannten Fällen besteht aber auch die Möglichkeit, die zuständige Aufsichtsbehörde, also die Ämter für Arbeitsschutz, um eine entsprechende Ausnahmegenehmigung zu ersuchen (§ 8 Abs. 6 MuSchG, zukünftig: § 26 Abs. 3 Nr. 1 MuSchG n. F.). Ist beides nicht möglich, so ist die Arbeitszeit entsprechend zu reduzieren.

6.   Individuelle Beschäftigungsverbote

29   In einigen Fällen kann es bereits vor der vorgeburtlichen Mutterschutzfrist dazu kommen, dass die konkrete Erbringung der arbeitsvertraglichen Tätigkeit eine Gefahr für die Gesundheit oder das Leben der Mutter oder des Kindes darstellen kann. Daher kann es zu individuellen Beschäftigungsverboten kommen (§ 3 Abs. 1 MuSchG[22]). Diese basieren immer auf einem **ärztlichen Attest**. Es müssen also konkrete Arbeitsumstände zu einer Gefahr für die werdende Mutter und/ oder das Kind führen. Diese konkreten Arbeitsumstände, die dem Attest zu Grunde gelegt sind, muss der Arzt bei Zweifeln dem Arbeitgeber darlegen. Außerdem muss der Arzt auch Auskunft darüber geben, ob eine krankheitsbedingte

---

21   Zukünftig: § 4 Abs. 1 MuSchG n. F.
22   Zukünftig: § 15 MuSchG n. F.

Arbeitsunfähigkeit vorgelegen hat.[23] Ein Beschäftigungsverbot kommt aber nur in Betracht, wenn keine Arbeitsunfähigkeit i. S. d. Entgeltfortzahlungsgesetzes vorliegt.

Die Abgrenzung zwischen Arbeitsunfähigkeit einerseits und einem auf Gesund-   **30**
heitsgefahren basierendem Beschäftigungsverbot ist nicht immer leicht. Nach der derzeitigen Rechtslage geht eine Arbeitsunfähigkeit einem Beschäftigungsverbot immer vor.[24] Zu berücksichtigen ist bei der Beurteilung, dass eine normal verlaufende Schwangerschaft kein Grund für eine Arbeitsunfähigkeit ist. Besonders risikoreich verlaufende Schwangerschaften können jedoch eine Arbeitsunfähigkeit begründen. Anders herum kann aber eine besondere Belastungssituation am Arbeitsplatz eine besondere Gefahr für die Gesundheit und das Leben des Fötus oder der werdenden Mutter darstellen. Diesen Unterschied gilt es bei der Ausstellung des ärztlichen Attestes festzustellen und dann in einem Beschäftigungsverbot oder in einer Arbeitsunfähigkeit münden zu lassen.

Ein individuelles Beschäftigungsverbot berücksichtigt die individuelle Situation   **31**
der werdenden Mutter. Ein solches kann daher auch sehr unterschiedlich ausgestaltet sein und mit unterschiedlichen Folgen für die Arbeitszeit verbunden sein. Es kann als ein vorübergehendes, also befristetes Beschäftigungsverbot ausgestaltet sein, das ein vollständiges Arbeitsverbot auslöst, mit der Folge, dass keine Arbeitsleistung zu erbringen ist. Dies ist beispielsweise denkbar, wenn die Schwangerschaft in den ersten Wochen zu erheblicher Übelkeit und Erbrechen führt und sich dies in einer späteren Phase der Schwangerschaft wieder legt. Es kann aber auch zu einem dauerhaften bis zum Beginn der Mutterschutzfrist andauernden vollständigen Arbeitsverbot ausgestaltet sein, wenn beispielsweise die arbeitsvertragliche Tätigkeit die Gefahr einer Frühgeburt auslösen kann. Es kann aber auch so ausgestaltet sein, dass die Arbeitszeit nicht im vollen vertraglichen Umfang erbracht werden kann, also eine Reduzierung der täglichen oder wöchentlichen Arbeitszeit erforderlich ist, etwa weil die Tätigkeit in Vollzeit eine zu große Belastung für die Schwangere darstellt. Denkbar ist schließlich auch, dass ein Verbot für bestimmte Uhrzeiten der Erbringung der Arbeitsleistung ausgesprochen wird, beispielsweise nicht vor 9 Uhr, wenn schwangerschaftsbedingte Beschwerden es nicht ermöglichen früher zu beginnen.

Ein individuelles Beschäftigungsverbot kann somit sehr unterschiedliche Aus-   **32**
wirkungen auf die arbeitsvertraglich geschuldete Arbeitszeit haben. Von einer vorübergehenden teilweisen Reduzierung bis zu einer dauerhaften vollständigen Reduzierung ist bei Vorliegen entsprechender Anhaltspunkte für eine Gefahr für die Gesundheit und das Leben der Mutter oder des Kindes jede Variante denkbar, sofern ein ärztliches Attest ein solches Verbot ausspricht.

---

23 BAG 7. 11. 2007 – 5 AZR 883/06.
24 BAG 5. 7. 1995 – 5 AZR 135/94.

7. Freistellung für Vorsorgeuntersuchungen

33 Damit die schwangere Beschäftigte ungehindert und ohne Sorge um Konflikte am Arbeitsplatz die mit der Schwangerschaft verbundenen Vorsorgeuntersuchungen wahrnehmen kann, gewährt das MuSchG ihr einen Anspruch auf bezahlte Freistellung (§ 16 MuSchG[25]). Hierunter fallen alle individuell notwendigen Untersuchungen und zwar sowohl für die ärztliche Betreuung als auch für die Hebammenhilfe. Die für diese Untersuchungen notwendige Zeit ist als Arbeitszeit anzurechnen und muss daher weder vorgearbeitet noch nachgeholt werden. Aus dem Grundsatz der gegenseitigen Rücksichtnahme ergibt sich für die schwangere Beschäftigung jedoch die Pflicht, bei Vereinbarung der Termine auf die betrieblichen Belange Rücksicht zu nehmen und soweit dies ohne größere Umstände möglich ist, Termine auch außerhalb der individuellen Arbeitszeit zu vereinbaren. Sie hat darüber hinaus die vereinbarten Termine rechtzeitig mitzuteilen, damit der Arbeitgeber sich hierauf einstellen kann.[26]

8. Stillzeiten

34 Das MuSchG schützt die Frau nicht nur während der Schwangerschaft, sondern auch nach der Entbindung. Gesetzgeberisches Anliegen ist es auch, die positiven Wirkungen des Stillens auf die Entwicklung des Kindes und die Bindung zur Mutter zu fördern. Dieses Ansinnen wird durch die Gewährung von Stillzeiten erfüllt. Da das nachgeburtliche Beschäftigungsverbot unabdingbar ist, kommen Stillzeiten denklogisch nur nach Ablauf dieses Verbots und einer Rückkehr der Mutter an den Arbeitsplatz in Betracht. Der Mutter ist zu ermöglichen, ihr Kind zu stillen und zwar durch Freistellung von der Arbeitsleistung im Umfang der für das Stillen erforderlichen Zeit (§ 7 Abs. 1 MuSchG[27]). Zu diesen Zeiten gehört nicht nur das Stillen selbst, sondern auch die Zeit, um einen Stillraum oder das Kind aufzusuchen, die Zeit, die die Mutter benötigt, sich umzuziehen und zu reinigen, sowie die Zeit zum Pflegen des Kindes vor und nach dem Stillen.[28]

35 Der Umfang der Stillzeit ist nicht gesetzlich vorgegeben, sondern richtet sich nach den individuellen Umständen und Bedürfnissen des Einzelfalls. Das MuSchG sieht lediglich **Mindestzeiten** vor. Die gesetzlich genannten Zeiten sind also diejenigen zeitlichen Umfänge, die der Arbeitgeber mindestens gewähren muss. Es ist aber aufgrund individueller Umstände möglich, dass im Einzelfall diese Zeiten überschritten werden. Der Arbeitgeber hat der stillenden Mutter

---

25 Zukünftig: § 6 Abs. 1 MuSchG n. F.
26 Wedde-*Graue*, § 16 MuSchG Rn. 2.
27 Zukünftig: § 6 Abs. 2 MuSchG n. F.
28 BAG 3. 7. 1985 – 5 AZR 79/84.

mindestens zweimal täglich eine halbe Stunde oder einmal täglich zusammenhängend eine Stunde Stillzeit durch Freistellung zu gewähren. Bei einer Arbeitszeit von mehr als acht Stunden beträgt die Stillzeit zweimal täglich 45 Minuten oder einmal täglich 90 Minuten. Von einer zusammenhängenden Arbeitszeit von mehr als acht Stunden ist dann auszugehen, wenn sie nicht für mehr als zwei Stunden unterbrochen ist (§ 7 Abs. 1 MuSchG).

Die Freistellung zum Stillen zählt zur Arbeitszeit, sie muss also weder vor- noch **36** nachgearbeitet werden. Der Arbeitgeber darf ein Vor- oder Nacharbeiten auch nicht verlangen. Die Stillzeiten stellen sich damit als bezahlte Freistellung dar. Auch eine Anrechnung auf die nach dem ArbZG vorgesehenen Ruhepausen ist ausgeschlossen.[29]

Voraussetzung für den Anspruch auf Stillzeiten ist immer, dass die Mutter ihr **37** Kind auch tatsächlich stillt. Da es sich um eine selbstbestimmte Entscheidung der Mutter handelt, wie lange sie ihr Kind stillen möchte, gibt es keine zeitliche Obergrenze für die Dauer der Stillzeit.[30] Der Anspruch erlischt auch nicht, wenn das Kind bereits zugefüttert und nicht mehr ausschließlich gestillt wird.[31] Auch in der Zeit des Zufütterns ist eine Stillzeit zu gewähren. Eine Stillzeit ist aber dann nicht (mehr) zu gewähren, wenn die Mutter das Kind ausschließlich außerhalb der persönlichen Arbeitszeiten stillt.[32] Wird das Kind beispielsweise nur (noch) in der Nacht gestillt, hat die stillende Mutter keinen Anspruch auf die Gewährung einer Stillzeit, wenn sie ausschließlich tagsüber ihre arbeitsvertragliche Tätigkeit erbringt.

Das Gebot der gegenseitigen Rücksichtnahme verpflichtet die Beschäftigte dazu, **38** bei der Bestimmung der Lage und Anzahl der Stillzeiten die betrieblichen Belange zu berücksichtigen. Kann das Kind beispielsweise im Betrieb gestillt werden, so muss die Beschäftigte ggf. organisieren, dass das Kind vom Vater oder einem anderen Familienangehörigen zu ihr gebracht wird, sofern ihr persönliches Umfeld dies ermöglichen kann.[33] Organisiert sich die Beschäftigte entgegen diesen persönlichen Möglichkeiten nicht, werden ihr nur diejenigen Zeiten angerechnet, die erforderlich sind. Die anderen Zeiten müsste sie nacharbeiten.

In Einzelfällen können die Aufsichtsbehörden die Zahl, Lage und Dauer der Still- **39** zeiten vorschreiben. Sie können auch die Einrichtung von Stillräumen in den Räumen des Arbeitgebers vorschreiben (§ 7 Abs. 3 MuSchG[34]).

---

29 Wedde-*Graue*, § 7 MuSchG Rn. 4.
30 LAG Baden-Württemberg 3. 11. 1989 – 5 Sa 106/88; Wedde-*Graue*, § 7 MuSchG Rn. 3.
31 Wedde-*Graue*, § 7 MuSchG Rn. 2.
32 Wedde-*Graue*, § 7 MuSchG Rn. 2.
33 BAG 3. 7. 1985 – 5 AZR 79/84.
34 Zukünftig: § 26 Abs. 3 Nr. 3 MuSchG n. F.

9. Auswirkungen auf die Vergütung

40 Im Arbeitsvertragsrecht gilt der Grundsatz, dass der Arbeitgeber nur dasjenige Arbeitsentgelt schuldet, für das tatsächlich Arbeitsleistung durch die Beschäftigten erbracht wird. Nur dort wo der Gesetzgeber den Arbeitgeber verpflichtet, auch nicht erbrachte Arbeitsleistungen zu vergüten, besteht eine Entgeltpflicht des Arbeitgebers für nicht erbrachte Arbeitsleistungen und damit ein Entgeltanspruch für die Beschäftigten. Wie dargestellt, enthält das MuSchG eine Vielzahl von Regelungen, die aus Gründen des Gesundheitsschutzes ein Beschäftigungsverbot für die werdende Mutter anordnen. Außerdem bestehen ebenfalls unter dem Gesichtspunkt des Gesundheitsschutzes schwangerschaftsbedingte Freistellungsansprüche. Eine Schwangerschaft soll jedoch nicht zu Entgelteinbußen führen. Daher enthält das MuSchG auch Regelungen, die die Beschäftigte vor derartigen Entgelteinbußen schützen. Die Schwangerschaft soll nicht zu arbeitsrechtlichen und somit auch nicht zu Entgeltnachteilen führen.

a. Mutterschaftsgeld während der Mutterschutzfrist

41 Während des sechswöchigen vor- und des acht- bzw. zwölfwöchigen nachgeburtlichen Beschäftigungsverbots sowie am Tag der Entbindung besteht kein Entgeltanspruch.[35] Die finanzielle Absicherung in dieser Zeit erfolgt durch eine Kombination einer sozialversicherungsrechtlichen Leistung in Form des Mutterschaftsgelds und einer entgeltähnlichen Arbeitgeberleistung in Form eines Zuschusses zum Mutterschaftsgeld. Der Anspruch auf Mutterschaftsgeld richtet sich gegen die Krankenkasse, der Anspruch auf Zuschuss gegen den Arbeitgeber.

42–44 *nicht belegt*

45 Arbeitgeber erhalten den Zuschuss zum Mutterschaftsgeld von der Krankenkasse der Beschäftigten **erstattet**, wenn sie einen entsprechenden Antrag stellen (§ 1 Abs. 2 Nr. 1 AAG). Das bedeutet, dass durch die Mutterschutzfrist dem Arbeitgeber keine Kosten in Bezug auf die Vergütung der Beschäftigten entstehen.

b. Mutterschutzlohn wegen Beschäftigungsverboten

46 Führt ein generelles oder ein individuelles Beschäftigungsverbot außerhalb der Mutterschutzfrist dazu, dass die Arbeitsleistung ganz oder teilweise nicht erbracht werden darf, so schuldet der Arbeitgeber der Schwangeren Mutterschaftslohn. Der Mutterschaftslohn ist ein Lohnersatzanspruch, der die werdende Mutter vor schwangerschaftsbedingten Entgeltminderungen oder Entgeltausfällen

---

35 Für die Zeit vor der Geburt besteht dann ein Anspruch auf Entgelt, wenn die schwangere Beschäftigte auf das Beschäftigungsverbot verzichtet und ihre Arbeitsleistung weiterhin erbringt.

Mittländer

schützen soll. Er unterliegt der Sozialversicherungs- und Steuerpflicht, d.h. Kranken-, Pflege-, Arbeitslosen- und Rentenversicherungsbeiträge sind abzuführen und Einkommenssteuer ist zu zahlen.

Die **Höhe** des Mutterschaftslohns richtet sich nach dem Umfang und der Dauer **47** des Beschäftigungsverbots. Berechnungsgrundlage ist das durchschnittliche Entgelt, das die Schwangere in den letzten 13 Wochen vor Beginn der Schwangerschaft bezogen hat (§ 11 Abs.1 MuSchG[36]).

Dauerhafte tarifliche oder arbeitsvertragliche Entgelterhöhungen, die während **48** des Berechnungszeitraums oder während des Beschäftigungsverbots wirksam werden, sind bei Bemessung des Mutterschutzlohns zu berücksichtigen, d.h. sie erhöhen den Mutterschutzlohn (§ 11 Abs. 2 Satz 1 MuSchG). Hingegen sind Zeiten, in denen das Entgelt vorübergehend geringer war (z.B. während einer Kurzarbeit), nicht zu berücksichtigen. Auch Zeiten, in denen kein Entgelt fällig war (z.B. wegen einer Erkrankung nach Auslaufen der Entgeltfortzahlung), werden bei Bemessung des Mutterschutzlohns nicht berücksichtigt (§ 11 Abs. 2 Satz 2 MuSchG). Auch Sachbezüge sind während eines Beschäftigungsverbots fortzuzahlen (z.B. ein Dienstwagen auch zur privaten Nutzung).

Zwar besteht ein Beschäftigungsverbot in der Nacht und an Sonn- und Feier- **49** tagen. Dennoch hat die Beschäftigte einen Anspruch auf Zahlung der Nacht-, Feier- und Sonntagszuschläge. Würden diese entfallen, würde dies dem Grundsatz, dass durch die Schwangerschaft keine Nachteile bei der Vergütung entstehen, nicht gerecht werden. Nach der Rechtsprechung des BFH sind diese im Rahmen des Mutterschaftslohns zu zahlenden Zuschläge aber nicht steuerfrei, sondern unterliegen der Steuerpflicht der Beschäftigten.[37] Insofern ist trotz der Vorschrift des § 11 MuSchG von einer Nettoentgelteinbuße für die Fälle auszugehen, dass die Beschäftigte von einem Beschäftigungsverbot während der Nacht oder an Sonn- und Feiertagen betroffen ist.

Ein Anspruch auf Mutterschaftslohn besteht aber nur, wenn das Beschäftigungs- **50** verbot die ausschließliche Ursache für die nicht erbrachte Arbeitsleistung ist. Fallen ein **Beschäftigungsverbot** und eine **Arbeitsunfähigkeit** zusammen, so hat nach der geltenden Rechtsprechung des BAG die Arbeitsunfähigkeit Vorrang und verdrängt somit das Beschäftigungsverbot und den damit einhergehenden Mutterschutzlohn. Nur wenn die Nichtleistung der Arbeit ausschließlich auf einem Beschäftigungsverbot beruht, greifen seine Regelungen insbesondere mit Blick auf die Höhe und den Umfang des Mutterschutzlohns.[38] Die Abgrenzung zwischen schwangerschaftsbedingtem Beschäftigungsverbot und Arbeitsunfähigkeit ist nicht immer leicht und bereitet häufig Schwierigkeiten. Gerade diese

---

36 Zukünftig: § 17 MuSchG n.F.
37 BFH 27.5.2009 – VI B 69/08.
38 BAG 5.7.1995 – 5 AZR 135/94.

Abgrenzungsschwierigkeiten führen jedoch dazu, dass die betroffenen Frauen häufig auf den durch die Arbeitsunfähigkeit begründeten Entgeltfortzahlungsanspruch verwiesen werden, der anders als der Mutterschaftslohn für die Dauer von sechs Wochen befristet ist. Auch sind bei der Bemessung des Entgeltfortzahlungsanspruchs Zeiten der Verdienstkürzung anders als beim Mutterschutzlohn zu berücksichtigen.[39]

51 Arbeitgeber können sich sowohl den gezahlten Mutterschutzlohn als auch die hierauf entfallenen Sozialversicherungsbeiträge von der Krankenkasse der Beschäftigten **erstatten lassen**, wenn sie einen entsprechenden Antrag stellen (§ 1 Abs. 2 Nr. 2 und Nr. 3 AAG). Das bedeutet, dass die schwangerschaftsbedingten Beschäftigungsverbote für den Arbeitgeber kostenneutral sind.

c. Vergütung für Stillzeiten und Vorsorgeuntersuchungen

52 Da sowohl die Stillzeiten als auch die Freistellung für Vorsorgeuntersuchungen als bezahlte Freistellungen gewährt werden, ist der werdenden und stillenden Mutter das durch diese Zeiten entgangene Entgelt in voller Höhe zu zahlen (§ 7 Abs. 2 und § 16 Satz 3 MuSchG). Diese Zeiten sind wie Arbeitszeit zu behandeln. Der Arbeitgeber darf ein Vor- oder Nacharbeiten dieser Zeiten nicht verlangen und er darf sie auch nicht auf Ruhepausen aus dem ArbZG anrechnen. Auch auf anderen Freizeitgewährungsansprüche, z. B. Gleitzeitguthaben oder Mehrarbeitsstunden, dürfen diese Zeiten nicht angerechnet werden. Zum Schutz der Beschäftigten sind diese Ansprüche unabdingbar, d. h. die Beschäftigte kann auf diese nicht verzichten. Ein entsprechender Verzicht ist unwirksam.

III. Hinweis für die Mitbestimmung

53 Die Herausnahme der Beschäftigten aus der Nachtschicht oder Zeiten der Nachtarbeit sowie an Sonn- und Feiertagen unterliegt mit Blick auf die gesetzliche Anordnung des Beschäftigungsverbots und wegen des fehlenden kollektiven Bezugs nicht der Mitbestimmung gemäß § 87 Abs. 1 Nr. 2 BetrVG. Dies gilt auch dann, wenn ein individuelles Beschäftigungsverbot dazu führt, dass die Arbeitszeit der Frau sich ändert bzw. geändert werden muss. Macht der Arbeitgeber von seinem Recht auf Umsetzung der Frau Gebrauch, kann eine Versetzung vorliegen, wenn sich hierdurch die Arbeitsbedingungen wesentlich ändern, z. B. wenn keine Wechselschicht mehr geleistet wird. Dies hat zur Folge, dass ein Mitbestimmungsrecht des Betriebsrats nach § 99 BetrVG gegeben sein kann. Der Betriebs-

---

39 Zur berechtigten Kritik an dieser Rechtsprechung siehe Wedde-*Graue*, § 3 MuSchG Rn. 3 und 4 sowie § 11 MuSchG Rn. 2. m. w. N.

rat kann die Zustimmung zum Schutz der Beschäftigten in diesen Fällen verweigern, wenn diese mit Nachteilen für die Frau verbunden ist, z. B. sie mit dequalifizierten Tätigkeiten betraut wird oder sie an einen anderen Arbeitsort versetzt werden soll.

Die schwangerschaftsbedingten Beschäftigungsverbote gehören zu den gesetzlichen Regelungen, deren Einhaltung der Betriebsrat überwachen soll und auf deren Einhaltung er hinwirken muss (§§ 80 Abs. 1 Nr. 1, 89 Abs. 1 BetrVG). Die Beschäftigte ist auch während der Schwangerschaft weiterhin betriebsangehörig, so dass ihr Beschwerderecht bestehen bleibt und Betriebsräte derartige Beschwerden entgegennehmen und deren Abhilfe verlangen können (§§ 84, 85 BetrVG). **54**

In größeren Betrieben kann es sinnvoll sein, im Rahmen des Arbeits- und Gesundheitsschutzes allgemeine Regelungen zum Umgang mit schwangerschaftsbedingten Beschäftigungsverboten zu schaffen. Es können aber auch Regelungen geschaffen werden, wie auf die besondere Situation von Schwangeren ohne ein Beschäftigungsverbot oder von stillenden Müttern eingegangen werden kann, z. B. durch die Schaffung eines Stillraums, durch Zuschüsse zu speziellen Gesundheitsprogrammen für Schwangere oder durch das zur Verfügung stellen von angepassten Sitzgelegenheiten. Die Handlungsmöglichkeiten des Betriebsrats ergeben sich hier aus § 87 Abs. 1 BetrVG. Da auch im öffentlichen Dienst eine Mitbestimmung des Personalrats bei sozialen Angelegenheiten auf solche Gegenstände mit einem kollektiven Bezug beschränkt ist, ist die Herausnahme der Beschäftigten aus der Nachtschicht und/oder Sonn- und Feiertagsarbeit mitbestimmungsfrei möglich. Es kann sich in größeren Dienststellen aber ebenfalls empfehlen, im Rahmen des § 75 Abs. 3 Nr. 11 BPersVG allgemeine Regelungen zu vereinbaren. Soll auf Grund eines Beschäftigungsverbots eine andere Tätigkeit übertragen werden, unterliegt dies nur dann der eingeschränkten Mitbestimmung, wenn dies mit der Zuweisung niedriger bewerteter Tätigkeiten einhergeht, der Dienstort sich ändert oder eine Versetzung zu einer anderen Dienststelle zur Folgt hat (§ 75 Abs. 1 Nr. 2 und 3 BPersVG). **55**

Nachtarbeit

I. Einführung

1. Nachtarbeit

1 Nachtarbeit i. S. d. ArbZG ist jede Arbeit, die mehr als zwei Stunden der Nachtzeit umfasst (§ 2 Abs. 4 ArbZG). Nachtzeit selbst definiert der Gesetzgeber als die Zeit von 23 Uhr bis 6 Uhr, in Bäckereien und Konditoreien als die Zeit von 22 Uhr bis 5 Uhr (§ 2 Abs. 4 ArbZG). Auf der Grundlage dieser Definitionen gelten dann als Nachtarbeitnehmer die Arbeitnehmer, die aufgrund ihrer Arbeitszeitgestaltung normalerweise Nachtarbeit in Wechselschicht zu leisten haben (§ 2 Abs. 5 Nr. 1 ArbZG) oder Nachtarbeit an mindestens 48 Tagen im Kalenderjahr leisten (§ 2 Abs. 5 Nr. 2 ArbZG).

2 Unter Wechselschicht ist dabei eine Form der Arbeitszeitorganisation zu verstehen, bei der die Arbeitnehmer ihre Arbeit zu wechselnden Zeiten zu erbringen haben, bei der sich also die Arbeitnehmer einer Schichtbelegschaft regelmäßig oder unregelmäßig in der Schichtenfolge abwechseln (Schichtwechselzyklus oder Schichtwechselperiodik). Unerheblich ist, ob das Wechselschichtsystem ohne Wochenendarbeit praktiziert wird (sog. kontinuierliche Arbeitsweise). Unerheblich ist auch, ob der Wechsel regelmäßig oder unregelmäßig, vorwärts rollierend oder rückwärts rollierend erfolgt. Wechselschicht ist bereits dann gegeben, wenn jede Schicht nur aus einem Arbeitnehmer besteht.[1]

3 Hinsichtlich des Zeitraums von 48 Tagen kommt es nicht darauf an, ob die Arbeitsleistung in permanenten Schichtsystemen mit Dauernachtschichten oder in wechselnden Schichtsystemen mit wechselnden Nachtschichten oder außerhalb von Schichtsystemen erbracht wird. Auch die Regelmäßigkeit der Nachtarbeit spielt keine Rolle. Wer also die 48-Tage-Voraussetzung bereits in den ersten Monaten des Jahres erfüllt und danach keine Nachtarbeit mehr verrichtet, ist für das gesamte Kalenderjahr als Nachtarbeitnehmer anzusehen.[2]

---

1 BAG 23. 9. 1960 – 1 AZR 567/59.
2 Anzinger/Koberski, § 2 Rn. 94.

Heitmann

2. Nachteile der Nachtarbeit

Nachtarbeit ist grundsätzlich für jeden Menschen schädlich. Diese Feststellung **4** trifft das BVerfG in einer richtungsweisenden Entscheidung aus dem Jahr 1992.[3] Die Karlsruher Richter führen dabei weiter aus: »*Sie (Die Nachtarbeit) führt zu Schlaflosigkeit, Appetitstörungen, Störungen des Magen-Darmtraktes, erhöhter Nervosität und Reizbarkeit sowie zu einer Herabsetzung der Leistungsfähigkeit*«. Ursache der im Übrigen geschlechterunabhängigen objektiven Belastung bei **5** Nachtarbeit ist, dass zeitverschoben zur Tagesperiodik von wesentlichen Körperfunktionen (Schlafbedürfnis, Thermoregulation, Kreislaufregulation, hormonelle Regulation) gearbeitet werden muss. Wahrnehmungsleistung, Konzentrationsfähigkeit, Psychomotorik und Intelligenzleistungen erreichen im Laufe der Nacht ihr Minimum. Insoweit führt Nachtarbeit über längere Zeiträume zu keiner Umkehrung des Biorhythmus.[4] Neben den gesundheitlichen Belastungen werden auch die sozialen Beziehungen **6** außerhalb des Betriebs beeinträchtigt. Nicht nur die kulturellen und gesellschaftlichen Entfaltungsmöglichkeiten sind deutlich eingeschränkt, sondern auch ein geregeltes Familienleben ist kaum noch möglich. Davon abgesehen erschwert Nachtarbeit die sozialen Beziehungen innerhalb des Betriebs. Der Kontakt zu den Kollegen ist erheblich reduziert. Es gibt schlichtweg nicht mehr so viele Gelegenheiten miteinander zu reden.

3. Schichtmodelle

In der betrieblichen Praxis etabliert sind zum einen Zwei-Schicht-Modelle, in **7** denen sich Früh- und Spätschicht abwechseln, und zum anderen Drei-Schicht-Modelle, in denen in Früh-, Spät- und Nachtschicht gearbeitet wird. Die Anzahl der Schichten, in die die Beschäftigten für die Schichtarbeit eingeteilt werden, hat nichts mit der Zahl der Schichten zu tun, die an einem Tag geleistet werden. Stark verbreitet in einem Drei-Schicht-Modell ist eine Schichtzeit von acht Stunden (24 Stunden am Tag geteilt durch drei Schichten gleich acht Arbeitsstunden pro Schicht). Drei-Schicht-Modelle zeichnen sich also dadurch aus, dass die Maschinen, Anlagen und Betriebsmittel rund um die Uhr laufen – also 24 Stunden am Tag. In einem klassischen langzyklischen Drei-Schicht-Modell muss ein Beschäftigter **8** bei drei Schichtgruppen in der ersten Woche der Schichtgruppe A hintereinander fünf Frühschichten von Montag bis Freitag leisten. Das Wochenende ist frei. In der zweiten Woche muss der gleiche Beschäftigte fünf Spätschichten und in

---

3 BVerfG 28. 1. 1992 – 1 BvR 1025/82.
4 Anzinger/Koberski, § 2 Rn. 84.

der dritten Woche fünf Nachtschichten ableisten; auch hier sind die Wochenenden frei. In der vierten Woche beginnt das Ganze von neuem. In der Metall- und Elektroindustrie existieren daneben noch weitere kurzzyklische Modelle mit vier oder fünf Schichtgruppen.[5] Bei dem Einsatz einer vierten Schichtgruppe, die dann unerlässlich wird, wenn die erforderliche Betriebsnutzungszeit zu regelmäßiger Samstagsarbeit führt, hat dies allerdings häufig eine Nachleistungspflicht der Beschäftigten zur Folge. Der Einsatz einer fünften Schichtgruppe kommt dann zum Tragen, wenn ein vollkontinuierlicher Maschinen- und Anlagendurchlauf realisiert werden soll (rund um die Uhr an sieben Tagen die Woche).

9 Davon unabhängig zu betrachten ist das Modell der Dauernachtschicht. Aufgrund der steuer- und sozialabgabenfreien Schichtzuschläge in der Nacht ist die Dauernachtschicht finanziell sehr lukrativ. Die Zuschläge finden allerdings später bei der Rentenberechnung keine Berücksichtigung. Davon abgesehen sprechen auch gesundheitliche Erwägungen gegen den Einsatz in der Dauernachtschicht: Der Körper kann sich nicht auf die Nachtarbeit einstellen und muss deshalb ständig gegen die innere Uhr bzw. den körperlichen Rhythmus arbeiten.

II. Einzeldarstellung

1. Rechtslage nach dem ArbZG

a. Gesetzliche Einschränkungen der Nachtarbeit

10 Die Durchführung von Nachtarbeit hat sich an den gesetzlichen Anforderungen von § 6 Abs. 1 und Abs. 2 ArbZG zu orientieren. Nach § 6 Abs. 1 ArbZG ist die Arbeitszeit der Nacht- und Schichtarbeitnehmer nach den gesicherten arbeitswissenschaftlichen Erkenntnissen über die menschengerechte Gestaltung der Arbeit festzulegen. Eine Arbeit ist dann menschengerecht gestaltet, wenn die Menschenwürde der Arbeitnehmer geachtet und sowohl die körperliche als auch geistig-seelische Gesundheit sowie die Arbeitsfähigkeit über ein normales Erwerbsleben hindurch gewährleistet ist. Diese Arbeitsfähigkeit über ein normales Erwerbsleben wird beeinträchtigt, wenn permanent gegen eine selbsttätig laufende, innere Uhr gearbeitet wird.

11 In der Arbeitswissenschaft haben sich daher Leitlinien herausgebildet, die eine menschengerechte Gestaltung der Arbeit bewirken sollen. Anerkannt ist, dass eine dauerhafte Nachtschicht vermieden werden soll und nur in besonderen Ausnahmefällen zum Tragen kommen kann. Zudem sollen nicht mehr als zwei bis vier Nachtschichten in Folge gearbeitet werden. Zwischen zwei Schichten

---

5 Siehe dazu Meine/Wagner-*Fergen/Schulte-Meine/Vetter*, S. 198 ff.

werden ausreichende Ruhezeiten empfohlen, die durch regelmäßig freie Wochenenden in kontinuierlichen Schichtsystemen ergänzt werden. Auch Arbeitsperioden von acht oder mehr Arbeitstagen in Folge sollten ebenso vermieden werden wie ein zu früher Beginn der Frühschicht. Sinnvoll ist auch die Koppelung der Schichtlänge an die körperliche und geistige Beanspruchung durch die Arbeit. Außerdem sollten Nachtschichten grundsätzlich kürzer sein als Früh- und Spätschichten. Ein Vorwärtsspiel der Schichten bei kontinuierlichen Schichtsystemen (erst Früh-, dann Spät-, dann Nachtschicht) begünstigt den Schlaf und das allgemeine Wohlbefinden. Für den Arbeitnehmer ist daneben wichtig, dass er rechtzeitig über den Schichtplan informiert wird und dass ausreichend Spielräume für individuelle Wünsche vorhanden sind.

Zudem darf die werktägliche Arbeitszeit der Nachtarbeitnehmer acht Stunden **12** nicht überschreiten. Sie kann auf bis zu zehn Stunden nur verlängert werden, wenn abweichend von § 3 ArbZG innerhalb von einem Kalendermonat oder innerhalb von vier Wochen im Durchschnitt acht Stunden werktäglich nicht überschritten werden (§ 6 Abs. 2 Satz 1 und 2 ArbZG).

b. Gesundheitliche Präventionen

Um den gesundheitlichen Beeinträchtigungen der Nachtarbeiter entgegenzuwir- **13** ken, hat der Gesetzgeber in § 6 Abs. 3 und Abs. 5 ArbZG präventive Maßnahmen festgelegt. Nach § 6 Abs. 3 ArbZG sind Nachtarbeitnehmer berechtigt, sich vor Beginn der Beschäftigung und danach in regelmäßigen Zeitabständen von nicht weniger als drei Jahren arbeitsmedizinisch untersuchen zu lassen. Nach Vollendung des 50. Lebensjahres steht Nachtarbeitnehmern dieses Recht sogar in Zeitabständen von einem Jahr zu. Die Kosten der Untersuchungen hat dabei der Arbeitgeber zu tragen, sofern er die Untersuchungen den Nachtarbeitnehmern nicht kostenlos durch einen Betriebsarzt oder einen überbetrieblichen Dienst von Betriebsärzten anbietet.

Sowohl der Untersuchungsbefund als auch die sich daraus ergebende arbeitsme- **14** dizinische Beurteilung unterliegen der Verschwiegenheitsverpflichtung des Arztes (§ 203 Abs. 1 StGB). Anders als bei speziellen arbeitsmedizinischen Vorsorgeuntersuchungen aufgrund besonderer Rechtsvorschriften ist dem Arbeitgeber auch keine Bescheinigung über das Untersuchungsergebnis zu erteilen. Die Wiederholungsuntersuchungen dienen zudem dem Zweck, mögliche gesundheitliche Veränderungen aufgrund der abgeleisteten Nachtarbeit festzustellen. Der untersuchende Arzt hat dabei eine Beratungsfunktion, über die Fortsetzung der Nachtarbeit, selbst bei gesundheitlichen Bedenken des Arztes, entscheidet allein der Arbeitnehmer. Für den Untersuchungstermin ist der Arbeitnehmer von der Arbeitsleistung freizustellen. Das Aufsuchen des Arztes ist auch dann erforderlich, wenn der Arbeitnehmer nicht verpflichtet ist, sich der Untersuchung zu unterziehen

c. Anspruch auf Versetzung auf einen Tagarbeitsplatz

15 Nach § 6 Abs. 4 ArbZG hat der Arbeitgeber den Nachtarbeitnehmer auf dessen Verlangen auf einen für ihn geeigneten Tagesarbeitsplatz umzusetzen,

- wenn nach arbeitsmedizinischer Feststellung die weitere Verrichtung von Nachtarbeit den Arbeitnehmer in seiner Gesundheit gefährdet oder
- im Haushalt des Arbeitnehmers ein Kind unter zwölf Jahren lebt, das nicht von einer anderen im Haushalt lebenden Person betreut werden kann, oder
- der Arbeitnehmer einen schwerpflegebedürftigen Angehörigen zu versorgen hat, der nicht von einem anderen im Haushalt lebenden Angehörigen versorgt werden kann,

sofern dem nicht dringende betriebliche Erfordernisse entgegenstehen. In einem derartigen Fall ist der Betriebsrat zu hören. Der Betriebsrat kann Vorschläge für eine Umsetzung unterbreiten.

16 Als Tagarbeitsplatz wird dabei jeder Arbeitsplatz betrachtet, bei dem die Arbeitsleistungen normalerweise außerhalb der gesetzlich festgelegten Nachtzeit von 23 Uhr bis 6 Uhr zu erbringen sind (§ 2 Abs. 3 ArbZG). Als Tagesarbeit ist demzufolge auch die Arbeit im Zwei-Schicht-System mit regelmäßiger Früh- und Spätschicht, z. B. 6 Uhr bis 14 Uhr und 14 Uhr bis 22 Uhr, anzusehen. Geeignet ist der Arbeitsplatz dann, wenn sich das Gesamtbild der Tätigkeit nicht ändert. Dies ist sicher dann der Fall, wenn die gleiche Tätigkeit außerhalb der Nachtarbeit verrichtet werden kann. Geeignet ist aber auch ein Tagesarbeitsplatz, bei dem sich der Arbeitsbereich verändert oder sich die Umstände ändern, unter denen die Arbeit zu leisten ist.

17 Betriebliche Erfordernisse stehen einer Umsetzung dann entgegen, wenn zwar ein geeigneter Tagesarbeitsplatz vorhanden ist, zur Realisierung der Umsetzung aber umfangreiche betriebsorganisatorische oder personelle Maßnahmen hinsichtlich anderer Arbeitnehmer durchgeführt werden müssen. Einzubeziehen sind in die Beurteilung auch Arbeitsplätze, bei denen zum Zeitpunkt des Arbeitnehmerverlangens bereits feststeht, dass sie in absehbarer Zeit frei werden, sofern die Überbrückung dieses Zeitraums dem Arbeitgeber zumutbar ist; zumutbar ist jedenfalls ein Zeitraum, den ein anderer Stellenbewerber zur Einarbeitung benötigen würde.

18 Zwingende Wirksamkeitsvoraussetzung für die Ablehnung des Arbeitgebers ist, dass dieser zuvor den Betriebsrat angehört hat. Einen Anspruch, schriftliche Unterlagen dabei durch den Arbeitgeber erstellen zu lassen, hat der Betriebsrat allerdings nicht.

d. Ausgleich für Nachtarbeit

19 Nach § 6 Abs. 5 ArbZG hat der Arbeitgeber dem Nachtarbeitnehmer, soweit keine tarifvertraglichen Ausgleichsregelungen bestehen, zudem für die während der Nachtzeit geleisteten Arbeitsstunden eine angemessene Zahl bezahlter freier

Tage oder einen angemessenen Zuschlag auf das ihm hierfür zustehende Bruttoarbeitsentgelt zu gewähren.

aa. Zuschläge

Das BAG hält in dem Zusammenhang einen Zuschlag in Höhe von 25 % des **20** Stundenlohns für angemessen i. S. d. § 6 Abs. 5 ArbZG, wenn der Arbeitnehmer im Drei-Schicht-Betrieb arbeitet und jede dritte Woche Nachtarbeit leistet.[6] Bei Dauernachtschicht kann der Zuschlag mit 30 % des Stundenlohns höher bemessen werden.[7] Ein Aufschlag um die Hälfte des Grundlohns verliert dann aber den Charakter des Zuschlags als »zusätzlich« geschuldete Leistung; Entgelt und Zuschlag sind bei 50 % in sich unausgewogen.[8]
Als unterproportional betrachtet das BAG einen Zuschlag in Höhe von 15 %.[9] **21** Von diesem Grundsatz macht das BAG allerdings bei Mitarbeitern von Rettungsdiensten[10] und Wachmännern[11] eine Ausnahme und billigt diesen Berufsgruppen lediglich einen Zuschlag in Höhe von 10 % zu. Bei den Mitarbeitern im Rettungsdienst bezieht sich das BAG darauf, dass im Rettungsdienst in erheblichem Umfang Arbeitsbereitschaft und damit Zeiten der Entspannung anfallen würden. Die Instanzgerichte machen vom Grundsatz des BAG ebenfalls eine Ausnahme und halten bei Zeitungszustellern einen Zuschlag in Höhe von 12 % für angemessen.[12]

bb. Freizeitausgleich

Bei der Beurteilung, was als angemessene Zahl bezahlter freier Tage als Ausgleich **22** für Nachtarbeit anzusehen ist, ist eine Orientierung an dem ursprünglichen Referentenentwurf zum ArbZG angezeigt. Angemessenheit liegt danach dann vor, wenn dem Nachtarbeitnehmer für etwa 90 während der Nachtzeit geleistete Arbeitsstunden ein bezahlter freier Tag gewährt wird.[13] Geht man davon aus, dass ein in vollkontinuierlicher Wechselschichtarbeit eingesetzter Arbeitnehmer etwa ein Viertel seines Jahrespensums von ca. 1750 Stunden während der Nachtzeit ableistet, müssen zwischen vier und fünf zusätzliche bezahlte freie Tage als angemessener Ausgleich anzusehen sein.[14]

---

6 BAG 27. 5. 2003 – 9 AZR 180/02.
7 BAG 5. 9. 2002 – 9 AZR 202/01.
8 BAG 5. 9. 2002 – 9 AZR 202/01.
9 BAG 5. 9. 2002 – 9 AZR 202/01.
10 BAG 31. 8. 2005 – 5 AZR 545/04.
11 BAG 11. 2. 2009 – 5 AZR 148/08.
12 LAG Köln 2. 9. 2005 – 12 Sa 132/05.
13 Buschmann/Ulber, § 6 Rn. 29.
14 Anzinger/Koberski, § 6 Rn. 82.

cc. Wahlfreiheit des Arbeitgebers

23 Der Arbeitgeber schuldet entweder angemessene Zuschläge oder eine angemessene Zahl bezahlter freier Tage; diese Verpflichtung des Arbeitgebers ist eine Wahlschuld.[15] Hat der Arbeitgeber sein Wahlrecht nicht ausgeübt, muss der Arbeitnehmer ihn bei einer gerichtlichen Verfolgung alternativ auf Gewährung freier Tage oder auf Zahlung in Anspruch nehmen.[16] Der Ausgleich kann aber auch in Form einer Kombination von Zuschlägen und bezahlten freien Tagen erfolgen.[17]

e. Betriebliche Weiterbildung/Aufstieg

24 Nach § 6 Abs. 6 ArbZG ist sicherzustellen, dass Nachtarbeitnehmer den gleichen Zugang zur betrieblichen Weiterbildung und zu aufstiegsfördernden Maßnahmen haben wie die übrigen Arbeitnehmer.

25 Der betrieblichen Weiterbildung sind alle betrieblichen Maßnahmen zuzurechnen, die es den Arbeitnehmern ermöglichen sollen, die beruflichen Kenntnisse und Fertigkeiten zu erhalten, zu erweitern, der technischen Entwicklung anzupassen oder beruflich aufzusteigen.[18] Darunter fallen etwa Lehrgänge, die den Arbeitnehmern die für die Ausfüllung ihres Arbeitsplatzes notwendigen Kenntnisse und Fähigkeiten verschaffen sollen.[19] Ausgenommen sind davon Maßnahmen, mit denen die Arbeitnehmer in ihre vertraglich geschuldeten Tätigkeiten gezielt eingewiesen werden.[20]

26 Hinzu kommt, dass betriebliche Weiterbildungsmaßnahmen und aufstiegsfördernde Maßnahmen vom Arbeitgeber so terminiert werden müssen, dass Nachtarbeiter ohne schichtplanbedingte Unterbrechungen kontinuierlich an diesen Maßnahmen teilnehmen können.[21]

2. Tarifliche Regelungen

27 Die Branchentarifverträge sehen unterschiedliche Regelungen zur Nachtarbeit vor.

a. Nachtarbeit im Bankgewerbe

28 Für das private Bankgewerbe ist Dreh- und Angelpunkt § 5 MTV Banken. Nach § 5 Ziff. 3 MTV Banken wird für Arbeit in der Nachtzeit (20 Uhr bis 6 Uhr) ein Zuschlag von 25 % gewährt. Für den Wachdienst gilt dies nur insoweit, als dieser

---

15 LAG Schleswig-Holstein 21.1.1997 – 1 Sa 467/96.
16 BAG 5.9.2002 – 9 AZR 202/01.
17 BAG 1.2.2006 – 5 AZR 422/04.
18 Anzinger/Koberski, § 6 Rn. 88.
19 BAG 5.11.1985 – 1 ABR 49/83.
20 BAG 5.11.1985 – 1 ABR 49/83.
21 Anzinger/Koberski, § 6 Rn. 89.

Heitmann

in ständiger Wechselschichtarbeit gemäß Ziff. 4 beschäftigt ist. § 5 Ziff. 4 MTV Banken verweist dann auf die Beachtung von § 6 Abs. 1 und Abs. 4 ArbZG in ständiger Dreischicht- oder Nachtarbeit. Für ständige dreischichtige Wechselschichtarbeit (außer Wachdienst), bei der die dritte Schicht regelmäßig überwiegend in der Nachtzeit (20 Uhr bis 6 Uhr) liegt, wird ein monatlicher Zuschlag von 250 Euro gewährt. Zusätzlich werden für je ein halbes Jahr solcher Wechselschichtarbeit zwei Tage bezahlte Arbeitsbefreiung gewährt. Anspruch auf diese Arbeitsbefreiung hat auch der Wachdienst.

Wird der Sonnabend voll in diese ständige Wechselschichtarbeit einbezogen, erhöht sich der Zuschlag um 80 Euro, außerdem wird für je ein halbes Jahr solcher Wechselschichtarbeit ein zusätzlicher Tag bezahlte Arbeitsbefreiung gewährt (außer Wachdienst). Werden die Sonn- und Feiertage voll in diese ständige Wechselschichtarbeit einbezogen, wird für je ein halbes Jahr solcher Wechselschichtarbeit ein zusätzlicher Tag bezahlte Arbeitsbefreiung gewährt (außer Wachdienst). **29**

Für sonstige ständige Wechselschichtarbeit (außer Wachdienst), bei der regelmäßig die Frühschicht vor 6 Uhr beginnt oder die Spätschicht nach 20 Uhr endet, wird ein monatlicher Zuschlag von 120 Euro gezahlt. Sofern eine Schicht regelmäßig überwiegend in der Nachtzeit liegt, wird zusätzlich für je ein halbes Jahr solcher Wechselschichtarbeit ein Tag bezahlte Arbeitsbefreiung gewährt. Anspruch auf diese Arbeitsbefreiung hat auch der Wachdienst. **30**

Arbeitnehmer, die das 50. Lebensjahr vollendet haben und nach mindestens zehn Jahren ununterbrochener Wechselschichtarbeit keinen Schichtdienst mehr leisten, erhalten eine Zulage in Höhe des bisherigen Schichtzuschlags, auf die allgemeine Tarifgehaltserhöhungen voll angerechnet werden. **31**

b. Nachtarbeit in der Systemgastronomie

Nach § 4 Ziff. 7 MTV SG wird Nachtarbeit als Arbeitsleistung festgelegt, die in einem Umfang von mindestens zwei Stunden pro Schicht in der Zeit von 23 Uhr bis 6 Uhr erbracht wird. Zudem ist die Nachtarbeit mit einem Zuschlag von 15 % des Bruttostundenentgelts gemäß den Bestimmungen des Entgelttarifvertrages zu vergüten. **32**

c. Nachtarbeit im öffentlichen Dienst

Der TVöD definiert hingegen unter § 7 Abs. 5 Nachtarbeit als die Arbeit zwischen 21 Uhr und 6 Uhr. Als Ausgleich für Nachtarbeit erhält der Beschäftigte dann einen Zeitzuschlag in Höhe von 20 % (§ 8 Abs. 1 Satz 2 Buchst. b TVöD). **33**

d. Nachtarbeit in der Druckindustrie

In § 3 III Ziff. 3 Buchst. e MTV Druck wird Nachtarbeit als Arbeitszeit definiert, die täglich mindestens zur Hälfte in den zuschlagspflichtigen Zeitraum nach § 8 **34**

Ziff. 1 Buchst. a MTV Druck fällt. Der Zeitraum der zuschlagspflichtigen Nacht-arbeit ergibt sich aus der Abgrenzung zur zuschlagsfreien Tagesarbeitszeit, die um 6 Uhr beginnt und um 18 Uhr endet (§ 8 Ziff. 1 Buchst. a MTV Druck). In-nerhalb der Zeitspanne von zwölf Stunden kann insoweit mit dem Betriebsrat der Beginn auch zwischen 6 Uhr und 7 Uhr, ihr Ende zwischen 18 Uhr und 19 Uhr festgelegt werden.

35 Der Begriff der »ständigen« Nachtarbeit erfordert zudem, dass der Anteil der Nachtarbeit 85 % der gesamten Arbeitszeit des Arbeitnehmers im Bemessungs-zeitraum beträgt. Nach § 3 III Ziff. 2 MTV Druck soll auf Verlangen der be-troffenen Arbeitnehmer dauernde Nachtarbeit in bestimmten Zeiträumen durch entsprechende Tagesarbeit unterbrochen werden.

36 Als Ausgleich erhalten Arbeitnehmer, die ständig in gleichmäßig verteilter Wech-selschicht arbeiten oder ständig Nachtarbeit leisten, eine Freischicht (§ 3 III Ziff. 3 Buchst. a MTV Druck). Dies gilt für Arbeitnehmer ab dem vollendeten 40. Le-bensjahr für jeweils zwölf Monate erbrachter Arbeitsleistung, für Arbeitnehmer ab dem vollendeten 50. Lebensjahr für jeweils sechs Monate erbrachter Arbeits-leistung und für Arbeitnehmer ab dem vollendeten 55. Lebensjahr für jeweils vier Monate erbrachter Arbeitsleistung. Dieser Anspruch entsteht auch dann, wenn aus betrieblichen Gründen innerhalb des Bemessungszeitraums in min-destens 15 Wochen pro Viermonatszeitraum, 22 Wochen pro Sechsmonatszeit-raum bzw. 45 Wochen pro Zwölfmonatszeitraum in Wechselschicht oder Nacht-arbeit gearbeitet worden ist (§ 3 III Ziff. 3 Buchst. b MTV Druck).

37 Keinen Einfluss auf die Anspruchsvoraussetzungen haben im Übrigen Zeiten be-zahlten Urlaubs, Kuren mit Entgeltfortzahlungsanspruch, Zeiten krankheitsbe-dingter Arbeitsunfähigkeit mit Entgeltfortzahlungsanspruch, Freistellungszeiten nach § 37 Abs. 6 und Abs. 7 und § 38 BetrVG sowie die Befreiung von einer bis dahin geleisteten Wechselschicht oder Nachtarbeit infolge des Mutterschutzes (§ 3 III Ziff. 3 Buchst. c MTV Druck).

38 Für Teilzeitbeschäftigte sieht § 3 III Ziff. 3 Buchst. e MTV Druck zudem vor, dass diese eine Freischicht wegen Nachtarbeit nur dann erhalten, wenn mindes-tens täglich vier Stunden in den zuschlagspflichtigen Zeitraum nach § 8 Ziff. 1 Buchst. a MTV Druck fallen. Teilzeitbeschäftigte, die nicht an allen wöchentli-chen Arbeitstagen beschäftigt werden, erhalten eine Freischicht nur dann, wenn sie an mindestens vier Tagen pro Woche arbeiten und dabei mindestens die Hälfte der tariflichen Wochenarbeitszeit erbringen.

39 Hinzu kommt, dass die Nachtarbeit Leistenden Zuschläge für die Stunden von Beginn der Nachtarbeitszeit bis 24 Uhr je Stunde in Höhe von 25 % und für die Stunden von 24 Uhr bis zum Ende der Nachtarbeitszeit je Stunde in Höhe von 52 % erhalten (§ 8 Ziff. 1 Buchst. a MTV Druck).

e. Bewertung

In den exemplarisch aufgeführten Tarifverträgen ist erkennbar, dass diese den **40** Begriff der Nachtarbeit alle unterschiedlich definieren. Die gesetzlichen Anforderungen aus § 2 ArbZG werden aber in allen Tarifverträgen erfüllt. Die tarifvertraglich vorgegebenen Nachtarbeitsperioden berücksichtigen den gesetzlichen Zeitkorridor des § 2 Abs. 3 ArbZG und die in diesem Rahmen zu erbringende Arbeitszeit nach § 2 Abs. 4 ArbZG. Auch die Vorgabe aus § 2 Abs. 5 ArbZG wird grundsätzlich beachtet.

Nur unzureichend berücksichtigen die hier genannten Tarifverträge allerdings **41** die Anforderungen, die § 6 Abs. 1 ArbZG aufstellt.

Als problematisch zu betrachten ist in dem Zusammenhang die Formulierung **42** des § 3 III Ziff. 2 MTV Druck. Die Unterbrechung der Nachtarbeit durch entsprechende Tagesarbeit soll danach nur auf Verlangen des betroffenen Arbeitnehmers geschehen. Damit wird der Arbeitgeber erst unter Handlungsdruck gesetzt, wenn der Arbeitnehmer selbst die Unterbrechung der Nachtarbeit einfordert. Für viele Arbeitnehmer ist die Nachtarbeit in der betrieblichen Praxis aber monetär interessant, da die in dem Zusammenhang gezahlten Nachtzuschläge sozialversicherungsfrei bleiben. Die Nachtarbeiter erhöhen dadurch also ihr monatliches Nettogehalt und planen ihr Leben auf der Grundlage dieses Gehalts. Eine Veränderung der abzuleistenden Arbeitszeit hätte für diese Arbeitnehmer zwangsläufig eine Absenkung ihres Gehaltsniveaus zur Folge. Nachvollziehbar ist es dann, wenn ein Arbeitnehmer unter Inkaufnahme gesundheitlicher Beeinträchtigungen regelmäßig weiter Nachtarbeit leistet. Als problematisch kann daneben auch die Tatsache angesehen werden, dass es sich bei § 3 III Ziff. 2 MTV Druck lediglich um eine Soll-Vorschrift handelt. Selbst wenn der Nachtarbeiter das Verlangen auf Unterbrechung der dauernden Nachtarbeit äußert, hat der Arbeitgeber dieses Verlangen nicht auch unmittelbar umzusetzen.

Ähnlich zurückhaltend ist in dem Zusammenhang der MTV Banken. In § 5 Ziff. **43** 4 MTV Banken wird lediglich darauf Bezug genommen, die Anforderungen aus § 6 Abs. 1 ArbZG zu beachten.

Gänzlich unberücksichtigt bleibt in den Tarifverträgen zudem § 6 Abs. 6 ArbZG. **44** Danach ist sicherzustellen, dass Nachtarbeitnehmer den gleichen Zugang zur betrieblichen Weiterbildung und zu aufstiegsfördernden Maßnahmen haben wie die übrigen Arbeitnehmer. Das bedeutet im Einzelfall, dass betriebliche Weiterbildungsmaßnahmen und aufstiegsfördernde Maßnahmen vom Arbeitgeber so terminiert werden müssen, dass Nachtarbeiter ohne schichtplanbedingte Unterbrechungen kontinuierlich an diesen Maßnahmen teilnehmen können.[22]

---

22 Anzinger/Koberski, § 6 Rn. 89.

45 Auch § 6 Abs. 3 und Abs. 4 ArbZG findet keine nähere Konkretisierung in den Tarifverträgen. Lediglich der MTV Banken verweist unter § 5 Ziff. 4 wieder auf die grundsätzliche Beachtung von § 6 Abs. 4 ArbZG. Zwar kann der Arbeitgeber, einen Arbeitnehmer von Wechsel- auf Tagesdienst umsetzen oder die einseitige Festlegung der Anzahl der in Folge zu leistenden Nachtschichten festlegen.[23] Soweit ein Verlangen des Arbeitnehmers nicht geäußert wird, wird der Arbeitgeber sein Direktionsrecht nach § 106 GewO aber nur dann ausüben, wenn die Betriebsorganisation und die betriebswirtschaftliche Umsatzentwicklung dies auch zulassen.

46 Insgesamt betrachtet, tragen die tarifvertraglichen Regelungen damit Gesichtspunkten des Gesundheitsschutzes nur unzureichend Rechnung. Die Tarifverträge gehen vielmehr grundsätzlich von der Erbringung von Nachtarbeit aus. Für die Erbringung der Nachtarbeit wird den Nachtarbeitern dann Freizeitausgleich gewährt oder besondere Zuschläge zugestanden. Dieses Vorgehen entspricht der gesetzlichen Anforderung aus § 6 Abs. 5 ArbZG. Der Höhe nach liegen die tarifvertraglich für Nachtarbeit in der Bundesrepublik gezahlten Zuschläge bei 25 bis 30 %. Als unterste Grenze kommen daher bei Dauernachtschicht Zuschläge von 30 % und bei Wechselschicht von 25 % in Betracht.[24]

47 Das BAG hält insoweit in der Regel einen Nachtarbeitszuschlag – insbesondere im Dreischichtbetrieb – in Höhe von 25 % für angemessen.[25] Als problematisch zu betrachten sind unter Berücksichtigung dieser Rechtsprechung die Höhe der unter § 4 Ziff. 7 MTV SG (15 %) und unter § 8 Abs.1 Satz 2 Buchst. b TVöD (20 %) festgelegten Zuschläge. Beide Zuschläge liegen insoweit unter der vom BAG als angemessen betrachteten Höhe. Auch der unter § 5 Ziff. 4 MTV Banken festgelegte statische Ausgleich für Nachtarbeit kann im Einzelfall zu einer Unterschreitung der vom BAG als angemessen betrachteten prozentualen Ausgleichshöhe führen.

48 Soweit die Tarifvertragsparteien bezahlten Freizeitausgleich für erbrachte Nachtarbeit vereinbaren, lässt sich die Frage nach der Angemessenheit der konkreten Anzahl in Orientierung an dem ursprünglichen Referentenentwurf zum ArbZG beantworten. Angemessenheit würde dann vorliegen, wenn dem Nachtarbeitnehmer für etwa 90 während der Nachtzeit geleistete Arbeitsstunden ein bezahlter freier Tag gewährt wird.[26] Die unter § 3 III Ziff. 3 MTV Druck vereinbarten Freischichten entsprechen dieser Betrachtungsweise.

49 Grundsätzlich offengelassen wird in den Tarifverträgen allerdings die Frage, ob auch eine Verpflichtung zur Erbringung von Nachtarbeit besteht. Soweit keine

23 BAG 11.2.1998 – 5 AZR 472/97.
24 Buschmann/Ulber, § 6 Rn. 30.
25 BAG 1.2.2006 – 5 AZR 422/04.
26 Buschmann/Ulber, § 6 Rn. 29.

tarifvertragliche Verpflichtung besteht, ist aber davon auszugehen, dass nur derjenige verpflichtet ist, Nachtarbeit zu leisten, mit dem eine arbeitsvertragliche Vereinbarung darüber getroffen wurde.[27]

III. Hinweise für die Mitbestimmung

Im Zusammenhang mit der Einführung und Ausgestaltung von Nachtarbeit ist der Betriebsrat in unterschiedlicher Hinsicht zu beteiligen.   **50**

1. Mitbestimmungsrecht nach § 80 Abs. 1 Nr. 1 BetrVG

Zunächst hat der Betriebsrat dafür zu sorgen, dass die in Gesetzen, Verordnungen, Unfallverhütungsvorschriften, Tarifverträgen und Betriebsvereinbarungen enthaltenen Bestimmungen eingehalten werden (§ 80 Abs. 1 Nr. 1 BetrVG). Darunter fallen hier insbesondere die gesetzlichen Nachtarbeitsverbote (z. B. § 8 MuSchG, § 14 Abs. 1 JArbSchG) und die bereits dargestellten Regelungen des § 6 ArbZG. Das gilt gleichermaßen für die ordnungsgemäße Auszahlung der tariflichen Nachtarbeitszuschläge. Stellt der Betriebsrat Verstöße gegen gesetzliche, tarifliche oder sonstige Vorschriften fest, hat er sich durch Beanstandung der rechtswidrigen Praxis beim Arbeitgeber oder der zuständigen Gewerbeaufsicht für die Einhaltung der jeweiligen Vorschrift einzusetzen.   **51**

2. Mitbestimmungsrechte nach §§ 90, 92 BetrVG

Soweit die Einführung von Nachtarbeit die Planung von Arbeitsabläufen betrifft, hat der Arbeitgeber den Betriebsrat nach § 90 Abs. 1 Nr. 3 BetrVG zu unterrichten. Die Einführung von Nachtarbeit hat aber zwangsläufig auch Auswirkungen auf die Personalplanung, die er mit dem Betriebsrat dann zu beraten hat (§ 92 Abs. 2 BetrVG).   **52**

3. Mitbestimmungsrecht nach § 87 Abs. 1 Nr. 2 BetrVG

Weiterhin ist das Mitbestimmungsrecht des Betriebsrats nach § 87 Abs. 1 Nr. 2 BetrVG betroffen. Darunter fällt zunächst die Frage, ob im Betrieb überhaupt in mehreren Schichten gearbeitet werden soll.[28] Damit ist dann aber auch die Entscheidung der Frage nach einer Ausdehnung der Maschinenlaufzeiten bzw. der   **53**

---

27 Buschmann/Ulber, § 6 Rn. 32; a. A. BAG 11. 2. 1998 – 5 AZR 472/97.
28 BAG 28. 10. 1986 – 1 ABR 11/85.

Betriebsnutzungszeiten der alleinigen Entscheidung des Arbeitgebers entzogen.[29]

54 Darüber hinaus ist das Mitbestimmungsrecht nach § 87 Abs. 1 Nr. 2 BetrVG aber auch bei der konkreten Ausgestaltung von Nachtarbeit einschließlich der Einhaltung arbeitswissenschaftlicher Erkenntnisse nach § 6 Abs. 1 ArbZG, der zeitlichen Lage einzelner Schichten sowie der Form des Ausgleichs nach § 6 Abs. 5 ArbZG[30] und der Festlegung des Personenkreises[31] betroffen.[32] Der Mitbestimmung unterliegen insoweit also auch der Schichtplan und seine Ausgestaltung bis hin zur Zuordnung der Arbeitnehmer zu den einzelnen Schichten.[33] Dies gilt auch für den Übergang von Normal- oder Dauernachtschicht zu Wechselschicht oder umgekehrt.[34] Soll von Schichtplänen oder einem vereinbarten Jahresschichtplan abgewichen werden, hat der Betriebsrat darüber mitzubestimmen, ob, unter welchen Voraussetzungen und in welcher Form eine Änderung oder eine Schichtumsetzung erfolgen kann.[35]

55 Bei der Ausgestaltung des Mitbestimmungsrechts nach § 87 Abs. 1 Nr. 2 BetrVG hat der Betriebsrat zumindest abstrakte Vorgaben festzulegen, die das Direktionsrecht des Arbeitgebers begrenzen.[36] Es ist daher zulässig, dem Arbeitgeber die Aufstellung von Einzelschichtplänen zu überlassen, wenn in einer Betriebsvereinbarung verbindliche Kriterien und Grundsätze der Schichtplangestaltung festgelegt werden.[37]

56 Wenn der Arbeitgeber unter Verstoß gegen die Mitbestimmungsrechte aus § 87 Abs. 1 Nr. 2 BetrVG Nachtarbeit im Unternehmen einführt oder Arbeitnehmer unter einseitiger Änderung von Schichtplänen beschäftigt, kann der Betriebsrat einen Unterlassungsanspruch – ggfs. im Wege der einstweiligen Verfügung – gerichtlich geltend machen.[38]

4. Mitbestimmungsrechte nach §§ 95, 99 BetrVG

57 Die Frage, ob und durch wen sich ein Nachtarbeitnehmer untersuchen lässt, unterliegt dagegen nicht der Mitbestimmung des Betriebsrats. Ebenso stellt es keine zustimmungspflichtige Versetzung i. S. d. §§ 95 Abs. 3, 99 BetrVG dar, wenn sich

---

29 Anzinger/Koberski, § 6 Rn. 91.
30 BAG 17. 1. 2012 – 1 ABR 62/10.
31 LAG Baden-Württemberg 27. 10. 1994 – 4 SA 55/94.
32 BAG 9. 7. 2013 – 1 ABR 19/12.
33 BAG 3. 5. 2006 – 1 ABR 14/05.
34 BAG 18. 9. 2002 – 1 AZR 668/01.
35 BAG 1. 7. 2003 – 1 ABR 22/02.
36 BAG 9. 7. 2013 – 1 ABR 19/12.
37 BAG 29. 9. 2004 – 5 AZR 559/03.
38 BAG 27. 6. 1989 – 1 ABR 33/88.

Heitmann

dadurch lediglich die Lage der Arbeitszeit des betroffenen Arbeitnehmers ändert.[39] Davon unabhängig ist der Betriebsrat bei einem Umsetzungsverlangen
des Arbeitnehmers im Rahmen von § 6 Abs. 4 ArbZG auf einen Tagesarbeitsplatz
i. S. d. §§ 95 Abs. 3, 99 BetrVG immer anzuhören.[40] Solange die Zustimmung des
Betriebsrats zum Schichtwechsel des Arbeitnehmers nicht vorliegt, hat der Arbeitnehmer ein Leistungsverweigerungsrecht.[41] Im Nichteinigungsfall entscheidet dann die Einigungsstelle (§ 87 Abs. 2 BetrVG).

5. Mitbestimmungsrechte nach § 87 Abs. 1 Nr. 7 und Nr. 10 BetrVG

Außerdem ist das Mitbestimmungsrecht aus § 87 Abs. 1 Nr. 7 BetrVG betroffen. **58**
Insoweit handelt es sich bei § 6 Abs. 5 ArbZG um eine Rahmenvorschrift, die unter Anwendung des Mitbestimmungsrechts aus § 87 Abs. 1 Nr. 7 BetrVG konkretisiert werden kann. Es kann daher festgelegt werden, ob das im ArbZG vorgesehene Ziel des Ausgleichs für Nachtarbeit durch bezahlte Freizeit, durch einen
Lohnzuschlag oder durch eine Kombination aus beidem erreicht werden soll.
Dies ist allerdings nur dann zulässig, wenn eine tarifvertragliche Ausgleichsregelung nach § 6 Abs. 5 ArbZG nicht besteht.

Soweit eine tarifvertragliche Ausgleichsregelung fehlt, hat der Betriebsrat nach **59**
§ 87 Abs. 1 Nr. 10 BetrVG bei der Festlegung des angemessenen Ausgleichs
ein Mitbestimmungsrecht, da es sich insoweit um eine Frage der betrieblichen
Lohngestaltung handelt.[42] Die Angemessenheit des Zuschlags, d. h. die Höhe des
Geldzuschlags oder der Umfang des Zeitausgleichs, unterliegt jedoch nicht der
Mitbestimmung.[43] Das Mitbestimmungsrecht nach § 87 Abs. 1 Nr. 10 BetrVG erstreckt sich allerdings auf die Frage, welche Zeit aufgrund eines tariflich gesteckten Rahmens als Nachtarbeit zuschlagspflichtig sein soll.[44]

6. Mitbestimmungsrecht nach § 98 BetrVG

Ebenfalls kommt dem Betriebsrat ein Mitbestimmungsrecht bei Maßnahmen **60**
zur betrieblichen Weiterbildung zu (§ 98 BetrVG). Dies gilt auch in Bezug auf
die Auswahl der Arbeitnehmer oder Gruppen von Arbeitnehmern (§ 98 Abs. 3
BetrVG). In Ausübung dieses Mitbestimmungsrechts kann der Betriebsrat die
Anforderung nach § 6 Abs. 6 ArbZG mit Leben füllen.

---

39 BAG 23. 11. 1993 – 1 ABR 38/93.
40 BAG 17. 2. 1998 – 9 AZR 130/97.
41 LAG Baden-Württemberg 27. 10. 1994 – 4 Sa 55/94.
42 Anzinger/Koberski, § 6 Rn. 97.
43 BAG 26. 8. 1997 – 1 ABR 16/97.
44 Buschmann/Ulber, § 6 Rn. 36.

7. Nachtarbeit und Betriebsvereinbarung

61 Unter Berücksichtigung der vorgenannten Beteiligungs- und Mitbestimmungsrechte des Betriebsrats kann eine – zunächst befristete – Betriebsvereinbarung abgeschlossen werden, soweit ein Tarifvertrag dies zulässt. Im Rahmen der Verhandlungen sollte der Betriebsrat den Gesundheitsschutz der Arbeitnehmer im Fokus behalten. Um diesem Ziel Rechnung zu tragen, sollte zwingend auf die Erstellung des Schichtplans und die Besetzung der einzelnen Schichten Einfluss genommen werden. Auch die ärztliche Betreuung sollte in dem Zusammenhang eine besondere Rolle spielen, sowie ein Anspruch auf Rückkehr in die Tagarbeit in die Betriebsvereinbarung aufgenommen werden. Zudem sollte klargestellt werden, dass keine Verpflichtung zur Erbringung von Nachtarbeit besteht.

62 Unabhängig davon empfiehlt es sich, für die Nachtarbeitnehmer besondere Sonderleistungen zu vereinbaren, um den Anforderungen aus § 6 Abs. 5 ArbZG gerecht zu werden. Dabei bietet es sich an, eine spezielle Regelung zur Verdienstsicherung zu vereinbaren. Abschließend sollte unter Berücksichtigung der besonderen Arbeitsbelastung der Nachtarbeitnehmer eine Regelung zur Qualität und Ausstattung ihres Arbeitsplatzes getroffen werden. Um die Nachtarbeitnehmer nicht von dem Rest der Belegschaft abzugrenzen, empfiehlt es sich außerdem, eine Regelung zu treffen, die es ihnen etwa ermöglicht, an Betriebsversammlungen teilzunehmen.

IV. Eckpunkte für Betriebs- und Dienstvereinbarungen

63 **Präambel:** Nachtarbeit führt zu Gesundheitsbeeinträchtigungen; deshalb kein Mittel zur Kapazitätsausweitung, sondern nur ausnahmsweise in dringenden Fällen.

64 **Verteilung und Verpflichtung:** keine Nachtarbeit am Wochenende; keine Verpflichtung des Arbeitnehmers zur Nachtarbeit; keine Benachteiligung der Arbeitnehmer, die nachts nicht arbeiten wollen oder können; Auswahl der Nachtarbeiter, insbesondere Umsetzung von Tag- in Nachtschicht und zurück nur mit Zustimmung des Betriebsrats.

65 **Schichtplan:** Erprobung vom Betriebsrat ausgearbeiteter Schichtpläne; jede Änderung der Schichtpläne ist mit dem Betriebsrat zu vereinbaren und bedarf seiner Zustimmung; soll gesundheitliche Belastungen der Arbeitnehmer minimieren; Möglichkeiten der Freizeitgestaltung sollen optimiert werden; Rücksichtnahme auf familiäre Situation der Betroffenen.

Besetzung der Schichten: Einsatz zusätzlicher Schichtgruppen; flexible Sprin- **66**
gerregelungen, die Nachtarbeitnehmern Freistellungsmöglichkeiten sichern;
Personalreserve für Urlaub, Krankheit etc. vorhalten.

Sonderleistungen: zusätzliche bezahlte Erholungszeiten/Pausen; Gewährung **67**
von bezahlten freien Tagen; Zusatzurlaub; Vorsorgekuren für Arbeitnehmer in
Nachtschicht; bevorzugte Berücksichtigung bei Urlaubsplänen.

Verdienstsicherung: bei Leistungslohn soll Vorgabezeit verlängert bzw. ergeb- **68**
nisabhängige Bezugsgröße verringert werden; Ausgleich wirtschaftlicher Nachteile, die durch Nachtarbeit bedingt sind (Fahrtkostenerstattung, zinsgünstiges
Darlehen zum Kauf eines Pkw etc.); keine finanziellen Nachteile bei Rückkehr in
Tagarbeit.

Arbeitsplatz und Arbeitsbelastung: keine nächtliche Alleinarbeit, sondern nur **69**
Gruppenarbeit; vorsorgende Beseitigung von Unfallgefahren; Schaffung von geeigneten Pausenräumen; Offenhaltung der Sanitätsstationen und sonstiger Ver-
sorgungseinrichtungen während der Nachtschicht.

Gesundheitsschutz: Regelungen über betriebsärztliche Vorsorgeuntersuchun- **70**
gen (Eignungsuntersuchung, Kontrolluntersuchungen); ärztliche Betreuung
während der Nachtarbeit; Untersuchungen, die außerhalb der Arbeitszeit stattfinden, müssen wie Mehrarbeit vergütet werden.

Rückkehr in Tagarbeit: Anspruch auf Rückkehr in Tagarbeit; Anspruch auf Ver- **71**
änderung der Arbeitsorganisation, wenn nur auf diese Weise der Rechtsanspruch
auf Rückkehr in Tagarbeit sichergestellt werden kann (z. B. Abbau von Überstunden und Leiharbeit); geeignete Qualifizierungs-/Weiterbildungsmaßnahmen für
die in die Tagschicht zurückkehrenden und sich in einen neuen Arbeitsbereich
einarbeitenden Arbeitnehmer; keine finanziellen Nachteile bei der Rückkehr in
die Tagarbeit.

Sonstiges: Regelungen über Teilnahme an Betriebs- und Abteilungsversamm- **72**
lungen; Regelungen über Freistellung nachtschichtarbeitender Betriebsratsmitglieder für Zwecke der Betriebsratsarbeit.

Schlussbestimmungen: Befristung vereinbaren, danach neue Verhandlung. **73**

Nachweispflicht

I. Einführung

1   In bestimmten Fällen muss die tatsächlich erbrachte Arbeitszeit nachgewiesen werden. Arbeitszeit wird nachgewiesen, indem die tatsächlich erbrachte Arbeitszeit durch den Arbeitgeber erfasst, das Ergebnis der Erfassung aufgezeichnet und diese Aufzeichnung schließlich (für eine bestimmte Dauer) aufbewahrt wird. Es ist nicht erforderlich, die in diesem Sinne nachgewiesenen Arbeitszeiten stets einer bestimmten Stelle mitzuteilen. Ausreichend ist, wenn es der Nachweis ermöglicht, den Umfang tatsächlicher erbrachter Arbeit im Einzelfall zu überprüfen.

2   Diese Nachweispflicht trifft dem Grunde nach den Arbeitgeber. Allerdings kann der Arbeitnehmer aus dem Arbeitsvertrag dazu verpflichtet sein, am Nachweis seiner Arbeitszeit mitzuwirken, etwa durch Betätigung eines Zeiterfassungssystems.

II. Einzeldarstellung

3   Nachweispflichten ergeben sich aus dem ArbZG, dem Mindestlohngesetz (MiLoG) oder dem Arbeitnehmer-Entsendegesetz (AEntG). Die Pflicht wird auch auf Unternehmer erstreckt, die bestimmte Arbeitnehmer im Wege der Arbeitnehmerüberlassung entleihen. Zum Nachweis von Lenk- und Ruhezeiten siehe → Lenkzeiten Rn. 15 ff.

1.   Nachweispflicht nach § 16 Abs. 2 ArbZG

4   Nach § 16 Abs. 2 Satz 1 Halbs. 1 ArbZG ist der Arbeitgeber verpflichtet, die über die werktägliche Arbeitszeit des § 3 Satz 1 ArbZG hinausgehende Arbeitszeit der Arbeitnehmer aufzuzeichnen. § 3 Satz 1 ArbZG bestimmt, dass die werktägliche Arbeitszeit der Arbeitnehmer acht Stunden nicht überschreiten darf. Über die

werktägliche Arbeitszeit hinausgehende Arbeitszeit ist daher solche Arbeitszeit, die die Dauer von acht Stunden überschreitet. Unerheblich ist damit, ob die darüberhinausgehende Arbeitszeit nach dem regulären Ende oder vor dem regulären Beginn der täglichen Arbeitszeit oder nach einer zeitlichen Unterbrechung geleistet wird. Ebenfalls über die werktägliche Arbeitszeit hinaus geht Arbeitszeit, die an Sonn- und Feiertagen erbracht wird.[1]

Aufzuzeichnen ist allerdings nicht nur die Dauer der über die werktägliche Arbeitszeit hinausgehenden Arbeit. Vielmehr ist im Fall einer Überschreitung die gesamte Arbeitszeit dieses Arbeitstages, also Arbeitsbeginn und Arbeitsende sowie Pausen- und Ruhezeiten, nachzuweisen.[2] Denn Sinn und Zweck der Nachweispflicht bestehen darin, der Aufsichtsbehörde i. S. d. § 17 Abs. 1 ArbZG (Gewerbeaufsichtsamt, Amt für Arbeitsschutz etc.) die Kontrolle darüber zu ermöglichen, dass die durchschnittliche Arbeitszeit im Ausgleichszeitraum nach § 3 Satz 2 ArbZG nicht überschritten wird.[3] Dieser Zweck kann nur durch umfassenden Nachweis erfüllt werden. 5

Die zum Nachweis aufgezeichneten Arbeitszeiten sind nach § 16 Abs. 2 Satz 2 ArbZG mindestens zwei Jahre lang aufzubewahren. Insoweit stellt sich die Frage nach der technischen Grundlage der Aufzeichnung. Da das Gesetz keine bestimmte Form oder Art und Weise vorschreibt, ist eine handschriftliche Fixierung etwa auf Stundenzetteln ebenso möglich wie eine elektronische Datenspeicherung im Wege digitaler Zeiterfassung. Möglich ist es auch, Ausdrucke digitaler Vorgänge aufzubewahren. Entscheidend ist, dass die Aufzeichnung zum Nachweis geeignet ist, sodass es sich letztlich um eine Form der Urkunde, also einer verkörperten Gedankenerklärung (des Arbeitgebers) handelt. 6

Ein Verstoß gegen die Nachweispflicht aus § 16 Abs. 2 ArbZG ist gemäß § 22 Abs. 1 Nr. 9 ArbZG eine Ordnungswidrigkeit, die nach § 22 Abs. 2 ArbZG mit einer Geldbuße in Höhe von bis zu 15 000 Euro geahndet werden kann. 7

2. Nachweispflicht nach § 17 Abs. 1 MiLoG

§ 17 Abs. 1 MiLoG verpflichtet einen Arbeitgeber, der Arbeitnehmer nach § 8 Abs. 1 SGB IV oder in den in § 2a SchwarzArbG genannten Wirtschaftsbereichen oder Wirtschaftszweigen beschäftigt, dazu: 8

- **Beginn**,
- **Ende** und
- **Dauer**

---

1 ErfK-*Wank*, ArbZG, § 16 Rn. 4; Buschmann/Ulber, § 16 Rn. 7.
2 Buschmann/Ulber, § 16 Rn. 7.
3 Buschmann/Ulber, § 16 Rn. 6.

der täglichen Arbeitszeit dieser Arbeitnehmer spätestens bis zum Ablauf des siebten auf den Tag der Arbeitsleistung folgenden Kalendertages aufzuzeichnen und diese Aufzeichnungen mindestens zwei Jahre beginnend ab dem für die Aufzeichnung maßgeblichen Zeitpunkt **aufzubewahren.**

9 Diese spezielle Nachweispflicht betrifft Arbeitgeber, die bestimmte Arbeitnehmer beschäftigen. Differenziert wird nach der sozialversicherungsrechtlichen Ausgestaltung des Beschäftigungsverhältnisses oder nach der Branche, in der der Arbeitnehmer beschäftigt wird. Allerdings werden Ausnahmen und Vereinfachungen zugelassen. Eine bestimmte Form ist auch hier nicht vorgeschrieben.

a. Sozialversicherungsrechtliche Ausgestaltung der Beschäftigung

10 Es werden solche Arbeitgeber in die Pflicht genommen, die Arbeitnehmer im Wege **geringfügiger Beschäftigung** nach § 8 Abs. 1 SGB IV beschäftigen.

b. Beschäftigung in bestimmten Branchen

11 Ebenso zum Nachweis verpflichtet sind Arbeitgeber, die Arbeitnehmer in folgenden Branchen beschäftigen:
- im Baugewerbe,
- im Gaststätten- und Beherbergungsgewerbe,
- im Personenbeförderungsgewerbe,
- im Speditions-, Transport- und damit verbundenen Logistikgewerbe,
- im Schaustellergewerbe,
- bei Unternehmen der Forstwirtschaft,
- im Gebäudereinigungsgewerbe,
- bei Unternehmen, die sich am Auf- und Abbau von Messen und Ausstellungen beteiligen,
- in der Fleischwirtschaft.

12 Obwohl die Branchen durchweg klar umschrieben werden, kann im Einzelfall zweifelhaft sein, ob ein Arbeitsverhältnis einer bestimmten Branche unterfällt oder nicht. Für diesen Fall haben die Spitzenverbände der Sozialversicherungsträger, die Bundesagentur für Arbeit und das BMF einen Branchenkatalog vereinbart. In diesem ist festgelegt, welche Arten von Unternehmen einer bestimmten Branche zuzuordnen sind. Der Katalog kann online abgerufen werden unter *www.deutsche-rentenversicherung-bund.de.*

c. Ausnahmen und Vereinfachungen

13 Nach § 17 Abs. 3 MiLoG kann das BMAS die Nachweispflicht bei Beschäftigung bestimmter Arbeitnehmer oder bei Beschäftigung in bestimmten Wirtschaftszweigen durch Rechtsverordnung einschränken oder erweitern (Ausnahme). Hiervon hat das BMAS mit der Mindestlohndokumentationspflichtenverordnung (MiLoDokV) Gebrauch gemacht. § 1 Abs. 1 MiLoDokV bestimmt, dass die

Nachweispflicht nach § 17 Abs. 1 ArbZG für solche Arbeitnehmer entfällt, deren verstetigtes regelmäßiges Monatsentgelt 2958 Euro brutto überschreitet oder deren verstetigtes regelmäßiges Monatsentgelt 2000 Euro brutto überschreitet, wenn der Arbeitgeber dieses Monatsentgelt für die letzten vollen zwölf Monate nachweislich gezahlt hat. Eine weitere Ausnahme besteht nach § 1 Abs. 2 MiLo-DokV für im Betrieb des Arbeitgebers arbeitende Ehegatten, eingetragene Lebenspartner, Kinder und Eltern des Arbeitgebers.

§ 17 Abs. 4 MiLoG bildet die rechtliche Grundlage für Vereinfachungen der zu- **14** vor aufgezeigten und im Grundsatz bestehenden Nachweispflicht. So kann das BMF im Einvernehmen mit dem BMAS durch Rechtsverordnung regeln, wie die Nachweispflicht des Arbeitgebers vereinfacht oder abgewandelt werden kann. Von dieser Möglichkeit haben die Ministerien durch die Mindestlohnaufzeichnungsverordnung (MiLoAufzV) Gebrauch gemacht. Abweichend von § 17 Abs. 1 Satz 1 MiLoG braucht daher ein Arbeitgeber für folgende Arbeitnehmer nur die Dauer der täglichen Arbeitszeit nachzuweisen:

- Arbeitnehmer, die ausschließlich mit mobilen Tätigkeiten beschäftigt sind (z. B. Zusteller von Post und Paketen, Güter- und Personenbeförderung) **und**
- keinen Vorgaben zur konkreten täglichen Arbeitszeit (Beginn und Ende) unterliegen **und**
- sich ihre tägliche Arbeitszeit eigenverantwortlich einteilen.

d. Form der Aufzeichnung

Auch das MiLoG fordert wie das ArbZG keine bestimmte Form der Aufzeich- **15** nung. Eine schriftliche Fixierung ist genauso möglich und zulässig wie eine digitale Speicherung. Auch hier gilt für die Dauer der Aufbewahrung ein Zeitraum von mindestens zwei Jahren.

Auch ein Verstoß gegen die Nachweispflicht aus § 17 Abs. 1 MiLoG ist nach § 21 **16** Abs. 1 Nr. 7 MiLoG eine Ordnungswidrigkeit, die allerdings nach § 21 Abs. 3 MiLoG mit einer etwas höheren Geldbuße als nach dem ArbZG von bis zu 30 000 Euro geahndet werden kann.

3. Nachweispflicht nach § 19 Abs. 1 AEntG

Ähnlich wie die zuvor genannten Rechtsgrundlagen verpflichtet § 19 Abs. 1 **17** AEntG Arbeitgeber unter bestimmten Umständen, Beginn, Ende und Dauer der täglichen Arbeitszeit der Arbeitnehmer spätestens bis zum Ablauf des siebten auf den Tag der Arbeitsleistung folgenden Kalendertages aufzuzeichnen und diese Aufzeichnungen mindestens zwei Jahre beginnend ab dem für die Aufzeichnung maßgeblichen Zeitpunkt aufzubewahren.

Voraussetzung dafür ist, dass entweder **18**

- die Rechtsnormen eines für allgemeinverbindlich erklärten Tarifvertrages nach § 4 Abs. 1 Nr. 1, § 5 Satz 1 Nr. 1 bis 3 und § 6 Abs. 2 AEntG oder
- eine entsprechende Rechtsverordnung nach § 7 oder § 7a AEntG über die Zahlung eines Mindestentgelts oder die Einziehung von Beiträgen und die Gewährung von Leistungen im Zusammenhang mit Urlaubsansprüchen auf das Arbeitsverhältnis Anwendung finden.

19 Von praktischer Bedeutung ist insoweit insbesondere der Tarifvertrag zur Regelung der Mindestlöhne im Baugewerbe im Gebiet der Bundesrepublik Deutschland (TV Mindestlohn) vom 3.5.2013, der ausdrücklich auf die Regelung im AEntG Bezug nimmt. Folglich besteht in diesem Bereich eine spezielle Nachweispflicht.

4. Nachweispflicht bei Arbeitnehmerüberlassung

20 Entleiht ein Unternehmer im Wege der Arbeitnehmerüberlassung Arbeitnehmer, so treffen diesen Unternehmer gemäß § 17 Abs. 1 Satz 2 MiLoG, § 19 Abs. 1 Satz 2 AEntG und § 17c Abs. 1 AÜG die gleichen Pflichten wie einen Arbeitgeber, der die in § 17 Abs. 1 MiLoG aufgeführten Arbeitnehmer beschäftigt. Die Regelung gilt unabhängig davon, ob das Unternehmen bzw. der Entleiher seinen Sitz im Inland oder im Ausland hat.

III. Hinweise für die Mitbestimmung

1. Entgegenstehende gesetzliche Regelung

21 § 87 Abs. 1 BetrVG als zentrale Norm der betrieblichen Mitbestimmung stellt die dort geregelten Mitbestimmungsrechte unter den Vorbehalt, dass keine entgegenstehende gesetzliche Regelung besteht. Bei den o.g. Nachweispflichten handelt es sich um solche gesetzlichen Regelungen.[4] Im Rahmen einer Betriebsvereinbarung können Betriebsrat und Arbeitgeber die jeweiligen Pflichten des Arbeitgebers weder abbedingen noch einschränken, wobei es aber möglich ist, Einzelheiten zur Art der Aufzeichnung und Aufbewahrung zu regeln.[5] Zu weiteren Ausführungen siehe → Zeiterfassungssysteme, → Vertrauensarbeitszeit und → Arbeitszeitkonto.

---

4 Buschmann/Ulber, § 16 Rn. 24.
5 Buschmann/Ulber, § 16 Rn. 24.

2. Unterrichtungsrechte im Baugewerbe

Nach § 5 Abs. 1 TV Mindestlohn (»*Unterrichtungsrecht des Betriebsrates*«) gilt, **22** dass der Arbeitgeber den Betriebsrat rechtzeitig über den Abschluss von sog. Nachunternehmer-Verträgen und den Beginn der Ausführung der Nachunternehmer-Leistungen zu unterrichten hat. Der Betriebsrat ist über den Namen und die Anschrift des Nachunternehmers, den tatsächlichen Beginn und den Ort der Arbeitsleistungen sowie die auszuführenden Arbeiten zu unterrichten. Nach § 5 Abs. 2 TV Mindestlohn ist der Betriebsrat zudem berechtigt, die Arbeitnehmer eines Nachunternehmers über ihre Rechte aus dem AEntG und aus diesem Tarifvertrag sowie über die Möglichkeiten der Durchsetzung dieser Rechte zu unterrichten. Das stellt sicher, dass sich Arbeitgeber ihrer Pflicht nicht dadurch entziehen können, dass Subunternehmer beauftragt werden.

3. Schwerwiegende Verletzungen der Nachweispflicht

Im Hinblick auf die empfindlichen Bußgelder, die bei Verstößen gegen die **23** Nachweispflichten drohen und unter der Berücksichtigung geringer Mitbestimmungsmöglichkeiten, kann der Betriebsrat bei schwerwiegenden Verstößen im Einzelfall erwägen, die Aufsichtsbehörde einzuschalten und auf den Verstoß hinzuweisen. Dabei stehen Datenschutz und die Pflicht des Betriebsrates, Geschäfts- und Betriebsgeheimnisse zu wahren (§ 120 Abs. 1 BetrVG), dem nach der Rechtsprechung des EuGH nicht entgegen.[6]

IV. Eckpunkte für Betriebs- und Dienstvereinbarungen

Eine Betriebs- oder Dienstvereinbarung kommt bezüglich des Kerns der Nach- **24** weispflicht nicht in Betracht. Wie bereits ausgeführt, stehen die jeweiligen Nachweispflichten als zwingendes und öffentlich-rechtlich ausgestaltetes Arbeitnehmerschutzrecht einer autonomen Gestaltung durch die Betriebsparteien entgegen. Allerdings können einzelne Aspekte im Zusammenhang mit der Nachweispflicht durchaus geregelt werden:

So empfiehlt es sich im Rahmen einer Betriebsvereinbarung zur Zeiterfassung, **25** die Pflicht der Arbeitnehmer zu regeln, beim Betreten und Verlassen des Betriebes die vorhandenen Zeiterfassungssysteme zu betätigen. Dies trägt zur Vermeidung entsprechender Konflikte bei.[7]

---

6 DKKW-*Buschmann*, § 89 Rn. 25.
7 DKKW/Arbeitshilfen-*Klebe/Heilmann*, § 87 Rn. 9.

26 Ferner sollte als Recht des Betriebsrates geregelt sein, dass dieser regelmäßig und unaufgefordert Übersichten über die vom Arbeitgeber aufgezeichneten Arbeitszeiten erhält.[8] So kann der Betriebsrat in diesem Bereich effektiv über die Einhaltung von zugunsten der Arbeitnehmer geltenden Gesetzen wachen (§ 80 Abs. 1 Nr. 1 BetrVG).

---

8 DKKW/Arbeitshilfen-*Klebe/Heilmann*, § 87 Rn. 9.

Brackelmann

Notfälle und Außergewöhnliche Fälle

I. Einführung

Der Begriff »Notfall« kommt sowohl im ArbZG als auch im BetrVG vor. § 14 **1** ArbZG lässt in Notfällen und in außergewöhnlichen Fällen Abweichungen von einigen Bestimmungen des ArbZG zu. Diese Abweichungen sind – da der Gesetzgeber davon ausgeht, dass der Arbeitgeber schnell handeln muss – auch ohne Ausnahmegenehmigung der Aufsichtsbehörde möglich. Die Aufzählung der Abweichungen des § 14 ArbZG sind abschließend. Für dort nicht aufgeführte Ausnahmen muss der Arbeitgeber immer eine Ermächtigung durch die Aufsichtsbehörde (§ 15 ArbZG) einholen.

Da Zweck des ArbZG u. a. der Gesundheitsschutz ist (§ 1 ArbZG), handelt es sich **2** bei den Ausnahmeregelung um ein gesetzliches Korrektiv für Einzelfälle, bei denen ein schnelles Handeln des Arbeitgebers notwendig ist. Wenn die Voraussetzungen vorliegen, dürfte der Arbeitgeber, z. B. im Rahmen des Direktionsrechts, Arbeitszeiten von mehr als zehn Stunden anweisen. Nicht erlaubt ist es, die gesetzlichen Schutzvorschriften über einen längeren Zeitraum außer Kraft zu setzen. Wenn es in einem Unternehmen mit einer gewissen Regelmäßigkeit immer wieder aus denselben Gründen zu Notfällen kommt, sind diese vorhersehbar und durch organisatorische, technische oder personelle Maßnahmen zu bewältigen.[1] Planbare Vorfälle können daher keinesfalls Notfälle i. S. d. ArbZG sein.

Die Vorschrift im ArbZG bezieht sich nur auf das Verhältnis zwischen Arbeitge- **3** ber und Arbeitnehmer. Das Mitbestimmungsrecht des Betriebsrats bei der Anordnung von Überstunden besteht unabhängig davon und schränkt das Direktionsrecht des Arbeitgebers ein.

---

1 BAG 28. 2. 1958 – 1 AZR 491/56; VGH Bayern 28. 10. 1993 – 22 B 90.3225.

II. Einzeldarstellung

4 Von der Regelung des § 14 ArbZG darf aus den o. g. Gründen nur in vom Arbeitgeber unbeeinflussbaren Ausnahmesituationen Gebrauch gemacht werden. Der Arbeitgeber ist gehalten, seinen Betrieb so zu organisieren, dass auch ein erhöhter Arbeitsanfall unter Einhaltung der arbeitsrechtlichen Schutzvorschriften bewältigt werden kann. Der Arbeitgeber ist in diesem Zusammenhang verpflichtet, eine ausreichende Personalreserve vorzuhalten, (befristete) Einstellungen vorzunehmen oder andere zweckdienliche Maßnahmen zu ergreifen, um Notfälle zu verhindern. Kommt der Arbeitgeber dieser Verpflichtung nicht nach, trifft ihn ein Organisationsverschulden und er darf sich nicht auf die Ausnahmeregelung des § 14 ArbZG berufen. So stellt z. B. saisonal wiederkehrende Arbeit regelmäßig keinen Notfall oder außergewöhnlichen Fall dar, da diese Arbeiten planbar sind.[2]

1. § 14 Abs. 1 ArbZG

5 Darüber hinaus sind Abweichungen von den zwingenden Schutzvorschriften des ArbZG nur zur Beseitigung eines konkreten Notfalls zulässig und nicht darüber hinaus. Von folgenden Vorschriften darf nach § 14 Abs. 1 ArbZG bei Vorliegen eines Notfalls oder eines außergewöhnlichen Falls abgewichen werden:

- von der Höchstarbeitszeit von zehn Stunden,
- von dem Zeitpunkt und Umfang der Ruhepause,
- von der Ruhezeit von elf Stunden,
- von der Höchstarbeitszeit für Nachtarbeiter von acht Stunden,
- von den Bestimmungen eines Tarifvertrags oder einer Betriebsvereinbarung nach § 7 ArbZG,
- von der grundsätzlichen Feiertagsruhe,
- von der Mindestanzahl von 15 arbeitsfreien Sonntagen im Kalenderjahr und
- von dem Ersatzruhetag für Sonntagsarbeit innerhalb von zwei Wochen.

a. Definition Notfall

6 Ein **Notfall** liegt vor, wenn es sich um ungewöhnliche, unvorhersehbare und plötzlich auftretende Ereignisse handelt. Das Ereignis muss so sein, dass es sich einer Beeinflussung durch den Arbeitgeber entzieht. Darüber hinaus dürfen die Folgen nicht in anderer Weise zu beseitigen sein. Zur Abwehr der Gefahr muss ein sofortiges Eingreifen erforderlich sein, um einen unverhältnismäßig hohen

---

2 VG Augsburg 16. 1. 2014 – Au 5 K 13.1508.

Fischer

Schaden von dem Unternehmen abzuwenden. Der Schaden braucht dabei nicht den Arbeitgeber selbst zu treffen, sondern kann auch bei einem Dritten drohen.[3]

> **Beispiel:**
> Ein Rettungssanitäter wird vom Arbeitgeber verpflichtet, auch mit einem Notfalleinsatz kurz vor dem Ende seiner zehnstündigen Arbeitszeit zu beginnen, so dass es von Anfang an vorprogrammiert ist, dass Überstunden anfallen werden. In einem solchen Fall handelt es sich nicht um einen Notfall i.S.d. § 14 ArbZG.

b. Organisatorische Maßnahmen

Für den Arbeitgeber ist es ersichtlich, dass die Möglichkeit und die Wahrscheinlichkeit bestehen, dass es auch gegen Ende der Arbeitszeit zu einem Notfalleinsatz kommen kann. Daher ist der Arbeitgeber verpflichtet organisatorische Maßnahmen zu treffen.[4] Ob dies durch angemessene Überlappung oder durch versetzte Einsatzzeiten geschieht, obliegt dem Arbeitgeber und unterliegt selbstverständlich der Mitbestimmung des Betriebsrats nach § 87 Abs. 1 Nr. 2 und 3 BetrVG.   **7**

Grundsätzlich ist der Arbeitgeber gehalten, die erforderlichen **organisatorischen Maßnahmen** im Vorfeld zu treffen, damit Notfälle vermieden werden. Dazu gehört der Einsatz von genügend Personal, die Anordnung von Bereitschaftsdienst oder Rufbereitschaft. Ist Rufbereitschaft eingerichtet, handelt es sich bei einem Einsatz in der Rufbereitschaft nicht mehr um einen Notfall. Vielmehr kann die Einführung von Rufbereitschaft ein geeignetes Mittel sein, um Notfälle zu vermeiden.[5] Ein Notfall oder außergewöhnlicher Fall liegt deshalb nur dann vor, wenn die Folgen nicht auf andere Weise beseitigt werden können. Als Regelbeispiel wird in § 14 Abs. 1 ArbZG das drohende Verderben von Rohstoffen oder Lebensmitteln oder das Misslingen von Arbeitsergebnissen genannt.   **8**

Es sind aber immer nur unaufschiebbare Aufgaben zulässig. Voraussetzung ist, dass die Arbeiten weder auf einen anderen Zeitpunkt verschoben, noch anders organisiert werden können. Ggf. müssen auch Aufträge abgelehnt werden, da eine Auftragsballung aufgrund mangelnder Kapazität kein Notfall ist, sondern zum Unternehmerrisiko gehört.[6]   **9**

---

3 BVerwG 23.6.1992 – 1 C 29/90.
4 LAG Baden-Württemberg 23.11.2000 – 4 Sa 81/00.
5 LAG Hamm 30.3.2006 – 8 Sa 1992/04.
6 OLG Düsseldorf 13.4.1992 – 5 Ss (OWi) 60/92 – (OWi) 40/92 I.

2. § 14 Abs. 2 ArbZG

10 Ferner darf nach § 14 Abs. 2 ArbZG von den Vorschriften der §§ 3 bis 5, § 6 Abs.2, §§ 7,11 Abs. 1 bis 3 und § 12 ArbZG abgewichen werden,

- wenn eine im Verhältnis zur Gesamtbelegschaft geringe Zahl von Arbeitnehmern vorübergehend mit Arbeiten beschäftigt wird, deren Nichterledigung das **Ergebnis der Arbeit gefährdet** oder einen **unverhältnismäßigen Schaden** zu Folge haben würde,

- bei Forschung und Lehre, bei unaufschiebbaren Vor- und Abschlussarbeiten sowie bei unaufschiebbaren Arbeiten zu Behandlung, Pflege und Betreuung von Personen oder zur Behandlung und Pflege von Tieren an einzelnen Tagen, wenn dem Arbeitgeber andere Vorkehrungen nicht zugemutet werden können.

11 Von folgenden Vorschriften darf nach § 14 Abs. 2 ArbZG im Einzelnen abgewichen werden:

- von der Höchstarbeitszeit von zehn Stunden,
- von dem Zeitpunkt und Umfang der Ruhepause,
- von der Ruhezeit von elf Stunden,
- von der Höchstarbeitszeit für Nachtarbeiter von acht Stunden,
- von den Bestimmungen eines Tarifvertrags oder einer Betriebsvereinbarung nach §§ 7 und 12 ArbZG,
- von der Mindestanzahl von 15 arbeitsfreien Sonntagen im Kalenderjahr und
- von dem Ersatzruhetag für Sonntagsarbeit innerhalb von zwei Wochen.

a.   Voraussetzungen des § 14 Abs. 2 Nr. 1 ArbZG

12 Der Wortlaut,»*wenn eine im Verhältnis zu Gesamtbelegschaft geringe Zahl von Arbeitnehmern vorübergehend mit Arbeiten beschäftigt wird, deren Nichterledigung das Ergebnis der Arbeit gefährdet oder einen unverhältnismäßigen Schaden zu Folge haben würde*«, setzt voraus, dass während der Arbeitszeit bereits mit der Arbeit begonnen wurde. Durch nicht planbare Ereignisse muss sodann das Ergebnis der Arbeit gefährdet sein. Auch diese Vorschrift setzt voraus, dass der Arbeitgeber alle notwendigen Maßnahmen ergriffen hat, um die Arbeit innerhalb der gesetzlich zulässigen Arbeitszeit zu beenden. Der Arbeitgeber genügt diesen Voraussetzungen nicht, wenn er z.B. Arbeitszeiten nicht überlappen lässt und es deshalb vorprogrammiert ist, dass es beim Anfall von Einsätzen am Ende der Arbeitszeit zu Überschreitungen der zulässigen Höchstarbeitszeit kommt.[7]

13 Das Ergebnis der Arbeit ist gefährdet, wenn der mit der Arbeit verfolgte Zweck bei Nichtbeendigung der Arbeit am selben Tag nicht mehr erreicht werden kann.

---

7 LAG Baden Württemberg 23.11.2000 – 4 Sa 81/00.

Unverhältnismäßig ist der Schaden, wenn er so groß ist, dass der Schutzzeck des ArbZG im Rahmen einer Güterabwägung ausnahmsweise zurücktreten muss.[8]

b. Sonderregelungen nach § 14 Abs. 2 Nr. 2 ArbZG

Ferner darf von den genannten Vorschriften des ArbZG abgewichen werden bei Forschung und Lehre, bei unaufschiebbaren Vor- und Abschlussarbeiten sowie bei unaufschiebbaren Arbeiten zur Behandlung, Pflege und Betreuung von Personen oder zur Behandlung und Pflege von Tieren an einzelnen Tagen, wenn dem Arbeitgeber andere Vorkehrungen nicht zugemutet werden können.   **14**

Bei Forschung und Lehre ist der Anwendungsbereich auf wissenschaftliches Personal begrenzt.[9] Vor- und Abschlussarbeiten sind solche, die vor Beginn oder nach Beendigung eines Arbeitsprozesses zwingend und sofort ausgeführt werden müssen, um das Arbeitsergebnis zu erzielen. Da diese Arbeiten bekannt sind, wird der Arbeitgeber gehalten sein, entsprechende organisatorische Maßnahmen zu treffen.   **15**

Die Regelung zu den unaufschiebbaren Arbeiten zur Behandlung, Pflege und Betreuung von Personen spielt regelmäßig in Krankenhäusern und Pflegeeinrichtungen eine Rolle. Auch hier wird der Arbeitgeber regelmäßig durch organisatorische Maßnahmen Vorsorge treffen können.   **16**

III. Hinweise für die Mitbestimmung

1. Mitbestimmungsrecht bei Notfällen und außergewöhnlichen Fällen

Für die Arbeit des Betriebsrats ist es wichtig, zu erkennen, dass die meisten Notfälle durch organisatorische, technische oder personelle Maßnahmen, wie z. B. Einstellungen, vermieden werden können. Das schränkt den Anwendungsbereich des § 14 ArbZG so ein, wie es einer Ausnahmeregelung entspricht. Die Ausnahme muss auch wirklich die Ausnahme bleiben. Ferner vertreten manche Arbeitgeber die Auffassung, im Rahmen der Notfälle und außergewöhnlichen Fälle gäbe es kein Mitbestimmungsrecht des Betriebsrats. Dem ist vehement zu widersprechen.   **17**

Nach ständiger Rechtsprechung des BAG besteht das Mitbestimmungsrecht des Betriebsrats bei Überstunden (§ 87 Abs. 1 Nr. 2 BetrVG) auch bei Notfällen. Von Notfällen spricht man immer dann, wenn eine Regelung möglichst schnell her-   **18**

---

8 Buschmann/Ulber, § 14 Rn. 15.
9 Buschmann/Ulber, § 14 Rn. 18; ErfK-*Wank*, ArbZG, § 14 Rn. 7.

beigeführt werden muss. Teilweise spricht man dann auch von Eilfällen.[10] Betriebsverfassungsrechtlich wird zwischen Eil- und Notfällen nicht unterschieden. Also fallen auch die in § 14 ArbZG genannten Fälle unter das Mitbestimmungsrecht des Betriebsrats, da eine Einschränkung des Mitbestimmungsrechts nicht vorgesehen ist. § 87 BetrVG enthält keine Regelung zu vorläufigen Maßnahmen wie § 100 BetrVG. Der Arbeitgeber darf also – trotz Vorliegen der Voraussetzungen des § 14 ArbZG – keine einseitige Anordnung ohne Vorliegen der Zustimmung des Betriebsrats treffen. Gleiches gilt gem. § 75 Abs. 3 und 4 BPersVG für Personalräte.[11] Nur in Katastrophenfällen, wie z.B. Brand oder Überschwemmung, soll eine vorübergehende Beschränkung des Mitbestimmungsrechts im Hinblick auf die vertrauensvolle Zusammenarbeit zwischen Betriebsrat und Arbeitgeber zulässig sein. Selbst in diesem Fall muss sich der Arbeitgeber auf eine vorläufige Regelung beschränken, den Betriebsrat unverzüglich informieren und dann mitbestimmt weitere Regelungen treffen. Bei Widerspruch des Betriebsrats muss er die Einigungsstelle anrufen.

2. Ausübung des Mitbestimmungsrechts

19 Der Betriebsrat kann sein Mitbestimmungsrecht ausüben, indem er eine Betriebsvereinbarung schließt, die einige Ausnahmefälle abschließend regelt. Ratsam ist dies allerdings nicht, da alle Fälle, die vorhersehbar sind, in aller Regel durch organisatorische Maßnahmen vermieden werden können. Unzulässig ist es, dem Arbeitgeber das Alleinentscheidungsrecht zu eröffnen.[12]

20 Es gibt Tarifverträge, die das Mitbestimmungsrecht des Betriebsrats bei Überstunden in Eil- und Notfällen ausschließen (z.B. § 5 MTV M+E Bayern). Dies ist allerdings nur dann zulässig, wenn die Tarifvertragsparteien eine abschließende Regelung treffen. Weder die Tarifvertragsparteien noch die Betriebsparteien sind ermächtigt, den Arbeitgeber pauschal zur Anordnung von Überstunden zu ermächtigen.[13]

---

10 BAG 17.11.1998 – 1 ABR 12/98.
11 BVerwG 19.3.2014 – 6 P 1.13.
12 BAG 26.4.2005 – 1 AZR 76/04.
13 BAG 17.11.1998 – 1 ABR 12/98.

Pausen

I. Einführung

Pausen dienen dem Gesundheitsschutz, der Erholung und der Nahrungsaufnahme während der Arbeitszeit. Sie sollen darüberhinaus der Ermüdung und Unfallgefahr vorbeugen. Aus diesem Grund ist eine Pause im ArbZG vorgeschrieben und die Mindestdauer dort festgelegt (§ 4 ArbZG). Die gesetzliche Vorschrift ist zwingend einzuhalten. Ausnahmen sind nur aufgrund anderer gesetzlicher Vorschriften zulässig. Solche finden sich z.B. für Beschäftigte in Schichtbetrieben und in Verkehrsbetrieben.

1

II. Einzeldarstellung

1. Definition der Pause

Pausen sind im Voraus feststehende Unterbrechungen der Arbeit, in denen der Beschäftigte weder Arbeit zu leisten hat noch auf Abruf bereit stehen muss. Er kann über diese Zeit frei verfügen.[1] Die Pause ist grundsätzlich unbezahlt und damit Freizeit des Beschäftigten.

2

Nur wenn die Pause im Voraus feststeht, kann sie durch den Beschäftigten auch tatsächlich zur Erholung genutzt werden. Die Ruhepause darf nicht durch Arbeit unterbrochen oder durch »kontinuierliche Weiterarbeit überlagert« werden.[2] Dem Beschäftigten muss spätestens zu Beginn der täglichen Arbeitszeit die Lage und Dauer der Pause mitgeteilt werden.

3

---

1 BAG 16.12.2009 – 5 AZR 157/09.
2 BAG 25.2.2015 – 1 AZR 642/13.

2. Dauer der Pause nach dem ArbZG

a. Regel

4 Die Mindestdauer der Pause beträgt bei einer Arbeitszeit von mehr als sechs und weniger als neun Stunden 30 Minuten. Es ist damit zulässig sechs Stunden ununterbrochen ohne Pause zu arbeiten bzw. arbeiten zu lassen. Nach sechs Stunden ist zwingend eine Pause von 30 Minuten einzuhalten. Wird die Arbeitszeit auf neun Stunden und mehr ausgedehnt, beträgt die Pause zwingend 45 Minuten. Nicht zulässig ist es, die Pause in viele Kurzpausen zu teilen, denn das würde dem Erholungszweck zuwiderlaufen. Die Arbeitszeitunterbrechung gilt nur dann als Pause i. S. d. ArbZG, wenn sie mindestens 15 Minuten beträgt. Die Pause darf weder an den Anfang noch an das Ende der Arbeitszeit gelegt werden, denn das Gesetz schreibt vor, dass die Pause die Arbeitszeit zu unterbrechen und nicht zu verkürzen hat. Ein solches Vorgehen würde auch dem Zweck der Pause zuwiderlaufen. Das JArbSchG regelt für Personen unter 18 Jahren ausdrücklich, dass die Pause frühestens eine Stunde nach Beginn und spätestens eine Stunde vor Arbeitsende gewährt worden sein muss (§ 11 JArbSchG).

5 Eine Höchstdauer der Pause ist gesetzlich nicht geregelt. So belastend eine zu kurze Pause sein kann, so belastend kann auch eine zu lange Pause werden. Denn der Beschäftigte hat ein Interesse daran, seine Arbeitszeit möglichst zügig zu leisten, um dann seine Freizeit beanspruchen zu können. Arbeitgeber haben aber in bestimmten Fällen ein Interesse daran, die Arbeitszeit bis zu mehreren Stunden zu unterbrechen (sog. geteilte Dienste). So z. B. an Flughäfen, wenn das Passagieraufkommen in bestimmten Zeiten gering ist, um dann wieder genügend Beschäftigte für Zeiten starken Passagieraufkommens zur Verfügung zu haben. Auch im Einzelhandel kommen solche geteilten Dienste vor. Die Zeit der Unterbrechung kann der Beschäftigte dann oftmals nicht sinnvoll für sich nutzen. Nachdem er seinem Erholungsbedürfnis nachgekommen ist und seinen Hunger stillen konnte, wartet er nur schlicht bis die Zeit des Einsatzes kommt. Bei längerer Unterbrechung der Arbeitszeit hat der Arbeitgeber das Interesse des Mitarbeiters an einer sinnvollen und zusammenhängenden Gestaltung der freien Zeit zu berücksichtigen, so die Rechtsprechung des BAG.[3] Eine feste Grenze für die Dauer einer Pause kann aus der Rechtsprechung nicht geschlossen werden.

6 Eine kürzere Pause als 15 Minuten gilt nicht als Pause i. S. d. ArbZG. Die Mindestpausen nach § 4 ArbZG müssen dennoch gewährt werden, auch wenn die Arbeit bereits durch kürzere Pausen unterbrochen worden ist. So ist es z. B. nicht möglich, Raucherpausen, die eine kürzere Dauer als 15 Minuten haben, auf die gesetzliche vorgeschriebene Pause anzurechnen.

---

3 BAG 16. 12. 2009 – 5 AZR 157/09.

b. Ausnahmen

In **Schicht- und Verkehrsbetrieben** sind Ausnahmeregelungen, die eine Absen-   7
kung der Mindestdauer der Pause zulassen, möglich. Dort kann sie durch Tarifvertrag oder wenn der Tarifvertrag eine entsprechende Öffnungsklausel enthält
durch eine Betriebs- oder Dienstvereinbarung in Kurzpausen von angemessener
Dauer aufgeteilt werden (§ 7 Abs. 2 ArbZG). Eine Absenkung der Mindestpau-
senzeit von 30 bzw. 45 Minuten ist aber auch in diesen Fällen nicht zulässig.

Bestimmte Schutzgesetze sehen Sonderregelungen vor, die einen über § 4 ArbZG   8
hinausgehenden Schutz gewähren. So dürfen **jugendliche Personen**, die das 18.
Lebensjahr noch nicht vollendet haben, in keinem Fall länger als 4,5 Stunden am
Stück beschäftigt werden. Danach muss eine Ruhepause von mindestens 30 Minuten gewährt werden. Beträgt die Arbeitszeit an einem Arbeitstag mehr als
sechs Stunden, muss eine Pause von mindestens 60 Minuten gewährt werden
(siehe § 11 JArbSchG).

Fahrer in der **Personenbeförderung und im Güterverkehr** haben Ruhepausen   9
von 45 Minuten einzuhalten, wenn die Lenkzeit mehr als 4,5 Stunden betragen
hat.[4] In diesen Pausen darf der Fahrer auch keine anderen Arbeitstätigkeiten verrichten, wie z. B. be- und entladen.[5]

3. Zusätzliche Pausen

Zusätzlich zu den Regelungen in § 4 ArbZG haben stillende Mütter Anspruch auf   10
Pausen, um ihr Kind stillen zu können (§ 7 MuSchG). Ihnen steht zweimal täglich eine zusätzliche Pause von 30 Minuten zu oder einmal täglich von einer
Stunde. Beträgt die tägliche Arbeitszeit mehr als acht Stunden, besteht Anspruch
auf eine Stillpause von zweimal 45 Minuten oder 90 Minuten, wenn in der Nähe
keine Stillgelegenheit vorhanden ist (siehe → Mutterschutz).

4. Pause und Entgelt

Die Pause wird grundsätzlich nicht bezahlt, denn sie zählt zum Freizeitbereich   11
des Beschäftigten. Voraussetzung ist jedoch, dass es sich um eine »echte« Pause
i. S. d. ArbZG handelt. Kann der Arbeitnehmer nicht frei über die Zeit verfügen
oder ist die Pause kürzer als 15 Minuten, ist der Arbeitgeber zur Zahlung des Ent-

---

4 Siehe Art 7 der Verordnung (EG) Nr. 561/2006 des Europäischen Parlaments und des Rates
  vom 15. 3. 2006 zur Harmonisierung bestimmter Sozialvorschriften im Straßenverkehr und
  zur Änderung der Verordnungen (EWG) Nr. 3821/85 und (EG) Nr. 2135/98 des Rates sowie
  zur Aufhebung der Verordnung (EWG) Nr. 3820/85 des Rates
5 Die Verordnung findet nicht auf alle Fahrer in der Personen- und Güterbeförderung Anwendung. Der Anwendungsbereich ist in Art. 1 und 2 geregelt.

gelts verpflichtet. Dies gilt allerdings dann nicht, wenn die Pause ausschließlich den Bedürfnissen des Beschäftigten dient, wie z. B. **Raucherpausen**. Wobei der Arbeitgeber nicht jede Unterbrechung der Arbeit, die einem persönlichen Bedürfnis dient, vom Entgelt abziehen darf. Der Gang zur Toilette oder ein Gespräch zwischen Kollegen im üblichen Rahmen stellen keine Ruhepausen i. S. d. § 4 ArbZG dar. Auch **Betriebspausen** dürfen nicht zu einem Entgeltabzug führen. Das sind z. B. Pausen, in denen die Produktion stockt, weil Material nicht rechtzeitig angeliefert wird oder eine Maschine defekt ist.

5. Pausenregelungen in Tarifverträgen

12 In den Tarifverträgen sind von den gesetzlichen Vorschriften abweichende Regelungen nur für spezielle Tätigkeiten und für Tätigkeiten unter besonderen Arbeitsbedingungen geregelt. Ansonsten wiederholen Tarifverträge oftmals lediglich die Vorschriften des ArbZG.

13 Der MTV **Chemie** (West) regelt, dass es möglich ist, bei teil- und vollkontinuierlicher Wechselschicht Kurzpausen von angemessener Dauer zu gewähren. Der Tarifvertrag macht damit von der gesetzlichen Öffnungsklausel Gebrauch. Diese Pausen sind dann allerdings nach § 2 III Ziff. 5 MTV Chemie (West) zu vergüten.

14 Der MTV der **Metall- und Elektroindustrie** (Hessen) regelt in Wechselschichtarbeit ebenfalls abweichend vom Gesetz, dass es möglich ist, keine festen Pausen zu gewähren. Wenn davon aber Gebrauch gemacht wird, sind diese Pausen zu vergüten (§ 6 Ziff. 3 MTV M+E Hessen).

15 Zusätzlich regeln die Tarifverträge in der Metall- und Elektroindustrie sog. persönliche Verteilzeiten. Diese sind teilweise direkt im Tarifvertrag geregelt, teilweise müssen sie zwischen Betriebsrat und Arbeitgeber verhandelt werden. Sie sollen den Zeitbedarf zur Erledigung persönlicher Bedürfnisse, wie z. B. den Gang zur Toilette oder kurze Atempausen für Beschäftigte, im Leistungsentgelt (Akkord, Prämienentgelt oder Kennzahlenvergleich) berücksichtigen. Dabei handelt es sich um bezahlte Zeiten, die zusätzlich zu den gesetzlich vorgeschriebenen Pausen gewährt werden.[6]

16 Eine auf den ersten Blick für Beschäftigte sehr positive Regelung enthält der **TVöD** in § 6 Abs. 1 für Beschäftigte in Wechselschicht. Bei diesen Beschäftigten soll die gesetzliche Pause voll vergütet werden. Davon gibt es aber gerade in den Bereichen des öffentlichen Dienstes, in denen Wechselschicht üblich ist, wieder eine Rückausnahme. So sagt § 42 TV-L, dass als Sonderregelung für Ärzte und Ärztinnen außerhalb von Universitätskliniken die bezahlte Pause nicht gewährt

---

6 Meine/Wagner-*Meine*, S. 103.

wird. Weitere Ausnahmeregelungen finden sich auch für nichtärztliches Personal in Universitätskliniken und Krankenhäusern.[7]

III. Hinweise für die Mitbestimmung

Nach § 87 Abs. 1 Nr. 2 BetrVG besteht ein Mitbestimmungsrecht der Betriebsräte **17** und nach § 75 Abs. 3 Nr. 1 BPersVG ein Mitbestimmungsrecht der Personalräte bei der Lage und Verteilung der Pausen. Weitere Vorschriften finden sich in den entsprechenden Gesetzen der Bundesländer für die Personalvertretung.

Danach kann die Länge der Pausen und wann der einzelne Beschäftigte seine **18** Pause antritt nicht einseitig vom Arbeitgeber bestimmt werden. Auch, ob mehrere Pausen oder nur eine Pause pro Arbeitstag genommen werden, unterliegt der Mitbestimmung.

Das Mitbestimmungsrecht bezieht sich auf jede Art der Pause. Nicht nur auf **19** Pausen nach dem ArbZG. Auch die Raucherpause wird durch den Betriebs- und Personalrat mitbestimmt.

IV. Eckpunkte für Betriebs- und Dienstvereinbarungen

In Vereinbarungen zur Arbeitszeit sollten im Hinblick auf die Pause folgende Re- **20** gelungen aufgenommen werden:

- In welchem Zeitraum ist die Pause zu nehmen und wie lange sind die Pausen;
- wie erfolgt eine Absprache mit den Kollegen;
- je nach Branche (z. B. Einzelhandel) sollte festgeschrieben werden, wann der Beschäftigt erfährt, zu welchem Zeitpunkt er die Pause nehmen kann;
- wie erfolgt die Einteilung der Pausenzeiten;
- welche Regelungen bestehen für Pausenzeiten, die nicht Ruhepausen sind, wie z. B. Raucherpausen;
- wie werden die Pausen im Hinblick auf die Zeiterfassung behandelt: Werden Pausen bereits von der Arbeitszeit abgezogen oder muss das Zeiterfassungsgerät bei der Pause bedient werden.

---

7 Burger-*Burger*, TVöD, § 6 Rn. 4.

Pflegezeit

I. Einführung

1 Seit einigen Jahren wird die Vereinbarkeit von Familie und Beruf nicht ausschließlich im Zusammenhang mit der Erziehung von Kindern diskutiert. Vielmehr wird dieser Themenkomplex zunehmend auch im Zusammenhang mit der Betreuung von pflegebedürftigen Familienangehörigen gesehen. Die Pflege naher Angehöriger erfordert Zeit und Kraft. Häufig ist diese Pflege nicht oder nur schwer mit der vertraglich vereinbarten Arbeitszeit in Einklang zu bringen. Dabei sind die Interessenlagen der betroffenen Beschäftigten vielfältig: Die einen wollen sich ganz auf die Pflege der Angehörigen konzentrieren und vorübergehend vollständig nicht arbeiten, die anderen wollen ihre Arbeitszeit jedenfalls teilweise reduzieren oder müssen dies tun, da ohne das Einkommen die wirtschaftliche Grundlage der Familie nicht sichergestellt ist. Um in Pflegesituationen die Vereinbarkeit von Familie und Beruf zu erleichtern, sind unterschiedliche Instrumente geschaffen worden: die Pflegezeit und die Familienpflegezeit. Diese beiden Instrumente zielen auf die häusliche Pflege ab und übertragen damit vorrangig die Verantwortung für die Pflege auf die Familien und in der Regel auf die Frauen, die diese nach wie vor am häufigsten übernehmen: Im Jahr 2014 waren neun von zehn pflegenden Angehörigen Frauen.[1] Ein Ausbau und eine Verbesserung der professionellen Pflege ist hingegen nicht Ziel dieser Instrumente.

2 Pflegezeit und Familienpflegezeit geben den Angehörigen in der konkreten Pflegesituation die Möglichkeit, ihre vertraglich geschuldete Arbeitszeit vorübergehend zu reduzieren oder eine vollständige Freistellung von der Arbeitsleistung zu erhalten. Seit dem 1.1.2015 sind die Pflegezeit und die Familienpflegezeit miteinander verzahnt. Durch die Verzahnung dieser beiden Instrumente soll nach dem Willen des Gesetzgebers die Vereinbarkeit von Familie und Beruf zu Gunsten der Beschäftigten eine deutliche Verbesserung erfahren. Wegen der engen

---

1 DAK Pflege-Report 2015, S. 20.

Verknüpfung der beiden Instrumente werden diese im Folgenden gemeinsam dargestellt.

II. Einzeldarstellung

Pflegesituationen sind sehr unterschiedlich. Auf unterschiedliche Pflegesituationen müssen die Beschäftigten verschieden reagieren können. Das Pflegezeitgesetz (PflegeZG) und das Familienpflegezeitgesetz (FPfZG) sehen daher drei unterschiedliche Instrumente vor: **3**
- Bei akuten Pflegefällen besteht ein Anspruch auf eine kurzzeitige vollständige Freistellung von der Arbeitsleistung (1.),
- für die Betreuung von pflegebedürftigen Angehörigen in häuslicher Umgebung besteht ein Anspruch auf eine Pflegezeit von maximal sechs Monaten, die mit einer vollständigen Freistellung von der Arbeitsleistung oder mit einer Reduzierung der Arbeitszeit einhergehen kann (2.) und
- darüber hinaus besteht ein Anspruch auf Familienpflegezeit von maximal 24 Monaten für die Betreuung von pflegebedürftigen Angehörigen in häuslicher Umgebung, die ausschließlich mit einer Reduzierung der Arbeitszeit verbunden sein kann (3.).

Im Folgenden werden die Voraussetzungen und die Auswirkungen auf die Arbeitszeit der einzelnen Instrumente dargestellt. **4**

1. Kurzzeitige Arbeitsverhinderung bei akuten Pflegesituationen

Häufig treten im familiären Umfeld Situationen auf, die es aufgrund der plötzlich auftretenden Verschlechterung der Gesundheit eines Angehörigen erforderlich machen, innerhalb kurzer Zeit eine Pflegesituation organisieren zu müssen. Beispielsweise stellt sich nach einem Oberschenkelhalsbruch der Mutter im Krankenhaus heraus, dass sie zukünftig nicht mehr in der Lage sein wird, alleine zu Hause zu wohnen. Diese Situationen sind in vielfältiger Hinsicht problematisch und bedürfen häufig eines hohen zeitlichen Aufwands, um sich für die im konkreten Einzelfall richtige, bedarfsgerechte sowie angemessene Pflege des Angehörigen entscheiden zu können und diese zu organisieren. Für derartige Fälle steht den betroffenen Beschäftigten eine vollständige Freistellung von der Arbeitsleistung für insgesamt zehn Arbeitstage zu. Diese wird kurzzeitige Arbeitsverhinderung genannt. **5**

a. Anspruchsvoraussetzungen

6   Voraussetzung ist zunächst, dass die akute Pflegesituation einen nahen Angehörigen betrifft. Der Kreis der nahen Angehörigen ist relativ weit gefasst. Als **nahe Angehörige** gelten Großeltern, Eltern, Schwiegereltern und Stiefeltern. Hierzu gehören auch Ehepartner, Lebenspartner sowie Partner einer eheähnlichen oder lebenspartnerschaftlichen Gemeinschaft und eigene Geschwister sowie die Geschwister der jeweiligen Partner. Darüber hinaus sind auch eigene Kinder, Adoptiv- und Pflegekinder sowie die jeweiligen Kinder, Adoptiv- und Pflegekinder des Partners als nahe Angehörige anerkannt (§ 7 Abs. 3 PflegeZG). Auch Schwiegerkinder und Enkelkinder zählen zu dem Kreis. Für die Begriffsbestimmung ist es nicht von Bedeutung, ob der jeweilige Angehörige im Haushalt der betroffenen Beschäftigten lebt. Der Kreis der Angehörigen bestimmt sich also allein nach dem Verhältnis zur der betroffenen Beschäftigten.

7   Weitere Voraussetzung ist, dass der Angehörige **pflegebedürftig** ist. Pflegebedürftig ist ein Angehöriger dann, wenn er wegen einer körperlichen, geistigen oder seelischen Krankheit oder Behinderung für die gewöhnlichen und regelmäßig wiederkehrenden Verrichtungen im Alltag auf Dauer, voraussichtlich für mindestens sechs Monate, in erheblichem oder höherem Maße der Hilfe bedarf (§ 7 Abs. 4 PflegeZG i. V. m. §§ 14 und 15 SGB XI). Für den Anspruch auf kurzzeitige Arbeitsverhinderung genügt es, wenn die Pflegebedürftigkeit aufgrund des aufgetretenen Ereignisses voraussichtlich eintreten wird.

8   Da der Anspruch auf kurzzeitige Arbeitsverhinderung darauf gerichtet ist, die Pflege für den Angehörigen zu organisieren oder sicherzustellen, muss eine **akute Pflegesituation** vorliegen. Eine solche ist gegeben, wenn die Pflegebedürftigkeit sich unerwartet ergibt, also erstmals entsteht oder der bisherige Pflegezustand sich gravierend verändert, so dass eine neue bzw. geänderte Pflege organisiert und sichergestellt werden muss. Dabei ist es unerheblich, wie und weshalb die Pflegesituation entstanden ist. Entscheidend ist vielmehr, dass sie entstanden ist und bewältigt werden muss.[2] Da die kurzzeitige Arbeitsverhinderung nicht nur bei dem erstmaligen Auftreten einer akuten Pflegesituation beansprucht werden kann, ist es möglich, für ein und denselben Angehörigen mehrmals eine solche zu realisieren. Dies setzt jedoch voraus, dass jeweils eine neue akute Pflegesituation eingetreten ist.[3]

9   So ist beispielsweise denkbar, dass aufgrund einer erstmals festgestellten Pflegebedürftigkeit die Pflege in häuslicher Gemeinschaft organisiert werden soll oder muss. Tritt dann im weiteren zeitlichen Verlauf eine Verschlechterung des Gesundheitszustands ein, so dass eine häusliche Pflege nicht mehr möglich und daher eine Unterbringung in einem Pflegeheim erforderlich ist, so kann eine kurz-

---

2 Wedde-*Steiner*, § 2 PflegeZG Rn. 1; Böning, AiB 4/2015 S. 15, 16; Winkel, AiB 4/2015 S. 28.
3 Winkel, AiB 4/2015 S. 28, 29.

zeitige Arbeitsverhinderung erstmals für die Organisation der häuslichen Pflege beansprucht werden und ein zweites Mal für die Organisation der Pflegeheimunterbringung, wenn die Verschlechterung auf ein plötzliches, unerwartetes Ereignis zurückzuführen ist.

Um die kurzzeitige Arbeitsverhinderung realisieren zu können, muss kein Antrag gestellt werden. Erforderlich ist aber, dass die Beschäftigte dem Arbeitgeber diese unverzüglich, also so schnell es ihr möglich ist, mitteilt. Die **Mitteilung** muss die voraussichtliche Dauer der Arbeitsverhinderung enthalten, sie muss also angeben, für wie viele Arbeitstage die Arbeitsverhinderung bestehen wird (§ 2 Abs. 2 PflegeZG). Die Arbeitsverhinderung kann auch kürzer sein als die vom Gesetzgeber maximal vorgesehenen zehn Arbeitstage, nicht aber länger. Die Arbeitsverhinderung ist nicht abhängig von der Zustimmung des Arbeitgebers. Damit ist die kurzzeitige Arbeitsverhinderung ein Gestaltungsrecht der Beschäftigten und kann auch dann realisiert werden, wenn der Arbeitgeber dieser nicht zustimmen will. Die Mitteilung muss auch den Grund für die Arbeitsverhinderung enthalten, damit der Arbeitgeber erkennen kann, dass es eine solche nach dem PflegeZG ist. **10**

Das PflegeZG sieht anders als andere Gesetze keine **Wartezeit** vor. Dies bedeutet, dass der Anspruch auf kurzzeitige Arbeitsverhinderung bereits in den ersten sechs Monaten des Arbeitsverhältnisses beansprucht werden kann. Der Anspruch steht auch befristet Beschäftigten und geringfügig Beschäftigten (sog. Minijobber) zu. Eine bestimmte **Betriebsgröße** sieht die gesetzliche Vorschrift ebenfalls nicht vor, so dass der Anspruch auf kurzzeitige Arbeitsverhinderung auch in Kleinbetrieben besteht.[4] **11**

Auf Verlangen des Arbeitgebers muss die Beschäftigte ein **ärztliches Attest** vorlegen, aus dem die Pflegebedürftigkeit des Angehörigen einerseits und andererseits die Umstände, die zur akuten Pflegesituation führen, hervorgehen (§ 2 Abs. 2 Satz 2 PflegeZG). Auch wenn das Gesetz die Vorlage des Attests nur für den Fall des Verlangens durch den Arbeitgeber vorsieht, empfiehlt es sich, stets ein solches Attest vorzulegen, um mögliche Konflikte wegen des Fernbleibens von der Arbeit aktiv zu vermeiden.[5] **12**

b. Rechtsfolgen

Die Inanspruchnahme der kurzzeitigen Arbeitsverhinderung führt dazu, dass die Beschäftigte von der Erbringung ihrer arbeitsvertraglichen Arbeitsleistung freigestellt ist. Sie muss ihre Arbeitsleistung somit nicht erbringen, ihre Arbeitszeit reduziert sich für diesen Zeitraum auf Null. Das PflegeZG sieht leider keine vergütungspflichtige Freistellung vor. Daher entfällt für die Dauer der Arbeits- **13**

---

4 Wedde-*Steiner*, § 2 PflegeZG Rn. 3b; Böning, AiB 4/2015 S. 15, 16; Winkel, AiB 4/2015 S. 28.
5 Wedde-*Steiner*, § 2 PflegeZG Rn. 5.

verhinderung regelmäßig die Vergütungspflicht des Arbeitgebers. Dieser ist zur Zahlung des **Entgelts** nur dann verpflichtet, wenn eine solche Vergütungspflicht sich aus dem Arbeitsvertrag oder aus einer anderen Vereinbarung (z. B. eine freiwillige Betriebsvereinbarung) ergibt (§ 2 Abs. 3 PflegeZG).

14　Denkbar wäre auch eine gesetzliche Vergütungspflicht auf der Grundlage des § 616 BGB. Dies kommt aber nur in sehr wenigen Fällen in Betracht, da die Rechtsprechung den Angehörigenbegriff enger fasst als das PflegeZG. Nach der Rechtsprechung zählen zum Kreis der Angehörigen nur die Ehe- und Lebenspartner, Eltern, Geschwister und eigene Kinder. Auch kommt eine Vergütungspflicht nach § 616 BGB nur für einen kurzen Zeitraum von wenigen Tagen in Betracht, so dass es bei voller Ausschöpfung der zehn Tage zweifelhaft erscheint, dass ein Vergütungsanspruch aus der genannten Vorschrift besteht.[6] Zu beachten ist bei dieser Betrachtung auch, dass viele Tarifverträge Regelungen zur Konkretisierung des § 616 BGB enthalten, mit der Folge, dass eine Vergütungspflicht des Arbeitgebers nur in den im jeweiligen Tarifvertrag genannten Fällen vorgesehen ist. Die Organisation und Sicherstellung der Pflege naher Angehöriger ist in den meisten Tarifverträgen aber gerade nicht genannt, so dass eine Vergütungspflicht ausgeschlossen ist. Im Ergebnis bedeutet dies, dass die kurzzeitige Arbeitsverhinderung in der Regel eine **unbezahlte Freistellung** von der Arbeitsleistung darstellt.

c.　Pflegeunterstützungsgeld

15　Um den Entgeltverlust zu kompensieren und damit die Inanspruchnahme der kurzzeitigen Arbeitsverhinderung zu erleichtern, hat der Gesetzgeber im Jahr 2015 das **Pflegeunterstützungsgeld** (§ 2 Abs. 3 PflegeZG mit Verweis auf § 44a Abs. 3 SGB XI) eingeführt. Dies ist eine Entgeltersatzleistung und wird gezahlt, wenn der Arbeitgeber nicht zur Vergütung verpflichtet ist. Es muss bei der Pflegeversicherung beantragt werden.

16　Die Höhe des Pflegeunterstützungsgelds entspricht der Höhe des Krankengelds, das für die Pflege erkrankter minderjähriger Kinder gezahlt wird. Dieses beträgt 90 % des ausgefallenen Nettoentgelts, wobei nur das Entgelt bis zur Beitragsbemessungsgrenze berücksichtigt wird.

2.　Pflegezeit

17　Das PflegeZG räumt Beschäftigten die Möglichkeit ein, für die Dauer von **maximal sechs Monaten** Pflegezeit zu realisieren. Diese maximale Dauer gilt für die Pflege von erwachsenen Angehörigen und für die Pflege von Kindern. Der An-

---

6　Wedde-*Steiner*, § 2 PflegeZG Rn. 7.

spruch auf Pflegezeit besteht für jeden pflegebedürftigen nahen Angehörigen nur einmal (§ 4 Abs. 1 PflegeZG). Pflegezeit kann also nicht mehrfach für ein und denselben Angehörigen realisiert werden.

a. Anspruchsvoraussetzungen

Diese Möglichkeit ist jedoch nicht für alle Beschäftigten vorgesehen. Anders als **18** bei der kurzzeitigen Arbeitsverhinderung sieht das Gesetz nämlich eine (Mindest-)**Betriebsgröße** vor. Ein Anspruch auf Pflegezeit steht nur denjenigen zu, die in einem Unternehmen mit mehr als 15 Beschäftigten tätig sind. Anders als in anderen Gesetzen (z. B. das Kündigungsschutzgesetz) werden dabei Teilzeitkräfte nicht nur anteilig berücksichtigt, diese zählen vielmehr unabhängig von ihrer Arbeitszeitquote voll. Auch Auszubildende sind voll zu berücksichtigen. Ebenso sind arbeitnehmerähnliche Personen und in Heimarbeit (nach dem Heimarbeitsgesetz) Beschäftigte zu berücksichtigen (§ 7 Abs. 1 PflegeZG). Eine **Wartezeit** sieht das Gesetz nicht vor, so dass eine Pflegezeit auch in den ersten sechs Monaten des Arbeitsverhältnisses realisiert werden kann.

Eine Pflegezeit kann nur zur **Pflege in häuslicher Umgebung** eines pflegebedürf- **19** tigen nahen Angehörigen realisiert werden (§ 3 Abs. 1 PflegeZG). Der Begriff der Pflegebedürftigkeit und der des nahen Angehörigen entsprechen denen bei der kurzzeitigen Arbeitsverhinderung, so dass hierauf verwiesen wird. Eine Pflege in häuslicher Umgebung ist dann gegeben, wenn der Pflegebedürftige nicht in stationärer Pflege ist, also nicht in einem Pflegeheim, in einem Hospiz, in einem Krankenhaus oder ähnlichen Einrichtungen untergebracht ist. Die Pflege soll vielmehr durch Angehörige in gewohnter Umgebung erfolgen. Dies kann der Haushalt des Angehörigen sein. Es kann aber auch ein Haushalt sein, in dem der Angehörige aufgenommen wurde, oder der Haushalt der pflegenden Beschäftigten.[7]

Eine Ausnahme hiervon ist bei der Pflege von **minderjährigen Kindern** gegeben. **20** In diesen Fällen kann eine Pflegezeit auch dann realisiert werden, wenn das Kind außerhäuslich gepflegt wird, was z. B. bei Krankenhausaufenthalten denkbar ist. Voraussetzung ist aber immer, dass das Kind selbst pflegebedürftig ist. Eine schwere Erkrankung, z. B. ein Unfall mit Unfallfolgen, die relativ schnell folgenlos verheilen, begründen den Anspruch auf eine Pflegezeit für ein Kind nicht.[8]

b. Form und Frist der Anzeige

Die Pflegezeit muss dem Arbeitgeber gegenüber angezeigt werden. Diese **An- 21 zeige** ist form- und fristgebunden. Die Anzeige muss spätestens **zehn Arbeitstage** vor Beginn der Pflegezeit beim Arbeitgeber eingehen, d. h. so vorliegen, dass

---

7 Wedde-*Steiner*, § 3 PflegeZG Rn. 1.
8 Wedde-*Steiner*, § 3 PflegeZG Rn. 16.

dieser sie zur Kenntnis nehmen kann. Außerdem muss die Anzeige **schriftlich** erfolgen (§ 3 Abs. 3 PflegeZG), d. h. sie muss eigenhändig unterschrieben sein. Ein Telefax oder eine E-Mail genügt diesen Anforderungen nicht. Eine **Zustimmung** des Arbeitgebers bedarf es nicht. Die Pflegezeit ist ein Gestaltungsrecht der Beschäftigten. Ist also die Anzeige form- und fristgerecht eingegangen, kann die Pflegezeit wie angekündigt realisiert werden. Wird die Frist von zehn Arbeitstagen nicht eingehalten, so geht der Anspruch auf Pflegezeit nicht verloren. Jedoch beginnt die Pflegezeit später und zwar nach Ablauf der zehntägigen Ankündigungsfrist. Die Pflegezeit verlängert sich in diesen Fällen aber nicht, sondern sie endet zu dem von der Beschäftigten angegebenen Zeitpunkt.[9]

22 Die Anzeige muss darüber hinaus inhaltlich eine Anforderung erfüllen: Sie muss zwingend den **konkreten Zeitraum** benennen, für den die Pflegezeit realisiert werden soll. Aus der Anzeige muss sich also genau ergeben, für welchen Zeitraum und für wie lange die Pflegezeit beansprucht wird. Mit der Anzeige muss deutlich werden, ob die maximale Höchstdauer ausgeschöpft wird oder ein kürzerer Zeitraum genutzt werden soll. Da die Pflegezeit nur einmalig für den jeweiligen nahen Angehörigen in Anspruch genommen werden kann, muss die Beschäftigte bei Abgabe der Anzeige sehr genau überlegen, für welchen Zeitraum sie Pflegezeit in Anspruch nehmen und ob sie die Höchstdauer ausschöpfen will. Beantragt sie nämlich einen kürzeren Zeitraum als die maximalen sechs Monate, so ist es ihr wegen der Einmaligkeit der Pflegezeit später verwehrt, nachträglich die Pflegezeit auf die Höchstdauer zu verlängern.[10] Stellt sich also im Verlauf der zunächst angezeigten kürzeren Pflegezeit heraus, dass diese nicht ausreicht, ist es nicht möglich, die Pflegezeit nachträglich einseitig durch eine Anzeige zu verlängern. Eine Verlängerung ist dann nur noch mit Zustimmung des Arbeitgebers möglich (§ 4 Abs. 1 Satz 2 PflegeZG).

23 Hiervon gilt nur eine Ausnahme: Wurde eine kürzere als die maximale Dauer beantragt, weil eine andere Person dann die Pflege übernehmen sollte, besteht ein Anspruch auf Verlängerung der Pflegezeit bis zu insgesamt sechs Monaten, wenn der vorgesehene Wechsel der Pflegeperson aus einem wichtigen Grund nicht möglich ist (§ 4 Abs. 1 Satz 3 PflegeZG). Der wichtige Grund muss also im Verlauf der ursprünglich für einen kürzeren Zeitraum angezeigten Pflegezeit eingetreten sein.

24 Um Pflegezeit in Anspruch nehmen zu können, muss neben der form- und fristgerechten Anzeige auch die Pflegebedürftigkeit des nahen Angehörigen durch eine Bescheinigung der Pflegekasse oder Medizinischen Dienstes der Krankenversicherung **nachgewiesen** werden (§ 3 Abs. 2 PflegeZG).

---

9 Wedde-*Steiner*, § 3 PflegeZG Rn. 9.
10 BAG 15. 11. 2011 – 9 AZR 348/10.

Mittländer

c. Sterbebegleitung

Ein Anspruch auf Pflegezeit besteht auch in den Fällen der **Sterbebegleitung** ei- **25**
nes nahen Angehörigen. Voraussetzung ist, dass eine Heilung der Erkrankung
des nahen Angehörigen ausgeschlossen ist, nur noch wenige Wochen oder Monate an Lebenserwartung gegeben sind und eine palliative Behandlung notwendig ist. Eine palliative Behandlung ist eine solche, die allein darauf ausgerichtet
ist, Begleitsymptome der Erkrankung zu lindern oder lebensverlängernde Maßnahmen zu ergreifen. Sie ist jedoch nicht auf Heilung ausgerichtet.[11] In solchen
Fällen ist eine Pflegezeit von maximal drei Monaten möglich (§ 3 Abs. 6 i. V. m.
§ 4 Abs. 3 PflegeZG).

Eine Pflegezeit für einen nahen Angehörigen oder eine solche zum Zwecke **26**
der Sterbebegleitung ist **kombinierbar** mit einer Familienpflegezeit nach dem
FPfZG. Die Inanspruchnahme beider Zeiten darf aber insgesamt die Dauer von
24 Monaten nicht übersteigen (§ 3 Abs. 3 Sätze 3 bis 6 PflegeZG). Das bedeutet,
dass die betroffene Beschäftigte frei wählen kann, für welche Zeiträume sie Pflegezeit und für welche sie Familienpflegezeit in Anspruch nehmen will. Enthält
eine Anzeige keine Angaben darüber, ob eine Pflegezeit oder eine Familienpflegezeit beansprucht wird, so wird unterstellt, dass eine Pflegezeit nach dem PflegeZG gewünscht wird (§ 3 Abs. 3 Satz 3 PflegeZG). Die Pflegezeit ist also der Familienpflegezeit vorrangig. Soll entgegen dieser gesetzlichen Grundannahme zunächst eine Familienpflegezeit und anschließend Pflegezeit realisiert werden, so
beträgt die Ankündigungsfrist für die Pflegezeit nicht zehn Arbeitstage, sondern
vielmehr acht Wochen.

d. Umfang der Freistellung

Die Inanspruchnahme der Pflegezeit kann entweder unter **vollständiger** oder **27**
unter **teilweiser Freistellung** von der Arbeitsleistung erfolgen. Welches Modell
gewählt wird, obliegt der Entscheidung der Beschäftigten. Die vollständige Freistellung führt dazu, dass die Hauptleistungspflichten aus dem Arbeitsverhältnis
für die Dauer der Pflegezeit ruhen. Das bedeutet, dass die Beschäftigte nicht zur
Erbringung ihrer Arbeitsleistung verpflichtet ist. Sie kann der Arbeit fernbleiben,
ohne dass ihr hierdurch ein Vorwurf gemacht werden kann.[12] Ihre Arbeitszeit reduziert sich auf Null. Bei teilweiser Freistellung reduziert sich die Arbeitszeit entsprechend den Wünschen der betroffenen Beschäftigten. Sie ist für die Dauer der
Pflegezeit somit in Teilzeit beschäftigt. Eine Mindestarbeitszeit ist – anders als
bei der Familienpflegezeit – nicht vorgesehen. Das bedeutet, dass die Arbeitszeit
auch auf einen Umfang reduziert werden kann, der einem Minijob entspricht
und nur wenige Stunden pro Woche umfasst.

---

11 Wedde-*Steiner*, § 3 PflegeZG Rn. 16a.
12 Wedde-*Steiner*, § 3 PflegeZG Rn. 1 f.

28 Welche Form der Freistellung gewählt wird, muss bereits in der schriftlichen Anzeige der Pflegezeit enthalten sein. Will die Beschäftigte nur teilweise freigestellt werden, muss die von ihr gewünschte reduzierte Arbeitszeit und deren Verteilung in der schriftlichen Anzeige enthalten sein (§ 3 Abs. 3 PflegeZG). Bei einer Teilfreistellung ist über die Verringerung der Arbeitszeit und deren Verteilung eine schriftliche Vereinbarung mit dem Arbeitgeber zu treffen. Der Arbeitgeber hat der von der Beschäftigten gewünschten Verringerung und Verteilung der Arbeitszeit regelmäßig zu entsprechen und darf diese nur bei Vorliegen dringender betrieblicher Belange ablehnen (§ 3 Abs. 3 PflegeZG).

e. Ablehnungsgründe

29 Diese Regelung der Ablehnungsgründe ist den Regelungen über die Ablehnung von Teilzeit in der Elternzeit (§ 15 Abs. 7 BEEG) nachgebildet. Was dringende betriebliche Gründe sind, definiert das Gesetz nicht. Es gibt auch keine ausdrücklichen Anhaltspunkte dafür, wann solche Gründe gegeben sind. Dies bedeutet, dass die Frage, ob der teilweisen Freistellung dringende betriebliche Gründe entgegenstehen, immer an Hand des konkreten Einzelfalls zu entscheiden ist. Die Gründe, die einer Teilzeit in der Pflegezeit entgegenstehen können, müssen sich aus dem Betrieb und seiner Arbeitsorganisation ergeben. Sie müssen darüber hinaus »dringend« sein.

30 Die Rechtsprechung formuliert es im Rahmen des BEEG so, dass diese Gründe denen des Kündigungsschutzgesetzes vergleichbar sein müssen[13] bzw. die Gründe müssen zwingende Hindernisse darstellen[14]. Es genügt also nicht jeder betriebliche Grund, sondern dieser muss von erheblichem Gewicht sein. Je nachdem wie der Arbeitgeber die Ablehnung begründet, ist die Prüfung der dringenden Gründe vorzunehmen. Diese Überlegungen sind wegen der Ähnlichkeit der gesetzgeberischen Gestaltung und Intention wohl auf die Teilzeit in der Pflegezeit zu übertragen.[15]

f. Zinsloses Darlehen

31 Die vollständige Freistellung während der Pflegezeit ist als unbezahlte Freistellung ausgestaltet. Das bedeutet, dass die Vergütungspflicht in dieser Zeit vollständig entfällt und die Beschäftigte kein **Entgelt** erhält. Bei einer teilweisen Freistellung reduziert sich die Vergütungspflicht des Arbeitgebers; die Beschäftigte hat einen Entgeltanspruch in Höhe der von ihr geleisteten Teilzeittätigkeit. Die Inanspruchnahme von Pflegezeit führt also zu einer Entgelteinbuße, die nicht nur bei vollständiger Freistellung erheblich sein kann. Um dennoch eine Pflege-

---

13 LAG Schleswig-Holstein 12.6.2007 – 5 Sa 83/97.
14 BAG 15.12.2009 – 9 AZR 72/09.
15 Wegen weiterer Einzelheiten zu den Ablehnungsgründen siehe → Elternzeit Rn. 38.

zeit realisieren zu können und damit die Vereinbarkeit von Familie und Beruf zu fördern, besteht seit dem Jahr 2015 die Möglichkeit, den Einkommensverlust durch ein staatliches, **zinsloses Darlehen**, das vom Bundesamt für Familie und zivilgesellschaftliche Aufgaben gewährt wird, zu kompensieren. Dieses wird in monatlichen Raten gewährt.

Die monatliche Rate beträgt (maximal) 50 % des Entgeltausfalls, der durch die **32** Inanspruchnahme der Pflegezeit entsteht (§ 3 Abs. 7 PflegeZG i.V.m. § 3 Abs. 2 bis 6 FPfZG).

nicht belegt **33–39**

g. Sozialversicherungsrechtliche Folgen

Bei der Entscheidung, ob eine Pflegezeit mit vollständiger Freistellung realisiert **40** werden soll, muss immer auch der **sozialversicherungsrechtliche** Aspekt berücksichtigt werden. Da mit Beginn der Pflegezeit mit vollständiger Freistellung kein Entgelt mehr geschuldet wird, entfällt auch die hiermit einhergehende Kranken- und Pflegeversicherung. Besteht für die Beschäftigte nicht die Möglichkeit, sich im Rahmen einer Familienversicherung abzusichern, muss sie sich selbst kranken- und pflegeversichern. Hingegen sind die Beschäftigten, die Pflegezeit realisieren, in die Arbeitslosenversicherung einbezogen. Rentenversichert sind pflegende Beschäftigte jedenfalls dann, wenn sie mindestens 14 Stunden wöchentlich Pflegeleistungen erbringen.[16]

h. Vorzeitige Beendigung der Pflegezeit

Grundsätzlich ist es nur mit Zustimmung des Arbeitgebers möglich, die Pfle- **41** gezeit **vorzeitig zu beenden**. Dies gilt aber dann nicht, wenn die Pflegebedürftigkeit unvorhergesehen vorzeitig nicht mehr besteht (z. B. weil der Angehörige stirbt) oder aber die häusliche Pflege nicht mehr möglich oder unzumutbar geworden ist. In diesen Fällen endet die Pflegezeit vier Wochen nach Eintritt der geänderten Umstände (§ 4 Abs. 2 PflegeZG). Die Beschäftigte ist verpflichtet, den Eintritt der geänderten Umstände dem Arbeitgeber unverzüglich mitzuteilen. Wurde die Pflegezeit vorzeitig beendet, beginnt die Rückzahlungspflicht eines eventuell in Anspruch genommenen Darlehens entsprechend auch früher.

---

16 Wedde-*Steiner*, § 3 PflegeZG Rn. 17 ff.

3. Familienpflegezeit

a. Anspruchsvoraussetzungen

42 Ergänzend zum Anspruch auf Pflegezeit besteht seit dem Jahr 2015 ein verbindlicher Anspruch auf eine Familienpflegezeit. Der Anspruch besteht für die Pflege naher, pflegebedürftiger Angehöriger in häuslicher Umgebung. Die Begriffe der nahen Angehörigen, der Pflegebedürftigkeit sowie der Pflege in häuslicher Umgebung entsprechen den Bestimmungen über die Pflegezeit, so dass auf die oben stehenden Ausführungen verwiesen wird. Wie bei der Pflegezeit besteht ein Anspruch auf Familienpflegezeit für ein minderjähriges Kind nicht nur, wenn dieses in häuslicher Umgebung gepflegt wird, sondern auch dann, wenn dies außerhäuslich geschieht (§ 2 Abs. 5 FPfZG). Die **Pflegebedürftigkeit** des Angehörigen ist durch eine Bescheinigung der Pflegekasse, des Medizinischen Dienstes der Krankenversicherung oder bei Privatversicherten durch einen den Versicherungsbedingungen entsprechenden Nachweis **nachzuweisen.**

43 Die Anspruchsdauer beträgt **maximal 24 Monate**, wobei die Dauer einer in Anspruch genommenen Pflegezeit für denselben Angehörigen mitberücksichtigt wird, so dass die Gesamtdauer beider Pflegezeiten diese Höchstdauer nicht überschreiten darf (§ 2 Abs. 2 FPfZG). Dabei kann entweder zunächst Pflegezeit und dann anschließend Familienpflegezeit realisiert werden. Denkbar ist aber auch der umgekehrte Fall, also zunächst Familienpflegezeit und im Anschluss Pflegezeit (§ 2a Abs. 1 Satz 4 bis 6 FPfZG).

44 Wie bei der Pflegezeit steht der Anspruch auf Familienpflegezeit nicht jedem zu. Vielmehr sieht das Gesetz eine (Mindest-)**Betriebsgröße** vor. Diese ist sogar größer als bei der Pflegezeit. Ein Anspruch auf Familienpflegezeit haben nur diejenigen Beschäftigten, die in einem Unternehmen beschäftigt sind, das mehr als 25 Arbeitnehmer beschäftigt (§ 2 Abs. 1 Satz 4 FPfZG), wobei der Beschäftigtenbegriff dem des PflegeZG entspricht. Beschäftigte in Kleinbetrieben haben somit keinen Anspruch auf eine Familienpflegezeit, was mit den organisatorischen Schwierigkeiten in solchen Unternehmen begründet wird, aber dem Anspruch auf Vereinbarkeit von Familie und Beruf in vielen Fällen entgegensteht. Wie bei der Pflegezeit besteht der Anspruch auf Familienpflegezeit unabhängig von der Betriebszugehörigkeit der Beschäftigten, eine **Wartezeit** ist nicht zu erfüllen. Familienpflegezeit kann also bereits in den ersten sechs Monaten eines Beschäftigungsverhältnisses realisiert werden.

b. Anzeigepflicht

45 Die Inanspruchnahme einer Familienpflegezeit setzt eine **frist- und formgebundene Anzeige** voraus. Die Beschäftigte muss den Anspruch spätestens acht Wochen vor Beginn der Familienpflegezeit gegenüber dem Arbeitgeber geltend machen. Soll sich die Familienpflegezeit an eine Pflegezeit anschließen, so verlängert sich diese Ankündigungsfrist und beträgt dann drei Monate (§ 2a Abs.1 Satz 1 und Satz 5 FPfZG). Die Anzeige muss zudem **schriftlich** erfolgen, d. h. sie muss eigenhändig von der Beschäftigten unterzeichnet sein. Auch hier genügt weder ein Telefax noch ein E-Mail.

Die Anzeige muss ferner genau erkennen lassen, für **welchen Zeitraum** Fami-   **46**
lienpflegezeit in Anspruch genommen werden soll. Dabei ist zu beachten, dass auch die Familienpflegezeit ein einmalig auszuübendes Gestaltungsrecht der Beschäftigten ist. Eine einmal angezeigte Familienpflegezeit kann nicht einseitig ohne Zustimmung des Arbeitgebers verlängert werden.[17] Ferner ist vorgesehen, dass für den Fall, dass eine Familienpflegezeit sich an eine Pflegezeit anschließen soll, dies nur im unmittelbaren Anschluss an die Pflegezeit möglich ist (§ 2a Abs. 1 Satz 4 FPfZG). Eine Unterbrechung zwischen den beiden Pflegezeiten ist vom Gesetzgeber nicht vorgesehen. Auch darf die Gesamtdauer von 24 Monaten für die beiden unterschiedlichen Pflegezeiten nicht überschritten werden.

Die Anzeige muss darüber hinaus erkennen lassen, ob eine Familienpflegezeit   **47**
oder eine Pflegezeit realisiert werden soll; ergibt sich dies nicht eindeutig aus der Anzeige, wird vermutet, dass eine Pflegezeit beansprucht wird (§ 2a Abs. 1 Satz 3 FPfZG). Alle diese Grundsätze müssen beachtet werden, wenn die Beschäftigte diese Zeit voll ausschöpfen will. Die Anzeige muss inhaltlich somit gut vorbereitet sein.

Ist eine Anzeige der Familienpflegezeit wirksam gestellt, bedarf es zu deren Inan-   **48**
spruchnahme nicht der Zustimmung des Arbeitgebers. Vielmehr ist die Familienpflegezeit als ein Gestaltungsrecht der Beschäftigten ausgestaltet, dass weder einer Zustimmung noch einer Genehmigung des Arbeitgebers bedarf. Voraussetzung ist aber stets, dass die Form und die Frist eingehalten werden und die Anzeige alle notwendigen inhaltlichen Angaben enthält.

Eine Verlängerung einer einmal angezeigten Familienpflegezeit ist nur mit Zu-   **49**
stimmung des Arbeitgebers möglich. Einer Verlängerung hat der Arbeitgeber nur ausnahmsweise zuzustimmen, und zwar – wie bei der Pflegezeit – in den Fällen, in denen eine kürzere Familienpflegezeit deshalb beantragt wurde, weil im Anschluss hieran eine andere Person die Pflege übernehmen sollte, dieser Wechsel aber aus einem wichtigen Grund nicht möglich ist (§ 2 Abs. 3 FPfZG). In allen anderen Fällen kann der Arbeitgeber die Entscheidung über die Zustimmung eigenständig treffen. Er darf die Zustimmung zwar nicht willkürlich verweigern. Seine Entscheidung muss vielmehr dem sog. billigen Ermessen entsprechen, was bedeutet, dass er die betrieblichen Interessen an der Rückkehr der Beschäftigten

---

17 BAG 15. 11. 2011 – 9 AZR 348/10, diese Entscheidung betrifft zwar das PflegeZG, da die Regelungen des FPfZG gleich aufgebaut und zudem beide Ansprüche miteinanderverzahnt sind, dürfte die Entscheidung auch auf die Familienpflegezeit entsprechend anzuwenden sein.

und die persönlichen Interessen der Beschäftigten an der Fortsetzung der Familienpflegezeit bei seiner Entscheidung abwägen muss. Da er jedoch in diesem Rahmen eine relativ große Entscheidungsfreiheit hat, kann die Beschäftigte nicht auf eine Zustimmung vertrauen.

c. Teilweise Freistellung

50 Anders als bei der Pflegezeit ist eine Familienpflegezeit nur bei **teilweiser Freistellung** von der Arbeitszeit möglich. Eine vollständige Freistellung ist ausgeschlossen. Dabei muss die verringerte Arbeitszeit mindestens 15 Wochenstunden betragen. Bei ungleicher Verteilung der Wochenarbeitszeit darf im Jahresdurchschnitt die Wochenarbeitszeit von 15 Stunden nicht unterschritten werden (§ 2 Abs. 1 Satz 2 und 3 FPfZG). Das Gesetz sieht damit eine **Mindestarbeitszeit** vor. Eine maximale zulässige Arbeitszeit – etwa wie bei der Teilzeit in der Elternzeit – sieht das Gesetz hingegen nicht vor. Es verlangt lediglich eine Verringerung der vertraglich vereinbarten Arbeitszeit. Dabei kann auch eine nur geringfügige Verringerung um wenige Stunden in der Woche vorgenommen werden, ohne dass allein hierin ein Rechtsmissbrauch zu sehen ist. Ein Rechtsmissbrauch, der die geringfügige Verringerung unzulässig machen würde, kann allenfalls bei Vorliegen weiterer Umstände vorliegen.[18] Die Inanspruchnahme einer Familienpflegezeit führt damit dazu, dass die Beschäftigte vorübergehend in Teilzeit bzw. mit einer geringeren Arbeitszeitquote als bisher tätig ist. Der Umfang ihrer Beschäftigungspflicht verringert sich entsprechend.

51 Die von der Beschäftigten gewollte Verringerung der Arbeitszeit sowie deren Verteilung sind bereits in der schriftlichen Anzeige mitzuteilen (§ 2a Abs. 1 Satz 2 FPfZG). Der Arbeitgeber hat diesem Wunsch zu entsprechen. Er kann diesen – wie bei der Pflegezeit – nur bei Vorliegen dringender betrieblicher Gründe ablehnen (§ 2a Abs. 2 FPfZG). Wegen der inhaltlich gleichen Ausgestaltung in beiden Gesetzen und deren Verzahnung ist davon auszugehen, dass von den gleichen Rechtsgrundsätzen ausgegangen werden kann. Daher wird auf die oben dargestellten Ausführungen verwiesen. Über die Verringerung der Arbeitszeit und deren Verteilung ist – wie bei der Pflegezeit – eine schriftliche **Vereinbarung** zu treffen.

d. Zinsloses Darlehen

52 Die Verringerung der Arbeitszeit führt dazu, dass auch der Entgeltanspruch der Beschäftigten sich entsprechend verringert. Auch die Inanspruchnahme von Familienpflegezeit ist damit mit Entgelteinbußen verbunden. Um diese kompensieren zu können, haben Beschäftigte einen Anspruch auf ein staatliches, zinslo-

---

18 LAG Hamm 28.12.2016 – 6 SaGa 17/16.

ses Darlehen, das vom Bundesamt für Familie und zivilgesellschaftliche Aufgaben zur Verfügung gestellt wird.

e. Vorzeitige Beendigung der Familienpflegezeit

Für die Fälle der vorzeitigen Beendigung der Familienpflegezeit gelten inhaltlich **53** gleiche Regelungen wie bei der Pflegezeit. Eine vorzeitige Beendigung ist im Regelfall nur mit Zustimmung des Arbeitgebers zulässig. Etwas anderes gilt nur, wenn die Pflegebedürftigkeit des Angehörigen entfällt oder die häusliche Pflege nicht mehr möglich oder unzumutbar wird. Dann endet die Familienpflegezeit vier Wochen nach Eintritt der die Pflegesituation beendenden Umstände. Die Beschäftigte muss die geänderten Umstände unverzüglich, also so schnell es ihr möglich ist, dem Arbeitgeber mitteilen (§ 2a Abs. 5 FPfZG).

III. Hinweise für die Mitbestimmung

Der Arbeitgeber ist berechtigt, zur Vertretung einer Beschäftigten, die Pflege- **54** oder Familienpflegezeit realisiert, eine Ersatzeinstellung vorzunehmen, und zwar sowohl bei vollständiger als auch bei teilweiser Freistellung. Diese Vertretung stellt einen sachlichen Grund dar (§ 6 PflegeZG), so dass eine zulässige Befristung i. S. d. § 14 Abs. 1 TzBfG vorliegen kann. Der Betriebsrat ist zu dieser Ersatzeinstellung gemäß den §§ 99, 100 BetrVG zu beteiligen.

Aber auch wenn die pflegende Beschäftigte zunächst eine Pflegezeit mit vollstän- **55** diger Freistellung in Anspruch nimmt und dann während der weiteren Pflegezeit oder einer sich anschließenden Familienpflegezeit eine Teilfreistellung realisiert, ist der Betriebsrat nach §§ 99, 100 BetrVG zu beteiligen. Denn in diesen Fällen hat sich die Beschäftigungssituation im Verhältnis zu der ursprünglichen vollständigen Freistellung bei Rückkehr der Beschäftigten in die Teilzeittätigkeit wesentlich geändert, so dass dem Betriebsrat ein Mitbeurteilungsrecht zusteht.[19] Wird hingegen von Beginn der ersten Pflegezeit eine Teilfreistellung realisiert, stellt diese Arbeitszeitreduzierung keine das Mitbestimmungsrecht des §§ 99, 100 BetrVG auslösende Einstellung dar.[20]

Die Inanspruchnahme von Pflegezeit und Familienpflegezeit ist unabdingbar **56** (§ 8 PflegeZG). Dies bedeutet, dass auf die Ansprüche aus den genannten Gesetzen nicht verzichtet werden kann und der Arbeitgeber einen Verzicht auch nicht

---

19 BAG 28. 4. 1998 – 1 ABR 63/97. Diese Rechtsprechung bezieht sich zwar auf die Elternzeit. Wegen der gleichgelagerten Interessenlage dürfte diese aber auf die Fälle im Rahmen der Pflegezeiten übertragen werden. So auch Wedde-Steiner, § 3 FPfZG Rn. 5.
20 BAG 25. 1. 2005 – 1 ABR 59/03.

verlangen kann. Dies schließt die Ansprüche auf vollständige und teilweise Freistellung ein. Dies bedeutet aber auch, dass der Arbeitgeber vom Betriebsrat keine Betriebsvereinbarung verlangen kann, die den Zugang zu diesen Rechten erschwert oder verhindert. Im Rahmen von Betriebsvereinbarungen können nur Regelungen getroffen werden, die die Inanspruchnahme einer solchen Pflegezeit erleichtern oder die Rechtsansprüche verbessern. So kann beispielsweise keine Betriebsvereinbarung abgeschlossen werden, die verbindlich festlegt, unter welchen Bedingungen eine teilweise Freistellung und damit eine Teilzeit während der Pflegezeit nicht möglich ist, denn dies würde den Zugang zu einer Pflegezeit erschweren und die Einzelfallprüfung verhindern. Möglich wäre aber eine Betriebsvereinbarung, die es zulässt Langzeitkonten einzurichten, die nicht dazu dienen, die individuelle Arbeitszeit zu flexibilisieren, sondern bei der Inanspruchnahme von Pflege- oder Familienpflegezeit das Teilzeitentgelt zu erhöhen.[21] Dies könnte dazu führen, dass die Beschäftigte kein Darlehen des Bundesamts in Anspruch nehmen muss.

57 Kommt es zu Konflikten über die Lage der Arbeitszeit, kann der Betriebsrat auf bereits bestehende Betriebsvereinbarungen verweisen, wenn diese Teilzeit zulassen oder den Beschäftigten ein hohes Maß an Arbeitszeitsouveränität zubilligen. Er kann zusätzlich auf der Grundlage des § 87 Abs. 1 Nr. 2 BetrVG den Abschluss einer Betriebsvereinbarung verlangen, mit der erkennbare oder absehbare Konflikte in Bezug auf die Arbeitszeitverteilung und weitere Probleme geregelt werden können.[22] Kommt es zu konkurrierenden Ansprüchen auf teilweise oder vollständige Freistellung zwischen verschiedene Beschäftigten oder zwischen der Pflege- oder Familienpflegezeit verlangenden Beschäftigten und dem Arbeitgeber, so kann der Betriebsrat tätig werden und im Falle einer Nichteinigung die Einigungsstelle anrufen.[23] Denn die vollständige und die teilweise Freistellung im Rahmen der Pflege- oder Familienpflegezeit kann als Urlaub i. S. d. § 87 Abs. 1 Nr. 5 BetrVG angesehen werden. Unter den Begriff des betriebsverfassungsrechtlichen Urlaubs fallen nämlich alle Fälle bezahlter oder unbezahlter Freistellung, bei deren Verwirklichung gegensätzliche individuelle oder betriebliche Interessen auszugleichen sind.[24] Die dargestellten Grundsätze gelten auch für die Ausgestaltung der Mitbestimmungsrechte des Personalrats, so dass diesem auf der Grundlage der §§ 75 Abs. 1 Nr. 1, 77 BPersVG einerseits und § 75 Abs. 3 Nr. 3 BPersVG andererseits die gleichen Handlungsmöglichkeiten zustehen.

---

21 Wedde-*Steiner*, § 2 FPfZG Rn. 12.
22 Wedde-*Steiner*, § 3 FPfZG Rn. 15.
23 Wedde-*Steiner*, § 3 FPfZG Rn. 15.
24 BAG 10. 12. 2002 – 1 ABR 27/01.

Rufbereitschaft

I. Einführung

Im Arbeitszeitrecht wird zwischen Arbeit, Bereitschaftsdienst, Arbeitsbereit-   1
schaft und Rufbereitschaft unterschieden. Die Begriffe wurden im ArbZG nicht
definiert, sondern als bekannt vorausgesetzt. Rufbereitschaft liegt vor, wenn der
Arbeitnehmer verpflichtet ist, außerhalb seiner regelmäßigen Arbeitszeit auf Abruf die Arbeit aufzunehmen. Bei Rufbereitschaft ist der Arbeitnehmer in der Verwendung seiner Zeit und seines Aufenthaltsortes frei. Er muss nur sicherstellen,
dass er für den Arbeitgeber erreichbar ist und innerhalb einer angemessenen Zeit
seine Arbeit aufnehmen kann. Wird der Arbeitnehmer während der Rufbereitschaft in Anspruch genommen, liegt Arbeitszeit vor.

II. Einzeldarstellung

Rufbereitschaft ist zunehmend verbreitet, da ein Trend zu ständiger Verfügbar-   2
keit von Dienstleistern und Dienstleistungen besteht und im produzierenden
Gewerbe die Anlagen immer häufiger 24 Stunden im Einsatz sind. Rufbereitschaft wird meist dann notwendig, wenn selten auftretende Störungen oder Probleme auch außerhalb der betriebsüblichen Arbeitszeit bearbeitet und beseitigt
werden müssen. Sie soll und darf nicht angeordnet werden, wenn die Anlässe so
häufig auftreten, dass ein ständig besetzter Arbeitsplatz angebracht ist. In einigen
Bereichen ist Rufbereitschaft üblich, so dass die Rahmenbedingungen tariflich
festgelegt sind. Dazu gehören das Gesundheitswesen und die Haus- und Be-
triebstechnik.

1. Ruhezeit bei Rufbereitschaft ohne Arbeitseinsatz

Ob Rufbereitschaft ohne Arbeitseinsatz **Ruhezeit** ist, ist umstritten. Unter **Ruhe-**   3
zeit ist normalerweise jede Zeitspanne zu verstehen, die außerhalb der Arbeits-

zeit liegt. Eine Ausnahme bildet die Zeit, in der der Arbeitnehmer zwar inaktiv ist, sich aber immer zur Aufnahme der Arbeit bereithalten muss. Für Beschäftigte im Straßentransport ist in § 21a Abs. 3 Satz 3 ArbZG ausdrücklich geregelt, dass Zeiten, während denen sich der Arbeitnehmer bereithalten muss die Arbeit aufzunehmen, keine Ruhezeit sind. Allerdings wird die Regelung für Beschäftigte im Straßentransport nach h. M. nicht auf andere Beschäftigte übertragen, so dass Rufbereitschaft ohne Arbeitseinsatz Ruhezeit ist. Auch nach der Rechtsprechung des EuGH ist Rufbereitschaft Ruhezeit und mit der Richtlinie 93/104/EG des Rates vom 23.11.1993 über bestimmte Aspekte der Arbeitszeitgestaltung vereinbar.[1]

2. Ruhezeit nach einem Arbeitseinsatz

4 Durch den Abruf der Arbeit wird die Ruhezeit unterbrochen. An das Ende des **Arbeitseinsatzes** muss sich eine ununterbrochene Ruhezeit von elf Stunden anschließen. Ununterbrochen bedeutet, dass die Ruhezeit zusammenliegen muss und nicht in Zeitabschnitte unter elf Stunden aufgeteilt werden kann. Jede auch nur kurzzeitige Tätigkeit unterbricht diesen Zeitraum.

5 In Krankenhäusern und anderen Einrichtungen zur Behandlung, Pflege und Betreuung von Personen ist eine Verkürzung der Ruhezeit durch Inanspruchnahme während der Rufbereitschaft zulässig, wenn der Arbeitnehmer nicht mehr als die Hälfte der Ruhezeit tatsächlich zur Arbeit herangezogen wird. Abweichungen von der täglichen Höchstarbeitszeit von zehn Stunden sind jedoch nicht zulässig, so dass diese in jedem Fall einzuhalten ist. Nur wenn zulässigerweise über § 7 ArbZG eine Öffnung geschaffen wurde, ist eine Verlängerung der täglichen Arbeitszeit auf bis zu zwölf Stunden zulässig. Dann muss aber wiederum nach Beendigung der Arbeitszeit zwingend eine ununterbrochene Ruhezeit von elf Stunden eingehalten werden (§ 7 Abs. 9 ArbZG).

3. Arbeitsaufnahme

6 Wie die Arbeit abgerufen wird, spielt keine Rolle. Die Arbeit kann durch Arbeitsaufnahme im Betrieb, durch Erläuterungen und Arbeitsanweisungen am Telefon oder durch Tätigkeiten am Laptop oder Smartphone erfolgen. Auch nach Beantwortung einer kurzen Frage am Telefon muss eine Ruhezeit von elf Stunden eingehalten werden.

---

1 EuGH 3.10.2000 – C-303/98.

4. Erreichbarkeit

Der Arbeitnehmer ist in der Bestimmung seines **Aufenthaltsortes** während der   **7**
Rufbereitschaft nicht völlig frei. Er muss seine Arbeit im Bedarfsfall alsbald aufnehmen können. Dies bedeutet, der Arbeitnehmer muss seinen Aufenthaltsort
so wählen, dass dieser dem Sinn und Zweck der Rufbereitschaft nicht zuwider
läuft. Ist zwischen Wohnort und Arbeitsort ein sehr weiter Weg zurückzulegen,
kann es sein, dass er sich während der Rufbereitschaft nicht an seinem Wohnort
aufhalten kann. Ggf. muss der Arbeitgeber während der Rufbereitschaft eine Un-
terkunft zur Verfügung stellen.

Während der Rufbereitschaft muss der Arbeitnehmer sicherstellen, dass er für   **8**
den Arbeitgeber **erreichbar** ist und innerhalb einer angemessenen Zeit seine Arbeit aufnehmen kann. Rufbereitschaft liegt nicht vor, wenn der Arbeitgeber verlangt, dass der Arbeitnehmer die Arbeit innerhalb von 20 Minuten nach einem
Anruf aufnehmen muss.[2] Diese Vorgabe schränkt den Arbeitnehmer unangemessen ein. Dadurch wird die gesamte Zeit, die sich der Arbeitnehmer bereithalten muss, zum Bereitschaftsdienst und ist Arbeitszeit. Eine Zeitspanne zur Arbeitsaufnahme von 45 Minuten wurde als angemessen erachtet.[3] Diese Werte
sind jedoch betriebsabhängig zu beurteilen und können lediglich als grobe Orientierung dienen.

Der Arbeitnehmer muss sein sonstiges Verhalten auf einen Einsatz während der   **9**
Rufbereitschaft einrichten, also z. B. auf Alkohol verzichten.

Auch das kurze Kontrollieren von eingegangenen Telefonaten und E-Mails kann   **10**
Arbeit während der Rufbereitschaft sein. Benutzt der Arbeitnehmer das dienstliche Handy, obwohl der Arbeitgeber dies nicht verlangt, soll keine Rufbereitschaft
vorliegen. Wird der Arbeitnehmer jedoch verpflichtet, auf eingegangene Telefonate oder E-Mails unverzüglich zu reagieren, handelt es sich um Rufbereitschaft.[4]

5. Vertragliche Grundlage

Der Arbeitnehmer ist zur Übernahme von Rufbereitschaft nur dann verpflichtet,   **11**
wenn hierfür eine arbeitsrechtliche Grundlage vorliegt. Diese kann ein Tarifvertrag, eine Betriebsvereinbarung oder der Arbeitsvertrag sein. Fehlt es an einer
solchen Regelung, hat der Arbeitgeber keine Rechtsgrundlage für das Anordnen
von Rufbereitschaft; der Arbeitnehmer darf die Rufbereitschaft verweigern. Eine
Kündigung wegen dieser begründeten Arbeitsverweigerung ist unwirksam.[5]

---

2 BAG 31. 1. 2002 – 6 AZR 214/00.
3 BAG 22. 1. 2004 – 6 AZR 543/02.
4 BAG 29. 6. 2000 – 6 AZR 900/98.
5 LAG Hessen 6. 11. 2007 – 12 Sa 1606/06.

12 Soweit nichts anderes geregelt ist, müssen auch **Teilzeitbeschäftigte** Rufbereitschaft leisten.[6] Können Teilzeitkräfte nicht an der Rufbereitschaft teilnehmen, sollten sie diese im Arbeitsvertrag ausnehmen. Auch durch Regelungen in einer Betriebsvereinbarung können Teilzeitkräfte von einer Verpflichtung zur Leistung von Rufbereitschaft ausgenommen werden.

6. Vergütung

13 Bei der Vergütung der Rufbereitschaft ist zwischen dem **Bereithalten** zur Aufnahme der Arbeit und dem tatsächlichen Einsatz zu unterscheiden. Die Bereitschaft zur Arbeitsaufnahme wird oft pauschal abgegolten, während der tatsächliche Einsatz mit dem normalen Entgelt zu vergüten ist. Arbeitsvertragliche Regelungen zur Vergütung oder zum Umfang oder der Anzahl der Rufbereitschaften pro Monat sind nach den Regeln zu den allgemeinen Geschäftsbedingungen überprüfbar. Sie können zur Unwirksamkeit der arbeitsvertraglichen Regelung führen, wenn sie den Arbeitnehmer unangemessen benachteiligen, wenn sie nicht klar und verständlich sind oder überraschend und mehrdeutig.

14 Wenn nichts vereinbart ist, sind Kosten für Fahrten zwischen Wohnung und Arbeitsstelle nicht erstattungsfähig. Hat der Arbeitnehmer aber während dieser Fahrt einen Unfall, hat er Anspruch auf Ersatz des Unfallschadens, wenn die Nutzung seines privaten PKW erforderlich war und er den Unfall durch eine leichte Fahrlässigkeit verursacht hat. Bei der Bewertung, wann und ggf. in welchem Umfang Verschulden des Arbeitnehmers den Ersatzanspruch ausschließt oder mindert, kommen die Grundsätze über den innerbetrieblichen Schadensausgleich zur Anwendung. Dies bedeutet, dass im Falle leichtester Fahrlässigkeit eine Mithaftung des Arbeitnehmers entfällt. Bei normaler Schuld des Arbeitnehmers (mittlere Fahrlässigkeit) ist der Schaden grundsätzlich anteilig unter Berücksichtigung der Gesamtumstände des Einzelfalles nach Billigkeitsgrundsätzen und Zumutbarkeitsgesichtspunkten zu verteilen. Bei vorsätzlicher oder grob fahrlässiger Schadensverursachung ist der Ersatzanspruch des Arbeitnehmers grundsätzlich ganz ausgeschlossen.[7]

15 Erforderlich ist die Nutzung des privaten PKW, wenn der Arbeitnehmer die Arbeit anderenfalls nicht alsbald in einer angemessenen Zeit aufnehmen kann.[8] In dem vom BAG entschiedenen Fall war als Abgrenzungskriterium zu berücksichtigen, dass die Gefahr des Schadens am PKW nicht dem Lebensbereich des Arbeitnehmers zuzuordnen war, sondern dem Betätigungsbereich des Arbeitge-

6 BAG 12.2.1995 – 5 AZR 566/06.
7 BAG 28.10.2010 – 8 AZR 647/09.
8 BAG 22.6.2011 – 8 AZR 102/10.

bers. Auf die Frage, ob es sich bei dem Weg zum Einsatz und zurück um Arbeitszeit handelte, kam es deshalb nicht an.

7. Minusstunden nach einem Rufbereitschaftseinsatz

Probleme bei der Rufbereitschaft entstehen oft, wenn nach dem Arbeitsende Rufbereitschaft beginnt und der Tag nach der Rufbereitschaft ebenfalls ein Arbeitstag ist. Kommt es zu einem Arbeitseinsatz, darf der Arbeitnehmer wegen der vorgeschriebenen Ruhezeit seine Arbeit am nächsten Tag oft erst später aufnehmen. **16**

> **Beispiel:**
> Arbeitszeit von Montag bis Freitag von jeweils 9 Uhr bis 18 Uhr bei einer einstündigen Pause. Danach Rufbereitschaft bis 9 Uhr am nächsten Tag. Kommt es in der Nacht von Montag auf Dienstag zu einem Rufbereitschaftseinsatz um 1 Uhr und dauert der Einsatz eine Stunde, darf der Arbeitnehmer erst am Dienstag um 13 Uhr seine Arbeit aufnehmen.

Ihm fehlen also vier Stunden Arbeit, die mit dem einstündigen Einsatz in der Nacht nicht ausgeglichen werden. Der Arbeitnehmer kommt also mit seinem Arbeitszeitkonto mit drei Stunden ins Minus. Nach der Rechtsprechung des BAG besteht für die wegen Einhaltung der Ruhezeit ausgefallenen Stunden kein zusätzlicher Lohnanspruch.[9] Dieses Ergebnis wird den berechtigten Interessen der Arbeitnehmer jedoch nicht gerecht. Das unternehmerische Risiko wird einseitig auf die Arbeitnehmer übertragen, die lediglich einer Anweisung ihres Arbeitgebers nachkommen. Deshalb hat der Arbeitgeber den Ausfall der Arbeitszeit zu vertreten. Er befindet sich mit der Annahme der Arbeitsleistung im Verzug und muss daher die ausgefallene Zeit vergüten.[10] Da das BAG dieser Auffassung bisher nicht folgt, sollten Betriebsräte versuchen, Regelungen zum Ausgleich dieses Nachteils in Betriebsvereinbarungen aufzunehmen. **17**

8. Tarifliche Regelungen

In einer Vielzahl von Tarifverträgen ist Rufbereitschaft und deren Vergütung geregelt, z.B. in § 7 Abs. 4, § 7.1 Abs. 8 und § 8 Abs. 3 TVöD-K. Ähnliche Regelungen enthält § 10 Abs. 8 und 11 Abs. 3 TV-Ärzte/VKA. § 7 Abs. 4 TVöD-K lässt Rufbereitschaft nur außerhalb der regelmäßigen betrieblichen Arbeitszeit zu, weil es während der regelmäßigen Arbeitszeit keine Veranlassung für Rufbereit- **18**

---

9 BAG 5.7.1976 – 5 AZR 264/75.
10 Buschmann/Ulber, § 5 Rn. 8.

schaft gibt. In dem als »regelmäßige Arbeitszeit« bestimmten Zeitraum fällt nicht nur ausnahmsweise Arbeit an, sondern regelmäßig.[11] Daraus folgt, dass Rufbereitschaft im Geltungsbereich dieses Tarifvertrages im 24-Stunden-Schichtbetrieb unzulässig ist, da 24 Stunden zur regelmäßigen Arbeitszeit gehören. Damit ist es auch unzulässig, Arbeitnehmer im 24-Stunden-Schichtbetrieb während ihrer freien Tage zu Rufbereitschaft einzuteilen, um diese bei Bedarf zur Arbeit zu rufen.

19 In § 5 Ziff. 2 MTV M+E Hessen ist geregelt, dass im Falle von Rufbereitschaft diese Zeit zu vergüten ist. Personenkreis, Zeitraum und Grundsätze der Vergütung sind durch Betriebsvereinbarung zu regeln. Bei dieser Regelung verbleibt für die Betriebsparteien ein sehr weiter Gestaltungsspielraum.

20 Die Regelungen sind sehr unterschiedlich und tragen den Bedürfnissen der jeweiligen Branche Rechnung. Die Tarifverträge sind bei Fragen der Zulässigkeit betrieblicher Regelungen und der Vergütung der Rufbereitschaft hinzuzuziehen.

III. Hinweise für die Mitbestimmung

21 Der Betriebsrat hat bei der Einführung von Rufbereitschaft ein Mitbestimmungsrecht nach § 87 Abs. 1 Nr. 2 und 3 BetrVG.[12] Gleiches gilt für den Personalrat nach § 75 Abs. 3 Nr. 1 BPersVG.[13] Die Einführung von Rufbereitschaft außerhalb der regelmäßigen Arbeitszeit führt zu einer vorübergehenden Verlängerung der Arbeitszeit und damit zu Überstunden. Das Mitbestimmungsrecht besteht auch bei der Festlegung der zeitlichen Lage der Rufbereitschaft und bei der Aufstellung eines Rufbereitschaftsplans.

22 Berücksichtigen muss der Betriebsrat, ob es eine abschließende Regelung im Tarifvertrag gibt. Dies ist meist nicht der Fall, so dass den Betriebsparteien in aller Regel ein Gestaltungsspielraum verbleibt.

23 In Vorbereitung einer Betriebsvereinbarung zur Rufbereitschaft sollte überprüft werden, ob es weniger einschneidende Möglichkeiten der Arbeitszeitgestaltung gibt. Darüber hinaus empfiehlt es sich genau hinzuschauen, was der Arbeitgeber plant. Es gibt viele unterschiedliche Begriffe, die auch im Zusammenhang mit Rufbereitschaft verwendet werden, z. B. Hintergrunddienst, Stand-by-Dienst, Reservedienst, »Holen aus dem Frei«. Deshalb ist es wichtig anhand der tatsächlich geplanten Einsätze zwischen Rufbereitschaft, Arbeitsbereitschaft und Bereitschaftsdienst zu differenzieren. Letztendlich sind anhand der für den Betrieb gel-

---

11 BAG 9. 10. 2003 – 6 AZR 447/02 zur fast wortgleichen Regelung des BAT.
12 BAG 29. 2. 2000 – 1 ABR 15/99 zum Thema Bereitschaftsdienst.
13 BVerwG 4. 9. 2012 – 6 P 10/11.

tenden tariflichen Regelungen zu prüfen, welcher Gestaltungsspielraum den Betriebsparteien verbleibt.

Kein Mitbestimmungsrecht nach § 87 Abs. 1 Nr. 2 und 3 BetrVG besteht bei **24** der Festlegung der Höchstarbeitszeit nach dem ArbZG sowie der Zuordnung der Rufbereitschaft zur Arbeits- bzw. Ruhezeit i. S. d. ArbZG.[14] Die Festlegung der Höchstarbeitszeit obliegt dem Gesetzgeber oder – soweit eine Öffnungsklausel existiert – den Tarifvertragsparteien. Die Auslegung, ob Rufbereitschaft Arbeitszeit i. S. d. ArbZG ist, obliegt den Gerichten. In Betriebsvereinbarungen sollte deshalb sehr genau zwischen dem arbeitszeitlichen und dem betriebsverfassungsrechtlichen Arbeitszeitbegriff differenziert werde. Der Betriebsrat kann nämlich selbstverständlich Einfluss auf den Umfang der Arbeitszeit nehmen, da er ein Mitbestimmungsrecht bei Überstunden nach § 87 Abs. 1 Nr. 3 BetrVG hat. Wenn Rufbereitschaft außerhalb der regelmäßigen Arbeitszeit angeordnet werden soll, ist das zwingende Mitbestimmungsrecht des Betriebsrat einzuhalten. Das Mitbestimmungsrecht besteht, wenn die Möglichkeit des Arbeitnehmers Zeit als Freizeit zu verbringen, eingeschränkt werden soll.

IV. Eckpunkte für Betriebs- und Dienstvereinbarungen

Nicht jeder der nachfolgend beschriebenen Eckpunkte oder Formulierungsvor- **25** schläge lässt sich über einen Einigungsstellenspruch durchsetzen, da teilweise ein Mitbestimmungsrecht nicht besteht. Dies schließt jedoch nicht aus, dass viele der genannten Punkte in freien Verhandlungen durchsetzbar sind.

Folgende Punkte sollten in eine Betriebsvereinbarung aufgenommen werden: **26**

• Definition der Rufbereitschaft, z. B.:»Rufbereitschaft ist die Zeit, in der sich ein Arbeitnehmer für einen Einsatz außerhalb seiner üblichen Arbeitszeit bereitzuhalten hat. Der Arbeitnehmer kann seinen Aufenthaltsort während der Rufbereitschaft selbst wählen, ist jedoch verpflichtet, sich an einem Ort aufzuhalten, an dem er telefonisch jederzeit erreichbar ist.«
• Gründe für die Rufbereitschaft, z. B. Beseitigung von Störungen
• Ziel der Vereinbarung, z. B. Planbarkeit von Freizeit und Arbeitszeit, Festlegung einer angemessenen Vergütung
• Voraussetzungen und Anforderungen an die betriebliche Notwendigkeit
• zahlenmäßige Begrenzung der Rufbereitschaftseinsätze
• zeitliche Begrenzung der Rufbereitschaft
• Abgrenzung der Arbeitszeit zur Rufbereitschaft

---

14 BAG 22. 7. 2003 – 1ABR 28/02.

- Begrenzung der Rufbereitschaft auf ein Minimum
- Abfrage der Verfügbarkeit der Arbeitnehmer und Berücksichtigung der persönlichen Belange bei der Aufstellung eines **Rufbereitschaftsplans**
- Freiwilligkeit und Widerrufsmöglichkeit der Arbeitnehmer, die zur Rufbereitschaft herangezogen werden
- Festlegung, wer über Einsatz und Notwendigkeit eines Einsatzes entscheidet
- Sicherstellung der gleichmäßigen Verteilung der Rufbereitschaftseinsätze
- Vereinbarung, dass der Arbeitseinsatz während der Rufbereitschaft im Hinblick auf die zwingend einzuhaltende Ruhezeit von elf Stunden nicht zu einem Minus auf dem Arbeitszeitkonto führt, z. B.: »Die Zeit zwischen dem üblichen und dem tatsächlichen Arbeitsbeginn wird dem Arbeitszeitkonto gutgeschrieben.«
- Festlegung der Zeitspanne des Arbeitseinsatzes, z. B.: »Wird der Mitarbeiter während der Rufbereitschaft tätig, wird diese Zeit als Einsatz bezeichnet. Der Einsatz beginnt mit dem Anruf und endet entweder mit dem Beenden des Telefongesprächs oder durch Beendigung des Einsatzes mit dem Erreichen des Ausgangsorts. Die gesamte Einsatzzeit ist vergütungspflichtige Arbeitszeit.«
- Vergütung von Fahrtzeiten und Wahl des Verkehrsmittels
- Versicherung für Anfahrt mit dem privaten PKW
- benötigte und zur Verfügung gestellte Technik, z. B. Mobiltelefon oder Laptop
- Beteiligung des Betriebsrats
- Informationspflichten des Arbeitgebers

Ruhezeiten und Ausnahmen

I. Einführung

Die Ruhezeit ist in § 5 ArbZG geregelt. § 5 Abs. 1 ArbZG bestimmt, dass Arbeit- **1** nehmer nach Beendigung der täglichen Arbeitszeit eine ununterbrochene Ruhezeit von mindestens elf Stunden haben müssen. Dem ist zu entnehmen, dass das Gesetz unter dem Begriff der Ruhezeit den Zeitraum versteht, der zwischen dem Ende der Arbeitszeit, die der Arbeitnehmer laut Arbeitsvertrag an einem Tag erbringen muss, und dem Beginn einer neuen Arbeitsschicht liegt. Dadurch ergibt sich nicht zwangsläufig, dass nach dem Ende der täglichen Arbeitszeit (z. B. acht Stunden) und der sich anschließenden Ruhezeit (elf Stunden) ein neuer (Arbeits-) Tag angebrochen sein muss. Dies ergibt sich regelmäßig erst im Zusammenspiel mit anderen Vorschriften, etwa § 3 Satz 1 ArbZG. § 5 Abs. 1 ArbZG regelt nicht nur, dass es überhaupt eine Ruhezeit geben muss, sondern es wird auch eine Mindestdauer von elf Stunden festgelegt.

Mit der Ruhezeit-Regelung in § 5 ArbZG wird Art. 3 der Richtlinie 2003/88/EG **2** des Europäischen Parlaments und des Rates vom 4. 11. 2003 (Arbeitszeitrichtlinie) umgesetzt. Zu beachten ist, dass Art. 3 der Arbeitszeitrichtlinie eine Ruhezeit von elf Stunden innerhalb von 24 Stunden fordert, während § 5 Abs. 1 ArbZG auf das Ende der täglichen Arbeitszeit abstellt.

II. Einzeldarstellung

1. Begriff der Ruhezeit

§ 5 ArbZG definiert den Begriff der Ruhezeit nicht. Die zuvor genannte Arbeits- **3** zeitrichtlinie versteht unter Ruhezeit jede Zeit, die nicht Arbeitszeit ist. Arbeitszeit ist Zeit, in der Arbeit erbracht wird. Unter Arbeit versteht das BAG jede Tätigkeit, die der Befriedigung eines fremden Bedürfnisses dient.[1] Keine Ruhezeit

---

1 BAG 11. 10. 2000 – 5 AZR 12/99.

liegt danach dann vor, wenn ein Arbeitnehmer im Interesse der Bedürfnisse seines Arbeitgebers tätig wird. Hierzu ist es nicht erforderlich, dass der Arbeitgeber sein Direktionsrecht ausübt und ein Tätigwerden anordnet. Das ArbZG ist hoheitliches Arbeitnehmerschutzrecht, der Arbeitgeber muss entsprechende Schutzvorschriften gemäß § 3 ArbSchG durchsetzen. Daraus ist zu folgern, dass er zur Not denjenigen Arbeitnehmer maßregeln muss, der freiwillig und von sich aus seine Ruhezeit unterbricht und verkürzt.[2] Ein Arbeitnehmer kann nicht auf hoheitliche Schutznormen verzichten.

4 Auch unter dem Aspekt einer lediglich kurzen Störung kann eine Unterbrechung der Ruhezeit nicht gerechtfertigt werden. Zum einen sieht das ArbZG ausdrücklich vor, dass die Ruhezeit grundsätzlich nicht, aber in Ausnahmefällen dann doch für kurze Zeit zulässiger Weise unterbrochen werden könnte. Zum anderen ist eine rein quantitativ-zeitliche Betrachtung insoweit zu kurz gegriffen. Sinn und Zweck einer Ruhezeit ist die Erholung und Regeneration des Arbeitnehmers. Insoweit könnte man noch davon ausgehen, dass eine nur wenige Minuten dauernde Befassung mit Arbeit der Erholung nicht abträglich ist. Dies gilt aber schon dann nicht mehr, wenn ein Vorgesetzter nur kurz mitteilt, dass die Arbeit einer ganzen Woche von schlechter Qualität sei und die in Aussicht gestellte Entfristung, Beförderung oder Gehaltserhöhung in Frage gestellt werde. Eine solche kurze Mitteilung ist sogar geeignet, den Erholungswert eines mehrtägigen Erholungsurlaubs zunichte zu machen.

5 Wegezeiten gelten nicht als Arbeitszeit i. S. d. Arbeitszeitrechts. Denn ein Arbeitgeber hat keinen Einfluss darauf, wo seine Arbeitnehmer wohnen. Insoweit darf er auch nicht gezwungen sein, nach der Dauer des Arbeitsweges organisatorisch zu disponieren.

2. Unterbrechung der Ruhezeit

6 Denkbar ist, dass eine Ruhezeit unterbrochen wird. Das führt aber nicht zwangsläufig dazu, dass keine zusammenhängende Ruhezeit von elfstündiger Dauer mehr gewährleistet ist.

> **Beispiel 1:**
> A verlässt um 17 Uhr regulär das Büro. Erst um 9 Uhr am nächsten Tag muss er wieder im Büro erscheinen. Die Ruhezeit beträgt zunächst 16 Stunden. A erhält um 19 Uhr einen Anruf von seinem Chef, beide besprechen ein Problem bis 20 Uhr. Die Ruhezeit war unterbrochen, denn A hat eine Stunde gearbeitet. Dennoch hat A von 20 Uhr bis 9 Uhr eine zusammenhängende Ruhezeit von elf Stunden.

---

2 Buschmann, Personalrat 6/2017 S. 34.

Nach einer Unterbrechung der Ruhezeit beginnt also eine neue Ruhezeit zu laufen, denn anderenfalls wäre die gesetzliche Voraussetzung einer »zusammenhängenden« Ruhezeit nicht gewährleistet.

> **Beispiel 2:**
> A verlässt um 18 Uhr das Büro. Um 8 Uhr am nächsten Tag muss er wieder zur Arbeit erscheinen. Sein Chef ruft den A um 21.30 Uhr an. Die Ruhezeit wird dadurch unterbrochen. Eine zusammenhängende elfstündige Ruhezeit wäre nur bei späterem Arbeitsbeginn möglich. Anderenfalls liegt ein Verstoß vor.

Im Zuge der Diskussion um die Digitalisierung der Arbeitswelt (»Arbeiten 4.0«) **7** wird aktuell verstärkt auf eine Entgrenzung der Arbeitswelt und das Problem ständiger Erreichbarkeit von Arbeitnehmern hingewiesen. Insoweit stellt sich die Frage, wann eine Unterbrechung im Einzelfall vorliegt. Wie sich bereits aus dem Begriff der Ruhezeit ergibt, ist jede Form der Arbeitsleistung schädlich, führt also zur Unterbrechung. Auch die Dauer der Unterbrechung ist unerheblich. Jede Befassung mit Fragen der Arbeitsleistung – insoweit ist auf die Hauptleistungspflichten des jeweiligen Arbeitnehmers aus dem Arbeitsvertrag abzustellen – führt ebenfalls zur Unterbrechung. Dies kann ein Telefonat, die Bearbeitung einer Akte, das Lesen einer E-Mail, aber auch das Benutzen des Diensthandys sein.

3. Ausnahmen

a. § 5 Abs. 2 ArbZG

Nach § 5 Abs. 2 ArbZG kann die mindestens elfstündige Ruhezeit nach Abs. 1 in **8** folgenden Betrieben bzw. Bereichen **um bis zu eine Stunde verkürzt** werden:
* Krankenhäuser
* andere Einrichtungen zur Behandlung, Pflege und Betreuung von Personen
* Gaststätten und anderen Einrichtungen zur Bewirtung und Beherbergung
* Verkehrsbetriebe
* Rundfunk
* Landwirtschaft und Tierhaltung

Dabei muss jede Verkürzung der Ruhezeit in diesem Sinne innerhalb eines Ka- **9** lendermonats oder innerhalb von vier Wochen durch Verlängerung einer anderen Ruhezeit auf mindestens zwölf Stunden ausgeglichen werden.

> **Beispiel:**
> A hat am 10. März bis um 21.30 Uhr gearbeitet. Am 11. März muss er bereits um 7.30 Uhr wieder an der Arbeit sein. Seine Ruhezeit betrug nur zehn Stunden. Am 1. April (also nicht innerhalb des Kalendermonats März aber innerhalb von vier Wochen) arbeitet A wieder bis 21.30 Uhr. Am nächsten Tag muss er jedoch erst um 9.30 Uhr erscheinen – seine Ruhezeit wurde auf zwölf Stunden verlängert.

b.   § 5 Abs. 3 ArbZG

10 § 5 Abs. 3 ArbZG besagt, dass in
- Krankenhäusern und
- anderen Einrichtungen zur Behandlung, Pflege und Betreuung von Personen

Kürzungen der Ruhezeit durch Inanspruchnahmen während der Rufbereitschaft, die nicht mehr als die Hälfte der Ruhezeit betragen, zu anderen Zeiten ausgeglichen werden können.

> **Beispiel:**
> Sozialpädagogin S arbeitet in einem Jugendheim. Sie beendet einen Dienst um 18 Uhr. Im Anschluss daran hat sie jedoch **Rufbereitschaft**. Am nächsten Tag soll ihr Dienst um 8 Uhr beginnen. Allerdings wird sie in der Nacht für fünf Stunden zum Dienst gerufen. Die Ruhezeit von 14 Stunden wurde um fünf Stunden auf neun Stunden verkürzt. Allerdings beträgt die Kürzung weniger als die Hälfte der Ruhezeit (sieben bzw. 14 Stunden). Dies hat nun zur Folge, dass nicht gegen die Ruhezeit verstoßen wurde.

c.   Ausnahmen nach § 21a ArbZG

11 Für die meisten Berufskraftfahrer gelten im Hinblick auf Arbeits- und Ruhezeiten Besonderheiten (zu den Einzelheiten siehe → Lenkzeiten Rn. 10 ff.). So bestimmt § 21a Abs. 3 Satz 1 ArbZG, dass bestimmte Zeiten, in denen ein Berufskraftfahrer nicht mit dem Lenken bzw. Fahren eines Fahrzeuges befasst ist, keine Arbeitszeit sind. Insoweit wäre es zunächst folgerichtig, diese Zeiten nach den zuvor dargestellten Grundsätzen als Ruhezeit anzusehen. § 21a Abs. 3 Satz 4 ArbZG stellt allerdings ausdrücklich klar, dass diese Zeiten keine Ruhezeiten sind.

III. Hinweise für die Mitbestimmung

12 Bei den Regelungen zur Einhaltung der Ruhezeit handelt es sich um hoheitliches und zwingendes Arbeitnehmerschutzrecht, dass die Betriebsparteien nicht abweichend regeln können. Insoweit steht § 5 ArbZG als gesetzliche Regelung der Mitbestimmung entgegen. Allerdings können über § 87 Abs. 1 Nr. 2 BetrVG Fragen im Zusammenhang mit der Ruhezeit, etwa Auswirkungen bei Rufbereitschaft, geregelt werden.

Brackelmann

IV. Eckpunkte für Betriebs- und Dienstvereinbarungen

Durch einen – wie im Beispiel beschriebenen – Einsatz kann es außerhalb der **13** privilegierten Branchen schnell zu einer Unterbrechung bzw. Verkürzung der Ruhezeit kommen. Um das zu verhindern, wird in der Praxis häufig der Arbeitsbeginn am Folgetag nach hinten verschoben. Das wiederum darf insoweit nicht zu Lasten des Arbeitnehmers gehen, als dieser ein Defizit auf seinem Arbeitszeitkonto erhält.

Daher sollte – etwa im Rahmen einer Betriebsvereinbarung zur Rufbereitschaft – **14** darauf geachtet werden, dass eine Regelung vorsieht, dass evtl. in Folge eines Einsatzes während der Rufbereitschaft ausfallende Arbeitszeit wie Arbeitszeit zu werten und dem Zeitkonto gutzuschreiben ist.[3]

---

3 DKKW/Arbeitshilfen-*Klebe/Heilmann*, § 87 Rn. 16.

Schichtarbeit und Schichtpläne

I. Einführung

1   Im Jahr 2015 waren 17,4 % aller Erwerbstätigen in Deutschland in Schichtarbeit beschäftigt. Die Schichtarbeit ist in den letzten Jahren stark angestiegen. In Betrieben, die der Versorgung der Bevölkerung dienen, wie z. B. Krankenhäusern und Verkehrsbetrieben, war sie schon immer unumgänglich. Zunehmend werden aber in der Industrie die Betriebsnutzungszeiten verlängert. Dies steigert den Profit der Unternehmen. Denn lange Standzeiten der Maschinen sind für die Unternehmer unrentabel.

2   Beschäftigte arbeiten, wenn sie die Wahl haben, hauptsächlich aus wirtschaftlichen Gründen in Wechselschicht. Die Entlohnung ist in der Regel besser als in Normalschicht, da Zuschläge bezahlt werden. Insbesondere die Nachtarbeitszuschläge und Zuschläge für Sonn- und Feiertagsarbeit sind steuerbegünstigt.

3   Für Frauen ist z. B. die ständige Nachtschicht oftmals die einzige Möglichkeit, Familie und Erwerbstätigkeit zu vereinbaren. Deshalb trifft man in Krankenhäusern immer noch auf Pflegerinnen, die in ständiger Nachtschicht arbeiten.

II. Einzeldarstellung

1. Definition der Schichtarbeit

4   Das ArbZG regelt ausdrücklich, dass die Arbeitszeit von Nacht- und Schichtarbeitnehmern nach den *»gesicherten arbeitswissenschaftlichen Erkenntnissen über die menschengerechte Gestaltung der Arbeit festzulegen«* ist (§ 6 Abs. 1 ArbZG). Auch der Gesetzgeber geht davon aus, dass Schicht und Nachtarbeit besondere gesundheitliche Belastungen hervorruft. Dabei definiert der Gesetzgeber nicht, was Schichtarbeit ist (zur Nachtarbeit siehe → Nachtarbeit).

5   Eine Definition der Schichtarbeit enthält Art. 2 Ziff. 5 der Richtlinie 2003/88/EG des Europäischen Parlaments und des Rates vom 4. 11. 2003 über bestimmte

Aspekte der Arbeitszeitgestaltung. Diese lautet: »*Schichtarbeit: jede Form der Arbeitsgestaltung kontinuierlicher oder nicht kontinuierlicher Art mit Belegschaften, bei der Arbeitnehmer nach einem bestimmten Zeitplan, auch im Rotationsturnus, sukzessive an den gleichen Arbeitsstellen eingesetzt werden, so dass sie ihre Arbeit innerhalb eines Tages oder Wochen umfassenden Zeitraums zu unterschiedlichen Zeiten verrichten müssen*«. Und die Richtlinie legt weiter fest, dass jeder, der in einen Schichtplan eingeteilt ist, als Schichtarbeiter gilt.

Man spricht von **kontinuierlicher Schichtarbeit**, wenn an sieben Tagen 24 Stunden gearbeitet wird und von **diskontinuierlicher Schichtarbeit**, wenn das Wochenende ganz oder teilweise und/oder die Nacht arbeitsfrei ist.   **6**

Der Tarifvertrag **des öffentlichen Dienstes (TVöD)** definiert Schichtarbeit konkreter als die Richtlinie. Er unterschiedet zwischen Schichtarbeit und Wechselschichtarbeit (§ 7 TVöD). Bei Wechselschicht muss im Arbeitsbereich des Beschäftigten rund um die Uhr und an sieben Tagen in der Woche gearbeitet werden. Auch der Beschäftigte muss mit den Schichten, in die er eingeteilt ist, diese Zeitspanne komplett abdecken (Früh-, Spät- und Nachtschichten). Die Arbeit muss nach einem Schichtplan erfolgen.   **7**

Dagegen spricht man im öffentlichen Dienst von Schichtarbeit, wenn nach einem Schichtplan gearbeitet wird und der Beschäftigte im regelmäßigen Wechsel zu unterschiedlichen Arbeitszeiten eingeteilt wird. Die Anfangszeiten müssen dabei mindestens einen Abstand von zwei Stunden haben, in Zeitabschnitten von längstens einem Monat und einer Zeitspanne von mindestens 13 Stunden.   **8**

Beispiel: **9**
Ein Labor ist von 6 Uhr morgens bis 19 Uhr abends geöffnet. Der frühe Dienst beginnt um 6 Uhr und der späte Dienst um 10.30 Uhr. Die Mitarbeiter arbeiten im Wechsel. Damit ist die Definition von Schichtarbeit erfüllt. Würde das Labor bereits um 18 Uhr schließen, dann läge keine Schichtarbeit vor, denn die Schichtspreizung betrüge nur zwölf Stunden und nicht die geforderten 13 des TVöD.

Der Tarifvertrag der **Metall- und Elektroindustrie** in Hessen spricht von Wechselschicht, wenn in regelmäßigem Wechsel zwei Schichten (Früh- und Spätschicht) oder drei Schichten (Früh-, Spät- und Nachtschicht) gearbeitet wird (§ 6 Ziff. 3 MTV M+E Hessen).   **10**

Die europäische Richtlinie differenziert dagegen nicht zwischen Schicht- und Wechselschichtarbeit.   **11**

2.   Gesundheitliche Aspekte

Die europäische Richtlinie verpflichtet die Mitgliedstaaten erforderliche Maßnahmen zu treffen,»damit ein Arbeitgeber, der beabsichtigt, die Arbeit nach ei-   **12** nem bestimmten Rhythmus zu gestalten, dem allgemeinen Grundsatz Rechnung trägt, dass die Arbeitsgestaltung dem Menschen angepasst sein muss, insbesondere im Hinblick auf die Verringerung der eintönigen Arbeit und des maschinenbestimmten Arbeitsrhythmus, nach Maßgabe der Art der Tätigkeit und der Erfordernisse der Sicherheit und des Gesundheitsschutzes, insbesondere was die Pausen während der Arbeitszeit betrifft« (Art. 13 der Richtlinie 2003/88/EG).

13   Der bundesdeutsche Gesetzgeber hat diesen Auftrag bislang noch nicht umgesetzt. Es existiert lediglich der in § 6 ArbZG enthaltene Programmsatz. Konkrete Maßnahmen, wie von der Richtlinie aufgeben, wurden durch den Gesetzgeber nicht erlassen.[1] Die Berücksichtigung des Arbeits- und Gesundheitsschutzes bei der Gestaltung von Schichtarbeit hängt deshalb weiterhin ausschließlich vom Verhandlungsgeschick der Betriebsräte, Personalräte und den Tarifvertragsparteien ab. Die Umsetzung der Schutzmaßnahmen spiegelt sich in den Betriebs- und Dienstvereinbarungen zu dem Thema und in den Vorschriften der einschlägigen Tarifverträge wieder.

14   Der Arbeitgeber ist verpflichtet, gesicherte arbeitswissenschaftliche Erkenntnisse bei der Gestaltung der Schichtarbeit zu berücksichtigen. Dies gilt selbstverständlich unabhängig davon, ob in einem Betrieb ein Tarifvertrag gilt oder eine Interessenvertretung der Beschäftigten besteht. Noch 1998 hat das BAG die These vertreten, dass es keine gesicherten arbeitswissenschaftlichen Erkenntnisse darüber gäbe, ob kurze oder längere Schichtfolgen die Gesundheit der Beschäftigten stärker beeinträchtigen.[2] Ob die Auffassung des BAG 1998 dem Stand der Arbeitsmedizin entsprach, sei einmal dahingestellt. Heute ist diese Behauptung jedenfalls nur schwer aufrechtzuerhalten. Es gibt zahlreiche Untersuchungen über die Belastungen durch Schicht- und Nachtarbeit.

15   Zur weiteren Vertiefung wird der aktuelle Bericht »Psychische Gesundheit in der Arbeitswelt – Atypische Arbeitszeiten« der Bundesanstalt für Arbeitsschutz und Arbeitsmedizin empfohlen.[3] Der Bericht enthält auch eine umfassende Liste der Untersuchungen zu diesem Thema. Die Hauptergebnisse des Berichts zeigen, dass Schichtarbeit, lange Arbeitszeiten, vom Arbeitgeber einseitig bestimmte Flexibilität bei der Arbeitszeit, Rufbereitschaft und Wochenendarbeit mit verstärkten körperlichen und psychischen Beschwerden einhergehen. Positiv auf Psyche und Gesundheit wirkt dagegen, wenn die Arbeitszeitlage vorhersehbar ist und die Möglichkeit der Mitgestaltung bei der Lage der Arbeitszeit besteht.

16   Innerbetriebliche Statistiken über die Krankheitstage von Schichtarbeitern geben dagegen wenig Aufschluss über den Zusammenhang zwischen Schichtarbeit

---

1 Siehe auch Buschmann/Ulber, § 6 Rn. 3 ff.
2 BAG 11. 2. 1998 – 5 AZR 472/97.
3 Unter *www.baua.de* kann der Bericht von Dr. Monischa Amlinger-Chatterjee heruntergeladen werden.

und Gesundheit. Sie bilden nicht die Wirklichkeit ab und täuschen bei oberflächlicher Betrachtung. Schichtarbeiter verlassen nach Möglichkeit die Schichtarbeit, wenn sich gesundheitliche Beeinträchtigungen zeigen. Nachtarbeiter haben sogar einen Rechtsanspruch auf einen Tagarbeitsplatz (siehe → Nachtarbeit). Die Gruppe der Beschäftigten über 50 Jahre wird unter den Schichtarbeitern kleiner sein als die Gruppe jüngerer Beschäftigter. Die Beschäftigungsgruppe der Schichtarbeiter hat deshalb eine andere Zusammensetzung als die übrige Belegschaft. Aus diesem Grund ist es nicht möglich, durch Auswertung einer innerbetrieblichen Krankenstatistik auf die Gesundheitsrisiken der Schichtarbeit zu schließen. Es kann sogar der Anschein entstehen, dass die Gruppe der Schichtarbeiter weniger Krankheitstage aufweist als die übrige Belegschaft und gesünder sei (healthy worker effekt).

Die Berufsgenossenschaft VBG nennt als Gesundheitsrisiken der Schichtarbeit **17** Schlafstörungen, Nervosität, Konzentrationsschwäche, innere Unruhe, Appetitlosigkeit, Magenbeschwerden, Herz- und Kreislauferkrankungen sowie vorzeitige Ermüdbarkeit. Die Internationale Agentur für Krebsforschung (IARC) hat im Jahr 2007 Nachtarbeit als wahrscheinlich krebserregend eingestuft.[4]

3. Arbeitsmedizinische Untersuchung

Das ArbZG sieht keinen Anspruch auf arbeitsmedizinische Untersuchung für **18** Schichtarbeiter vor. Nur wenn mit der Schichtarbeit auch Nachtarbeit verbunden ist, hat ein Beschäftigter das Recht, sich auf Kosten des Arbeitgebers arbeitsmedizinisch untersuchen zu lassen (§ 6 Abs. 3 ArbZG). Nachtarbeit i. S. d. ArbZG leistet jeder, der in der Zeit von 23 bis 6 Uhr mindestens zwei Stunden beschäftigt ist (§ 2 Abs. 3 bis 5 ArbZG).[5] Um als Nachtarbeitnehmer zu gelten, muss diese Nachtarbeit an mindestens 48 Kalendertagen im Jahr geleistet werden. Alternativ ist Nachtarbeitnehmer, derjenige der Nachtarbeit in Wechselschicht leistet (siehe → Nachtarbeit). Alle anderen Schichtarbeiter können sich nur auf die Generalklausel für arbeitsmedizinische Untersuchungen im Arbeitsschutzgesetz (§ 11 ArbSchG) stützen.

Nach dieser Vorschrift kann sich ein Beschäftigter regelmäßig arbeitsmedizinisch **19** untersuchen lassen. Wenn die Arbeitsbedingungen und Schutzmaßnahmen, die der Arbeitgeber eingerichtet hat, einen Gesundheitsschaden als unwahrscheinlich erschienen lassen, dann besteht das Recht auf arbeitsmedizinische Untersuchung allerdings nicht. Arbeitsmedizinische Studien haben aber bereits belegt, dass Schichtarbeit mit gesundheitlichen Gefahren verbunden ist. Diese Gefahren bestehen auch, wenn die Schichtarbeit keine Nachtarbeit umfasst. Auch ein

---

4 Siehe *www.vbg.de,* Stichwort »Schichtarbeit«.
5 Für Beschäftigte in Bäckereien und Konditoreien gilt eine Zeit von 22 bis 5 Uhr.

Schichtplan, der alle Grundsätze zur Schichtarbeit (siehe Rn. 22 ff.) berücksichtigt, kann diese Gesundheitsrisiken nicht ausschließen. Weshalb bei jedem Schichtarbeiter davon auszugehen ist, dass eine arbeitsmedizinische Untersuchung auf seinen Wunsch hin durchgeführt werden muss.

20 Der Arbeitgeber trägt für diese Untersuchung die Kosten (§ 3 Abs. 3 ArbSchG). Allerdings kann der Arbeitgeber den Beschäftigten auf den Betriebsarzt verweisen. Möchte der Beschäftigte einen Arzt seiner Wahl aufsuchen, muss er die Kosten in aller Regel selbst tragen. Dies wäre nur dann nicht der Fall, wenn das Vertrauensverhältnis zwischen Betriebsarzt und Beschäftigtem gestört wäre und der Beschäftigte deshalb wegen Unzumutbarkeit nicht an den Betriebsarzt verwiesen werden könnte.

21 Das Untersuchungsergebnis unterliegt in jedem Fall der ärztlichen Schweigepflicht und muss dem Arbeitgeber nicht mitgeteilt werden.

4. Grundsätze der Schichtplanung

22 Um die Belastungen bei der Schichtarbeit möglichst gering zu halten sollten unbedingt die folgenden Regeln beachtet werden:[6]

a. Schichtfolge

23 Die Schichtfolge sollte vorwärtsrollieren (Früh-/Spät-/Nachtschicht). Wer gerne Fernreisen macht, der weiß, dass die dadurch entstehende Zeitverschiebung einfacher zu verkraften ist und die Anpassung im Urlaubsland schneller gelingt, wenn man nach Westen fliegt (z. B. USA oder Südamerika). Wer Richtung Osten fliegt (z. B. nach Indien), muss nach Mitteleuropäischer Zeit bereits um ca. 3 Uhr nachts aufstehen, wenn er dort um 8 Uhr am Frühstückstisch sitzen möchte. Bei der Reise in den Westen kann man bis Mittags schlafen (nach mitteleuropäischer Zeit) und dennoch mit der Landesbevölkerung um 8 Uhr am Frühstückstisch sitzen. Das ungewöhnlich lange Wachbleiben ist einfacher zu bewältigen als das ungewöhnlich frühe Aufstehen. Das hat etwas mit dem biologischen Tagesrhythmus zu tun, nach dem jeder Mensch lebt und der nur schwer beeinflussbar ist.

b. Gleiche Schichten

24 Die Anzahl der gleichen Schichten hintereinander sollte möglichst gering gehalten werden (ein bis drei Tage). Kürzere Schichtfolgen lassen leichter am sozialen Leben teilnehmen. Denn wer eine Woche Spät- und danach eine Woche Nachtschicht arbeitet, hat zwei Wochen lang an Arbeitstagen keinen freien Abend, den er mit Freunden oder der Familie verbringen kann.

---

6 Siehe dazu auch *www.vbg.de*, Stichwort »Schichtarbeit«; Rundnagel, Gesünder @rbeiten – Nacht- und Schichtarbeit.

c. Nachtschichten

Die Anzahl der Nachtschichten sollte nie mehr als drei hintereinander betragen. **25**
Der natürlich biologische Tagesrhythmus ändert sich nicht. Er wiederholt sich
in einem gewissen Zeitraum immer wieder (ca. 25 Stunden). Aus diesem Grund
kann man sich an Nachtarbeit nicht gewöhnen. Es ist anders als bei einer Fern-
reise, bei der man sich nach einer gewissen Zeit dem Rhythmus des Landes an-
passt. Das liegt daran, dass der biologische Rhythmus vom Wechsel Tag/Nacht
bzw. hell/dunkel beeinflusst wird und auch von sozialen Faktoren wie dem gesellschaftlichen Leben. Ein Nachtarbeiter lebt und arbeitet gegen diesen Rhythmus. Der Tagschlaf ist grundsätzlich weniger erholsam, da er auch durch äußere
Einflüsse wie Geräusche in der Wohnung und außerhalb gestört wird. Es gilt als
arbeitsmedizinisch belegt, dass kurze Schichtrhythmen von längsten drei Tagen/
Nächten sich am besten mit der biologischen Uhr des Menschen vereinbaren lassen. Einem Schlafdefizit wird vorgebeugt.

d. Frühschicht

Die Frühschicht sollte nicht zu früh, möglichst nicht vor 6 Uhr beginnen. Be- **26**
ginnt die Frühschicht zu früh, führt dies zu Schlafdefiziten. Es ist nicht möglich
»auf Kommando« früher schlafen zu gehen, nur weil am nächsten Morgen die
Frühschicht beginnt. Das führt zu einer Verkürzung der Schlafdauer. Damit
droht ein Schlafdefizit.

e. Ruhephase

Nach einer Nachtschichtphase sollte eine möglichst lange Ruhephase eingeplant **27**
werden. Diese dient der Erholung. Beginnt nach einer Nachtschicht sofort die
Frühschichtphase ist dies überaus anstrengend und führt dazu, dass nicht ausreichend Zeit zur Erholung von der Nachtschicht zur Verfügung steht. Es sollten
nach einer Nachtschicht deshalb mindestens 48 freie Stunden oder mehr folgen,
keinesfalls jedoch weniger als 24 Stunden Freizeit gewährt werden.

f. Wochenenden und Freischichten

Es sollten freie Wochenenden und mindestens zwei Freischichten hintereinan- **28**
der eingeplant werden. Freie Wochenenden sind wichtig für das soziale Leben,
ebenso wie kurze Schichtrhythmen. Zwei zusammenhängende Freischichten
bieten eine größere Erholungszeit als einzelne freie Tage.
Zusätzliche freie Tage schaffen einen Ausgleich für die Belastungen im Schicht- **29**
bzw. Wechselschichtbetrieb Der **TVöD** sieht deshalb zusätzliche Urlaubstage vor
(§ 27 TVöD). Wer in ständiger Wechselschicht arbeitet, erhält zusätzlich sechs
Urlaubstage pro Jahr; wer in ständiger Schicht arbeitet, vier Urlaubstage zusätzlich im Kalenderjahr (siehe → Urlaub und Arbeitszeit Rn. 16).

g. Schichtlänge

30 Schichtarbeit ist anstrengender und gesundheitsgefährdender als andere Arbeitszeiten. Es sollte deshalb vermieden werden, die gesetzlich vorgeschriebene Höchstarbeitszeit von acht Stunden zu verlängern. Auf die vom Gesetzgeber eingeräumte Möglichkeit den Acht-Stunden-Tag unter bestimmten Gegebenheiten auf zehn Stunden zu verlängern, sollte kein Gebrauch gemacht werden. Damit würde eine weitere Belastung zu der Schichtarbeit hinzugefügt.

31 Das ArbZG enthält eine Öffnungsklausel für die Höchstarbeitszeit an Sonn- und Feiertagen. Diese darf in vollkontinuierlichen Schichtbetrieben auf zwölf Stunden verlängert werden, wenn dadurch zusätzliche freie Schichten an Sonn- und Feiertagen erreicht werden (12 Abs. 4 ArbZG). Die Anwendung der Öffnungsklausel ist nur möglich, wenn ein Tarifvertrag dies regelt. Außerhalb des Geltungsbereichs eines Tarifvertrags kommt die Erhöhung der Arbeitszeit auf zwölf Stunden nicht in Betracht.

32 Eine solche Öffnungsklausel hat der **MTV Chemie(West)** in § 12 I Ziff. 2 aufgenommen.

h. Schichtplanänderungen

33 Kurzfristige Schichtplanänderungen sollten vermieden werden. Schichtplanänderungen führen zu weiteren Stressfaktoren und belasten die Psyche sehrt stark, wie ein Bericht aus dem Jahr 2016 aufzeigt.[7] Es ist schwierig bei Schichtarbeit sein privates Leben zu organisieren (Kinderbetreuung, Arztbesuche, soziale Kontakte). Jede kurzfristige Änderung kann den Beschäftigten vor Herausforderungen stellen, wie z. B. wann bekomme ich einen neuen Facharzttermin, wer bringt die Kinder ins Bett. Um Änderungswünschen der Beschäftigten Rechnung zu tragen, können Schichttauschportale eingerichtet werden. Die Beschäftigten können dann selbst einen Tauschpartner suchen. Diese Modelle funktionieren in der Praxis sehr gut und führen zu einer größeren Zufriedenheit der Beschäftigten.

i. Vorgaben des ArbZG

34 Die gesetzlichen Vorgaben des ArbZG sind zu beachten:
- Regelungen zur Höchstarbeitszeit nach §§ 3 und 6 Abs. 2 ArbZG (siehe → Nachtarbeit und → Mehrarbeit und Überstunden)
- Mindestruhepausen nach § 4 ArbZG (siehe → Pausen)
- Ruhezeit nach § 5 ArbZG (siehe → Ruhezeit und Ausnahmen)
- Sonntags- und Feiertagsruhe (siehe → Sonn- und Feiertage)

35 Die hier aufgezählten Grundsätze der Schichtplanung können auch als Checkliste zur Bewertung eines Schichtplans herangezogen werden.

---

7 Unter *www.baua.de* kann der Bericht von Dr. Monischa Amlinger-Chatterjee heruntergeladen werden.

5. Vor- und Nachteile verschiedener Schichtmodelle

Die Grundsätze der Schichtplangestaltung können in der Praxis in der Regel nicht alle umgesetzt werden. Die Schichtplanung erfordert immer Kompromisse. Keine Abstriche dürfen allerdings bei den Mindestvorschriften des ArbZG und anderer Schutzgesetze gemacht werden. **36**

Ein immer noch traditionelles vollkontinuierliches Schichtmodell sieht folgendermaßen aus: **37**

	Montag	Dienstag	Mittwoch	Donnerstag	Freitag	Samstag	Sonntag
1. Woche	frei früh	früh	früh	früh	früh	früh	
2. Woche	früh	frei	spät	spät	spät	spät	spät
3. Woche	spät	spät	frei	frei	Nacht	Nacht	Nacht
4. Woche	Nacht	Nacht	Nacht	Nacht	frei	frei	frei

Dieses System ist nicht zu empfehlen. Positiv ist das vorwärtsrollierende System. Der Beschäftigte hat nach der Nachschicht einen Freizeitblock von vier kompletten Tagen. Er kann auch in jeder Woche mindestens einen freien Abend für sich in Anspruch nehmen. **38**

Aber die langen Schichtblöcke und insbesondere die große Zahl von sieben Nachtschichten fallen negativ ins Gewicht. Dazu kommt, dass innerhalb von vier Wochen nur ein freies Wochenende gewährt wird. **39**

Ein positives Beispiel für ein vollkontinuierliches Schichtsystem könnte so aussehen: **40**

	Montag	Dienstag	Mittwoch	Donnerstag	Freitag	Samstag	Sonntag
1. Woche	früh	spät	spät	Nacht	Nacht	frei	frei
2. Woche	frei	früh	früh	spät	spät	Nacht	Nacht
3. Woche	frei	frei	frei	früh	früh	spät	spät
4. Woche	Nacht	Nacht	frei	frei	frei	früh	früh
5. Woche	spät	spät	Nacht	Nacht	frei	frei	frei
6. Woche	früh	früh	spät	spät	Nacht	Nacht	frei
7. Woche	frei	frei	früh	früh	spät	spät	Nacht
8. Woche	Nacht	frei	frei	frei	früh	früh	spät
9. Woche	spät	Nacht	Nacht	frei	frei	frei	früh

41 Aber auch dieses positive Beispiel hat Nachteile. Von den drei komplett freien Wochenenden ist das erste dadurch belastet, dass am Samstagmorgen die Nachtschicht endet und der Samstag zum Schlafen benötigt wird. Das gilt auch für den freien Sonntag in der sechsten Woche, auch hier endet die Nachtschicht am Samstagmorgen. Aus dem Schichtplan resultiert, dass in der Schichtperiode in insgesamt drei Wochen nur vier Tage gearbeitet wird. Diese Minusstunden muss ein Beschäftigter in Vollzeit dadurch kompensieren, dass die Arbeitstage entweder länger werden oder von Zeit zu Zeit freie Tage abgegeben werden, um die Minusstunden auszugleichen.

42 Positiv sind die kurzen vorwärtsrollierenden Schichten. Auch die lange Freizeitperiode nach der Nachtschicht ist gut und der Beschäftigte hat in jeder Woche mindestens einen freien Abend in der Zeit von Montag bis Freitag.

43 Schichtpläne lassen sich auch dadurch besser gestalten, dass Schichten nicht nur in Früh-, Spät- und Nachtschicht gearbeitet werden, sondern es unterschiedliche Beginn und Endzeiten innerhalb der Schichtarten gibt.

44 Der klassische Schichtplan in einem Krankenhaus sieht in der Regel so aus:

Schicht	Beginn	Ende	Anzahl der Pflegekräfte
Frühdienst	6 Uhr	14 Uhr	7 Pflegekräfte
Spätdienst	12.30 Uhr	20 Uhr	5 Pflegekräfte
Nachtschicht	19.45 Uhr	6.15 Uhr	1 Pflegekraft

45 Der Nachteil liegt darin, dass die Frühschicht bereits um 6 Uhr beginnt und die Nachtschicht zehn Stunden andauert. Fächert man die Dienste auf, wird die Nachtschicht kürzer und weniger Pflegekräfte müssen bereits um 6 Uhr den Dienst antreten. Im Spätdienst kann ein Teil der Beschäftigten früher den Dienst beenden. Ein Schichtplan mit aufgefächertem Früh- und Spätdienst kann etwa so aussehen:

Schicht	Beginn	Ende	Anzahl der Pflegekräfte
1. Frühdienst	6 Uhr	14 Uhr	2 Pflegekräfte
2. Frühdienst	7.30 Uhr	15.30 Uhr	5 Pflegekräfte
1. Spätdienst	11 Uhr	19 Uhr	2 Pflegekräfte
2. Spätdienst	13 Uhr	21 Uhr	3 Pflegekräfte
Nachtdienst	20.45 Uhr	6.15 Uhr	1 Pflegekraft

46 Besonders schwierig ist die Gestaltung der Schichten in Betrieben mit unregelmäßigem Arbeitsanfall, wie z. B. an Flughäfen. Hier lassen sich die Grundsätze für einen guten, den arbeitsmedizinischen Anforderungen genügenden Schichtplan besonders schwierig umsetzen. Am Frankfurter Flughafen besteht z. B. von 23 bis 5 Uhr ein Nachtflugverbot. In der Passagierkontrolle ist es deshalb nicht möglich, Frühschichten nicht vor 6 Uhr morgens beginnen zu lassen. Beschäftigte an Flughäfen sind der besonderen Belastung ausgesetzt, dass ihre Frühschicht durchaus bereits um 3 Uhr morgens beginnen kann. Diese Arbeit durch die Nachtschicht erledigen zu lassen, würde bedeuten, die Beschäftigten ab 23 Uhr erst einmal nicht mehr einsetzen zu können. Eine Pause von drei Stunden in der Nachtzeit ist unzumutbar. Aus einem solchen Grund erfordert die Gestaltung von Schichtplänen, wie bereits ausgeführt, immer Kompromisse.

Die folgende Checkliste kann zur arbeitswissenschaftlichen Bewertung eines Schichtplans[8] herangezogen werden: **47**

Anforderung nach gesicherten arbeitswissenschaftlichen Erkenntnissen	Mindestanforderung	optimal	Ist	Bewertung und Bemerkungen
Ruhezeit zwischen den Schichten	11 Stunden	16 Stunden		
Anzahl der aufeinanderfolgenden Nachschichten	maximal 3	maximal 1		
Freie Zeit nach der Nachtschicht	24 Stunden	48 Stunden		
Nachtschichtende	6 Uhr	vor 6 Uhr		
Schichtlänge	maximal 8 Stunden	6 bis 7 Stunden		
Arbeitsblöcke pro Woche	maximal 8 Tage	5 Tage		
Anzahl der aufeinanderfolgenden Schichten (früh und spät)	maximal 3	maximal 2		
Beginn der Frühschicht	6 Uhr	7.30 Uhr		
Ende der Spätschicht	22 Uhr	20 Uhr		

---

8 Verwendung mit freundlicher Genehmigung von Regine Rundnagel, Beratungsbüro für Arbeitsgestaltung und Gesundheitsmanagement (Liste geringfügig modifiziert).

Anforderung nach gesicherten arbeitswissenschaftlichen Erkenntnissen	Mindestanforderung	optimal	Ist	Bewertung und Bemerkungen
Freizeitblöcke pro Woche	2 Tage	3 Tage		
Wochenende geblockt zwei zusammenhängende Tage	Sa. 6 Uhr bis Mo. 6 Uhr	Fr. 22 Uhr bis Mo. 6 Uhr		
Vorwärtsrotation	Früh/Spät/Nacht			
Freie Wochenende pro Jahr	15	alle		
Anpassung der Schichtlänge an die Arbeitsbelastung				
Nachtschichten bei ungleichen Schichtlängen kürzer				
Geringe Abweichungen von der regelmäßigen Wochenarbeitszeit				
Vorhersehbare und transparente Schichtpläne				
Freizeitausgleich für Mehrbelastung bei Nachtarbeit (Umwandlung von Zuschlägen in Freizeit)				
Arbeitszeitflexibilität, individuelle Beeinflussbarkeit (Beginn und Ende)				

48 Auf der Homepage der Berufsgenossenschaft VBG (*www.vbg.de*) findet sich unter dem Stichwort »Schichtarbeit« eine Checkliste zur Bewertung von Schichtplänen nach arbeitsmedizinischen Gesichtspunkten. Hilfreiche Checklisten zur

Schichtplangestaltung finden sich auch in der Broschüre »Gesünder @rbeiten – Nacht und Schichtarbeit« der IG Metall. Auf dem Markt wird Software zur Gestaltung von Schichtplänen angeboten. **49** Die computergestützte Erstellung von Schichtplänen ermöglicht es z. B., die gewünschten Parameter für eine optimale Schichtplangestaltung einzugeben. Die Software beachtet dann die Parameter bei der Erstellung des Schichtplans.

III. Hinweise für die Mitbestimmung

Die Gestaltung eines Schichtplans unterliegt der zwingenden Mitbestimmung **50** des Betriebsrats nach § 87 Abs. 1 Nr. 2 BetrVG. Die Mitbestimmung des Personalrats ergibt sich z. B. aus § 75 Abs. 3 BPersVG oder den entsprechenden Landesvertretungsgesetzen.

Die Mitbestimmung bezieht sich dabei auf alle Fragen der Verteilung der Ar- **51** beitszeit. Schichtarbeit kann nur mit Zustimmung des Betriebs- oder Personalrats eingeführt und beendet oder reduziert werden. Soll eine Schicht wegfallen, ist das eine Frage der Verteilung der Arbeitszeit auf die einzelnen Wochentage.

Die Aufstellung jedes einzelnen Schichtplans und dessen konkrete Ausgestaltung **52** bedürfen der Zustimmung des Betriebsrats bzw. des Personalrats. Dazu zählt auch die Zuordnung konkreter Mitarbeiter zu einzelnen Schichten. Die Einstellung neuer Beschäftigter oder von Leiharbeitnehmern ist dem Betriebsrat deshalb nicht nur nach § 99 BetrVG vorzulegen. Sie zieht im Schichtbetrieb auch die Veränderung des Schichtplans nach sich. Diese Veränderung darf nur mit Zustimmung der jeweiligen Interessenvertretung erfolgen.[9] Ist der Schichtplan einmal genehmigt, darf er nicht mehr ohne Beteiligung der Interessenvertretung verändert werden. Dies bedeutet, z. B. bei Krankheit von Beschäftigten muss jede Vertretung erst durch den Betriebsrat genehmigt werden.

Die Mitbestimmung kann Monat für Monat bzw. je nach Planungsperiode aus- **53** geübt werden. Dies ist insbesondere in großen Betrieben ein mühsames Unterfangen. Es empfiehlt sich deshalb mit dem Arbeitgeber Vereinbarungen zur Schichtplangestaltung zu schließen. In diesen Vereinbarungen können die Regeln festgehalten werden, nach denen der Schichtplan zu erstellen ist. Dabei müssen die Regelungen konkret sein. Eine einseitige Regelungsbefugnis des Arbeitgebers verstößt gegen das Gesetz. Eine solche Vereinbarung wäre unwirksam.[10] Es empfiehlt sich nicht nur reine Verfahrensregeln festzulegen, nach denen die Schichtplangenehmigung erfolgen soll. Das ist aber im Rahmen der Mit-

---

9 LAG Baden-Württemberg 8. 12. 2015 – 22 TaBV 2/15.
10 BAG 8. 12. 2015 – 1 ABR 2/14.

bestimmung zulässig. Es empfiehlt sich auch bereits die Fälle festzuhalten, in denen der laufende Schichtplan abgeändert werden kann. Dies sind in der Regel Fallgestaltungen, in denen Beschäftigte plötzlich ausfallen, z. B. wegen Krankheit, und deshalb andere Beschäftigte eingesetzt werden müssen. Der reine Ausfall von Beschäftigten in einer Schicht ist laut BAG keine Schichtplanänderung, die eine Zustimmung erfordert.[11] Führt die dann entstehende Arbeitsverdichtung für die anwesenden Beschäftigten nicht zur Mehrarbeit, entsteht keine Situation in der der Arbeitgeber verpflichtet wäre, den Betriebsrat zu beteiligen.

54 Existieren solche Vereinbarungen, muss die Interessenvertretung nur noch die Einhaltung der vereinbarten Regeln prüfen und die Zuordnung der einzelnen Beschäftigten zu den Schichten, bevor sie den Dienstplan genehmigt.

55 Einigen sich die Interessenvertretung und der Arbeitgeber nicht auf den Dienstplan, entscheidet die Einigungsstelle. Bis zu einer Entscheidung darf der Dienstplan nicht in Kraft gesetzt werden.

56 Bei der Einführung und Abänderung von Schichtarbeit sollte der Betriebsrat immer erwägen, einen Sachverständigen hinzuzuziehen. Dies ist möglich im Rahmen von § 80 Abs. 3 BetrVG. Dazu benötigt der Betriebsrat allerdings die Genehmigung des Arbeitgebers.

57 Bei Einführung und Veränderung von Schichtarbeit ist eine Gefährdungsbeurteilung durchzuführen (§ 5 ArbSchG). Diese Bestimmung im Arbeitsschutzgesetz zeigt ausdrücklich auf, dass sich Gefährdungen für die Beschäftigten auch aus der Gestaltung der Arbeitszeit ergeben können. Die Gefährdungsbelastung ist auch auf die psychische Belastung durch die Arbeit zu beziehen. Auf die Art und Weise der Durchführung kann der Betriebsrat im Rahmen seiner Mitbestimmung nach § 87 Abs. 1 Nr. 7 BetrVG Einfluss nehmen. Einigen sich Betriebsrat und Arbeitgeber nicht auf die Durchführung der Gefährdungsbeurteilung, kann auch in diesem Fall die Einigungsstelle angerufen werden.

58 Das Mitbestimmungsrecht für die Personalräte bei der Gefährdungsbeurteilung ergibt sich aus § 75 Abs. 3 Nr. 11 BPersVG und aus den Landesvertretungsgesetzen.

IV. Eckpunkte für Betriebs- und Dienstvereinbarungen

59 **Geltungsbereich**
- Festlegung der Bereiche in denen Schichtarbeit eingeführt wird

60 **Grundsätze der Arbeitszeitgestaltung**
- regelmäßige Wochenarbeitszeit und der Umgang mit Teilzeitbeschäftigten

---

11 BAG 28. 5. 2002 – 1 ABR 40/01.

Sonderurlaub

I. Einleitung

1 Urlaub soll der Erholung dienen und damit auch der Gesunderhaltung der Arbeitskraft. Es gibt jedoch Ereignisse im Leben, die Zeit erfordern und alles andere als Erholung darstellen. Meist handelt es sich dabei um Ereignisse in der Familie, wie Todesfälle, Geburten, Hochzeiten, einen Umzug u. v. m. Die Frage ist dann, ob ein Beschäftigter bezahlt oder auch unbezahlt freigestellt werden muss, damit er seinen Erholungsurlaub dafür nicht in Anspruch nehmen muss.

II. Einzeldarstellung

1. Freistellung nach dem BGB

2 Beschäftigte haben Anspruch auf bezahlte Freistellung, wenn sie aus einem Grund, den sie nicht verschuldet haben, der aber in ihrer Person liegt, für eine verhältnismäßig nicht erhebliche Zeit an der Arbeitsleistung verhindert sind (§ 616 BGB).

3 Wenn man sich einmal kurz zurückversetzt in die Zeit, als Beschäftigte noch keinen gesetzlichen Urlaubsanspruch hatten, kann man die Wichtigkeit dieser heute fast vergessenen Vorschrift erkennen. Erst 1903 gab es den ersten Tarifvertrag, der Arbeitern in Brauereien drei Tage Erholungsurlaub pro Jahr zugestand. Das BUrlG mit dem gesetzlich verbrieften Mindesturlaub für alle Beschäftigten gibt es erst seit 1963.

4 Ohne Urlaubsanspruch ermöglichte diese Vorschrift im BGB, dass Beschäftigte überhaupt heiraten oder die Beerdigung ihrer Angehörigen besuchen konnten. Dafür war die Vorschrift vorgesehen.

5 Eine Verhinderung liegt vor, wenn es dem Beschäftigten unmöglich oder unzumutbar ist, zu arbeiten. Das Hindernis muss immer im persönlichen Bereich liegen, wie z. B.:

- Familienfeste (Hochzeit, religiöse Feiern)
- Geburt oder Tod
- persönliche Unglücksfälle (Wasserrohrbruch in der Wohnung, unverschuldeter Unfall)
- Vorladungen bei Behörden oder Gerichten

So bestätigte etwa das LAG Rheinland-Pfalz einem Fernfahrer, dass seine eigene **6** Hochzeit ein persönliches Leistungshindernis nach § 616 BGB darstellt. Und zwar nicht nur der Tag der Hochzeit selbst, sondern auch der Tag davor. Der Arbeitgeber war nämlich nicht bereit, die Touren anders einzuteilen. Der Arbeitnehmer hat aber Anspruch darauf, dass er zu seiner eigenen Hochzeit pünktlich erscheinen kann.[1]

In einem anderen Fall entschied das LAG Hamm, dass ein Arbeitgeber keine Ar- **7** beitsstunden von dem Arbeitszeitkonto eines Beschäftigten abziehen darf, weil dieser die Arbeit wegen eines Gerichtstermins unterbrechen musste. Dies gilt jedenfalls dann, wenn es sich um einen Prozess des Beschäftigten handelt, zu dem das Gericht das persönliche Erscheinen angeordnet hat. Der Arbeitgeber musste die abgezogenen Stunden wieder gutschreiben.[2]

Nach Auffassung des LAG Schleswig-Holstein sind Raucherpausen hingegen **8** kein Leistungshindernis i. S. d. § 616 BGB. Denn der Raucher ist nicht ohne sein Verschulden verhindert, die Arbeitsleistung zu erbringen. Dies ist jedoch Voraussetzung für eine bezahlte Freistellung. Nur wenn ein Beschäftigter der Art nikotinabhängig und damit suchtkrank wäre, dass er mit dem Rauchen nicht bis zur nächsten Pause warten kann, könnte sich die Lage anders darstellen.[3]

Sehr praxisrelevant ist auch heute noch der Besuch beim Arzt, der nicht durch **9** Arbeitsunfähigkeit bedingt ist, sondern z. B. der Vorsorge oder der Abklärung einer Diagnose dient. Eine ärztliche Behandlung, die während der Arbeitszeit erfolgen muss, stellt ein Leistungshindernis dar. Gewährt der Arzt dem Beschäftigten keinen Termin außerhalb der Arbeitszeit, ist der Beschäftigte gezwungen innerhalb der Arbeitszeit den Termin wahrzunehmen. Dann ist die ausgefallene Arbeitszeit auch zu bezahlen. Das gilt nicht, wenn die Gleitzeitvereinbarung es dem Beschäftigten ermöglicht, seine Arbeitszeit zu unterbrechen, später anzufangen oder früher zu beenden. Bei einer solchen Vereinbarung muss der Beschäftigte von der Gleitzeitregelung Gebrauch machen. Auch wenn er üblicherweise zu Zeiten des Arztbesuchs immer arbeitet, hat er dennoch keinen Anspruch auf bezahlte Freistellung. Nur wenn zu bestimmte Zeiten Anwesenheitspflicht besteht (sog. Kernzeit), kann der Beschäftigte eine bezahlte Freistellung in Anspruch nehmen.

---

1 LAG Rheinland-Pfalz 21. 9. 2010 – 3 Sa 265/10.
2 LAG Hamm 2. 12. 2009 – 5 Sa 710/09.
3 LAG Schleswig-Holstein 21. 6. 2007 – 4 TaBV 12/07.

10   Sog. objektive Leistungshindernisse sind davon allerdings nicht erfasst. Man versteht darunter Vorfälle, die eine Vielzahl von Personen betreffen und nicht persönlicher Natur sind, wie z. B. Glatteis, andere Naturereignisse, Zugausfälle und Verspätungen.

11   Das persönliche Leistungshindernis darf nur für »verhältnismäßig nicht erhebliche Zeit« bestehen. Anderenfalls entsteht der Anspruch auf bezahlte Freistellung nicht. Dieser unbestimmte Rechtsbegriff kann nicht scharf definiert werden. Es hängt von der Art, Dauer und Schwere des Verhinderungsgrundes ab. In einem besonders schweren Fall kann das auch einmal die Dauer von mehreren Tagen umfassen.

2.   Tarifvertragliche Regelungen

12   § 616 BGB kann aber durch Tarifvertrag oder Arbeitsvertrag ausgeschlossen werden.

13   In fast allen Tarifverträgen gibt es Regelungen zu Sonderurlaub. Diese Regelungen legen die Anzahl der Tage und Ursachen für eine bezahlte Freistellung fest.

14   Hier ein Beispiel aus § 5 Ziff. 5.2 MTV Zeitarbeit, der für Beschäftigte in der Leiharbeitsbranche Anwendung finden kann: »*In unmittelbarem Zusammenhang mit den nachstehenden Ereignissen ist dem Arbeitnehmer bezahlte Freistellung von der Arbeit ohne Anrechnung auf den Urlaub zu gewähren:*

a. bei eigener Eheschließung oder Eintragung einer eingetragenen Lebensgemeinschaft: 1 Tag

b. bei Niederkunft der Ehefrau: 1 Tag

c. bei Tod des mit dem Arbeitnehmer in häuslicher Gemeinschaft lebenden Ehegatten oder eingetragenen Lebenspartners: 2 Tage

d. bei Tod eines Elternteils oder eines Kindes: 1 Tag

e. bei Umzug auf Veranlassung des Arbeitgebers: 1 Tag

f. bei Erfüllung gesetzlich auferlegter Pflichten aus öffentlichen Ehrenämtern für die notwendige ausfallende Arbeitszeit. Soweit Erstattungsanspruch besteht, entfällt in dieser Höhe der Anspruch auf das Arbeitsentgelt.

Bezüglich der Buchstaben b), c) und d) gelten die Regelungen entsprechend auch für Arbeitnehmer in eheähnlicher Lebensgemeinschaft.«

15   Der TVöD sieht neben Regelungen auf bezahlten Sonderurlaub auch einen Rechtsanspruch auf unbezahlte Freistellung von der Arbeitsleistung vor. Diese hat der Arbeitgeber regelmäßig zu gewähren, wenn dienstliche oder betriebliche Verhältnisse dem nicht entgegenstehen (§ 29 TVöD).

3. Unbezahlte Freistellung

Auch außerhalb des Geltungsbereichs eines Tarifvertrags kann es im Ausnahme-   **16**
fall einen **Anspruch auf unbezahlte Freistellung** geben. Grundsätzlich ist der
Beschäftigte verpflichtet, seinen Arbeitsvertrag zu erfüllen. Wenn der Beschäftigte aber in eine persönliche Notlage gerät, kann gestützt auf den Grundsatz von
Recht und Billigkeit ein Freistellungsanspruch bestehen. Nach Inkrafttreten des
Pflegegesetzes und des Familienpflegegesetzes dürfte das aber seine Praxisrele-
vanz verloren haben (siehe → Pflegezeit).

III. Hinweise für die Mitbestimmung

Der Betriebsrat und der Personalrat haben ein Mitbestimmungsrecht bei der   **17**
Festsetzung der zeitlichen Lage des Urlaubs einzelner Arbeitnehmer, wenn sich
Arbeitgeber und Arbeitnehmer nicht darüber einigen können (§ 87 Abs. 1 Nr. 5
BetrVG, § 75 Abs. 3 Nr. 3 BPersVG und die Personalvertretungsgesetze der Län-
der).

Dieses Mitbestimmungsrecht bezieht sich auf jede Art von Urlaub, nicht nur auf   **18**
den Erholungsurlaub. Auch die Aufstellung allgemeiner Urlaubsgrundsätze umfasst neben dem Erholungsurlaub auch alle anderen Arten der Freistellung.
Zur Ausgestaltung des Mitbestimmungsrechts siehe → Urlaub und Arbeitszeit
Rn. 50 ff.

Sonn- und Feiertagsarbeit

I. Einführung

1 »Der Sonntag und die gesetzlichen Feiertage bleiben als Tage der Arbeitsruhe und der seelischen Erbauung gesetzlich geschützt.« So ist der Wortlaut des Art. 139 der Weimarer Reichsverfassung, der über den Art. 140 GG Bestandteil des Grundgesetzes ist. Das Verbot der Sonn- und Feiertagsarbeit genießt damit Verfassungsrang und hat folglich einen hohen Stellenwert.

2 Dennoch ist Arbeit an Sonn- und Feiertagen für viele Beschäftigte Realität und gehört zu ihrem Arbeitsalltag. Die vielfältigen Ausnahmen von diesem Verbot machen dies möglich. Es ist für die Auslegung und Anwendung der gesetzlichen Ausnahmen jedoch von besonderer Bedeutung, sich stets zu vergegenwärtigen, dass das Verbot der Sonn- und Feiertagsarbeit unter dem verfassungsrechtlichen Schutz steht. Denn hieraus folgt, dass Sonn- und Feiertagsarbeit stets nur die Ausnahme darstellen darf und zudem einer ausdrücklichen rechtlichen Grundlage bedarf, damit diese zulässig ist. Das Verbot dient dem Arbeits- und Gesundheitsschutz. Es gewährleistet darüber hinaus das Recht auf Koalitions- und Versammlungsfreiheit. Ferner soll es dem ökonomischen Nutzdenken Grenzen setzen und dem Menschen um seiner selbst willen dienen.

3 Die soziale Bedeutung des Verbots und damit der generellen Arbeitsruhe resultiert wesentlich aus der synchronen Taktung des sozialen Lebens. Der zeitliche Gleichklang einer regelmäßigen Arbeitsruhe für alle ist daher ein grundlegendes Element für die Wahrnehmung der verschiedenen Formen sozialen Lebens und ist insoweit von wesentlicher Bedeutung für den Alltag in einer gelebten Demokratie. Reine betriebswirtschaftliche Erwägungen dürfen keine Rechtfertigung sein, dieses einzuschränken. Eine Einschränkung kann allenfalls durch den Schutz mindestens gleichrangiger oder höherwertiger Rechtsgüter erfolgen.[1]

4 Das Verbot der Sonn- und Feiertagsarbeit steht unter einem enormen Druck durch die Wirtschaftsverbände, die immer wieder seine Lockerung und gelegent-

---

1 BVerfG 1.12.2009 – 1 BvR 2857/07 und 1 BvR 2858/07; VGH Hessen 12.9.2013 – 8 C 1776/12.N, bestätigt durch BVerwG 26.11.2014 – 6 CN 1.13.

Mittländer

lich sogar dessen Aufhebung fordern. So hat sich im Frühjahr 2017 eine von großen Handelskonzernen getragene Initiative mit dem Namen »Selbstbestimmter Sonntag« gegründet, die sich genau dies zum Ziel gesetzt hat. Die Initiative nimmt bewusst in Kauf, dass bei Erfüllung ihrer Forderungen das Selbstbestimmungsrecht der betroffenen Beschäftigten sowie deren Persönlichkeits- und Freiheitsrechte ausschließlich zu Gunsten ökonomischer Interessen massiv eingeschränkt werden, was dem verfassungsrechtlichen Grund- und Schutzgedanken zuwider läuft. Umso wichtiger ist es, die verfassungsrechtlichen Garantien, die mit dem Sonn- und Feiertagsarbeitsverbot verbunden sind, stets zu reklamieren und in Erinnerung zu bringen.

Im Folgenden werden die rechtlichen Rahmenbedingungen für die ausnahmsweise zulässige Sonn- und Feiertagsarbeit dargestellt.   **5**

II. Einzeldarstellung

Es besteht ein grundsätzliches Verbot, an Sonn- und Feiertagen zu arbeiten.   **6**
Dennoch ist es für viele Beschäftigte normal und üblich, auch an diesen Tagen zu arbeiten. Dies ist möglich, weil das ArbZG die Regelungen zur Erbringung von Arbeitsleistungen an diesen Tagen nach dem Regel-Ausnahme-Prinzip ausgestaltet hat. Das bedeutet, dass im Grundsatz ein Beschäftigungsverbot besteht, das in Form der Sonn- und Feiertagsruhe ausgestaltet ist. Dennoch darf ausnahmsweise gearbeitet werden, wenn hierzu eine gesetzliche oder behördliche Ausnahme besteht. Wird ausnahmsweise an einem solchen Tag gearbeitet, sieht das Gesetz zusätzlich Ausgleichsregelungen vor.

1. Sonn- und Feiertagsruhe

An Sonn- und Feiertagen dürfen Arbeitnehmer von 0 Uhr bis 24 Uhr, also **ganz-**   **7**
tägig, nicht beschäftigt werden. Mit diesem Beschäftigungsverbot nimmt § 9 ArbZG den verfassungsrechtlichen Grundgedanken der Sonn- und Feiertagsruhe auf und macht ihn zu einem wesentlichen Grundsatz des Arbeitszeitrechts. Die Vorschrift normiert ein generelles Beschäftigungsverbot an den genannten Tagen.

Als Feiertage gelten alle gesetzlichen Feiertage. Die Gesetzgebungskompetenz für   **8**
die Festlegung der **Feiertage** liegt bei den Bundesländern. Das bedeutet, dass jedes einzelne Bundesland in eigener Verantwortung durch entsprechende Landesgesetze die Feiertage festlegt. Der einzige durch ein Bundesgesetz festgelegte Feiertag ist der 3. Oktober (**Tag der deutschen Einheit**), der aufgrund des Gesetzes über den deutschen Einheitsvertrag zum Feiertag wurde. Die Anzahl der Fei-

ertage in den einzelnen Bundesländern ist sehr unterschiedlich. Diese variiert von neun bis zwölf Tage. Bundesweit einheitlich haben die Länder folgende Tage als Feiertag festgelegt: **Neujahr, Karfreitag, Ostermontag, 1. Mai, Christi Himmelfahrt, Pfingstsonntag** sowie **erster und zweiter Weihnachtstag.**

9 Der Tag der **Heiligen drei Könige** (6. Januar) ist in den Bundesländern Bayern, Baden-Württemberg und Sachsen-Anhalt ein Feiertag. **Fronleichnam** ist in Bayern, Baden-Württemberg, Hessen, Nordrhein-Westfalen, Rheinland-Pfalz und Saarland sowie in einigen Städten und Gemeinden in Sachsen und Thüringen Feiertag. **Mariä Himmelfahrt** (15. August) gilt im Saarland sowie in einigen Teilen Bayerns als Feiertag. Der **Reformationstag** (31. Oktober) ist in Brandenburg, Mecklenburg-Vorpommern, Sachsen, Sachsen-Anhalt sowie in Thüringen als Feiertag anerkannt.[2] **Allerheiligen** (1. November) ist anders als der Reformationstag in traditionell katholischen Bundesländern ein Feiertag, nämlich in Bayern, Baden-Württemberg, Nordrhein-Westfalen, Rheinland-Pfalz und Saarland sowie in einigen Gemeinden in Thüringen.

10 Am **Buß- und Bettag** erkennt man, dass Feiertage politischen Änderungen unterliegen. Denn dieser wurde in fast allen Bundesländern zur Finanzierung der Einführung der Pflegeversicherung abgeschafft. Einzig in Sachsen ist dieser noch ein Feiertag. Darüber hinaus existiert aufgrund eines Landesgesetzes noch ein regionaler Feiertag: das Friedensfest am 8. August in Augsburg.[3] Entgegen weitverbreiteter Annahme ist weder der Ostersonntag noch Heiligabend oder Silvester als Feiertag anerkannt. Fallen Heiligabend oder Silvester auf einen Wochentag, sind sie folglich ein Arbeitstag.[4]

11 Ob ein Arbeitstag auf einen Feiertag fällt, richtet sich nicht nach dem Wohnort, sondern nach dem **regelmäßigen Beschäftigungsort**.[5] Dies ist von Bedeutung für Beschäftigte, die zu Dienstreisen verpflichtet sind. Dabei ist zu unterscheiden, ob die Dienstreisen zu ihren regelmäßigen Aufgaben gehören oder ob sie solche nur ausnahmsweise durchführen müssen. Sind sie nur ausnahmsweise zur Wahrnehmung von Dienstreisen verpflichtet, so dürfen sie eine solche nicht antreten, wenn am Tag der Dienstreise an ihrem Beschäftigungsort ein Feiertag ist, und zwar auch dann, wenn am Zielort der Dienstreise kein Feiertag ist. Sind Be-

---

2 Darüber hinaus ist er wegen des 500jährigen Lutherjubiläums im Jahr 2017 ausnahmsweise in ganz Deutschland Feiertag.

3 Eine tabellarische Übersicht über die Feiertage findet sich in Kittner, Arbeits- und Sozialordnung, Ordnungsnummer 18, Übersicht 41.

4 Für Heiligabend und Silvester gelten in vielen (Mantel-)Tarifverträgen besondere Regelungen zur Arbeitszeit. So sieht der TVöD und TVöD-VKA in § 6 Abs. 3 vor, dass nach Möglichkeit eine bezahlte Freistellung erfolgen soll. Nach § 2 Ziff. 5 MTV M+E Hessen soll die Arbeitszeit nach Möglichkeit um 12 Uhr enden, wobei bis zu zwei Stunden der ausfallenden Arbeitszeit vergütet werden sollen.

5 BAG 13. 4. 2005 – 5 AZR 475/04.

schäftigte z. B. im Außendienst tätig und haben sie als regelmäßigen Beschäftigungsort ihren Wohnort vereinbart, so kann eine Verpflichtung zur Arbeit dann bestehen, wenn am Sitz des Arbeitgebers ein Feiertag, am Wohnort aber kein Feiertag ist. Denkbar ist auch, dass am Standort eines Betriebs des Unternehmens ein Feiertag und an einem anderen Standort eines anderen Betriebs kein Feiertag ist. Dann müssen die Beschäftigten des einen Standorts arbeiten, die anderen hingegen können sich auf die Feiertagsruhe berufen und müssen nicht arbeiten, obwohl beide Belegschaften im selben Unternehmen beschäftigt sind.

Die Sonn- und Feiertagsruhe ist **ganztägig** von 0 Uhr bis 24 Uhr einzuhalten. Sie **12** hat damit einen Umfang von 24 Stunden. Diese Arbeitsruhe ist in unmittelbarer Verbindung mit einer Ruhezeit i. S. d. § 5 ArbZG zu gewähren, so dass einmal wöchentlich eine Zeitspanne von zusammenhängend mindestens 35 Stunden arbeitsfrei sein muss (§ 11 Abs. 4 ArbZG). Von diesem sonn- und feiertagsbedingten Beschäftigungsverbot ist grundsätzlich jede Form der Arbeit erfasst. Hierunter fallen auch Sonderformen wie beispielsweise Bereitschaft und Rufbereitschaft, aber auch Vorbereitungsarbeiten sowie Umkleide- und Rüstzeiten.[6]

Es ist für bestimmte Beschäftigtengruppen möglich, die Lage der Sonn- und **13** Feiertagsruhe zu verschieben. In **mehrschichtigen Betrieben** kann Beginn oder Ende der Sonn- und Feiertagsruhe um bis zu sechs Stunden vor- oder zurückverlegt werden (§ 9 Abs. 2 ArbZG). Dies ermöglicht es, mit der Montagsschicht schon am Sonntag (frühestens) um 18 Uhr zu beginnen oder die Samstagsschicht erst am Sonntag (spätestens) um 6 Uhr enden zu lassen. Wichtig hieran ist, dass diese Regelung es nicht ermöglicht, sowohl das Ende als auch den Beginn der Schicht in den Feiertag zu legen. Zulässig ist nur, entweder den Beginn vorzuverlegen oder das Ende nach hinten zu verschieben; beides gemeinsam ist ausgeschlossen. Von der ausnahmsweisen Möglichkeit der Veränderung der Lage der Sonn- und Feiertagsruhe können nur diejenigen Betriebe Gebrauch machen, die **regelmäßig mehrschichtig Tag und Nacht** arbeiten. Die Möglichkeit besteht also nur in Betrieben, in denen im Rahmen der regelmäßigen – also normalen – Produktion oder Dienstleistung neben Tag- auch Nachtschicht gearbeitet wird. Eine Verschiebung dieser Ruhezeit ist somit nur in Betrieben zulässig, in denen regelmäßig Wechselschicht gearbeitet wird.[7]

Weitere Voraussetzung einer zulässigen Veränderung der Lage der Sonn- und **14** Feiertagsruhe ist, dass die Dauer der Ruhezeit nicht verkürzt wird. Die veränderte Lage dieser Ruhezeit darf somit nur dann erfolgen, wenn eine 24-stündige Ruhezeit möglich bleibt. Diese sonn- und feiertagsbedingte Ruhezeit muss für den **ganzen Betrieb** eingehalten werden. Es ist daher unzulässig, die Arbeitszeit

---

6 BAG 22. 9. 2005 – 6 AZR 579/04; Buschmann/Ulber, § 9 Rn. 12; Wedde-*Wedde*, § 9 ArbZG Rn. 2 ff.
7 BAG 29. 4. 2004 – 1 AZR 445/03; Buschmann/Ulber, § 9 Rn. 15.

einer Abteilung bis um 6 Uhr am Sonntag andauern und die einer anderen Abteilung bereits am Sonntag um 18 Uhr beginnen zu lassen.[8]

15 Für **Kraftfahrer** und Beifahrer ist es ebenfalls zulässig, die Lage der sonn- und feiertagsbedingten Ruhezeit zeitlich zu verschieben. Der Beginn dieser Ruhezeit kann um bis zu zwei Stunden vorverlegt werden (§ 9 Abs. 3 ArbZG). Damit kann die Ruhezeit bereits am Samstag um 22 Uhr beginnen. Zwar ist aus dem Wortlaut der Vorschrift nicht zu entnehmen, dass mit der Vorverlegung der Ruhezeit in den Samstag eine Verkürzung der Ruhezeit am Sonntag um ebenfalls zwei Stunden möglich ist. Jedoch ergibt sich dies aus dem Sinn und Zweck der Regelung sowie deren Einbettung in die Vorschriften über die Arbeitszeit für diese Berufsgruppe nach den Regelungen der StVO.[9] Auch in einem solchen Fall der Veränderung des Zeitraums der Ruhezeit darf die Dauer nicht verkürzt werden. Diese muss weiterhin 24 Stunden betragen und muss darüber hinaus im unmittelbaren Zusammenhang mit einer Ruhezeit nach § 5 ArbZG gewährt werden. Ferner ist bei Berufskraftfahren zu berücksichtigen, dass eine wöchentliche Ruhezeit von einmal 45 zusammenhängenden Stunden zuzugestehen ist.[10]

2. Die vielfältigen Ausnahmen: Zulässigkeit von Sonn- und Feiertagsarbeit

16 Das ArbZG beinhaltet diverse Regelungen, die das sonn- und feiertagsbedingte Beschäftigungsverbot aufheben und es somit ermöglichen, abweichend von den Regelungen der Sonn- und Feiertagsruhe zu arbeiten. Hierbei sind zwei verschiedene Formen der Ausnahmen zu unterscheiden: Ausnahmen, die ohne behördliche Erlaubnis möglich sind, und solche, die nur aufgrund einer behördlichen Erlaubnis zulässig sind. Es stellt sich weiter die Frage, ob Beschäftigte zu Sonn- und Feiertagsarbeit verpflichtet sind, nur weil der Gesetzgeber dies ermöglicht hat, bzw. auf welcher Grundlage die Beschäftigten zu Sonn- und Feiertagsarbeit verpflichtet sind.

a. Pflicht zur Sonn- und Feiertagsarbeit?

17 Nicht jeder Beschäftigte ist zur Arbeitsleistung an einem Sonn- oder Feiertag verpflichtet. Um eine solche Tätigkeit anordnen zu können, braucht der Arbeitgeber eine Rechtsgrundlage, die ihn hierzu berechtigt. Wie immer im Arbeitsrecht kann sich eine solche Befugnis aus einem Gesetz, einem Tarifvertrag, einer Betriebsvereinbarung oder dem Arbeitsvertrag ergeben.

---

8 Buschmann/Ulber, § 9 Rn. 16 m. w. N.
9 Buschmann/Ulber, § 9 Rn. 17.
10 Ausführlich hierzu Buschmann/Ulber, § 21a Rn. 30 ff.

Mittländer

Obwohl das ArbZG Regelungen enthält, die es ausnahmsweise erlauben, an **18** Sonn- und Feiertagen zu arbeiten, kann sich der Arbeitgeber hierauf nicht berufen, wenn er Beschäftigte an diesen Tagen arbeiten lassen möchte oder deren Arbeitskraft an diesen Tagen entgegennimmt. Denn das Gesetz beschreibt nur die Voraussetzungen, unter denen eine solche Tätigkeit zulässig ist. Es enthält jedoch keine Regelungen, die den Arbeitgeber ermächtigt, im Arbeitsverhältnis eine solche Arbeitsleistung anzuweisen. Daher kann sich der Arbeitgeber bei der Anordnung von Sonn- und Feiertagsarbeit nicht auf die Regelungen des ArbZG berufen.

Viele **Tarifverträge** enthalten Regelungen zu Sonn- und Feiertagsarbeit. Einige **19** dieser Tarifverträge beschränken sich auf die Regelung von Zuschlägen für Tätigkeiten zu diesen Zeiten. Einige Tarifverträge lassen ausdrücklich Sonn- und Feiertagsarbeit zu und definieren diese, wie z. B. § 7 Abs.1 TVöD-Bund/VKA, TVöD-K und TVöD-Ärzte/VKA oder § 3 III MTV Chemie (West). In allen diesen Fällen stellen die tariflichen Regelungen eine Rechtsgrundlage dar, auf deren Grundlage der Arbeitgeber Sonn- und Feiertagsarbeit verlangen kann. Dies setzt jedoch voraus, dass der Tarifvertrag gilt (also Arbeitgeber und Beschäftigte tarifgebunden sind) oder im Arbeitsvertrag ausdrücklich auf diesen verwiesen, dieser also in Bezug genommen wird.

Ferner ist erforderlich, dass die Voraussetzungen einer nach dem ArbZG zulässi- **20** gen Arbeit an einem solchen Tag vorliegen. Es ist nämlich wegen des Günstigkeitsprinzips nicht zulässig, durch einen Tarifvertrag die Möglichkeiten der Sonn- und Feiertagsarbeit zu erweitern und damit das gesetzliche Verbot zu umgehen. In tarifgebundenen Betrieben ohne Betriebsrat ist daher auf der Grundlage eines solchen Tarifvertrags die Anordnung von Sonn- und Feiertagsarbeit möglich, wenn alle gesetzlichen und tariflichen Regelungen eingehalten werden.

In tarifgebundenen Betrieben, in denen ein Betriebsrat besteht, darf Sonn- und **21** Feiertagsarbeit wegen der Regelung in § 87 Abs. 1 Nr. 2 und Nr. 3 BetrVG ferner nur mit Zustimmung des Betriebsrats erfolgen. Diese Zustimmung wird meistens in Form einer Betriebsvereinbarung erteilt, so dass in diesen Fällen die **Betriebsvereinbarung** die Rechtsgrundlage für die Sonn- und Feiertagsarbeit ist. Dies gilt auch in den Fällen, in denen der Tarifvertrag es ausdrücklich vorsieht, dass Beginn und Ende der Sonn- und Feiertagsarbeit im Einvernehmen mit dem Betriebsrat festzulegen ist, wie z. B. § 6 Ziff. 5 MTV M+E Hessen. Auch in diesen Fällen setzt die Durchführung von Sonn- und Feiertagsarbeit voraus, dass diese mit dem Betriebsrat vereinbart wird, was in der Regel durch eine Betriebsvereinbarung erfolgt. Somit ist auch in diesen Fällen die **Betriebsvereinbarung** die Grundlage, auf der die Sonn- und Feiertagsarbeit erbracht wird.

Schließlich kann auch der **Arbeitsvertrag** eine Rechtsgrundlage für die Durch- **22** führung von Sonn- und Feiertagsarbeit darstellen. In der Regel enthält der Arbeitsvertrag keine Angaben zur konkreten Lage und Verteilung der Arbeitszeit. Daher kann der Arbeitgeber im Rahmen seines Weisungsrechts die Lage und die Verteilung der Arbeitszeit bestimmen, wobei er die Belange der Beschäftigten angemessen zu berücksichtigen hat (§ 106 GewO). Nach der kritikwürdigen Rechtsprechung des BAG bezieht sich dieses Weisungsrecht auch auf die Erbringung der Arbeitsleistung an Sonn- und Feiertagen, und zwar selbst dann, wenn der Arbeitsvertrag keine Angaben zur Arbeit an diesen Tagen enthält.[11]

23 Diese Rechtsprechung berücksichtigt nicht ausreichend, dass die Sonn- und Feiertagsruhe Verfassungsrang genießt, woraus zu schließen ist, dass Tätigkeiten an diesen Tagen nur ausnahmsweise zulässig sind. Diese Rechtsprechung kehrt das Regel-Ausnahme-Prinzip somit um.[12] Die Rechtsprechung bedeutet, dass der Arbeitgeber nur dann keine solchen Tätigkeiten anweisen darf, wenn der Arbeitsvertrag die Sonn- und Feiertagsarbeit ausdrücklich ausschließt. Enthält der Arbeitsvertrag hingegen keinerlei Angaben zur Lage der Arbeitszeit, ist der Arbeitgeber berechtigt, auch Sonn- und Feiertagsarbeit zu verlangen. Selbstverständlich nur dann, wenn die gesetzlichen und – in tarifgebundenen Betrieben – die tariflichen Voraussetzungen vorliegen. Auch durch einen Arbeitsvertrag darf das gesetzliche Verbot nicht verändert oder beseitigt werden.

24 Im Ergebnis kann sich die Verpflichtung zur Sonn- und Feiertagsarbeit damit aus einem Tarifvertrag, einer Betriebsvereinbarung oder dem Arbeitsvertrag ergeben. In allen Fällen müssen jedoch die gesetzlichen Voraussetzungen und Bestimmungen der (ausnahmsweise) zulässigen Arbeit an diesen Tagen vorliegen, d.h. der Tarifvertrag, die Betriebsvereinbarung und/oder der Arbeitsvertrag dürfen nicht gegen das ArbZG verstoßen.

b. Ausnahmen ohne behördliche Erlaubnis

25 § 10 ArbZG sieht zunächst eine Vielzahl von Ausnahmen vom Sonn- und Feiertagsverbot vor, die keiner behördlichen Erlaubnis bedürfen. Das bedeutet, dass in diesen Fällen immer dann eine Beschäftigung an diesen Tagen zulässig ist, wenn die im ArbZG beschriebenen Voraussetzungen vorliegen. Die dort genannten Fälle sind **abschließend**, das bedeutet, dass ausschließlich in den genannten Fällen ohne behördliche Erlaubnis Arbeit an Sonn- und Feiertagen erlaubt ist. Der beschriebene Katalog bzw. die genannten Fälle sind weder durch einen Tarifvertrag noch durch eine Betriebsvereinbarung oder durch einen Arbeitsvertrag erweiterbar. Die beschriebenen Ausnahmefälle sind damit kein beliebig erweiterbarer Beispielkatalog. Außerdem ist bei der Auslegung dieser Regelungen immer zu berücksichtigen, dass die Sonn- und Feiertagsruhe verfassungsrechtlich geschützt ist. Daher sind die zulässigen Ausnahmen **eng auszu-**

---

11 BAG 15.9.2009 – 9 AZR 757/08.

12 Buschmann/Ulber, § 9 Rn. 20 m.w.N.

legen und dürfen nicht durch eine weite Interpretation zu einer Umgehung des Verbots führen.

Zunächst enthält § 10 Abs.1 ArbZG einen Katalog von insgesamt 16 Branchen **26** bzw. Fallgestaltungen, die beschreiben, wann Sonn- und Feiertagsarbeit erlaubnisfrei zulässig ist. Dabei sind die genannten Fallgestaltungen in drei Kategorien eingeteilt: einige Ausnahmen vom Sonn- und Feiertagsarbeitsverbot liegen im öffentlichen Interesse (Nr. 1 bis 3), andere liegen im gesellschaftlichen Interesse (Nr. 4 bis 11) und wieder andere nehmen ausschließlich betriebliche Interessen in Bezug (Nr. 12 bis 16). Allen gemeinsam ist, dass eine Ausnahme von der Sonn- und Feiertagsruhe nur und ausschließlich für Tätigkeiten gilt, die **nicht an einem Werktag durchgeführt** werden können. Es kommt damit also nicht nur darauf an, dass die zu erbringende Tätigkeit in einem der Katalogbeispiele aufgeführt ist. Zusätzlich muss die Tätigkeit auch eine solche sein, die eine Erledigung gerade am Sonn- oder Feiertag erfordert. Dies bedarf immer einer besonderen Prüfung.

aa. Ausnahmen im öffentlichen Interesse (§ 10 Abs. 1 Nr. 1 bis 3 ArbZG)

Zunächst sieht das Gesetz drei Ausnahmen vor, die im **öffentlichen Interesse** lie- **27** gen. Sie sind also dem Bereich der Daseinsfürsorge zuzuordnen. Sonn- und Feiertagsarbeit ist zunächst im Bereich von **Not- und Rettungsdiensten** und bei der **Feuerwehr** zulässig (§ 10 Abs. 1 Nr. 1 ArbZG). Hiervon erfasst sind alle unaufschiebbaren Tätigkeiten, die der Versorgung und Betreuung von Menschen in Notsituationen zur Abwendung von gesundheitlichen Beeinträchtigungen, wirtschaftlichen Schäden und sonstigen erheblichen Nachteilen dienen, so dass nicht nur der klassische ärztliche Rettungsdienst hierunter fällt, sondern auch Schlüsselnotdienste oder Automobilclubs.[13]

Sonn- und Feiertagsarbeit ist ferner zur Aufrechterhaltung der **öffentlichen Si-** **28** **cherheit** und Ordnung, der Aufrechterhaltung der **Funktionsfähigkeit der Gerichte und Behörden** und für Zwecke der Verteidigung zulässig (§ 10 Abs. 1 Nr. 2 ArbZG). Da unter das ArbZG ausschließlich Arbeitnehmer fallen, richtet sich diese Regelung daher nur an Angestellte und Arbeiter im öffentlichen Dienst, die in der Regel nur mit diesbezüglichen Hilfsaufgaben betraut sind. Daher ist stets zu fragen, ob die an diesen Tagen erbrachten Tätigkeiten nicht an einem Werktag erledigt werden können. So wird es beispielsweise zulässig sein, eine Schreibkraft für den Staatsanwaltsnotdienst zum Wochenenddienst heranzuziehen. Diese darf dann jedoch ausschließlich zu Bearbeitung von Haftanträgen herangezogen werden, die aufgrund dringender Gefahr sofort beantragt werden müssen. Nicht

---

13 Buschmann/Ulber, § 10 Rn. 6a; Wedde-*Wedde*, § 10 ArbZG Rn. 9.

zulässig ist es, die Schreibkraft mit regelmäßig anfallenden Tätigkeiten der Geschäftsstelle zu beauftragen.

29 Auch in **Krankenhäusern und anderen Einrichtungen** zur Behandlung, Pflege und Betreuung von Personen ist Sonn- und Feiertagsarbeit zulässig (§ 10 Abs. 1 Nr. 3 ArbZG). Allerdings gilt auch hier die Einschränkung, dass von dieser Ausnahme nur diejenigen Tätigkeiten erfasst sind, die nicht an einem Werktag erledigt werden können. So ist es zulässig, Ärzte und Pfleger einzusetzen, nicht zulässig ist hingegen die Tätigkeit der Krankenhausverwaltung.

bb. Ausnahmen im gesellschaftlichen Interesse (§ 10 Abs. 1 Nr. 4 bis 11 ArbZG)

30 Das Gesetz sieht ferner eine Vielzahl von Ausnahmen vor, die dem **gesellschaftlichen Interesse** dienen. Hierunter fallen insbesondere Beschäftigungsbereiche, die der Unterhaltung und Versorgung der Bevölkerung dienen. In **Gaststätten** und anderen Einrichtungen der Bewirtung und Beherbergung, also in **Hotels** und anderen Übernachtungsbetrieben, ist Sonn- und Feiertagsarbeit zulässig (§ 10 Abs. 1 Nr. 4 ArbZG). Hiervon erfasst sind auch Partyservice.[14] Auch hier gilt, dass nur diejenigen Tätigkeiten erlaubt sind, die nicht an einem Werktag erledigt werden können, so dass regelmäßig davon auszugehen ist, dass z. B. Buchhaltungsaufgaben nicht am Wochenende erledigt werden dürfen.

31 Auch im Rahmen von **Musikaufführungen, Theater- und Filmvorführungen, Schaustellungen** und ähnlichen Veranstaltungen ist Sonn- und Feiertagsarbeit zulässig (§ 10 Abs. 1 Nr. 5 ArbZG). Allerdings gilt hier, dass diese Ausnahme die Anwesenheit eines Publikums erfordert, so dass Proben nicht am Wochenende durchgeführt werden können.[15]

32 Sonn- und Feiertagsarbeit ist ferner zulässig bei nicht-gewerblichen Veranstaltungen der **Kirchen, Religionsgemeinschaften, Verbände, Vereine und Parteien** (§ 10 Abs. 1 Nr. 6 ArbZG). Diese Ausnahme setzt zwingend voraus, dass es sich um nicht-gewerbliche Veranstaltungen handelt. Ist die Veranstaltung mit einer Gewinnerzielungsabsicht verbunden, greift die Ausnahme nicht, so dass ein grundsätzliches Beschäftigungsverbot besteht.

33 Eine weitere Ausnahme besteht für Tätigkeiten beim **Sport und in Freizeit-, Erholungs- und Vergnügungseinrichtungen, beim Fremdenverkehr und in Museen und wissenschaftlichen Bibliotheken** (§ 10 Abs. 1 Nr. 7 ArbZG). Bei Sportveranstaltungen ist es nicht nur für die Sportler zulässig zu arbeiten. Die Regelung ermöglicht auch die Tätigkeiten der Helfer, die die Sportveranstaltung organisieren und durchführen.[16] Zu beachten ist wiederum, dass nur Tätigkeiten

---

14 Buschmann/Ulber, § 10 Rn. 7.
15 BAG 26. 4. 1990 – 1 ABR 84/87.
16 Wedde-*Wedde*, § 10 ArbZG Rn. 15.

Mittländer

erlaubt sind, die nicht an einem Werktag durchgeführt werden können. Administrative Tätigkeiten, die nicht unmittelbar mit der Sonntagsöffnung verbunden sind, fallen nicht unter die Ausnahme.

Eine wichtige Ausnahme von der Sonn- und Feiertagsruhe ist in die erlaubte Tätigkeit für **Rundfunk und Presse** (§ 10 Abs. 1 Nr. 8 ArbZG). Hiervon erfasst sind alle Sparten. Die Ausnahme dient dazu, die Tagesaktualität der Nachrichten sicherzustellen, so dass auch alle Tätigkeiten, die mit der Auslieferung der Presseerzeugnisse am Montag bzw. an einem Tag nach einem Feiertag zusammenhängen, erlaubt sind. Auch hier ist kritisch zu prüfen, ob es sich nicht um Tätigkeiten handelt, die an einem Werktag erledigt werden können. Nicht unter diese Ausnahme fallen hingegen Anzeigeblätter und Werbemittel.[17] **34**

Auch auf **Messen, Ausstellungen, Märkten und Volksfesten** darf an Sonn- und Feiertagen gearbeitet werden, sofern nicht Tätigkeiten erbracht werden, die an einem Werktag erledigt werden können (§ 10 Abs. 1 Nr. 9 ArbZG). Voraussetzung ist jedoch stets, dass für die Veranstaltung eine Erlaubnis zur Durchführung am Sonn- oder Feiertag vorliegt.[18] **35**

Der Transport und die Kommissionierung von **leichtverderblichen Waren** sowie Tätigkeiten in **Verkehrsbetrieben** (§ 10 Abs. 1 Nr. 10 ArbZG) und in **Energie-, Wasserversorgungs-, Abfall- und Abwasserbetrieben** (§ 10 Abs. 1 Nr. 11 ArbZG) sind auch an Sonn- und Feiertagen zulässig, sofern diese nicht auch an Werktagen erledigt werden können, so dass in der Regel administrative Aufgaben unter der Woche und nicht an Sonn- und Feiertagen zu erledigen sind. **36**

cc. Ausnahmen im betrieblichen Interesse (§ 10 Abs. 1 Nr. 12 bis 16 ArbZG)

Sodann sieht das Gesetz Ausnahmen von der Sonn- und Feiertagsruhe vor, die **betrieblichen Interessen** dienen. Mit Blick auf den verfassungsrechtlichen Grundgedanken, der mit der Feiertagsruhe verbunden ist, ist in allen diesen Fällen, die betrieblichen Gründen dienen, besonderes Augenmerk auf die Frage zu legen, ob die abverlangten Tätigkeiten tatsächlich ausschließlich am Sonn- und Feiertag erledigt werden können. **37**

Im **Bewachungsgewerbe** (§ 10 Abs. 1 Nr. 13 ArbZG) ist Sonn- und Feiertagsarbeit ausnahmsweise erlaubt. Hiervon erfasst sind aber ausschließlich die Bewachung, die dem Schutz von Leib und Leben unmittelbar dient, sowie der Objektschutz. Reine Überwachungsaufgaben, wie beispielsweise die Überwachung des Produktionsablaufs, oder die Tätigkeit von Detekteien fallen nicht unter diesen Ausnahmetatbestand.[19] **38**

---

17 Buschmann/Ulber, § 10 Rn. 9; Wedde-*Wedde*, § 10 ArbZG Rn. 16.
18 Buschmann/Ulber, § 10 Rn. 9a.
19 Buschmann/Ulber, § 10 Rn. 12; Wedde-*Wedde*, § 10 ArbZG Rn. 21.

39 Auch in der **Landwirtschaft und Tierhaltung** sowie in Einrichtungen zur Behandlung und Pflege von Tieren (§ 10 Abs. 1 Nr. 12 ArbZG) ist ausnahmsweise Sonn- und Feiertagsarbeit zulässig. Immer vorausgesetzt, die Tätigkeiten sind unaufschiebbar und können nicht auch an einem Werktag erledigt werden. So ist es wohl selbstverständlich, dass die Fütterung der Tiere auch am Wochenende erfolgen muss. Eine routinemäßige tierärztliche Untersuchung kann jedoch auch an einem Tag in der Woche ausgeführt werden, so dass diese nicht unter die Ausnahmeerlaubnis fällt.[20]

40 Ein vor allem für Produktionsbetriebe bedeutender Ausnahmefall ist die Wahrnehmung von **Reinigungs- und Instandhaltungsarbeiten** sowie Vorbereitungsarbeiten für die **Wiederaufnahme des vollen Werkbetriebs** und Tätigkeiten, die zur **Aufrechterhaltung der Funktionsfähigkeit von Datennetzen** und Rechnersystemen erforderlich sind (§ 10 Abs. 1 Nr. 14 ArbZG). Alle diese Ausnahmen sind nur in extremen Einzelfällen zulässig, um die Sonn- und Feiertagsruhe nicht auszuhöhlen. In Bezug auf Reinigungs- und Instandhaltungsaufgaben muss immer berücksichtigt werden, dass diese zum regelmäßigen Produktionsbetrieb dazugehören und das Unternehmen diese so organisieren muss, dass sie an einem Werktag durchgeführt werden können.[21] Vom Ausnahmetatbestand nicht umfasst, ist das Aufstellen, die Reparatur und Wartung neuer Maschinen, denn auch diese Tätigkeiten gehören zum regelmäßigen Produktionsprozess.[22]

41 Die zweite Alternative, die Vorbereitungsarbeiten für den Vollbetrieb, zielt auf Maschinen mit langen Vorlaufzeiten, wie beispielsweise das Hochfahren von Öfen oder das Vorheizen von Lackieranlagen.

42 Die dritte Alternative betrifft Tätigkeiten, die der Funktionsfähigkeit von Datennetzen und Rechnersystemen dienen. Geschaffen wurde diese Regelung vorrangig zur Sicherstellung des Geld- und Zahlungsverkehrs. Faktisch betrifft sie heute jedoch den gesamten IT-Bereich. Umso bedeutender ist es, jeweils zu prüfen, ob die geforderten Tätigkeiten nicht an einem Werktag ausgeübt werden können. Nicht jedes Back-Up und nicht jeder Release-Wechsel können ausschließlich außerhalb des laufenden Geschäftsbetriebs aufgespielt werden. Auch ist zu berücksichtigen, dass der Samstag ein Werktag ist und in vielen Betrieben an diesen Tagen nicht gearbeitet wird. Es kann also häufig am Samstag oder aber unter der Woche in der Nacht an den Datennetzen und Rechnersystemen gearbeitet werden, ohne den Geschäftsbetrieb zu beeinträchtigen.

43 Schließlich sind Tätigkeiten an Sonn- und Feiertagen gestattet zur Verhütung des Verderbens von Naturerzeugnissen oder Rohstoffen oder des Misslingens von Arbeitsergebnissen sowie bei kontinuierlich durchzuführenden Forschungsar-

---

20 Buschmann/Ulber, § 10 Rn. 11.
21 Buschmann/Ulber, § 10 Rn. 13a; Wedde-*Wedde*, § 10 ArbZG Rn. 22.
22 Wedde-*Wedde*, § 10 ArbZG Rn. 22.

Mittländer

beit (§ 10 Abs. 1 Nr. 15 ArbZG) und zur Vermeidung einer Zerstörung oder erheblichen Beschädigung von Produktionsanlagen (§ 10 Abs. 1 Nr. 16 ArbZG). Auch in diesen Fällen ist genau abzuwägen, ob der eintretende Schaden so hoch ist, dass dies die Nichteinhaltung der Sonn- und Feiertagsruhe rechtfertigen kann. Nicht jedes Misslingen eines Arbeitsergebnisses wird daher einen Ausnahmefall darstellen können, vielmehr muss das Arbeitsergebnis von besonderer Bedeutung sein oder einen besonderen Umfang erreichen. Auch ist zu berücksichtigen, ob der Arbeitgeber die Gestaltungsmöglichkeiten unter der Woche voll ausgeschöpft hat.[23]

dd. Weitere Ausnahmen in § 10 Abs. 2 bis 4 ArbZG

Neben diesen Katalogausnahmen sieht das ArbZG drei weitere Ausnahmefälle **44** von der Sonn- und Feiertagsruhe vor, die ebenfalls keiner behördlichen Erlaubnis bedürfen. Die erste Möglichkeit, ohne Genehmigung der Behörde an Sonn- und Feiertagen zu arbeiten, besteht in **Produktionsbetrieben**. Dies ist jedoch nur dann möglich und zulässig, wenn eine durchlaufende Produktion dazu führt, dass an Sonn- und Feiertagen insgesamt weniger Beschäftigte tätig sein müssen als bei einer für diese Zeiten unterbrochenen Produktion (§ 10 Abs. 2 ArbZG). Dieser Ausnahmetatbestand, der augenscheinlich nur wirtschaftliche Gründe bezweckt, zielt auf Arbeitsprozesse, die aus technischen Gründen nicht unterbrochen werden können oder sich nur mit sehr hohem personellen Aufwand unterbrechen lassen.[24]

Eine weitere Ausnahme von der Sonn- und Feiertagsruhe, die keiner behördli- **45** chen Erlaubnis bedarf, ist für **Bäcker und Konditoren** vorgesehen. Diese dürfen bis zu drei Stunden arbeiten, um Back- und Konditorwaren herzustellen, auszufahren oder auszutragen sowie diese am selben Tage zu verkaufen (§ 10 Abs. 3 ArbZG). Tätigkeiten, die der Herstellung von Waren dienen, die am Folgetag verkauft werden sollen, sind damit nicht von dieser Ausnahme erfasst.

Auch für den **Finanzdienstleistungssektor** besteht eine Ausnahme von der Fei- **46** ertagsruhe. Ausnahmsweise dürfen Tätigkeiten zur Durchführung des Eil- und Großbetragszahlungsverkehrs sowie Tätigkeiten des Geld-, Devisen-, Wertpapier- und Derivatehandels an einem Feiertag durch Beschäftigte ausgeführt werden, wenn dieser Feiertag nicht in allen Mitgliedstaaten der EU ein Feiertag ist (§ 10 Abs. 4 ArbZG). Durch diese Regelung soll sichergestellt werden, dass die genannten Finanzdienstleistungen immer dann angeboten werden können, wenn ein anderes EU-Land an diesem Tag arbeitet und somit eine entsprechende Nachfrage möglich ist.[25] Mit Blick darauf, dass nur der Neujahrstag und der erste

---

23 Buschmann/Ulber, § 10 Rn. 17.
24 Wedde-*Wedde*, § 10 ArbZG Rn. 30.
25 Buschmann/Ulber, § 10 Rn. 21; Wedde-*Wedde*, § 10 ArbZG Rn. 32.

Weihnachtsfeiertag EU-weit als Feiertage anerkannt sind, ist die Ausnahmevorschrift von großer Bedeutung in dieser Branche.

47 Die Erbringung von Arbeitsleistungen an Sonn- und Feiertagen unterliegt auch bei Vorliegen eines Ausnahmefalls des § 10 ArbZG der Mitbestimmung des Betriebsrats. Das bedeutet, dass selbst dann die Zustimmung des Betriebsrats erforderlich ist, wenn ausnahmsweise aufgrund einer gesetzlichen Ausnahmeregelung die Sonn- und Feiertagsarbeit zulässig ist.

c. Ausnahmen mit behördlicher Erlaubnis

aa. Ausnahmen aufgrund Rechtsverordnung des Bundes oder der Länder (§ 13 Abs. 1 und 2 ArbZG)

48 Das ArbZG sieht weitere Möglichkeiten vor, Ausnahmen von der Sonn- und Feiertagsruhe zu schaffen. Von der Möglichkeit, durch eine **Rechtsverordnung** des Bundes weitere Ausnahmen zuzulassen (§ 13 Abs. 1 ArbZG), hat die Bundesregierung bisher keinen Gebrauch gemacht.

49 Einige Bundesländer haben jedoch von der ihnen eingeräumten Möglichkeit (§ 13 Abs. 2 ArbZG) Gebrauch gemacht und haben durch sog. Bedarfsgewerbeordnungen versucht, die zulässige Sonn- und Feiertagsarbeit zu erweitern. Allerdings haben sie die Sonn- und Feiertagsarbeit auch für solche Bereiche und Branchen zugelassen, die nicht zwingend der Erfüllung der in § 10 ArbZG genannten öffentlichen, gesellschaftlichen oder betrieblichen Zwecke dienen. Hierdurch wurde unzulässig in die verfassungsgemäß geschützte Sonn- und Feiertagsruhe eingegriffen. Jedenfalls eine Ausdehnung der Sonn- und Feiertagsarbeit auf die Getränkeindustrie und den Getränkegroßhandel, auf Eisfabriken, den Großhandel, auf Call-Center, Videotheken und Bibliotheken sowie auf Lotto- und Totto-Gesellschaften wurde mit Blick auf den von der Verfassung vorgegebenen Ausnahmecharakter der Sonn- und Feiertagsarbeit für unzulässig angesehen.[26] Die entsprechenden Bedarfsgewerbeordnungen sind unwirksam. In diesen Bereichen bleibt es bei dem grundsätzlichen Verbot der Sonn- und Feiertagsarbeit. Ausnahmen von der Sonn- und Feiertagsruhe auf der Grundlage einer Rechtsverordnung sind mit Blick auf diese begrüßenswerte Rechtsprechung nicht ersichtlich.

bb. Behördliche Ausnahmebewilligung (§ 13 Abs. 3 bis 5 ArbZG)

50 Eine Ausnahme von der Sonn- und Feiertagsruhe ist jedoch auf der Grundlage einer behördlichen Ausnahmebewilligung denkbar. Hierbei kommen insgesamt fünf Fallkonstellationen in Betracht.

---

26 VGH Hessen 12. 9. 2013 – 8 C 1776/12.N, bestätigt durch BVerwG 26. 11. 2014 – 6 CN 1.13.

Für den **Einzelhandel** ist es an insgesamt zehn Sonn- und Feiertagen pro Kalen- **51**
dertag möglich, von Beschäftigten Arbeitsleistungen zu verlangen, wenn besondere Verhältnisse einen erweiterten Geschäftsverkehr erforderlich machen. Hierbei handelt es sich um die sog. **verkaufsoffenen Sonntage**. Diese verkaufsoffenen Sonntage erfordern zunächst, dass auf der Grundlage der Ladenschlussge-
setze eine Ladenöffnung zulässig ist. Von dieser Möglichkeit der Ladenöffnung
an Sonntagen haben die Bundesländer sehr unterschiedlich Gebrauch gemacht.
Während in Bayern an keinem Sonntag die Geschäfte geöffnet sein dürfen, hat
Berlin die nach dem ArbZG maximal mögliche Anzahl von zehn Sonntagen zugelassen. Brandenburg hat sechs Tage zugelassen. Die anderen Bundesländer haben vier Sonntage zugelassen.

Weitere Voraussetzung für die Sonn- und Feiertagstätigkeit ist, dass besondere **52**
Verhältnisse einen erweiterten Geschäftsverkehr erforderlich machen (§ 13 Abs. 3
Nr. 2a ArbZG). Als besondere Verhältnisse kommen in der Regel Messen, Märkte
oder Ausstellungen in Betracht. Allerdings genügt für eine Sonntagsöffnung
nicht allein der Umstand, dass eine Messe oder ein Markt abgehalten wird. Eine
Sonntagsöffnung ist nur zulässig, wenn die prägende Wirkung des Markts für
den öffentlichen Charakter des Tages gegenüber der typischen werktäglichen Ge-
schäftstätigkeit überwiegt. Dies setzt voraus, dass die Ladenöffnung einen engen
räumlichen Bezug zum Marktgeschehen hat und prognostiziert werden kann,
dass der Markt einen so großen Besucherstrom anzieht, dass zu erwarten ist, dass
die Zahl der Ladenbesucher am Tag der Sonntagsöffnung höher ist als an einem
Wochentag.[27]

Zur Begründung der Ladenöffnung am Sonntag und damit zur Möglichkeit der **53**
Sonntagsarbeit genügt es damit nicht, dass ein Markt oder eine Messe stattfindet.
Vielmehr muss dargelegt werden, dass diese in räumlicher Nähe zur Verkaufs-
stelle liegt und darüber hinaus die Besucherströme zur Messe es erwarten lassen,
dass mit einem gegenüber einem normalen Verkaufstag erhöhten Kundenstrom
zu rechnen ist. Mit dieser begrüßenswerten Rechtsprechung hat das BVerwG
die Anforderungen an die verkaufsoffenen Sonntage deutlich erhöht und so die
Sonn- und Feiertagsruhe für den Einzelhandel und die dort Beschäftigten geschützt. Trotzdem sind verkaufsoffene Sonntage in einem maximalen Umfang
von zehn Sonn- und Feiertagen pro Jahr möglich.

An bis zu fünf Sonn- und Feiertagen im Jahr kann eine behördliche Genehmi- **54**
gung ferner zur **Abwendung von unverhältnismäßigen Schäden** erteilt werden, die aufgrund besonderer Verhältnisse entstehen können (§ 13 Abs. 3 Nr. 2b
ArbZG). Eine solche Genehmigung darf nur erteilt werden, wenn ein unzumutbarer Schaden eintreten kann. Der Schaden darf nicht aus dem normalen Be-

---

27 BVerwG 11.11.2015 – 8 CN 2.14.

triebsrisiko herzuleiten sein. Vielmehr muss es sich um eine außergewöhnliche und nur ausnahmsweise auftretende Situation handeln.[28] Zu denken ist etwa an erhebliche Stromausfälle in einem Kühlhaus oder Hacker-Angriffe, die das gesamte Produktionssystem gefährden.

55   Für maximal einen Sonntag kann mit behördlicher Genehmigung zum Zweck der Durchführung einer **Inventur** gearbeitet werden (§ 13 Abs. 3 Nr. 2c ArbZG). Eine solche Genehmigung darf nur für einen Sonntag nicht dagegen für einen Feiertag erteilt werden.

56   Eine Ausnahmebewilligung kann für sog. **unterbrechungsfreie Betriebe** erteilt werden (§ 13 Abs. 4 ArbZG). Dabei handelt es sich um Produktionen, die aufgrund chemischer, biologischer, technischer oder physikalischer Gründe nicht unterbrochen werden dürfen.

57   Schließlich kann eine Ausnahmebewilligung erteilt werden, wenn bei einer weitgehenden Ausnutzung der gesetzlich zulässigen wöchentlichen Betriebszeit und bei längeren Betriebszeiten **im Ausland die Konkurrenzfähigkeit** des Unternehmens unzumutbar beeinträchtigt ist und durch die Sonn- und Feiertagsarbeit die Beschäftigung gesichert werden kann (§ 13 Abs. 5 ArbZG). Erforderlich ist zunächst, dass das Unternehmen die gesetzlich zulässige Betriebszeit von 144 Stunden (6 Werktage à 24 Stunden) ausgenutzt hat. Ferner ist zwingend erforderlich, dass im Ausland eine längere Betriebszeit in einem vergleichbaren Betrieb oder Unternehmen gearbeitet wird. Die längere Betriebszeit muss dabei nach den im Ausland geltenden Regelungen rechtlich zulässig sein.

58   Es genügt jedoch nicht, dass ein Konkurrenzverhältnis zu einem ausländischen Unternehmen besteht. Vielmehr muss die Konkurrenzfähigkeit des deutschen Betriebs oder Unternehmens unzumutbar beeinträchtigt sein. Das setzt voraus, dass die Produkte oder Dienstleistungen sich gegenüber dem Konkurrenzprodukt nicht auf dem Markt behaupten können und auf längere Sicht der Bestand des Betriebs deshalb gefährdet ist. Auf eine Konkurrenz im Ausland, die eine Sonn- und Feiertagsarbeit rechtfertigen soll, kann sich das Unternehmen aber nur berufen, solange keine inländischen Konkurrenten bestehen, die ohne Sonn- und Feiertagsarbeit konkurrenzfähige Produkte oder Dienstleistungen anbieten. Schließlich muss die Sonn- und Feiertagsarbeit geeignet sein, die Beschäftigung im Betrieb zu sichern.[29]

59   Das Vorliegen einer behördlichen Ausnahmebewilligung allein rechtfertigt noch nicht die Durchführung von Sonn- und Feiertagsarbeit. Vielmehr muss der Betriebsrat hierzu seine Zustimmung erteilen, denn eine solche Tätigkeit unterliegt dem Mitbestimmungsrecht des Betriebsrats nach § 87 Abs. 1 Nr. 2 und Nr. 3 BetrVG.

---

28 Wedde-*Wedde*, § 10 ArbZG Rn. 12.
29 Buschmann/Ulber, § 13 Rn. 22 bis 31a; Wedde-*Wedde*, § 10 ArbZG Rn. 15 bis 20.

3. Ausgleich für Sonn- und Feiertagsarbeit

a. Arbeitsfreie Sonntage (§ 11 Abs. 1 ArbZG)

Wer verpflichtet ist, an Sonn- und Feiertagen zu arbeiten, hat einen Anspruch **60** darauf, dass pro Kalenderjahr **15 Sonntage arbeitsfrei** bleiben (§ 11 Abs. 1 ArbZG). Dieser Anspruch bezieht sich auf jeden Beschäftigten, nicht auf den Betrieb. Zulässig ist es also, dass im Betrieb an 52 Sonntagen gearbeitet wird, solange alle Beschäftigten jeweils 15 arbeitsfreie Sonntage gewährt bekommen. Arbeitsfrei heißt, dass tatsächlich keine Form der Tätigkeit vom Arbeitgeber verlangt werden darf, also auch keine Rufbereitschaft oder Bereitschaftsdienste.[30] Bezugszeitraum für die arbeitsfreien Sonntage ist nicht das Kalenderjahr, sondern das (rollierende) Jahr. Die Betrachtung beginnt mit dem ersten Sonntag, an dem gearbeitet wird. In den folgenden zwölf Monaten müssen dann 15 Sonntage arbeitsfrei bleiben.[31] Denkbar ist es damit, dass Beschäftigte zu Beginn des Betrachtungszeitraums an vielen, nämlich bis zu 37 Sonntagen hintereinander eingesetzt werden, wenn sie dann an 15 Sonntagen in Folge arbeitsfrei bleiben.

Die Anzahl der arbeitsfreien Sonntage kann durch Tarifvertrag in einigen Bran- **61** chen verringert werden. In Dienststellen der Polizei sowie in Gerichten und Behörden, in Krankenhäusern und anderen Pflegeeinrichtungen, im Gaststätten- und Hotelgewerbe sowie in Verkehrsbetrieben kann durch Tarifvertrag die Anzahl der arbeitsfreien Sonntag auf bis zu zehn, im Rundfunk, Theater, Orchester und bei Schaustellern auf bis zu acht und im Filmtheater und in der Tierhaltung auf bis zu sechs reduziert werden.

Für **Jugendliche**, die in Krankenhäusern und anderen Pflegeeinrichtungen, in **62** der Landwirtschaft, im elterlichen Betrieb, im Schaustellergewerbe, im Gaststättengewerbe, im ärztlichen Notdienst, beim Sport oder bei Musik-, Theater- und anderen Aufführungen oder bei Live-Sendungen in Rundfunk und Fernsehen tätig sind, ist ausnahmsweise Sonntagsarbeit zulässig. Allerdings muss sichergestellt sein, dass jeder zweite Sonntag, aber mindestens zwei Sonntage im Monat arbeitsfrei bleiben (§ 17 Abs. 2 JArbSchG).

Nur die Tätigkeit an Sonntagen löst den Anspruch auf arbeitsfreie Sonntage aus. **63** Eine Mindestanzahl arbeitsfreier Feiertage existiert nicht.

b. Ersatzruhetag (§ 11 Abs. 3 ArbZG)

Wer an einem Sonn- oder Feiertag gearbeitet hat, hat einen Anspruch auf einen **64** **Ersatzruhetag** (§ 11 Abs. 3 ArbZG). Diesen Anspruch hat jeder, der an einem solchen Tag gearbeitet hat, also auch diejenigen, die Rufbereitschaft oder Bereitschaft leisten. Nach richtiger Lesart des Gesetzes haben auch diejenigen An-

---

30 BAG 22.9.2005 – 6 AZR 579/04.
31 Wedde-*Wedde*, § 11 ArbZG Rn. 4.

spruch auf einen Ersatzruhetag, die an einem Sonn- oder Feiertag E-Mails bearbeitet oder Telefonate erledigt haben.[32] Der Ersatzruhetag ist ganztägig, also von 0 Uhr bis 24 Uhr zu gewähren. Er muss vollständig arbeitsfrei sein, also auch frei von Rufbereitschaft.[33] Der Ersatzruhetag für einen Sonntag muss innerhalb eines Ausgleichszeitraums von zwei Wochen nach Erbringung der Arbeitsleistung und für einen Feiertag innerhalb von acht Wochen nach Erbringung gewährt werden.

65 Nach der kritikwürdigen Rechtsprechung des BAG ist es zulässig, den Ersatzruhetag auf einen beschäftigungsfreien Werktag (bei einer 5-Tage-Woche in der Regel der Samstag) zu legen.[34] Diese Rechtsprechung ist deshalb abzulehnen, weil damit der mit dem Ersatzruhetag verfolgte Zweck des zusätzlichen Erholungstags verloren geht. Ferner soll die Regelung über den Ersatzruhetag sicherstellen, dass den Beschäftigten im gleichen Beschäftigungszeitraum eine gleiche Anzahl von freien Tagen zusteht.[35]

66 Durch eine **Tarifvertrag** kann vereinbart werden, dass Ersatzruhetage für Feiertage, die auf einen Werktag fallen, ersatzlos wegfallen können (§ 12 Satz 1 Nr. 2 ArbZG). Von dieser Möglichkeit haben die Tarifverträge der Rundfunkanstalten für die Orchestermitglieder Gebrauch gemacht. Nicht zulässig ist es hingegen, durch Tarifvertrag die Ersatzruhetage für Sonntage oder für Feiertage, die auf einen Sonntag fallen, ersatzlos zu streichen. Da Tarifverträge die Mindestbedingungen des ArbZG verbessern können, ist es zulässig, die Anzahl der Ersatzruhetage zu erhöhen. Durch eine Tarifvertrag kann zudem der Ausgleichszeitraum, in dem der Ersatzruhetag zu gewähren ist, verändert werden (§ 12 Satz 1 Nr. 2 ArbZG).

67 Hiervon hat beispielsweise § 8 Abs. 1 TVöD-Ärzte/VKA Gebrauch gemacht und festgelegt, dass der Ersatzruhetag für einen Feiertag zwar vorrangig bis zum Ende des folgenden Kalendermonats gewährt werden soll. Ist dies nicht möglich, so soll die Gewährung spätestens bis zum Ende des dritten Kalendermonats erfolgen. Kann auch bis zu diesem Zeitpunkt eine Gewährung nicht erfolgen, so wird eine Vergütung mit einem Zuschlag von 100 % fällig. Hierbei handelt es sich um eine Verlängerung des Ausgleichszeitraums bei gleichzeitigem ersatzlosen Entfallens der Freistellung. Die Kompensation erfolgt durch ein zusätzliches Entgelt.

68 Für **Jugendliche**, die an einem Sonntag gearbeitet haben, ist der **Ersatzruhetag** an einem berufsschulfreien Tag in derselben Woche zu gewähren. Ferner muss sichergestellt sein, dass die 5-Tage-Woche eingehalten wird (§ 17 Abs. 3 JArbSchG). Erfolgt eine Beschäftigung an einem Feiertag, muss der Ersatzruhe-

---

32 Wedde-*Wedde*, § 11 ArbZG Rn. 8.
33 Buschmann/Ulber, § 11 Rn. 2; Wedde-*Wedde*, § 11 ArbZG Rn. 8.
34 BAG 19.9.2012 – 5 AZR 727/11; BAG 13.7.2006 – 6 AZR 55/06.
35 Buschmann/Ulber, § 11 Rn. 6b; Wedde-*Wedde*, § 11 ArbZG Rn. 9; jeweils m.w.N.

Mittländer

tag in derselben oder der Folgewoche an einem berufsschulfreien Tag gewährt werden (§ 18 Abs. 3 JArbSchG).

c. Werdende und stillende Mütter

Werdende und stillende Mütter dürfen nur ausnahmsweise an Sonn- und Fei- **69** ertagen beschäftigt werden. Dies darf nur in bestimmten im MuSchG genannten Branchen erfolgen. Werden sie an einem Sonn- oder Feiertag beschäftigt, so muss sichergestellt sein, dass ihnen in jeder Woche mindestens einmal eine ununterbrochene Ruhezeit von 24 Stunden im Anschluss an eine Nachtruhe gewährt wird (§ 8 Abs. 4 MuSchG). Zu näheren Einzelheiten siehe → Mutterschutz Rn. 22–24.

III. Hinweise für die Mitbestimmung

Die Einführung von Sonn- und Feiertagsarbeit unterliegt sowohl unter dem Ge- **70** sichtspunkt des § 87 Abs.1 Nr. 2 BetrVG als auch unter dem Gesichtspunkt des § 87 Abs. 1 Nr. 3 BetrVG dem Mitbestimmungsrecht des Betriebsrats. Denn eine Tätigkeit an diesen Tagen tangiert die Lage der Arbeitszeit. Bei Überschreiten der betriebsüblichen Arbeitszeit kann dies darüber hinaus Mehrarbeit bzw. Überstunden darstellen. Vom Mitbestimmungsrecht erfasst, sind nicht nur die Fälle, in denen ausnahmsweise an einem Sonn- oder Feiertag gearbeitet werden soll. Vielmehr ist auch die regelmäßige Tätigkeit an Sonn- und Feiertagen hiervon erfasst. Darüber hinaus ist das ersatzlose Streichen einer oder mehrerer bereits geplanter Sonn- und Feiertagsschichten vom Mitbestimmungsrecht umfasst.[36] Auch der Personenkreis, also die konkrete Benennung der Beschäftigten, die Tätigkeiten an bestimmten Tagen leisten sollen oder müssen, unterliegt der Mitbestimmung des Betriebsrats.[37]

Das Mitbestimmungsrecht entfällt nicht, wenn die Sonn- oder Feiertagsarbeit **71** aufgrund einer Ausnahmebewilligung nach § 13 ArbZG erbracht werden soll, und zwar selbst dann nicht, wenn die Beschäftigten diese freiwillig leisten.[38] Das gleiche gilt für Sonn- und Feiertagsarbeiten in außergewöhnlichen Fällen i. S. d. § 14 ArbZG.[39] Auch wenn die Sonn- und Feiertagsarbeit im Rahmen von Eilfäl-

---

36 BAG 1. 7. 2003 – 1 ABR 22/02.
37 BAG 1. 7. 2003 – 1 ABR 22/02.
38 Buschmann/Ulber, § 13 Rn. 32; Wedde-*Wedde*, § 13 ArbZG Rn. 21.
39 Buschmann/Ulber, § 14 Rn. 22; Wedde-*Wedde*, § 14 ArbZG Rn. 23.

len abgeleistet wird, bleibt das Mitbestimmungsrecht bestehen.[40] Nur in Notfällen kann das Mitbestimmungsrecht eingeschränkt sein.[41]

72 Die **zeitliche Festlegung der Ersatzruhetage** für geleistete Sonn- und Feiertagsarbeit unterliegt ebenfalls der Mitbestimmung. Der Ausgleichstag ist innerhalb eines Zeitraums von zwei (für Sonntagsarbeit) bzw. acht (für Feiertagsarbeit) Wochen zu gewähren. Das ArbZG sieht damit keine in jedem Fall verbindliche Regelung für den Zeitpunkt der Gewährung vor. Vielmehr ist ein Regelungsspielraum gegeben, der das Mitbestimmungsrecht des Betriebsrats eröffnet.[42] Vom Mitbestimmungsrecht umfasst ist darüber hinaus eine mögliche **Verschiebung** des Zeitraums der Sonn- und Feiertagsruhe nach § 9 Abs. 2 und 3 ArbZG.[43]

73 Das Mitbestimmungsrecht wird nicht dadurch ausgeschlossen, dass der Arbeitgeber die Sonn- und Feiertagsarbeit ausschließlich mit **Betriebsfremden** abdeckt. So unterliegt es beispielsweise auch dann dem Mitbestimmungsrecht des Betriebsrats, wenn ein Arbeitgeber für einen einzelnen Sonntag Beschäftigte aus einem anderen Betrieb heranzieht. In diesen Fällen unterliegt der Einsatz an diesem Sonntag der Zustimmung des Einsatzbetriebs.[44] Gleiches gilt für den Einsatz von Leiharbeitskräften. Will der Arbeitgeber die Sonntagsarbeit ausschließlich mit Leiharbeitskräften abdecken, steht dem Betriebsrat des Einsatzbetriebs das Mitbestimmungsrecht zu, so dass hierzu seine Zustimmung vorliegen muss.[45]

74 Die Einführung von vollkontinuierlicher Schichtarbeit unter Einbeziehung von Sonntagsarbeit (sog. 7/24-Stundenmodelle) stellt regelmäßig eine Betriebsänderung dar, so dass dem Betriebsrat die Beteiligungs- und Mitbestimmungsrechte der § 112 BetrVG zur Seite stehen. In solchen Situationen sind neben einer Betriebsvereinbarung zur Gestaltung der Schichtmodelle auch ein Interessenausgleich und Sozialplan zu verhandeln und abzuschließen.[46]

75 Die Regelungen, die der Betriebsrat mit dem Arbeitgeber vereinbart, müssen nicht nur die gesetzlichen Vorschriften, sondern darüber hinaus auch die jeweils im Betrieb geltenden tarifvertraglichen Bestimmungen einhalten. Eine Regelung, die unter Verstoß gegen den Tarifvorbehalt getroffen wird, ist unwirksam. Die Lage der Arbeitszeit ist auch nach dem BPersVG der uneingeschränkten Mitbestimmung des Personalrats unterworfen (§ 75 Abs. 3 Nr. 1 BPersVG), so dass auch die Einführung und Durchführung von Sonn- und Feiertagsarbeit der Zustimmung des Personalrats bedarf. Allerdings sind auch hier die Einschränkun-

---

40 BAG 2.3.1982 – 1 ABR 74/79.
41 Buschmann/Ulber, § 14 Rn. 22 m. w. N.
42 LAG Köln 24.9.1998 – 10 TaBV 57/97.
43 BAG 29.4.2004 – 1 AZR 445/03.
44 BAG 25.2.1997 – 1 ABR 69/96.
45 BAG 15.12.1992 – 1 ABR 38/92; BAG 19.6.2001 – 1 ABR 43/00.
46 Buschmann/Ulber, § 10 Rn. 24; Wedde-*Wedde*, § 11 ArbZG Rn. 34.

gen des § 75 Abs. 4 BPersVG zu beachten. Hiernach ist das Mitbestimmungsrecht auf die Aufstellung allgemeiner Grundsätze zur Leistung derartiger Arbeiten beschränkt. Dies gilt aber nur in Fällen, in denen die tägliche Arbeitszeit unregelmäßig und kurzfristig festgesetzt werden muss. Dies ist nur dann gegeben, wenn der Zeitraum zwischen der Festsetzung im Dienstplan und dessen Inkrafttreten so kurz ist, dass das Mitbestimmungsverfahren nicht eingehalten werden kann.[47]

IV. Eckpunkte für Betriebs- und Dienstvereinbarungen

Neben den allgemeinen Regelungen zu Fragen, wann Sonn- und Feiertagsarbeit **76** zulässig und wer hierzu in welchem Umfang verpflichtet ist, sollten Betriebsvereinbarungen insbesondere sicherstellen, dass die Ersatzruhetage an regelmäßigen Arbeitstagen zu gewähren sind und nicht an Urlaubs- oder Krankheitstagen oder an einem im Betrieb arbeitsfreien Samstag realisiert werden. Auch sollte eine Regelung aufgenommen werden, nach der die Verpflichtung zur Sonn- und Feiertagsarbeit möglichst gleichmäßig auf die Beschäftigten zu verteilen ist. Auf persönliche Belange einzelner Beschäftigter ist dabei selbstverständlich Rücksicht zu nehmen.

Betriebsräte müssen auch darauf achten, Regelungen zu treffen, die ihre Mitbe- **77** stimmungsrechte bei Durchführung von Sonn- und Feiertagsarbeit aufrechterhalten. Jedenfalls in Betrieben, in denen nicht regelmäßig an Sonn- und Feiertagen gearbeitet wird, muss das Zustimmungserfordernis für jeden einzelnen Tag aufrechterhalten bleiben. In Betrieben, in denen vollkontinuierlich Schicht gearbeitet wird, muss der Betriebsrat darauf achten, sein Mitbestimmungsrecht in Bezug auf die einzelnen Schichtpläne nicht aufzuheben Denn auch die Zuordnung der einzelnen Beschäftigten zu einer Schicht unterliegt seiner Mitbestimmung.

---

47 *Berg* in: Altvater/Bachner/Berg/Kröll/Noll/Seulen, BPersVG § 75 Rn. 159.

Ständige Erreichbarkeit

I. Einführung

1   Das Schlagwort »Ständige Erreichbarkeit« steht für den Komplex einer dauernden, von der Tageszeit unabhängigen Verfügbarkeit des Arbeitnehmers für den
Arbeitgeber. Dabei geht es um die Verfügbarkeit außerhalb der betrieblichen Arbeitszeit.

2   Das traditionelle Arbeitsverhältnis mit festen Arbeitszeiten (»9 to 5 world«) ist
seit geraumer Zeit auf dem Rückzug. Die Digitalisierung der Arbeitswelt hat diesen Prozess weiter beschleunigt. Computer sind von den meisten Arbeitsplätzen
nicht mehr wegzudenken. Die Entwicklung und Verbreitung von Smartphones
und Laptops hat es ermöglicht, dass Arbeitnehmer auch außerhalb ihres Arbeitsplatzes und unabhängig von der Tageszeit theoretisch ständig erreichbar sind.
Gleichzeitig können Arbeitnehmer über die digitalen Arbeitsgeräte jederzeit auf
betriebliche Dateien zugreifen.

3   Diese neuen Möglichkeiten sind ein zweischneidiges Schwert. Auf der einen Seite
können sie zu mehr Freiheiten des Arbeitnehmers bei Gestaltung der Arbeitszeit
oder Wahl des Arbeitsortes führen. Auf der anderen Seite bedeuten sie ein immer
stärkeres Eindringen des Beruflichen in das Privatleben. Zudem besteht die Gefahr einer Überbeanspruchung.

4   Weil das ArbZG aber ursprünglich für das traditionelle Arbeitsverhältnis konzi-
piert worden ist, gibt es an der einen oder anderen Stelle Reibungspunkte oder
sogar Brüche, mit denen umgegangen werden muss. Die Vorstellung, ein Arbeitnehmer könne rund um die Uhr für den Arbeitgeber erreichbar sein, war dem
früheren Gesetzgeber fremd.

II. Einzeldarstellung

1. Statistik

Die Verfügbarkeit der Arbeitnehmer außerhalb der Arbeitszeit nimmt zu. Laut **5** »DGB-Index Gute Arbeit« von 2011 erwartet der Arbeitgeber von 27 % aller Beschäftigten, dass sie auch in der Freizeit »sehr häufig« oder »oft« erreichbar sind. Nach einer Studie des Bundesverbandes Informationswirtschaft, Telekommunikation und neue Medien (BITKOM) von 2013 erwarten sogar bereits 52 % der Arbeitgeber die Erreichbarkeit ihrer Mitarbeiter auch außerhalb der regulären Arbeitszeiten. Die Erwartungshaltung reicht dabei von »zu bestimmten Zeiten« bis »jederzeit«.

Nach derselben Studie geben 62 % der befragten Erwerbstätigen an, außerhalb **6** der regulären Arbeitszeit für dienstliche Belange erreichbar zu sein.

Ständige Erreichbarkeit bedeutet, dass der Arbeitnehmer nach Feierabend, an **7** Wochenenden oder sogar im Urlaub für den Arbeitgeber erreichbar ist, um geschäftliche E-Mails zu bearbeiten, Telefonate zu führen oder an digitalen Dokumenten zu arbeiten. Zugespitzt könnte man formulieren, dass die bisherige Präsenzkultur der Unternehmen, also die Erwartung der physischen Anwesenheit des Beschäftigten am Arbeitsort, erweitert worden ist um eine »digitale Präsenzkultur«.[1]

Selbst wenn eine solche Verpflichtung in keinem Arbeitsvertrag vereinbart sein **8** dürfte, kann es eine Art psychischer Verpflichtung zu »always on«, zu ständiger Erreichbarkeit geben.

Sofern im Betrieb oder auch bei einzelnen Vorgesetzten eine entsprechende Erwartungshaltung vorherrscht, so dürfte ein effektiver psychischer Druck auf den **9** Arbeitnehmer wirken, tatsächlich immer »always on« zu sein. Wäre er dies nicht, so müsste er befürchten, ein »low-performer« zu sein, einer der nicht in dem gleichen Maße engagiert ist, wie es andere Kollegen sind. Dem beruflichen Fortkommen dürfte es nicht förderlich sein, wenn ein Arbeitnehmer sich dem Trend zur ständigen Verfügbarkeit widersetzt.

Eine flexible Gestaltung von Arbeitszeit wird u. a. mit einer angeblich besseren **10** Vereinbarkeit von Familie und Beruf beworben. Eine Verpflichtung oder betriebliche Erwartung zum »always on« bedeutet hingegen schon wieder das Gegenteil. Eine Erreichbarkeit während beispielsweise Kinder abgeholt oder betreut werden, kann es sinnvollerweise nicht geben. Eine flächendeckende Durchsetzung des »always on« würde daher wiederum ein Karrierehemmnis eher für Frauen als Männer darstellen, die in der Kinderbetreuung weiterhin nicht so engagiert sind wie Frauen.

---

[1] Thüsing, SR 2016, 87.

2. Rechtliche Vorgaben im europäischen Recht

11 Die Frage ist, wie ständige Erreichbarkeit arbeitszeitrechtlich zu bewerten ist. Das herkömmliche Arbeitszeitmodell kennt nur Arbeit oder Freizeit, Mischformen oder Graubereiche kommen dort nicht vor.[2]

12 Die nationalen und die europäischen Rechtsgrundlagen sind auf das klassische Arbeitszeitmodell ausgerichtet. Dies sind vor allem das ArbZG und die Richtlinie 2003/88/EG des Europäischen Parlaments und des Rates vom 4. 11. 2003 über bestimmte Aspekte der Arbeitszeitgestaltung.

13 Die sog. Arbeitszeitrichtlinie definiert in Art. 2 Nr. 1 die Arbeitszeit. Dort heißt es:

>*»Arbeitszeit: jede Zeitspanne, während der ein Arbeitnehmer gemäß den einzelstaatlichen Rechtsvorschriften und/oder Gepflogenheiten arbeitet, dem Arbeitgeber zur Verfügung steht und seine Tätigkeit ausübt oder Aufgaben wahrnimmt«.*

14 Ruhezeit ist nach Art. 2 Nr. 2 der Richtlinie *»jede Zeitspanne außerhalb der Arbeitszeit«.*

15 Nach der Rechtsprechung des EuGH kommt es für die Beurteilung, ob Arbeitszeit vorliegt, weder auf die Intensität der Arbeitsleistung oder deren Dauer noch auf die konkrete Leistung des Arbeitnehmers an. Entweder es liegt Arbeitszeit vor oder Ruhezeit.

16 Es fällt schon schwer, die bereits bestehenden Mischformen wie die Rufbereitschaft oder Bereitschaftsdienst in dieses Schema einzuordnen. Gesetzlich definiert sind diese nicht, stattdessen muss auf die Rechtsprechung zurückgegriffen werden.

17 Überwiegt der freie Gestaltungsspielraum des Arbeitnehmers gegenüber den arbeitgeberseitigen Einschränkungen, liegt nach der europäischen Rechtsprechung Rufbereitschaft vor.[3] Überwiegen hingegen die Pflichten für den Arbeitgeber, liegt Bereitschaftsdienst vor und damit vergütungspflichtige Arbeitszeit.[4]

18 In seiner Entscheidung vom 9. 9. 2003 hat der EuGH die europarechtlichen Anforderungen an die Beschaffenheit der Ruhezeit konkretisiert. Demnach darf der Arbeitnehmer während der Ruhezeit gegenüber seinem Arbeitgeber keiner Verpflichtung unterliegen, die ihn daran hindert, frei und ohne Unterbrechung seinen eigenen Interessen nachzugehen.

---

2 EuGH 1. 12. 2005 – C-14/04.
3 EuGH 3. 10. 2000 – C-303/98.
4 EuGH 3. 10. 2002 – C-303/98; EuGH 9. 9. 2003 – C-151/02.

Beckmann

3. Vergleichbarkeit »Ständige Erreichbarkeit« und Rufbereitschaft

a. Vergütungspflichtige Arbeitszeit

Bei der rechtlichen Bewertung von »Ständiger Erreichbarkeit« lässt sich am ehesten auf die Regeln zur Rufbereitschaft zurückgreifen. Bei der Rufbereitschaft muss sich der Arbeitnehmer zu einer eventuellen Arbeitsaufnahme bereithalten. Ein bestimmter Aufenthaltsort ist ihm dabei nicht vorgegeben. Die Rufbereitschaft gilt als Freizeit. Nur die tatsächliche Aufnahme einer geschäftlichen Tätigkeit gilt als Arbeitszeit. **19**

Ein wesentlicher Unterschied ist aber, dass der Arbeitnehmer bei der Rufbereitschaft nur auf »Zuruf« tätig wird. Er erhält eine Nachricht oder ein anderes Signal und nimmt daraufhin die Arbeit auf. Unter den Komplex »Ständige Erreichbarkeit« fällt aber auch die häufige Variante, dass der Arbeitnehmer eigeninitiativ tätig wird. Die Frage ist, ob auch dann vergütungspflichtige Arbeitszeit vorliegt. **20**

Arbeitszeit ist die Zeit, in welcher der Arbeitnehmer verpflichtet aber auch berechtigt ist, seine vertraglich geschuldete Arbeit zu leisten.[5] Der Arbeitnehmer darf während dieser Zeiten seine Leistung mit der Folge des § 293 BGB anbieten. Nimmt der Arbeitgeber die Leistung nicht an, gerät er in Annahmeverzug mit der Folge einer Vergütungspflicht. **21**

Der Arbeitgeber muss sich die Tätigkeit außerhalb der üblichen Arbeitszeit nur dann nicht zurechnen lassen, wenn er sie entweder ausdrücklich untersagt oder aber auch nicht geduldet hat.[6] Dies dürfte in der Praxis nicht vorkommen. Spätestens dann, wenn sich der Arbeitgeber die jeweilige Arbeitsleistung zu eigen macht, entspricht dies einer nachträglichen Zustimmung zur Arbeitsaufnahme gem. § 184 Abs. 1 BGB. Alle Tätigkeiten des Arbeitnehmers, die der Befriedigung eines fremden (dienstlichen) Bedürfnisses dienen, sind als Arbeit i. S. d. ArbZG zu qualifizieren, ohne dass der Arbeitgeber diese Tätigkeiten ausdrücklich oder konkludent anordnen müsste.[7] **22**

Zur Abgrenzung zwischen Bereitschaftsdienst und Rufbereitschaft im Zusammenhang mit dem Stichwort »Ständige Erreichbarkeit« kann ggf. auf die Entscheidung des BAG zum früheren § 15 Abs. 6b BAT zurückgegriffen werden. Danach liegt Rufbereitschaft vor, wenn der Arbeitnehmer in der Freizeit ein Funktelefon bei sich führen und im Falle eines Anrufes Anordnungen treffen muss.[8] Das ist vergleichbar einer Situation, in der ein Arbeitnehmer per SMS oder E-Mail erreichbar ist. In einem solchen Fall wird der Arbeitgeber alsbald nach **23**

---

5 BAG 17.11.2015 – 1 ABR 76/13.
6 Wiebauer, NZA 2016, 1430, 1433.
7 Krause, NZA 2016, 1004, 1005.
8 BAG 29.6.2000 – 6 AZR 900/98.

Absenden einer Nachricht eine Reaktion erwarten. Es ist nicht zwingend, dass der Arbeitnehmer sofort tätig werden muss.

24   Tatsächliche Arbeitszeit, die vergütungspflichtig ist, liegt dann nur bei einem tatsächlichen Tätigwerden vor. Wie bei der Rufbereitschaft ist ein tatsächlicher »Abruf« der Arbeitsleistung erforderlich, damit eine arbeitszeitrechtliche Relevanz gegeben ist. Wird nur erwartet, dass der Arbeitnehmer erreichbar ist, bleibt es bei der Rufbereitschaft.

b.   Grenzen der Erreichbarkeit

25   Allerdings kann auch dies problematisch sein, wenn die Rufbereitschaft uferlos auf die Freizeit übergreift. Die Zeiten, in denen zwar keine Arbeitsleistung erbracht wird, aber Rufbereitschaft besteht, dürften einen signifikant geringeren Erholungswert haben als wirkliche Ruhezeit. Ein Arbeitnehmer, der zumindest damit rechnen muss, jeden Moment zur Arbeit verpflichtet zu werden, kann sich ungleich schlechter gedanklich von der Arbeit entfernen und abschalten.

26   Eine gesetzliche Obergrenze besteht nicht. Es wird dafür plädiert, die Rechtsprechung des BAG für Abrufarbeit analog anzuwenden. Demnach dürfte die Rufbereitschaft ein Viertel der fest vereinbarten Arbeitszeit nicht übersteigen – bei einer 40-Stunden-Woche also maximal zehn Stunden weitere außerbetriebliche Erreichbarkeit.[9]

27   Im Übrigen greift nur die allgemeine Grenze des § 618 BGB, wonach der Arbeitgeber verpflichtet ist, die Arbeitsbedingungen so auszugestalten, dass der Arbeitnehmer vor gesundheitlichen Gefahren geschützt wird. Freilich lässt sich schwer ermitteln, wann eine Gesundheitsgefährdung durch ständige Erreichbarkeit bzw. ständige Rufbereitschaft eintritt. Spätestens bei einer Inanspruchnahme des Arbeitnehmers während der Nacht- und Schlafenszeit dürfte diese Grenze aber überschritten sein.

28   Darüber hinaus dürfte es für den Arbeitnehmer Schwierigkeit geben, die Vergütung für diese Zeiten auch tatsächlich einzufordern. Oftmals dürfte mit der Erwartungshaltung des Arbeitgebers zu einem »always on« eine Erwartungshaltung einhergehen, nach der diese nebenbei in der Freizeit erbrachte Arbeitsleistung mit dem üblichen Gehalt bereits abgegolten ist.

29   Nach § 3 Abs. 1 Satz 1 ArbSchG ist der Arbeitgeber verpflichtet, die erforderlichen Maßnahmen des Arbeitsschutzes unter Berücksichtigung der Umstände zu treffen, die Sicherheit und Gesundheit der Beschäftigten bei der Arbeit beeinflussen. Bei Einbeziehung der Zeiten der Erreichbarkeit in diesen Schutzbereich, ist der Arbeitgeber auch dann zur Beachtung der Schutzgesetze verpflichtet. Zu-

---

9 Däubler, SR Sonderheft 2016, 17.

                                                  Beckmann

mindest für die Rufbereitschaft dürfte klar sein, dass diese nicht denselben Erholungswert hat wie Ruhezeit ohne Erreichbarkeit.

Die Einordnung der ständigen Erreichbarkeit als Rufbereitschaft ist demnach grundsätzlich möglich. Vergütungspflichtige Arbeitszeit liegt stets erst dann vor, wenn der Arbeitnehmer tatsächlich tätig wird. Was bleibt, ist die Gefahr einer durchaus substantiellen Beeinträchtigung des Erholungswertes der Freizeit allein dadurch, dass der Arbeitnehmer mit einer beruflichen Inanspruchnahme rechnen muss. **30**

Es ist daher sinnvoll und geboten, einer ausufernden Erreichbarkeit außerhalb der betriebsüblichen Arbeitszeiten auf betrieblicher Ebene durch entsprechende Regelungen in Betriebsvereinbarungen entgegenzutreten. **31**

4. Ruhezeitproblematik, § 5 ArbZG

Die Vorgaben des ArbZG sind zwingend und können weder arbeitsvertraglich noch durch freiwilligen Verzicht des Arbeitnehmers abbedungen werden. Das ArbZG erfasst nach § 2 Abs. 2 ArbZG alle Arbeitnehmer. Davon ausgenommen sind nach § 18 Abs. 1 Nr. 1 ArbZG lediglich leitende Angestellte i. S. v. § 5 Abs. 3 BetrVG. Zu beachten ist, dass nicht jede Führungskraft ein leitender Angestellter i. S. d. Vorschrift ist. Hierzu gehört nach § 5 Abs. 3 Nr. 1 bis 3 BetrVG eine selbstständige Einstellungs- und Entlassungsbefugnis oder Generalvollmacht/Prokura. **32**

Nach § 5 Abs. 1 ArbZG haben Arbeitnehmer nach Beendigung der täglichen Arbeitszeit Anspruch auf eine ununterbrochene Ruhezeit von elf Stunden. Es stellt sich die Frage, wie dies mit einer wenn auch nur kurzfristigen Unterbrechung im Rahmen einer Kontaktaufnahme durch den Arbeitgeber per E-Mail oder Telefon nach Ende der betriebsüblichen Arbeitszeit vereinbar ist. Dabei stellt die bloße Erreichbarkeit nach wohl zutreffender Ansicht noch keine Unterbrechung der Ruhezeiten dar. **33**

Jede tatsächliche Arbeitsleistung indes unterbricht die Ruhezeit. Nach der derzeitigen Gesetzeslage müsste nach jedem Tätigwerden ein erneuter 11-Stunden-Zeitraum abgewartet werden. Wenn beispielsweise zwei Stunden nach Beginn der Ruhezeit und Ende der Arbeitszeit um 18 Uhr ein Telefonat von 15 Minuten erfolgt, setzt dies den erneuten Lauf der 11-Stunden-Ruhezeit in Gang. **34**

Arbeitgeberseitig mehren sich die Stimmen, wonach eine »geringfügige« Unterbrechung der Ruhezeit unschädlich sein soll. Der Erholungszweck der Ruhezeit sei durch kurzfristige Arbeitsleistungen nicht ernstlich gefährdet.[10] Bei selbst gestalteter Arbeitszeit sei der Arbeitnehmer auch weniger schutzbedürftig.[11] **35**

---

10 Günther/Böglmüller, NZA 2015, 1025, 1028; Jacobs, NZA 2016, 733, 737.
11 Bissels/Meyer-Michaelis, DB 2015, 2331, 2333.

36 Das Abstellen auf eine »Geringfügigkeit« im Rahmen einer Unterbrechung der Ruhezeit dürfte problematisch sein. Derart unbestimmte Begrifflichkeiten sind kaum justiziabel.[12] Zudem wird übersehen, dass auch eine geringfügige Unterbrechung – und sei es nur von fünf Minuten, in denen eine E-Mail gelesen oder ein Telefonat geführt wird – eine erhebliche Störung der Ruhezeit nach sich ziehen kann. Ein geschäftliches Telefonat – insbesondere eines mit unangenehmem Inhalt – wird zwangsläufig eine längere gedankliche Beschäftigung des Arbeitnehmers mit seiner beruflichen Tätigkeit bedeuten. Wenn der Arbeitnehmer es zwei Stunden nach Ende der betriebsüblichen Arbeitszeit gerade geschafft hatte, »runterzukommen« und sich gedanklich von beruflichen Problempunkten freizumachen, wird er nun aufs Neue damit beschäftigt und muss sich damit auseinandersetzen.

37 Zweck der Ruhezeit ist es aber, dass der Arbeitnehmer sich auch gedanklich von der Arbeit entfernen kann. Er soll keinen Gedanken mehr an die Arbeit verschwenden. Dies ist bei einer Stückelung der Ruhezeit deutlich schwerer. Jedes erneute Befassen mit der Arbeit torpediert den Zweck der Ruhezeit, einer auch gedanklichen Pause von der Arbeit, für einen längeren Zeitraum. Der Arbeitnehmer soll nach den Vorstellungen des EuGH elf Stunden lang eigenen Interessen nachgehen und sich ausdrücklich nicht mit der Arbeit befassen. Auch eine kurzfristige Unterbrechung beeinträchtigt daher den Schutzzweck dieser Norm.

38 Solange es hierzu keine gesetzliche Klarstellung gibt, bewegen sich die Arbeitsvertragsparteien in einem Graubereich. Nach geltendem Recht steht ein Tätigwerden für den Arbeitgeber am späten Abend, einem pünktlichen Arbeitsbeginn am frühen Morgen entgegen. Die Ruhezeit von elf Stunden nach § 5 Abs. 1 ArbZG ist zu beachten.

39 Das ArbZG verpflichtet den Arbeitgeber nicht nur zur Einhaltung der zeitlichen Vorgaben. Es verpflichtet ihn darüber hinaus auch dazu, diese Einhaltung zu überwachen. Das wird auch dadurch deutlich, dass sich die unter § 22 und § 23 ArbZG genannten Bußgeld- und Strafvorschriften an den Arbeitgeber richten.

40 Die gesetzlichen Vorgaben für die Ruhezeit können bedeuten, dass der Arbeitnehmer nach einem späten Arbeitseinsatz am Vortag am Folgetag die Arbeit nicht zu den betriebsüblichen Zeiten aufnehmen kann. Der Arbeitnehmer hat in so einem Fall keinen Anspruch auf Vergütung der ausfallenden Arbeitszeit.[13] Es ist sinnvoll, auch diese Problematik auf betrieblicher Ebene zu lösen.

---

12 Buschmann/Ulber, § 2 Rn. 23.
13 Buschmann/Ulber, § 5 Rn. 8.

5. Verbot der Beschäftigung an Sonn- und Feiertagen

Die ständige Erreichbarkeit findet überdies ein gesetzliches Ende an Sonn- und **41** Feiertagen. Nach § 9 Abs. 1 ArbZG dürfen Arbeitnehmer an Sonntagen und gesetzlichen Feiertagen nicht beschäftigt werden, sofern nicht ein Ausnahmetatbestand nach § 10 ArbZG greift. Der Arbeitgeber muss sogar aktiv ein Tätigwerden des Arbeitnehmers verbieten, wenn er hiervon Kenntnis erlangt. Andernfalls handelt er ordnungswidrig.[14]

Das Beschäftigungsverbot gilt auch für Rufbereitschaft.[15] Sofern man eine Ver- **42** gleichbarkeit der ständigen Erreichbarkeit mit Rufbereitschaft bejaht, bedeutet dies, dass der Arbeitnehmer weder an Sonn- und Feiertagen erreichbar sein noch der Arbeitgeber dies erwarten darf.

6. Rücksichtnahmegebot als Nebenpflicht des Arbeitgebers

Es besteht tatsächlich keine rechtliche Notwendigkeit des Arbeitnehmers, außer- **43** halb der betrieblichen Arbeitszeiten für den Arbeitgeber erreichbar zu sein. Zutreffenderweise ist die Rücksichtnahme auf die Privatsphäre der Arbeitnehmer sogar eine Nebenpflicht aus dem Arbeitsverhältnis nach § 241 Abs. 2 BGB. Dies dürfte aber zugegebenermaßen ein Recht sein, dass von nahezu keinem Arbeitnehmer eingefordert wird. Die fehlende Judikatur hierzu spricht Bände.

7. Ständige Erreichbarkeit und Urlaub

Zwingend ein Ende haben muss die »ständige Erreichbarkeit« auch während des **44** Erholungsurlaubes. Während dieser Zeit muss der Arbeitnehmer von jeder Verpflichtung zur Arbeitsleistung freigestellt sein, andernfalls ist der Urlaubsanspruch nicht als erfüllt anzusehen.

Rufbereitschaft oder aber eine Vereinbarung der Erreichbarkeit stehen von vor- **45** neherein dem gewährten Erholungsurlaub entgegen. Eine solche Vereinbarung entspräche einer Abrede, den Arbeitnehmer jederzeit aus dem Urlaub zurückrufen zu können und wäre unwirksam.[16] Der Erholungszweck des Urlaubs ist nicht erfüllt, wenn der Arbeitnehmer über die Verwendung seiner Freizeit nicht frei von arbeitgeberseitiger Fremdbestimmung ist.

---

14 BayObLG 17.9.1981 – 3 Ob OWi 132/81.
15 BAG 22.9.2005 – 6 AZR 579/04.
16 BAG 20.6.2000 – 9 AZR 405/99.

8. Rechtsentwicklung und Ausblick

46 Die Folgen der ständigen Erreichbarkeit werden in der Rechtspolitik breit diskutiert. Dabei werden auch gesetzliche Regeln zur Nichterreichbarkeit außerhalb der vereinbarten Arbeitszeit vorgeschlagen.

47 Beachtenswert ist in diesem Zusammenhang die Rechtsentwicklung in Frankreich. Seit dem 1. 1. 2017 gilt dort ein Gesetz, dass für besseren Schutz der Arbeitnehmer vor der ständigen Erreichbarkeit sorgen soll. Die gesetzliche Neuregelung erfolgte ausdrücklich mit dem Ziel, die Balance zwischen Arbeits-, Privat- und Familienleben besser zu gewährleisten. Unternehmen mit mehr als 50 Beschäftigten sind nunmehr verpflichtet, mit den Sozialpartnern auszuhandeln, wie Arbeitnehmer vor digitalen Zugriffen nach Feierabend geschützt werden können. Scheitern die Sozialpartner an einer Regelung, sollen die Unternehmen eigene Regeln aufstellen. Allerdings sieht das Gesetz keine Sanktion vor für den Fall, dass sie es nicht tun. Ob dies tatsächlich zu einer Eindämmung der ständigen Erreichbarkeit führt, bleibt abzuwarten.

48 Auch in Deutschland gibt es Überlegungen für vergleichbare gesetzliche Regelungen, die ein Recht auf Feierabend festschreiben. Zwar gibt es, wie ausgeführt, an sich hinreichende Schutzvorgaben im ArbZG. Da es aber trotz dieser den psychischen Druck auf Arbeitnehmer zur Erreichbarkeit gibt, hätte eine gesetzliche Regelung mehr als Symbolcharakter.

49 Auch die Gewerkschaften plädieren für eine Sicherung des Schutzes von Arbeitnehmern vor übermäßiger Beanspruchung durch ständige Erreichbarkeit. Ein Beispiel ist die Anti-Stress-Verordnung 2012 der IG Metall: eine gesundheitszuträgliche Freizeit bedeute keine permanente Erreichbarkeit durch moderne Kommunikationsmittel, Rufbereitschaft oder Dienstreisen. Arbeitszeit und Freizeit müssten eindeutig trennbar sein.

III. Hinweise für die Mitbestimmung

1. Einhaltung gesetzlicher und tariflicher Bestimmungen

50 Erster Ansatzpunkt für eine wirksame Kontrolle des Zugriffs des Arbeitgebers auf die Beschäftigten durch den Betriebsrat ist § 80 Abs. 1 Nr. 1 BetrVG. Danach hat der Betriebsrat über die Einhaltung der zum Schutz der Arbeitnehmer geltenden Gesetze, Tarifverträge und Betriebsvereinbarungen zu wachen. Damit der Betriebsrat diese Aufgabe wirksam wahrnehmen kann, hat er einen Auskunftsanspruch gegenüber dem Arbeitgeber.

51 Im Zusammenhang mit der Einhaltung der tariflichen Arbeitszeit und der gesetzlichen Ruhezeiten hat das BAG entschieden, dass der Betriebsrat für eine effektive Wahrnehmung seiner Aufgaben entsprechend Kenntnis über die geleisteten Arbeitsstunden braucht.[17] Sofern er vom Arbeitgeber keine verlässlichen Informationen erhält, kann eine Mitarbeiterbefragung oder Gefährdungsbeurteilung weiterhelfen.

Der Arbeitgeber muss seinen Betrieb so organisieren, dass er die Durchführung der geltenden Gesetze, Tarifverträge und Betriebsvereinbarungen selbst gewährleisten kann. Auch bei Vertrauensarbeitszeit darf der Arbeitgeber sich nicht darauf verlassen, dass die Beschäftigten Höchstarbeitszeiten und Ruhezeiten beachten. Ein Verzicht des Arbeitgebers – so das BAG ausdrücklich – auf die Erhebung von Arbeitszeitdaten der Arbeitnehmer ist keine zu respektierende Ausübung der betrieblichen Organisations- und Leitungsmacht des Arbeitgebers.[18]   **52**

Im Rahmen der ständigen Erreichbarkeit geleistete Arbeitszeit außerhalb der im Betrieb erfassten Arbeitszeiten ist daher zumindest von den Beschäftigten selbst zu dokumentieren. Diese Dokumentation durch den Arbeitnehmer selbst zeigt ein wesentliches Problem der ständigen Erreichbarkeit auf: eine Eindämmung derselben wird nur möglich sein, wenn Arbeitnehmer sich selbst disziplinieren.   **53**

Es gibt im Normalfall keine Veranlassung, E-Mails nach Feierabend noch zu beantworten. Wenn der Arbeitgeber dies dennoch erwartet, muss er das eindeutig kommunizieren und die Mitbestimmung beachten. Es muss auch klar sein, dass der Arbeitgeber zu einer Gegenleistung verpflichtet ist.   **54**

2. Mögliche Mitbestimmungstatbestände

Bezüglich der analog herangezogenen Rufbereitschaftszeiten hat das BAG entschieden, dass diese zumindest betriebsverfassungsrechtlich als Arbeitszeit einzustufen sind.[19] Daraus folgt, dass der Betriebsrat nach § 87 Abs. 1 Nr. 2 BetrVG ein Mitbestimmungsrecht über den Umfang und die zeitliche Lage von Rufbereitschaft hat. Bei einer analogen Anwendung auf Zeiten der Erreichbarkeit kann der Betriebsrat daher durch entsprechende Vereinbarungen bewirken, dass zumindest bestimmte Zeiten nach Feierabend oder am Wochenende von einer ständigen Erreichbarkeit ausgenommen werden.   **55**

Um einem »always on« entgegenzuwirken und vor allem auch dem durch den technischen Fortschritt bedingten psychischen Druck auf die Arbeitnehmer empfangsbereit zu sein, wäre es eine teilweise schon praktizierte Maßnahme, eine Verbindung zu den Firmenservern zu bestimmten Zeiten technisch zu unterbinden. Wenn eine Verbindung nur während der üblichen Geschäftszeiten   **56**

---

17 BAG 6.5.2003 – 1 ABR 13/02.
18 BAG 6.5.2003 – 1 ABR 13/02.
19 BAG 21.12.1982 – 1 ABR 14/81.

aufgebaut werden kann, vermag dies dem selbstauferlegten Druck zur Erreichbarkeit entgegenzuwirken.

57   Bei der Festlegung von Beginn und Ende der täglichen Arbeitszeit sowie der Verteilung der Arbeitszeit auf die einzelnen Wochentage hat der Betriebsrat ein Mitbestimmungsrecht nach § 87 Abs. 1 Nr. 2 BetrVG. Zweck des Mitbestimmungsrechts ist es, die Interessen der Arbeitnehmer an der Lage ihrer Arbeitszeit und damit zugleich ihrer freien und für die Gestaltung ihres Privatlebens nutzbaren Zeit zur Geltung zu bringen.[20] Davon umfasst sind auch die Einführung und Ausgestaltung von Arbeitszeitmodellen, wie die Einführung von Bereitschaftsdiensten[21] oder die Einrichtung von Rufbereitschaft[22].

58   Ein wesentlicher Aspekt, der bei betrieblichen Verhandlungen zu Arbeitszeitfragen vom Betriebsrat beachten werden sollte, ist der Gesundheitsschutz. Dieser Aspekt steht gerade auch bei der ständigen Erreichbarkeit im Vordergrund. Die Ruhezeit und die Freizeit allgemein dienen der Erholung und damit der Gesundheit des Arbeitnehmers. Eine häufige Unterbrechung oder der psychische Druck der Erreichbarkeit vereiteln den Erholungszweck und sind potentiell gesundheitsgefährdend. Regelungen, nach denen zu bestimmten Zeiten der Arbeitnehmer erreichbar sein muss, wären demnach grundsätzlich mitbestimmungspflichtig.

59   Gibt es im Unternehmen bereits eine Betriebsvereinbarung über die Verteilung der Arbeitszeiten kann der Betriebsrat einer ständigen Erreichbarkeit insgesamt den Riegel vorschieben. Eine in einer Betriebsvereinbarung festgelegte Regelung verschafft dem Betriebsrat einen sog. Durchführungsanspruch.[23] Der Arbeitgeber hat zum einen Maßnahmen zu unterlassen, die gegen die Betriebsvereinbarung verstoßen. Auf den konkreten Fall übertragen heißt das, dass er Arbeit nicht außerhalb der betrieblichen Arbeitszeiten anweisen darf. Zum anderen muss er aber auch dafür Sorge tragen, dass sich die Arbeitnehmer an die Regelungen halten.[24] Der Betriebsrat kann dem Arbeitgeber aufgeben, es zu unterlassen, Arbeitsleistungen außerhalb des in der Betriebsvereinbarung festgelegten Rahmens von beispielsweise 6 Uhr bis 19 Uhr in Empfang zu nehmen bzw. zu dulden. Der Arbeitgeber muss den Betrieb so organisieren, dass die betriebsverfassungsrechtlich geregelten Arbeitszeiten eingehalten werden.

60   Je nach Ausgestaltung der technischen Arbeitsumgebung, kann ein Zugriff des Arbeitnehmers auf die Daten des Unternehmens beispielsweise über Anmeldezeiten an einem Server ohne große Schwierigkeiten dokumentiert werden. Da es

---

20 BAG 17.11.2015 – 1 ABR 76/13.
21 BAG 29.2.2000 – 1 ABR 15/99.
22 BAG 21.12.1982 – 1 ABR 14/81.
23 BAG 29.4.2004 – 1 ABR 30/02.
24 BAG 29.4.2004 – 1 ABR 30/02.

sich bei einem solchen System um eines handeln dürfte, dass zur Leistungs- und Verhaltenskontrolle jedenfalls geeignet ist, wäre nach § 87 Abs. 1 Nr. 6 BetrVG die Mitbestimmung des Betriebsrates auch unter diesem Aspekt zwingend.

IV. Eckpunkte für Betriebs- und Dienstvereinbarungen

Eine Betriebsvereinbarung zur Erreichbarkeit außerhalb der betrieblichen Arbeitszeit sollte auf eindeutige Ruhezeiten und klare Vergütungsregeln abzielen. Ausgangspunkt sollte aber zunächst die Überlegung sein, ob es überhaupt einer Erreichbarkeit der Beschäftigten außerhalb des Betriebes bedarf.   61

In einer Betriebsvereinbarung sollte als Signal grundsätzlich, wie gesetzlich vorgegeben, noch mal festgehalten werden, dass außerhalb der betrieblichen Arbeitszeiten erbrachte Arbeitsleistung mit der betrieblichen zusammen gerechnet zehn Stunden täglich nicht überschreiten darf. Auch ein Hinweis auf die Pflicht zu Pausen nach sechs bzw. neun Stunden gemäß § 4 ArbZG ist sinnvoll. Daneben ist bei außerhalb der betrieblichen Arbeitszeit erbrachter Arbeitsleistungen die gesetzliche Ruhezeit von elf Stunden nach § 5 ArbZG zu beachten.   62

Kann wegen einer späten Arbeitstätigkeit am Vortag die Arbeit am Folgetag nicht zu den üblichen Zeiten begonnen werden, weil ansonsten die vorgeschriebene Ruhezeiten nicht eingehalten werden, sollte eine Regelung sicherstellen, dass die dadurch ausfallende Arbeitszeit vergütet wird. Eine Regelung dazu könnte lauten: »Die Zeit zwischen üblichem und tatsächlichem Arbeitsbeginn wird gutgeschrieben, wenn aus gesetzlichen Bestimmungen eine frühere Arbeitsaufnahme nicht möglich ist«.   63

Die Arbeitstätigkeiten im Rahmen der ständigen Erreichbarkeit sollten dokumentiert werden, damit sie vergütet werden können. Wo eine Erfassung durch technische Möglichkeiten, wie Anmeldung am Server, nicht möglich ist, bleibt eine handschriftliche Erfassung auf Vertrauensbasis. Der Arbeitgeber sollte zu einer zeitnahen Kontrolle und Abzeichnung der dokumentierten Daten verpflichtet sein, die Einwendungen nach einer bestimmten Frist ausschließt. Der Vergütungsanspruch des Arbeitnehmers wäre nicht durchsetzbar, wenn er zu einem späteren Zeitpunkt als beweispflichtige Partei die Vergütung nicht dokumentierter Arbeitszeiten außerhalb der betrieblichen Arbeitszeit verlangen würde.   64

Das BAG hat bereits 1992 entschieden, dass die Einhaltung der Ruhepausen nicht der unkontrollierten Eigenverantwortung der Beschäftigten überlassen bleiben dürfe.[25] Eine bislang ungeklärte Frage ist, wie weit die Überwachungsverpflich-   65

---

25 BAG 27.2.1992 – 6 AZR 478/90.

tungen des Arbeitgebers gehen. So wäre denkbar, dass er durch technische Zugangskontrollen oder arbeitsvertragliche Sanktionen wie Abmahnungen verpflichtet ist, dafür Sorge zu tragen, dass Arbeitszeiten eingehalten werden.[26]

---

26 DGB-Thesen für den 71. DJT, AuR 2016, 344.

Teilzeitarbeit

I. Einführung

Arbeit in Teilzeit liegt vor, wenn ein Arbeitnehmer weniger Arbeitszeit leisten **1** muss als ein vergleichbarer Arbeitnehmer in Vollzeit. Für ein Teilzeitarbeitsverhältnis ist es nicht erforderlich, dass ein bestimmter anteiliger Umfang der Vollzeit – also etwa die Hälfte, zwei Drittel oder drei Viertel – gearbeitet wird. § 2 Abs. 1 Satz 1 TzBfG bestimmt, dass ein Arbeitnehmer teilzeitbeschäftigt ist, wenn dessen regelmäßige Wochenarbeitszeit kürzer ist als die eines vergleichbaren vollzeitbeschäftigten Arbeitnehmers. Es reicht daher beispielsweise auch eine Verringerung der Wochenarbeitszeit um eine Stunde, damit Teilzeit gegeben ist. Nach § 2 Abs. 2 TzBfG ist eine geringfügige Beschäftigung immer eine Teilzeitbeschäftigung. Häufig fällt eine Teilzeitbeschäftigung als geringfügige Beschäftigung mit Arbeit auf Abruf (§ 12 TzBfG) zusammen. Nicht selten erfolgt die Teilzeitbeschäftigung auch als befristete Beschäftigung (§ 3 Abs. 1 TzBfG).

II. Einzeldarstellung

1. Begriff

Teilzeitarbeit wird in § 2 Abs. 1 Satz 1 TzBfG legal definiert. Teilzeit ist danach re- **2** lativ. Es kommt darauf an, dass die regelmäßige Wochenarbeitszeit des Teilzeitbeschäftigten kürzer ist als die eines vergleichbar Vollzeitbeschäftigten. Vergleichbar ist ein Arbeitnehmer, dessen Arbeitsverhältnis gleicher Art ist und der mit der gleichen Tätigkeit beschäftigt ist.[1] Beträgt beispielsweise die regelmäßige Arbeitszeit vergleichbarer Arbeitnehmer 42 Wochenstunden, so liegt schon bei 41 Stunden Teilzeit vor – Arbeitnehmer im Geltungsbereich einer 35-Stunden-

---

1 Preis, Arbeitsrecht – Individualarbeitsrecht, § 40 I (S. 531).

Woche würden insoweit nicht nur Vollzeit arbeiten, sondern auch noch Mehrarbeit leisten.

3   Teilzeitarbeit lässt sich weiter danach unterteilen, ob klassischer Weise[2] lediglich die Wochenstundenzahl im Verhältnis zu einem vergleichbar Vollzeitbeschäftigten reduziert wird oder ob damit auch eine Flexibilisierung der Arbeitszeit einhergeht. Ein in diesem Sinne klassischer Fall liegt beim sog. Halbtagsjob vor. Formen der Teilzeit mit flexibler Arbeitszeit sind **Arbeit auf Abruf** (§ 12 TzBfG), **Job-Sharing** (§ 13 TzBfG) und **Gleitzeit**.

4   Gesetzliche Sonderformen der Teilzeitarbeit sind **geringfügige Beschäftigung**, **Altersteilzeit** und Teilzeit während der **Elternzeit**.

2.   Begründung eines Teilzeitarbeitsverhältnisses

5   Wenn Arbeitgeber und Arbeitnehmer erstmals ein Arbeitsverhältnis durch Abschluss eines Arbeitsvertrages vereinbaren, kann dieses als Teilzeitarbeitsverhältnis begründet werden. Das Arbeitsverhältnis muss aber nicht ausdrücklich als Teilzeitarbeitsverhältnis bezeichnet werden. Ausreichend ist, wenn eine verringerte Wochenarbeitszeit vereinbart wird (vgl. § 2 Abs. 1 Nr. 7 NachwG).

a.   Verringerung

6   Möglich ist ebenso, dass die Arbeitszeit in einem bestehenden Vollzeitarbeitsverhältnis verringert wird. Das regelt § 8 TzBfG.

aa.   Verlangen des Arbeitnehmers

7   Unter folgenden Voraussetzungen kann ein Arbeitnehmer verlangen, dass seine Arbeitszeit verringert wird:
- Zum einen muss das Arbeitsverhältnis **länger als sechs Monate** ohne Unterbrechung bestehen.
- Zum anderen müssen beim Arbeitgeber (nicht im Betrieb) regelmäßig **mehr als 15 Arbeitnehmer** beschäftigt sein.
- In den letzten zwei Jahren vor dem aktuellen Verringerungswunsch darf der Arbeitnehmer keine Verringerung beantragt haben. Auch eine wirksame Ablehnung durch den Arbeitgeber darf in dieser Zeit nicht erfolgt sein.
- Das Verlangen muss **mindestens drei Monate vor dem gewünschten Beginn** der Verringerung beim Arbeitgeber geltend gemacht werden. Dabei soll (also nicht »muss«) der Arbeitnehmer angeben, wie die Arbeitszeit verteilt werden soll. Zwischen dem Zugang der Geltendmachung beim Arbeitgeber und dem

---

2 Preis, Arbeitsrecht – Individualarbeitsrecht, § 40 II (S. 532).

gewünschten Beginn der Verringerung müssen volle drei Monate liegen, wobei ein früherer Zugang (also z. B. auch acht Monate) unschädlich ist.[3]

• Der Umfang der gewünschten Reduzierung **muss** deutlich werden. Dies gewährleisten Formulierungen wie »um zehn Wochenstunden« oder »auf nur noch 28,5 Stunden« gleichermaßen.

• Lage und Verteilung sollen, müssen aber nicht angegeben werden.

Beispiel:
Wer also bisher an fünf Tagen in der Woche jeweils acht Stunden gearbeitet hat (Vollzeit bzw. 40 Stunden) und auf 30 Stunden reduzieren möchte (Teilzeit), kann bzw. soll mit dem Verlangen mitteilen, ob er nunmehr an fünf Tagen jeweils sechs Stunden arbeiten möchte oder eine andere Verteilung wünscht: Etwa an vier Tagen jeweils 7,5 Stunden.

Bei dem Verlangen des Arbeitnehmers handelt es sich um ein Angebot an den **8** Arbeitgeber, den Arbeitsvertrag im Hinblick auf die geschuldete Arbeitszeit zu ändern. Gibt der Arbeitnehmer keinen Wunsch zur Verteilung der Arbeitszeit an, kann der Arbeitgeber aus seinem Direktionsrecht nach § 106 GewO die Verteilung festlegen.

Es reicht grundsätzlich aus, wenn der Arbeitnehmer die Reduzierung der Ar- **9** beitszeit gegenüber dem Arbeitgeber mündlich verlangt. Da es aber nicht nur darauf ankommt, dass die Reduzierung überhaupt geltend gemacht wurde, sondern auch auf den Zeitpunkt und die Modalitäten der Geltendmachung, empfiehlt sich zu Beweiszwecken stets die Schriftform bzw. eine sonstige schriftliche Fixierung.

bb. Reaktion des Arbeitgebers

Hat ein Arbeitnehmer auf diese Weise eine Verringerung wirksam geltend ge- **10** macht, kann der Arbeitgeber diese Angebot schlicht annehmen und eine Änderung des Arbeitsvertrages bewirken.

Häufig haben Arbeitgeber aber Einwände. In diesem Fall treffen den Arbeitgeber **11** folgende Pflichten:

• Zunächst muss er das Verlangen des Arbeitnehmers mit ihm zusammen erörtern. Ziel soll eine Einigung sein. Eine Erörterung muss der Arbeitgeber auch durchführen, wenn er von Anfang an beabsichtigt, den Wunsch des Arbeitnehmers abzulehnen.

• Sodann hat er dem Verlangen zuzustimmen, wenn keine betrieblichen Gründe entgegenstehen. Das Gesetz nimmt als Regelfall an, dass sich Arbeitgeber und Arbeitnehmer einigen.

---

3 Holwe/Kossenz/Pielenz/Räder, § 8 Rn. 11.

12 Kommt eine Einigung nicht zustande, kann das folgende Gründe haben: Entweder der Arbeitgeber führt (betriebliche) Gründe an, die gegen die Verringerung sprechen, oder es hat gar keine Erörterung stattgefunden.

cc. Betriebliche Gründe

13 § 8 Abs. 4 Satz 2 TzBfG nennt als Regelbeispiel für einen betrieblichen Grund »insbesondere«, dass die geplante Verringerung der Arbeitszeit die Organisation, den Arbeitsablauf oder die Sicherheit im Betrieb wesentlich beeinträchtigt oder unverhältnismäßige Kosten verursacht. Dem ist zweierlei zu entnehmen: Zum einen kann es auch andere betriebliche Gründe als die im Gesetz genannten geben, es handelt sich nur um ein Beispiel. Zum anderen reicht es als Grund, eine Verringerung abzulehnen, nicht aus, dass überhaupt Kosten entstehen oder organisatorische Veränderungen notwendig werden. Vielmehr muss die Organisation wesentlich beeinträchtigt oder müssen die Kosten unverhältnismäßig sein.

14 Das BAG hat sich in mehreren Entscheidungen zu den betrieblichen Gründen geäußert. Danach genügt es, dass der Arbeitgeber rational nachvollziehbare Gründe hat. »Dringende« betriebliche Gründe sind nicht erforderlich. Die Gründe müssen jedoch hinreichend gewichtig sein. Der Arbeitgeber kann daher die Ablehnung nicht allein mit seiner abweichenden unternehmerischen Vorstellung von der »richtigen« Arbeitszeitverteilung begründen.[4]

15 Nach dieser Rechtsprechung des BAG erfolgt die (gerichtliche Nach-) Prüfung der Gründe regelmäßig in drei Stufen:
- Auf einer **ersten Stufe** muss festgestellt werden, ob der Arbeitgeber überhaupt ein organisatorisches Konzept zur Regelung der Arbeitszeit hat und falls dies der Fall ist, wie das Konzept ausgestaltet ist.
- Auf der **zweiten Stufe** wird geprüft, ob dieses Konzept dem Verlangen des Arbeitnehmers entgegensteht.
- Wenn sich das Arbeitgeberkonzept und das Verlangen des Arbeitnehmers nicht miteinander in Einklang bringen lassen, muss als **dritte Stufe** die Prüfung erfolgen, ob das Organisationskonzept des Arbeitgebers durch das Verlangen **wesentlich** beeinträchtigt wird.

16 Gemäß § 8 Abs. 4 Satz 3 TzBfG können in einem Tarifvertrag ausdrücklich Ablehnungsgründe festgelegt werden (Öffnungsklausel). Wegen § 22 Abs. 1 TzBfG darf aber der Teilzeitanspruch insoweit nicht ganz ausgeschlossen werden. Beispiele:

17 Nach § 11 Abs. 1 des TVöD-VKA soll mit Beschäftigten auf Antrag eine geringere als die vertraglich festgelegte Arbeitszeit vereinbart werden, wenn sie

---

4 BAG 8.5.2007 – 9 AZR 1112/06.

- mindestens ein Kind unter 18 Jahren oder
- einen nach ärztlichem Gutachten pflegebedürftigen sonstigen Angehörigen tatsächlich betreuen oder pflegen und dringende dienstliche bzw. betriebliche Belange nicht entgegenstehen.

Nach § 2 b des MTV für die kunststoffverarbeitende Industrie in Hessen vom **18** Oktober 1994 können Berufsanfänger in Teilzeit beschäftigt werden, wenn nicht genügend Vollzeitarbeitsplätze zur Verfügung stehen. Im Gegenzug haben diese Arbeitnehmer ein Sonderkündigungsrecht, wenn sie einen Vollzeitarbeitsplatz bei einem anderen Arbeitgeber erlangen können.

Diese Regelung enthält auch der TV über Teilzeitarbeit in der Papierindustrie **19** vom Januar 1994. Dessen § 5 bestimmt zudem, dass die tägliche Mindestarbeitszeit vier Stunden nicht unterschreiten darf.

dd. Der Arbeitgeber reagiert nicht oder reagiert falsch

Gerade in kleineren Betrieben kommt es vor, dass die Arbeitgeberseite nicht oder **20** aber falsch auf die Geltendmachung, die Arbeitszeit zu reduzieren, reagiert.

Nach § 8 Abs. 5 Satz 2 TzBfG **verringert sich die Arbeitszeit** in dem vom Arbeit- **21** nehmer gewünschten Umfang, wenn der Arbeitgeber nicht spätestens einen Monat vor dem gewünschten Beginn der Arbeitszeitverringerung diese schriftlich abgelehnt hat. Gemäß § 8 Abs. 5 Satz 3 TzBfG gilt die **Verteilung der Arbeitszeit** entsprechend den Wünschen des Arbeitnehmers als festgelegt, wenn der Arbeitgeber nicht spätestens einen Monat vor dem gewünschten Beginn schriftlich abgelehnt hat.

An dieser Stelle fingiert das Gesetz also die Arbeitszeitverringerung oder die ge- **22** wünschte Verteilung oder beides für den Fall einer falsch oder ganz unterbliebenen Reaktion. Voraussetzung ist, dass die Entscheidung des Arbeitgebers nicht spätestens einen Monat vor dem gewünschten Beginn von Reduzierung oder Verteilung den Arbeitnehmer erreicht. Wünscht ein Arbeitnehmer etwa zum 1. 9. eines Jahres eine Reduzierung, so muss die Ablehnung hierüber spätestens am 31. 7. dem Arbeitnehmer zugegangen sein.

Die ablehnende Erklärung des Arbeitgebers muss zudem in Schriftform erfolgen, **23** also eigenhändig unterschrieben sein. Eine rechtzeitige, aber nur mündliche oder nicht unterschrieben Erklärung reicht nicht aus und ist nichtig.

Die Fiktion des § 8 Abs. 5 Satz 2 und 3 TzBfG tritt also sowohl dann ein, wenn **24** der Arbeitgeber überhaupt nicht oder aber nicht rechtzeitig oder aber nicht in Schriftform das Verlangen ablehnt. Voraussetzung der Fiktion ist es hingegen nicht, dass auch keine Erörterung stattgefunden hat.

b. Aufstockung

Ein Anspruch darauf, reduzierte Arbeitszeit wieder aufzustocken, besteht nicht. **25** Das gleiche gilt für den Fall, dass von Anfang an ein Teilzeitarbeitsverhältnis bestanden hat. Es besteht aber die Möglichkeit, die Verringerung der Arbeitszeit zeitlich zu befristen. Die Befristung muss einvernehmlich vereinbart werden, ein Anspruch hierauf besteht nicht. Nach § 11 Abs. 1 Satz 2 TVöD-VKA kann ein Verringerungsantrag nach § 11 Abs. 1 des TVöD-VKA auf Antrag auf bis zu fünf Jahre befristet werden.

26 Zudem ist der Arbeitgeber nach § 9 TzBfG verpflichtet, bei der Besetzung eines freien Arbeitsplatzes mit längerer Arbeitszeit einen Teilzeitbeschäftigten auf dessen Wunsch hin bei gleicher Eignung bevorzugt zu berücksichtigen. Dem Wunsch kann der Arbeitgeber allerdings dringende betriebliche Gründe ebenso wie die Wünsche anderer Teilzeitbeschäftigter entgegenhalten.

c. Verteilung der Arbeitszeit

27 Sind Verteilung und Lage der Arbeitszeit im Wege einer Fiktion bewirkt worden, kann der Arbeitgeber, anders als bei der Fiktion der Arbeitszeitverringerung, diese wieder ändern, wenn das betriebliche Interesse daran das Interesse des Arbeitnehmers an der Beibehaltung erheblich überwiegt und der Arbeitgeber die Änderung spätestens einen Monat vorher angekündigt hat. Diese Art der Rückgängigmachung erfolgt durch Ausübung des Direktionsrechts nach § 106 GewO.

3. Teilzeit während Elternzeit

28 Die Elternzeit ist in § 15 BEEG geregelt. Nach § 15 Abs. 4 BEEG darf ein Arbeitnehmer während der Elternzeit erwerbstätig sein, jedoch nicht mehr als 30 Wochenstunden im Durchschnitt des Monats. Möchte also ein Arbeitnehmer im Rahmen eines ursprünglichen Vollzeitarbeitsverhältnisses bei seinem Arbeitgeber auch in der Elternzeit tätig sein, ist eine Arbeitszeitverringerung erforderlich. Hierzu treffen § 15 Abs. 4, 5, 6 und 7 BEEG eigene Regelungen, die im Wesentlichen an das TzBfG angelehnt sind, aber die Besonderheiten der Elternzeit berücksichtigen: So kann der Arbeitgeber den Wunsch auf Teilzeit nur innerhalb von vier Wochen aus dringenden betrieblichen Gründen schriftlich ablehnen (§ 15 Abs. 4 Satz 4 BEEG). Auch die Einigung soll innerhalb von vier Wochen erfolgen (§ 15 Abs. 5 Satz 2 BEEG). Nach § 15 Abs. 5 Satz 3 BEEG hat der Arbeitnehmer insbesondere das Recht, nach der Elternzeit in seine ursprüngliche Arbeitszeit zurückzukehren.

III. Hinweise für die Mitbestimmung

1. Regelungen im TzBfG

Nach § 7 Abs. 3 TzBfG hat der Arbeitgeber Betriebs- und Personalrat über Teil-   **29**
zeitarbeit im Betrieb und Unternehmen zu informieren. Er muss daher insbesondere über vorhandene oder geplante Teilzeitarbeitsplätze und über die Um-
wandlung von Teilzeitarbeitsplätzen in Vollzeitarbeitsplätze oder umgekehrt
Auskunft geben. Der Betriebsrat kann auch verlangen, dass ihm die erforderlichen Unterlagen zur Verfügung gestellt werden.

2. Mitbestimmung nach dem BetrVG

Der Betriebsrat hat grundsätzlich ein Mitbestimmungsrecht nach § 87 Abs. 1   **30**
Nr. 2 und Nr. 3 BetrVG, weil die Veränderung der Arbeitszeit eines einzelnen
Mitarbeiters Einfluss auf die gesamte Belegschaft haben kann und somit ein kol-
lektivrechtlicher Bezug besteht. Daher kann eine Ablehnung des Betriebsrats für
den Arbeitgeber insoweit bindend sein, als dieser sich auf die Entscheidung des
Betriebsrats gegenüber dem Arbeitnehmer berufen kann.[5] Zu beachten ist für
den Betriebsrat aber, dass es dabei zu einer Kollision mit der Aufgabe nach § 80
Abs. 1 Nr. 2b BetrVG kommen kann, die Vereinbarkeit von Familie und Erwerbstätigkeit zu fördern.

IV. Eckpunkte für Betriebs- und Dienstvereinbarungen

Auf folgende Aspekte sollte im Rahmen einer Betriebsvereinbarung zur Teilzeit-   **31**
arbeit geachtet werden:
- Soweit möglich sollten alle Arbeitsplätze im Betrieb auch als Teilzeitarbeitsplätze ausgestaltet werden können. Dementsprechend sollen Stellenausschrei-
  bungen auch eine Teilzeitbeschäftigung mitberücksichtigen.[6]
- Es sollte verhindert werden, dass durch eine Arbeitszeitverringerung ein (nur
  noch) **geringfügiges Beschäftigungsverhältnis** begründet wird. Geschieht
  dies doch, muss die Verpflichtung des Arbeitgebers geregelt sein, den Arbeitnehmer auf die sozialversicherungsrechtlichen Folgen hinzuweisen.[7]
- Der Hinweis, dass alle arbeitsrechtlichen Regelungen (gleich ob aus Gesetz,

---

5 BAG 16.12.2008 – 9 AZR 893/07.
6 DKKW/Arbeitshilfen-*Klebe/Heilmann*, § 87 Rn. 19.
7 DKKW/Arbeitshilfen-*Klebe/Heilmann*, § 87 Rn. 19.

Tarifvertrag oder Betriebsvereinbarung) auch auf Teilzeitbeschäftigte Anwendung finden, ist zwar nur deklaratorischer Natur, sollte aber im Hinblick auf die häufigen Fehler nicht ausgespart werden. Dasselbe gilt für das (bereits gesetzlich normierte) Diskriminierungs- und Benachteiligungsverbot Teilzeitbeschäftigter.

Umkleidezeiten und Waschzeiten

I. Einführung

Umkleidezeit kann Arbeitszeit i. S. d. ArbZG und i. S. d. BetrVG sein, wenn sie   1
der Befriedigung eines fremden Bedürfnisses dient. Auch die Entgegennahme
von arbeitsnotwendigen Betriebsmitteln(z. B. Telefon oder Schutzkleidung) ist
Arbeitszeit, wenn diese Tätigkeit einem fremden Bedürfnis dient. Wenn geklärt
ist, dass diese Tätigkeiten zur **Arbeitszeit** gehören, sind auch die **Wegezeiten**, die
im Zusammenhang mit diesen Tätigkeiten anfallen, zur Arbeitszeit zu zählen.
Gleiches gilt für **Waschzeiten**. Nur wenn das Waschen oder Duschen **ausschließlich fremdnützig** ist, zählt es zur Arbeitszeit. Im Einzelfall ist die Zuordnung
schwierig und beruht auf einer Vielzahl von einzelnen Entscheidungen der Gerichte. Ob diese Zeiten zu vergüten sind, ist damit noch nicht geklärt. Für die
Vergütungspflicht bedarf es einer Rechtsgrundlage, die sich aus Arbeitsvertrag,
Gesetz (§ 612 BGB) oder einem einschlägigen Tarifvertrag ergeben kann.

II. Einzeldarstellung

1. Umkleidezeiten

a. Umkleidezeit als Arbeitszeit
Die Abgrenzung, ob das Anlegen von Arbeitskleidung Arbeitszeit ist oder nicht,   2
erfolgt durch die Prüfung, ob das Tragen der Arbeitskleidung nur den Interessen
des Arbeitgebers dient oder auch den Interessen des Arbeitnehmers. Nach ständiger Rechtsprechung des BAG gehört Umkleidezeit zur Arbeitszeit, wenn das
Umkleiden einem fremden Bedürfnis dient und nicht zugleich ein eigenes Bedürfnis erfüllt. Die Gerichte benutzen hier die Begriffe »ausschließlich fremdnützig« (Arbeitszeit), wenn das Tragen der Arbeitskleidung nur den Interessen
des Arbeitgebers dient. Auch »nicht nur fremdnützig« wird verwendet, wenn
auch der Arbeitnehmer Vorteile hat. In diesem Fall ist es keine Arbeitszeit. Aus-

schließliche Fremdnützigkeit liegt vor, wenn die Arbeitnehmer verpflichtet sind, eine bestimmte Dienstkleidung zu tragen, und das Umkleiden im Betrieb erfolgen muss.[1] In solchen Fällen ist das Anlegen der Dienstkleidung Arbeitszeit. Durch die Rechtsprechung wurde inzwischen eine Reihe von Grundsätzen entwickelt, um zwischen »ausschließlich fremdnützig« (Arbeitszeit) und »auch fremdnützig« (keine Arbeitszeit) zu unterscheiden.

3   Das Ankleiden mit vorgeschriebener **Arbeitskleidung** dient auch einem eigenen Bedürfnis und ist damit nicht nur fremdnützig, wenn die Arbeitskleidung bereits zu Hause angezogen und auf dem Weg zur Arbeit getragen wird.[2] In solchen Fällen handelt es sich nicht um Arbeitszeit. Ist die Dienstkleidung allerdings besonders auffällig, dient das Tragen der Kleidung nur dem Arbeitgeber und ist ausschließlich fremdnützig. Bei der Beurteilung, ob das Tragen der Arbeitskleidung nur den Bedürfnissen des Arbeitgebers dient, hat das BAG folgende Kriterien berücksichtigt: Uniformität der Farbgebung sowie angebrachter Name des Arbeitgebers, der zu einer Offenlegung des Namens des Arbeitgebers führt und damit den Bekanntheitsgrad des Arbeitgebers erhöht. Liegen diese Kriterien vor, dient das Tragen der Dienstkleidung nur den Interessen des Arbeitgebers und die Umkleidezeit ist Arbeitszeit. Allerding kann hier nicht pauschaliert werden. Entscheidet sich der Arbeitnehmer, eine besonders auffällige Kleidung auf dem Weg zur Arbeit zu tragen, entfällt die ausschließliche Fremdnützigkeit. In diesem Fall hat auch der Arbeitnehmer einen Vorteil, weil er keine eigenen Kleidungsstücke tragen muss.[3]

4   Wenn das Anlegen der Dienstkleidung vorrangig hygienischen Zwecken dient und die Umkleidung deshalb im Betrieb erfolgen muss, geschieht dies aus betrieblichen Belangen und ist damit Arbeitszeit.[4] Damit hat das Gericht seine entgegenstehende Rechtsprechung aus dem Jahr 2000 aufgegeben.[5]

5   Ist es dem Arbeitnehmer in der Öffentlichkeit unzumutbar, die Kleidung während des Arbeitswegs zu tragen, ist Umkleidezeit immer Arbeitszeit.[6] Dies gilt auch, wenn es keine entsprechende Anweisung des Arbeitgebers gibt, sich im Betrieb umzukleiden. Die Entscheidung des Gericht enthielt folgende Tatsachenfeststellung: »*Die Schutzkleidung des Klägers trug eine deutlich lesbare Firmenaufschrift und der »Blaumann« war hellbraun eingestaubt und veränderte binnen Minuten die Luft des Sitzungsraumes deutlich wahrnehmbar nachteilig*«. Deshalb war das Tragen der Arbeitskleidung unzumutbar.

---

1 BAG 19.9.2012 – 5 AZR 678/11.
2 BAG 10.11.2009 – 1 ABR 54/08.
3 BAG 12.11.2013 – 1 ABR 59/12.
4 BAG 19.9.2012 – 5 AZR 678/11.
5 BAG 11.10.2000 – 5 AZR 122/99.
6 LAG Hessen 23.11.2015 – 16 Sa 494/15.

Fischer

b. Wegezeit als Arbeitszeit

Handelt es sich beim Umkleiden nach den o. g. Definitionen um Arbeitszeit, gehören auch die erforderlichen **Wegezeiten** vom Umkleideraum zum Arbeitsort und vom Arbeitsort zum Umkleideraum zur Arbeitszeit. **6**

c. Vergütungspflicht

aa. Gesetzliche Vergütungspflicht

Wenn nach den o. g. Grundsätzen feststeht, dass es sich um Arbeitszeit handelt, folgt daraus nicht automatisch, dass diese Zeit auch zu vergüten ist. Die gesetzliche Vergütungspflicht knüpft nach § 611 Abs. 1 BGB an die »Leistung der versprochenen Dienste« an. Dazu gehören nicht nur die eigentliche Tätigkeit, sondern auch sonstige Maßnahmen und Tätigkeiten, die vom Arbeitgeber angeordnet wurden. Der Arbeitgeber muss regelmäßig die Vergütung für alle Arbeiten bezahlen, die er den Arbeitnehmern im Rahmen seines Weisungsrechts abverlangt. Mit der Einordnung dieser Zeiten als Teil der nach § 611 Abs. 1 BGB »versprochenen Dienste« ist aber noch nicht geklärt, ob und wie sie zu vergüten sind. Durch Arbeitsvertrag oder durch Tarifvertrag kann eine andere Vergütung für Tätigkeiten, die nicht zur eigentlichen Tätigkeit gehören, getroffen werden.[7] Deshalb müssen zur Feststellung der Höhe der Vergütung auch der einschlägige Tarifvertrag und der Arbeitsvertrag überprüft werden. **7**

Ein Vergütungsanspruch kann sich auch aus § 612 Abs. 1 BGB ergeben, obwohl der Arbeitgeber nicht ausdrücklich angeordnet hat, dass das Umkleiden während der Arbeitszeit zu erfolgen hat. § 612 Abs. 1 BGB regelt Vergütungsansprüche, wenn die Arbeitsleistung den Umständen nach nur gegen eine Vergütung zu erwarten ist. Dies ist der Fall, wenn Arbeitnehmer ausschließlich fremdnützig Arbeitskleidung tragen. Daher hat der Arbeitnehmer selbst dann einen Vergütungsanspruch, wenn keine Anordnung des Arbeitgebers vorliegt, die Arbeitskleidung im Betrieb anzulegen. Die o. g. Einschränkungen zu den Regelungen in Tarifverträgen oder Arbeitsverträgen gelten auch bei dem Anspruch nach § 612 Abs. 1 BGB. **8**

bb. Tarifvertragliche Vergütungspflicht

Wenn die Beschäftigten nach dem Tarifvertrag ein Tabellenentgelt erhalten, das für die Erbringung der Arbeitsleistung gezahlt wird, und keine gesonderte Vergütungsregelung für Umkleidezeiten enthalten ist, haben die Arbeitnehmer Anspruch auf die Vergütung der Arbeitszeit, die für Umkleide- und Wegezeiten aufgewandt wurde.[8] Allerdings kann durch Tarifvertrag auch die Vergütung von be- **9**

---

7 BAG 12.12.2012 – 5 AZR 355/12.
8 BAG 19.9.2012 – 5 AZR 678/11 zu den Regelungen des TV-L.

stimmten Zeiten ausgeschlossen werden. Ist in einem Tarifvertrag geregelt, dass Zeiten für Umkleiden und Waschen nicht zur vergütungspflichtigen Arbeitszeit zählen, ist eine solche Regelung zulässig und auch bindend. Die Tarifvertragsparteien sind berechtigt, unterschiedliche Vergütung für bestimmte Arbeitszeiten (siehe → Bereitschaftsdienst Rn. 14) vorzusehen; sie können auch festlegen, dass bestimmte Arbeitszeiten nicht zu vergüten sind.[9]

cc. Arbeitsrechtlicher Gleichbehandlungsgrundsatz

10 Trotz dieser grundlegenden Feststellungen konnte in einem vom BAG zu entscheidenden Fall der Vergütungsanspruch eines Arbeitnehmers durchgesetzt werden. Der Arbeitgeber hatte anderen Arbeitnehmern, die sich nicht zu Beginn, aber während der Schicht umkleiden mussten, die Umkleide- und Wegezeiten vergütet. Deshalb ergab sich aufgrund des allgemeinen arbeitsrechtlichen Gleichbehandlungsgrundsatzes eine Vergütungspflicht auch für den klagenden Arbeitnehmer.[10]

dd. Arbeitsvertrag

11 Gilt kein Tarifvertrag, kann der Vergütungsanspruch durch Arbeitsvertrag ausgeschlossen werden, wenn z. B. vereinbart ist, dass Umkleidezeiten nicht vergütungspflichtig sind. Arbeitsverträge sind nach den Grundsätzen der allgemeinen Geschäftsbedingungen überprüfbar, wenn es sich um vom Arbeitgeber vorformulierte Verträge handelt. Unwirksam sind z. B. Regelungen, die den Arbeitnehmer unangemessen benachteiligen, die nicht klar und verständlich oder die überraschend und mehrdeutig sind. Ob eine arbeitsvertragliche Regelung einer solchen Überprüfung standhält, ist im Einzelfall zu ermitteln.

ee. Überstundenzuschläge

12 Enthalten dagegen Arbeitsverträge oder Tarifverträge keine spezielle Regelung für die Vergütung von Umkleidezeiten, bestimmt sich die Vergütung nach den arbeitsvertraglichen oder tarifvertraglichen Regelungen. Daraus folgt, dass für Umkleidezeiten Überstundenzuschlägen zu zahlen sind, wenn das Umkleiden außerhalb der regelmäßigen Arbeitszeit erfolgt.

ff. Einhaltung des Mindestlohns

13 Handelt es sich bei der Umkleidezeit um Arbeitszeit, ist aber immer der Mindestlohn für die gesamte geleistete Arbeitszeit einzuhalten. Das bedeutet, es muss die

---

9 BAG 13.12.2016 – 9 AZR 574/15 zum MTV Metall- und Elektroindustrie für das Tarifgebiet Hamburg und Umgebung, Schleswig Holstein, Mecklenburg-Vorpommern vom 3.7.2008.
10 BAG 13.12.2016 – 9 AZR 574/15.

Normalarbeitszeit und die Umkleidezeit pro Monat zusammengerechnet werden. Diese Gesamtarbeitszeit muss zur Überprüfung der Einhaltung des Mindestlohns mit derzeit 8,84 Euro pro Stunde multipliziert werden. Liegt der so errechnete Lohn unter dem Abgerechneten, ist der Mindestlohn nicht eingehalten und der Lohn muss entsprechend erhöht werden.

d. Zeitlicher Umfang

Sind Arbeitszeiten zu vergüten, ist zu ermitteln, wie viel Zeit der Umkleidevorgang und die Wegezeiten innerhalb des Betriebs in Anspruch nehmen. Dabei gilt nur die Spanne als Arbeitszeit, die für den einzelnen Arbeitnehmer unter Ausschöpfung seiner persönlichen Leistungsfähigkeit erforderlich ist.[11] Eine Pauschalierung, wie z. B. ca. 15 Minuten, genügt nicht. Vielmehr sind die einzelnen Tätigkeitsschritte so genau wie möglich zu beschreiben und mit Zeiten zu hinterlegen. Werden diese vom Arbeitgeber bestritten, kann das Gericht eine Schätzung vornehmen (§ 287 ZPO),[12] wenn die vollständige Aufklärung aller hierfür maßgebender Umstände entweder mit Schwierigkeiten verbunden ist, die zu der Bedeutung des streitigen Teils der Forderung in keinem Verhältnis stehen, oder unmöglich ist. Das Gericht hat auch die Möglichkeit Beweis zu erheben. Eine solche Beweiserhebung ist durch Augenschein möglich, indem das Gericht die einzelnen Tätigkeitsschritte nachvollzieht und die so ermittelten Zeiten berücksichtigt. 14

2. Waschzeiten

Wendet man die o.g. Grundsätze auf Waschzeiten an, können Wasch- und Duschzeiten nur im Ausnahmefall zur Arbeitszeit gerechnet werden. Waschen und Duschen ist in aller Regel nicht ausschließlich fremdnützig und dient in den allermeisten Fällen auch den Interessen der Arbeitnehmer. Dagegen kann es sich bei dem Waschen um eine arbeitsvorbereitende Maßnahme handeln, wenn sich z. B. aus bestimmten Hygienevorschriften ergibt, wie sich der Arbeitnehmer auf seine Arbeit vorzubereiten hat. Ist ein Pfleger verpflichtet, während seiner Tätigkeit auf der Intensivstation zu Beginn und am Ende eine Händedesinfektion durchzuführen, ist dies Arbeitszeit. Die Nichtbefolgung der Hygienevorschriften würde einen Verstoß gegen die arbeitsvertraglichen Pflichten darstellen. In dieser Situation ist die Wasch- oder Desinfektionszeit jedenfalls zu vergüten.[13] 15

---

11 LAG Sachsen 29.11.2016 – 3 Sa 347/16.
12 BAG 26.10.2016 – 5 AZR 168/16.
13 LAG Baden-Württemberg 8.2.2010 – 3 Sa 24/08.

III. Hinweise für die Mitbestimmung

1. Umfang des Mitbestimmungsrechts

16   Für Betriebs- und Personalräte besteht ein Mitbestimmungsrecht bei Beginn und Ende der täglichen Arbeitszeit. Handelt es sich bei der Umkleidezeit nach den o. g. Grundsätzen um Arbeitszeit, können die Interessenvertretungen ihr Mitbestimmungsrecht (§ 87 Abs. 1 Nr. 2 und 3 BetrVG oder § 75 Abs. 3 und 4 BPersVG) ausüben, soweit eine abschließende tarifvertragliche Regelung nicht besteht. Das Mitbestimmungsrecht betrifft die Lage der täglichen Arbeitszeit, also die Festlegung des Zeitraums, während der der Arbeitgeber die Erfüllung der Arbeitspflicht verlangen kann. Ein Mitbestimmungsrecht besteht nach herrschender Auffassung nicht beim zeitlichen Umfang der wöchentlichen Arbeitszeit. Ein Mitbestimmungsrecht besteht auch nicht beim zeitlichen Umfang eines Teils der Arbeitsleistung. Die Bemessung der Zeiten des Umkleidevorgangs unterliegen deshalb nicht dem Mitbestimmungsrecht des Betriebsrats.[14] Bei dem Umkleidevorgang handelt es sich lediglich um Zeiten, die ein Arbeitnehmer für die Erledigung eines Teils seiner Arbeitsaufgaben benötigt.

17   Die Regelung einer zeitlichen Pauschale für die Umkleidezeit in einer Betriebsvereinbarung ist daher nicht erzwingbar, eine freiwillige Regelung kann im Einzelfall zulässig sein. Wegen der Sperrwirkung des § 77 Abs. 3 BetrVG könnte auch eine freiwillige Betriebs- oder Dienstvereinbarung unwirksam sein, wenn bereits Regelungen zu Umkleidezeiten in einem einschlägigen Tarifvertrag enthalten sind. Die Sperrwirkung soll verhindern, dass Gegenstände, derer sich die Tarifvertragsparteien angenommen haben, konkurrierend durch Betriebsvereinbarung geregelt werden.

18   Darüber hinaus ist zu berücksichtigen, dass jeder einzelne Arbeitnehmer das Recht hat, entsprechend seinen persönlichen Fähigkeiten den Umfang der Umkleidezeit persönlich zu bestimmen. Für einen Arbeitnehmer könnten daher sieben Minuten entsprechend seinen persönlichen Fähigkeiten anfallen, bei einem anderen Arbeitnehmer zehn Minuten. Das macht die Ausübung des Mitbestimmungsrechts im Einzelfall schwierig.

2. Überstunden

19   Ist Beginn und Ende der Arbeitszeit durch Betriebsvereinbarung geregelt und gibt der Arbeitgeber die Anweisung, die Arbeitskleidung außerhalb der Arbeitszeit anzulegen, verstößt er gegen das Mitbestimmungsrecht des Betriebsrats. Bei den zusätzlich angewiesenen Zeiten handelt es sich um Überstunden, bei denen

---

14 BAG 12. 11. 2013 – 1 ABR 59/12.

zuvor die Zustimmung des Betriebsrats einzuholen ist. Bei Verstößen des Arbeitgebers gegen das Mitbestimmungsrecht hat der Betriebsrat einen Unterlassungsanspruch.

Aus alledem folgt, dass der Arbeitgeber ein Interesse daran haben müsste, die   **20**
Umkleidezeiten realistisch zu berechnen, da anderenfalls Überstunden anfallen, die der Mitbestimmung des Betriebsrates unterliegen. Bei der Ausübung des Mitbestimmungsrechts muss sehr konkret auf die auf den Betrieb geltenden Regelungen abgestellt werden, damit festgestellt werden kann, welche Möglichkeiten dem Betriebsrat bleiben und wie die Arbeitnehmer davon profitieren können.

IV. Eckpunkte für Betriebs- und Dienstvereinbarungen

Die Regelung der Umkleide- und Waschzeiten in einer Betriebs- oder Dienstver-   **21**
einbarung könnte folgendermaßen aussehen:

- »Umkleiden und Waschen findet während der Arbeitszeit statt und ist wie Arbeitszeit zu vergüten.«

oder

- »Für Umkleiden und Waschen werden xx Minuten pro Tag dem Arbeitszeitkonto gutschrieben. Gegen den Nachweis, dass individuell eine längere Zeitspanne für Umkleiden und Waschen notwendig ist, wird die höhere Zeit dem Arbeitszeitkonto gutgeschrieben.«

Urlaub im Baugewerbe

I. Einführung

1   Jedem Beschäftigten steht pro Kalenderjahr ein Urlaub von mindestens vier Wochen zu (§ 3 BUrlG). Dieser Urlaub sollte aus Gründen des Arbeits- und Gesundheitsschutzes auch zusammenhängend genommen werden. Jedenfalls ist es zwingend erforderlich, einmal im Jahr einen zusammenhängenden Urlaub von zwei Wochen zu realisieren (§ 7 BUrlG, siehe auch → Urlaub und Arbeitszeit Rn. 4). In den ersten Monaten eines Beschäftigungsverhältnisses besteht allerdings kein Anspruch auf Gewährung von Urlaub. Erst nach Ablauf von sechs Monaten der Beschäftigung kann der Urlaub verlangt werden (§ 4 BUrlG). Wird das Arbeitsverhältnis vorher beendet, wird der erworbene Urlaubsanspruch finanziell abgegolten (§ 7 Abs. 4 BUrlG).

2   Sähe der Bundesrahmentarifvertrag für das Baugewerbe keine vom BUrlG abweichenden Regelungen vor, müsste nahezu die Hälfte der im Baugewerbe Beschäftigten auf einen zusammenhängenden Urlaub von mindestens zwei Wochen im Jahr verzichten. Die Arbeitsverhältnisse im Baugewerbe sind oft kurz. Denn der Bauarbeiter muss dort arbeiten, wo die Baustelle ist. Mit dem Baustellenwechsel geht oftmals auch ein Wechsel des Arbeitgebers einher. Dazu kommen die Wintermonate, in denen die Witterungsverhältnisse keine Beschäftigung zulassen.

3   Um diesen Besonderheiten Rechnung zu tragen, enthält das BUrlG eine Öffnungsklausel (§ 13 Abs. 2 BUrlG). Danach kann von den Vorschriften des Gesetzes abgewichen werden, wenn dadurch ein zusammenhängender Urlaub sichergestellt werden kann. Dem trägt § 8 BRTV-BHG Rechnung.

II. Einzeldarstellung

1. Dauer des Urlaubs

Im Baugewerbe besteht ein Urlaubsanspruch von 30 Arbeitstagen im Kalender- **4**
jahr (§ 8 BRTV-BHG). Als Arbeitstage gelten für Beschäftigte in Vollzeit die Tage
Montag bis Freitag. Es können damit insgesamt sechs Wochen Urlaub pro Kalenderjahr erworben werden.

Im Baugewerbe arbeiten ca. 40 % der Beschäftigten weniger als zwölf Monate **5**
in einem Beschäftigungsverhältnis mit demselben Arbeitgeber. Nach den Vorschriften des BUrlG könnte kein zusammenhängender Urlaubsanspruch von
mindestens zwei Wochen im Jahr oder sogar überhaupt kein Urlaubsanspruch
realisiert werden. Denn zunächst muss die Wartezeit von sechs Wochen abgewartet werden. Gleichzeitig sind die Kündigungsfristen im Baugewerbe kurz. Sie betragen gerade zu Beginn des Beschäftigungsverhältnisses nur sechs Werktage und
erhöhen sich auf zwölf Werktage ab dem 6. Monat der Beschäftigung. In der
Kündigungsfrist ist noch ausstehender Urlaub deshalb kaum zu realisieren. Es
käme zu einer finanziellen Abgeltung.

Ein Beschäftigter im Baugewerbe erwirbt deshalb nach jeweils 12 Tagen der Be- **6**
schäftigung einen Urlaubstag. Die Beschäftigungsmonate werden mit 30 Beschäftigungstagen gezählt, ein angefangener Monat wird ausgezählt (§ 8 Ziff. 2
BRTV-BHG). Tage, an denen der Beschäftigte unentschuldigt gefehlt hat oder
an denen unbezahlter Urlaub gewährt wurde, zählen nicht als Beschäftigungstage.

Beispiel:
A war vom 1.2. bis zum 15.4. bei der Bau AG beschäftigt. Dies entspricht 75 Beschäftigungstagen: Februar 30 Tage, März 30 Tage, April 15 Tage. Die Beschäftigungstage werden nun durch zwölf geteilt. Dies ergibt 6,25 Urlaubstage. Diese
sind kaufmännisch auf sechs volle Urlaubstage zu runden.

Jeder erworbene Urlaubstag kann sofort in Anspruch genommen werden, auch **7**
wenn das Beschäftigungsverhältnis noch keine sechs Monate bestanden hat. Im
Baugewerbe gibt es keine Wartefrist.

2. Keine Urlaubsabgeltung beim Arbeitsplatzwechsel

Der Urlaub wird nicht ausbezahlt und finanziell abgegolten, wenn das Arbeits- **8**
verhältnis endet. Der Bauarbeiter kann seinen erworbenen Urlaub beim neuen

Arbeitgeber beanspruchen. Es muss sich dabei um einen Arbeitgeber handeln, der dem allgemeinverbindlichen BRTV-BHG unterliegt.[1]

9   Um zu vermeiden, dass nun ein Arbeitgeber einen Urlaubsanspruch gewähren muss, den der Arbeitnehmer nicht in einem Arbeitsverhältnis zu ihm erworben hat, wurde die Urlaubs- und Lohnausgleichskasse der Bauwirtschaft (ULAK) eingerichtet. Diese Sozialkasse ist eine gemeinsame Einrichtung der Tarifvertragsparteien des Bauhauptgewerbes. Die Arbeitgeber entrichten Beiträge an die ULAK. Wenn nun ein Beschäftigter seinen Urlaub antritt, erhält der Arbeitgeber das Urlaubsentgelt von der ULAK erstattet.[2]

3. Verfall von Urlaubsansprüchen

10   Anders als nach dem BUrlG verfällt der Urlaub nicht bereits am 31.12. des Kalenderjahres, sondern erst am 31.12. des Jahres, das auf die Entstehung des Urlaubsanspruchs folgt. Also ein Jahr später. Danach hat der Beschäftigte einen Anspruch gegen die ULAK auf Entschädigung in Höhe der Urlaubsvergütung für ein weiteres Kalenderjahr. Durch diese Regelungen soll vermieden werden, dass Zeiten der Beschäftigungslosigkeit sich negativ auf die Urlaubsansprüche auswirken.

III. Hinweise für die Mitbestimmung

11   Die oben beschriebenen Regelungen sind als tarifvertragliche Regelungen der Mitbestimmung entzogen. Sie können nicht durch Betriebsvereinbarung verändert werden, auch nicht zum Vorteil der Beschäftigten.

12   Die Regelungen unter § 87 Abs. 1 Nr. 5 BetrVG gelten auch für Betriebsräte im Baugewerbe. Allerdings sind bei der Aufstellung von Urlaubsgrundsätzen die Besonderheiten des Tarifvertrags zu beachten. Es können immer nur soviel Urlaubsansprüche geplant werden, wie der Beschäftigte bereits erworben hat. Denn abweichend von den Regelungen im BUrlG erwirbt ein Beschäftigter nicht bereits zu Beginn des Kalenderjahres seinen vollen Urlaubsanspruch. Der Anspruch wird Stück für Stück im Laufe des Kalenderjahres erworben (nach zwölf Beschäftigungstagen ein Urlaubstag).

13   Zur Mitbestimmung siehe auch → Urlaub und Arbeitszeit Rn. 50 ff.

---

1 Einen für allgemeinverbindlich erklärten Tarifvertrag haben alle Arbeitgeber zu beachten, die unter den Geltungsbereich des Tarifvertrages fallen. Und zwar unabhängig davon, ob sie als Mitglied des Arbeitgeberverbandes tarifgebunden sind oder nicht.

2 Stang/Bachner/Asshoff-*Stang*, S. 35 ff.

Urlaub und Arbeitszeit

I. Einführung

Jeder Beschäftigte hat Anspruch auf bezahlten Erholungsurlaub. Besteht das Arbeitsverhältnis noch keine sechs Monate, entsteht der volle Urlaubsanspruch erst nach Ablauf von sechs Monaten. Unter bestimmten Voraussetzungen besteht nur ein Teilurlaubsanspruch, nämlich z. B. dann wenn ein Beschäftigter im ersten Halbjahr eines Kalenderjahres aus dem Arbeitsverhältnis ausscheidet. Der Urlaub wird auf Antrag gewährt und kann nur aus dringenden betrieblichen oder persönlichen Gründen ablehnt werden. Während des Urlaubs ist das übliche Entgelt weiterzuzahlen.

Es ist nicht immer einfach zu bestimmen, was eigentlich ein Urlaubstag ist. Urlaub soll der Erholung dienen und muss deshalb vollständig zur freien Verfügung des Beschäftigten stehen. Die Unterscheidung zwischen Freizeitgewährung, Sonderurlaub und Erholungsurlaub ist nicht zuletzt deshalb wichtig, weil die Anspruchsgrundlagen, nach denen die Freistellung von der Arbeit gewährt wird, unterschiedlich sind.

In diesem Beitrag werden nicht alle Aspekte der Urlaubserteilung behandelt, sondern nur diejenigen, die einen engen Zusammenhang zu Arbeitszeitfragen haben. Zur Beantwortung weiterer Fragen im Zusammenhang mit dem Urlaub sei hier auf die einschlägige Kommentarliteratur verwiesen.

II. Einzeldarstellung

1. Urlaub in Abgrenzung zur Freizeitgewährung

Ein Urlaubstag ist nur dann ein Urlaubstag, wenn ein Beschäftigter seine ihm zustehende Freizeit uneingeschränkt selbstbestimmt nutzen kann.[1] Das Urlaubs-

---

1 BAG 19. 5. 2009 – 9 AZR 433/08.

recht geht davon aus, dass der komplette Urlaub an einem Stück genommen wird. Dies betrifft zumindest den Mindesturlaub von vier Wochen nach dem Bundesurlaubsgesetz (§ 7 Abs. 2 BUrlG). Nur so kann der Erholungszweck des Urlaubs realisiert werden. Bereits 1965 hat das BAG in einem Urteil ausgeführt, dass »gemessen an dem unersetzlichen Wert des Erholungsurlaubs, der seine Wirksamkeit nur in einer längeren geschlossenen Urlaubsperiode entfalten kann« eine Stückelung des Urlaubsanspruchs nicht zulässig ist.[2] Nur wenn dringende betriebliche oder persönliche Gründe vorliegen, kann der Urlaub ausnahmsweise auf eine zusammenhängende Periode von zwölf Werktagen gekürzt werden. Wird diese Vorschrift nicht eingehalten, ist der Beschäftigte berechtigt, weiteren Urlaub zu verlangen, denn sein gesetzlicher Urlaubsanspruch wurde nicht erfüllt.[3]

5 Der Arbeitgeber kann nicht verlangen, dass der Beschäftigte seinen Urlaub abbricht oder unterbricht. Dies läuft dem Erholungszweck ebenfalls zuwider. Im Urlaub muss deshalb weder auf E-Mails noch auf Telefonate reagiert werden. Da das Urlaubsrecht keine anteiligen Urlaubstage kennt, führt jede Unterbrechung des Urlaubstags dazu, dass der Arbeitgeber einen Urlaubstag nachgewähren muss.

6 Abschließend bleibt festzuhalten, dass ein Urlaubstag nur dann ein Urlaubstag ist, wenn er völlig selbstbestimmt verbracht werden kann und der gesetzliche Mindesturlaub nur dann erfüllt wurde, wenn der Beschäftigte mindestens vier Wochen Urlaub im Jahr erhalten hat. Davon müssen mindestens zwei Wochen zusammenhängend gewährt worden sein.

7 Die Freizeitgewährung folgt dagegen anderen Regeln. Ein Anspruch auf Freizeit kann sich z. B. aus geleisteter Mehrarbeit oder auf Grundlage eines Arbeitszeitkontos ergeben. Sie kann auch nur stundenweise gewährt werden. Den Abbau eines Arbeitszeitguthabens kann der Arbeitgeber im Rahmen seines Weisungsrechts unter Beachtung billigen Ermessens anordnen. Das Weisungsrecht des Arbeitsgebers, das er im betriebsratslosen Betrieb mit wenig Einschränkungen ausüben kann, erfasst eben auch Beginn und Ende der Arbeitszeit (§ 106 GewO). Er hat dabei auf die Interessen des Beschäftigten im Rahmen billigen Ermessens Rücksicht zu nehmen. Besteht ein Betriebsrat, unterliegt die Frage der Mitbestimmung des Betriebsrats (§ 87 Abs. 1 Nr. 2 BetrVG). Von der Freizeitgewährung für Mehrarbeit zu unterscheiden sind Zeiten der Freistellung, weil ein Arbeitnehmer vorübergehend an der Arbeitsleistung gehindert ist. Grundlage für diese Art der Freistellung sind die einschlägigen Tarifverträge und § 616 BGB (siehe dazu → Sonderurlaub Rn. 12–15).

---

2 BAG 29. 7. 1965 – 5 AZR 380/64.
3 BAG 29. 7. 1965 – 5 AZR 380/64.

2. Die Dauer des Urlaubs

a. Rechtsquellen des Urlaubsanspruchs

Wie viel Urlaub einem Beschäftigten pro Kalenderjahr zusteht, ergibt sich in der **8**
Regel aus dem Arbeitsvertrag. Eine weitere Rechtsquelle sind Tarifverträge, sofern sie auf das Arbeitsverhältnis Anwendung finden. In den Manteltarifverträgen und speziellen Urlaubstarifverträgen der jeweiligen Branche ist die Urlaubsdauer geregelt.

Das BUrlG dagegen regelt nur den Mindesturlaubsanspruch. Jedem Beschäftig- **9**
ten müssen mindestens vier Wochen Erholungsurlaub pro Kalenderjahr gewährt
werden. Die Regelung dient dem Arbeits- und Gesundheitsschutz. Das Gesetz
spricht von 24 Werktagen. Werktage sind Montag bis Samstag mit Ausnahme der
Sonntage und der gesetzlichen Feiertage (§ 3 Abs. 1 und 2 BUrlG). So dass sich
daraus ein gesetzlicher Urlaubsanspruch von vier Wochen ergibt.

Laut statistischer Erhebung stehen den Beschäftigten in Deutschland in Betrie- **10**
ben ohne Betriebsrat durchschnittlich tatsächlich 28,8 Tage Urlaub pro Kalenderjahr zu, in Betrieben mit Betriebsrat sogar 30,1 Tage.[4] Über den gesetzlichen
Urlaubsanspruch hinausgehende Urlaubstage ergeben sich aus den einschlägigen
Tarifverträgen und sind in den meisten Fällen auch arbeitsvertraglich vereinbart.
Die Länge des Urlaubs in Wochen kann man erst bestimmen, wenn die Arbeitstage pro Woche bekannt sind. Bei einer Sechs-Tage-Woche sind 30 Urlaubstage
eben nur fünf Wochen, während bei einer Fünf-Tage-Woche aus 30 Urlaubstage
eine Woche mehr Urlaub wird, also sechs Wochen.

Die meisten Tarifverträge sehen eine Urlaubsdauer von 30 Arbeitstagen bei ei- **11**
ner Fünf-Tage-Woche vor. So die komplette Metall und Elektroindustrie und der
MTV Chemie (West). Andere Tarifverträge staffeln die Urlaubsdauer und lassen
sie mit zunehmender Beschäftigungsdauer anwachsen. So beträgt der Jahresurlaub auf Grundlage einer Fünf-Tage-Woche im **Gebäudereinigerhandwerk** im
1. Beschäftigungsjahr 28 Arbeitstage, im 2. Beschäftigungsjahr 29 Arbeitstage
und im 3. Beschäftigungsjahr 30 Arbeitstage.

In der **Leiharbeitsbranche** ist die Urlaubsdauer noch kürzer. Der Urlaubsan- **12**
spruch im 1. Beschäftigungsjahr beträgt 24 Arbeitstage, im 2. Beschäftigungsjahr
25 Arbeitstage, im 3. Beschäftigungsjahr 26 Arbeitstage, im 4. Beschäftigungsjahr
28. Arbeitstage und erst ab dem 5. Beschäftigungsjahr 30 Arbeitstage. Scheidet
der Beschäftigte in den ersten sechs Monaten aus dem Arbeitsverhältnis aus,
steht ihm nur der Urlaubsanspruch aus dem BUrlG zu (§ 6 MTV Zeitarbeit und
§ 11 MTV BAP).

---

4 Hans Böckler Stiftung, Böckler Impuls 9/2016 S. 1.

b. Urlaubsdauer in Abhängigkeit zum Alter

13 Problematisch ist eine Staffelung des Urlaubs, die sich am Lebensalter orientiert. Das allgemeine Gleichbehandlungsgesetz verbietet eine Schlechterstellung aufgrund des Lebensalters. Eine unterschiedliche Behandlung wegen des Lebensalters ist nur möglich, wenn hierfür ein sachlicher Grund besteht. Die Ungleichbehandlung muss dabei einem legitimen Ziel dienen. Bei der Urlaubsverlängerung kann dem größeren Erholungsbedürfnis älterer Arbeitnehmer Rechnung getragen werden.[5] Dies schließt aber nach der Rechtsprechung des BAG aus, bereits in einem relativ jungen Lebensalter mit der Steigerung der Urlaubsansprüche zu beginnen. Aus diesem Grund hat das BAG eine Vorschrift aus dem Tarifvertrag des öffentlichen Dienstes für unwirksam erklärt, nach der bereits die erste Steigerung des Urlaubsanspruchs mit 30 Lebensjahren und eine weitere Steigerung mit 40 Lebensjahren vorgesehen waren. Eine solche Vorschrift dient nicht dem Erholungsbedürfnis älterer Arbeitnehmer, so das BAG. Denn in diesem Lebensalter gilt man nicht als »älter« und es gibt keine arbeitsmedizinischen Erkenntnisse, dass das Erholungsbedürfnis bereits ab dem 30. Lebensjahr steigt.

14 Inzwischen wurde deshalb § 26 TVöD geändert. Bis zum vollendeten 55. Lebensjahr besteht ein Urlaubsanspruch von 29 Tagen und danach ein Anspruch von 30 Arbeitstagen gemessen an einer Fünf-Tage-Woche. Es ist dennoch fraglich, ob die neue Klausel der Überprüfung standhält. Denn das BAG hält eine Differenzierung nach dem Alter nur für zulässig, wenn auch an eine unterschiedliche Behandlung wegen der beruflichen Tätigkeit und der Anforderungen an den Arbeitsplatz angeknüpft wird. Behandelt der Tarifvertrag z. B. in einem Krankenhaus alle Berufsgruppen gleich, liegt es nahe, dass hier dennoch eine Altersdiskriminierung stattfindet. Die Konsequenz davon ist, dass alle Beschäftigten den längeren Urlaub beanspruchen können.[6]

c. Zusatzurlaub für besondere Erschwernisse

15 Eine gesetzliche Grundlage nach der ein Urlaubsanspruch steigt, weil die Arbeit, die zu verrichten ist, besonders schwer und kräftezehrend ist, existiert nicht. Der Gesetzgeber behandelt alle Arbeitnehmer gleich, unabhängig davon welche Arbeit abgefordert wird.

16 Manche Tarifverträge sehen jedoch einen Zusatzurlaub vor. Im öffentlichen Dienst erhält ein Beschäftigter, der ständig in Wechselschicht oder Schicht arbeitet, zusätzliche Urlaubstage (§ 27 TVöD). Bei Wechselschichtarbeit für je zwei zusammenhängende Monate und für Schichtarbeit für je vier zusammenhängende Monate einen Arbeitstag Zusatzurlaub. Was zu einem höheren Urlaubsan-

---

5 BAG 20.3.2012 – 9 AZR 529/10.
6 BAG 15.11.2016 – 9 AZR 534/15.

spruch von sechs Tagen bzw. vier Tagen führen kann, wenn das ganze Jahr über fast ausschließlich Wechselschicht oder Schicht gearbeitet worden ist.

d. Zusatzurlaub für schwerbehinderte Menschen

Schwerbehinderte Menschen haben Anspruch auf zusätzlich fünf Urlaubstage **17** pro Kalenderjahr. Auch dieser Urlaubsanspruch wird entsprechend umgerechnet, wenn der Schwerbehinderte weniger als fünf Arbeitstage pro Woche bzw. mit schwankender Arbeitszeit eingesetzt wird. Dabei sind Bruchteile von Urlaubstagen, sofern sie mindestens einen halben Tag ergeben, aufzurunden (§ 125 SGB IX).

e. Urlaubsanspruch während der Elternzeit

Der Erwerb eines Urlaubsanspruchs ist an den Bestand des Arbeitsverhältnisses **18** geknüpft. Er wird auch jedes Kalenderjahr neu erworben, wenn der Beschäftigte nicht arbeitet. Deshalb erwerben auch Beschäftigte in der Elternzeit Urlaub. Allerdings erlaubt es der Gesetzgeber den Arbeitgebern, den Urlaubsanspruch, der in der Elternzeit erworben wird, für jeden vollen Monat der Elternzeit um ein Zwölftel zu kürzen (§ 17 BEEG). Dies gilt aber nur für volle Kalendermonate der Elternzeit. Nimmt ein Vater z. B. Elternzeit vom 15. 4. bis zum 15. 6., kann der Urlaub nur um ein Zwölftel gekürzt werden.

3. Berechnung des Urlaubsanspruchs

a. Bei gleichmäßiger Verteilung der Arbeitszeit

Bei einer gleichmäßig verteilten Arbeitszeit auf fünf Tage pro Kalenderwoche be- **19** reitet die Berechnung des Urlaubsanspruchs keine Schwierigkeiten. Pro Arbeitstag muss ein Urlaubstag in Anspruch genommen werden, will der Beschäftigte an diesem Tag seinem Erholungsbedürfnis nachgehen. Sieht der Tarifvertrag 30 Urlaubstage vor, entspricht dies einer Urlaubsdauer von sechs Wochen.

b. Bei ungleichmäßiger Verteilung der Arbeitszeit

Ist die Arbeit unregelmäßig auf die einzelnen Wochentage verteilt, muss der Ur- **20** laubsanspruch entsprechend angepasst werden. Er errechnet sich nach der folgenden Formel:[7]

$$\frac{\text{Urlaubstage im Jahr} \times \text{Arbeitstage im Jahr bei abweichender Verteilung}}{\text{Arbeitstage im Jahr bei einer Fünf-Tage-Woche (= 261 Arbeitstage)}}$$

---

7 BAG 19.1.2016 – 9 AZR 608/14.

21 Bei »Urlaubstage im Jahr« wird die Zahl der Urlaubstage eingesetzt, die ein Beschäftigter bei gleichmäßiger Verteilung der Arbeitszeit erhält (z. B. 30).

22 »Arbeitstage im Jahr bei abweichender Verteilung« sind alle Kalendertage, an denen Arbeitspflicht bestand, wobei dies nicht nur die Tage sind, an denen die Schicht begonnen hat. Beginnt also eine Schicht um 23 Uhr und endet am nächsten Tag um 7 Uhr morgens, werden beide Tage als Arbeitstage bei der Urlaubsberechnung gezählt.

23 »Arbeitstage pro Jahr bei einer Fünf-Tage-Woche« sind 261, wenn es sich nicht um ein Schaltjahr handelt (365 Kalendertage abzüglich der Wochenenden bei einer Fünf-Tage-Woche).

24 **Beispiel:**

Ein Beschäftigter in der Chemieindustrie hat nach § 12 MTV Chemie (West) bei einer regelmäßigen Arbeitswoche von fünf Arbeitstagen einen Urlaubsanspruch von 30 Tagen im Jahr. Er arbeitet nach einem Schichtplan. Laut seinem Schichtplan hat er 208 Schichten zu leisten (an 208 Tagen). Sein Urlaubsanspruch beträgt nach der o. g. Formel 24 Tage:

$$\frac{30 \text{ (Urlaubstage)} \times 208 \text{ (Arbeitstage)}}{261}$$

25 Arbeitet ein Beschäftigter in Vollzeit und verteilt sich seine Arbeitszeit auf durchschnittlich nur vier Tage die Woche, hat er lediglich einen Anspruch auf 24 Tage Urlaub pro Kalenderjahr. Dies entspricht aber dennoch einem Urlaubsanspruch von sechs Wochen. Denn an dem fünften freien Tag bzw. während der Freischichten schuldet der Beschäftigte keine Arbeitsleistung und muss dafür keinen Urlaubstag in Anspruch nehmen.[8]

26 Diese Rechtsprechung des BAG hat Kritik erfahren.[9] So sieht z. B. der Tarifvertrag der Metall und Elektroindustrie vor: »*Auch wenn die regelmäßige Arbeitszeit auf mehr oder weniger als fünf Tage in der Woche – ggf. auch im Durchschnitt mehrerer Wochen – verteilt ist, gelten fünf Tage je Woche als Arbeitstage.*«[10] Dennoch ist das BAG der Auffassung, dass der Urlaubsanspruch entsprechend der o. g. Formel anzupassen ist. Das BAG unterstellt nicht, dass der Beschäftigte in der Urlaubswoche fünf Tage gearbeitet hätte. Ob dies immer einen Nachteil für den Beschäftigten darstellt, ist fraglich. Denn das BAG sagt in ständiger Rechtsprechung auch, dass Urlaub nur an den Tagen genommen werden muss, an denen der Beschäftigte zur Arbeitsleistung vorgesehen war. Ist eine Freischicht eingetragen, muss kein Urlaub beantragt werden. Das kann im Ergebnis dazu führen, dass dieser Beschäftigte mehr freie Wochen realisieren kann als ein regelmäßig Be-

---

8 BAG 9. 9. 2003 – 9 AZR 468/02.
9 Meine/Wagner-*Schumann*, S. 283 ff.; Unterhinninghofen, AuR 1995, 235.
10 Siehe z. B. § 17 MTV M+E Hessen.

Steiner

schäftigter, nämlich immer dann, wenn er in einer Woche mit wenig Einsatztagen Urlaub beantragt. Aber auch der gegenteilige Effekt ist denkbar. In Wochen mit mehr Arbeitstagen als durchschnittlich in der Schichtperiode vorgesehen, werden auch mehr Urlaubstage benötigt, um einen zusammenhängenden Urlaub zu erhalten.

c. Berechnung des Urlaubsanspruchs bei Teilzeitbeschäftigung

Die o. g. Formel gilt auch bei der Umrechnung des Urlaubsanspruchs bei Teilzeitbeschäftigung: **27**

Findet die Teilzeitbeschäftigung z. B. in einer Woche an fünf Tagen und in der darauffolgenden Woche an vier Tagen statt, berechnet sich der Urlaubsanspruch wie folgt: **28**

$$\frac{30 \text{ Urlaubstage} \times 234 \text{ Arbeitstage } (4,5 \text{ Arbeitstage} \times 52 \text{ Wochen})}{261 \text{ Arbeitstage im Jahr bei einer Fünf-Tage-Woche}}$$

= 26,89, aufgerundet 27 Urlaubstage.

Wechselt ein Beschäftigter während des Kalenderjahres **von Vollzeit in Teilzeit** bzw. verändert er seine Arbeitszeit, muss für jede Beschäftigungsphase der Urlaub gesondert berechnet werden. **29**

> **Beispiel:**
> Wer vom 1.1. bis zum 30.6. eines Jahres in Vollzeit an fünf Tagen pro Woche beschäftigt war und anschließend seine Arbeitszeit um 50 % verringert und nur noch an 2,5 Tagen pro Woche beschäftigt ist, hat bei einem tariflichen Urlaubsanspruch von 30 Tagen pro Kalenderjahr für das erste Halbjahr 15 Urlaubstage und für das zweite Halbjahr neun Urlaubstage zu beanspruchen. Der Urlaubsanspruch in diesem Kalenderjahr beträgt somit 24 Arbeitstage.

Ist der Urlaubsanspruch aus dem ersten Halbjahr noch nicht genommen worden, wird er beim Wechsel in die Teilzeit nicht gekürzt. Das BAG hat seine anderslautende Rechtsprechung aufgegeben. Nach der vorherigen Rechtsprechung wäre der Urlaubsanspruch von 15 Arbeitstagen aus dem ersten Halbjahr gekürzt worden, wenn er noch nicht in Anspruch genommen wurde. Der Beschäftigte hätte dann insgesamt nur 18 Urlaubstage im zweiten Halbjahr erhalten, statt der ihm zustehenden 24. **30**

Der EuGH hat diese Berechnungsmethode als nicht zulässig angesehen. Sie verstößt gegen die Richtlinie 2003/88/EG über bestimmte Aspekte der Arbeitszeitgestaltung und benachteiligt Teilzeitbeschäftigte.[11] Das BAG hat sich dieser Rechtsprechung angeschlossen mit dem Verweis darauf, dass die Berechnungs- **31**

---

11 EuGH 13.6.2013 – C-415/12 (Brandes).

methode gegen § 4 Abs. 1 TzBfG verstößt, der eine Benachteiligung und Diskriminierung von Teilzeitbeschäftigten untersagt.[12] Auch wenn das zu dem einmaligen Effekt führt, dass der Beschäftigte im Jahr des Wechsels im Beispielsfall dann acht Wochen Urlaub realisieren kann, so ist dies dennoch gerechtfertigt. Er hatte sich vor dem Wechsel in die Teilzeit die 15 Urlaubstage schon erarbeitet.

32   Auch für den Fall, dass ein Teilzeitbeschäftigter während eines Kalenderjahres in Vollzeit wechselt, muss nach der Rechtsauffassung des EuGH der Urlaubsanspruch für jede Periode getrennt berechnet und anschließend addiert werden. Er müsste nicht für das komplette Kalenderjahr neu berechnet werden. Für den o. g. Beispielsfall würde dies bedeuten, dass der Beschäftigte im ersten Halbjahr neun Urlaubstage und im zweiten Halbjahr 15 Urlaubstage erhalten würde. Das könnte dazu führen, dass der Beschäftigte im Jahr des Wechsels nur vier Wochen und vier Tage Urlaub realisieren könnte.[13] Das wäre der Fall, wenn er im ersten Halbjahr während der Teilzeitbeschäftigung keinen Urlaub genommen hatte.

4.   Urlaubsgewährung und Arbeitszeitkonto

33   Bei der Beantwortung der Frage, welche Arbeitszeit an einem Urlaubstag dem Arbeitszeitkonto gut geschrieben werden muss, ist der zwingende Grundsatz zu beachten, dass jedem Arbeitnehmer in jedem Kalenderjahr bezahlter Erholungsurlaub zusteht. Während des Urlaubs ist dem Arbeitnehmer das Entgelt zu gewähren, das er gewöhnlich in diesem Zeitraum verdient hätte.

34   Dem Arbeitszeitkonto ist deshalb diejenige Arbeitszeit gutzuschreiben, die wegen des Urlaubs ausfällt. Ein Nacharbeiten wegen Urlaubs ist vom BUrlG nicht vorgesehen. Denn das würde dazu führen, dass die Urlaubszeiten im Ergebnis schlechter bezahlt wären als Zeiten der Arbeitsleistung. Eine Regelung, die für Urlaubsschichten eine geringere Zeitgutschrift vorsieht als für Arbeitsschichten, ist nicht zulässig (siehe §§ 13 Abs. 1 i. V. m. 1, 3 BUrlG).[14]

35   Stand zur Zeit der Urlaubsgewährung noch nicht fest, welche Arbeitszeit zu leisten gewesen wäre, ist ein Durchschnitt aus den letzten 13 Wochen vor Urlaubsantritt zu bilden (siehe § 11 BUrlG).

5.   Anspruch auf Teilurlaub

36   Das Urlaubsrecht geht von dem Grundsatz aus, dass einem Beschäftigten in jedem Kalenderjahr der volle Urlaubsanspruch zu gewähren ist. Ein Teilurlaubsanspruch ist die Ausnahme. Auch wenn das Arbeitsverhältnis vor Ablauf eines Ka-

---

12 BAG 10. 2. 2015 – 9 AZR 53/14.
13 EuGH 11. 11. 2015 – C-219/14 (Greenfield).
14 BAG 19. 6. 2012 – 9 AZR 712/10.

lenderjahres endet, kann ein bereits gewährter Urlaub nicht »rückabgewickelt« werden. Der Arbeitgeber ist nicht berechtigt, Entgelt abzuziehen (§ 5 BUrlG). Ausnahmen von diesem Grundsatz ergeben sich in folgenden Fällen: 37

a. Erstmaliger voller Urlaubsanspruch nach Wartezeit

Der volle Urlaubsanspruch wird erstmals nach einer Wartezeit von sechs Mona- 38
ten erworben. Das bedeutet, erst wenn das Arbeitsverhältnis mindestens sechs
Monate bestanden hat, kann der Arbeitnehmer den vollen Urlaubsanspruch realisieren. Hat das Arbeitsverhältnis noch keine vollen sechs Monate bestanden,
bevor das Kalenderjahr zu Ende geht, bekommt der Arbeitnehmer nur einen Teilurlaubsanspruch von einem Zwölftel für jeden Monat, in dem das Beschäftigungsverhältnis im vorherigen Kalenderjahr bestanden hat.

b. Ausscheiden aus dem Arbeitsverhältnis vor Erfüllung der Wartezeit

Ein Teilurlaubsanspruch besteht auch dann, wenn der Beschäftigte vor Erfüllung 39
der Wartezeit wieder aus dem Arbeitsverhältnis ausscheidet.

c. Unterjähriges Ausscheiden aus dem Arbeitsverhältnis

Ein Teilurlaubsanspruch entsteht dann, wenn der Beschäftigte in der ersten 40
Hälfte eines Kalenderjahres aus dem Arbeitsverhältnis ausscheidet. Scheidet er
dagegen erst zum 31.7. statt zum 30.6. des Kalenderjahres aus, hat er Anspruch
auf den vollen Urlaubsanspruch für das gesamte Kalenderjahr (§ 5 Abs. 1 BurlG).

d. Tarifvertragliche Regelungen

Die Tarifverträge sehen oftmals auch bei einer Beendigung des Arbeitsverhältnis- 41
ses im zweiten Halbjahr entgegen den Vorschriften des BUrlG eine Kürzung des
Urlaubsanspruches um ein Zwölftel pro Monat, in dem kein Beschäftigungsverhältnis bestanden hat, vor (siehe z. B. § 26 TVöD oder § 16 MTV M+E Hessen).
Grundsätzlich können die Tarifvertragsparteien, was den tariflichen Mehrurlaub
betrifft, ungünstigere Regelungen als im Gesetz vorsehen. Im Einzelfall muss jedoch darauf geachtet werden, dass der gesetzliche Mindesturlaub auch tatsächlich gewährt wird. Dieser unterliegt nämlich nicht der Disposition der Tarifvertragsparteien.

Beispiel:
Eine Krankenpflegerin scheidet aus dem öffentlichen Dienst zum 31.7. eines Kalenderjahres aus. Ihr Urlaubsanspruch beträgt 29 Tage pro Kalenderjahr. In diesem
Jahr jedoch nur 7/12 davon, was einen Urlaubsanspruch von 17 Tage ergibt. Da sie
jedoch im zweiten Halbjahr des Kalenderjahres ausscheidet, hat sie bereits den vollen Mindesturlaubsanspruch erworben: 20 Tage bei einer Fünf-Tage-Woche. Die
Kürzung aufgrund des Tarifvertrags darf deshalb nicht voll angewandt werden. Sie

hat jedenfalls vor dem Ausscheiden 20 Tage Urlaub zu erhalten oder einen entsprechenden finanziellen Abgeltungsanspruch, wenn der Urlaub nicht mehr realisiert werden kann, bevor das Arbeitsverhältnis endet.

6. Verfall von Urlaubsansprüchen

42 Das Urlaubsrecht sieht vor, dass der Urlaub während des Kalenderjahres gewährt und genommen werden muss. Nur wenn es aus dringenden betrieblichen Gründen oder persönlichen Gründen nicht möglich gewesen ist, den Urlaub zu realisieren, darf er ins folgende Kalenderjahr übertragen werden. Dann ist er zwingend im ersten Quartal des Folgejahres zu nehmen. Ansonsten verfällt der Urlaub.

43 Hiervon gibt es Ausnahmen:

a. Krankheit

44 Ist der Beschäftigte krank, so verfällt der Urlaub nicht, sondern kann noch bis zum Ende des Quartals des folgenden Kalenderjahres genommen werden.

Beispiel:
Der Jahresurlaub 2017 kann im Falle der dauernden Arbeitsunfähigkeit noch bis zum 31.3.2019 genommen werden. Am 1.4.2019 ist er verfallen.

45 Voraussetzung ist allerdings, dass die Arbeitsfähigkeit wieder hergestellt wurde. Nach deutschem Recht kommt eine Urlaubsnahme während der Arbeitsunfähigkeit nicht in Frage.

b. Abgelehnter Urlaubsantrag

46 Der Beschäftigte hat versucht, seinen Urlaub zu nehmen, und die Urlaubsanträge wurden immer wieder abgelehnt. Zwar verfällt der Urlaub dann auch am 31.3. des Folgejahres, aber in der gleichen Minute in der der Urlaub verfällt entsteht ein Schadensersatzanspruch für den Beschäftigten. Im Ergebnis kann er also weiterhin seinen Urlaub beanspruchen.

c. Pflicht zur Erteilung des Mindesturlaubs

47 Umstritten ist, ob der Arbeitgeber verpflichtet ist, zumindest den Mindesturlaub zuzuteilen, auch wenn der Arbeitnehmer diesen nicht beantragt hat. Das LAG Berlin-Brandenburg sieht eine Pflicht des Arbeitgebers, Urlaub zuzuteilen, wenn der Arbeitnehmer keinen Antrag stellt.[15] Begründet wird dies zu Recht damit, dass der Mindesturlaub dem Arbeits- und Gesundheitsschutz dient. Dann ist der

---

15 LAG Berlin-Brandenburg 12.6.2014 – 21 Sa 221/14.

Urlaub zwingend zu realisieren und es kann nicht freiwillig verzichtet werden. Das BAG hat nun diese Frage dem EuGH zur Entscheidung vorgelegt.[16] Es wird also noch eine Weile dauern, bis zu dieser Frage eine höchstrichterliche Rechtsprechung vorliegt.

d. Tarifvertragliche Regelungen

Tarifverträge können den gesetzlich vorgesehenen Übertragungszeitraum verlängern. Gleiches gilt für Betriebsvereinbarungen. Dort kann eine Regelung getroffen werden, wenn keine tarifvertragliche Vorschrift besteht. Die meisten Tarifverträge wiederholen lediglich den Gesetzeswortlaut und sind damit nur deklaratorisch. Dies bedeutet, dass sie keine eigenständige Regelung treffen.   **48**

Der TVöD verlängert den Übertragungszeitraum in § 26 Abs. 2 Buchst. a) bis zum 31.5. des Folgejahres.   **49**

III. Hinweise für die Mitbestimmung

Der Erholungsurlaub ist einerseits eine Maßnahme des Arbeits- und Gesundheitsschutzes zur Gesunderhaltung der Arbeitskraft. Andererseits ist er auch Teil der Vergütung, insbesondere der Teil der über den gesetzlichen Mindesturlaub hinaus beansprucht werden kann.   **50**

Der Anteil der Beschäftigten, die ihren Urlaubsanspruch voll ausschöpfen, liegt in Betrieben mit Betriebsrat bei 74,8 %, in Betrieben ohne Betriebsrat bei 63,6 %.[17] Es verfallen durchschnittlich 1,6 bzw. 2,6 Tage Urlaub für jeden Beschäftigten. Anders ausgedrückt, die Beschäftigten verzichten dadurch auf Vergütung.   **51**

1. Durchsetzung des vollen Urlaubsanspruchs durch Mitbestimmung

Betriebsräte und Personalräte haben die Möglichkeit, im Rahmen der Mitbestimmung dieser Tendenz entgegenzuwirken. Das BetrVG gibt hierfür über § 87 Abs. 1 Nr. 5 eine gesetzliche Grundlage. Im öffentlichen Dienst ergibt sich die Gesetzesgrundlage aus § 75 Abs. 3 Nr. 3 BPersVG oder aus den einschlägigen Landespersonalvertretungsgesetzen.   **52**

Nach diesen Vorschriften haben die Vertretungen der Arbeitnehmer bei der Aufstellung des Urlaubsplans ein Mitbestimmungsrecht. Das Mitbestimmungsrecht besteht darüber hinaus auch bei der Festlegung des Urlaubs einzelner Arbeitneh-   **53**

---

16 BAG 13.12.2016 – 9 AZR 541/15 (A).
17 Hans Böckler Stiftung, Böckler Impuls 9/2016 S. 1.

mer, wenn sich Beschäftigter und Arbeitgeber nicht auf die zeitliche Lage des Urlaubs verständigen können. Im Gegensatz zu den Personalräten hat der Betriebsrat auch ein Mitbestimmungsrecht bei der Aufstellung allgemeiner Urlaubsgrundsätze.

2. Informationsanspruch der Arbeitnehmervertretungen

54 Der Betriebsrat hat auf der Grundlage von § 80 Abs. 2 BetrVG einen Anspruch auf Information über die Resturlaubstage der Beschäftigten im Betrieb. Der Informationsanspruch des Personalrats ergibt sich aus § 68 Abs. 2 BPersVG oder den entsprechenden Vorschriften der Landesvertretungsgesetze. Der Betriebsrat und der Personalrat hat das Recht, darüber zu wachen, dass die zu Gunsten der Arbeitnehmer geltenden Gesetze und Tarifverträge eingehalten werden. Dazu zählen auch die Vorschriften über die Urlaubsgewährung nach dem BUrlG und aus den einschlägigen Tarifverträgen. Besteht im Betrieb eine Betriebs- bzw. Dienstvereinbarung zu den Urlaubsgrundsätzen, ist auch deren ordnungsgemäße Durchführung zu überprüfen.

3. Keine Mitbestimmung bei der Anzahl der Urlaubstage

55 Nicht der Mitbestimmung unterliegen allerdings Fragen der Anzahl der Urlaubstage, wie ein Urlaubsanspruch zu berechnen ist und welche Vergütung während Zeiten des Urlaubs zu zahlen ist. Innerhalb der Grenzen des § 13 BUrlG kommen hierzu nur tarifvertragliche Regelungen in Frage.

IV. Eckpunkte für Betriebs- und Dienstvereinbarungen

56 Allgemeine Grundsätze der Urlaubsplanung
- In welchem Zeitraum ist der Urlaubsplan zu erstellen?
- Wie viele Urlaubstage sind bereits im Urlaubsplan zu verplanen? Wie viele stehen weiterhin zur freien Verfügung? Wie viele Urlaubstage sind zwingend am Stück zu nehmen?
- Welche Kollisionsregeln gelten für den Fall, dass Urlaubswünsche mehrerer Arbeitnehmer zusammentreffen? Zu berücksichtigen sind in erster Linie soziale Gesichtspunkte.

Beispiel:
1. Arbeitnehmer mit Kindern, die Betreuungseinrichtungen (z.B. Kindergärten) besuchen oder schulpflichtig sind, haben Vorrang.

2. Nachrangig gegenüber Arbeitnehmern mit Kindern (s. o.), aber vorrangig anderen gegenüber sind Arbeitnehmer, deren Lebenspartner an Betriebsferien gebunden sind.
3. Ist ein Vorrang unter sozialen Gesichtspunkten im Übrigen nicht erkennbar, entscheidet das Los.

- Bis zu welchem Zeitraum müssen Resturlaubstage, die nicht im Urlaubsplan festgelegt wurden, verplant werden, z. B. bis zu Beginn des letzten Quartals im Kalenderjahr.

Erstellung des Urlaubsplans 57
- Festlegung des Datums, bis zudem in den einzelnen Abteilungen unter Berücksichtigung der o. g. Grundsätze der Urlaubsplan zu erstellen ist
- Verfahren zur Genehmigung des Urlaubsplans durch den Betriebsrat
- Konfliktlösungsinstrument im Falle der Nichteinigung

Antrags- und Genehmigungsverfahren für den Urlaub 58
- Antrag durch Formular oder elektronisch
- Genehmigungsverfahren (wer genehmigt den Urlaub innerhalb welcher Frist)
- Urlaub im Urlaubsplan gilt als genehmigt

Einigungsstelle für den Fall von Konflikten bei Urlaubswünschen des Arbeit- 59
nehmers

Rechte des Betriebsrats 60
- Genehmigung des Urlaubsplans
- Einbeziehung bei Konflikten zwischen Arbeitgeber und Beschäftigten
- Anrufung der Einigungsstelle
- Informationsrechte (z. B. über Resturlaubsansprüche)

Urlaubssperre

I. Einführung

1 Arbeitgeber verhängen hin und wieder sog. Urlaubssperren. Dabei handelt es sich um Zeiträume, in denen alle Beschäftigten oder Beschäftigte mit bestimmten Aufgaben keinen Urlaub erhalten.

2 Der Grund für eine Urlaubssperre kann z. B. für den Einzelhandel das verstärkte Kundenaufkommen in der Vorweihnachtszeit sein. Saisonale Spitzenzeiten wie z. B. die Inventur oder der Jahresabschluss in der Buchhaltung können Urlaubssperren verursachen. Der Arbeitgeber kann oder will auf keinen Beschäftigten in diesen angespannten Zeiten verzichten.

II. Einzeldarstellung

1. Absolute und relative Urlaubssperre

3 Urlaubssperren können den ganzen Betrieb oder einzelne Abteilungen betreffen, wenn dringende betriebliche Belange dies rechtfertigen. Urlaubssperren gibt es in der Praxis auch in Form relativer Sperren. In einem solchen Fall wird eine Quote festgelegt, die Auskunft darüber gibt, wie viel Prozent der Beschäftigten jeweils gleichzeitig in Urlaub gehen können. Durch solche Regelungen will man in branchenspezifisch arbeitsintensiven Zeiten gewährleisten, dass ein Teil der Beschäftigten dennoch Urlaub erhalten kann. Solche Regelungen sind z. B. in der Tourismusbranche oder in Verkehrsbetrieben während der Schulferien üblich.

2. Urlaubssperre in Betrieben mit und ohne Betriebsrat

4 Bei der Erklärung einer Urlaubssperre und der Frage, ob der Beschäftigte wirklich keinen Urlaub erhalten kann, muss man unterscheiden zwischen Betrieben mit und ohne Betriebsrat.

a. Betriebe ohne Betriebsrat

In Betrieben ohne Betriebsrat richtet sich die Frage, ob ein Beschäftigter Urlaub **5** beanspruchen kann, ausschließlich nach § 7 Abs. 1 BUrlG. Danach ist auf Antrag Urlaub zu bewilligen, wenn nicht **dringende betriebliche Belange** oder Urlaubswünsche anderer Arbeitnehmer, die unter sozialen Gesichtspunkten den Vorrang verdienen, entgegenstehen. Erklärt der Arbeitgeber eine Urlaubssperre, muss es sich um einen dringenden betrieblichen Belang handeln. Als betrieblicher Belang anerkannt sind branchenspezifisch besonders arbeitsintensive Zeiten. Denkbar ist auch eine unerwartet hohe Arbeitsmenge durch einen zusätzlichen Auftrag.

Im Anschluss an eine Maßnahme der medizinischen Vorsorge oder Rehabilita- **6** tion muss der Arbeitgeber jedoch in jedem Fall den beantragten Urlaub genehmigen. Ein Leistungsverweigerungsrecht steht ihm in diesem Fall nicht zu (§ 7 Abs. 1 Satz1 BUrlG). Der Arbeitgeber muss den Urlaub trotz Urlaubssperre und dringendem betrieblichen Belang genehmigen.

Der Arbeitgeber muss auch Urlaub gewähren, wenn dieser bereits vor der Ur- **7** laubssperre genehmigt war. Einmal genehmigter Urlaub kann nicht widerrufen werden. Es ist auch nicht zulässig, Beschäftigte aus dem Urlaub zurückzurufen.[1]

b. Betriebe mit Betriebsrat

In Betrieben, in denen ein Betriebsrat gewählt ist, kann eine Urlaubssperre **nur** **8** **mit Zustimmung des Betriebsrats** verhängt werden. Liegt die Zustimmung des Betriebsrats nicht vor, ist die Urlaubssperre unwirksam. Es muss dann in jedem Einzelfall eine Prüfung erfolgen, ob der dringende betriebliche Belang überhaupt vorliegt. Dies folgt daraus, dass nach der sog. Theorie der Wirksamkeitsvoraussetzung die Verletzung von Mitbestimmungsrechten des Betriebsrats dazu führt, dass den Beschäftigten belastende Maßnahmen unwirksam sind.[2]

III. Hinweise für die Mitbestimmung

1. Betriebsräte

Der Betriebsrat hat gemäß § 87 Abs. 1 Nr. 5 BetrVG bei der Aufstellung allge- **9** meiner Urlaubsgrundsätze mitzubestimmen. Typische Regelungen zu Urlaubsgrundsätzen sind z. B. Regelungen über geteilten oder ungeteilten Urlaub, über

---

1 BAG 20. 6. 2000 – 9 AZR 405/99.
2 BAG 25. 2. 2015 – 1 AZR 642/13 zu Fragen der Gewährung von Pausen und Mitbestimmung.

die Verteilung des Urlaubs innerhalb des Kalenderjahres, Regelungen über den Ausgleich paralleler Urlaubswünsche, die Aufstellung von Prioritätskriterien oder Regelungen der Urlaubsvertretung. Aber auch die Verhängung einer Urlaubssperre ist ein Urlaubsgrundsatz.[3] Der Betriebsrat kann damit entscheidend Einfluss nehmen, ob es im Betrieb überhaupt eine Urlaubssperre gibt und wie sie ausgestaltet wird. Ist er nicht überzeugt von der Urlaubssperre, kann der Arbeitgeber die Einigungsstelle anrufen (§ 87 Abs. 2 BetrVG).

2. Personalräte

10 Die Personalräte des Bundes und der Länder haben nach ständiger Rechtsprechung des BVerwG und der Verwaltungsgerichte kein Mitbestimmungsrecht in dieser Frage. Die Mitbestimmungspflicht im Rahmen der Gewährung von Urlaub setzt erst bei der eigentlichen Urlaubsplanung ein, d.h. dann, wenn feststeht, welche Zeiträume als Urlaubzeiten in Betracht kommen, so das BVerwG.[4]

11 Das BVerwG stellt auf den Wortlaut der gesetzlichen Vorschrift ab (§ 75 Abs. 3 Nr. 3 BPersVG). Dort heißt es: Der Personalrat hat mitzubestimmen über »*Aufstellung des Urlaubsplanes, Festsetzung der zeitlichen Lage des Erholungsurlaubs für einzelne Beschäftigte, wenn zwischen dem Dienststellenleiter und den beteiligten Beschäftigten kein Einverständnis erzielt wird*«. Anders als im BetrVG wird das Mitbestimmungsrecht nicht explizit auf allgemeine Urlaubsgrundsätze erstreckt.

12 Man stellt sich bei der Aufstellung des Urlaubsplans allerdings die Frage, warum der Zeitraum, indem der Urlaub genommen werden kann, nicht Teil der Planung ist. Auch im öffentlichen Dienst ist das Urlaubsjahr das Kalenderjahr und nicht nur ein Teil des Jahres.

13 Die Rechtsprechung ist wenig überzeugend und war möglicherweise beeinflusst davon, dass die Urlaubssperre, gegen die sich der Personalrat in dem konkreten Verfahren zur Wehr setzte, in Zusammenhang mit der Durchführung der sehr umstrittenen Volkszählung 1987 ergangen ist.

IV. Eckpunkte für Betriebs- und Dienstvereinbarungen

14 In Betriebsvereinbarungen zur Urlaubssperre sollten folgende Fragen bedacht werden:

---

3 BAG 28.5.2002 – 1 ABR 37/01.
4 BVerwG 19.1.1993 – 6 P 19/90.

Steiner

- Welche dringenden Belange sprechen für die Urlaubssperre?
- Sind davon alle Beschäftigten des Betriebs betroffen oder nur Teile?
- Genügt nicht eine relative Urlaubssperre (Quote)?
- Ist der Zeitraum so kurz wie möglich bemessen?
- Sind Ausnahmeregelungen für dringende persönliche Belange (z. B. Familienfeste, Hochzeitreise etc.) berücksichtigt?
- Gibt es einen Plan, wann die Betroffenen stattdessen Urlaub nehmen können?

Vertrauensarbeitszeit

I. Einführung

1. Vertrauensarbeitszeit

1   Vertrauensarbeitszeit ist eine besondere Form der Arbeitszeitflexibilisierung. Es wird dem Arbeitnehmer überlassen, wann, wie und in welcher Arbeitszeit er die ihm obliegenden Arbeiten bewältigt. Beginn und Ende der täglichen Arbeitszeit werden nicht festgelegt.[1] Hinzu kommt, dass auf eine elektronische Zeiterfassung verzichtet wird. Leitgedanke des Arbeitszeitmodells »Vertrauensarbeitszeit« ist insoweit der Grundsatz, dass nicht Anwesenheitszeiten, sondern nur Zeiten, in denen der Arbeitnehmer tatsächlich arbeitet, von Bedeutung und daher aufzuschreiben und zu vergüten sind.[2]

2   Die faktischen Auswirkungen, die die Vertrauensarbeitszeit mit sich bringt, umschreiben zutreffend *Hilde Wagner* und *Gerhard Wick*: »*Vertrauensarbeitszeit ist ein Arbeitszeitmodell, das bislang verbindliche Arbeitszeitregelungen (Arbeitsbeginn, Arbeitsende, Höchstarbeitszeit usw.) beseitigt, um mit weniger Personal eine effizientere Service- und Kundenorientierung zu gewährleisten. Menschliche Arbeitskraft und Arbeitszeit werden den Markt- und Kundenerfordernissen angepasst. Letztlich entscheiden Markt- und Kundenanforderungen, Termine, Arbeitsanfall usw. über das Arbeitszeitverhalten der Beschäftigten. Mit dem Verzicht auf eine Kontrolle der Arbeits- und Anwesenheitszeiten geht eine schärfere Kontrolle der Einhaltung von Ziel- und Ergebnisvorgaben einher*«.[3]

---

1 Kittner/Zwanziger/Deinert-*Schoof/Heuschmid*, § 27 Rn. 103.
2 Kittner/Zwanziger/Deinert-*Schoof/Heuschmid*, § 27 Rn. 104.
3 Meine/Wagner-*Wagner/Wick*, S. 158.

2. Vertrauensarbeitszeit als Instrument der Flexibilisierung von Arbeitszeit

Im Rahmen der Flexibilisierung von Arbeitszeit liegt der Fokus zum einen auf der Flexibilisierung des Arbeitszeitvolumens, also der Dauer der von den Arbeitnehmern geschuldeten regelmäßigen Arbeitszeit für die sie den vereinbarten Lohn erhalten. Zum anderen bezieht sich die Flexibilisierung auf die Lage und Verteilung des vorgegebenen Arbeitszeitvolumens. Hinsichtlich der Dauer und Gestaltung der Arbeitszeit stehen für den Arbeitgeber häufig eine Reihe von betriebswirtschaftlichen und betriebsorganisatorischen Gründen im Vordergrund. In der Regel sollen die Produktivität gesteigert, Durchlauf- und Lieferzeiten gesenkt, Lagerbestände und Lagerkosten minimiert, Liefertermine eingehalten oder schlichtweg Leerläufe vermieden werden. Im Idealfall sollen dabei auch die Betriebsnutzungszeiten und Arbeitszeiten verkürzt oder verlängert werden. 3

Hinzu kommt, dass die Fehlzeiten von Beschäftigten schnellstmöglich durch den Einsatz von flexiblen Mitarbeitern kompensiert werden sollen. Diese Ziele können je erfolgversprechender erreicht werden, desto flexibler die Arbeitszeit der Beschäftigten gestaltet ist. Vertrauensarbeitszeit unterliegt keinen Beschränkungen durch starre Anfangs- und Beendigungszeiten. Arbeitszeiten, die von Beschäftigten als Folge geringen Arbeitsanfalls lediglich abgesessen werden, werden minimiert. Außerdem kann der Mitarbeiter von jedem beliebigen Arbeitsort seine Arbeitsleistung erbringen, soweit die Arbeits- und Betriebsmittel dies zu lassen. Es kommt bei der Vertrauensarbeitszeit nicht mehr auf die reine Anwesenheitszeit im Betrieb an, sondern um den zu erbringenden Arbeitserfolg. Die Vertrauensarbeitszeit stellt deshalb aus Sicht des Arbeitgebers ein optimales Instrument im Rahmen der Personalplanung und Personalsteuerung zur wirtschaftlichen Erfolgssteigerung dar. 4

3. Modellvarianten der Vertrauensarbeitszeit

Vertrauensarbeitszeit ist ein strategisches Mittel, um eine Neuorientierung im Umgang mit den Beschäftigten und dem Faktor Arbeitszeit durchzusetzen.[4] Insoweit wird die Steuerung und Lenkung des Unternehmens primär von Rahmenbedingungen und Zielen und nicht mehr über die direkte Kontrolle von Fach- und Disziplinarvorgesetzten geprägt. Angestrebt wird dabei ein Gleichlauf von Gesellschaftsinteressen und individuellen Arbeitnehmerinteressen. Ausschlaggebend ist dabei die Ergebnisorientierung des Unternehmens und die zur Erreichung des Ergebnisses vom Arbeitnehmer aufgewendete Zeit. Es geht bei der Gestaltung der betrieblichen Arbeitszeitsysteme also darum, dass sich Lage 5

---

4 Meine/Wagner-*Wagner*/*Wick*, S. 156.

und Dauer der Arbeitszeit unmittelbar aus Ziel- und Ergebnisvorgaben des Unternehmens ergeben. Die Ergebnisorientierung wird in der Regel im Rahmen einer Zielvereinbarung mit dem jeweiligen Mitarbeiter festgehalten.

6 Unter dieser Prämisse erhalten die Beschäftigten verstärkt Verantwortung für die Arbeit und das Arbeitsergebnis. Dies gilt auch für eine termingerechte Erledigung der übertragenen Aufgaben. Störungen in Arbeitsabläufen, erhöhte Krankenquoten und Ähnliches, deren Bewältigung normalerweise in der Organisationspflicht der jeweiligen Führungskraft steht, werden nun zum Problem des einzelnen Arbeitnehmers. In dieser Drucksituation verlängern die betroffenen Beschäftigten zwangsläufig ihre Arbeitszeit.

7 Eingerahmt wird das Modell der Vertrauensarbeitszeit durch den Verzicht auf eine elektronische Zeiterfassung. Im Vordergrund steht dann das Prinzip »Vertrauen statt Kontrolle«. Hierdurch soll die Motivation der Beschäftigten gesteigert und nicht unmittelbar wertschöpfende Zeitanteile bei der Arbeit reduziert werden. Gelegentlich schreiben die Beschäftigten die von Ihnen erbrachten Zeiten auf einem entsprechenden Formular dabei aber auch selbst auf.

8 Konsequenterweise kommt Vertrauensarbeitszeit ohne eine bestimmte Kernzeit aus. Eine derartige Zeitspanne, in der Anwesenheitspflicht besteht, wird von vielen Arbeitgebern als Flexibilitätsbarriere betrachtet.[5] Immerhin müssen in diesen Zeiten unabhängig vom jeweiligen Arbeitsanfall Arbeitnehmer in einer gewissen Anzahl bereitgestellt werden. Erschwerend kommt hinzu, dass bei der Vertrauensarbeitszeit entweder überhaupt kein definierter Arbeitszeitrahmen existiert oder es werden betriebliche Bereiche und Funktionen innerhalb eines in der Regel weit gefassten Arbeitszeitrahmens besetzt. In der Regel sind für die individuellen Arbeitszeiten die kundenspezifischen bzw. aufgaben- und funktionsspezifischen Erfordernisse maßgebend. Die Besetzungsstärken und Anwesenheitszeiten werden dann häufig teambezogen festgelegt. Die konkreten Arbeitszeitabsprachen für die Erbringung der persönlichen Arbeitszeit erfolgt dann innerhalb des jeweiligen Teams oder der entsprechenden Abteilung.[6]

4. Vor- und Nachteile

9 Zwar gehen mit der Vertrauensarbeitszeit für die Beschäftigten auch positive Aspekte einher. Schließlich erhält der Arbeitnehmer einen Zugewinn an Selbstbestimmung bei der persönlichen Arbeitszeitgestaltung (Zeitsouveränität). Das Modell der Vertrauensarbeitszeit eröffnet aber auch die Möglichkeit, eine unerwünschte Leistungsverdichtung zu bewirken, weil der Arbeitnehmer sich selbst unter Druck setzt, um die vom Arbeitgeber oder Vorgesetzten gestellten oder

---

5 Meine/Wagner-*Wagner*/*Wick*, S. 157.
6 Meine/Wagner-*Wagner*/*Wick*, S. 157.

Heitmann

mit dem Arbeitnehmer vereinbarten Ziel- und Terminvorgaben zu erfüllen.[7] Es nimmt also auf der einen Seite die Kontrolle von Arbeitszeit und Anwesenheitszeit ab. Auf der anderen Seite nimmt der Erwartungs- und Leistungsdruck bezogen auf Ziel- und Ergebnisvorgaben zu. Aus Sicht der Unternehmen steht damit dem Nachteil des Kontrollverlusts der Vorteil der höheren Produktivität gegenüber.[8]

II. Einzeldarstellung

1. Rechtslage

a. Grenzen der Arbeitszeitgestaltung

Bei der Gestaltung der Arbeitszeit im Rahmen von Vertrauensarbeitszeit sind mehrere gesetzliche Gestaltungsgrenzen zu beachten. Das ArbZG gilt auch im Zusammenhang mit der Einführung von Vertrauensarbeitszeit.   **10**

aa. Höchstbeschäftigungsdauer

Gemäß § 3 Satz 1 ArbZG darf die werktägliche Arbeitszeit der Arbeitnehmer acht Stunden nicht überschreiten. Sie kann auf bis zu zehn Stunden nur verlängert werden, wenn innerhalb von sechs Kalendermonaten oder innerhalb von 24 Wochen im Durchschnitt acht Stunden werktäglich nicht überschritten werden (§ 3 Satz 2 ArbZG). Dem ArbZG liegt die 6-Tage-Woche zugrunde. Daraus ergibt sich auch für einen Mitarbeiter, bei dem die Vertrauensarbeitszeit zur Anwendung kommt, grundsätzlich ein Arbeitszeitrahmen von 48 Stunden pro Woche (sechs Tage mal acht Stunden werktäglich). Dieser Rahmen kann an jedem Werktag von Montag bis Samstag jeweils bis zu zehn Stunden verlängert werden. Daraus ergibt sich auch für Mitarbeiter, die unter eine Regelung zur Vertrauensarbeitszeit fallen, eine höchstzulässige Wochenarbeitszeit von 60 Stunden (sechs Tage mal zehn Stunden werktäglich). Diese Verlängerungsmöglichkeit gilt nach § 11 Abs. 2 ArbZG auch für die Beschäftigung von Arbeitnehmern an Sonn- und Feiertagen. Der Verlängerung der Arbeitszeit muss eine entsprechende Verkürzung innerhalb des gesetzlichen Ausgleichszeitraums gegenüberstehen.   **11**

Für Jugendliche gilt dagegen, dass diese grundsätzlich nicht mehr als acht Stunden täglich, nicht mehr als 40 Stunden wöchentlich und grundsätzlich nur an fünf Tagen in der Woche (§ 15 JArbSchG) beschäftigt werden dürfen (§ 8 Abs.1 JArbSchG). Auch für werdende Mütter gelten Sonderregelungen: Diese dürfen   **12**

---

7 Kittner/Zwanziger/Deinert-*Schoof/Heuschmid*, § 27 Rn. 105.
8 Kittner/Zwanziger/Deinert-*Schoof/Heuschmid*, § 27 Rn. 105.

nicht mit Mehrarbeit beschäftigt werden (§ 8 Abs. 1 MuSchG). Als Mehrarbeit gilt nach § 8 Abs. 2 MuSchG für Frauen unter 18 Jahren eine Beschäftigung über acht Stunden täglich oder 80 Stunden in der Doppelwoche (Nr. 1) und von sonstigen Frauen über achteinhalb Stunden täglich oder 90 Stunden in der Doppelwoche (Nr. 2).

bb. Ruhepausen

13 Zu beachten ist im Rahmen der Vertrauensarbeitszeit zudem das Einlegen von Ruhepausen i. S. d. § 4 ArbZG. Danach ist die Arbeit durch im Voraus feststehende Ruhepausen von mindestens 30 Minuten bei einer Arbeitszeit von mehr als sechs bis zu neun Stunden und 45 Minuten bei einer Arbeitszeit von mehr als neun Stunden insgesamt zu unterbrechen. Diese Ruhepausen können in Zeitabschnitte von jeweils mindestens 15 Minuten aufgeteilt werden. Länger als sechs Stunden hintereinander dürfen Arbeitnehmer nicht ohne Ruhepausen beschäftigt werden.

14 Für Jugendliche müssen die Ruhepausen nach § 11 Abs.1 JArbSchG mindestens 30 Minuten bei einer Arbeitszeit von mehr als viereinhalb bis zu sechs Stunden betragen (Nr. 1) und 60 Minuten bei einer Arbeitszeit von mehr als sechs Stunden (Nr. 2). Sie dürfen frühestens eine Stunde nach Beginn der Arbeitszeit und müssen spätestens eine Stunde vor Ende der Arbeitszeit gewährt werden; länger als viereinhalb Stunden hintereinander dürfen Jugendliche nicht ohne Ruhepausen beschäftigt werden (§ 11 Abs.2 JArbSchG).

cc. Ruhezeit und Sonn- bzw. Feiertagsarbeit

15 Die Gestaltung der Arbeitszeit durch Vertrauensarbeitszeit wird außerdem durch die Vorgaben des § 5 ArbZG beschränkt. Danach müssen Arbeitnehmer nach Beendigung der täglichen Arbeitszeit eine ununterbrochene Ruhezeit von mindestens elf Stunden haben. Außerdem gilt auch für die Vertrauensarbeitszeit das grundsätzliche Beschäftigungsverbot an Sonn- und gesetzlichen Feiertagen nach § 9 Abs. 1 ArbZG.

dd. Sanktionen

16 Verstößt der Arbeitgeber gegen diese gesetzlichen Beschränkungen begeht er eine Ordnungswidrigkeit i. S. d. § 22 Abs. 1 Nr. 1, Nr. 2, Nr. 3 und Nr. 5 ArbZG. Begeht der Arbeitgeber diese Verstöße nach Zahlung einer entsprechenden Geldbuße i. S. d. § 22 Abs. 2 ArbZG weiter, begeht er eine Straftat (§ 23 Abs. 1 Nr. 2 ArbZG).

b. Aufzeichnungs- und Aufbewahrungsfristen des Arbeitgebers

17 Der Arbeitgeber ist nach § 16 Abs. 2 ArbZG verpflichtet, die über die werktägliche Arbeitszeit des § 3 Satz 1 ArbZG hinausgehende Arbeitszeit der Arbeitneh-

mer aufzuzeichnen und ein Verzeichnis der Arbeitnehmer zu führen, die in eine Verlängerung der Arbeitszeit gemäß § 7 Abs. 7 ArbZG eingewilligt haben. Diese Aufzeichnungspflicht soll die Aufsichtsbehörde in die Lage versetzen, die Einhaltung der Vorschriften des ArbZG in den Betrieben zu kontrollieren.[9]

aa. Aufzeichnungspflicht

Aufzeichnungspflichtig ist jede acht Stunden überschreitende Arbeitszeit an **18** Werktagen und jede Arbeitszeit an Sonn- und Feiertagen, und zwar auch dann, wenn diese Arbeitszeit nur eine kurze Zeitspanne umfasst.[10] Auch wenn der Arbeitgeber gegenüber der Aufsichtsbehörde verpflichtet ist, die Anforderungen aus § 16 Abs. 2 ArbZG zu erfüllen, schließt dies nicht aus, dass der Arbeitgeber die Führung der Arbeitszeitnachweise den Arbeitnehmern überträgt. Er hat dann allerdings durch gelegentliche, stichprobenartige Kontrollen die Einhaltung der Verpflichtung sicherzustellen.[11]

Von den Arbeitnehmern ausgefüllte Stundenzettel, aus denen die täglich geleistete **19** Arbeitszeit ersichtlich ist, reichen grundsätzlich als Arbeitszeitnachweis aus. Dies gilt auch für Lohnlisten, Arbeitszeitkarten, Stempeluhrkarten und sonstige Nachweise, aus denen die täglich geleistete Arbeitszeit ersichtlich ist.[12] Ist die Aufsichtsbehörde anhand der vorgelegten Arbeitszeitnachweise nicht in der Lage, die Einhaltung der Arbeitszeitvorschriften des ArbZG zu kontrollieren, so kann sie nach § 17 Abs. 2 ArbZG die Anordnungen treffen, die der Arbeitgeber zur Erfüllung der Aufzeichnungspflicht vorzunehmen hat.[13]

bb. Aufbewahrungspflicht

Hinsichtlich der Aufbewahrungsverpflichtung gibt das Gesetz keine konkreten **20** Vorgaben, auf welche Weise die einschlägigen Aufzeichnungen aufzubewahren sind. Der Arbeitgeber kann daher die für ihn günstigste Form wählen, also auch die Speicherung auf elektronischen Datenträgern.[14] Allerdings muss er immer in der Lage sein, die Aufzeichnungen der Aufsichtsbehörde auf Verlangen jederzeit vorzulegen oder zur Einsicht einzusenden (§ 17 Abs. 4 Satz 2 ArbZG).

Verstößt der Arbeitgeber gegen die Anforderungen aus §§ 16 Abs. 2, 17 Abs. 4 **21** ArbZG begeht er eine Ordnungswidrigkeit nach § 22 Abs. 1 Nr. 9, Nr. 10 ArbZG.

---

9 Anzinger/Koberski, § 16 Rn. 10.
10 Anzinger/Koberski, § 16 Rn. 11.
11 Anzinger/Koberski, § 16 Rn. 12.
12 Anzinger/Koberski, § 16 Rn. 12a.
13 Anzinger/Koberski, § 16 Rn. 15.
14 Anzinger/Koberski, § 16 Rn. 18.

c. Mehrarbeit

22 Eine Verlängerung der Arbeitszeit über die gesetzliche Höchstarbeitszeit i. S. d. § 3 ArbZG hinaus ist nur in den Fällen der §§ 4, 7, 13, 14 und 19 ArbZG möglich. Das ArbZG überlässt es insoweit den Tarifvertragsparteien, den Betriebspartnern und den Arbeitsvertragsparteien festzulegen, von welcher Arbeitsstunde ab eine Arbeit als Mehrarbeit oder Überstunde gilt.[15] Eine Vereinbarung von Vertrauensarbeitszeit steht dabei aber weder der Führung eines Arbeitszeitkontos entgegen noch schließt sie die Abgeltung eines aus Mehrarbeit des Arbeitnehmers resultierenden Zeitguthabens aus.[16] Nach der Rechtsprechung des BAG bedeutet Vertrauensarbeitszeit insoweit nur, dass der Arbeitgeber auf die Festlegung von Beginn und Ende der täglichen Arbeitszeit verzichtet und darauf vertraut, der betreffende Arbeitnehmer werde seine Arbeitspflicht in zeitlicher Hinsicht auch ohne Kontrolle erfüllen.[17] Dies schließt den Aufbau von Mehrarbeitsstunden aber gerade nicht aus.

2. Tarifliche Regelungen

23 In den bekannten Branchentarifverträgen existieren keine Vorgaben über die Einführung von Vertrauensarbeitszeit. Dies liegt auch nahe. Aus Sicht der Gewerkschaften soll der Tarifvertrag in arbeitszeitrechtlicher Hinsicht den Mitarbeitern eine Absicherung bieten, insbesondere nicht außerordentlich lang, nicht oder nur im Ausnahmefall an Sonn- und Feiertagen und werktags nur in gewissen Ausgleichszeiträumen arbeiten zu müssen.

a. Tarifnormen

24 § 6 Abs. 1 TVöD sieht deshalb etwa eine regelmäßige Arbeitszeit von durchschnittlich 39 Stunden wöchentlich vor. Nur in begründeten Ausnahmefällen kann der Arbeitnehmer auch an Sonn- und Feiertagen zur Arbeit herangezogen werden (§ 6 Abs. 5 TVöD). Zudem besteht unter § 6 Abs. 6 TVöD eine tarifvertragliche Öffnungsklausel, nach der durch Betriebs-/Dienstvereinbarung ein wöchentlicher Arbeitszeitkorridor von bis zu 45 Stunden eingerichtet werden kann. Eine ähnliche tarifvertragliche Öffnung existiert in § 6 Abs. 7 TVöD. Danach kann auf der betrieblichen Ebene in der Zeit von 6 Uhr bis 20 Uhr eine tägliche Rahmenzeit von bis zu zwölf Stunden eingeführt werden.

25 § 2 Ziff. 4 MTV Banken sieht zudem vor, dass gleitende und variable Arbeitszeit durch Betriebs-/Dienstvereinbarung eingeführt werden. Diese soll es den Arbeitnehmern im Rahmen ihrer Aufgabenstellung und der betrieblichen Erforder-

---

15 BAG 16.6.2004 – 5 AZR 448/03.
16 BAG 23.9.2015 – 5 AZR 767/13.
17 BAG 29.8.2013 – 2 AZR 273/12.

nisse ermöglichen, Arbeitsbeginn, Arbeitsende sowie persönlich bedingte Arbeitsunterbrechungen in Abstimmung variabel zu gestalten.

Nach § 3 I Ziff. 1 MTV Druck beträgt die regelmäßige wöchentliche Arbeitszeit **26** 35 Stunden, in den neuen Bundesländern 38 Stunden. Verteilt wird die Arbeitszeit auf fünf Tage in der Regel von Montag bis Freitag (§ 3 II Ziff. 1 MTV Druck). § 3 II Ziff. 6 MTV Druck verweist zusätzlich hinsichtlich der Arbeitszeit an Sonn- und Feiertagen auf die gesetzlichen Regelungen.

Auch der MTV Versicherungen gibt die regelmäßige wöchentliche Arbeitszeit **27** mit 38 Stunden vor. Die Verteilung der Arbeitszeit wird ebenfalls auf die Tage Montag bis Freitag festgelegt (§ 11 Ziff. 1 MTV Versicherungen).

Soweit die wöchentliche Arbeitszeit dann überschritten wird, gilt diese Zeit ta- **28** rifvertraglich als Mehrarbeit bzw. Überstunden und wird entsprechend mit Zuschlägen vergütet. Nach § 7 Abs. 7 TVöD sind Überstunden deshalb die auf Anordnung des Arbeitgebers geleisteten Arbeitsstunden, die über die im Rahmen der regelmäßigen Arbeitszeit von Vollzeitbeschäftigten für die Woche dienstplanmäßig bzw. betriebsüblich festgesetzten Arbeitsstunden hinausgehen und nicht bis zum Ende der folgenden Kalenderwoche ausgeglichen werden. Vergütet werden diese mit Zeitzuschlägen in Höhe von 30 % oder 15 % des auf eine Stunde entfallenden Anteils des Tabellenentgelts der Stufe 3 der jeweiligen Entgeltgruppe.

Mehrarbeit i. S. d. § 11 Ziff. 2 MTV Versicherungen ist die über die regelmäßige **29** Arbeitszeit hinaus geleistete Arbeit. Sie wird mit 1/162 des Monatsbezugs (einschließlich aller Zulagen) und mit einem Zuschlag von 25 % für jede Mehrarbeitsstunde bezahlt.

Auch der MTV Druck spricht von Überstunden. Dies sind solche Arbeitsstun- **30** den, die über die für den einzelnen Arbeitnehmer vereinbarte tägliche Arbeitszeit (auch bei ungleichmäßiger Verteilung) hinausgehen (§ 5 Ziff. 1 MTV Druck). Nach § 5 Ziff. 4 MTV Druck können die Überstunden in Geld oder in Freizeit abgegolten werden. Jede angefangene halbe Stunde wird dabei als halbe, jede über eine halbe als ganze Überstunde gerechnet.

b. Bewertung

Die tarifvertragliche Festschreibung der wöchentlichen Arbeitszeit ist ein we- **31** sentlicher Aspekt, der gegen die Einführung von Vertrauensarbeitszeit spricht. Zu berücksichtigen ist dabei, dass auf die Zeiterfassung bei der Einführung der Vertrauensarbeitszeit verzichtet wird. Damit ist dann die Dauer der Arbeitszeit aber nicht mehr genau nachzuvollziehen und es kommt in der Folge zu einer langsamen Verlängerung der Arbeitszeit. Dies widerspricht den tarifvertraglichen Vorgaben zur Dauer der wöchentlichen Arbeitszeit.

Hinzu kommt, dass auch die tarifvertraglichen Bestimmungen zur Mehrarbeit in **32** der Regel durch die Einführung von Vertrauensarbeitszeit unterlaufen werden.

Schließlich bauen die tariflichen Mehrarbeitsvorgaben auf festgelegten Arbeitszeiten auf. Wenn aber die tarifvertraglich vorgegebenen Arbeitszeiten schon nicht konkret eingehalten werden, liegt es auf der Hand, dass auch die Mehrarbeitsbestimmungen nicht mehr eindeutig befolgt werden.

III. Hinweise für die Mitbestimmung

33 Die Mitbestimmungsrechte des Betriebsrats sind bei der Einführung von Vertrauensarbeitszeit in unterschiedlicher Weise berührt. Zum einen ist das Überwachungsrecht nach § 80 BetrVG und zum anderen das Mitbestimmungsrecht nach § 87 Abs. 1 Nr. 2 und Nr. 3 BetrVG betroffen.

1. Mitbestimmungsrecht nach § 80 BetrVG

34 Nach § 80 Abs. 1 Nr. 1 BetrVG hat der Betriebsrat darüber zu wachen, dass die zugunsten der Arbeitnehmer geltenden Gesetze, Verordnungen, Unfallverhütungsvorschriften, Tarifverträge und Betriebsvereinbarungen durchgeführt werden. Zur Durchführung dieser Aufgaben ist der Betriebsrat vom Arbeitgeber nicht nur rechtzeitig und umfassend zu unterrichten (§ 80 Abs. 2 Satz 1 BetrVG), sondern dem Betriebsrat sind auf Verlangen auch alle erforderlichen Unterlagen zur Verfügung zu stellen (§ 80 Abs. 2 Satz 2 BetrVG). Dadurch, dass eine (elektronische) Zeiterfassung bei der Vertrauensarbeitszeit nicht mehr stattfindet, ist der Betriebsrat häufig nicht mehr in der Lage, die Einhaltung der tarifvertraglichen Arbeitszeitvorgaben und der Bestimmungen des ArbZG zu überwachen.

35 Das BAG hat in diesem Zusammenhang aber im Jahr 2003 entschieden, dass der Arbeitgeber auch im Falle von Vertrauensarbeitszeit seinen Betrieb so zu organisieren habe, dass er die Einhaltung der geltenden Gesetze, Tarifverträge und Betriebsvereinbarungen selbst gewährleisten könne. Um dies kontrollieren zu können, müsse er in der Lage sein, sich über die erforderlichen Daten jederzeit in Kenntnis zu setzen. Zudem sei er verpflichtet, dem Betriebsrat die Daten zur Verfügung zu stellen, die dieser zur Erfüllung seiner Überwachungspflichten gemäß § 80 Abs. 1 Nr. 1 BetrVG benötige. Dies betreffe insbesondere die Einhaltung der gesetzlichen Ruhezeiten und der tariflichen wöchentlichen Arbeitszeit, so dass er Kenntnis von Beginn und Ende der täglichen und vom Umfang der tatsächlich geleisteten wöchentlichen Arbeitszeit der Arbeitnehmer erhalten müsse.[18]

---

18 BAG 6.5.2003 – 1 ABR 13/02.

In der betrieblichen Praxis versuchen die Arbeitgeber dieser Anforderung da-   **36**
durch gerecht zu werden, dass sie die Mitarbeiter zur Selbstaufzeichnung anhal-
ten. Wenn daraus Streitigkeiten resultieren sollten, hat die Aufsichtsbehörde allerdings zu prüfen, ob die durchgeführte Selbstaufzeichnung den gesetzlichen
Anforderungen entspricht. Ist dies nicht der Fall, muss die gewählte oder vereinbarte Aufzeichnungsart geändert werden. Dies gilt insbesondere auch bezogen
auf die Dokumentationspflicht, die sich aus § 16 Abs. 2 ArbZG ergibt. Danach ist
der Arbeitgeber verpflichtet, die über die werktägliche Arbeitszeit von acht Stunden hinausgehende Arbeitszeit der Arbeitnehmer aufzuzeichnen und die Nachweise darüber mindestens zwei Jahre aufzubewahren. Auch hier ist die Aufsichtsbehörde berechtigt, erforderliche Maßnahmen anzuordnen, die der Arbeitgeber zur Erfüllung seiner Pflichten aus dem ArbZG auszuführen hat (§ 17 Abs. 2
ArbZG).

2.   Mitbestimmungsrecht nach § 87 Abs. 1 Nr. 2 und Nr. 3 BetrVG

Im Hinblick auf das Mitbestimmungsrecht aus § 87 Abs. 1 Nr. 2 und Nr. 3   **37**
BetrVG verzichtet der Betriebsrat bei Einführung von Vertrauensarbeitszeit im
gewissen Umfang auf seine Einflussmöglichkeiten bei der Gestaltung der Arbeitszeit im Betrieb. Außerdem kann er seine Schutzfunktion nur noch im reduzierten Maß ausüben. Dadurch, dass der Mitarbeiter bei der Vertrauensarbeitszeit den Beginn und das Ende seiner täglichen Arbeitszeit frei gestalten kann,
kann der Betriebsrat den Rahmen der zu erbringenden Arbeitszeit nicht mehr
festlegen. Das Mitbestimmungsrecht nach § 87 Abs. 1 Nr. 2 BetrVG verliert deshalb an Bedeutung.

Bei der Gestaltung einer Betriebsvereinbarung zur Vertrauensarbeitszeit sollte   **38**
der Betriebsrat deshalb darauf achten, dass sowohl das Mitbestimmungsrecht
nach § 87 Abs. 1 Nr. 2 und Nr. 3 BetrVG als auch das Überwachungsrecht aus § 80
BetrVG nicht völlig ausgehöhlt werden. Zu unterscheiden ist dabei zwischen Betriebsvereinbarungen für Tarifangestellte und Betriebsvereinbarungen für AT-
Angestellte. Die Mitbestimmung des Betriebsrats erstreckt sich insofern auch auf
die AT-Angestellten.[19]

3.   Mitbestimmung bei Tarifangestellten

Die Tarifangestellten unterliegen der tarifvertraglich vorgegebenen wöchentli-   **39**
chen Arbeitszeitregelung. Damit der Betriebsrat sein Überwachungsrecht ordnungsgemäß ausüben kann, sollte darauf gedrängt werden, dass ein Zeiterfas-

---

19 DKKW-*Klebe*, § 87 Rn. 51.

sungssystem eingeführt wird. Anhand der im Zeiterfassungssystem gespeicherten Daten kann der Betriebsrat die Einhaltung der tarifvertraglich vorgegebenen Arbeitszeit überprüfen. Zudem sollte ein Arbeitszeitrahmen vereinbart werden, in dessen Zeitraum der Mitarbeiter seine Arbeitsleistung zu erbringen hat. Auf diese Weise hält der Betriebsrat zum einen zumindest dem Grunde nach sein Mitbestimmungsrecht nach § 87 Abs. 1 Nr. 2 BetrVG aufrecht. Zum anderen kann dadurch keine Dynamik entstehen, dass Mitarbeiter »rund um die Uhr« arbeiten wollen.

40 Außerdem empfiehlt es sich, eine übergeordnete Kommission einzurichten, die die Einhaltung der Betriebsvereinbarung zur Vertrauensarbeitszeit kontrolliert. Diese Kommission sollte ebenfalls Maßnahmen anordnen dürfen, die einen Abbau der Arbeitszeitguthaben der Mitarbeiter zur Folge haben. Davon abgesehen empfiehlt es sich, einen Ausgleichszeitraum zu vereinbaren, in dessen Rahmen das Arbeitszeitkonto ausgeglichen sein muss.

41 Da es sich bei einer Betriebsvereinbarung zur Vertrauensarbeitszeit um eine freiwillige Betriebsvereinbarung[20] handelt, die nicht durch die Einigungsstelle erzwungen werden kann, sollte eine Befristung der Betriebsvereinbarung vereinbart werden. Nach Ablauf der Befristung empfiehlt es sich, Verhandlungen über eine neue Betriebsvereinbarung zur Vertrauensarbeitszeit aufzunehmen oder eine Betriebsvereinbarung zur Arbeitszeit anzustreben, die dann auch durch einen Spruch der Einigungsstelle zustande kommen kann.

4. Mitbestimmung bei AT-Angestellten

42 Die AT-Angestellten unterliegen keiner tarifvertraglich vorgegebenen Wochenarbeitszeit. Das Überwachungsrecht des § 80 BetrVG erhält für den Betriebsrat in dem Zusammenhang weniger Relevanz. Auf ein (elektronisches) Zeiterfassungssystem kann bei den AT-Angestellten daher verzichtet werden. Allerdings hat der Arbeitgeber auch bei den AT-Angestellten seine Dokumentationspflicht nach § 16 Abs. 2 ArbZG zu erfüllen. Das Überwachungsrecht des Betriebsrats verliert deswegen nicht gänzlich an Bedeutung.

43 In der betrieblichen Praxis ist aber anerkannt, dass die AT-Angestellten ihre Arbeitszeit selbst aufzeichnen. In der abzuschließenden Betriebsvereinbarung sollte dieses separate Zeiterfassungsformular genau umschrieben werden. Für die AT-Angestellten sollte ebenfalls ein Arbeitszeitrahmen vereinbart werden. Insoweit gilt nichts anderes als bei den Tarifangestellten. Außerdem sollte ein Reklamationsverfahren für die AT-Angestellten etabliert werden, in dessen Rahmen die Mitarbeiter sich gegen Über- oder Unterbeanspruchung wehren können. Soweit

---

20 Siehe dazu DKKW-*Klebe*, § 87 Rn. 100.

für die Tarifangestellten keine Arbeitszeitkommission institutionalisiert wird, bietet sich im Übrigen ein derartiges Reklamationsverfahren in Form eines Entlastungsgesprächs auch für die Tarifangestellten an.

IV. Eckpunkte für Betriebs- und Dienstvereinbarungen

1. Für Tarifangestellte

Arbeitszeit/Arbeitszeitrahmen: tarifliche Wochenarbeitszeit kann innerhalb eines Zeitrahmens von montags 7.30 Uhr bis freitags 19 Uhr frei gewählt werden; Treffen zu Besetzungsabsprachen in den Abteilungen zwischen Vorgesetzten und Arbeitnehmer. **44**

Mehrarbeit: durch Vorgesetzte angewiesene Arbeitszeit, die Arbeitnehmer in eigener Arbeitszeitgestaltung einschränkt, wird mit tariflichen Zeitzuschlägen wie Mehrarbeit vergütet; Mehrarbeit ist analog zu tarifvertraglicher Regelung zusätzlich festzulegen. **45**

Abwesenheitszeiten: ganztägige Abwesenheiten (Freizeitnahme) kann von Arbeitnehmer und Führungskraft disponiert werden; bei arbeitsbedingter Abwesenheit wird Arbeitszeit manuell in Zeiterfassungssystem eingegeben; bei bezahlter Abwesenheit wegen gesetzlicher oder betrieblicher Regelung gilt regelmäßige tägliche Arbeitszeit. **46**

Arbeitszeitkonto: innerhalb des Arbeitszeitrahmens als Soll (Minusstunden) und Haben (Plusstunden) in ein Jahres-Arbeitszeitkonto gebucht; muss am Ende eines zwölfmonatigen Ausgleichszeitraums ausgeglichen sein; Konto darf ein Guthaben von 80 Stunden nicht überschreiten. **47**

Zeiterfassung: Bei Betreten oder Verlassen des Betriebsgeländes ist die elektronische Zeiterfassung zu betätigen; manuelle Zeiterfassung auch für Arbeitszeiten außerhalb des Betriebsgeländes gestattet. **48**

Einführung: Vor Einführung der Vertrauensarbeitszeit werden alle Arbeitnehmer und Vorgesetzten im Zeitmanagement geschult, um Problembewusstsein zu erzeugen; zudem Schulung über gesetzliche, tarifliche und betriebliche Regelung im Hinblick auf Vertrauensarbeitszeit; regelmäßig Besprechung über zu erledigende Aufgaben in Projektteams. **49**

Überwachung: Unternehmen erstellt monatlich Übersichten über Arbeitszeiten und stellt diese dem Betriebsrat zur Verfügung; Ergebnisse werden in der vom Unternehmen und Betriebsrat paritätisch besetzten Arbeitszeitkommission ausgewertet. **50**

Arbeitszeitkommission: Arbeitgeber und Betriebsrat bilden paritätische Kommission mit jeweils drei Vertretern; Kommission hat Aufgabe, Erfahrungen mit **51**

Vertrauensarbeitszeit auszuwerten und Einhaltung der Betriebsvereinbarung sicherzustellen; kann beschließen, dass Arbeitszeitguthaben von Arbeitnehmern innerhalb bestimmter Fristen abzubauen sind; Personalabteilung setzt Beschlüsse um.

52 **Verstöße gegen Arbeitszeitbestimmungen:** zunächst Hinweis an Arbeitnehmer und Vorgesetzten über Verstoß mit Unterlassungsaufforderung; es folgt Gespräch mit Arbeitnehmer, Vorgesetztem und Personalabteilung; Arbeitnehmer und Führungskraft werden in Arbeitszeitkommission eingeladen; Einbeziehung des Vorgesetzten der Führungskraft; bei weiteren Verstößen erst Ermahnung gegenüber Arbeitnehmer und/oder Führungskraft, dann Abmahnung; alle Maßnahmen werden in der Arbeitszeitkommission beraten und beschlossen.

53 **Schlussbestimmungen:** Befristung vereinbaren; nach Ablauf der Befristung Neuverhandlung oder Verhandlung über Betriebsvereinbarung zur Arbeitszeit.

2.   Für AT-Angestellte

54 **Arbeitszeit/Arbeitszeitrahmen:** 38,5 (*alternativ:* 40) Stunden als regelmäßige betriebliche Wochenarbeitszeit; Sollarbeitszeit entspricht betriebsüblicher Wochenarbeitszeit; bei Teilzeitbeschäftigten gilt vertraglich vereinbarte Wochenarbeitszeit; Aufstellen eines Ausgleichszeitraums bei Überschreiten der Sollarbeitszeit durch tatsächliche Arbeitszeit; keine Teilnahme an Zeiterfassung und kein Erstellen von Arbeitszeitkonten.

55 **Arbeitszeitgestaltung:** Arbeitgeber verzichtet auf Festlegung von Beginn und Ende der täglichen Arbeitszeit; AT-Angestellte erhalten Recht auf eigenverantwortliche Gestaltung der Lage und Verteilung der Arbeitszeit; AT-Angestellte müssen individuell geschuldete Arbeitszeit erbringen; AT-Angestellte haben Erreichbarkeit für Kunden, Geschäftspartner und Arbeitskollegen zu gewährleisten; Arbeitszeitrahmen von 7.30 Uhr bis 19 Uhr ist zu beachten; bei Überschreitung Zustimmung durch Arbeitgeber und Betriebsrat; Änderung des Arbeitszeitrahmens bedarf Zustimmung des Betriebsrats; Beachtung und Einhaltung von Kern-Servicezeiten.

56 **Pflichten:** Arbeitgeber hat Arbeitszeit, die über acht Stunden hinausgeht und Sonn- und Feiertagsarbeit zu dokumentieren und nachzuweisen; Unterrichtung des Betriebsrats über Beginn und Ende der täglichen Arbeitszeit und über eine Über- und Unterschreitung der Wochenarbeitszeit nach dem ArbZG und der betriebsüblichen Wochenarbeitszeit; AT-Angestellter führt eigenständiges Zeiterfassungsformular; Formulare sind bis zum dritten Arbeitstag eines Monats für den Vormonat in Personalabteilung abzugeben und werden innerhalb von zwei weiteren Tagen dem Betriebsrat zur Verfügung gestellt.

57 **Verstoß gegen Pflichten:** nach vorheriger Abmahnung kann AT-Angestellter bei wiederholten Verstößen im Zusammenhang mit Zeiterfassungsformular aus System der Vertrauensarbeitszeit ausgeschlossen werden; Herausnahme aus Vertrauensarbeitszeit bedarf Zustimmung durch Betriebsrat; Einigungsstelle entscheidet bei Nichteinigung.

Entlastungsgespräch: Im Falle der Über- oder Unterbeanspruchung eines AT-Angestellten muss Fachvorgesetzter Abhilfe schaffen; erfolgt dies nicht, haben Betriebsrat und Arbeitgeber die Situation zu besprechen und auf Beseitigung hinzuwirken; im Falle der Nichteinigung entscheidet die Einigungsstelle.   **58**

Schlussbestimmungen: Befristung vereinbaren; nach Ablauf der Befristung Neuverhandlung oder Verhandlung über Betriebsvereinbarung zur Arbeitszeit.   **59**

Wegezeiten

I. Einführung

1 Der Begriff der »Wegezeit« wird nicht einheitlich verwendet. Vorliegend sind damit die Zeiten gemeint, die nicht Dienstreisezeiten sind. Wegezeit ist damit vor allem die Zeit, die Arbeitnehmer aufwenden müssen, um von ihrem Wohnort zum Arbeitsort und wieder zurück zu gelangen. Sie ist grundsätzlich keine Arbeitszeit und muss daher auch nicht vom Arbeitgeber vergütet werden.[1]

2 Arbeitszeitrechtlich gelten die Wegezeiten unabhängig von der dadurch bestehenden Belastung für den Arbeitnehmer als Ruhezeit. Es ist unbeachtlich, dass der Arbeitnehmer diese Wegezeiten in der Regel nur aus dem Grund, seine Arbeitsleistung erbringen zu können, auf sich nimmt. Etwas anderes kann nur aufgrund abweichender Vereinbarung gelten.

II. Einzeldarstellung

1. Wegezeit von der Wohnung zur Arbeitsstätte bzw. zum Kunden

3 Nach den Zahlen des Statistischen Bundesamtes von 2012 benötigen rund 70 % der Erwerbstätigen bis zu 30 Minuten für den Weg zur Arbeit (einfache Strecke), 22 % bis zu einer Stunde und 5 % sogar mehr als eine Stunde arbeitstäglich. Wochenendpendler sind dabei unberücksichtigt.

4 Arbeitnehmer nehmen demzufolge mitunter einen erheblichen Zeitaufwand in Kauf, um ihre Arbeitsstätte zu erreichen. Die hierfür erforderliche Zeit ist grundsätzlich keine vergütungspflichtige Arbeitszeit. Auch die Aufwendungen, die durch die Fahrt von der Wohnung zur regelmäßigen Arbeitsstätte und zurück

---

1 BAG 8.12.1960 – 5 AZR 304/58.

Beckmann

zur Wohnung entstehen, hat der Arbeitnehmer grundsätzlich selbst zu tragen. Er kann keine Erstattung von Arbeitgeberseite fordern.[2]

Hingegen sind Fahrten des Arbeitnehmers vom Betrieb zu einer auswärtigen Arbeitsstelle in der Regel vergütungspflichtige Arbeitszeit (siehe → Dienstreisezeit Rn. 2).   5

Besonderheiten bestehen auch bei Außendienstmitarbeitern, Monteuren, Kraftfahrern usw. Deren arbeitsvertraglich geschuldete Tätigkeit besteht gerade darin, unterwegs zu sein, um bei Kunden bestimmte Leistungen zu erbringen. Mangels festen Arbeitsorts können sie ihre vertraglich geschuldete Arbeit ohne dauernde Reisetätigkeit nicht erfüllen.[3] Bei ihnen ist die aufgewendete Fahrtzeit als Arbeitszeit zu werten. Die Fahrten zum ersten Kunden und vom letzten Kunden zurück bilden mit der übrigen Tätigkeit eine Einheit und stellen nach der Verkehrsanschauung die Dienstleistung i. S. d. §§ 611, 612 BGB dar. Das ist unabhängig davon, ob der Fahrtantritt ab der Betriebsstätte des Arbeitgebers oder ab der Wohnung des Arbeitnehmers erfolgt.[4] Der Arbeitgeber muss diese Zeiten vergüten. Das BAG meint aber auch, dass die Anrechnung einer Ersparnis in Betracht kommt, wenn der Arbeitnehmer sich von seiner Wohnung aus unmittelbar zu einem außerhalb gelegenen Arbeitsplatz begeben kann, anstatt den Umweg über den Betrieb nehmen zu müssen.[5]   6

Dies entspricht auch der Rechtsprechung des EuGH. Dieser hatte im Fall eines in Spanien beschäftigten Mitarbeiters einer Sicherheitsfirma, der im Außendienst tätig war, entschieden, dass für Arbeitnehmer ohne festen Arbeitsort die Fahrt zwischen ihrem Wohnort und dem ersten sowie dem letzten Kunden zur Arbeitszeit gehört.[6]   7

2. Wegezeiten im Betrieb

Wegezeiten, die auf Veranlassung des Arbeitgebers im Betrieb zurückgelegt werden müssen, sind gleichfalls vergütungspflichtig. So z. B., wenn der Arbeitgeber das Tragen von Arbeitskleidung vorschreibt, die ausschließlich im Betrieb getragen werden darf und dort an jedem Arbeitstag an einer Ausgabestelle zunächst abgeholt und dann in einer Umkleide angelegt wird. Die hierfür notwendigen Wegezeiten muss der Arbeitgeber genauso wie die für das tatsächliche Umkleiden erforderliche Zeit als Arbeitszeit vergüten.[7]   8

---

2 BAG 20. 3. 2012 – 9 AZR 518/10.
3 BAG 22. 4. 2009 – 5 AZR 292/08.
4 BAG 22. 4. 2009 – 5 AZR 292/08.
5 BAG 22. 4. 2009 – 5 AZR 292/08.
6 EuGH 10. 9. 2015 – C-266/14.
7 BAG 26. 10. 2016 – 5 AZR 168/16.

3. Tarifliche Regelungen

9 Bei Beschäftigten mit häufig wechselnden Arbeitsstätten, wie beispielsweise im Baugewerbe, gibt es oftmals tarifliche Sonderregeln zu den entstehenden Fahrtkosten. Detaillierte Regelungen finden sich in § 7 BRTV-BHG.

10 Nach dem Bundesrahmentarifvertrag für gewerbliche Arbeitnehmer im Garten-, Landschafts- und Sportplatzbau in der Fassung vom 27. 2. 1987 besteht Anspruch auf Wegegeld für Arbeiten auf auswärtigen Baustellen. Das sind Arbeitsstellen außerhalb des Betriebssitzes oder Bauhofs. Das BAG hat hierzu entschieden, dass unter Betriebssitz nicht die politische Gemeinde zu verstehen ist, sondern die Betriebsstätte. Auch der Arbeitnehmer, der in der Großstadt außerhalb der Betriebsstätte arbeite, habe daher Anspruch auf Wegegeld.[8] Wenn die Tarifvertragsparteien dies anders auslegten, müssten sie es entsprechend ausdrücklich regeln.

11 In § 8 Abs. 5 TV-L ist eine Anrechnung von Wegezeiten als Arbeitszeit im Falle von Rufbereitschaft geregelt. Nicht nur die Zeit der tatsächlichen Inanspruchnahme des Arbeitnehmers während der Rufbereitschaft wird als Arbeitszeit vergütet, sondern auch die Wegezeit, die der Arbeitnehmer in Rufbereitschaft auf sich nehmen muss, wenn er sich von seinem zuvor festgelegten Aufenthaltsort zum Einsatzort begeben muss.

12 In § 3 Abs. 2 RTV Gebäudereinigerhandwerk ist geregelt: Die zwischen Beginn und Ende der Arbeitszeit aufgewendete Wegezeit gilt als Arbeitszeit. Übersteigt der Zeitaufwand für den Weg vom Wohnsitz zur nichtregelmäßigen Arbeitsstelle den üblichen Zeitaufwand für den Weg zum Betriebssitz, so gilt diese Zeit als Arbeitszeit. Der Arbeitnehmer muss sich also die ersparte Zeit anrechnen lassen.

III. Hinweise für die Mitbestimmung

13 Die Wegezeiten, die der Arbeitnehmer zwischen seinem Wohnort und dem Arbeitsort zurücklegt, liegt von den benannten Ausnahmen abgesehen außerhalb von Beginn und Ende der täglichen Arbeitszeit. Damit ist auch der Bereich der Mitbestimmung nach § 87 Abs. 1 Nr. 2 BetrVG nicht eröffnet.

14 Etwas anderes gilt dann, wenn die Wegezeit zur Arbeitszeit zu zählen ist, wie dies bei Außendienstmitarbeitern der Fall ist. Die Festlegung der Arbeitszeit im Rahmen einer Betriebsvereinbarung wäre in diesem Fall mitbestimmungspflichtig. Die Betriebsvereinbarung sollte dann insoweit eindeutig regeln, dass die Arbeitszeit mit der Abfahrt vom Wohnort beginnt. Auch wenn es einen Betriebssitz gibt,

---

8 BAG 15. 3. 1989 – 4 AZR 51/89.

der regelmäßig oder unregelmäßig aufgesucht wird, ist eine Anrechnung der ersparten Fahrzeit zum Betriebssitz nicht zwingend.

Übrigens ist auch die Wegezeit, die für die Teilnahme an einer Betriebsversammlung erforderlich ist, genauso wie die Zeit der Teilnahme an der Betriebsversammlung selbst wie Arbeitszeit zu vergüten. Eine entsprechende Regelung findet sich in § 44 Abs. 1 Satz 2 BetrVG. Zwar ist die Teilnahme an einer Betriebsversammlung keine Arbeitsleistung. Der Arbeitnehmer macht lediglich von einer ihm betriebsverfassungsrechtlich eingeräumten Befugnis Gebrauch.[9] Die Zeit der Teilnahme an der Betriebsversammlung unterliegt daher auch nicht den Vorschriften des ArbZG über die Höchstarbeitszeiten, Ruhepausen und Ruhezeiten. Im BetrVG ist aber die Anerkennung wie Arbeitszeit geregelt, weil der Arbeitnehmer durch seine Teilnahme keinen finanziellen Nachteil erleiden soll.

15

Wegezeiten, die ein Betriebsratsmitglied für Betriebsratsarbeit außerhalb der Arbeitszeit aufbringt, sind nach § 37 Abs. 3 BetrVG in Freizeit auszugleichen. Betriebsratstätigkeit soll grundsätzlich während der Arbeitszeit stattfinden. Der Anspruch auf Freizeitausgleich nach § 37 Abs. 3 BetrVG besteht unter den drei Voraussetzungen, dass es sich 1. um erforderliche Betriebsratstätigkeit handelte, die 2. außerhalb der Arbeitszeit erbracht wurde, was 3. aus betriebsbedingten Gründen erforderlich war.

16

IV. Eckpunkte für Betriebs- und Dienstvereinbarungen

Betriebsvereinbarungen, mit denen geregelt wird, dass innerbetriebliche Wegezeiten Teil der vergütungspflichtigen Arbeitszeiten sind, sollten nach Möglichkeit präzise festlegen, in welchem Umfang die Anerkennung erfolgt. Diese kann für einzelne Beschäftigtengruppen unterschiedlich ausgestaltet sein. Je nachdem welche Wege auf dem Betriebsgelände unter Umständen zurückzulegen sind.

17

Jede fremdnützige Tätigkeit, die der Arbeitnehmer auf Weisung des Arbeitgebers erbringt, ist Teil seiner Arbeitsleistung. Wege, die für die Erbringung dieser Tätigkeiten erforderlich sind, sollten arbeitszeitrechtlich berücksichtigt werden.

18

Dabei ist § 77 Abs. 3 BetrVG zu beachten. Es begegnet aber keinen Bedenken, die zurückzulegenden Wege als Teil der zu erbringenden Arbeitsleistung zu definieren. Damit ist sichergestellt, dass sie als Arbeitszeit gelten.

19

---

9 BAG 14. 11. 2006 – 1 ABR 5/06.

Zeiterfassungssysteme

I. Einführung

1. Arbeitszeit

1   Der Gesetzgeber definiert Arbeitszeit als die Zeit vom Beginn bis zum Ende der Arbeit ohne Ruhepausen (vgl. § 2 Abs. 1 ArbZG). Die Erbringung der Arbeitsleistung während der festgelegten Arbeitszeit ist die Hauptleistungspflicht des Arbeitnehmers. Wann die Arbeitszeit konkret beginnen soll, gibt das ArbZG allerdings nicht vor. Die Festlegung der konkreten Verteilung der Arbeitszeit überlässt der Gesetzgeber insoweit der Verhandlungshoheit der Tarifvertrags- und Betriebsparteien.

2. Aufzeichnungspflicht

2   Soweit eine konkrete Festlegung über die Verteilung der Arbeitszeit existiert, folgt daraus häufig das Bedürfnis vieler Arbeitgeber, die Einhaltung der vorgegebenen Arbeitszeiten zu kontrollieren und einer Überschreitung gesetzlicher Höchstarbeitszeiten entgegenzuwirken. Insoweit gehört es zu den Aufgaben des Arbeitgebers, die Einhaltung der Arbeitszeitvorschriften durchzusetzen. Als wirksames Kontrollinstrument eignen sich dabei Zeiterfassungssysteme. Dies sind Erfassungsgeräte, die die Datenerfassung von Arbeitszeiten des Arbeitnehmers gewährleisten.

3. Sinn und Zweck der Zeiterfassung

3   Neben der Aufzeichnungspflicht schafft der Arbeitgeber mit der Zeiterfassung aber auch die Basis, Arbeitszeiten im Rahmen flexibler Arbeitszeitmodelle zu steuern. Zudem dient die Arbeitszeiterfassung in der Regel auch als Grundlage für die Entgeltabrechnung oder als Zeitnachweis zur Abrechnung gegenüber Kunden.

Die Arbeitszeiterfassung bezieht sich auf den Anfang und das Ende der täglichen **4** Arbeitszeit (einschließlich etwaiger Bereitschaftszeiten und Rufbereitschaft). Erfasst werden damit auch Zeiten der Mehrarbeit, Beginn und Ende der Pausen, Dienstreisezeiten, bezahlte und unbezahlte Freistellungszeiten inklusive Zeiten für die Weiterbildung, für Urlaub sowie Fehlzeiten.[1] Durch die Zeiterfassung können also tarifliche und betriebliche Anspruchsrechte gesichert werden. Bei Kontenmodellen sichert die Dokumentation zudem die Ansprüche auf die Zeitentnahme und auf Vergütung der geleisteten Arbeitszeit.

II. Einzeldarstellung

1. Gesetzliche Aufzeichnungs- und Nachweispflicht

Das ArbZG verpflichtet den Arbeitgeber, die Arbeitszeiten zu erfassen, soweit sie **5** über acht Stunden hinausgehen und soweit sie geleistete Mehrarbeit der Beschäftigten umfassen (§ 16 Abs. 2 ArbZG, siehe → Nachweispflicht Rn. 4 ff.).

2. Überblick der Tarifbestimmungen

In der Regel legen Tarifverträge den Beginn der täglichen Arbeitszeit nicht fest, **6** sondern geben lediglich die wöchentlich zu erbringende Arbeitszeit vor.
Nach § 6 Abs. 1 TVöD etwa beträgt die regelmäßige Arbeitszeit wöchentlich **7** 39 Stunden. Auf der kommunalen Ebene sind es für die Beschäftigten des Tarifgebiets Ost sogar 40 Stunden. Eine ähnliche Regelung enthält auch § 2 Ziff. 1 TV Banken, wonach die wöchentlich zu erbringende Arbeitszeit (ohne Pausen) ebenfalls 39 Stunden beträgt und die konkrete Verteilung auf die einzelnen Wochentage (z. B. Beginn und Ende der täglichen Arbeitszeit) betrieblich geregelt werden soll. Den Verweis auf die betriebliche Ebene enthält auch der BRTV-BHG. Nach § 3 Ziff. 1.5 legt der Arbeitgeber im Einvernehmen mit dem Betriebsrat Beginn und Ende der täglichen Arbeitszeit einschließlich der Pausen fest. Auch der MTV Energie gibt in § 5 Ziff. 1 eine regelmäßige Arbeitszeit von 38 Stunden im Durchschnitt von zwölf Monaten vor. Nach § 5 Ziff. 2 MTV Energie wird die Festlegung von Beginn und Ende der täglichen Arbeitszeit wiederum in die Hände der Betriebsparteien gelegt. Ähnliches gilt auch für die Manteltarifverträge der Metall- und Elektroindustrie (vgl. etwa § 2 Ziff. 2 MTV M+E-Bayern).

---

1 Meine/Wagner-*Wagner*/*Wick*, S. 127.

3. Festlegung der Arbeitszeitverteilung

8 Auch wenn die hier erwähnten tarifvertraglichen Regelungen nur einen – wenn auch branchenübergreifenden – Ausschnitt darstellen, lässt sich doch erkennen, dass die Tarifvertragsparteien die Festlegung der konkreten Verteilung der Arbeitszeit den Betriebsparteien überlassen. Dies erscheint auch sinnvoll, kennen die Betriebsparteien die konkrete betriebliche Arbeitsorganisation doch häufig genauer als die Tarifvertragsparteien. Insoweit ist es auch sachgerecht, wenn die Betriebsparteien in der Gestaltung der Arbeitszeitverteilung ihren betriebsverfassungsrechtlichen Gestaltungsspielraum nutzbar machen.

4. Zeiterfassung ist Sache des Betriebsrats

9 Wenn nun aber bereits die Verteilung der konkreten Arbeitszeit von den Betriebsparteien festgelegt wird, liegt es nahe, auch die Einhaltung dieser Verteilung in die Hände der Betriebsparteien zu legen. Insoweit lassen sich in den bekannten Branchentarifverträgen auch keine Vorgaben über die Einführung von Zeiterfassungssystemen oder deren Handhabung finden. Die Einführung und Gestaltung von Zeiterfassungssystemen ist daher primär ein betriebliches Thema.

III. Hinweise für die Mitbestimmung

1. Mitbestimmungsrecht nach § 87 Abs. 1 Nr. 6 BetrVG

10 Bei der Einführung von Zeiterfassungssystemen ist das Mitbestimmungsrecht des Betriebsrats nach § 87 Abs. 1 Nr. 6 BetrVG berührt. Regelmäßig handelt es sich bei Zeiterfassungssystemen um technische Einrichtungen, die zur Überwachung des Verhaltens oder der Leistung von Arbeitnehmern bestimmt sind. Irrelevant ist dabei, ob der Arbeitgeber mit der Einführung eines Zeiterfassungssystems tatsächlich beabsichtigt, das Verhalten oder die Leistung von Arbeitnehmern zu überwachen. Es genügt bereits, wenn das Zeiterfassungssystem objektiv geeignet ist, das Verhalten oder die Leistung von Arbeitnehmern zu überwachen.[2] Dies ist immer dann der Fall, wenn aufgrund eines verwendeten Programms Verhaltens- und Leistungsdaten erfasst und aufgezeichnet[3] oder ausgewertet werden[4] oder durch Verarbeitung gleich welcher Daten Aussagen über

---

2 BAG 27. 1. 2004 – 1 ABR 7/03.
3 BAG 6. 12. 1983 – 1 ABR 43/81.
4 BAG 26. 7. 1994 – 1 ABR 6/94.

Heitmann

Verhalten und Leistung der Arbeitnehmer gewonnen werden.[5] Das Betreten und Verlassen des Betriebsgeländes betrifft das Verhalten des Mitarbeiters. Durch das Zeiterfassungssystem wird dieses Verhalten aufgezeichnet. Insoweit kann der Betriebsrat bei der Einführung von Zeiterfassungssystemen sein Mitbestimmungsrecht ausüben.

2. Umfang der Mitbestimmung

Das Mitbestimmungsrecht des Betriebsrats beginnt dabei bereits mit der Entscheidung des Arbeitgebers, das Zeiterfassungssystem anzuwenden. Es umfasst allerdings nicht nur die Auswahlentscheidung, sondern auch den Zeitraum der Umsetzung, wenn konkrete Vorbereitungsmaßnahmen zur Anwendung des Zeiterfassungssystems ergriffen werden. Zudem bezieht sich das Mitbestimmungsrecht nach der Einführung auf alle späteren Änderungen.[6] **11**

Als bekannte Zeiterfassungssysteme, die der Mitbestimmung unterliegen, gelten dabei Systeme wie z. B. DATAMOD, CSSI, JPEV, INTARAP/N, VARIDAT oder SIPASS.[7] Auch eine maschinenlesbare Magnetkarte, die beim Betreten und Verlassen des Betriebs oder von betrieblichen Räumlichkeiten benutzt werden muss und auf der Arbeitnehmerdaten gespeichert werden, unterliegt ebenfalls dem Mitbestimmungsrecht des Betriebsrats.[8] **12**

Bevor das Digitalisierungsfieber die Unternehmen ergriffen hat, war in der Rechtsprechung im Übrigen anerkannt, dem Betriebsrat ein Mitbestimmungsrecht bereits bei der Einführung und Anwendung von Stempel-/Stechuhren und Zeitstemplern zuzubilligen.[9] **13**

3. Sinn und Zweck einer Betriebsvereinbarung

Wichtig ist, dass im Zusammenhang mit den Verhandlungen zu einer Betriebsvereinbarung über Zeiterfassungssysteme der Betriebsrat den mit der Betriebsvereinbarung verfolgten Zweck eingrenzt und klar definiert. Dabei ist zu berücksichtigen, dass nach der Rechtsprechung des BAG auch Anwesenheits-, (ggfs. unentschuldigte) Abwesenheits- und sowohl attestierte als auch attestfreie Krankheitszeiten erfasst werden können, soweit die Erhebung der Daten erforderlich i. S. d. § 32 Abs. 1 Satz 1 BDSG ist.[10] Aus Sicht des Arbeitgebers stellen dies wich- **14**

---

5 BAG 11. 3. 1986 – 1 ABR 12/84.
6 DKKW-*Klebe*, § 87 Rn. 188.
7 Siehe dazu DKKW-*Klebe*, § 87 Rn. 201.
8 Schoof, Überwachung von Arbeitnehmern Rn. 5.
9 Siehe dazu DKKW-*Klebe*, § 87 Rn. 202.
10 BAG 11. 3. 1986 – 1 ABR 12/84.

tige Informationen dar, soweit etwa eine personenbedingte Kündigung vorbereitet oder ein betriebliches Eingliederungsmanagement durchgeführt werden soll. Insofern ist auch die Auswertung der Anwesenheitszeiten sowie der Fehltage zur Durchführung oder Beendigung des Arbeitsverhältnisses häufig erforderlich i. S. d. § 32 Abs. 1 Satz 1 BDSG.

15 Auf jeden Fall sollte aber der Zweck einer über die Kontrolle der Anwesenheitszeit hinausgehenden Leistungs- und Verhaltenskontrolle ausgeschlossen werden. Das Zeiterfassungssystem darf auch nicht dafür missbraucht werden, ein umfassendes Bewegungsprofil des Arbeitnehmers anzulegen. Auch einem derartigen Vorhaben des Arbeitgebers sollte im Rahmen der Verhandlungen entgegengetreten werden.

4. Bezahlte Pausen

16 Im Rahmen der Verhandlungen einer Betriebsvereinbarung sollte beachtet werden, dass den Arbeitnehmer auch dann eine Pflicht zur Teilnahme an der Zeiterfassung trifft, soweit dessen Pausen bezahlt werden. Nach ständiger Rechtsprechung des BAG sind Ruhepausen im Voraus festlegende Unterbrechungen der Arbeitszeit, in denen der Arbeitnehmer weder Arbeit zu leisten noch sich dafür bereit zu halten braucht, sondern freie Verfügung darüber hat, wo und wie er diese Ruhezeit verbringen will. Entscheidendes Kriterium für die Pause ist die Freistellung des Arbeitnehmers von jeder Dienstverpflichtung und auch von jeder Verpflichtung, sich zum Dienst bereitzuhalten.[11]

17 Der Arbeitgeber unterliegt bei der Pausengewährung der Pflicht, eine Unterbrechung der Arbeitszeiten der Arbeitnehmer von mindestens 30 Minuten bei mehr als sechs bis zu neun Stunden und von 45 Minuten bei einer Arbeitszeit von mehr als neun Stunden zu gewährleisten (§ 4 ArbZG). Dabei ist es irrelevant, ob die Pausen bezahlt werden oder nicht. Grundsätzlich sind die Ruhepausen des § 4 ArbZG zwar nicht vergütungspflichtig. Davon unabhängig ist aber die Verpflichtung des Arbeitgebers, überhaupt die zeitlichen Anforderungen, die sich daraus ergeben, einzuhalten.

5. Wer hat Zugriffsrechte?

18 Ist der Zweck der Betriebsvereinbarung einmal definiert, geht es in der Folge darum, festzulegen, wer welche Zugriffsrechte auf die im Zeiterfassungssystem gespeicherten Daten erhält. Neben der Personalabteilung und der Geschäftsleitung empfiehlt es sich, dem gesamten Betriebsratsgremium die Zugriffsrechte zukom-

---

11 BAG 27. 4. 2000 – 6 AZR 861/98.

men zu lassen. Dies wird die spätere Überwachung der Betriebsvereinbarung erheblich erleichtern, wenn dann nicht nur einzelne Betriebsratsmitglieder – wie etwa der Betriebsratsvorsitzende – Zugriff auf die Daten des Zeiterfassungssystems haben. In dem Zusammenhang sollte auch vereinbart werden, dass der Betriebsrat monatlich einen Überblick über die täglichen Anwesenheits- und Abwesenheitszeiten der Mitarbeiter erhält.

Dieser Anspruch sollte für die Mitarbeiter ebenfalls vereinbart werden. Darüber **19** hinaus muss es den Beschäftigten aber auch möglich sein, jederzeit anlassbezogen Einsicht in ihre personenbezogenen Daten nehmen zu können.

6. Zeiterfassung freigestellter Betriebsratsmitglieder

Für die Dauer der Freistellung besteht für die Betriebsratsmitglieder keine Ver- **20** pflichtung zur Arbeitsleistung (§ 38 BetrVG). An die Stelle der Arbeitspflicht tritt dann die Verpflichtung des Betriebsratsmitglieds, während seiner arbeitsvertraglichen Arbeitszeit im Betrieb am Sitz des Betriebsrats, dem er angehört, anwesend zu sein und sich dort für anfallende Betriebsratsarbeit bereitzuhalten.[12] Soweit ein Betriebsratsmitglied nicht in diesem Sinne im Umfang seiner Arbeitszeit Betriebsratstätigkeit erbringt, kann dies zu Abzügen vom Arbeitsentgelt führen, weil eine Freistellung nicht für Betriebsratstätigkeit genutzt wurde und deshalb der Anspruch auf Arbeitsentgelt ohne berufliche Arbeitsleistung entfällt.[13] Daher haben auch freigestellte Betriebsratsmitglieder ein Interesse daran, ihre Anwesenheit im Betrieb zu dokumentieren, weshalb der Arbeitgeber verpflichtet ist, auch diesen die Teilnahme an dem in einer Betriebsvereinbarung geregelten Arbeitszeiterfassungssystem zu ermöglichen.[14]

Der Anspruch auf Teilnahme an der Zeiterfassung hat jedoch nicht zur Folge, **21** dass die Erbringung von Betriebsratstätigkeit eine vergütungspflichtige Arbeitsleistung darstellt.[15] Vielmehr führen Mitglieder des Betriebsrats ihr Amt als Ehrenamt aus (§ 37 Abs. 1 BetrVG). Wird die Betriebsratstätigkeit außerhalb ihrer Arbeitszeit erbracht, erfolgt der Ausgleich über § 37 Abs. 3 BetrVG.

7. Begrenzte Archivierung

Ein weiterer Kardinalpunkt im Rahmen der Verhandlung über die Zeiterfassung **22** ist zudem die Frage, wie lange welche Daten archiviert werden und ab wann diese gelöscht werden. Der Arbeitgeber wird darauf bedacht sein, die gespeicherten

---

12 BAG 10.7.2013 – 7 ABR 22/12.
13 BAG 19.5.1983 – 6 AZR 290/81.
14 BAG 10.7.2013 – 7 ABR 22/12.
15 BAG 9.6.2011 – 2 AZR 381/10.

Daten möglichst lange zu archivieren. Dem Betriebsrat sollte daran gelegen sein, den Zeitraum auf ein angemessenes Maß zu reduzieren.

8. Kündigung bei Arbeitszeitbetrug

23 Sobald die Betriebsvereinbarung abgeschlossen ist, sollten die Mitarbeiter auf die Risiken hingewiesen werden, die sich bei einem vorsätzlichen Verstoß gegen die »Stempelpflicht« ergeben können. Das BAG vertritt in dem Zusammenhang die Auffassung, dass der vorsätzliche Verstoß eines Arbeitnehmers gegen seine Verpflichtung, die abgeleistete, vom Arbeitgeber nur schwer zu kontrollierende Arbeitszeit korrekt zu dokumentieren, an sich geeignet ist, einen wichtigen Grund zur außerordentlichen Kündigung i. S. d. § 626 Abs. 1 BGB darzustellen.[16] Dies gilt für einen vorsätzlichen Missbrauch einer Stempeluhr ebenso wie für das wissentliche und vorsätzlich falsche Ausstellen entsprechender Formulare.[17]

IV. Eckpunkte für Betriebs- und Dienstvereinbarungen

24 **Geltungsbereich:** räumlich, fachlich, persönlich (keine leitenden Angestellten nach § 5 Abs. 3 BetrVG); weitere Arbeitnehmer können nach Zustimmung des Betriebsrats ausgenommen werden.

25 **Zweck:** Erfassung und Darstellung der Anwesenheitszeiten; Erfassung und Darstellung der Dienstreisezeiten, Abwesenheitszeiten aufgrund von Urlaub, Zeitausgleich, Arbeitsverhinderung, Freistellung und Krankheit; Durchführung der Lohn- und Gehaltsabrechnung; Information über das individuelle Zeit- und Urlaubskonto; gesetzliche Auswertungen, Monats- und Jahresstatistiken; Projektzeiterfassung; Einhaltung gesetzlicher, tariflicher und vertraglicher Arbeitszeitregelungen; darüber hinausgehende Leistungs- und Verhaltenskontrolle findet nicht statt.

26 **Beschreibung des Systems:** Systembestandteile; Auflistung der Systemprogramme; Auswertungsprogramme.

27 **Aufstellungsort:** Alle Systembestandteile außer den Zeiterfassungsterminals sind in einem verschlossenen Raum untergebracht.

28 **Zeiterfassungskarte:** Speichern einer Ausweisnummer; Ausweisnummer, Datum und Uhrzeit sowie Art der Buchung werden gebucht; Ausweise sind Eigentum des Arbeitgebers und sind bei Ausscheiden zurückzugeben; Verlust ist unverzüglich zu melden.

---

16 BAG 9.6.2011 – 2 AZR 381/10.
17 BAG 24.11.2005 – 2 AZR 39/05.

Verpflichtung zur Zeiterfassung: Bei Betreten und Verlassen des Betriebs sind **29** elektronische Zeiterfassungsgeräte durch Zeiterfassungskarte zu bedienen. Arbeitnehmer erfasst Abwesenheitszeiten während der Arbeitszeit selbstständig; Zeitkorrekturen, z. B. vergessene Buchungen oder Stornierungen von geplanten Abwesenheitszeiten, werden vom Arbeitnehmer persönlich in System eingegeben.

Manuelle Zeiterfassung: Bei Ausfall des Zeiterfassungssystems oder wenn Mit- **30** arbeiter Karte verloren oder vergessen hat, muss Abwesenheitszeit persönlich in das System eingegeben werden; Buchungen können nicht durch andere vorgenommen werden.

Monatsübersicht/Zeitkonto: zu Beginn des Folgemonats erhält Mitarbeiter **31** Auszug über Zeitkonto mit Übersicht über die Anwesenheits- und Arbeitszeiten, geleistete Mehrarbeit, Gleitzeitsaldo, Arbeitszeitausgleichstage, genommenen Urlaub und Resturlaub; Auszug wird per E-Mail versandt; Einwendungen sind im Rahmen der tariflichen Ausschlussfristen bei der Personalabteilung geltend zu machen.

Zugriffsberechtigung: Zugriff erhalten nur die Personalabteilung, der Betriebs- **32** rat, die Geschäftsleitung und der Datenschutzbeauftragte; unbefugte Kenntnisnahme durch Dritte ist durch technische Maßnahmen zu verhindern.

Archivieren und Löschen von Daten: unmittelbar nach Abschluss des Vormo- **33** nats werden Buchungsdaten archiviert und aus aktuellem Zugriff gelöscht; archivierte Daten werden nach Ablauf von sechs Monaten mit neuen Buchungsdaten überschrieben oder Datenträger wird formatiert; lesender Zugriff ist durch ein doppeltes Passwort gesichert; für besondere Arbeitszeitmodelle (z. B. Jahresarbeitszeitkonten) können separate Regelungen festgelegt werden.

Rechte der Beschäftigten: haben das Recht während der Arbeitszeit jederzeit **34** Einsicht in die zu ihrer Person gespeicherten Daten zu nehmen; unrichtige Daten sind zu berichtigen; Beweislast für Richtigkeit eines Datums trägt Arbeitgeber; aus Systemfehlern und Unterbrechungen des Systembetriebs darf den Mitarbeitern kein Nachteil entstehen.

Rechte des Betriebsrats: Betriebsrat kann jederzeit Übersichten über die tägliche **35** Anwesenheits- bzw. Arbeitszeit der Arbeitnehmer anfordern; kann auf Verlangen Einblick in Räume und Funktionseinheiten zur Prüfung der Betriebsvereinbarung nehmen; Arbeitgeber ist verpflichtet, Betriebsrat bei Überprüfungsaufgabe zu unterstützen; Änderungen und Erweiterungen des Systems nur mit Zustimmung des Betriebsrats; Betriebsrat ist bereits im Planungsstadium einzuschalten.

Inkrafttreten/Schlussbestimmungen: Kündigung, Kündigungsfrist, Nachwir- **36** kung vereinbaren.

Stichwortverzeichnis

Die kursiv gesetzten Wörter kennzeichnen das Stichwort im Lexikon, die Zahl daneben die entsprechende Randnummer, worunter der Suchbegriff zu finden ist.

Nachtarbeit
- Arbeitszeit s. auch → Zeiterfassungssysteme; → Lebensarbeitszeit; → Vertrauensarbeitszeit *Nachtarbeit* 10
- Arbeitszeitorganisation *Nachtarbeit* 2
- Betriebsarzt *Nachtarbeit* 13
- Dauernachtschicht *Nachtarbeit* 3, 9
- Drei-Schicht- Modelle *Nachtarbeit* 7
- Eckpunkte für Betriebs- und Dienstvereinbarungen *Nachtarbeit* 63 ff.
- Freizeitausgleich *Nachtarbeit* 22, 46
- Frühschicht *Nachtarbeit* 7
- Gesundheitsschutz *Nachtarbeit* 46, 61
- Kuren *Nachtarbeit* 37
- Maschinenlaufzeiten *Nachtarbeit* 53
- Mitbestimmung *Nachtarbeit* 50 ff.
- Nachtarbeitsverbote *Nachtarbeit* 51
- Nachtarbeitszuschlag *Nachtarbeit* 47
- Nachtschicht *Nachtarbeit* 7
- Personalplanung *Nachtarbeit* 52
- Rahmenvorschrift *Nachtarbeit* 58
- Schichtlänge *Nachtarbeit* 11
- Schichtplan *Nachtarbeit* 54
- Schichtsysteme *Nachtarbeit* 3
- Schichtwechsel *Nachtarbeit* 57
- Schichtzuschlag *Nachtarbeit* 31
- Spätschicht *Nachtarbeit* 7
- Tagarbeitsplatz *Nachtarbeit* 16
- Urlaub s. auch Betriebsferien *Nachtarbeit* 37
- Verdienstsicherung *Nachtarbeit* 62
- Wechselschicht *Nachtarbeit* 2
- Wechselschichtarbeit *Nachtarbeit* 28
- Weiterbildung *Nachtarbeit* 25
- Zuschlag *Nachtarbeit* 20, 46
- Zwei-Schicht-Modelle *Nachtarbeit* 7

Nachweispflicht
- Arbeitnehmer-Entsendegesetz *Nachweispflicht* 3
- Arbeitszeitkonto *Nachweispflicht* 21
- Aufbewahren der Arbeitszeitaufzeichnungen *Nachweispflicht* 6
- Aufzeichnen von Arbeitszeit *Nachweispflicht* 4
- Ausnahmen *Nachweispflicht* 13 f.
- Baugewerbe *Nachweispflicht* 22
- Branchen *Nachweispflicht* 11 f.
- Eckpunkte für Betriebs- und Dienstvereinbarungen *Nachweispflicht* 24 ff.
- Form der Aufzeichnung *Nachweispflicht* 15 f.
- geringfügige Beschäftigung *Nachweispflicht* 10
- Mindestlohngesetz *Nachweispflicht* 3
- Mitbestimmung *Nachweispflicht* 21 ff.
- Sinn und Zweck *Nachweispflicht* 5
- Überschreitung der Arbeitszeit *Nachweispflicht* 5
- Unternehmenssitz *Nachweispflicht* 20
- Vereinfachungen *Nachweispflicht* 13 f.
- Verletzungen *Nachweispflicht* 23
- Verstoß *Nachweispflicht* 7
- Vertrauensarbeitszeit *Nachweispflicht* 21

Kompetenz verbindet

Rudolf Buschmann / Jürgen Ulber

Arbeitszeitgesetz

Basiskommentar mit Nebengesetzen
und Europäischem Recht
8., überarbeitete Auflage
2015. 558 Seiten, kartoniert
€ 39,90
ISBN 978-3-7663-6307-7

Mit zunehmender Arbeitszeitflexibilisierung gewinnen die Schutzbestimmungen des Arbeitszeitrechts verstärkt an Bedeutung. Tarifliche und betriebliche Arbeitszeitregelungen müssen sich ebenso wie Arbeitsverträge an ihnen ausrichten. Die Kommentierung gibt einen zuverlässigen und aktuellen Überblick über den gesetzlichen Rahmen zulässiger – auch flexibler – Einsatzzeiten einschließlich Nacht- und Wochenendarbeit, Schichtarbeit und Bereitschaft.

Immer mehr werden Regelungen der Arbeitszeit durch Europarecht geprägt – ein Schwerpunkt dieses Kommentars von Anfang an. Deshalb erläutert und dokumentiert er besonders die Europäische Arbeitszeitrichtlinie und die europäische Lenkzeitverordnung. Vor allem befasst sich die vollständig überarbeitete Neuauflage intensiv mit der aktuellen Rechtsprechung des Europäischen Gerichtshofs, aber auch nationaler Gerichte.

Zu beziehen über den gut sortierten Fachbuchhandel oder direkt beim Verlag unter E-Mail: kontakt@bund-verlag.de

Bund-Verlag

Kompetenz verbindet

Gute Arbeit

Die Fachzeitschrift für
Arbeitsschutz und Arbeitsgestaltung

• informiert über aktuelle Entwicklungen und Trends
  im Arbeits- und Gesundheitsschutz

• berichtet über neue gesetzliche Regelungen,
  beispielhafte Betriebsvereinbarungen und aktuelle
  Rechtsprechung

• zeigt Wege zur menschen- und alternsgerechten
  Gestaltung von Arbeitsplätzen

• liefert erprobte Praxistipps zum Umgang mit
  Gefahrstoffen, Stress, psychischen Belastungen,
  Lärm und Mobbing

• informiert über Mitbestimmungsrechte und
  Handlungsmöglichkeiten der Interessenvertretungen

• enthält eine Extra-Rubrik speziell zur Teilhabepolitik

• bietet Online-Ausgabe, Online-Archiv und App

Weitere Informationen und Bestellmöglichkeit unter:
www.gutearbeit-online.de

Bund-Verlag